中财传媒版 2023 年注册会计师全国统一考试辅导系列丛书 · 注定会赢®



# 审计高频考点精讲

注册会计师考试编写组　编

中国财经出版传媒集团
中国财政经济出版社

**图书在版编目（CIP）数据**

审计高频考点精讲／注册会计师考试编写组编．--北京：中国财政经济出版社，2023.2

（中财传媒版2023年注册会计师全国统一考试辅导系列丛书．注定会赢）

ISBN 978-7-5223-1962-9

Ⅰ.①审…　Ⅱ.①注…　Ⅲ.①审计-资格考试-自学参考资料　Ⅳ.①F239

中国国家版本馆CIP数据核字（2023）第020056号

责任编辑：黄双蓉　赵泽蓬　　责任校对：王肖楠

封面设计：孙俪铭　　责任印制：党　辉

审计高频考点精讲

SHENJI GAOPIN KAODIAN JINGJIANG

中国财政经济出版社 出版

URL：http：//www.cfeph.cn

E-mail：cfeph@cfeph.cn



社址：北京市海淀区阜成路甲28号　邮政编码：100142

营销中心电话：010-88191522

天猫网店：中国财政经济出版社旗舰店

网址：https：//zgczjjcbs.tmall.com

北京鑫海金澳胶印有限公司印刷　各地新华书店经销

成品尺寸：185mm×260mm　16开　31.5印张　781 000字

2023年2月第1版　2023年2月北京第1次印刷

定价：98.00元

ISBN 978-7-5223-1962-9

（图书出现印装问题，本社负责调换，电话：010-88190548）

本社图书质量投诉电话：010-88190744

**打击盗版举报热线：010-88191661　QQ：2242791300**

# 前　言

中国注册会计师制度自恢复至今已经走过四十多个春秋，四十多年的风雨历程见证了注册会计师事业的辉煌，而注册会计师考试是其很重要的组成部分。注册会计师考试科目多、章节内容广、知识点覆盖庞杂，考生常常反映考试难度大，甚至有的考生在备考过程中就选择了放弃。其实，考生如果能够掌握正确的复习方法和应试技巧，顺利通过考试并没有想象中那么难。复习时，首先应当按考试大纲规定的范围和相应的辅导教材进行全面、系统的学习；其次抓住考试中高频出现的重点章节和重点内容强化知识储备；最后有针对性地多做练习，以掌握答题思路和技巧，并加深对高频考点的理解和把握，方法得当，教辅应手，往往事半功倍！

注册会计师考试编写组通过对注册会计师考试辅导教材和历年注会考试真题的详细解读与针对性研究，深度梳理与分析了教材中的知识点和考试中的高频考点。在本系列丛书中，我们将教会考生如何备考、如何抓住高频考点以及如何理解以前年度真题。通过对本系列丛书的学习，考生可以更加深入地了解历年考试的重点，更好地把握2023年教材的新变化，书中还附有针对高频考点的练习题，帮助考生巩固所学知识、顺利通过考试。

注册会计师考试编写组以注册会计师考试教材为起点，认真剖析知识点与考试的关系，精准把握考试定位，方便考生理解和记忆，书中主要包含以下三部分：

### 第一部分：命题规律及本科目学习指导

本部分总结了历年来本科目注册会计师考试命题的规律，具体分析了题型与分值分布及主客观题的主要考点等，分析了注册会计师考试命题中题型与能力考核的对应关系，提醒考生在复习中不仅应关注知识点，更应注重各方面能力的培养。同时，本部分还为考生提供了本科目的学习指导，以使考生掌握科学的学习方法，按部就班、循序渐进地进行本科目学习，提高学习效率与效果。

**第二部分：高频考点精讲及进阶练习**

一是2023年教材各章内容的主要变化。这一部分主要是解读新教材的变化，帮助考生了解2023年教材与以往的不同之处，把握教材新动向。

二是各章近五年考试高频考点分布。这一部分主要是对每一章节近五年的考试分值分布与考点分布进行了统计，帮助考生了解重点所在，使考生复习时有的放矢。

三是各章的高频考点精讲。这一部分是对教材知识点进行深度解析，为了考生使用方便，我们对每个考点标有不同的星级，以此来对其重要程度进行区分，且后面设有包括真题的经典例题讲解，以求更好地帮助考生理解和掌握考试知识点。

四是进阶练习。这一部分旨在帮助考生巩固所学知识点，掌握答题的思路和技巧。

五是进阶练习答案及解析。

**第三部分：跨章节综合题演练**

本部分内容包括跨章节综合练习题和跨章节综合练习题答案及解析。这部分以对历年考试真题的详尽分析为基础，全面、系统、综合地将跨章节的考点加以涵盖，有助于考生通过练习掌握知识链，提高应试的综合能力和水平。

本系列丛书的撰写倾注了编写团队大量的心血和情感，团队成员经验丰富、熟悉专业、了解考生的需求。我们的最终目标就是希望能真正帮助考生攻克每一个难关，提高考生的应试能力，让考生轻松通过考试，顺利拿下证书。

预祝各位考生取得好成绩！

# 目 录

## 第一部分 命题规律及本科目学习指导



## 第二部分 高频考点精讲及进阶练习

## 第三部分 跨章节综合题演练

# 本书高频考点索引

# 第一部分

# 命题规律及本科目学习指导

# 一、本书特点及特色

## （一）框架合理、明晰

本书在充分考虑考生备考需求的基础上，结合《审计》科目特点，将教材架构主要分为三个部分：第一部分命题规律及本科目学习指导、第二部分高频考点精讲及进阶练习、第三部分跨章节综合演练。

1. 第一部分命题规律及本科目学习指导

编写组系统分析了近三年考试特点，总结本科目命题规律，针对性地提出了备考学习方法。

2. 第二部分高频考点精讲及进阶练习

（1）高频考点精讲。

该部分内容为本书的核心，编写组在系统剖析近五年考试高频考点的基础上，结合《审计》教材特点，归纳提炼相关重难点，并辅之以经典例题、命题点拨和名师解惑。

（2）进阶练习。

编写组在重难点点拨基础上，针对考试及章节内容特征，编写适量习题，便于考生通过进阶练习理解和掌握相关知识点。

3. 第三部分跨章节综合演练

该部分内容主要包括简答题和综合题，编写组希望通过跨章节习题的综合演练，不仅能够使考生对于教材相关章节的联系有系统的认识，而且，有助于提高考生解答综合性简答题和综合题的能力。

## （二）内容翔实、易懂

1. 研读教材，提炼精华

编写组在组织重难点点拨部分内容时，对于相关知识点，不拘泥于《审计》的表述方式，合理采用文字以及图和表的形式，使知识点更加形象、直观，便于对相关知识点的理解。

2. 针对考试，提示备考重要性

编写组总结了相关知识点的在近五年的考核情况，以“★”数量直观提示考生，该部分出题概率的高低。“★★★”为出题概率最高，依次递减为“★★”“★”。

# 二、命题规律

## （一）考核题型及分值

近年考核题型基本固定，但是各题型分值常常有些调整，具体见下表中近三年的对比。

| 年份 | 单项选择题 | 多项选择题 | 简答题 | 综合题 |
|---|---|---|---|---|
| 2020 | 25 分（25×1） | 20 分（10×2） | 36 分（6×6） | 19 分（1×19） |
| 2021 | 20 分（20×1） | 30 分（15×2） | 31 分（6） | 19 分（1×19） |
| 2022 | 20 分（20×1） | 30 分（15×2） | 31 分（6） | 19 分（1×19） |

## （二）2023 年教材主要变化

| 教材章节 | 主要变化 |
|---|---|
| 第一章　审计概述 | 第一节“审计的概念与保证程度”中修订了对于“审计概念的理解”的相关内容；第三节“审计目标”中重新定义了认定的“概念” |
| 第二章　审计计划 | 第一节“二、审计的前提条件”中明确了“审计的前提条件的概念” |
| 第三章　审计证据 | 主要内容未实质性变化，局部文字修改 |
| 第四章　审计抽样方法 | 主要内容未实质性变化，局部文字修改 |
| 第四章　信息技术对审计的影响 | 将“信息技术应用控制”重新定义为“信息处理控制”，并重新定义其内容 |
| 第六章　审计工作底稿 | 主要内容未实质性变化，局部文字修改 |
| 第七章　风险评估 | 第一节中将风险评估领域明确为三个方面，即“了解被审计单位及其环境、适用的财务报告编制基础和内部控制体系各要素”；第二节中重新定义“风险评估概念”、修订了“风险评估程序和信息来源、项目组讨论”中的有关内容；第三节依据“了解被审计单位及其环境和适用的财务报告编制基础”框架体系阐述；第四节中重新定义了的“内部控制”概念、提出“直接控制和间接控制”。第五节中大篇幅修订“识别和评估重大错报风险”有关内容，其中明确提出“评估固有风险等级” |
| 第八章　风险应对 | 主要内容未实质性变化，局部文字修改 |
| 第九章　销售与收款循环的审计 | 第三节中增加了“评估固有风险和控制风险”内容、“销售与收款循环的重大错报风险和拟实施的进一步审计程序的总体方案”主要栏目变动（见表 9－4） |
| 第十章　采购与付款循环的审计 | 第二节中控制活动中增加与供应商对账；第三节中增加了“评估固有风险和控制风险”内容、“采购与付款循环的重大错报风险和拟实施的进一步审计程序的总体方案”主要栏目变动（见表 10－3） |
| 第十一章　生产与存货循环的审计 | 第五节中增加了“针对与存货相关的舞弊风险采取的应对措施” |
| 第十二章　货币资金的审计 | 第四节中增加了“针对与货币资金相关的舞弊风险采取的应对措施”内容 |
| 第十三章　对舞弊和法律法规的考虑 | 第一节重修整合内容结构、增加了“针对舞弊易发高发领域的重点应对措施”内容、修订了“针对管理层凌驾于控制之上的风险实施的程序”相关内容 |
| 第十四章　审计沟通 | 主要内容未实质性变化，局部文字修改 |

续表

| 教材章节 | 主要变化 |
|---|---|
| 第十五章　注册会计师利用他人的工作 | 第二节中增加“在审计报告中提及专家”的具体规范要求 |
| 第十六章　对集团财务报表审计的特殊考虑 | 未变化 |
| 第十七章　其他特殊项目的审计 | 第一节“审计会计估计和相关披露”内容较上年进行了全方位整合修订 |
| 第十八章　完成审计工作 | 无变化 |
| 第十九章　审计报告 | 主要内容未实质性变化，局部文字修改 |
| 第二十章　企业内部控制审计 | 第四节“控制测试的时间安排”中删除“是否测试被取代的控制”内容 |
| 第二十一章　会计师事务所业务质量管理 | 第一节中“业务执行”内容中增加“业务分派”内容 |
| 第二十二章　职业道德基本原则和概念框架 | 无变化 |
| 第二十三章　审计业务对独立性的要求 | 主要内容未实质性变化，局部文字修改 |

## （三）考核特点

1. 考核的知识点

（1）全面性。

依据课程大纲的基本要求，每年的试题考核，每一章都会有考核点的涉及，不会存在考核的盲点章。例如，第五章《信息技术对审计的影响》，看似直接出题分值不高，但是，这部分内容与第七章《风险评估》、第八章《风险应对》和第二十章《企业内部控制审计》等章节相关知识点有着紧密的联系，常常会结合相关章节内容予以考核。

（2）重要性。

尽管每年的试题考核要符合全面性要求，但同时又体现重要性的特点，即对于审计理论及实务的热点及新准则等内容，加大考核的力度。例如，重要性、审计风险、函证、分析程序、存货监盘、销售与收款循环审计综合考核、独立性等常常作为历年的重点考核内容。

2. 考核的题型

（1）客观题。

该类题型主要包括单项选择题（较容易得分）和多项选择题（较容易丢分），主要考核考生对于基础理论、基本实务知识的理解，该类题常常主要以某一章的知识点为考核点，但也有跨章节考核题目。例如，认定、审计程序与各类交易和账户余额的审计结合；风险评估、风险应对与各类交易和账户余额的审计结合。此外，就 2022 年的题型分值分布看，加大了多项选择题的分值，这无形中加大了考核的难度。

（2）主观题。

该类题型主要包括简答题和综合题，主要考核考生对于审计理论和实务知识的理解运用。其中，简答题常常主要以某一章的知识点为考核点（较容易得分），但也会出现跨章节考核题目（较容易丢分），例如，质量管理与职业道德的结合；综合题主要考核审计实务能力（较容易丢分），例如，以某一上市公司为背景，考核重大错报风险评估、认定的判断、审计程序运用等。

## 三、学习指导

### （一）《审计》教材特点

1. 阅读量大

近三年教材均为八编内容，共计23章，字数达888 000字左右，其中：第一章至第十九章涉及企业财务报表审计、第二十章涉及企业内部控制审计、第二十一章涉及会计师事务所业务质量管理、第二十二章至第二十三章涉及职业道德。

每年的试题常常会有些超出教材本身的考核内容（例如，**延伸到投资与筹资循环、人力资源与薪酬循环审计，延伸到非制造业企业的循环审计，延伸到有关规范的指南和解释**等），由此就扩大了阅读知识点的范围。

2. 涉及面广

（1）职业规范体系内容全覆盖。

教材主要涵盖了审计准则（**企业财务报表审计、企业内部控制审计**）、质量管理准则、职业道德三个方面内容，依据现行的审计准则、质量管理准则、职业道德守则撰写，每一部分中涵盖了诸多的准则规范条款内容。

（2）跨多个学科。

《审计》科目作为注册会计师考试的核心科目，主要考核考生适应当今纷繁复杂审计环境的审计能力。为此，本科目内容设计与考核体现鲜明的学科交叉性。

**例如，**第四章《审计抽样方法》的有关内容涉及统计学、数理统计，第七章《风险评估》、第二十章《企业内部控制审计》的有关内容涉及内部控制学，第三编《各类交易和账户余额的审计》涉及企业财务会计。

3. 专业词汇多

在教材中，常常出现一些《审计》学科特有的专业词汇。**例如，**认定、重要性、重大错报风险、控制测试、实质性程序、非无保留意见、整合审计等，这些词汇专业性较强，理解难度大。

### （二）学习要领

1. 全面理解教材内容

审计教材具有面广、量大、庞杂等特点，机械的死记硬背只能应对极少数题目的考核，而大多数题目主要考核考生对于教材相关内容的理解能力。

**例如，**函证程序实施、重要性的掌握、审计程序的运用、综合题的考核等，均需要在全面理解教材内容的基础上，才能有效应对。

有鉴于此，为了达到全面理解掌握教材内容的目的，不能仅仅局限于教材内容，有些内容还需要链接阅读相关准则和守则的实务解释或补充规定，需要突破教材内容，予以适度的拓展。

2. 重点掌握高频考点

在系统分析历年考题的基础上，归纳整理出近年的高频考点，这些考点常常是历年“易考”的内容。具体高频考点如下表所示。

| 重要考核章节 | 高频考点 |
| --- | --- |
| 第一章　审计概述 | 保证程度、具体审计目标、审计风险 |
| 第二章　审计计划 | 重要性 |
| 第三章　审计证据 | 审计证据的适当性、函证、分析程序 |
| 第四章　审计抽样方法 | 抽样风险和非抽样风险 |
| 第六章　审计工作底稿 | 审计工作底稿的要素、归档 |
| 第七章　风险评估 | 了解被审计单位的内部控制、评估重大错报风险 |
| 第八章　风险应对 | 控制测试、实质性程序 |
| 第九章　销售与收款循环的审计 | 重大错报风险评估、应收账款审计、营业收入审计 |
| 第十一章　生产与存货循环的审计 | 存货监盘 |
| 第十二章　货币资金的审计 | 监盘库存现金、函证银行存款 |
| 第十三章　对舞弊和法律法规的考虑 | 评价舞弊风险的因素、应对舞弊导致的重大错报风险 |
| 第十四章　审计沟通 | 与治理层沟通的事项、前后任注册会计师的沟通 |
| 第十六章　对集团财务报表审计的特殊考虑 | 针对评估的风险采取的应对措施 |
| 第十九章　审计报告 | 非无保留意见审计报告注册会计师对其他信息的责任 |
| 第二十章　企业内部控制审计 | 内部控制缺陷评价、出具审计报告 |
| 第二十一章　会计师事务所业务质量管理 | 业务执行、监控与整改 |
| 第二十三章　审计业务对独立性的要求 | 经济利益、家庭关系、与审计客户长期存在业务关系、为审计客户提供非鉴证服务 |

3. 注重交叉学科知识

大多数考生自身不具备较强的企业财务会计、内部控制学、统计学、数理统计等学科专业知识。对于这些交叉学科知识，在备考《审计》科目过程中付出过多的精力显然是得不偿失的，只要达到满足《审计》科目考试需要即可。

审计题目中常常涉及的企业会计准则相关知识，需要结合历年考核特点，掌握重点会计准则的合理运用。**例如，**对于《收入》会计准则，在应对本科目考试时，无须事无巨细地掌握，因为，《审计》中对于收入确认与计量的考核，常常考核分析程序的运用，即使考核细节测试，也不会考核到会计分录的编制。

**此外，**对于考试中涉及的统计学词汇或公式，能够满足运用即可。

4. 合理的习题演练

审计教材本身例题较少，大多是一些准则的规范文字表述，考生常常出现教材内容似乎懂了，但是真正应试做题时不知如何下手的情形。

**例如，**综合题题型部分的考核，即使考生清楚总体考核框架，如果没有适量的习题演练作为支撑，实际应对该类题目考核时，一定会一头雾水，不知从何入手。

因此，在全面阅读、学习教材的前提下，应当有针对性地多做一些练习题，只有在反复的演练过程中，通过合理总结和归纳，才能将教材的知识与考点紧密结合。

5. 适当的审计实践

《审计》是一门实务性较强的课程，特别是财务报表审计和企业内部控制审计实务部分，从备考的角度出发，抽出适量的时间到审计实务一线，增强感性认识是很有帮助的。

第二部分

# 高频考点精讲及进阶练习

# 第一章　审计概述

## 2023 年教材内容主要变化

本章教材第一单元“审计的概念与保证程度”中修订了对于“审计概念的理解”的相关内容；第三单元“审计目标”中重新定义了认定的“概念”。

## 本章近五年考试高频考点分布

| 高频考点内容 | 年度及题型分布 |
|---|---|
| 审计的概念 | 2019 年单选 |
| 保证程度 | 2019 年单选、2019 年多选、2018 年单选、2018 年多选 |
| 注册会计师审计、政府审计和内部审计 | 2021 年单选 |
| 三方关系人 | 2022 年单选、2021 年单选 |
| 财务报表及财务报表编制基础 | 2021 年多选 |
| 审计证据 | 2022 年多选 |
| 保持职业怀疑 | 2021 年单选、2018 年单选 |
| 合理运用职业判断 | 2022 年单选、2020 年单选 |
| 重大错报风险 | 2022 年单选、2021 年单选、2020 年单选 |
| 检查风险 | 2021 年单选 |
| 审计的固有限制 | 2022 年单选、2020 年单选 |

## 高频考点精讲

本章知识点属于审计学原理部分的内容，本章内容常常结合后续有关章节内容考核。例如，认定、具体审计目标和重大错报风险等与第三编（各类交易和账户余额的审计）的内容结合考核，重大错报风险与教材第二编（审计测试流程）的内容结合考核。

## 第一单元 审计的概念与保证程度

### 高频考点1：审计的概念★★

（一）审计概念

财务报表审计是指注册会计师对财务报表是否不存在重大错报提供合理保证，以积极方式提出意见，增强除管理层之外的预期使用者对财务报表信赖的程度。

（二）概念解析

1. 审计的用户（审计报告的预期使用者）

审计的用户是财务报表的预期使用者，即审计可以用来有效满足财务报表预期使用者的需求。

**小贴士** 审计的用户包括被审计单位的管理层，但是，如果审计用户只有管理层，则不能称其为审计。

2. 审计的目的（满足预期使用者的需求）

审计的目的是改善财务报表的质量，增强除管理层之外的预期使用者对财务报表的信赖程度，即以合理保证的方式提高财务报表的可信度，而不涉及为如何利用信息提供建议。

**小贴士** 审计不涉及为如何利用信息提供建议，否则有损独立性。

3. 保证程度（产品质量要求）

注册会计师应当提供合理保证，不能提供绝对保证。合理保证是一种高水平的保证。

**小贴士** 绝对保证的保证程度为百分之百，由于受到审计程序、审计对象等的固有限制，作为形成审计意见基础的审计证据大多是说服性的而非结论性的，所以，注册会计师只能做到合理保证。

4. 注册会计师的独立性和专业性（实现审计目的的基础）

注册会计师执行审计业务时，不仅应当具备专业胜任能力，还应当独立于被审计单位和预期使用者。

**小贴士** 审计业务不同于其他专业监督的最明显特征为三方关系的存在（例如，税务、工商、银行等监督体现的均为双方关系）。在审计三方关系中，注册会计师既要独立于委托人（包括管理层），又要独立于除管理层之外的预期使用者，也就是说，注册会计师始终处于中立地位，这种独立既要求形式上独立，又要求实质上独立，具体可链接教材第二十三章（审计业务对独立性的要求）。

5. 审计报告（审计的最终产品）

审计报告就是注册会计师将审计结果（审计意见）传递给财务报表预期使用者的主要载体。

**小贴士** 注册会计师审计的最终产品为审计报告，不是审计后的财务报告；注册会计师审计也不同于政府审计，政府审计项目结束后，项目组提交审计报告，派出机关要根据审计报告出具审计决定书，案情严重的还要出具案件移送书。

### 名师解惑

问：老师，财务报表审计的概念具有普遍意义吗，是否适用于其他类型审计的定义？

答：不同类型的审计，因审计主体和审计客体的不同，审计的概念一定会存在差别的。例如，内部审计、政府审计和注册会计师审计等，将会因审计主体不同，定义时自然存在差别。又如，注册会计师实施的财务报表审计和内部控制审计也是存在一定差别的。

### 经典例题

【真题·单选题】（2019）下列有关财务报表审计的说法中，错误的是（　）。

A. 审计的目的是增强预期使用者对财务报表的信赖程度

B. 审计不涉及如何利用信息提供建议

C. 审计只提供合理保证，不提供绝对保证

D. 审计的最终产品是审计报告和已审计

财务报表

【答案】D

【解析】选项 D 错误，审计的最终产品是审计报告。

## 高频考点 2：保证程度★★★

### （一）注册会计师的业务范围

注册会计师执行的业务，依据是否提供保证程度，将其业务范围划分为两大部分，即鉴证业务与相关服务，具体如图 1－1 所示。

小贴士 对于审计业务，本教材主要讲述财务报表审计（教材第一章至第十九章）和企业内部控制审计（教材第二十章），这两部分业务属于合理保证的鉴证业务；审阅业务属于有限保证的鉴证业务，在教材中阐述的有关内容不多，但是常常也作为考核的范围；其他鉴证业务主要包括预测性财务信息审核等，从保证程度看可能是合理保证鉴证业务，也可能是有限保证鉴证业务；相关服务业务相对于鉴证业务称之为非鉴证业务，也是会计师事务所重要的收入来源渠道，注册会计师提供非鉴证业务时无保证程度规范要求。

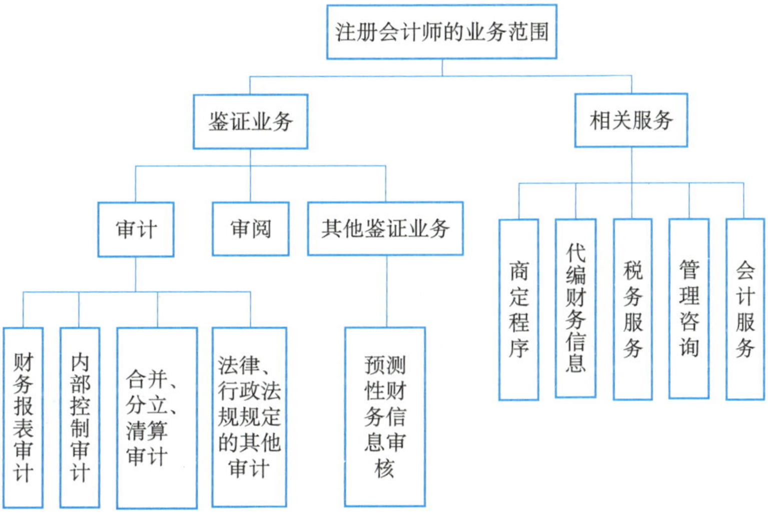


**图 1－1 注册会计师的业务范围**

## 经典例题

【真题·多选题】（2018）下列有关鉴证业务保证程度的说法中，正确的有（ ）。

A. 审计提供合理保证，审阅和其他鉴证业务提供有限保证

B. 合理保证是高水平的保证，有限保证是中等水平的保证

C. 合理保证以积极方式得出结论，有限保证以消极方式得出结论

D. 合理保证所需证据数量较多，有限保证所需证据数量较少

【答案】CD

【解析】其他鉴证业务可能是合理保证的鉴证业务，也可能是有限保证的鉴证业务，故选项 A 错误；合理保证是高水平的保证，有限保证是低于高水平的保证，而并非中等水平的保证，故选项 B 错误。

### （二）合理保证和有限保证

以财务报表审计和审阅为例，合理保证的鉴证业务和有限保证的鉴证业务的区别，具体如表 1－1 所示。

表 1－1　　合理保证的鉴证业务和有限保证的鉴证业务的区别

| 区别 | 合理保证（财务报表审计） | 有限保证（财务报表审阅） |
|---|---|---|
| 目标 | 在可接受的低审计风险下，以积极方式对财务报表整体发表审计意见，提供高水平的保证（即合理保证） | 在可接受的审阅风险下，以消极方式对财务报表整体发表审阅意见，提供有意义水平的保证。该保证水平低于审计业务的保证水平 |
| 证据收集程序 | 通过一个不断修正的、系统化的执业过程，获取充分、适当的证据，证据收集程序包括检查记录或文件、检查有形资产、观察、询问、函证、重新计算、重新执行、分析程序等（涵盖了常用的 7 种审计程序） | 通过一个不断修正的、系统化的执业过程，获取充分、适当的证据，证据收集程序受到有意的限制，主要采用询问和分析程序获取证据（审计程序有限） |
| 所需证据数量 | 较多 | 较少 |
| 检查风险 | 较低 | 较高 |
| 财务报表的可信性 | 较高 | 较低 |
| 提出结论的方式 | 以积极方式提出结论。例如："我们认为，ABC 公司财务报表在所有重大方面按照企业会计准则的规定编制，公允反映了 ABC 公司 20×1 年 12 月 31 日的财务状况以及 20×1 年度的经营成果和现金流量" | 以消极方式提出结论。例如："根据我们的审阅，我们没有注意到任何事项使我们相信，ABC 公司财务报表没有按照企业会计准则的规定编制，未能在所有重大方面公允反映被审阅单位的财务状况、经营成果和现金流量" |

## 经典例题

【真题·多选题】（2021）注册会计师执行过程中，能够提供合理保证和有限保证的有（　　）。

A. 管理咨询

B. 财务报表审计

C. 财务报表审阅

D. 为财务信息执行商定程序

【答案】BC

【解析】提供合理保证和有限保证的业务为鉴证业务，选项 B、C 属于鉴证业务，选项 A、D 为相关服务，不存在保证程度约束。

## 高频考点 3：注册会计师审计、政府审计和内部审计★★

### （一）我国审计监督体系

在审计分类体系中，按照主体分类是基本分类（审计行业细分的基本标准），可以将审计划分为政府审计（国家审计）、内部审计（部门、单位内部审计）和注册会计师审计（民间审计）。上述三大审计主体既相互联系，又各司其职，职能与目标有所侧重，它们共同构成了我国审计监督体系，具体如图 1－2 所示。

图 1－2　我国审计监督体系

### （二）注册会计师审计和政府审计的区别

注册会计师审计与政府审计的区别，具体如表1－2所示。

表1－2 注册会计师审计与政府审计的区别

| 区别 | 注册会计师审计 | 政府审计 |
| --- | --- | --- |
| 审计目的和对象不同 | 注册会计师依法对企业财务报表进行审计，确定其是否符合会计准则和相关会计制度，是否公允反映了财务状况、经营成果和现金流量。<br>【小贴士】侧重发挥注册会计师审计的鉴证职能 | 对政府的财政收支或者国有金融机构和企事业组织财务收支进行审计，确定其是否真实、合法和具有效益。<br>【小贴士】侧重发挥政府审计监督和评价职能 |
| 审计的依据不同 | 《中华人民共和国注册会计师法》和财政部批准发布的注册会计师审计准则。<br>【小贴士】因主体性质不同，标准存在差别，例如在接受委托时签订业务约定书 | 《中华人民共和国审计法》和审计署制定的国家审计准则。<br>【小贴士】因主体性质不同，标准存在差别，例如审计机关向被审计单位下达审计通知书 |
| 经费或收入来源不同 | 注册会计师审计是市场行为，是有偿服务，费用由注册会计师和审计客户协商确定，但是注册会计师在发表审计意见时，独立性不能受到干扰。<br>【小贴士】受托有偿 | 政府审计是行政行为，政府审计机关履行职责所必需的经费，列入同级财政预算，由同级人民政府予以保证。<br>【小贴士】强制无偿 |
| 取证权限不同 | 注册会计师审计受市场行为的局限，在获取审计证据时，很大程度上有赖于企业（被审计单位）及相关单位配合和协助，对企业及相关单位没有行政强制力 | 政府审计具有更大的强制力，各有关单位和个人应当支持、协助审计机关的工作，如实向审计机关反映情况，提供有关证明材料。<br>【小贴士】尽管强于注册会计师审计，但是取证权限也弱于公安、纪检等国家机关 |
| 对发现问题的处理方式不同 | 注册会计师在遇到审计范围受到限制，或就审计发现的问题提请被审计单位调整有关数据或进行披露但被拒绝时，没有行政强制力，只能按照审计准则的规定，根据具体情况作出专业性的处理，包括出具非无保留意见的审计报告、必要时解除业务约定或向监管机构报告。<br>【小贴士】就有关问题也可向国家监管等部门汇报 | 审计机关对违反国家规定的财政、财务收支行为可在职权范围内作出审计决定或者向有关主管机关提出处理、处罚意见。<br>【小贴士】政府审计机关对于处理、处罚意见的执行，常常也需要其他部门的配合 |

### （三）注册会计师审计和内部审计的区别

内部审计是一种独立、客观的鉴证和咨询活动，它通过运用系统、规范的方法，审查和评价组织的业务活动、内部控制和风险管理的适当性和有效性，以促进组织完善治理、增加价值和实现目标。注册会计师审计与内部审计之间的联系主要体现在，前者在执行业务时可以利用被审计单位的内部审计工作，内部审计应当做好与注册会计师审计的沟通和合作等协调工作，以提高审计效率和效果。内部审计与注册会计师审计的主要区别，具体如表1－3所示。

表1－3 内部审计与注册会计师审计的主要区别

| 主要区别点 | 内部审计 | 注册会计师审计 |
| --- | --- | --- |
| 审计独立性 | 内审机构受所在单位的直接领导，独立性受到一定的限制，其独立性只是相对于本单位其他职能部门而言的 | 注册会计师审计是由独立于被审计单位和预期使用者的第三方进行的，具有较强的独立性 |
| 审计方式 | 内部审计是单位根据自身经营管理的需要安排进行的 | 注册会计师审计则是接受委托进行的 |

续表

| 主要区别点 | 内部审计 | 注册会计师审计 |
|---|---|---|
| 审计程序 | 内部审计可以根据所执行业务的目的和需要选择并实施必要的程序 | 注册会计师审计则需要严格按照执业准则的规定程序进行 |
| 审计职责 | 内部审计只对本单位负责，其审计工作主要服务于单位内部管控的需要 | 注册会计师审计不仅对被审计单位负责，而且对社会负责，其审计质量对广大财务信息使用者作出相关决策有直接影响 |
| 审计作用 | 内部审计的结论只作为本单位改善工作的参考，对外不起鉴证作用，并对外保密 | 注册会计师审计结论则要对外公开并起鉴证作用 |

## 命题点拨

**命题角度：** 注册会计师审计与政府审计、内部审计的关系

本知识点在命题时，一般会以客观题（单选题和多选题）的形式出现，主要考核考生对于注册会计师审计与政府审计以及内部审计的联系与区别。

**小贴士** 教材大篇幅地阐述二者之间的区别点，但是考试也常常会考核二者的共同点。

## 经典例题

【真题·单选题】（2021）对于注册会计师审计和政府审计的共同点，下列表述中正确的是（　　）。

A. 注册会计师审计和政府审计都能对发现的问题提出处理、处罚意见

B. 注册会计师审计和政府审计都是治理体系和治理能力现代化建设的重要方面

C. 注册会计师审计和政府审计都是依据《中华人民共和国审计法》

D. 注册会计师审计和政府审计两者的取证权限相同

【答案】B

【解析】选项A，政府审计机关对违反国家规定的财政收支、财务收支行为可在职权范围内作出审计决定或者向有关主管机关提出处理、处罚意见，而注册会计师没有行政强制力，如果企业拒绝调整和披露，注册会计师需根据具体情况，出具恰当的审计报告；选项C，政府审计的依据是《中华人民共和国审计法》和审计署制定的国家审计准则，而注册会计师审计的依据是《中华人民共和国注册会计师法》和财政部批准发布的注册会计师审计准则；选项D，政府审计机关具有更大的强制力，而注册会计师审计受市场行为的局限，在获取审计证据时，很大程度上有赖于被审计单位及相关单位配合和协助，没有行政强制力。

# 第二单元　审计要素

### 高频考点1：审计业务的三方关系

★★★

审计业务三方关系是对审计性质的基本描述。三方关系包括注册会计师［第一方］、被审计单位管理层［第二方］和财务报表的预期使用者［第三方］。具体三方关系如图1－3所示。

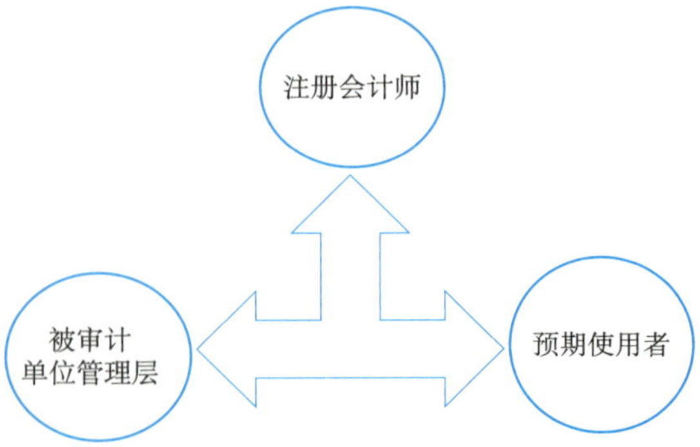


**图1－3　审计业务的三方关系**

**小贴士** 对于财务报表审计而言，审计业务要素包括审计业务的三方关系人、财务报表、财务报表编制基础、审计证据和审计报告。对于该部分知识点，一方面需要从总体掌握审计业务要素涵盖的内容，另一方面对于重要的要素需要深入理解。例如，对于三方关系人的理解要深刻。

## 经典例题

【真题·单选题】（2022）下列各项中，不属于审计要素的是（　　）。

A. 审计报告

B. 审计业务约定书

C. 审计证据

D. 审计业务的三方关系人

【答案】B

【解析】审计业务要素包括审计业务的三方关系人、财务报表、财务报告编制基础、审计证据和审计报告。选项B，审计业务约定书不属于审计业务要素。

### （一）注册会计师

1. 注册会计师概念

注册会计师是指取得注册会计师证书并在会计师事务所执业的人员，通常是指项目合伙人或项目组其他成员，有时也指其所在的会计师事务所。

**小贴士** 如果审计业务涉及特殊知识和技能，注册会计师可以利用专家协助工作，确保项目组在整体上具有承担该项目的胜任能力，具体可以链接到第十五章第二节（利用专家的工作）。

2. 注册会计师的主要职责

按照审计准则的规定对财务报表发表审计意见是注册会计师的责任。为履行这一职责，注册会计师应当遵守相关职业道德要求，按照审计准则的规定计划和实施审计工作，获取充分、适当的审计证据，并根据获取的审计证据得出合理的审计结论，发表恰当的审计意见。注册会计师通过签署审计报告（发表相应的审计意见）确认其责任。

### （二）被审计单位管理层

1. 管理层和治理层的含义

管理层是指对被审计单位经营活动的执行负有经营管理责任的人员。管理层包括部分或全部治理层成员。

治理层是指对被审计单位战略方向以及管理层履行经营管理责任、负有监督责任的人员或组织。治理层的责任包括监督财务报告过程。

**小贴士** （1）财务报表审计并不减轻管理层或治理层的责任；（2）管理层或治理层对编制财务报表承担完全责任；（3）如果财务报表存在重大错报，而注册会计师通过审计没有发现，并不能减轻管理层和治理层对财务报表的责任。

2. 审计工作前提（管理层和治理层认可并理解其所承担的下列责任）

（1）按照适用的财务报告编制基础编制财务报表，并使其实现公允反映（编制报表的责任）；

（2）设计、执行和维护必要的内部控制，以使财务报表不存在由于舞弊或错误导致的重大错报（内部控制的责任）；

（3）向注册会计师提供必要的工作条件，包括允许注册会计师接触与编制财务报表相关的所有信息（如记录、文件和其他事项），向注册会计师提供审计所需的其他信息，允许注册会计师在获取审计证据时不受限制地接触其认为必要的内部人员和其他相关人员（提供工作条件的责任）。

**小贴士** 上述三项内容之所以成为审计工作的前提，主要原因是，若上述三个条件不能同时满足，审计工作将面临重大困难，注册会计师将承担极大的审计风险，因此，也不具备作为审计业务承接并执行的条件。

## 经典例题

【真题·单选题】（2021）下列选项中，不属于审计的前提条件的是（　　）。

A. 存在可接受的财务报告编制基础
B. 管理层愿意接受非无保留意见的审计报告
C. 管理层认可并理解其对财务报表承担的责任
D. 管理层向注册会计师提供必要的工作条件

【答案】B

【解析】审计工作的前提条件包括：(1) 管理层在编制财务报表时采用的财务报告编制基础是可接受的（选项 A 正确）；(2) 就管理层的责任达成一致意见：①按照适用的财务报告编制基础编制财务报表，并使其实现公允反映（选项 C 正确）。②设计、执行和维护必要的内部控制，以使财务报表不存在由于舞弊或错误导致的重大错报。③向注册会计师提供必要的工作条件（选项 D 正确）。

### （三）预期使用者

预期使用者是指预期使用审计报告和财务报表的组织或人员。在审计过程中，需要注册会计师充分识别审计业务涉及的预期使用者，以利于控制审计风险。

(1) 如果审计业务服务于特定的使用者或具有特殊目的，注册会计师可以很容易地识别预期使用者。例如，企业向某银行贷款，该银行要求企业提供一份反映财务状况的财务报表，那么，这家银行就是该审计报告的预期使用者。该类委托业务因为预期使用者非常明确，审计风险控制相对容易一些。

(2) 注册会计师可能无法识别使用审计报告的所有组织和人员，尤其在各种可能的预期使用者对财务报表存在不同的利益需求时。此时，预期使用者主要是指那些与财务报表有重要和共同利益的主要利益相关者。相对于上述第一种情形，该类委托业务预期使用者非常宽泛，审计风险控制也相对复杂一些。例如，在上市公司财务报表审计中，预期使用者主要是指上市公司的股东。

**小贴士** 注册会计师应当根据法律法规的规定或与委托人签订的协议识别预期使用者。

(3) 理论上，审计报告的收件人应当尽可能地明确为所有的预期使用者，但实务中往往很难做到这样，因为有时审计报告并不向某些特定组织或人员提供，但他们也有可能使用审计报告。例如，注册会计师为上市公司提供财务报表审计服务，其审计报告的收件人为“××股份有限公司全体股东”，但除了股东外，公司债权人、供应商、客户、证券监管机构等显然也是预期使用者。

具体链接教材第十九章（审计报告）。

## 经典例题

【真题·单选题】(2022) 下列有关审计报告和财务报表预期使用者的说法中，错误的是（　）。

A. 注册会计师可能无法识别所有的预期使用者
B. 预期使用者可能是组织，也可能是个人
C. 审计报告的收件人通常为预期使用者
D. 对于上市公司而言，预期使用者是指上市公司的全体股东

【答案】D

【解析】选项 D 错误，除了股东外，公司债权人、供应商、客户、证券监管机构等显然也是预期使用者。

## 命题点拨

命题角度：审计工作前提、预期使用者

本知识点在命题时，一般会以客观题（单选题和多选题）的形式出现，主要考核考生对于审计工作前提内容的掌握以及预期使用者内涵的理解。

## 高频考点 2：财务报表及财务报表编制基础★

### （一）财务报表

在财务报表审计中，审计对象是历史的财

务状况、经营成果和现金流量，审计对象的载体（审计对象信息）是财务报表。

小贴士 注意审计对象和审计对象载体的区别。

1. 财务报表概念

财务报表，是指依据某一财务报告编制基础对被审计单位历史财务信息作出的结构性表述，旨在反映某一时点的经济资源或义务，或者某一时期经济资源或义务的变化。

财务报表通常是指整套财务报表，有时也指单一财务报表。

小贴士 单一财务报表和相关附注也可能构成整套财务报表。

2. 披露的含义

披露包括适用的财务报告编制基础所要求的、明确允许的或通过其他形式允许作出的解释性或描述性信息。

小贴士 披露是财务报表不可分割的组成部分，主要在财务报表附注中反映，也可能在财务报表表内反映，或通过财务报表中的交叉索引予以提及。

### （二）财务报表编制基础

1. 适用的财务报告编制基础的衡量标准

适用的财务报告编制基础，是指法律法规要求采用的财务报告编制基础；或者管理层和治理层（如适用）在编制财务报表时，就被审计单位性质和财务报表目标而言，采用的可接受的财务报告编制基础。

2. 财务报告编制基础的类别

财务报告编制基础分为通用目的编制基础和特殊目的编制基础。

（1）通用目的编制基础。

通用目的编制基础，旨在满足广大财务报表使用者共同的财务信息需求的财务报告编制基础，主要是指企业会计准则和相关会计制度。

（2）特殊目的编制基础。

特殊目的编制基础，旨在满足财务报表特定使用者对财务信息需求的财务报告编制基础，包括计税核算基础、监管机构的报告要求和合同的约定等。

## 经典例题

【真题·多选题】（2021）在确定被审计单位财务报告编制基础的可接受性时，下列各项中，注册会计师需要考虑的有（　　）。

A. 财务报表的性质

B. 被审计单位的性质

C. 财务报表的目的

D. 被审计单位管理层是否充分了解财务报告编制基础

【答案】ABC

【解析】在确定编制财务报表所采用的财务报告编制基础的可接受性时，注册会计师需要考虑下列相关因素：（1）被审计单位的性质（选项B正确）；（2）财务报表的目的（选项C正确）；（3）财务报表的性质（选项A正确）；（4）法律法规是否规定了适用的财务报告编制基础。

## 高频考点3：审计证据★★

小贴士 对于本部分内容尽管在第三章会详述，但是因有关观点仅在本节阐述，第三章不会涉及，所以考生应该深刻领会本章有关观点表述，以应对考核的要求。

### （一）审计证据概念

审计证据是指注册会计师为了得出审计结论和形成审计意见而使用的必要信息。

审计证据在性质上具有累积性，主要是在审计过程中通过实施审计程序获取的。

### （二）审计证据的获取途径（常用途径）

（1）以前审计中获取的信息（前提是注册会计师已确定自上次审计后是否已发生变化，这些变化可能影响这些信息对本期审计的相关性）；

（2）会计师事务所接受与保持客户或业务时实施质量管理程序获取的信息；

（3）会计记录是重要的审计证据来源；

（4）被审计单位雇用或聘请的专家编制

的信息。

**小贴士** 审计证据既包括支持和佐证管理层认定的信息，也包括与这些认定相矛盾的信息。在某些情况下，信息的缺乏（如管理层拒绝提供注册会计师要求的声明）本身也构成审计证据，可以被注册会计师利用。

### （三）审计证据的特征（链接第三章第一节）

充分性和适当性是审计证据的基本特征，二者相互关联。

1. 充分性

充分性是对审计证据数量的衡量。注册会计师需要获取的审计证据的数量受其对重大错报风险评估的影响（评估的重大错报风险越高，需要的审计证据可能越多），并受审计证据质量的影响（审计证据质量越高，需要的审计证据可能越少）。然而，注册会计师仅靠获取更多的审计证据可能无法弥补其质量上的缺陷。

2. 适当性

审计证据的适当性是对审计证据质量的衡量，即审计证据在支持审计意见所依据的结论方面具有的相关性和可靠性。审计证据的相关性是指获取的审计证据应与审计目的相关，审计证据的可靠性受其来源和性质的影响，并取决于获取审计证据的具体环境。

### 经典例题

【真题·多选题】（2022）下列各项因素中，影响注册会计师需要获取审计证据的数量的有（　　）。

A. 评估的重大错报风险

B. 获取的审计证据与审计目的的相关程度

C. 审计证据的来源

D. 获取审计证据的具体环境

【答案】ABCD

【解析】选项A正确，评估的重大错报风险越高证据数量可能越多；选项B、C、D正确，审计证据相关性影响审计证据的数量。

## 第三单元　审计目标

### 高频考点1：审计的总体目标★

1. 概念

审计的总体目标是指注册会计师为完成整体审计工作而达到的预期目的。

2. 内容

（1）对财务报表整体是否不存在由于舞弊或错误导致的重大错报获取合理保证，使能对财务报表是否在所有重大方面按照适用的财务报告编制基础编制发表审计意见。

（2）按照审计准则的规定，根据审计结果对财务报表出具审计报告，并与管理层和治理层沟通。

**小贴士** 在注册会计师的总体目标下，注册会计师需要运用审计准则规定的目标以评价是否已获取充分、适当的审计证据。如果根据评价的结果认为没有获取充分、适当的审计证据，那么注册会计师可以采取下列一项或多项措施：①评价通过遵守其他审计准则是否已经获取或将会获取进一步的相关审计证据；②在执行一项或多项审计准则的要求时，扩大审计工作的范围；③实施注册会计师根据具体情况认为必要的其他程序。如果上述措施在具体情况下均不可行或无法实施，注册会计师将无法获取充分、适当的审计证据。在这种情况下，审计准则要求注册会计师确定其对审计报告或完成该项业务的能力的影响。

### 高频考点2：认定★★★

认定与具体审计目标密切相关，注册会计师的基本职责就是确定被审计单位管理层对财务报表的认定是否恰当（即是否存在重大错报）。注册会计师了解认定，就是要确定每个项目的具体审计目标。

#### （一）认定概念

认定是指管理层针对财务报表要素的确

认、计量和列报（包括披露）作出一系列明确或暗含的意思表达。注册会计师在识别、评估和应对重大错报风险的过程中，将管理层的认定用于考虑可能发生的不同类型的错报。可以说，注册会计师的工作就是要确定管理层的认定是否恰当。

当管理层声明财务报表已按照适用的财务报告编制基础编制，在所有重大方面作出公允反映时，就意味着管理层对各类交易和事项、账户余额以及披露的确认、计量和列报作出了认定。管理层在财务报表上的认定有些是明确表达的，有些则是暗含表达的。例如，管理层在资产负债表中列报应收账款及其金额，意味着作出下列明确的认定：（1）记录的应收账款是存在的；（2）应收账款以恰当的金额包括在财务报表中，与之相关的计价或分摊调整已恰当记录。同时，管理层也作出下列暗含的认定：（1）所有应当记录的应收账款均已记录；（2）记录的应收账款都由被审计单位所有。

### （二）认定的类型

1. 关于所审计期间各类交易、事项及相关披露的认定

具体如表1－4所示。

表1－4 审计期间各类交易、事项及相关披露的认定

| 类别 | 含义 | 具体解析 |
|---|---|---|
| 发生 | 记录或披露的交易和事项已发生，且这些交易和事项与被审计单位有关。该认定为定性问题，错报具体表现在对于交易、事项及相关披露确认，不是计量的金额 | （1）错报的性质：不该入账的入了账；<br>（2）典型的手段：虚构（无中生有）；<br>（3）代表性错报：确认了本期未实现的营业收入 |
| 完整性 | 所有应当记录的交易和事项均已记录，所有应当包括在财务报表中的相关披露均已包括。该认定为定性问题，错报具体表现在对于交易、事项及相关披露确认，不是计量的金额 | （1）错报的性质：该入账的没入账；<br>（2）典型的手段：隐瞒；<br>（3）代表性错报：隐瞒了已发生的费用 |
| 准确性 | 与交易和事项有关的金额及其他数据已恰当记录，相关披露已得到恰当计量和描述。该认定为定量认定，是在符合发生、完整性认定的前提下针对金额的量化认定。错报具体表现在对于交易、事项及相关披露计量的金额，不是确认 | （1）错报的性质：入账的金额不正确；<br>（2）典型的手段：多记或少记金额；<br>（3）代表性错报：金额不正确 |
| 截止 | 交易和事项已记录于正确的会计期间。该认定在符合发生、完整性认定的前提下专门针对期间的认定 | （1）错报的性质：入账的会计期间不正确；<br>（2）典型的手段：提前或推迟入账；<br>（3）代表性错报：将下一年的收入计入本期或将本年的收入推迟到下一年 |
| 分类 | 交易和事项已记录于恰当的账户。该认定是在符合发生、完整性认定的前提下针对会计账户是否恰当的认定 | （1）错报的性质：入账的会计账户不正确；<br>（2）代表性错报：将应计入甲总分类账户的交易计入乙总分类账户 |
| 列报 | 交易和事项已被恰当地汇总或分解且表述清楚，相关披露在适用的财务报告编制基础下是相关的、可理解的 | （1）错报的性质：交易和事项不恰当地汇总或分解；<br>（2）代表性错报：将营业外收入列入营业收入 |

2. 关于期末账户余额及相关披露的认定

**小贴士** 该类认定的理解与“关于所审计期间各类交易、事项及相关披露的认定”中各类认定相同或相近。具体如表1－5所示。

表 1-5　　期末账户余额及相关披露的认定

| 类别 | 含义 |
|---|---|
| 存在 | 记录的资产、负债和所有者权益是存在的。<br>【小贴士】与发生认定类似，错报主要表现形式为：不该入账的入了账 |
| 权利和义务 | 记录的资产由被审计单位拥有或控制，记录的负债是被审计单位应当履行的偿还义务。<br>【小贴士】该认定与期末余额认定独有 |
| 完整性 | 所有应当记录的资产、负债和所有者权益均已记录，所有应当包括在财务报表中的相关披露均已包括 |
| 准确性、计价和分摊 | 资产、负债和所有者权益以恰当的金额包括在财务报表中，与之相关的计价或分摊调整已恰当记录，相关披露已得到恰当计量和描述 |
| 分类 | 资产、负债和所有者权益已记录于恰当的账户 |
| 列报 | 资产、负债和所有者权益已被恰当地汇总或分解且表述清楚，相关披露在适用的财务报告编制基础下是相关的、可理解的 |

**小贴士** 当发生和完整性认定包含了对交易是否记录于正确会计期间的恰当考虑时，就可能不存在与交易和事项截止相关的单独认定。也就是说要综合运用各类认定，过于单一的运用会降低审计效率。

**名师解惑**

问：老师，为什么说“认定”在审计目标框架体系处于非常重要的地位呢？

答：注册会计师在确定财务报表审计的具体审计目标时，不仅要考虑财务报表审计的总体审计目标，还要具体明确管理层对于财务报表作出了哪些认定，可以说，财务报表审计的具体目标就是注册会计师对管理层的认定所做的“再认定”。因此，如果不明确管理层的具体认定，就无法明确财务报表审计的具体审计目标。

### 高频考点 3：具体审计目标★

具体审计目标是指注册会计师通过实施审计程序以确定管理层在财务报表中确认的各类交易、账户余额、披露层次认定是否正确。

**小贴士** 具体审计目标的制定，既要依据审计总体目标，还要充分考虑管理层的有关认定。

#### （一）与所审计期间各类交易、事项及相关披露相关的认定与具体审计目标

与所审计期间各类交易、事项及相关披露相关的认定与具体审计目标，具体如表 1-6 所示。

表 1-6　　与所审计期间各类交易、事项及相关披露相关的认定与具体审计目标

| 认定类别 | 具体审计目标 |
|---|---|
| 发生 | 确认已记录的交易是真实的 |
| 完整性 | 确认已发生的交易确实已经记录 |
| 准确性 | 确认已记录的交易是按正确金额反映的 |
| 截止 | 确认接近于资产负债表日的交易记录于恰当的期间 |
| 分类 | 确认被审计单位记录的交易经过适当分类 |
| 列报 | 确认被审计单位的交易和事项已被恰当地汇总或分解且表述清楚，相关披露在适用的财务报告编制基础下是相关的、可理解的 |

### （二）与期末账户余额及相关披露相关的认定与具体审计目标

与期末账户余额及相关披露相关的认定与具体审计目标，具体如表1－7所示。

**表1－7 与期末账户余额及相关披露相关的认定与具体审计目标**

| 认定类别 | 具体审计目标 |
| --- | --- |
| 存在 | 确认记录的金额确实存在 |
| 权利和义务 | 确认资产属于被审计单位的权利，负债属于被审计单位的义务 |
| 完整性 | 确认已存在的金额均已记录 |
| 准确性、计价和分摊 | 确认资产、负债和所有者权益以恰当的金额包括在财务报表中，与之相关的计价或分摊调整已恰当记录 |
| 分类 | 确认资产、负债和所有者权益已记录于恰当的账户 |
| 列报 | 确认资产、负债和所有者权益已被恰当地汇总或分解且表述清楚，相关披露在适用的财务报告编制基础下是相关的、可理解的 |

## 第四单元 审计基本要求

### 高频考点1：保持职业怀疑★★★

#### （一）职业怀疑的概念

职业怀疑，是指注册会计师执行审计业务的一种态度，包括采取质疑的思维方式，对可能表明由于舞弊或错误导致错报的情况保持警觉，以及对审计证据进行审慎评价。

#### （二）职业怀疑的内容

1. 职业怀疑在本质上要求秉持一种质疑的理念

注册会计师应当具有批判和质疑的精神，摒弃“存在即合理”的逻辑思维，寻求事物的真实情况。

**小贴士** 职业怀疑与职业道德基本原则密切相关。

2. 职业怀疑要求对引起疑虑的情形保持警觉

（1）相互矛盾的审计证据；

（2）引起对文件记录、对询问的答复的可靠性产生怀疑的信息；

（3）表明可能存在舞弊的情况；

（4）表明需要实施除审计准则规定外的其他审计程序的情形。

3. 职业怀疑要求审慎评价审计证据

（1）质疑相互矛盾的审计证据的可靠性；

（2）在怀疑信息的可靠性或存在舞弊迹象时，注册会计师需要作出进一步调查，并确定需要修改哪些审计程序或实施哪些追加的审计程序。

**小贴士** 虽然注册会计师需要在审计成本与信息的可靠性之间进行权衡，但是，审计中的困难、时间或成本等事项本身，不能作为省略不可替代的审计程序或满足于说服力不足的审计证据的理由。

4. 职业怀疑要求客观评价管理层和治理层

（1）即使以前正直、诚信的管理层和治理层也可能发生变化，注册会计师不应依赖以往对管理层和治理层诚信形成的判断。

（2）即使注册会计师认为管理层和治理层是正直、诚实的，也不能降低保持职业怀疑的要求，不允许在获取合理保证的过程中满足于说服力不足的审计证据。

### 经典例题

【真题·单选题】（2021）下列有关职业怀疑的说法中，错误的是（　　）。

A. 利用职业怀疑评价管理层和治理层时，不应依赖以往对管理层和治理层诚信

形成的判断

B. 职业怀疑要求注册会计师质疑相互矛盾的审计证据的可靠性

C. 职业怀疑可以使注册会计师更恰当地运用职业判断

D. 保持职业怀疑可以增强注册会计师在审计时保持独立性的能力

【答案】D

【解析】保持独立性可以增强注册会计师在审计中保持客观公正、职业怀疑的能力，并非增强注册会计师在审计时保持独立性的能力，故选项 D 错误。

### （三）保持职业怀疑的作用

审计过程中保持职业怀疑的主要作用，具体如表 1－8 所示。

表 1－8　保持职业怀疑的作用

| 主要作用 | 具体内容 |
| --- | --- |
| 有助于识别和评估重大错报风险 | （1）在识别和评估重大错报风险时，保持职业怀疑有助于注册会计师设计恰当的风险评估程序，有针对性地了解被审计单位及其环境；<br>（2）有助于使注册会计师对引起疑虑的情形保持警觉，充分考虑错报发生的可能性和重大程度，有效识别和评估重大错报风险。<br>【小贴士】该内容的理解链接第七章（风险评估） |
| 有助于进一步审计程序的运用 | （1）在设计和实施进一步审计程序以应对重大错报风险时，保持职业怀疑有助于注册会计师针对评估出的重大错报风险，恰当设计进一步审计程序的性质、时间安排和范围，降低选取不适当的审计程序的风险；<br>（2）有助于注册会计师对已获取的审计证据表明可能存在未识别的重大错报风险的情形保持警觉，并作出进一步调查。<br>【小贴士】该内容的理解链接第八章（风险应对） |
| 有助于评价审计证据 | （1）在评价审计证据时，保持职业怀疑有助于注册会计师评价是否已获取充分、适当的审计证据以及是否还需执行更多的工作；<br>（2）有助于注册会计师审慎评价审计证据，纠正仅获取最容易获取的审计证据，忽视存在相互矛盾的审计证据的偏向。<br>【小贴士】该内容的理解链接第三章（审计证据） |
| 有助于应对舞弊 | （1）保持职业怀疑有助于使注册会计师认识到存在由于舞弊导致的重大错报的可能性，不会受到以前对管理层、治理层正直和诚信形成的判断的影响；<br>（2）使注册会计师对获取的信息和审计证据是否表明可能存在由于舞弊导致的重大错报风险始终保持警惕；<br>（3）使注册会计师在认为文件可能是伪造的或文件中的某些条款可能已被篡改时，作出进一步调查。<br>【小贴士】该内容的理解链接第十三章（对舞弊和法律法规的考虑） |

## 命题点拨

命题角度：职业怀疑的内容

本知识点在命题时，一般会以客观题（单选题和多选题）的形式出现，主要考核考生对于职业怀疑含义及内容准确掌握。

## 经典例题

【真题·单选题】（2018）下列有关职业怀疑的说法中，错误的是（　　）。

A. 保持职业怀疑是注册会计师的必备技能

B. 注册会计师应当在整个审计过程中保持职业怀疑

C. 保持职业怀疑是保证审计质量的关键要素

D. 保持职业怀疑可以使注册会计师发现所有由于舞弊导致的错报

【答案】D

【解析】选项 D 错误，财务报表审计的保证程度为合理保证，非绝对保证。

### 高频考点2：合理运用职业判断★★

1. 职业判断概念

职业判断，是指在审计准则、财务报告编制基础和职业道德要求的框架下，注册会计师综合运用相关知识、技能和经验，作出适合审计业务具体情况、有根据的行动决策。

2. 运用职业判断的重要领域

（1）确定重要性，识别和评估重大错报风险。

小贴士 该内容的理解链接教材第二章（审计计划）。

（2）为满足审计准则的要求和收集审计证据的需要，确定所需实施的审计程序的性质、时间安排和范围。

小贴士 该内容的理解链接教材第三章（审计证据）。

（3）为实现审计准则规定的目标和注册会计师的总体目标，评价是否已获取充分、适当的审计证据以及是否还需执行更多的工作。

小贴士 该内容的理解链接教材第三章（审计证据）。

（4）评价管理层在运用适用的财务报告编制基础时作出的判断。

小贴士 该内容的理解链接教材第十九章（审计报告）。

（5）根据已获取的审计证据得出结论，如评价管理层在编制财务报表时作出的会计估计的合理性。

小贴士 该内容的理解链接教材第十七章（其他特殊项目的审计）、第十九章（审计报告）。

（6）运用职业道德概念框架识别、评估和应对对职业道德基本原则不利的影响。

小贴士 该内容的理解链接教材第二十二章（职业道德基本原则和概念框架）。

3. 衡量职业判断质量的标准

衡量职业判断质量的标准，具体如表1－9所示。

表1－9 衡量职业判断质量的标准

| 主要标准 | 具体内容 |
|---|---|
| 准确性或意见一致性 | 准确性或意见一致性是指职业判断结论与特定标准或客观事实的相符程度，或者不同职业判断主体针对同一职业判断问题所作判断彼此认同的程度 |
| 决策一贯性和稳定性 | 决策一贯性和稳定性是指同一注册会计师针对同一项目的不同判断问题，所作出的判断之间是否符合应有的内在逻辑，以及同一注册会计师针对相同的职业判断问题，在不同时点所作出的判断是否结论相同或相似 |
| 可辩护性 | 可辩护性是指注册会计师是否能够证明自己的工作，通常理由的充分性、思维的逻辑性和程序的合规性是可辩护性的基础 |

## 经典例题

【真题·单选题】（2022）下列选项中，不适用于衡量职业判断质量的是（　　）。

A. 职业判断的复杂性

B. 职业判断的意见一致性

C. 职业判断的决策一贯性

D. 职业判断的可辩护性

【答案】A

【解析】衡量职业判断质量可以基于三个方面：（1）准确性或意见一致性（选项B）；（2）决策一贯性和稳定性（选项C）；（3）可辩护性（选项D）。

4. 对职业判断作出的适当书面记录

（1）对职业判断问题和目标的描述；

（2）解决职业判断相关问题的思路；

（3）收集到的相关信息；

（4）得出的结论以及得出结论的理由；

（5）就决策结论与被审计单位进行沟通的方式和时间。

## 第五单元 审计风险

审计风险，是指当财务报表存在重大错报时，注册会计师发表不恰当审计意见的可能性。

小贴士 审计风险是一个与审计过程相关的技术术语，并不是指注册会计师执行业务的法律后果，如因诉讼、负面宣传或其他与财务报表审计相关的事项而导致损失的可能性。

小贴士 审计风险的两大影响因素，即重大错报风险和检查风险。

### 高频考点1：重大错报风险★★★

（一）重大错报风险概念

重大错报风险是指财务报表在审计前存在重大错报的可能性。

小贴士 重大错报风险与被审计单位的风险相关，且独立于财务报表审计而存在。

（二）重大错报风险类别

在设计审计程序以确定财务报表整体是否存在重大错报时，注册会计师应当从财务报表层次和各类交易、账户余额和披露认定层次方面考虑重大错报风险。

1. 财务报表层次重大错报风险

（1）财务报表层次重大错报风险与财务报表整体存在广泛联系，可能影响多项认定。

（2）财务报表层次重大错报风险通常与控制环境有关，但也可能与其他因素有关，如经济萧条等。

（3）财务报表层次重大错报风险难以界定于某类交易、账户余额和相关披露的具体认定；相反，此类风险增大了认定层次发生重大错报的可能性，与注册会计师考虑由舞弊引起的风险尤其相关。

经典例题

【真题·单选题】（2021）关于财务报表层次重大错报风险的说法中，错误的是（　　）。

A. 财务报表层次重大错报风险增大了认定层次发生重大错报的可能性

B. 财务报表层次重大错报风险影响多项认定

C. 财务报表层次重大错报风险通常与控制环境有关

D. 财务报表层次重大错报风险的评估结果直接有助于确定认定层次上实施的进一步审计程序的性质、时间安排和范围

【答案】D

【解析】注册会计师同时考虑各类交易、账户余额和披露认定层次的重大错报风险，考虑的结果直接有助于注册会计师确定认定层次上实施的进一步审计程序的性质、时间安排和范围，故选项D错误。

2. 认定层次重大错报风险

（1）注册会计师考虑各类交易、账户余额和披露认定层次的重大错报风险，考虑的结果直接有助于注册会计师确定认定层次上实施的进一步审计程序的性质、时间安排和范围。

（2）注册会计师在各类交易、账户余额和披露认定层次获取审计证据，以便能够在审计工作完成时，以可接受的低审计风险水平对财务报表整体发表审计意见。

（3）认定层次的重大错报风险又可以进一步细分为固有风险和控制风险。

认定层次的重大错报风险又可以进一步细分为固有风险和控制风险。它们之间的关系用数学模型表示如下：

重大错报风险＝固有风险×控制风险

经典例题

【真题·单选题】（2022）下列有关重大错报风险的说法中，错误的是（　　）。

A. 重大错报风险与被审计单位的风险相关

B. 重大错报风险受财务报表审计影响

C. 财务报表层次和认定层次都可能存在重大错报风险

D. 重大错报风险是由于舞弊或错误导致的风险

【答案】B

【解析】选项B错误，重大错报风险不受财务报表审计影响，即使不实施财务报表审计，重大错报风险也是客观存在的。

（三）固有风险

1. 固有风险概念

固有风险是指在考虑相关的内部控制之前，某类交易、账户余额或披露的某一认定易于发生错报（该错报单独或连同其他错报可能是重大的）的可能性。

小贴士 固有风险的高低受固有风险因素的影响，固有风险因素是指在不考虑控制的情况下，导致交易类别、账户余额和披露的某一认定易于发生错报（无论该错报是由舞弊还是错误导致）的因素。固有风险因素可以是定性的，也可以是定量的。固有风险因素包括事项或情况的复杂性、主观性、变化、不确定性，以及管理层偏向或其他舞弊风险因素。

2. 固有风险示例

（1）复杂的计算比简单计算更可能出错；

（2）受重大计量不确定性影响的会计估计发生错报的可能性较大；

（3）产生经营风险的外部因素也可能影响固有风险，例如，技术进步可能导致某项产品陈旧，进而导致存货易于发生高估错报；

（4）维持经营的流动资金匮乏、被审计单位处于夕阳行业。

（四）控制风险

1. 控制风险概念

控制风险是指某类交易、账户余额或披露的某一认定发生错报，该错报单独或连同其他错报是重大的，但没有被内部控制及时防止或发现并纠正的可能性。

2. 控制风险特征

（1）控制风险取决于与财务报表编制有关的内部控制的设计和运行的有效性；

（2）由于控制的固有局限性，某种程度的控制风险始终存在。

小贴士 虽然固有风险和控制风险有时难以分割地交织在一起，但审计准则规定，对于识别出的认定层次重大错报风险，注册会计师应当分别评估固有风险和控制风险。对于识别出的财务报表层次重大错报风险，审计准则未明确规定，是应当分别评估固有风险和控制风险，还是合并评估。注册会计师识别和评估财务报表层次重大错报风险采用的具体方法，取决于其偏好的审计技术方法以及实务上的考虑。

命题点拨

命题角度：审计风险概念、财务报表层次重大错报风险、认定层次重大错报风险、固有风险、控制风险。

本知识点在命题时，一般会以客观题（单选题和多选题）的形式出现，主要考核考生对于审计风险概念的理解、财务报表层次重大错报风险和认定层次重大错报风险的含义与特征、固有风险和控制风险含义与特征。

经典例题

【真题·单选题】（2020）下列各项中，不属于审计的固有限制来源的是（　　）。

A. 管理层编制财务报表时需要作出判断

B. 管理层可能不提供注册会计师要求的全部信息

C. 注册会计师在合理的时间内以合理的成本完成审计的需要

D. 注册会计师对重大错报风险的评估可能不恰当

【答案】D

【解析】审计的固有限制源于：（1）财务报告的性质；（2）审计程序的性质；（3）在合理的时间内以合理的成本完成审计的需要，故选项D错误。

**高频考点2：检查风险★★**

1. 检查风险概念

检查风险是指如果存在某一错报，该错报单独或连同其他错报可能是重大的，注册会计师为将审计风险降至可接受的低水平而实施程序后没有发现这种错报的风险。

【真题·单选题】（2021）下列对于检查风险的表述中，错误的是（　　）。

A. 检查风险取决于审计程序设计的合理性和执行的有效性

B. 检查风险不可能被降低为零

C. 抽样风险不会导致检查风险

D. 在审计风险既定程度下，重大错报风险越高，可接受的检查风险越低

【答案】C

【解析】选项C错误，抽样风险和非抽样风险都会导致检查风险的形成。

2. 检查风险成因

（1）注册会计师通常并不对所有的交易、账户余额和披露进行检查；

（2）注册会计师可能选择了不恰当的审计程序、审计过程执行不当，或者错误解读了审计结论。

3. 降低检查风险对策

（1）通过适当计划审计工作；

（2）在项目组成员之间进行恰当的职责分配；

（3）保持职业怀疑态度；

（4）对审计项目组成员执行的工作进行指导、监督和复核。

**名师解惑**

问：老师，为什么说检查风险不可能降为零呢？

答：该问题可以从两个视角考虑：第一个视角，由于抽样风险和非抽样风险存在致使检查风险不可能降为零；第二个视角，从审计"经济性"考虑，不考虑审计成本的盲目降低审计风险，不符合"成本效益原则"。基于以上视角，审计实务中，注册会计师常常会确定适合审计项目的检查风险。

### 高频考点3：重大错报风险与检查风险的关系★★★

#### （一）审计风险概念

审计风险指财务报表存在重大错报时，注册会计师发表不恰当审计意见的可能性。审计风险取决于重大错报风险和检查风险，具体审计风险模型如下：

审计风险 = 重大错报风险 × 检查风险

#### （二）检查风险与重大错报风险的反向关系

根据审计风险模型（审计风险 = 重大错报风险 × 检查风险），注册会计师通过风险评估程序，了解被审计单位及其环境，评估的重大错报风险，在既定的审计风险水平下，则：

检查风险 = 审计风险（既定）/重大错报风险

在既定的可接受审计风险水平下，可接受的检查风险水平与认定层次重大错报风险的评估结果呈反向关系：评估的重大错报风险越高，可接受的检查风险越低；反之，评估的重大错报风险越低，可接受的检查风险越高。

**名师解惑**

问：老师，有观点认为"检查风险 = 审计风险（既定）/重大错报风险"模型运用，比"审计风险 = 重大错报风险 × 检查风险"模型更重要？这个观点正确吗？

答：探究哪个更重要，应该说没有实际意义，但是你要明确，"审计风险 = 重大错报风险 × 检查风险"模型，从一般性揭示了影响审计风险的要素；而"检查风险 = 审计风险/重大错报风险"模型是在审计风险基本模型的基础上的变型，它直观地展示了检查风险与重大错报风险的反向关系，依据该模型注册会计师可以在评估的重大错报风险基础上，合理确定可以接受的检查风险。

### 高频考点4：审计的固有限制★★

注册会计师不可能将审计风险降至零，因此不能对财务报表不存在由于舞弊或错误导致的重大错报获取绝对保证。这是由于审计存在固有限制，导致注册会计师据以得出结论和形成审计意见的大多数审计证据是说服性而非结论性的。审计的固有限制，具体如表1－10所示。

表 1－10　　审计的固有限制

| 影响因素 | 具体解析 |
| --- | --- |
| 财务报告的性质 | 许多财务报表项目涉及主观决策、评估或不确定性，金额本身存在一定的变动幅度，这种变动幅度不能通过实施审计程序予以消除。例如，资产减值等会计估计通常如此。即便如此，审计准则要求注册会计师特别考虑在适用的财务报告编制基础下会计估计是否合理，相关披露是否充分，会计实务的质量是否良好（包括管理层判断是否可能存在偏向） |
| 审计程序的性质 | （1）管理层或其他人员可能有意或无意地不提供与财务报表编制相关的或注册会计师要求的全部信息；<br>（2）舞弊可能涉及精心策划和蓄意实施以进行隐瞒，注册会计师不应被期望成为鉴定文件真伪的专家；<br>（3）审计不是对涉嫌违法行为的官方调查 |
| 财务报告的及时性和成本效益的权衡 | 注册会计师需要在合理时间内以合理成本对财务报表形成审计意见。<br>（1）计划审计工作，以使审计工作以有效的方式得到执行；<br>（2）将审计资源投向最可能存在重大错报风险的领域，并相应地在其他领域减少审计资源；<br>（3）运用测试和其他方法检查总体中存在的错报 |

**小贴士** 由于审计的固有限制，**即使**按照审计准则的规定适当地计划和执行审计工作，**也不可避免地**存在财务报表的某些重大错报可能未被发现的风险。相应地，完成审计工作后发现由于舞弊或错误导致的财务报表重大错报，**其本身并不表明**注册会计师没有按照审计准则的规定执行审计工作。尽管如此，审计的固有限制并不能作为注册会计师满足于说服力不足的审计证据的理由。

**小贴士** 注册会计师是否按照审计准则的规定执行了审计工作，取决于注册会计师在具体情况下实施的**审计程序**，由此获取的**审计证据**的充分性和适当性，以及根据总体目标和对审计证据的评价结果而出具**审计报告**的恰当性。

## 命题点拨

**命题角度：**审计的固有限制来源

本知识点在命题时，一般会以客观题（单选题和多选题）的形式出现，主要考核考生对于审计的固有限制来源准确掌握，需要辨析那些不属于审计的固有限制来源的一些说法。

## 经典例题

**【真题·单选题】**（2022）下列各项中，不属于审计固有限制的来源的是（　　）。

A. 财务报告预期使用者的期望

B. 财务报告的性质

C. 财务报告及时性和成本效益权衡

D. 审计程序的性质

**【答案】**A

**【解析】**审计的固有限制源于：（1）财务报告的性质（选项 B 正确）；（2）审计程序的性质（选项 D 正确）；（3）在合理的时间内以合理的成本完成审计的需要（选项 C 正确）。

# 进阶练习

### （一）单选题

1. 下列各项中，关于审计报告的说法，错误的是（　　）。

A. 审计报告的核心内容是审计意见

B. 审计报告是财务报表预期使用者阅读财务报表的重要附件

C. 审计报告过于标准化模式，致使信息量低、相关性差

D. 审计报告是注册会计师与治理层和财务报表预期使用者沟通的主要手段

2. 下列有关审计业务三方关系人的说法中，错误的是（　　）。

A. 责任方可能是审计业务的委托人

B. 责任方可能是预期使用者，但不一定是唯一的预期使用者

C. 注册会计师通过签署审计报告确认其责任

D. 被审计单位的管理层和治理层应对编制财务报表承担完全责任

3. 下列关于注册会计师审计和政府审计的表述中，错误的是（　　）。

A. 注册会计师审计和政府审计的审计对象不同

B. 注册会计师审计和政府审计的取证权限不同

C. 注册会计师审计和政府审计均要遵守《中华人民共和国注册会计师法》

D. 注册会计师审计和政府审计对发现问题的处理方式不相同

4. 下列有关具体审计目标的说法中，错误的是（　　）。

A. 在财务报表附注中隐瞒与某公司的关联方关系，违反了完整性目标

B. 将已经出售的买方寄存商品，确认为被审计单位的存货，违反了存在认定

C. 对于合同尚未履行的销售交易，在销售收入账中记录了该项业务，违反了发生目标

D. 如果在销售交易中，在销售收入账中记录金额与发票上的价格不符，违反了准确性目标

5. 由于市场竞争对手推出新产品，为防止现有产品因滞销而导致大量积压，被审计单位采用了更为宽松的赊销策略。据此，注册会计师最应当关注的重大错报风险是（　　）。

A. 销售费用项目的准确性

B. 营业成本项目的准确性认定

C. 营业收入项目的发生认定

D. 应收账款项目的准确性、计价和分摊认定

6. 下列各项中，与所审计期间各类交易、事项及相关披露相关的是（　　）。

A. 权利和义务

B. 截止

C. 存在

D. 准确性、计价和分摊

7. 下列各项中，通常不需要注册会计师运用职业判断的是（　　）。

A. 确定财务报表整体的重要性

B. 确定审计工作底稿归档的最晚日期

C. 确定是否利用被审计单位的内部审计工作

D. 评价审计抽样的结果

8. 下列有关审计固有限制的说法中，错误的是（　　）。

A. 审计工作可能因管理层的舞弊而受到限制

B. 审计工作可能因低价竞争而受到限制

C. 在合理的时间内以合理的成本完成审计的需要

D. 审计工作可能因运用会计估计等而受到限制

9. 下列各项中，不属于因审计程序性质导致的审计固有限制的是（　　）。

A. 审计不是对涉嫌违法行为的官方调查

B. 管理层可能有意地不提供与财务报表编制相关的信息

C. 管理层编制财务报表，需要根据事实和情况运用适用的财务报告编制基础的规定，在这一过程中需要作出判断

D. 舞弊可能涉及精心策划和蓄意实施以进行隐瞒

10. 下列各项中，不属于财务报表审计的前提条件的是（　　）。

A. 管理层按照适用的财务报表编制基础编制财务报表，并使其实现公允反映

B. 管理层承诺将更正注册会计师在审计过程中识别出的重大错报

C. 管理层设计、执行和维护必要的内部控制，以使财务报表不存在由于舞弊或错误导致的重大错报

D. 管理层向注册会计师提供必要的工作条件

11. 下列各项中，不属于检查风险成因的是（　　）。

A. 注册会计师通常并不对所有的交易、账户余额和披露进行检查

B. 注册会计师可能选择了错误的审计程序、审计过程执行不当

C. 注册会计师错误解读了审计结论

D. 注册会计师与被审计单位沟通不充分

12. 下列有关检查风险的说法中，错误的是（　　）。

A. 保持职业怀疑有助于降低检查风险

B. 检查风险取决于审计程序设计的合理性和执行的有效性

C. 检查风险通常不可能降低为零

D. 检查风险是指注册会计师未通过审计程序发现错报，因而发表错误审计意见的风险

13. 下列关于固有风险的说法中，错误的是（　　）。

A. 电脑生产企业生产并销售的电脑，固有风险较高

B. 涉及复杂计算的成本核算业务，固有风险较高

C. 被审计单位处于夕阳行业，固有风险较高

D. 受计量不确定性影响的会计估计发生错报的可能性较大，固有风险较高

14. 下列各项中，不能作为衡量注册会计师职业判断质量的是（　　）。

A. 准确性

B. 中立性

C. 决策一贯性

D. 意见一致性

15. 下列有关保证程度的说法中，错误的是（　　）。

A. 对财务信息执行商定程序不存在保证程度的规范要求

B. 代编财务信息业务，不存在保证程度的规范要求

C. 鉴证业务提供合理保证

D. 财务报表审阅提供有限保证

### （二）多选题

1. 下列关于审计证据的说法中，错误的有（　　）。

A. 会计凭证属于重要的审计证据来源

B. 被审计单位聘请的专家提供的信息也能作为审计证据

C. 管理层拒绝提供注册会计师要求的声明不构成审计证据

D. 以前审计中获取的信息，应当成为审计证据

2. 下列关于财务报表审计的理解，错误的有（　　）。

A. 财务报表审计的基础是注册会计师的独立性和权威性

B. 以合理保证的方式提高财务报表的可信度，而不涉及为如何利用信息提供建议

C. 财务报表审计可以用来有效满足财务报表预期使用者的需求

D. 财务报表审计可以提供合理保证，但不能提供绝对保证

3. 下列各项有关审计风险的表述中，错误的有（　　）。

A. 审计风险高，则检查风险一定高

B. 重大错报风险高，则注册会计师就要多收集证据

C. 检查风险取决于审计程序设计的合理性和执行的有效性

D. 可接受的检查风险降低时，注册会计师需要的审计证据数量常常会减少

4. 下列各项中，属于审计固有限制的来源的有（　　）。

A. 管理层在编制财务报表的过程中可能运用到判断

B. 注册会计师可能为满足于说服力不足的审计证据的项目，做出让步

C. 管理层可能不提供编制财务报表相关的全部信息

D. 注册会计师获取审计证据的能力受到法律上的限制

5. 下列关于财务报表审计与审阅业务的说法中，错误的有（　　）。

A. 审计属于合理保证，保证程度高于审阅业务

B. 审阅属于有限保证，保证程度低于审计业务

C. 审阅业务证据收集程序受到有意识的限制，主要采用询问和检查程序获取证据

D. 审阅业务可以用积极方式提出结论

6. 下列各项中，属于财务报表审计的总体目标的有（　　）。

A. 对财务报表整体是否不存在由于舞弊或错误导致的重大错报获取合理保证

B. 根据审计结果对财务报表出具审计报告

C. 确定被审计单位基准日的财务报告内部控制是否健全、有效

D. 就出具的审计报告结果，与管理层和治理层沟通

7. 下列有关职业怀疑的说法中，正确的有（　　）。

A. 职业怀疑在本质上要求秉持一种质疑的理念

B. 职业怀疑有助于注册会计师审慎评价审计证据，纠正仅获取最容易获取的审计证据，而忽视存在相互矛盾的审计证据的偏向

C. 注册会计师可以在审计成本与信息的可靠性之间进行权衡，但审计中的困难等不能作为省略不可替代的审计程序的理由

D. 实施风险评估后，注册会计师如果认为管理层和治理层是正直、诚实的，可以适当降低保持职业怀疑的要求

8. 被审计单位2022年12月的某项厂部管理用设备少计提了折旧80万元，注册会计师由此应将下列认定中的重大错报风险评估确定为高水平的有（　　）。

A. 期间费用的准确性

B. 营业收入的发生

C. 存货的准确性、计价和分摊

D. 固定资产的准确性、计价和分摊

9. 被审计单位下列有关2022年各项业务的会计处理中，违反完整性认定的有（　　）。

A. 12月26日发生销售商品退回，12月30日收到退回商品，截至12月31日尚未作退货的会计处理

B. 12月27日采购商品时，已收到该商品，但发票账单未收到，故12月31日尚未进行会计处理

C. 某笔短期借款，12月31日应计提短期借款利息50万元，只计提15万元

D. 赊销一批产品，合同已履行，具备收入确认条件，应确认收入金额800万元，但因年末忙于结账，至12月31日尚未登记收入明细账

10. 下列有关审计目标的表述中，正确的有（　　）。

A. 审计的总体目标是指注册会计师为完成整体审计工作而达到的预期目的

B. 注册会计师应该在可接受的审计风险下，以积极方式对财务报表整体发表审计意见，提供高水平的保证

C. 注册会计师在了解每个项目的认定后，就很容易确定每个项目的具体目标

D. 具体审计目标是指注册会计师通过实施审计程序以确定管理层在财务报表中确认的各类交易、账户余额、披露层次认定是否正确

11. 下列有关固有风险和控制风险的表述

中，错误的有（　　）。

A. 控制风险与被审计单位的风险管控相关，独立于财务报表审计而存在

B. 财务报表层和认定层次的重大错报风险均可以分解为固有风险和控制风险

C. 由于固有风险和控制风险不可分割地交织在一起，有时无法单独进行评估

D. 固有风险始终存在，而运行有效的内部控制可以降低固有风险

12. 下列有关财务报表审计业务三方关系人的说法中，正确的有（　　）。

A. 审计报告的收件人应当尽可能地明确为所有的预期使用者

B. 审计业务的三方关系人分别是被审计单位管理层、注册会计师和财务报表预期使用者

C. 如果审计业务不存在除责任方之外的其他预期使用者，那么该业务不构成审计业务

D. 管理层是指对被审计单位经营活动的执行负有经营管理责任的人员，管理层不包括部分或全部治理层成员

13. 注册会计师在确定可接受的检查风险时，下列审计程序中，错误的有（　　）。

A. 深入了解被审计单位，适度调节重要性水平的高低

B. 深入了解内部控制，以降低控制风险

C. 深入了解被审计单位，以合理评估认定层面的固有风险

D. 在风险评估的基础上，合理设计和有效实施进一步审计程序

14. 被审计单位资产负债表中列报存货期末余额 15 000 000 元，下列各项中，属于暗含认定的有（　　）。

A. 所有应当记录的存货均已记录

B. 记录的存货是存在的

C. 记录的存货都为被审计单位所有

D. 资产负债表中列报存货 15 000 000 元的金额是正确的，与之相关的计价或分摊调整已正确记录

15. 下列各项中，属于注册会计师不可能将检查风险降低为零的主要原因的有（　　）。

A. 注册会计师的审计成本受到制约

B. 审计计划制定合理，但是审计过程执行不当

C. 注册会计师选择了错误的审计程序

D. 注册会计师通常采用审计抽样的方法

## 进阶练习答案及解析

### （一）单选题

1.【答案】D

【解析】选项 D 错误，审计报告是注册会计师与财务报表预期使用者沟通的主要手段，不存在“治理层”。

2.【答案】B

【解析】选项 B 错误，责任方可能是预期使用者，但如果是唯一的预期使用者，则不能称为审计。

3.【答案】C

【解析】选项 C 错误，政府审计遵守《中华人民共和国审计法》。

4.【答案】B

【解析】选项 B 错误，将已经出售商品，买方寄存商品列入被审计单位的存货中，违反了权利和义务目标。

5.【答案】D

【解析】选项 D 正确，为防止现有产品因滞销而导致大量积压，甲公司采用了宽松的赊销策略，所以与应收账款的准确性、计价和分摊认定有关。

6.【答案】B

【解析】选项A、C、D，是与期末账户余额及相关披露的认定。

7.【答案】B

【解析】审计准则对审计工作底稿的归档期限准则规定为审计报告日后60天内，无须职业判断，故选择选项B。

8.【答案】B

【解析】审计的固有限制源于以下几点：(1)财务报告的性质（选项D正确）；(2)审计程序的性质（选项A正确）；(3)财务报告的及时性和成本效益的权衡（选项C正确）。而选项B则错误。

9.【答案】C

【解析】选项C，属于财务报告的性质导致的审计的固有限制。

10.【答案】B

【解析】审计工作的前提条件包括：(1)管理层在编制财务报表时采用的财务报告编制基础是可接受的（选项A正确）；(2)就管理层的责任达成一致意见：①按照适用的财务报告编制基础编制财务报表，并使其实现公允反映。②设计、执行和维护必要的内部控制，以使财务报表不存在由于舞弊或错误导致的重大错报（选项C正确）。③向注册会计师提供必要的工作条件（选项D正确）。

11.【答案】D

【解析】检查风险成因主要包括：(1)注册会计师通常并不对所有的交易、账户余额和披露进行检查（选项A正确）；(2)注册会计师可能选择了错误的审计程序、审计过程执行不当，或者错误解读了审计结论（选项B、C正确）。而选项D错误。

12.【答案】D

【解析】选项D错误，本选项的表述属于审计风险的定义。检查风险是指如果存在某一错报，该错报单独或连同其他错报可能是重大的，注册会计师为将审计风险降至可接受的低水平而实施程序后没有发现这种错报的风险。

13.【答案】D

【解析】选项D，只有“受重大计量不确定性影响的会计估计发生错报的可能性较大”，固有风险才较高，而不是所有的“受计量不确定性影响的会计估计”。

14.【答案】B

【解析】衡量职业判断质量可以基于下列三个方面：(1)准确性或意见一致性（选项A、D正确）；(2)决策一贯性和稳定性（选项C正确）；(3)可辩护性。而选项B错误。

15.【答案】C

【解析】选项C错误，鉴证业务包括审计业务、审阅业务等，其中的审阅业务提供的是有限保证。

## （二）多选题

1.【答案】CD

【解析】除从被审计单位内部其他来源和外部来源获取的信息外，会计记录也是重要的审计证据来源（选项A正确）；同样，被审计单位雇用或聘请的专家编制的信息也可以作为审计证据（选项B正确）；在某些情况下，信息的缺乏（如管理层拒绝提供注册会计师要求的声明）本身也构成审计证据，可以被注册会计师利用（选项C错误）；以前审计中获取的信息作为证据的前提是注册会计师已确定自上次审计后是否已发生变化，这些变化可能影响这些信息对本期审计的相关性（选项D错误）。

2.【答案】AD

【解析】选项A错误，审计的基础是独立性和专业性；选项D错误，财务报表审计应当提供合理保证，不能提供绝对保证，而不是“可以提供合理保证”。

3.【答案】AD

【解析】选项A错误，审计风险取决于重大错报风险和检查风险，因此，审计风险高，则检查风险不一定高；选项B正确，审计风险模型中的审计风险指的是可接受的审计风险，是一个既定的常数，所以如果重大错报风险较高，检查风险就要低，注册会计师就要多做程序；选项C正确，检查风险是指如果存在某一错报，该错报单独或连同其他错报可能是重大的，注册会计师为将审计风险降至可接受的低水平而实施程序后没有发现这种错报的风险。检查风险取决于审计程序设计的合理性和执行的有效性；选项 D 错误，当可接受的检查风险降低时，说明重大错报风险较高，注册会计师需要的审计证据数量常常会增加。

4. 【答案】ACD

【解析】审计的固有限制源于：（1）财务报告的性质（选项 A 正确）；（2）审计程序的性质（选项 C 正确、选项 D 正确）；（3）在合理的时间内以合理的成本完成审计的需要。

5. 【答案】CD

【解析】选项 C 错误，证据收集程序受到有意识的限制，主要采用询问和分析程序获取证据；选项 D 错误，审阅业务以消极方式提出结论。

6. 【答案】ABD

【解析】注册会计师的总体目标是：（1）对财务报表整体是否不存在由于舞弊或错误导致的重大错报获取合理保证，使得注册会计师能够对财务报表是否在所有重大方面按照适用的财务报告编制基础编制发表审计意见。（2）按照审计准则的规定，根据审计结果对财务报表出具审计报告，并与管理层和治理层沟通。选项 C 错误，确定被审计单位基准日的财务报告内部控制是否健全、有效，是在接受内部控制审计委托情况下，财务报表审计项目不需要在审计报告中对内部控制发表审计意见。

7. 【答案】ABC

【解析】选项 D 错误，即使注册会计师认为管理层和治理层是正直、诚实的，也不能降低保持职业怀疑的要求，不允许在获取合理保证的过程中满足于说服力不足的审计证据。

8. 【答案】AD

【解析】甲公司少提了 50 万元的折旧，会造成设备的账面价值不准确，同时该设备用来生产产品，会造成设备的折旧计入存货成本的金额不准确，以及造成管理费用的不准确，故选项 A、D 是正确的。

9. 【答案】ABD

【解析】选项 C，12 月 31 日应计提短期借款利息 50 万元，只计提 15 万元，属于准确性认定。而其他各选项，均属于违反完整性认定。

10. 【答案】ACD

【解析】选项 B 错误，财务报表审计强调“在可接受的低审计风险下”。

11. 【答案】BD

【解析】选项 B 错误，只有认定层次的重大错报风险可以进一步细分为固有风险和控制风险；选项 D 错误，固有风险是客观的，不能通过内部控制予以降低。

12. 【答案】ABC

【解析】选项 D 错误，管理层是指对被审计单位经营活动的执行负有经营管理责任的人员。管理层包括部分或全部治理层成员。

13. 【答案】AB

【解析】选项 A 错误，重要性水平是注册会计师站在财务报表使用者的角度对财务报表错报的严重程度的判断，不能为了降低审计风险而人为调高重要性水平；注册会计师无法降低控制风险和固有风险，故选项 B 错误；根据审计风险模型，审计风险 = 重大错报风险 × 检查风险，注册会计师通过风险评估程序，了解被审计单位及其环境后评估重大错报风险，根据评估的重大错报风险（包括合理评估认定层面的固有风险）确定检查风险，根据确定的检查风险来设计和实施进一步审计程序，通过实施进一步审计程序来降低检查风险，故选项 C、D 正确。

14. 【答案】AC

【解析】选项 B、D 属于明确认定。

15. 【答案】BCD

【解析】注册会计师不可能将检查风险降低为零的原因包括注册会计师通常不对所有的交易、账户余额和披露进行检查（选项 D 正确）以及其他原因，其他原因包括注册会计师可能选择了错误的审计程序（选项 C 正确）、审计过程执行不当（选项 B 正确），或者错误解读了审计结论。

# 第二章　审计计划

## 2023 年教材内容主要变化

第一节“二、审计的前提条件”中明确了“审计的前提条件的概念”。

## 本章近五年考试高频考点分布

| 高频考点内容 | 年度及题型分布 |
| --- | --- |
| 初步业务活动的目的和内容 | 2022 年多选、2019 年多选、2018 年多选 |
| 审计的前提条件 | 2021 年单选、2020 年单选、2018 年单选 |
| 审计业务约定书 | 2019 年单选、2019 年多选 |
| 具体审计计划 | 2022 年单选 |
| 重要性的概念 | 2020 年单选、2020 年多选 |
| 重要性水平的确定 | 2022 年单选、2022 年多选、2020 年单选、2020 年多选、2018 年综合 |
| 错报 | 2022 年多选、2019 年多选、2018 年多选、2018 年综合 |

## 高频考点精讲

本章内容常常结合后续有关章节内容考核。例如，初步业务活动的目的和内容与教材第七编（质量管理）；具体审计计划、重要性水平、错报与教材第三编（各类交易和账户余额的审计）；重要性水平、错报与教材第五编（完成审计工作与出具审计报告）。

### 第一单元　初步业务活动

#### 高频考点 1：初步业务活动的目的和内容★★

##### （一）初步业务活动的目的

初步业务活动的目的具体如表 2－1 所示。

表 2－1　　初步业务活动的目的

| 序号 | 主要目的 |
|---|---|
| 1 | 确保注册会计师具备执行业务所需要的独立性和专业胜任能力 |
| 2 | 确定不存在因管理层诚信问题而可能影响注册会计师保持该项业务意愿的情况 |
| 3 | 确保会计师事务所与被审计单位之间不存在对业务约定条款的误解 |



### （二）初步业务活动的内容

具体如表 2－2 所示。

表 2－2　　初步业务活动的内容

| 序号 | 主要内容 |
|---|---|
| 1 | 针对保持客户关系和具体审计业务实施相应的质量控制程序 |
| 2 | 评价遵守职业道德规范的情况，如评价独立性等 |
| 3 | 就业务约定条款与被审计单位达成一致理解 |

**小贴士** 虽然保持客户关系及具体审计业务和评价职业道德的工作贯穿审计业务的全过程，但是这两项活动需要安排在其他审计工作之前，以确保注册会计师已具备执行业务所需要的独立性和专业胜任能力，且不存在因管理层诚信问题而影响注册会计师保持该项业务的意愿等情况。在连续审计的业务中，这些初步业务活动通常是在上期审计工作结束后不久或将要结束时就已经开始了。

### 命题点拨

命题角度：初步业务活动的目的、初步业务活动的内容

本知识点在命题时，一般会以客观题（单选题和多选题）的形式出现，主要考核考生对于初步业务活动的目的和初步业务活动的内容的掌握，同时需要考生辨析初步业务活动的目的和初步业务活动的内容有关表述的差别。

### 经典例题

【真题·多选题】（2022）下列各项中，属于注册会计师应当开展的初步业务活动的有（　　）。

A. 针对保持审计业务实施质量管理程序

B. 评价管理层是否存在诚信问题

C. 评价注册会计师是否具备执行业务所需要的专业胜任能力

D. 评价注册会计师是否具备执行业务所需要的独立性

【答案】ABCD

【解析】选项 ABCD 均属于初步业务活动的内容。

## 高频考点 2：审计的前提条件★★★

审计的前提条件是指被审计单位管理层在编制财务报表时采用可接受的财务报告编制基础，以及管理层对注册会计师执行审计工作的前提的认可。

### （一）财务报告编制基础适当，且能够为预期使用者获取

承接鉴证业务的条件之一是标准适当，且能够为预期使用者获取。因此，作为鉴证业务之一的审计业务，亦是如此。如果不存在可接受的财务报告编制基础，管理层就不具有编制财务报表的恰当基础，注册会计师也不具有对财务报表进行审计的适当标准。在确定编制财务报表所采用的财务报告编制基础的可接受性时，注册会计师需要考虑的相关因素，具体如表 2－3 所示。

表 2-3　需要考虑的因素

| 序号 | 主要因素 |
| --- | --- |
| 1 | 被审计单位的性质（例如，被审计单位是商业企业、公共部门实体还是非营利组织） |
| 2 | 财务报表的目的（例如，编制财务报表是用于满足广大财务报表使用者共同的财务信息需求，还是用于满足财务报表特定使用者的财务信息需求） |
| 3 | 财务报表的性质（例如，财务报表是整套财务报表还是单一财务报表） |
| 4 | 法律法规是否规定了适用的财务报告编制基础 |

## 经典例题

【真题·单选题】（2020）下列各项因素中，注册会计师在确定财务报告编制基础的可接受性时，通常无须考虑的是（　　）。

A. 编制财务报表的目的

B. 注册会计师是否充分了解财务报告编制基础

C. 法律法规是否规定了适用的财务报告编制基础

D. 被审计单位的性质

【答案】B

【解析】在确定编制财务报表所采用的财务报告编制基础的可接受性时，注册会计师需要考虑下列相关因素：第一，被审计单位的性质（选项 D 正确）；第二，财务报表的目的（选项 A 正确）；第三，财务报表的性质（例如，财务报表是整套财务报表还是单一财务报表）；第四，法律法规是否规定了适用的财务报告编制基础（选项 C 正确）。

### （二）就管理层的责任达成一致意见

小贴士　按照审计准则的规定执行审计工作的前提是管理层已认可并理解其承担的责任。审计准则并不超越法律法规对这些责任的规定。然而，独立审计的理念要求注册会计师不对财务报表的编制或被审计单位的相关内部控制承担责任，并要求注册会计师合理预期能够获取审计所需要的信息（在管理层能够提供或获取的信息范围内，包括从总账和明细账之外的其他途径获取的信息）。因此，管理层认可并理解其责任，这一前提对执行独立审计工作是至关重要的。具体如表 2-4 所示。

表 2-4　管理层认可并理解的责任

| 主要责任 | 具体解析 |
| --- | --- |
| 按照适用的财务报告编制基础编制财务报表，并使其实现公允反映 | 实现公允列报的报告目标非常重要，因而在与管理层达成一致意见的执行审计工作的前提中需要特别提及公允列报，或需要特别提及管理层负有确保财务报表根据财务报告编制基础编制并使其实现公允反映的责任 |
| 设计、执行和维护必要的内部控制，以使财务报表不存在由于舞弊或错误导致的重大错报 | 由于内部控制的固有限制，无论其如何有效，也只能合理保证被审计单位实现其财务报告目标。注册会计师按照审计准则的规定执行的独立审计工作，不能代替管理层维护编制财务报表所需要的内部控制 |
| 向注册会计师提供必要的工作条件 | （1）允许注册会计师接触与编制财务报表相关的所有信息（如记录、文件和其他事项）；<br>（2）向注册会计师提供审计所需要的其他信息；<br>（3）允许注册会计师在获取审计证据时不受限制地接触其认为必要的内部人员和其他相关人员 |

## 经典例题

【真题·单选题】（2021）下列选项中，不属于审计的前提条件的是（　　）。

A. 存在可接受的财务报告编制基础

B. 管理层愿意接受非无保留意见的审计报告

C. 管理层认可并理解其对财务报表承担的责任

D. 管理层向注册会计师提供必要的工作条件

【答案】B

【解析】审计工作的前提条件包括：(1) 管理层在编制财务报表时采用的财务报告编制基础是可接受的；(2) 就管理层的责任达成一致意见：①按照适用的财务报告编制基础编制财务报表，并使其实现公允反映（如适用）；②设计、执行和维护必要的内部控制，以使财务报表不存在由于舞弊或错误导致的重大错报；③向注册会计师提供必要的工作条件。

### (三) 确认的形式

注册会计师应当要求管理层就其已履行的某些责任提供书面声明。

**小贴士** 如果管理层不认可其责任，或不同意提供书面声明，注册会计师将不能获取充分、适当的审计证据。在这种情况下，注册会计师承接此类审计业务是不恰当的，除非法律法规另有规定。如果法律法规要求承接此类审计业务，注册会计师可能需要向管理层解释这种情况的重要性及其对审计报告的影响。具体链接教材第十八章（完成审计工作）第三单元（书面声明）。

**名师解惑**

问：老师，如何理解“如果管理层不认可其责任，或不同意提供书面声明，注册会计师将不能获取充分、适当的审计证据”？

答：如果管理层不认可其责任，或不同意提供书面声明，意味着如果承接了该客户的财务报表审计业务，将会使注册会计师计划的审计程序因管理层的主观原因不能按计划实施，常常因审计程序受限（受限范围一般非常广泛），致使不能获取充分、适当的审计证据，既定审计目标也将无法实现。

## 高频考点 3：审计业务约定书★★

审计业务约定书是指会计师事务所与被审计单位签订的，用以记录和确认审计业务的委托与受托关系、审计目标和范围、双方的责任以及报告的格式等事项的书面协议。

**小贴士** 会计师事务所承接任何审计业务，都应与被审计单位签订审计业务约定书。

### (一) 审计业务约定书的基本内容

审计业务约定书的具体内容和格式可能因被审计单位的不同而不同，但都应当包括以下基本内容（如表 2-5 所示）。

表 2-5　审计业务约定书的基本内容

| 序号 | 基本内容 |
|---|---|
| 1 | 财务报表审计的目标与范围 |
| 2 | 注册会计师的责任 |
| 3 | 管理层的责任 |
| 4 | 指出用于编制财务报表所适用的财务报告编制基础 |
| 5 | 提及注册会计师拟出具的审计报告的预期形式和内容，以及对在特定情况下出具的审计报告可能不同于预期形式和内容的说明 |

### (二) 审计业务约定书的特殊考虑

审计业务约定书的内容除了上述基本内容外，还可能根据具体项目的实际情况，存在诸多的特殊考虑，具体如表 2-6 所示。

表 2－6　　审计业务约定书的特殊考虑

| 具体情形 | 具体内容 |
| --- | --- |
| 考虑特定需要 | 具体见教材（17 项） |
| 组成部分的审计 | 如果母公司的注册会计师同时也是组成部分注册会计师，需要考虑下列因素，决定是否向组成部分单独致送审计业务约定书：（1）组成部分注册会计师的委托人；（2）是否对组成部分单独出具审计报告；（3）与审计委托相关的法律法规的规定；（4）母公司占组成部分的所有权份额；（5）组成部分管理层相对于母公司的独立程度 |
| 连续审计 | 对于连续审计，注册会计师应当根据具体情况评估是否需要对审计业务约定条款作出修改，以及是否需要提醒被审计单位注意现有的条款。注册会计师可以决定不在每期都致送新的审计业务约定书或其他书面协议。然而，下列因素可能导致注册会计师修改审计业务约定条款或提醒被审计单位注意现有的业务约定条款：（1）有迹象表明被审计单位误解审计目标和范围；（2）需要修改约定条款或增加特别条款；（3）被审计单位高级管理人员近期发生变动；（4）被审计单位所有权发生重大变动；（5）被审计单位业务的性质或规模发生重大变化；（6）法律法规的规定发生变化；（7）编制财务报表采用的财务报告编制基础发生变更；（8）其他报告要求发生变化 |
| 审计业务约定条款的变更 | （1）变更审计业务约定条款的要求在完成审计业务前，如果被审计单位或委托人要求将审计业务变更为保证程度较低的业务，注册会计师应当确定是否存在合理理由予以变更。如果没有合理的理由，注册会计师不应同意变更业务。具体业务的变更原因主要包括以下三个方面：<br>①环境变化对审计服务的需求产生影响；<br>②对原来要求的审计业务的性质存在误解；<br>③无论是管理层施加的还是其他情况引起的审计范围受到限制。<br>上述第①项和第②项通常被认为是变更业务的合理理由，但如果有迹象表明该变更要求与错误的、不完整的或者不能令人满意的信息相关，注册会计师不应认为该变更是合理的。<br>（2）变更为审阅业务或相关服务业务的要求在同意将审计业务变更为审阅业务或相关服务业务前，接受委托按照审计准则执行审计工作的注册会计师，除考虑上述（1）中提及的事项外，还需要评估变更业务对法律责任或业务约定的影响。如果注册会计师认为将审计业务变更为审阅业务或相关服务业务具有合理理由，截至变更日已执行的审计工作可能与变更后的业务相关，相应地，注册会计师需要执行的工作和出具的报告会适用于变更后的业务。<br>【小贴士】为避免引起报告使用者的误解，对相关服务业务出具的报告不应提及原审计业务和在原审计业务中已执行的程序。只有将审计业务变更为执行商定程序业务，注册会计师才可在报告中提及已执行的程序 |

## 命题点拨

命题角度：审计业务约定书的基本内容、审计业务约定书的特殊考虑

本知识点在命题时，一般会以客观题（单选题和多选题）的形式出现，主要考核考生对于审计业务约定书基本内容以及审计业务约定书的特殊考虑（连续审计是否需要修改业务约定书、审计业务约定条款的变更考虑）的掌握。

### 经典例题

【真题·单选题】（2019）通常无须包含在审计业务约定书中的是（　　）。

A. 财务报表审计的目标与范围

B. 出具审计报告的日期

C. 用于编制财务报表所适用的财务报告编制基础

D. 管理层和治理层的责任

【答案】B

【解析】审计业务约定书的具体内容和格式可能因被审计单位的不同而不同，但应当包括以下主要内容：（1）财务报表审计的目标与范围（选项 A 正确）；（2）注册会计师的责任；（3）管理层的责任（选项 D 正确）；（4）指出用于编制财务报表所适用的财务报告编制基础（选项 C 正确）；（5）提及注册会计师拟出具的审计报告的预期形式和内容，以及对在特定情况下出具的审计报告可能不同于预期形式

和内容的说明；而选项B不属于审计业务约定的内容。

## 第二单元 总体审计策略和具体审计计划

审计计划分为总体审计策略和具体审计计划两个层次。注册会计师应当针对总体审计策略中所识别的不同事项，制订具体审计计划，并考虑通过有效利用审计资源以实现审计目标。

### 高频考点1：总体审计策略★★

注册会计师应当为审计工作制定总体审计策略。总体审计策略用以确定审计范围、时间安排和方向，并指导具体审计计划的制订。在制定总体审计策略时，应当考虑的主要事项具体如表2－7所示。



表2－7 制定总体审计策略时应当考虑的主要事项

| 主要事项 | 具体内容 |
| --- | --- |
| 审计范围 | 在确定审计范围时，需要考虑的具体事项见教材（14项） |
| 报告目标、时间安排及所需沟通的性质 | 为计划报告目标、时间安排和所需沟通的性质，需要考虑的事项见教材（7项） |
| 审计方向 | 在确定审计方向时，需要考虑的具体事项见教材（15项） |
| 审计资源 | （1）向具体审计领域调配的资源，包括向高风险领域分派有适当经验的项目组成员，就复杂的问题利用专家工作等；<br>（2）向具体审计领域分配资源的多少，包括分派到重要地点进行存货监盘的项目组成员的人数，在集团审计中复核组成部分注册会计师工作的范围，向高风险领域分配的审计时间预算等；<br>（3）何时调配这些资源，包括是在期中审计阶段还是在关键的截止日期调配资源等；<br>（4）如何管理、指导、监督这些资源，包括预期何时召开项目组预备会和总结会，预期项目合伙人和经理如何进行复核，是否需要实施项目质量复核等 |

### 高频考点2：具体审计计划★★

具体审计计划比总体审计策略更加详细，其内容包括为获取充分、适当的审计证据以将审计风险降至可接受的低水平，项目组成员拟实施的审计程序的性质、时间安排和范围。具体内容如表2－8所示。

表2－8 具体审计计划

| 主要程序 | 具体内容 |
| --- | --- |
| 风险评估程序（链接第七章） | 为了充分识别和评估财务报表重大错报风险，注册会计师计划实施的风险评估程序的性质、时间安排和范围 |
| 进一步审计程序（链接第八章） | 针对评估的认定层次的重大错报风险，注册会计师计划实施的进一步审计程序的性质、时间安排和范围，即控制测试和实质性程序的性质、时间安排和范围。进一步审计程序包括控制测试和实质性程序 |
| 计划的其他审计程序（链接第四编） | 其他审计程序是指上述进一步审计程序的计划中没有涵盖的，根据其他审计准则的要求注册会计师应当执行的既定程序。在审计计划阶段，除了按照《中国注册会计师审计准则第1211号——通过了解被审计单位及其环境识别和评估重大错报风险》进行计划工作，注册会计师还需要兼顾其他准则中规定的针对特定项目在审计计划阶段应执行的程序及记录要求。例如，《中国注册会计师审计准则第1141号——财务报表审计中与舞弊相关的责任》（链接第十三章）等 |

### 经典例题

【真题·单选题】（2022）下列各项中，属于具体审计计划的是（　　）。

A. 签订审计业务约定书

B. 确定重要性水平

C. 确定风险评估程序的性质、时间安排和范围

D. 确定审计资源的规划与调配

【答案】C

【解析】选项 A，签订审计业务约定书属于制订审计计划之前的活动；选项 B 和选项 D 属于总体审计策略的内容。

### 高频考点 3：审计过程中对计划的更改★★

（1）计划审计工作并非审计业务的一个孤立阶段，而是一个持续的、不断修正的过程，贯穿于整个审计业务的始终。

（2）由于未预期事项、条件的变化或在实施审计程序中获取的审计证据等原因，在审计过程中，注册会计师应当在必要时对总体审计策略和具体审计计划作出更新和修改。

（3）如果注册会计师在审计过程中对总体审计策略或具体审计计划作出重大修改，应当在审计工作底稿中记录作出的重大修改及其理由。

### 经典例题

【真题·多选题】（2022）下列各项中，需要在审计过程中根据情况进行修改的有（　　）。

A. 审计资源的调配

B. 重要性水平

C. 重大错报风险的评估水平

D. 进一步审计程序性质、时间安排和范围

【答案】ABCD

【解析】以上四个选项作为审计计划的内容，均可以根据情况进行修改。

## 第三单元　重要性

### 高频考点 1：重要性的概念★★★

#### （一）重要性概念

财务报告编制基础通常从编制和列报财务报表的角度阐释重要性概念。财务报告编制基础可能以不同的术语解释重要性，但通常而言，重要性概念理解具体如表 2－9 所示。

表 2－9　　重要性概念理解

| 序号 | 具体内容 |
|---|---|
| 1 | 如果合理预期错报单独或汇总起来可能影响财务报表使用者的经济决策，则错报是重大的 |
| 2 | 对重要性的判断是根据具体环境作出的，并受错报金额、性质或受两者共同作用的影响 |
| 3 | 判断某事项对财务报表使用者是否重大，是在考虑财务报表使用者整体共同的财务信息需求的基础上作出的 |

**小贴士** 由于不同财务报表使用者对财务信息的需求可能差异很大，因此不考虑错报对个别财务报表使用者可能产生的影响。

### 经典例题

【真题·单选题】（2020）下列有关财务报表整体的重要性的说法中，错误的是（　　）。

A. 注册会计师应当从定性和定量两个方面考虑财务报表整体的重要性

B. 财务报表的审计风险越高，财务报表整体的重要性金额越高

C. 财务报表整体的重要性可能需要在审计过程中作出修改

D. 注册会计师应当在制定总体审计策略时确定财务报表整体的重要性

【答案】B

【解析】财务报表的审计风险越高，财务报表整体的重要性金额越低，故选项 B 错误。

### （二）财务报表审计流程中重要性的运用

财务报表审计流程中重要性的运用，具体如表 2－10 所示。

表 2－10　财务报表审计流程中重要性的运用

| 主要阶段 | 主要目的 |
|---|---|
| 1. 计划审计工作阶段（确定整体重要性水平和适用于特定类别交易、账户余额和披露的一个或多个重要性水平以及实际执行的重要性水平） | （1）当错报金额高于整体重要性水平时，就很可能被合理预期将对使用者根据财务报表作出的经济决策产生影响；<br>（2）合理制定风险评估、进一步审计程序的性质、时间安排和范围 |
| 2. 实施审计工作阶段（运用实际执行的重要性水平） | （1）评估重大错报风险并确定进一步审计程序的性质、时间安排和范围；<br>（2）在整个业务过程中，随着审计工作的进展，注册会计师应当根据所获得的新信息更新重要性，并考虑进一步审计程序是否仍然适当 |
| 3. 形成审计结论阶段（运用整体重要性水平和特定的重要性水平） | （1）评价识别出的错报对财务报表的影响；<br>（2）评价识别出的错报对审计报告中审计意见的影响 |

## 名师解惑

问：老师，审计中的“重要性概念”与日常生活中的“重要性概念”相比，为什么感觉更难理解呢？

答：的确，审计中的“重要性概念”比日常生活中的“重要性概念”更难把握。日常生活中的“重要性概念”大多会是一些宽泛的运用，一般定性考虑即可，不要量化；而审计中的“重要性概念”，首先概念体系庞杂，有“财务报表整体重要性、特定类别重要性、实际执行的重要性”，其次在运用上，不仅需要定性的理解，而且需要定量的判断。所以，就难把握一些。因此，该知识点内容要多下些功夫。

## 经典例题

【真题·多选题】（2020）下列各项审计工作中，注册会计师需要使用财务报表整体重要性的有（　　）。

A. 决定风险评估程序的性质、时间安排和范围

B. 识别和评估重大错报风险

C. 评价已识别的错报对财务报表的影响

D. 确定实际执行的重要性

【答案】ABCD

【解析】在计划和实施报表审计工作阶段使用整体重要性水平的主要目的：（1）决定风险评估程序的性质、时间安排和范围（选项 A正确）；（2）识别和评估重大错报风险（选项 B 正确）；（3）确定进一步审计程序的性质、时间安排和范围。在审计报告阶段使用整体重要性水平的主要目的：（1）评价识别出的错报对财务报表的影响（选项 C 正确）；（2）评价识别出的错报对审计报告中审计意见的影响。通常而言，实际执行的重要性为财务报表整体重要性的50%～75%，所以在确定实际执行的重要性时，也需要使用财务报表整体的重要性，故选项 D 正确。

### 高频考点 2：重要性水平的确定★★★

在计划审计工作时，注册会计师应当确定一个合理的重要性水平，以发现在金额上重大的错报。

小贴士　注册会计师在确定计划的重要性水平时，需要考虑对被审计单位及其环境的了解、财务报表各项目的性质及其相互关系、财务报表项目的金额及其波动幅度。

## 经典例题

【真题·多选题】（2022）下列各项中，属于注册会计师在确定计划的重要性水平时考虑的因素的有（　　）。

A. 财务报表各项目的相互关系

B. 财务报表项目的金额及其波动幅度

C. 财务报表各项目的性质

D. 对被审计单位及其环境的了解

【答案】ABCD

【解析】在计划审计工作时，注册会计师应当确定一个合理的重要性水平，以发现在金额上重大的错报。注册会计师在确定计划的重要性水平时，需要考虑对被审计单位及其环境的了解（选项 D）；财务报表各项目的性质及其相互关系（选项 A、C）；财务报表项目的金额及其波动幅度（选项 B）。

重要性水平的类型如表 2－11 所示。

表 2－11　　重要性水平的类型

| 类型 | 目的 |
| --- | --- |
| 财务报表整体的重要性 | 对财务报表发表审计意见 |
| 特定类别的交易、账户余额或披露的重要性 | 特定类别的交易、账户余额或披露发生错报时，但如能合理预期该错报可能影响报表使用者作出的经济决策，需要确定重要性水平，以控制审计风险 |
| 实际执行的重要性 | 将未更正和未发现错报的汇总数超过财务报表整体的重要性的可能性降至适当的低水平 |

### （一）财务报表整体的重要性

由于财务报表审计的目标是注册会计师通过执行审计工作对财务报表发表审计意见，因此，注册会计师应当考虑财务报表整体的重要性（整体的重要性水平）。只有这样，才能得出财务报表是否是公允反映的结论。

1. 重要性水平确定的时间

在计划审计工作（制定总体审计策略）时，注册会计师应当确定一个可接受的重要性水平，以发现在金额上重大的错报，以此作为衡量重大错报的界限。

2. 重要性水平确定的方法

财务报表层次的重要性水平确定尽管需要专业判断，但是一般可采用如下公式：

重要性水平＝基准×百分比

3. 基准的选择

（1）选择基准考虑的因素。

选择适当的基准需要考虑的因素如表 2－12 所示。

表 2－12　　选择基准考虑的因素

| 序号 | 主要因素 |
| --- | --- |
| ① | 报表要素（如资产、负债、所有者权益、收入和费用） |
| ② | 是否存在财务报表使用者特别关注的项目 |
| ③ | 被审计单位的性质、所处的生命周期阶段（成立/成长/成熟）以及所处行业和经济环境。例如，对于以营利为目的的实体，通常以经常性业务的税前利润作为基准 |
| ④ | 被审计单位的所有权结构和融资方式。例如，如果被审计单位仅通过债务而非权益进行融资，财务报表使用者可能更关注资产及资产的索偿权，而非被审计单位的收益 |
| ⑤ | 基准的相对波动性。如果经常性业务的税前利润不稳定，选用其他基准可能更加合适，如毛利或营业收入 |

（2）选择基准的实务判断。

适当的基准取决于被审计单位的具体情况，包括各类报告收益（如税前利润、营业收入、毛利和费用总额），以及所有者权益或净资产。具体如表 2－13 所示。

表 2－13　　选择基准的实务判断

| 序号 | 具体情形 |
| --- | --- |
| ① | 对于以营利为目的的实体，通常以经常性业务的税前利润作为基准。但是，如果企业处于微利或微亏状态时，采用经常性业务的税前利润为基准确定重要性可能影响审计的效率和效果。注册会计师可以考虑采用以下方法确定基准：<br>a. 如果微利或微亏状态是由宏观经济环境的波动或企业自身经营的周期性所导致，可以考虑采用过去3～5年经常性业务的平均税前利润作为基准；<br>b. 采用财务报表使用者关注的其他财务指标作为基准，如营业收入、总资产等 |
| ② | 如果经常性业务的税前利润不稳定，选用其他基准可能更加合适，如毛利或营业收入 |
| ③ | 就选定的基准而言，相关的财务数据通常包括前期财务成果和财务状况、本期最新的财务成果和财务状况、本期的预算和预测结果 |
| ④ | 本期最新的财务成果和财务状况、本期的预算和预测结果需要根据被审计单位情况的重大变化（如重大的企业并购）和被审计单位所处行业和经济环境情况的相关变化等作出调整。例如，当按照经常性业务的税前利润的一定百分比确定被审计单位财务报表整体的重要性时，如果被审计单位本年度税前利润因情况变化出现意外增加或减少，注册会计师可能认为按照近几年经常性业务的平均税前利润确定财务报表整体的重要性更加合适 |

**小贴士** 注册会计师为被审计单位选择的基准在各年度中通常会保持稳定，但是并非必须保持一成不变。注册会计师可以根据经济形势、行业状况和被审计单位具体情况的变化对采用的基准作出调整。如果被审计单位的经营规模较上年度没有重大变化，通常使用替代性基准确定的重要性不宜超过上年度的重要性。

## 经典例题

【真题·单选题】（2022）下列有关注册会计师为确定财务报表整体的重要性而选择基准的说法中，错误的是（　　）。

A. 注册会计师选择的基准在各年度中通常会保持稳定

B. 在选择基准时，注册会计师无须考虑是否存在特定会计主体的财务报表使用者特别关注的项目

C. 注册会计师可以根据经济形势和行业状况的变化对采用的基准作出调整

D. 在选择基准时，注册会计师需要考虑基准的相对波动性

【答案】B

【解析】选项 B，在选择基准时，注册会计师需考虑是否存在特定会计主体的财务报表使用者特别关注的项目。

4. 适当百分比的确定

（1）确定百分比考虑的因素。

具体如表 2－14 所示。

表 2－14　　确定百分比考虑的因素

| 序号 | 主要因素 |
| --- | --- |
| ① | 被审计单位是否为上市公司或公众利益实体 |
| ② | 财务报表使用者的范围 |
| ③ | 被审计单位是否由集团内部关联方提供融资或是否有大额对外融资（如债券或银行贷款） |
| ④ | 财务报表使用者是否对基准数据特别敏感（如特殊目的的财务报表的使用者） |

（2）选择百分比的实务判断。

具体如表 2－15 所示。

表 2-15　　选择百分比的实务判断

| 序号 | 具体情形 |
| --- | --- |
| ① | 经常性业务的税前利润对应的百分比，通常比营业收入对应的百分比要高 |
| ② | 对以营利为目的的制造行业实体，经常性业务的税前利润的 5% 是适当的 |
| ③ | 对非营利组织，总收入或费用总额的 1% 是适当的 |

### （二）特定类别的交易、账户余额或披露的重要性

特定类别的交易、账户余额或披露发生错报时，虽然错报金额低于财务报表整体的重要性，但如能合理预期该错报可能影响报表使用者作出的经济决策，这些使用者可能根据这些认定作出决策（例如，关联方交易、预计负债的完整性等），应确定该认定的重要性水平。具体因素如表 2-16 所示。

表 2-16　　确定特定类别的交易、账户余额或披露的重要性考虑的因素

| 序号 | 主要因素 |
| --- | --- |
| 1 | 法律法规或适用的财务报告编制基础是否影响财务报表使用者对特定项目（如关联方交易、管理层和治理层的薪酬及对具有较高估计不确定性的公允价值会计估计的敏感性分析）计量或披露的预期 |
| 2 | 与被审计单位所处行业相关的关键性披露（如制药企业的研究与开发成本） |
| 3 | 财务报表使用者是否特别关注财务报表中单独披露的业务的特定方面（如关于分部或重大企业合并的披露） |

**小贴士** 在此主要强调特定类别的交易、账户余额或披露，不是所有的交易、账户余额或披露，这需要运用职业判断。

### 经典例题

【真题·多选题】（2020）下列各项因素中，可能表明注册会计师需要确定特定类别交易、账户余额或披露的重要性水平的有（　　）。

A. 是否存在与被审计单位所处行业相关的关键性披露

B. 财务报表使用者是否特别关注财务报表中单独披露的业务的特定方面

C. 是否存在对特定财务报表使用者的决策可能产生影响的披露

D. 适用的财务报告编制基础是否影响财务报表使用者对特定项目计量或披露的预期

【答案】ABD

【解析】根据被审计单位的特定情况，下列因素可能表明存在一个或多个特定类别的交易、账户余额或披露，其发生的错报金额虽然低于财务报表整体的重要性，但合理预期将影响财务报表使用者依据财务报表作出的经济决策：（1）法律法规或适用的财务报告编制基础是否影响财务报表使用者对特定项目计量或披露的预期（选项 D 正确）；（2）与被审计单位所处行业相关的关键性披露（选项 A 正确）；（3）财务报表使用者是否特别关注财务报表中单独披露的业务的特定方面（选项 B 正确）。

### （三）实际执行的重要性

1. 实际执行的重要性定义

实际执行的重要性，是指注册会计师确定的低于财务报表整体的重要性的一个或多个金额，旨在将未更正和未发现错报的汇总数超过财务报表整体的重要性的可能性降至适当的低水平。

如果适用，实际执行的重要性还指注册会计师确定的低于特定类别的交易、账户余额或披露的重要性水平的一个或多个金额。

2. 确定实际执行的重要性应考虑的因素

具体因素如表 2-17 所示。

表 2 – 17　确定实际执行的重要性应考虑的因素

| 序号 | 主要因素 |
|---|---|
| (1) | 对被审计单位的了解（在实施风险评估程序的过程中会得到更新） |
| (2) | 前期审计工作中识别出的错报的性质和范围 |
| (3) | 根据前期识别出的错报对本期错报作出的预期 |

3. 实际执行的重要性在审计中的作用

(1) 注册会计师在计划审计工作时可以根据实际执行的重要性确定需要对哪些类型的交易、账户余额和披露实施进一步审计程序。

通常选取金额超过实际执行的重要性的财务报表项目，因为这些财务报表项目有可能导致财务报表出现重大错报。

**小贴士** 上述观点不代表注册会计师可以对所有金额低于实际执行的重要性的财务报表项目不实施进一步审计程序，这主要出于以下考虑：

①单个金额低于实际执行的重要性的财务报表项目汇总起来可能金额重大（可能远远超过财务报表整体的重要性），注册会计师需要考虑汇总后的潜在错报风险；②对于存在低估风险的财务报表项目，不能仅仅因为其金额低于实际执行的重要性而不实施进一步审计程序；③对于识别出存在舞弊风险的财务报表项目，不能因为其金额低于实际执行的重要性而不实施进一步审计程序。

(2) 运用实际执行的重要性确定进一步审计程序的性质、时间安排和范围。

例如，在实施实质性分析程序时，注册会计师确定的已记录金额与预期值之间的可接受差异额通常不超过实际执行的重要性。

又如，在运用审计抽样实施细节测试时，注册会计师可以将可容忍错报的金额设定为等于或低于实际执行的重要性。

4. 确定实际执行的重要性的经验值

**小贴士** 通常而言，财务报表层次实际执行的重要性为财务报表整体重要性的 50% ~75%。

具体因素如表 2 – 18 所示。

表 2 – 18　确定实际执行的重要性的经验值

| 序号 | 经验值 | 具体情形 |
|---|---|---|
| (1) | 接近财务报表整体重要性 50% 的情况 | ①首次接受委托的审计项目；<br>②连续审计项目，以前年度审计调整较多；<br>③项目总体风险较高，例如处于高风险行业、管理层能力欠缺、面临较大市场竞争压力或业绩压力等；<br>④存在或预期存在值得关注的内部控制缺陷 |
| (2) | 接近财务报表整体重要性 75% 的情况 | ①连续审计项目，以前年度审计调整较少；<br>②项目总体风险为低到中等，例如处于非高风险行业、管理层有足够能力、面临较低的市场竞争压力和业绩压力等；<br>③以前期间的审计经验表明内部控制运行有效 |

**小贴士** 在实际运用时为了简化，一般可以选择财务报表整体重要性的 50% 或者 75%。

## 经典例题

【真题 · 单选题】（2022）下列各项中，注册会计师需要运用实际执行的重要性的是（　　）。

A. 确定多大金额的错报可能影响财务报表使用者基于财务报表作出的经济决策

B. 确定明显微小错报临界值
C. 在运用审计抽样时确定可容忍错报
D. 评价未更正错报对审计意见的影响

【答案】C

【解析】在运用审计抽样实施细节测试时确定的可容忍错报，可能低于或等于实际执行的重要性。

## 命题点拨

命题角度：财务报表整体的重要性、实际执行的重要性

本知识点在命题时，一般会以客观题（单选题和多选题）的形式出现，主要考核考生对于确定财务报表整体的重要性中基准的选择以及比例的确定、实际执行的重要性中经验值的确定（确定是选择接近财务报表整体重要性的50%，还是选择接近财务报表整体重要性的75%）。

## 高频考点3：错报★★★

### （一）错报的概念

错报是指某一财务报表项目的金额、分类、列报或披露与按适用的财务报告编制基础应列示的金额、分类、列报或披露之间存在的差异；或者根据注册会计师的判断，为使财务报表在所有重大方面实现公允反映，需要对金额、分类、列报作出的必要调整。

## 名师解惑

问：老师，审计中的错报与会计中的错账是什么关系呢？

答：首先二者是有联系的，大多数的会计中的错账会形成报表中的错报；其次，你要清楚审计中的错报，是相对于财务报表来说的，也就不会引起报表错报的会计的错账，对于注册会计师来说，不属于错报。

### （二）错报的成因

（1）收集或处理用以编制财务报表的数据时出现错误；

（2）遗漏某项金额或披露；

（3）由于疏忽或明显误解有关事实作出不正确的会计估计；

（4）注册会计师认为管理层对会计估计作出不合理的判断或对会计政策作出不恰当的选择和运用；

（5）信息的分类、汇总或分解不恰当。

### （三）明显微小错报

1. 总体要求

注册会计师在制定总体审计策略和审计计划时，需要确定一个明显微小错报的临界值，低于该临界值的错报视为明显微小的错报，可以不累积。

2. 确定明显微小错报临界值应当考虑的因素

具体因素如表2－19所示。

表2－19　确定明显微小错报临界值应当考虑的因素

| 序号 | 主要因素 |
|---|---|
| （1） | 以前年度审计中识别出的错报（包括已更正和未更正错报）的数量和金额 |
| （2） | 重大错报风险的评估结果 |
| （3） | 被审计单位治理层和管理层对注册会计师与其沟通错报的期望 |
| （4） | 被审计单位的财务指标是否勉强达到监管机构的要求或投资者的期望 |

## 经典例题

【真题·多选题】（2022）下列各项中，属于影响明显微小错报临界值的因素的有（　　）。

A. 以前年度审计中识别出的错报的数量和余额
B. 重大错报风险的评估结果
C. 被审计单位治理层和管理层对注册会计师与其沟通错报的期望

D. 被审计单位的财务指标是否勉强达到监管机构的要求或投资者的期望

【答案】ABCD

【解析】以上四项均属于确定明显微小错报临界值时可能考虑的因素。

3. “明显微小错报”不等同于“不重大错报”

（1）明显微小错报的临界值可能是财务报表整体重要性的 3% ~5%，一般不超过财务报表整体重要性的 10%。

（2）“不重大错报”有两种情形：

①如果针对某一交易、账户余额或披露认定层次，“不重大错报”是指低于对应的“实际执行的重要性”的错报。

②如果针对判断审计意见类型时，“不重大错报”是指低于“财务报表整体的重要性”的错报。

## 名师解惑

问：老师，确定明显微小错报的实际意义是什么呢？

答：确定明显微小错报实际意义主要是在审计风险可控的前提下，提高审计效率、降低审计成本。实务中，注册会计师对于低于明显微小错报临界值的错报，不需要累积，可以不需要与管理层沟通，进而达到提高审计效率的目的。

### （四）错报的分类

具体如表 2 –20 所示。

表 2 –20 错报的分类

| 类型 | 定义 | 具体内容 |
|---|---|---|
| 事实错报 | 事实错报是指毋庸置疑的错报 | 这类错报产生于被审计单位收集和处理数据的错误，对事实的忽略或误解，或故意舞弊行为 |
| 判断错报 | 判断错报是指管理层对会计估计作出不合理的判断，或不恰当地选择和运用会计政策而导致的差异 | 判断错报产生于两种情况：一是管理层和注册会计师对会计估计值的判断差异，例如，由于包含在财务报表中的管理层作出的估计值超出了注册会计师确定的一个合理范围，导致出现判断差异；二是管理层和注册会计师对选择和运用会计政策的判断差异，由于注册会计师认为管理层选用会计政策造成错报，管理层却认为选用会计政策适当，导致出现判断差异 |
| 推断错报 | 推断错报指通过测试样本估计出的总体的错报减去在测试中发现的已经识别的具体错报 | 注册会计师对总体存在的错报作出的最佳估计数，涉及根据在审计样本中识别出的错报来推断总体的错报 |

## 经典例题

【真题·多选题】（2019）下列各项中，注册会计师在所有审计业务中均应当确定的有（　　）。

A. 财务报表整体的重要性

B. 实际执行的重要性

C. 可容忍错报

D. 明显微小错报的临界值

【答案】ABD

【解析】选项 C 错误，可容忍错报是在审计抽样在细节测试中，确定样本规模时考虑的因素。

# 进阶练习

### （一）单选题

1. 下列各项中，不属于制定总体审计策略考虑事项的是（　　）。

A. 确定财务报表整体重要性

B. 信息技术对审计的影响
C. 重大的行业发展变化
D. 确定控制测试的性质、时间安排和范围

2. 下列各项中，不属于注册会计师开展的初步业务活动的内容的是（　　）。
A. 与被审计单位之间不存在对业务约定条款的误解
B. 评价遵守相关职业道德要求的情况
C. 针对保持客户关系和具体审计业务实施相应的质量控制程序
D. 就审计业务约定条款达成一致意见

3. 下列各项中，属于注册会计师在制订具体审计计划时，应当考虑的事项的是（　　）。
A. 审计报告目标
B. 审计报告时间安排
C. 审计资源
D. 拟实施的进一步审计程序

4. 注册会计师在制定总体审计策略时，下列各项中与考虑特定行业报告要求最相关的是（　　）。
A. 审计资源
B. 报告目标、时间安排及所需沟通的性质
C. 审计方向
D. 审计范围

5. 在确定财务报表整体的重要性时，通常应先选定一个基准，下列各项中，对基准的选择正确的是（　　）。
A. 对于盈利水平保持稳定的企业，以资产作为基准
B. 针对公益性质的基金会，一般以捐赠收入或捐赠支出总额作为确定重要性的基准
C. 对于侧重于抢占市场份额的新兴企业，以资产总额作为基准
D. 针对近年来经营状况大幅波动，盈利和亏损交替发生的企业，可以采用过去1～3年经常性业务的平均税前利润或亏损（取绝对值）作为基准

6. 下列各项中，不属于注册会计师使用财务报表整体重要性的目的的是（　　）。
A. 识别和评估重大错报风险
B. 决定风险评估程序的性质、时间安排和范围
C. 确定审计中识别出的错报是否需要累积
D. 评价已识别的错报对审计意见的影响

7. 下列有关重要性的说法中，不正确的是（　　）。
A. 确定一项错报是否重大，要从性质和金额两方面进行考虑
B. 注册会计师应当在制订具体审计计划时确定财务报表整体的重要性
C. 计划审计工作时，注册会计师应当确定一个合理的重要性水平，以发现金额上的重大错报
D. 注册会计师在确定实际执行的重要性时需要考虑计划的重要性

8. A注册会计师审计ABC公司2022年度财务报表，ABC公司2021年度审计调整较多。A注册会计师确定2022年度财务报表审计整体的重要性水平为300万元，由此，下列注册会计师确定的实际执行的重要性水平中，正确的是（　　）。
A. 实际执行的重要性水平为200万元
B. 实际执行的重要性水平为180万元
C. 实际执行的重要性水平为150万元
D. 实际执行的重要性水平为15万元

9. 下列各项中，不属于注册会计师开展初步业务活动目的的是（　　）。
A. 确保具备执行业务所需的独立性和能力
B. 确定不存在因管理层诚信问题而可能影响注册会计师保持该项业务的意愿的事项
C. 确保与被审计单位之间不存在对业务约定条款的误解
D. 评价遵守相关职业道德要求的情况

10. 下列有关审计业务约定书的说法中，错误的是（ ）。

A. 审计业务约定书应当包括注册会计师的责任和管理层的责任

B. 对于连续审计，注册会计师可能不需要每期都向被审计单位致送新的审计业务约定书

C. 如果集团公司的注册会计师同时也是组成部分注册会计师，则无须向组成部分单独致送审计业务约定书

D. 对于连续审计，如果法律法规的规定发生变化，可能导致注册会计师修改审计业务约定条款

11. 关于特定类别交易、账户余额或披露的重要性水平，下列说法中，错误的是（ ）。

A. 考虑是否确定特定类别交易、账户余额或披露的重要性水平，需要职业判断

B. 特定类别交易、账户余额或披露的重要性水平，应低于财务报表整体的重要性水平

C. 确定特定类别交易、账户余额或披露的重要性水平，不仅要考虑金额还要考虑性质

D. 如果财务报表整体重要性水平合理，则不需要确定特定类别交易、账户余额或披露的重要性

12. 下列各项中，不属于制订具体审计计划考虑的事项的是（ ）。

A. 计划实施的风险评估程序的性质、时间安排和范围

B. 计划实施的进一步审计程序的性质、时间安排和范围

C. 计划实施的其他审计程序的性质、时间安排和范围

D. 就复杂的问题考虑聘请专家的人选

13. 下列各项中，注册会计师在评价财务报告编制基础的可接受性时，不需要考虑的是（ ）。

A. 财务报表的目的

B. 被审计单位的性质

C. 财务报表使用者的期望

D. 财务报表的性质

14. 下列关于重要性概念的相关表述中，错误的是（ ）。

A. 重要性的确定离不开职业判断

B. 对重要性的判断是根据具体环境作出的，并受错报的金额或性质的影响，或受两者共同作用的影响

C. 如果合理预期错报（包括漏报）单独或汇总起来可能影响财务报表使用者依据财务报表作出的经济决策，则通常认为错报是重大的

D. 判断某事项对财务报表使用者是否重大，需要考虑对个别财务报表使用者的财务信息需求

15. 下列关于确定财务报表整体重要性的说法中，错误的是（ ）。

A. 在连续审计中，注册会计师为被审计单位选择的基准在各年度应当保持一致，不能变化

B. 在确定百分比时，注册会计师要考虑财务报表使用者是否对基准数据特别敏感

C. 在确定百分比时，注册会计师应当考虑被审计单位是否为公众利益实体

D. 如果被审计单位的经营规模较上年没有重大变化，通常使用替代性基准确定的重要性不能超过上年度的重要性

## （二）多选题

1. 下列各项中，注册会计师在确定明显微小错报临界值时，通常需要考虑的有（ ）。

A. 以前年度审计中识别出的错报

B. 被审计单位的财务指标是否勉强达到监管机构的要求或投资者的期望

C. 被审计单位治理层和管理层对注册会计师与其沟通错报的期望

D. 被审计单位的财务报表预期使用者

范围

2. 下列有关管理层责任的说法中，正确的有（　　）。

A. 按照适用的财务报告编制基础编制财务报表，并使其实现公允反映

B. 设计、执行和维护必要的内部控制，以使财务报表不存在由于错误或舞弊导致的重大错报

C. 向注册会计师提供必要的工作和生活条件

D. 允许注册会计师在获取审计证据时不受限制地接触其认为必要的内部人员

3. 下列各项中，属于注册会计师在制定总体审计策略的审计资源的规划时，对审计资源规划所需考虑的事项的有（　　）。

A. 是否需要项目质量复核

B. 项目组人员的选择和分工

C. 何时召开项目组成员讨论会

D. 就复杂的问题考虑是否聘请专家

4. 实际执行的重要性通常为财务报表整体重要性的50% ~75%，下列各项中，属于接近财务报表整体重要性75%的有（　　）。

A. 连续接受委托的审计项目

B. 以前年度审计调整较多

C. 审计项目处于高风险行业

D. 以前期间的审计经验表明内部控制运行有效

5. 下列有关审计计划的表述中，错误的有（　　）。

A. 制定总体审计策略应该考虑报告目标、时间安排及所需沟通的性质

B. 具体审计计划应当包括风险评估程序和计划实施的进一步审计程序

C. 总体审计策略影响具体审计计划，因此不存在根据具体审计计划调整总体审计策略的情形

D. 确定实际执行的重要性属于具体审计计划的内容

6. 下列各项中，属于审计业务约定书基本内容的有（　　）。

A. 财务报表审计的范围

B. 财务报表审计的目标

C. 预期管理层将提供的书面声明

D. 注册会计师拟出具的审计报告的预期形式和内容

7. 下列有关财务报表整体的重要性的说法中，正确的有（　　）。

A. 注册会计师应当从定性和定量两个方面考虑财务报表整体的重要性

B. 财务报表使用者的范围越广，财务报表整体的重要性金额越高

C. 注册会计师应当在制订具体审计计划时确定财务报表整体的重要性

D. 财务报表整体的重要性可能需要在审计过程中作出修改

8. 下列有关确定财务报表整体的重要性时选择基准的说法中，错误的有（　　）。

A. 对于以营利为目的的被审计单位，注册会计师应当选取营业收入作为基准

B. 对于国际企业集团设立的研发中心，注册会计师应当以成本或营业费用为基准

C. 企业处于微利或微亏状态时，可以采用财务报表使用者关注的其他财务指标作为基准，如营业收入、总资产等

D. 基准不能是本期财务数据的预算和预测结果

9. 下列关于实际执行的重要性的说法中，正确的有（　　）。

A. 注册会计师应当确定实际执行的重要性，不能超过财务报表整体重要性

B. 注册会计师根据实际执行的重要性确定对哪些类型的交易、账户余额和披露实施进一步审计程序

C. 以前年度审计调整越多，评估的项目总体风险越高，实际执行的重要性通常为财务报表整体重要性的75%

D. 注册会计师应当确定实际执行的重要性，以评估重大错报风险并实施进一步审计程序

10. 下列项目中，属于注册会计师修改重要性水平的合理理由的有（　　）。

A. 审计过程中获取新信息

B. 被审计单位决定处置了一个组成部分

C. 项目组更换了合伙人

D. 通过实施进一步审计程序，注册会计师对被审计单位及其经营所了解的情况发生了变化

11. 下列关于计划审计工作的说法中，正确的有（　　）。

A. 计划审计工作贯穿审计全过程

B. 计划审计工作包括考虑审计程序性质和时间决策

C. 计划审计工作主要包括总体审计策略和具体审计计划

D. 计划审计工作的性质和范围，将因审计业务情况的变化、被审计单位的规模和复杂程度等不同而不同

12. 下列各项中，属于在确定实际执行的重要性时，需要考虑的因素的有（　　）。

A. 了解被审计单位，实施风险评估程序的结果

B. 前期审计工作中识别出的错报的性质和范围

C. 注册会计师根据前期情况对本期错报作出的预期

D. 财务报表使用者的期望值

13. 下列各项中，通常不属于变更审计业务的合理理由的有（　　）。

A. 审计环境变化对审计服务的需求产生影响

B. 客观因素导致审计范围受到限制

C. 管理层对审计范围施加限制

D. 被审计单位对原来要求的审计业务的性质存在误解

14. 为确定审计的前提条件是否存在，下列各项中，属于注册会计师应当执行的工作的有（　　）。

A. 确定被审计单位内控是否存在重大缺陷

B. 确定管理层是否认可并理解其与财务报表相关的责任

C. 确定管理层在编制财务报表时采用的财务报告编制基础是否是可接受的

D. 确定管理层是否有违规行为

15. 下列关于错报的表述中，错误的有（　　）。

A. 错报可能是由于错误或舞弊导致的

B. 明显微小错报有时也需要累积

C. 错报不包括因疏忽而遗漏的某项披露

D. 注册会计师认为管理层对会计估计作出不合理的判断或对会计政策作出错误的选择和运用可能导致错报

### （三）简答题

ABC会计师事务所接受委托审计上市公司甲公司2022年度财务报表，上市公司甲公司是ABC会计师事务所的常年审计客户，ABC会计师事务所委派A注册会计师担任审计项目合伙人。在执行审计计划工作时，有关决策内容摘录如下：

（1）首先确定财务报表整体重要性，通过实施进一步审计程序，发现甲公司及其经营情况发生变化，可以决定适当修改财务报表整体的重要性。

（2）由于财务报表含有高度不确定性的大额估计，A注册会计师认为应该确定一个比不含有该估计的财务报表整体的重要性更低的重要性。

（3）在考虑了财务报表整体重要性水平以及甲公司管理层的期望后，确定实际执行的重要性。

（4）将明显微小错报的临界值确定为财务报表整体重要性的3%～5%，绝不能超过财务报表整体重要性的10%。

（5）在审计的报告阶段不能对审计计划时的确定重要性予以修改。

**【要求】**针对上述第（1）～（5）项，逐项指出A注册会计师的决策是否恰当。如不恰当，简要说明理由。

# 进阶练习答案及解析

## （一）单选题

1. 【答案】D

【解析】选项A，确定财务报表整体重要性属于总体审计策略中确定审计方向；选项B，信息技术对审计的影响属于总体审计策略中确定审计范围；选项C，重大的行业发展变化属于总体审计策略中确定审计方向；选项D，确定控制测试的性质、时间安排和范围，属于具体审计计划需要考虑的内容。

2. 【答案】A

【解析】选项A是初步业务活动的目的，不是初步业务活动的内容。

3. 【答案】D

【解析】选项A、B、C，属于制定总体审计策略应当考虑的事项。

4. 【答案】D

【解析】在确定审计范围时，注册会计师需要考虑特定行业报告要求，故选项D最相关。

5. 【答案】B

【解析】选项A错误，对于盈利水平保持稳定的企业，以经常性税前利润作为基准；选项C错误，对于侧重于抢占市场份额的新兴企业，以营业收入作为基准；选项D错误，针对近年来经营状况大幅波动，盈利和亏损交替发生的企业，可以采用过去3～5年经常性业务的平均税前利润或亏损（取绝对值）作为基准，而不是“1～3年”。

6. 【答案】C

【解析】选项C是在错报沟通阶段明显微小错报的运用。

7. 【答案】B

【解析】选项B错误，注册会计师应当在制定总体审计策略时确定财务报表整体的重要性。

8. 【答案】C

【解析】选项C正确，一般而言，注册会计师确定的实际执行的重要性水平是财务报表整体重要性水平的50%～75%，以前年度审计调整较多，适用50%。

9. 【答案】D

【解析】选项D错误，评价遵守相关职业道德要求的情况是初步业务活动的内容，不是初步业务活动的目的。

10. 【答案】C

【解析】选项C错误，如果母公司的注册会计师同时也是组成部分注册会计师，需要考虑有关因素，决定是否向组成部分单独致送审计业务约定书。

11. 【答案】D

【解析】选项D错误，即使财务报表整体重要性水平合理，注册会计师也需要根据具体情况决定是否需要针对特定类别的交易、账户余额或披露确定重要性。

12. 【答案】D

【解析】确定审计程序的性质、时间安排和范围是具体审计计划的核心（选项A、B、C正确）；选项D属于制定总体审计策略应当考虑的内容。

13. 【答案】C

【解析】在确定编制财务报表所采用的财务报告编制基础的可接受性时，注册会计师需要考虑下列相关因素：（1）被审计单位的性质（选项B正确）；（2）财务报表的目的（选项A正确）；（3）财务报表的性质（选项D正确）；（4）法律法规是否规定了适用的财务报告编制基础；而选项C不属于考虑的因素。

14. 【答案】D

【解析】选项D错误，判断某事项对财务报表使用者是否重大，不需要考虑对个别财务报表使用者的财务信息需求。

15. 【答案】A

【解析】选项A错误，注册会计师为被审计单位选择的基准在各年度中通常会保持稳定，但是并非必须保持一成不变，注册会计师可以根据经济形势、行业状况和被审计单位具体情况的变化等对采用的基准作出调整。

（二）多选题

1.【答案】ABC

【解析】在确定明显微小错报的临界值时，注册会计师可能考虑以下因素：（1）以前年度审计中识别出的错报（包括已更正和未更正错报）的数量和金额（选项 A 正确）；（2）重大错报风险的评估结果；（3）被审计单位治理层和管理层对注册会计师与其沟通错报的期望（选项 B 正确）；（4）被审计单位的财务指标是否勉强达到监管机构的要求或投资者的期望（选项 C 正确）；而选项 D 错误。

2.【答案】ABD

【解析】管理层认可并理解其对财务报表的责任包括：（1）按照适用的财务报告编制基础编制财务报表，并使其实现公允反映（选项 A 正确）；（2）设计、执行和维护必要的内部控制，以使财务报表不存在由于舞弊或错误导致的重大错报（选项 B 正确）；（3）向注册会计师提供必要的工作条件，包括允许注册会计师接触与编制财务报表相关的所有信息，不包含“生活条件”（选项 C 错误）；向注册会计师提供审计所需要的其他信息，允许注册会计师在获取审计证据时不受限制地接触其认为必要的内部人员和其他相关人员（选项 D 正确）。

3.【答案】ACD

【解析】注册会计师应当在总体审计策略中清楚地说明审计资源的规划和调配，包括确定执行审计业务所必需的审计资源的性质、时间安排和范围。（1）向具体审计领域调配的资源（选项 D 正确）；（2）向具体审计领域分配资源的多少；（3）何时调配这些资源；（4）如何管理、指导、监督这些资源（选项 A、C 正确）；选项 B 属于在确定审计方向时应该考虑的因素。

4.【答案】AD

【解析】选项 B、C 属于实际执行的重要性通常为财务报表整体重要性 50% 的情况。

5.【答案】BCD

【解析】选项 B 错误，具体审计计划应当包括风险评估程序和计划实施的进一步审计程序和其他审计程序；选项 C 错误，注册会计师可能会在具体审计计划中制定相应的审计程序，并相应调整总体审计策略的内容；选项 D 错误，确定实际执行的重要性属于总体审计策略内容。

6.【答案】ABD

【解析】选项 C 属于审计业务约定书的特殊考虑中的“考虑特定需要”，不属于审计业务约定书基本内容。

7.【答案】AD

【解析】选项 B 错误，财务报表使用者的范围越广，财务报表整体的重要性金额越低；选项 C 错误，注册会计师应当在制定总体审计策略时确定财务报表整体的重要性。

8.【答案】AD

【解析】选项 A 错误，对于以营利为目的的被审计单位，注册会计师可能选取经常性业务的税前利润作为基准；选项 D 错误，基准可以是本期财务数据的预算和预测结果。

9.【答案】ABD

【解析】选项 C 错误，以前年度审计调整越多，评估的项目总体风险越高，越应当确定一个较低水平的实际执行的重要性，通常为财务报表整体重要性的 50%。

10.【答案】AD

【解析】由于存在下列原因，注册会计师可能需要修改财务报表整体的重要性和特定类别的交易、账户余额或披露的重要性水平：（1）审计过程中情况发生重大变化（如决定处置被审计单位的一个重要组成部分）（选项 B 错误）；（2）获取新信息（选项 A 正确）；（3）通过实施进一步审计程序，注册会计师对被审计单位及其经营所了解的情况发生变化（选项 D 正确）；选项 C 错误。

11.【答案】ABD

【解析】选项 C 错误，计划审计工作需要进行初步业务活动、总体审计策略和具体审计计划。

12. 【答案】ABC

【解析】确定实际执行的重要性考虑下列因素的影响：（1）对被审计单位的了解（这些了解在实施风险评估程序的过程中得到更新）（选项A正确）；（2）前期审计工作中识别出的错报的性质和范围（选项B正确）；（3）根据前期识别出的错报对本期错报作出的预期（选项C正确）；选项D错误。

13. 【答案】BCD

【解析】选项A属于变更审计业务的合理理由。选项D，合理理由是委托人对原来要求的审计业务的性质存在误解，所以选项D不属于变更审计业务的合理理由。

14. 【答案】AD

【解析】审计的前提条件是指管理层在编制财务报表时采用可接受的财务报告编制基础（选项C正确），以及管理层对注册会计师执行审计工作的前提的认同（选项B正确）。

15. 【答案】BC

【解析】选项B，明显微小错报不需要累积；选项C错误，错报包括因疏忽而遗漏的某项金额或披露。

（三）简答题

【答案】

（1）恰当。

（2）不恰当。财务报表含有高度不确定性的大额估计，注册会计师并不会因此而确定一个比不含有该估计的财务报表整体的重要性更高或更低的重要性，也就是说，注册会计师在确定重要性水平时，不需要考虑与具体项目计量相关的固有不确定性。

（3）不恰当。确定实际执行的重要性，不需要考虑甲公司管理层的期望。

（4）不恰当。注册会计师可能将明显微小错报的临界值确定为财务报表整体重要性的3%～5%，也可能低一些或高一些，但通常不超过财务报表整体重要性的10%，除非注册会计师认为有必要单独为重分类错报确定一个更高的临界值。

（5）不恰当。在审计的报告阶段可以对审计计划时的确定重要性予以修改。

# 第三章　审计证据



## 2023 年教材内容主要变化

主要内容无实质性变化，局部文字有修改。

## 本章近五年考试高频考点分布

| 高频考点内容 | 年度及题型分布 |
| --- | --- |
| 审计证据的特征 | 2019 年单选 |
| 审计证据的适当性 | 2022 年单选、2020 年单选、2019 年单选、2018 年单选 |
| 审计程序 | 2022 年单选、2022 年多选、2019 年单选、2018 年单选 |
| 函证决策 | 2021 年单选、2020 年简答、2019 年简答、2018 年简答 |
| 询证函发出前的控制 | 2020 年简答、2019 年简答、2018 年简答 |
| 评价回函的可靠性 | 2021 年单选、2021 年简答 |
| 影响回函可靠性的限制性条款 | 2020 年简答 |
| 积极式询证函未收回时的处理 | 2019 年简答 |
| 分析程序的目的 | 2021 年单选、2020 年单选 |
| 用作风险评估程序的分析程序 | 2018 年单选 |
| 用作实质性程序的分析程序 | 2019 年单选 |

## 高频考点精讲

本章知识点属于审计学原理部分的内容，着重考核注册会计师在收集审计证据时职业判断的运用情况，在学习过程中要结合后续有关章节具体业务内容学习。例如，可将函证与教材第三编中的应收账款、银行存款、存货等各类交易和账户余额的审计业务相联系，命题还可以结合第二编审计测试流程中的分析程序和实质性分析一并考核。

## 第一单元　审计证据的性质

### 高频考点1：审计证据的含义★★

**（一）审计证据的概念**

审计证据是指注册会计师为了得出审计结论、形成审计意见而使用的所有信息。

**（二）审计证据的构成**

审计证据包括构成财务报表基础的会计记录所含有的信息和其他的信息。

财务报表依据的会计记录中包含的信息和其他的信息共同构成了审计证据，两者缺一不可。

（1）如果没有财务报表依据的会计记录，审计工作将无法进行。

（2）如果没有其他的信息，可能无法识别重大错报风险。

（3）只有将两者结合在一起，才能将审计风险降至可接受的低水平，为注册会计师发表审计意见提供合理基础。

**经典例题**

【真题·单选题】（2020）下列有关审计证据的说法中，错误的是（　　）。

A. 审计证据可能包括与管理层认定相矛盾的信息

B. 信息的缺乏本身不构成审计证据

C. 审计证据可能包括被审计单位聘请的专家编制的信息

D. 审计证据可能包括以前审计中获取的信息

【答案】B

【解析】在某些情况下，信息的缺乏（如管理层拒绝提供注册会计师要求的声明）本身也构成审计证据，可以被注册会计师利用，故选项B错误。

**命题点拨**

命题角度：注册会计师收集审计证据的职业判断

审计证据是注册会计师得出审计结论、形成审计意见的使用信息，但哪类信息可以形成审计证据，则需要注册会计师运用职业判断来确定。因为各类证据的适当性不同，对审计结论的支持程度也略有不同。考试时，不能将审计证据泛化，即不能理解为“注册会计师收集的信息都可以形成审计证据”。

### 高频考点2：审计证据的充分性★★

**小贴士** 注册会计师应当保持职业怀疑态度，运用职业判断，评价审计证据的充分性和适当性。

**（一）含义**

审计证据的充分性是对审计证据数量的衡量，主要与注册会计师确定的样本量有关。

**（二）影响因素**

（1）注册会计师确定的样本量；

（2）注册会计师获取的审计证据的数量受其对重大错报风险评估的影响（评估的重大错报风险越高，需要的审计证据可能越多）；

（3）审计证据质量的影响（审计证据质量越高，需要的审计证据可能越少）。

**小贴士** 注册会计师仅靠获取更多的审计证据可能无法弥补其质量上的缺陷。

### 高频考点3：审计证据的适当性★★★

审计证据的适当性，是对审计证据质量的衡量，即审计证据在支持审计意见所依据的结论方面具有的相关性和可靠性。

**小贴士** 相关性和可靠性是审计证据适当性的核心内容，只有相关且可靠的审计证据才是高质量的。但用作审计证据的信息的相关性可能受测试方向的影响。

**（一）审计证据的相关性**

1. 含义

审计证据的相关性是指用作审计证据的信息与审计程序的目的和所考虑的相关认定之间的逻辑联系。

2. 审计证据相关性的认识

（1）特定的审计程序可能只为某些认定提供相关的审计证据，而与其他认定无关。

（2）有关某一特定认定（如存货的存在认定）的审计证据，不能替代与其他认定（如该存货的计价认定）相关的审计证据。

（3）不同来源或不同性质的审计证据可能与同一认定相关。

### 经典例题

【真题·单选题】（2020）下列有关审计证据的相关性的说法中，错误的是（　　）。

A. 审计证据的相关性是审计证据适当性的核心内容之一

B. 审计证据的相关性影响审计证据的充分性

C. 审计证据的可靠性影响审计证据的相关性

D. 审计证据的相关性可能受测试方向的影响

【答案】C

【解析】审计证据的相关性是指用作审计证据的信息与审计程序的目的和所考虑的相关认定之间的逻辑联系。审计证据的可靠性是指证据的可信程度，并不影响审计证据的相关性，故选项C错误。

### （二）审计证据的可靠性

1. 含义

审计证据的可靠性是指证据的可信程度。

2. 判断审计证据可靠性时考虑的原则

（1）从外部独立来源获取的审计证据比从其他来源获取的审计证据更可靠。

（2）内部控制有效时内部生成的审计证据比内部控制薄弱时内部生成的审计证据更可靠。

（3）直接获取的审计证据比间接获取或推论得出的审计证据更可靠。

（4）以文件、记录形式（无论是纸质、电子或其他介质）存在的审计证据比口头形式的审计证据更可靠。

（5）从原件获取的审计证据比从传真件或复印件获取的审计证据更可靠。

小贴士 审计证据的可靠性受其来源和性质的影响，并取决于获取审计证据的具体环境。一般情况下，口头证据往往需要得到其他相应证据的支持。注册会计师在按照上述原则评价审计证据的可靠性时，还应当注意可能出现的重要例外情况。如果注册会计师不具备评价证据的专业能力，那么即使是直接获取的证据，也可能不可靠。

### 经典例题

【真题·单选题】（2022）在设计询证函时，注册会计师应当考虑可能影响函证可靠性的因素。下列各项中，通常不会影响函证可靠性的是（　　）。

A. 选取函证样本的方法

B. 函证的方式

C. 拟函证信息的性质

D. 被询证者易于回函的信息类型

【答案】A

【解析】选取函证样本的方法不影响可靠性。

### （三）充分性和适当性之间的关系

1. 基本要求

充分性和适当性是审计证据的两个重要特征，两者缺一不可，只有充分且适当的审计证据才是有证明力的。

2. 审计证据适当性对审计证据充分性的影响

注册会计师需要获取的审计证据的数量也受审计证据质量的影响。审计证据质量越高，需要的审计证据数量可能越少。也就是说，审计证据的适当性会影响审计证据的充分性。

3. 审计证据质量“一票否决”

尽管审计证据的充分性和适当性相关，但如果审计证据的质量存在缺陷，那么注册会计师仅靠获取更多的审计证据可能无法弥补其质量上的缺陷。

小贴士 如果注册会计师获取的证据不可靠，那么证据数量再多也难以起到证明作用。

## 经典例题

【真题·单选题】（2012）下列有关审计证据适当性的说法中，错误的是（　　）。

A. 审计证据的适当性是对审计证据质量的衡量

B. 审计证据适当性的核心内容是相关性和可靠性

C. 获取更多的审计证据无法弥补审计证据适当性的缺陷

D. 审计证据的适当性可以弥补充分性的不足

【答案】D

【解析】如果审计证据的质量存在缺陷，注册会计师仅靠获取更多的审计证据可能无法弥补其质量上的缺陷。

### 高频考点4：评价充分性和适当性时的特殊考虑★★★

#### （一）对文件记录可靠性的考虑

1. 审计工作不涉及鉴定文件记录的真伪

审计工作通常不涉及鉴定文件记录的真伪，注册会计师也不是鉴定文件记录真伪的专家，但应当考虑用作审计证据的信息的可靠性，并考虑与这些信息生成和维护相关控制的有效性。

2. 识别出文件记录可能伪造时的处理

如果在审计过程中识别出的情况使其认为文件记录可能是伪造的，或文件记录中的某些条款已发生变动，注册会计师应当作出进一步调查，包括直接向第三方询证，或考虑利用专家的工作以评价文件记录的真伪。

#### （二）使用被审计单位生成信息时的考虑

（1）注册会计师为获取可靠的审计证据，实施审计程序时使用的被审计单位生成的信息需要足够完整和准确。

（2）如果针对这类信息的完整性和准确性获取审计证据是所实施审计程序本身不可分割的组成部分，则可以与对这些信息实施的审计程序同时进行。

（3）在某些情况下，注册会计师可能打算将被审计单位生成的信息用于其他审计目的。在这种情况下，获取的审计证据的适当性受到该信息对于审计目的而言是否足够精确和详细的影响。

#### （三）证据相互矛盾时的考虑

（1）如果针对某项认定从不同来源获取的审计证据或获取的不同性质的审计证据能够相互印证，与该项认定相关的审计证据则具有更强的说服力。

（2）如果从不同来源获取的审计证据或获取的不同性质的审计证据不一致，表明某项审计证据可能不可靠，注册会计师应当追加必要的审计程序。

#### （四）获取审计证据时对成本的考虑

（1）注册会计师可以考虑获取审计证据的成本与所获取信息的有用性之间的关系，但不应以获取审计证据的困难和成本为由减少不可替代的审计程序。

（2）在保证获取充分、适当的审计证据的前提下，控制审计成本也是会计师事务所增强竞争能力和获利能力所必需的。

## 第二单元　审计程序

### 高频考点1：审计程序的作用★

#### （一）审计程序的定义

审计程序是指注册会计师在审计过程中的某个时间，对将要获取的某类审计证据如何进行收集的详细指令。

#### （二）实施审计程序的目的

通过实施审计程序，获取充分、适当的审计证据，以满足对财务报表发表意见。

小贴士 受到成本的约束，注册会计师不可能检查和评价所有可能获取的证据，因此对审计证据充分性、适当性的判断是非常重要的。

### （三）注册会计师利用审计程序获取审计证据的决策

注册会计师利用审计程序获取审计证据的决策如表 3 – 1 所示。

**表 3 – 1　　注册会计师利用审计程序获取审计证据的决策**

| 决策内容 | 涉及内容 |
| --- | --- |
| 选用何种审计程序 | 审计程序 |
| 对选定的审计程序，应当选取多大的样本规模 | 审计抽样方法 |
| 应当从总体中选取哪些项目 | 审计抽样方法 |
| 何时执行这些程序 | 审计程序 |

## 高频考点 2：审计程序的种类★★★

在审计过程中，注册会计师可根据（获取审计证据）需要单独或综合运用以下审计程序，以获取充分、适当的审计证据。

### （一）检查

1. 定义

检查是指注册会计师对被审计单位内部或外部生成的，以纸质、电子或其他介质形式存在的记录和文件进行审查，或对资产进行实物审查。

2. 对审计证据可靠性的影响

检查记录或文件可以提供可靠程度不同的审计证据，审计证据的可靠性取决于记录或文件的性质和来源，而在检查内部记录或文件时，其可靠性则取决于生成该记录或文件的内部控制的有效性。

3. 获取审计证据的缺陷

检查有形资产可为其存在提供可靠的审计证据，但不一定能够为权利和义务或计价等认定提供可靠的审计证据。

### （二）观察

1. 含义

观察是指注册会计师查看相关人员正在从事的活动或实施的程序。

2. 获取审计证据的缺陷

观察可以提供执行有关过程或程序的审计证据，但观察所提供的审计证据仅限于观察发生的时点，而且被观察人员的行为可能因被观察而受到影响，这也会使观察提供的审计证据受到限制。

### （三）询问

1. 含义

询问是指注册会计师以书面或口头方式，向被审计单位内部或外部的知情人员获取财务信息和非财务信息，并对答复进行评价的过程。

2. 询问程序作用

（1）知情人员对询问的答复可能为注册会计师提供尚未获悉的信息或佐证证据。

（2）对询问的答复也可能提供与注册会计师已获取的其他信息存在重大差异的信息。

（3）在某些情况下，对询问的答复为注册会计师修改审计程序或实施追加的审计程序提供了基础。

3. 获取审计证据的缺陷

尽管对通过询问获取的审计证据予以佐证通常特别重要，但在询问管理层意图时，获取的支持管理层意图的信息可能是有限的。

4. 询问程序的佐证方式

针对某些事项，注册会计师可能认为有必要向管理层和治理层（如适用）获取书面声明，以证实对口头询问的答复。

**小贴士** 作为其他审计程序的补充，询问广泛应用于整个审计过程中。

### （四）函证

函证是指注册会计师直接从第三方（被询证者）获取书面答复以作为审计证据的过程，书面答复可以采用纸质、电子或其他介质等形式。

### （五）重新计算

重新计算是指注册会计师对记录或文件中的数据计算的准确性进行核对。重新计算可通过手工方式或电子方式进行。

### （六）重新执行

重新执行是指注册会计师独立执行原本作为被审计单位内部控制组成部分的程序或控制。

### （七）分析程序

分析程序指注册会计师通过分析不同财务数据之间以及财务数据与非财务数据之间的内在关系，对财务信息作出评价。

**小贴士** 审计程序基于审计的不同阶段和目的单独或组合起来，可用作风险评估程序、控制测试和实质性程序，如表3－2所示。

表3－2　　风险评估程序、控制测试和实质性程序

| 总体审计程序 | 应用方式 | 审计程序 |
| --- | --- | --- |
| 风险评估程序（必须实施）<br>控制测试（可以不做）<br>实质性程序（必须实施） | →<br>单独或组合起来应用<br>← | 检查<br>观察<br>询问<br>函证<br>重新计算<br>重新执行<br>分析程序 |

**小贴士** 在设计审计程序时，注册会计师通常使用规范的措辞或术语，以使审计人员能够准确理解和执行。

## 经典例题

【真题·单选题】（2019）下列审计程序中，不适用于细节测试的是（　　）。

A. 函证　　B. 检查

C. 重新执行　　D. 询问

【答案】C

【解析】重新执行是指注册会计师独立执行原本作为被审计单位内部控制组成部分的程序或控制，因此选择选项C。

## 第三单元　函证

### 高频考点1：函证决策★★★

### （一）目的

注册会计师应当确定是否有必要实施函证以获取认定层次的充分、适当的审计证据。

### （二）考虑因素

函证决策考虑的因素如表3－3所示。

表3－3　　函证决策考虑的因素

| | | |
| --- | --- | --- |
| 函证决策考虑的因素 | 应当考虑因素 | 评估的认定层次重大错报风险<br>函证程序针对的认定<br>实施函证以外的其他审计程序 |
| | 可能考虑因素 | 被询证者对函证事项的了解<br>预期被询证者回复函证的能力和意愿<br>预期被询证者的客观性 |

1. 评估的认定层次重大错报风险

（1）评估的认定层次重大错报风险水平越高，注册会计师对通过实质性程序获取的审计证据的相关性和可靠性的要求越高。注册会计师要设计实质性程序获取更加相关和可靠的审计证据，或者更有说服力的审计证据。

**小贴士** 函证程序的运用对于提供充分、适当的审计证据可能是有效的。

（2）评估的认定层次重大错报风险水平越低，注册会计师需要从实质性程序中获取的

审计证据的相关性和可靠性的要求越低。

（3）如果认为某项风险属于特别风险，注册会计师需要考虑是否通过函证特定事项以降低检查风险。

2. 函证程序针对的认定

（1）函证可以为某些认定提供审计证据，但是对不同的认定，函证的证明力是不同的。

【示例】函证应收账款，可能为存在、权利和义务认定提供相关可靠的审计证据，但不能为计价和分摊认定提供证据。

（2）对特定认定，函证的相关性受注册会计师选择函证信息的影响。

【示例】应付账款完整性认定时，需要获取没有重大未记录负债的证据，但向主要供应商函证，即使记录显示应付金额为零，也需要函证。

3. 实施除函证以外的其他审计程序

针对同一项认定可以从不同来源获取审计证据或获取不同性质的审计证据。

### （三）确定是否选择函证程序作为实质性程序考虑因素

（1）被询证者对函证事项的了解。

（2）预期被询证者回复询证函的能力或意愿。

【示例】在下列情况下，被询证者可能不会回复，也可能只是随意回复或可能试图限制对其回复的依赖程度：

①被询证者可能不愿承担回复询证函的责任；

②被询证者可能认为回复询证函成本太高或消耗太多时间；

③被询证者可能对因回复询证函而可能承担的法律责任有所担心；

④被询证者可能以不同币种核算交易；

⑤回复询证函不是被询证者日常经营的重要部分。

（3）预期被询证者的客观性。

## 经典例题

【真题·多选题】（2021）在作出是否有必要实施函证的决策时，下列各项因素中，注册会计师应当考虑的有（　　）。

A. 被审计单位管理层协助注册会计师实施函证程序的能力或意愿

B. 评估的认定层次重大错报风险

C. 实施除函证以外的其他审计程序获取的审计证据

D. 函证程序针对的认定

【答案】BCD

【解析】注册会计师应当确定是否有必要实施函证以获取认定层次的充分、适当的审计证据。在作出决策时，注册会计师应当考虑以下三个因素：（1）评估的认定层次重大错报风险（选项 B）。（2）函证程序针对的认定（选项 D）。（3）实施除函证以外的其他审计程序（选项 C）。而被审计单位管理层协助注册会计师实施函证程序的能力或意愿则不属于注册会计师考虑的因素，因此不选择选项 A。

## 高频考点 2：函证的内容★★★

### （一）函证的对象

1. 银行存款、借款及与金融机构往来的其他重要信息（结合教材第十二章货币资金的审计）

注册会计师应当对银行存款（包括零余额账户和在本期内注销的账户）、借款及与金融机构往来的其他重要信息实施函证程序，除非有充分证据表明某一银行存款、借款及与金融机构往来的其他重要信息对财务报表不重要且与之相关的重大错报风险很低。

2. 应收账款（结合教材第九章第五节）

注册会计师应当对应收账款实施函证程序，除非有充分证据表明应收账款对财务报表不重要，或函证很可能无效。

**小贴士** 如果不对银行存款、借款及与金融机构往来的其他重要信息、应收账款实施函证程序，注册会计师应当在审计工作底稿中说明理由。

如果认为对应收账款函证很可能无效，注册会计师应当实施替代审计程序，获取相关、可靠的审计证据。

3. 函证的其他内容

**小贴士** 函证通常适用于账户余额及其组成部分（如应收账款明细账），但是不一定限于这些项目。

### （二）函证程序实施的范围

如果采用审计抽样的方式确定函证程序的范围，无论采用统计抽样方法，还是非统计抽样方法，选取的样本应当足以代表总体。

注册会计师可以确定从总体中选取特定项目进行测试。选取的特定项目可能包括：

（1）金额较大的项目；

（2）账龄较长的项目；

（3）交易频繁但期末余额较小的项目；

（4）重大关联方交易；

（5）重大或异常的交易；

（6）可能存在争议、舞弊或错误的交易。

### （三）函证的时间

注册会计师通常以资产负债表日为截止日，在资产负债表日后适当时间内实施函证。如果重大错报风险评估为低水平，注册会计师可选择资产负债表日前适当日期为截止日实施函证，并对所函证项目自该截止日起至资产负债表日止发生的变动实施实质性程序。

### （四）管理层要求不实施函证时的处理

1. 总体要求

当被审计单位管理层要求对拟函证的某些账户余额或其他信息不实施函证时，注册会计师应当考虑该项要求是否合理，并获取审计证据予以支持。

2. 具体情况分析对待

（1）如果认为管理层的要求合理，注册会计师应当实施替代审计程序，以获取与这些账户余额或其他信息相关的充分、适当的审计证据。

（2）如果认为管理层的要求不合理，且被其阻挠而无法实施函证，注册会计师应当视为审计范围受到限制，并考虑对审计报告可能产生的影响。

3. 注册会计师的应对

分析管理层要求不实施函证的原因时，注册会计师应当保持职业怀疑态度，并考虑：

（1）管理层是否诚信；

（2）是否可能存在重大的舞弊或错误；

（3）替代审计程序能否提供与这些账户余额或其他信息相关的充分、适当的审计证据。

## 经典例题

**【真题·简答题】**（2018）ABC会计师事务所的A注册会计师负责审计甲公司2017年度财务报表。审计工作底稿中与函证相关的部分内容摘录如下：

（1）甲公司2017年末的一笔大额银行借款已于2018年初到期归还。A注册会计师检查了还款凭证等支持性文件，结果满意，决定不实施函证程序，并在审计工作底稿中记录了不实施函证程序的理由。

（2）A注册会计师评估认为应收账款的重大错报风险较高，为尽早识别可能存在的错报，在期中审计时对截至2017年9月末的余额实施了函证程序，在期末审计时对剩余期间的发生额实施了细节测试，结果满意。

（3）A注册会计师对应收乙公司的款项实施了函证程序。因回函显示无差异，A注册会计师认可了管理层对应收乙公司款项不计提坏账准备的处理。

（4）A注册会计师拟对甲公司应付丙公司的款项实施函证程序。因甲公司与丙公司存在诉讼纠纷，管理层要求不实施函证程序。A注册会计师认为其要求合理，实施了替代审计程序，结果满意。

（5）A注册会计师评估认为应付账款存在低估风险，因此，在询证函中未填列甲公司账面余额，而是要求被询证者提供余额信息。

**【要求】** 针对上述第（1）~（5）项，逐项指出A注册会计师的做法是否恰当。如不恰当，简要说明理由。

**【答案】**

（1）不恰当。应当对重要的银行借款实施函证程序。

（2）不恰当。重大错报风险较高时，应

当考虑在期末或接近期末实施函证/在期末审计时应再次发函；只有重大错报风险评估为低水平，才可以在期中实施函证。

(3) 不恰当。函证不能为计价与分摊认定/应收账款坏账准备的计提提供充分证据。

(4) 不恰当。还应考虑可能存在重大的舞弊或错误，以及管理层的诚信度。

(5) 恰当。

## 高频考点3：询证函的设计★★★

### (一) 设计询证函的总体要求

注册会计师应当根据特定审计目标设计询证函。询证函的设计服从于审计目标的需要，如表3-4所示。

表3-4 询证函的设计服从于审计目标的需要

| 审计目标 | 询证函设计内容 |
|---|---|
| 账户余额的存在 | 注册会计师应当在询证函中列明相关信息，要求对方核对确认 |
| 账户余额的完整性认定 | 注册会计师需要改变询证函的内容设计或者采用其他审计程序 |



### (二) 设计询证函需要考虑的因素

小贴士 注册会计师应当考虑所审计的认定以及可能影响函证可靠性的因素。

1. 函证的方式

(1) 积极式函证（结合教材第九章第五节）。如果采用积极的函证方式，注册会计师应当要求被询证者在所有情况下必须回函，确认询证函所列示信息是否正确，或填列询证函要求的信息。积极式函证分为列明函证信息和不列明函证信息两种方式，如表3-5所示。

表3-5 积极式函证分为列明函证信息和不列明函证信息两种方式

| 方式 | 含义 | 优缺点 |
|---|---|---|
| 列明函证信息 | 在询证函中列明拟函证的账户余额或其他信息，要求被询证者确认所函证的款项是否正确 | 询证函的回复能够提供可靠的审计证据。但是，其缺点是被询证者可能对所列示信息根本不加以验证就予以回函确认。注册会计师通常难以发觉是否发生了这种情形 |
| 不列明函证信息 | 在询证函中不列明账户余额或其他信息，而要求被询证者填写有关信息或提供进一步信息 | 询证函要求被询证者作出更多的努力，可能会导致回函率降低，进而导致注册会计师执行更多的替代程序 |

(2) 消极的函证方式，如表3-6所示。

表3-6 消极的函证方式

| 含义 | 缺点 | 使用条件 |
|---|---|---|
| 注册会计师只要求被询证者仅在不同意询证函列示信息的情况下才予以回函 | 对消极式询证函而言，未收到回函并不能明确表明预期的被询证者已经收到询证函或已经核实了询证函中包含的信息的准确性。因此，未收到消极式询证函的回函提供的审计证据，远不如积极式询证函的回函提供的审计证据有说服力 | 同时存在下列情况时，注册会计师可考虑采用消极的函证方式：<br>①重大错报风险评估为低水平；<br>②涉及大量余额较小的账户；<br>③预期不存在大量的错误；<br>④没有理由相信被询证者不认真对待函证 |

小贴士 在采用积极的函证方式时，只有注册会计师收到回函，才能为财务报表认定提供审计证据。在实施函证程序时，积极式函证和消极式函证两种方式的结合使用。在实务中，通常对应收账款采用积极的函证方式。

2. 以往审计或类似业务的经验

在判断实施函证程序的可靠性时，注册会计师通常会考虑来自以前年度审计或类似审计业务的经验，包括回函率、以前年度审计中发现的错报以及回函所提供信息的准确程度等。

**小贴士** 当注册会计师根据以往经验认为，即使询证函设计恰当，回函率仍很低，应考虑从其他途径获取审计证据。

3. 拟函证信息的性质

注册会计师应当了解被审计单位与第三方之间交易的实质，以确定哪些信息需要进行函证。

4. 选择被询证者的适当性

注册会计师应当向对所询证信息知情的第三方发送询证函。同时还要考虑函证所提供的审计证据的可靠性还受到被询证者的能力、独立性、客观性、回函者是否有权回函等因素的影响。

5. 被询证者易于回函的信息类型

询证函所函证信息是否便于被询证者回答，将影响回函率和所获取审计证据的性质。

**小贴士** 对获得被审计单位管理层授权的询证函，被询证者可能更愿意回函，在某些情况下，如果没有获得授权，被询证者甚至不能够回函。

## 高频考点4：函证过程的控制★★★

注册会计师应当对函证的全过程保持控制。

### （一）函证发出前的控制措施

1. 要求

（1）询证函经被审计单位盖章后，应当由注册会计师直接发出。

（2）为使函证程序能有效地实施，在询证函发出前，注册会计师需要恰当地设计询证函，并对询证函上的各项资料进行充分核对。

2. 核对资料时的注意事项

（1）询证函中填列的需要被询证者确认的信息是否与被审计单位账簿中的有关记录保持一致。

（2）考虑选择的被询证者是否适当，包括被询证者对被函证信息是否知情、是否具有客观性、是否拥有回函的授权等。

（3）是否已在询证函中正确填列被询证者直接向注册会计师回函的地址。

（4）是否已将部分或全部被询证者的名称、地址与被审计单位有关记录进行核对，以确保询证函中的名称、地址等内容的准确性。

3. 可以执行的程序（包括但不限于）

（1）通过拨打公共查询电话核实被询证者的名称和地址；

（2）通过被询证者的网站或其他公开网站核对被询证者的名称和地址；

（3）将被询证者的名称和地址信息与被审计单位持有的相关合同等文件核对；

（4）对于供应商或客户，可以将被询证者的名称、地址与被审计单位收到或开具的增值税专用发票中的对方单位名称、地址进行核对。

### （二）通过不同方式发出询证函时的控制措施

根据注册会计师对舞弊风险的判断，以及被询证者的地址和性质、以往回函情况、回函截止日期等因素，询证函的发出和收回可以采用邮寄、跟函、电子形式函证（包括传真、电子邮件、直接访问网站等）等方式。

1. 通过邮寄方式发出询证函时采取的控制措施

为避免询证函被拦截、篡改等舞弊风险，在邮寄询证函时，注册会计师可以在核实由被审计单位提供的被询证者的联系方式后，不使用被审计单位本身的邮寄设施，而是独立寄发询证函。

**小贴士** 不得使用被审计单位本身的邮寄设施，应独立寄发询证函。

2. 通过跟函的方式发出询证函时采取的控制措施

如果注册会计师认为跟函的方式能够获取可靠信息，可以采取该方式发送并收回询证函。

（1）如果被询证者同意注册会计师独自前往被询证者执行函证程序，注册会计师可以独自前往。

（2）如果注册会计师跟函时需有被审计单位员工陪伴，注册会计师需要在整个过程中保持对询证函的控制，同时，对被审计单位和被询证者之间串通舞弊的风险保持警觉。

**小贴士** 在我国目前的实务操作中，由于被审计单位之间的商业惯例还比较认可印章原件，所以邮寄和跟函方式更为常见。

3. 通过电子函证方式发出询证

随着信息技术的不断发展应用，电子函证已成为发展趋势。如果注册会计师根据具体情况选择通过电子方式发送询证函，在发函前可以基于对特定询证方式所存在风险的评估，考虑采取相应的控制措施。

## 经典例题

【真题·简答题】（2020）ABC 会计师事务所的 A 注册会计师负责审计甲公司 2019 年度财务报表。与函证相关的部分事项如下：

（1）在发出询证函前，A 注册会计师根据风险评估结果选取部分被询证者，通过查询公开网站等方式，验证了甲公司管理层提供的被询证者名称和地址的准确性，结果满意。

（2）甲公司 2019 年 12 月 31 日银行借款账面余额为零。为确认这一情况，A 注册会计师在询证函中将银行借款项目用斜线划掉。银行回函显示信息相符，结果满意。

（3）甲公司开户行乙银行因受新冠疫情影响无法处理函证。A 注册会计师与乙银行的上级银行沟通后向其寄发了询证函并收到回函，结果满意。

（4）2020 年 3 月现场审计工作开始前，甲公司已收回 2019 年末的大部分应收账款。A 注册会计师检查了相关的收款单据和银行对账单，结果满意，决定不对应收账款实施函证程序，并在审计工作底稿中记录了不发函的上述理由。

（5）A 注册会计师收到丙公司通过电子邮件发来的其他应收款回函扫描件后，向甲公司财务人员取得了丙公司财务人员的微信号，联系对方核实了函证内容，并在审计工作底稿中记录了沟通情况及微信对话截屏。

【要求】针对上述第（1）～（5）项，逐项指出 A 注册会计师的做法是否恰当。如不恰当，简要说明理由。

【答案】

（1）恰当。

（2）不恰当。斜线划掉表示该项目不适用，与发函目的不符/应当在银行借款项目填写零或无。

（3）恰当。

（4）不恰当。应当对应收账款实施函证，除非不重要或函证很可能无效/收款单据和银行对账单可能不可靠。

（5）不恰当。没有核实微信联络人的身份。

## 高频考点 5：积极式函证未收到回函时的处理★★

### （一）要求（规定动作）

如果在合理的时间内没有收到询证函回函，注册会计师应当考虑必要时再次向被询证者寄发询证函。

### （二）实施替代程序（替补方式）

如果未能得到被询证者的回应，注册会计师应当实施替代审计程序。

### （三）必要程序的情况判断（无可替代）

注册会计师可能识别出认定层次重大错报风险，且取得积极式函证回函是获取充分、适当的审计证据的必要程序的情况可能包括：

（1）可获取的佐证管理层认定的信息只能从被审计单位外部获得；

（2）存在特定舞弊风险因素。

### （四）对审计工作和审计意见的影响（后果评价）

如果注册会计师认为取得积极式函证回函是获取充分、适当的审计证据的必要程序，则替代程序不能提供注册会计师所需要的审计证据。在这种情况下，如果未获取回函，注册会计师应当确定其对审计工作和审计意见的影响。

## 高频考点 6：评价函证的可靠性★★★

评价函证可靠性的内容如表 3－7 所示。

表 3－7　　评价函证的可靠性

| 函证的可靠性 | 评价函证可靠性时考虑 | 询证函回函方式 |
| --- | --- | --- |
| 取决于注册会计师设计询证函、实施函证程序和评价函证结果等程序的适当性 | （1）对询证函的设计、发出及收回的控制情况；<br>（2）被询证者的胜任能力、独立性、授权回函情况、对函证项目的了解及其客观性；<br>（3）被审计单位施加的限制或回函中的限制 | 邮寄方式收到的回函，跟函方式收到的回函，电子形式收到的回函，对询证函的口头答复 |

### （一）通过邮寄方式收到的回函

通过邮寄方式发出询证函并收到回函后，注册会计师可以验证以下信息：

（1）被询证者确认的询证函是否是原件，是否与注册会计师发出的询证函是同一份；

（2）回函是否由被询证者直接寄给注册会计师；

（3）寄给注册会计师的回邮信封或快递信封中记录的发件方名称、地址是否与询证函中记载的被询证者名称、地址一致；

（4）回邮信封上寄出方的邮戳显示发出城市或地区是否与被询证者的地址一致；

（5）被询证者加盖在询证函上的印章以及签名中显示的被询证者名称是否与询证函中记载的被询证者名称一致。在认为必要的情况下，注册会计师还可以进一步与被审计单位持有的其他文件进行核对或亲自前往被询证者进行核实等。

**小贴士** 如果可行的话，注册会计师应当努力确保询证函被送交给适当的人员。在验证回函的可靠性时，注册会计师需要保持职业怀疑。

如果被询证者将回函寄至被审计单位，被审计单位将其转交注册会计师，该回函不能视为可靠的审计证据。在这种情况下，注册会计师可以要求被询证者直接书面回复。

### （二）通过跟函方式收到的回函

注册会计师可以实施以下审计程序：

（1）了解被询证者处理函证的通常流程和处理人员；

（2）确认处理询证函人员的身份和处理询证函的权限；

（3）观察处理询证函的人员是否按照处理函证的正常流程认真处理询证函。

### （三）以电子形式收到的回函

（1）对以电子形式收到的回函，由于回函者的身份及其授权情况很难确定，对回函的更改也难以发觉，因此可靠性存在风险。

（2）注册会计师和回函者采用一定的程序为电子形式的回函创造安全环境，可以降低该风险。如果注册会计师确信这种程度安全得到适当控制，则会提高相关回函的可靠性。

**小贴士** 电子函证程序涉及多种确认发件人身份的技术，如加密技术、电子数码签名技术、网页真实性认证程序。

（3）当注册会计师存有疑虑时，可以与被询证者联系以核实回函的来源及内容。必要时，注册会计师可以要求被询证者提供回函原件。

### （四）对询证函的口头回复

（1）只对询证函进行口头回复不是对注册会计师的直接书面回复，不符合函证的要求，因此，不能作为可靠的审计证据。

（2）在收到对询证函口头回复的情况下，注册会计师可以要求被询证者提供直接书面回复。

（3）如果仍未收到书面回函，注册会计师需要通过实施替代程序，寻找其他审计证据以支持口头回复中的信息。

**小贴士** 无论是采用纸质还是电子介质，被询证者的回函中都可能包括免责或其他限制条款。

### （五）回函中存在免责或其他限制性条款

1. 对回函可靠性不产生影响的条款

（1）回函中格式化的免责条款可能并不会影响所确认信息的可靠性，实务中常见这种免责条款。

【示例】

①“提供的本信息仅出于礼貌，我方没有义务必须提供，我方不因此承担任何明示或暗示的责任、义务和担保”。

②“本回复仅用于审计目的，被询证方、其员工或代理人无任何责任，也不能免除注册会计师做其他询问或执行其他工作的责任”。

（2）其他限制条款如果与所测试的认定无关，也不会导致回函失去可靠性。

2. 对回函可靠性产生影响的限制条款

一些限制条款可能使注册会计师对回函中所包含信息的完整性、准确性或注册会计师能够信赖其所含信息的程度产生怀疑，实务中常见此类限制条款。

【示例】

（1）“本信息是从电子数据库中取得，可能不包括被询证方所拥有的全部信息”；

（2）“本信息既不保证准确也不保证是最新的，其他方可能会持有不同意见”；

（3）“接收人不能依赖函证中的信息”。

3. 注册会计师对限制性条款的应对

（1）如果限制条款使注册会计师将回函作为可靠审计证据的程度受到了限制，则注册会计师可能需要执行额外的或替代审计程序。

（2）在特殊情况下，如果限制条款产生的影响难以确定，注册会计师可能认为要求被询证者澄清或寻求法律意见是适当的。

4. 其他特殊情况时注册会计师的应对

（1）如果认为询证函回函不可靠，注册会计师应当评价其对评估的相关重大错报风险（包括舞弊风险），以及其他审计程序的性质、时间安排和范围的影响。

**小贴士** 回函中存在免责或其他限制性条款不一定使回函失去可靠性，注册会计师能否依赖回函信息以及依赖的程度取决于免责或限制条款的性质和实质。针对一些特殊情况，注册会计师可以通过直接打电话给被询证者等方式以验证回函的内容和来源。

（2）注册会计师应当在考虑舞弊导致的财务报表重大错报风险的基础上，适当选择函证的方式，谨慎分析和评价函证结果。

## 经典例题

【真题·单选题】（2021）下列选项中，不会影响回函的可靠性的是（　　）。

A. 回函的及时性

B. 回函包含的限制条款

C. 发出及收回的控制情况

D. 被询证者的客观性

【答案】A

【解析】在评价函证的可靠性时，注册会计师应当考虑：（1）对询证函的设计、发出及收回的控制情况（选项 C）；（2）被询证者的胜任能力、独立性、授权回函情况、对函证项目的了解及其客观性（选项 D）；（3）被审计单位施加的限制或回函中的限制（选项 B），而回函的及时性则不属于可靠性的考虑因素，因此选择选项 A。

## 高频考点 7：对不符事项的处理★★

### （一）要求

注册会计师应当调查不符事项，以确定是否表明存在错报。

### （二）可能显示财务报表存在的错报或潜在错报

（1）询证函回函中指出的不符事项可能显示财务报表存在错报或潜在错报。

（2）不符事项还可能显示被审计单位与财务报告相关的内部控制存在缺陷。

（3）某些不符事项并不表明存在错报。

【示例】注册会计师可能认为询证函回函的差异是由于函证程序的时间安排、计量或书写错误造成的。

## 高频考点 8：实施函证时需要关注的舞弊风险迹象以及采取的应对措施★★

### （一）注册会计师需要关注的舞弊风险迹象

（1）管理层不允许寄发询证函；

（2）管理层试图拦截、篡改询证函或回函，如坚持以特定的方式发送询证函；

（3）被询证者将回函寄至被审计单位，被审计单位将其转交注册会计师；

（4）注册会计师跟进访问被询证者，发现回函信息与被询证者记录不一致；

（5）从私人电子信箱发送的回函；

（6）收到同一日期发回的、相同笔迹的多份回函；

（7）位于不同地址的多家被询证者的回函邮戳显示的发函地址相同；

（8）收到不同被询证者用快递寄回的回函，但快递的交寄人或发件人是同一个人或是被审计单位的员工；

（9）回函邮戳显示的发函地址与被审计单位记录的被询证者的地址不一致；

（10）不正常的回函率；

（11）被询证者缺乏独立性。

**（二）针对舞弊风险迹象注册会计师可以采取的应对措施**

（1）验证被询证者是否存在、是否与被审计单位之间缺乏独立性，其业务性质和规模是否与被询证者和被审计单位之间的交易记录相匹配；

（2）将与从其他来源得到的被询证者的地址（如与被审计单位签订的合同上签署的地址、网络上查询到的地址）相比较，验证寄出方地址的有效性；

（3）将被审计单位档案中有关被询证者的签名样本、公司公章与回函核对；

（4）要求与被询证者相关人员直接沟通讨论询证事项，考虑是否有必要前往被询证者工作地点以验证其是否存在；

（5）分别在中期和期末寄发询证函，并使用被审计单位账面记录和其他相关信息核对相关账户的期间变动；

（6）考虑从金融机构获得被审计单位的信用记录，加盖该金融机构公章，并与被审计单位会计记录相核对，以证实是否存在被审计单位没有记录的贷款、担保、开立银行承兑汇票、信用证、保函等事项。根据金融机构的要求，注册会计师获取信用记录时可以考虑由被审计单位人员陪同前往。在该过程中，注册会计师需要注意确认该信用记录没有被篡改。

## 第四单元　分析程序

### 高频考点1：分析程序的目的★★★

**（一）概念**

分析程序，是指注册会计师通过分析不同财务数据之间以及财务数据与非财务数据之间的内在关系，对财务信息作出评价。分析程序还包括在必要时对识别出的、与其他相关信息不一致或与预期值差异重大的波动或关系进行调查。

**（二）实施分析程序的目的**

注册会计师实施分析程序的不同目的的适用范围和要求如表3－8所示。

**表3－8　不同目的的适用范围和要求**

| 目的 | 适用范围 | 要求 |
| --- | --- | --- |
| 用作风险评估程序 | 以了解被审计单位及其环境（了解被审计单位及其环境并评估财务报表层次和认定层次的重大错报风险） | 注册会计师必须实施 |
| 用作实质性程序 | 比细节测试能更有效地将认定层次的检查风险降至可接受的水平时，分析程序可以用作实质性程序 | 当使用分析程序。在针对评估的重大错报风险实施进一步审计程序时，注册会计师可以将分析程序作为实质性程序的一种，单独或结合其他细节测试，收集充分、适当的审计证据 |

续表

| 目的 | 适用范围 | 要求 |
| --- | --- | --- |
| 用作总体复核 | 在审计结束或临近结束时对财务报表进行总体复核 | 在审计结束或临近结束时，注册会计师应当运用分析程序，在已收集的审计证据的基础上，对财务报表整体的合理性作最终把关，评价报表仍然存在重大错报风险而未被发现的可能性，考虑是否需要追加审计程序，以便为发表审计意见提供合理基础 |

**小贴士** 注册会计师在风险评估阶段和审计结束时的总体复核阶段必须运用分析程序，在实施实质性程序阶段可选用分析程序。

## 经典例题

【真题·单选题】（2022）下列有关注册会计师实施分析程序的目的的说法中，错误的是（　　）。

A. 用作风险评估程序

B. 用作控制测试程序

C. 用作实质性程序

D. 用作临近审计结束时对财务报表进行总体复核

【答案】B

【解析】分析程序不能用作控制测试程序。

## 高频考点2：用作风险评估程序★★

### （一）总体要求

注册会计师在实施风险评估程序时，应当运用分析程序，以了解被审计单位及其环境。注册会计师应当围绕了解被审计单位及其环境并评估重大错报风险这一目的运用分析程序。

**小贴士** 注册会计师在实施风险评估程序时运用分析程序是强制要求。但在内部控制的了解中，一般不会运用分析程序。

### （二）在风险评估程序中的具体运用

1. 应遵守的规范

注册会计师在将分析程序用作风险评估程序时，应当遵守《中国注册会计师审计准则第1211号——重大错报风险的识别和评估》的相关规定。

2. 具体运用

（1）可以将分析程序与询问、检查和观察程序结合运用，以获取对被审计单位及其环境的了解，识别和评估财务报表层次及具体认定层次的重大错报风险。

（2）应重点关注关键的账户余额、趋势和财务比率关系等方面，对其形成一个合理的预期，并与被审计单位记录的金额、依据记录金额计算的比率或趋势相比较。

（3）如果分析程序的结果显示的比率、比例或趋势与注册会计师对被审计单位及其环境的了解不一致，并且被审计单位管理层无法提出合理的解释，或者无法取得相关的支持性文件证据，注册会计师应当考虑其是否表明被审计单位的财务报表存在重大错报风险。

（4）注册会计师无须在了解被审计单位及其环境的每一方面时都实施分析程序。

### （三）风险评估过程中运用的分析程序的特点

风险评估程序中运用分析程序的主要目的在于识别那些可能表明财务报表存在重大错报风险的异常变化。

**小贴士** 与实质性分析程序相比，在风险评估过程中使用的分析程序所进行比较的性质、预期值的精确程度，以及所进行的分析和调查的范围都并不足以提供充分、适当的审计证据。

## 高频考点3：用作实质性程序★★★

### （一）总体要求

1. 要求

注册会计师应当针对评估的认定层次重大错报风险设计和实施实质性

程序。

2. 范围

实质性程序包括对各类交易、账户余额和披露的细节测试以及实质性分析程序。

3. 定义

实质性分析程序是指用作实质性程序的分析程序，它与细节测试都可用于收集审计证据，以识别财务报表认定层次的重大错报风险。

4. 注册会计师考虑运用实质性分析程序的情形

(1) 当使用分析程序比细节测试能更有效地将认定层次的检查风险降至可接受的水平时，注册会计师可以考虑单独或结合细节测试，运用实质性分析程序。

(2) 实质性分析程序不仅仅是细节测试的一种补充，在某些审计领域，如果重大错报风险较低且数据之间具有稳定的预期关系，注册会计师可以单独使用实质性分析程序获取充分、适当的审计证据。

5. 注册会计师实施实质性程序时考虑不实施实质性分析程序的情形

(1) 针对认定层次的重大错报风险，注册会计师实施细节测试而不实施分析程序，同样可能实现实质性程序的目的。

(2) 分析程序有其运用的前提和基础，它并不适用于所有的财务报表认定。

尽管分析程序有特定的作用，但并未要求注册会计师在实施实质性分析程序时必须使用分析程序。

**小贴士** 相对于细节测试而言，实质性分析程序能够达到的精确度可能受到种种限制，所提供的证据在很大程度上是间接证据，证明力相对较弱。从审计过程整体来看，注册会计师不能仅依赖实质性分析程序，而忽略对细节测试的运用。

6. 注册会计师设计、实施实质性分析程序的考虑

无论单独使用或与细节测试结合使用，注册会计师都应当：

(1) 考虑针对所涉及认定评估的重大错报风险和实施的细节测试（如有），确定特定实质性分析程序对这些认定的适用性；

(2) 考虑可获得信息的来源、可比性、性质和相关性以及与信息编制相关的控制，评价在对已记录的金额或比率作出预期时使用数据的可靠性；

(3) 对已记录的金额或比率作出预期，并评价预期值是否足够精确以识别重大错报（包括单项重大的错报和单项虽不重大但连同其他错报可能导致财务报表产生重大错报的错报）；

(4) 确定已记录金额与预期值之间可接受的，且无须做进一步调查的差异额。

### （二）确定实质性分析程序对特定认定的适用性

(1) 实质性分析程序通常更适用于在一段时期内存在预期关系的大量交易。分析程序的运用建立在这种预期的基础上，即数据之间的关系存在且在没有反证的情况下继续存在。

(2) 某一分析程序的适用性，取决于注册会计师评价该分析程序在发现某一错报单独或连同其他错报可能引起财务报表存在重大错报时的有效性。

(3) 在某些情况下，不复杂的预测模型也可以用于实施有效的分析程序。

(4) 不同类型的分析程序提供不同程度的保证。

(5) 对特定实质性分析程序适用性的确定，受到认定的性质和注册会计师对重大错报风险评估的影响。

(6) 在针对同一认定实施细节测试时，特定的实质性分析程序也可能视为是适当的。

### （三）数据的可靠性

### （四）评价预期值的准确程度

### （五）已记录金额与预期值之间可接受的差异额

(1) 在设计和实施实质性分析程序时，注册会计师应当确定已记录金额与预期值之间可接受的差异额。

（2）注册会计师在确定已记录金额与预期值之间可接受的，且无须做进一步调查的差异额时，受重要性和计划的保证水平的影响。在确定该差异额时，注册会计师需要考虑一项错报单独或连同其他错报导致财务报表发生重大错报的可能性。

（3）注册会计师评估的风险越高，越需要获取有说服力的审计证据。因此，为了获取具有说服力的审计证据，当评估的风险增加时，可接受的、无须做进一步调查的差异额将会降低。

（4）如果在期中实施实质性程序，并计划针对剩余期间实施实质性分析程序，注册会计师应当考虑实质性分析程序对特定认定的适用性、数据的可靠性、评价预期值的准确程度以及可接受的差异额，并评估这些因素如何影响针对剩余期间获取充分、适当的审计证据的能力。

（5）注册会计师还应考虑某类交易的期末累计发生额或账户期末余额在金额、相对重要性及构成方面能否被合理预期。

**小贴士** 如果认为仅实施实质性分析程序不足以收集充分、适当的审计证据，注册会计师还应测试剩余期间相关控制运行的有效性或针对期末实施细节测试。

## 经典例题

【真题·单选题】（2019）下列有关实质性分析程序的说法中，错误的是（　　）。

A. 实质性分析程序达到的精确度低于细节测试

B. 实质性分析程序并不适用于所有财务报表认定

C. 实质性分析程序提供的审计证据是间接证据，因此无法为相关财务报表认定提供充分、适当的审计证据

D. 注册会计师可以对某些财务报表认定同时实施实质性分析程序和细节测试

【答案】C

【解析】当使用分析程序比细节测试能更有效地将认定层次的检查风险降至可接受的水平时，注册会计师可以考虑单独或结合细节测试，运用实质性分析程序（选项 C 错误）。

## 高频考点 4：用于总体复核★★

### （一）总体要求

在审计结束或临近结束时，注册会计师运用分析程序的目的是确定财务报表整体是否与其对被审计单位的了解一致，注册会计师应当围绕这一目的运用分析程序。

**小贴士** 这时运用分析程序是强制要求，注册会计师在这个阶段应当运用分析程序。

### （二）总体复核阶段分析程序的特点

在总体复核阶段执行分析程序，所进行的比较和使用的手段与风险评估程序中使用的分析程序基本相同，但两者的目的不同。

（1）在总体复核阶段实施的分析程序主要在于强调并解释财务报表项目自上个会计期间以来发生的重大变化，以证实财务报表中列报的所有信息与注册会计师对被审计单位及其环境的了解一致，与注册会计师取得的审计证据一致。

（2）两者的主要差别在于实施分析程序的时间和重点不同，以及所取得的数据的数量和质量不同。

（3）在总体复核阶段实施的分析程序并非为了对特定账户余额和披露提供实质性的保证水平，因此并不如实质性分析程序那样详细和具体，而往往集中在财务报表层次。

### （三）再评估重大错报风险

在运用分析程序进行总体复核时，如果识别出以前未识别的重大错报风险，注册会计师应当重新考虑对全部或部分各类交易、账户余额和披露评估的风险是否恰当，并在此基础上重新评价之前计划的审计程序是否充分，是否有必要追加审计程序。

## 进阶练习

### （一）单选题

1. 下列有关审计证据的说法中，正确的是（　　）。

A. 可用作审计证据的其他信息只有注册会计师从被审计单位外部获取的会计记录

B. 被审计单位会计记录通常是电子数据，因而要求注册会计师要关注这些记录的真实性和完整性

C. 财务报表依据的会计记录中包含的信息和其他信息共同构成了审计证据，两者缺一不可

D. 会计记录中包含的信息形成审计证据

2. 下列有关审计证据的适当性的说法中，正确的是（　　）。

A. 审计证据的适当性包括相关性和可靠性

B. 审计证据的适当性受审计证据的充分性影响

C. 审计证据的适当性影响审计证据的质量

D. 审计证据的适当性是对审计证据质量和数量的衡量

3. 下列有关审计证据可靠性的说法中，错误的是（　　）。

A. 审计证据的可靠性受其来源和性质的影响，并取决于获取审计证据的具体环境

B. 从外部独立来源获取的审计证据比从其他来源获取的审计证据更可靠

C. 有内部控制制度的被审计单位生成的审计证据比没有内部控制制度的被审计单位生成的审计证据更可靠

D. 从原件获取的审计证据比从传真件或复印件获取的审计证据更可靠

4. 下列有关审计证据的说法中，错误的是（　　）。

A. 外部证据与内部证据矛盾时，注册会计师应当采用外部证据

B. 审计证据包括会计师事务所接受与保持客户或业务时实施质量控制程序获取的信息

C. 注册会计师应当考虑用作审计证据的信息的可靠性，并考虑与这些信息生成和维护相关控制的有效性

D. 注册会计师可以考虑获取审计证据的成本与所获取信息的有用性之间的关系

5. 下列关于注册会计师在财务报表审计业务执行审计程序的说法中，正确的是（　　）。

A. 重新执行被审计单位财务报表编制的全部程序

B. 通过询问相关人员确定被审计单位内部控制执行的薄弱环节

C. 核对财务报表与会计记录

D. 检查被审计单位存货管理制度和账簿记录，确认存货数量

6. 下列有关函证的说法中，正确的是（　　）。

A. 评估的认定层次重大错报风险水平越低，注册会计师通过实质性程序获取的审计证据的相关性和可靠性的要求越高

B. 如果认定某项风险是特别风险，注册会计师需要考虑通过函证特定事项以降低检查风险

C. 被询证者是被审计单位的关联方，其回函的可靠性低

D. 函证可以为某些认定提供审计证据，但是对不同的认定，函证的证明力是不同的

7. 下列有关注册会计师是否实施应收账款函证程序的说法中，错误的是（　　）。

A. 如果有充分证据表明函证很可能无效，注册会计师可以不实施应收账款函证程序

B. 如果不对应收账款函证，注册会计师应当在审计工作底稿中说明理由

C. 函证不适用于应收账款明细账

D. 如果重大错报风险评估为低水平，注册会计师可选择资产负债表日前适当日期为截止日，实施函证

8. 注册会计师可采用积极或消极的函证方式实施函证，下列说法正确的是（　　）。

A. 在采用积极的函证方式时，只有注册会计师收到回函，才能为财务报表认定提供审计证据

B. 是否采取消极式函证，取决于注册会计师对被审计单位内部控制评估的结果

C. 注册会计师在询证函中不列明账户余额或其他信息，要求被询证者填写有关信息或提供进一步信息的函证方式是消极式函证

D. 注册会计师对于零账户不需要进行函证

9. 下列有关询证函回函可靠性的说法中，正确的是（　　）。

A. 以电子形式收到的回函是可靠的审计证据

B. 只对询证函进行口头回复不是对注册会计师的直接书面回复，不符合函证的要求，因此，不能作为可靠的审计证据

C. 由被审计单位转交给注册会计师的回函是可靠的审计证据

D. 回函的限制性条款影响了函证的可靠性

10. 下列有关用作风险评估程序的分析程序的说法中，错误的是（　　）。

A. 风险评估阶段运用分析程序是强制性要求

B. 注册会计师在了解被审计单位及其环境的每一方面时都实施分析程序

C. 风险评估程序中所使用的分析程序通常包括多账户余额变化的分析，并辅之以趋势分析和比率分析

D. 在运用分析程序时，注册会计师应重点关注关键的账户余额、趋势和财务比率关系等方面，对其形成一个合理的预期

## （二）多选题

1. 下列有关审计证据的说法中，正确的有（　　）。

A. 可用作审计证据的其他的信息包括注册会计师从被审计单位内部或外部获取的会计记录以外的信息

B. 财务报表依据的会计记录中包含的信息和其他信息共同构成了审计证据，两者缺一不可

C. 用作审计证据的其他信息，与注册会计师执行财务报表审计时应当阅读被审计单位年度报告中除财务报表和审计报告外的其他信息是一致的

D. 注册会计师将不同来源和不同性质的审计证据综合起来考虑，这样能够反映出结果的一致性，从而佐证会计记录中记录的信息

2. 下列有关审计证据充分性的说法中，正确的有（　　）。

A. 审计证据的充分性与被审计单位内部控制制度的强弱相关，与注册会计师确定的样本量无关

B. 被审计单位内部控制越强，注册会计师需要的审计证据可能越少

C. 审计证据的需求量取决于被审计单位的会计记录是电子数据还是手工记录数据

D. 评估的重大错报风险越高，需要的审计证据可能越少

3. 下列有关审计证据的可靠性的说法中，正确的有（　　）。

A. 与认定相关的审计证据是可靠的审计证据

B. 审计证据的可靠性影响审计证据的充分性

C. 内部控制薄弱时内部生成的审计证据是不可靠的

D. 从独立的外部来源获得的审计证据可能是不可靠的

4. 下列有关审计证据的充分性和适当性的说法中，错误的有（　　）。

A. 只有充分且适当的审计证据才有证明力

B. 审计证据的充分性和适当性分别是对审计证据质量和数量的衡量

C. 审计证据的充分性会影响审计证据的适当性

D. 审计证据的适当性直接影响审计证据的充分性

5. 下列有关检查程序的说法中，错误的有（　　）。

A. 检查是指注册会计师对被审计单位内部生成的，以纸质、电子或其他介质形式存在的记录和文件进行审查

B. 检查有形资产可为其存在提供可靠的审计证据，也能够为权利和义务等认定提供可靠的审计证据

C. 检查所提供的审计证据仅限于检查发生的时点

D. 检查已执行的合同可以提供与被审计单位运用会计政策相关的审计证据

6. 注册会计师实施函证的决策时的影响因素有（　　）。

A. 评估的认定层次重大错报风险

B. 替代程序与特定认定的相关性

C. 预期被询证者的客观性

D. 被审计单位管理层的配合程度

7. 下列有关注册会计师实施应收账款函证程序的说法中，正确的有（　　）。

A. 如果有充分证据表明应收账款对财务报表不重要，注册会计师可以不实施应收账款函证程序

B. 如果不对应收账款函证，注册会计师无须在审计工作底稿中说明理由

C. 注册会计师通常在资产负债表日后某一天函证资产负债表的应收账款余额

D. 如果在资产负债表日前对应收账款余额实施函证程序，注册会计师应当针对询证函指明的截止日期与审计日之间实施进一步的实质性程序

8. 如果被审计单位管理层要求注册会计师不实施函证时，注册会计师应当考虑的有（　　）。

A. 管理层的要求是否合理

B. 被审计单位是否存在重大的舞弊或错误

C. 如何实施替代程序，以获取充分、适当的审计证据

D. 对审计报告可能产生的影响

9. 下列有关询证函回函可靠性的说法中，错误的有（　　）。

A. 通过邮寄方式发出询证函并收到回函后，注册会计师可以验证回函是否由被询证者直接寄给注册会计师

B. 跟函过程中，注册会计师需要了解被询证者处理函证的通常流程和处理人员

C. 电子形式收到的回函中注明“本信息是从电子数据库中取得，可能不包括被询证方所拥有的全部信息”并不影响函证的可靠性

D. 注册会计师收到对询证函口头答复后，需要通过实施替代程序，寻找其他审计证据以支持口头回复中的信息

10. 下列有关分析程序的说法中，错误的有（　　）。

A. 分析程序是指注册会计师通过分析财务数据之间的内在关系对财务信息作出评价

B. 注册会计师需要在财务报表审计全过程了解被审计单位及其环境的各个方面实施分析程序

C. 注册会计师在风险评估阶段和审计结

束时的总体复核阶段必须运用分析程序

D. 在总体复核阶段执行分析程序与风险评估程序中使用的分析程序的目的相同

（三）简答题

ABC会计师事务所接受委托审计甲公司20×2年度财务报表，委派A注册会计师担任项目合伙人，A注册会计师在审计工作底稿中记录了实施进一步审计程序的情况，部分内容摘录如下：

（1）因对甲公司定期存款的真实性存有疑虑，A注册会计师委派注册会计师B在甲公司出纳员办理银行业务时，共同前往银行对20×2年的大额定期存单实施函证。在银行工作人员核对无误填写询证函时，注册会计师B前往对公柜台，要求银行工作人员协助打印甲公司对账单。

（2）A注册会计师向乙公司函证由其保管的甲公司存货的数量和状况，收到的传真件回函显示数量一致，状况良好。A注册会计师据此认可了回函结果。

（3）甲公司20×2年末应收票据余额重大。A注册会计师检查甲公司20×2年12月31日应收票据登记簿及相关票据的复印件，并核对了相关信息，结果满意。

（4）甲公司的某企业客户利用甲公司的快递服务，向甲公司寄回了询证函回函，甲公司将询证函交付A注册会计师。A注册会计师认为回函可靠性受到影响，重新发函并要求该客户通过其他快递公司向A注册会计师直接寄回询证函。

（5）因仅实施替代程序无法获取充分、适当的审计证据，A注册会计师就一份重要的销售合同通过电话与购买方核对合同细节信息，购买方告知已就相关内容在询证函中作出回复，并且询证函回函已寄出，A注册会计师确认函证信息可靠，并形成审计结论。3日后，A注册会计师收到发件日期为电话核对后1日发出的询证函回函，A注册会计师认为取得的询证函信息可靠。

【要求】针对上述第（1）~（5）项，逐项指出A注册会计师的做法是否恰当。如不恰当，简要说明理由。

## 进阶练习答案及解析

（一）单选题

1.【答案】C

【解析】财务报表依据的会计记录中包含的信息和其他信息共同构成了审计证据，两者缺一不可。因此选择选项C。

2.【答案】A

【解析】审计证据的适当性包括相关性和可靠性，因此选择选项A。

3.【答案】C

【解析】内部控制有效时内部生成的审计证据比内部控制薄弱时内部生成的审计证据更可靠。因此选择选项C。

4.【答案】A

【解析】从不同来源获取的审计证据或获取的不同性质的审计证据不一致，表明某项审计证据可能不可靠，注册会计师应当追加必要的审计程序。因此选择选项A。

5.【答案】C

【解析】重新执行是注册会计师独立执行原本作为被审计单位内部控制组成部分的程序或控制，因此选项A不正确。但在某些情况下，对询问的答复为注册会计师修改审计程序或实施追加审计程序提供了基础，因此选项B不正确。检查被审计单位存货管理制度和账簿记录仅是获取内部控制制度和账簿数量，存货的真实数量需要通过对存货的监盘程序获得，因此选项D不正确。

6.【答案】D

【解析】评估的认定层次重大错报风险水平越低，注册会计师需要从实质性程序中获取的审计证据的相关性和可靠性的要求越低。因此选项A是错误的。如果认为某项风险属于特别风险，注册会计师需要考虑是否通过函证特定事项以降低检查风险。因此选项B是错误的。如果被询证者是被审计单位的关联方，则其回复的可靠性会降低。因此选项C是错误的。

7. 【答案】C

【解析】函证通常适用于账户余额及其组成部分（如应收账款明细账），因此选项C错误。

8. 【答案】A

【解析】当同时存在下列情况时，注册会计师可以考虑采用消极的函证方式：重大错报风险评估为低水平、涉及大量余额较小的账户、预期不存在大量的错误和没有理由相信被询证者不认真对待函证，因此选项B错误。注册会计师在询证函中不列明账户余额或其他信息，要求被询证者填写有关信息或提供进一步信息的函证方式是积极式函证，因此选项C错误。注册会计师应当对银行存款（包括零余额账户和在本期内注销的账户）、借款及与金融机构往来的其他重要信息实施函证程序，除非有充分证据表明某一银行存款、借款及与金融机构往来的其他重要信息对财务报表不重要且与之相关的重大错报风险很低。因此选项D错误。

9. 【答案】B

【解析】只以电子形式收到的回函，由于回函者的身份及其授权情况很难确定，对回函的更改也难以发觉，因此可靠性存在风险，注册会计师和回函者采用一定的程序为电子形式的回函创造安全环境，可以降低该风险。如果注册会计师确信这种程序安全并得到适当控制，则会提高相关回函的可靠性。因此选项A错误。对询证函进行口头回复不是对注册会计师的直接书面回复，不符合函证的要求，因此，不能作为可靠的审计证据。因此选项B正确。如果被询证者将回函寄往被审计单位，被审计单位将其转交给注册会计师，该回函不能视为可靠的审计证据。因此选项C错误。回函中存在免责或其他限制性条款是影响外部审计函证可靠性的因素之一，但这种限制不一定使回函失去可靠性，注册会计师能否依赖回函信息以及依赖的程度取决于免责或限制条款的性质和实质。因此选项D错误。

10. 【答案】B

【解析】注册会计师无须在了解被审计单位及其环境的每一方面时都实施分析程序。因此选择选项B。

（二）多选题

1. 【答案】ABD

【解析】用作审计证据的其他信息，与注册会计师执行财务报表审计时应当阅读被审计单位年度报告中除财务报表和审计报告外的其他信息是两个不同的概念。因此不选择选项C。

2. 【答案】ABC

【解析】审计证据的充分性是对审计证据数量的衡量，主要与注册会计师确定的样本量有关，与是否是电子数据还是手工记录数据无关，因此选择选项A、C。注册会计师需要获取的审计证据数量受其对重大错报风险评估的影响，而与被审计单位内部控制强弱本身无关，因此选择选项B。评估的重大错报风险越高，需要的审计证据可能越少，因此不选择选项D。

3. 【答案】ABC

【解析】只与管理当局认定相关的审计证据可能只提供某一方面的认定，不一定能够完成审计目标的需求，因此选择选项A；注册会计师需要获取的审计证据的数量也受审计证据质量的影响。审计证据质量越高，需要的审计证据数量可能越少。也就是说，审计证据的可靠性会影响审计证据的充分性，因此选择选项B；内部控制有效时内部生成的审计证据比内部控制薄弱时生成的审计证据更可靠，因此选择选项C；从外部独立来源获得的审计证据比从其他来源获取的审计证据更可靠，因此不选择选项D。

4.【答案】BCD

【解析】审计证据的充分性是对审计证据数量的衡量，适当性是对审计证据质量的衡量，因此选项B错误；注册会计师需要获取的审计证据的数量受审计证据质量的影响。审计证据质量越高，需要的审计证据数量可能越少。也就是说，审计证据的适当性会影响审计证据的充分性。但如果审计证据的质量存在缺陷，那么注册会计师仅靠获取更多的审计证据可能无法弥补其质量上的缺陷，选项C、D错误。

5.【答案】ABC

【解析】检查是指注册会计师对被审计单位内部或外部生成的，以纸质、电子或其他介质形式存在的记录和文件进行审查，因此选择选项A。检查有形资产可为其存在提供可靠的审计证据，不一定能够为权利和义务等认定提供可靠的审计证据，因此选择选项B。询问所提供的审计证据仅限于检查发生的时点，因此选择选项C。

6.【答案】AC

【解析】函证没有获得回函，注册会计师才应考虑替代程序，因此选项B不正确。函证是注册会计师直接从第三方（被询证者）获取书面答复以作为审计证据的过程，因此选项D不正确。

7.【答案】AC

【解析】如果不对应收账款函证，注册会计师必须在审计工作底稿中说明理由，因此不选择选项B。如果在资产负债表日前对应收账款余额实施函证程序，注册会计师应当针对询证函指明的截止日期与资产负债表日之间实施进一步的实质性程序，因此不选择选项D。

8.【答案】AB

【解析】当被审计单位管理层要求对拟函证的某些账户余额或其他信息不实施函证时，注册会计师应当考虑该项要求是否合理，并获取审计证据予以支持，因此选择选项A。只有管理层要求是合理的，注册会计师才应当实施替代程序，因此不选择选项C。分析管理层要求不实施函证原因时，注册会计师应当保持职业怀疑态度，并考虑管理层是否诚信、是否可能存在重大的舞弊或错误，替代程序能否提供与这些账户余额或其他信息相关的充分、适当的审计证据，因此选择选项B。如果认为管理层的要求不合理，且其阻挠而无法实施函证，注册会计师应当视为审计范围受到限制，并考虑对审计报告可能产生的影响。因此不选择选项D。

9.【答案】CD

【解析】回函中存在免责或其他限制性条款是影响外部审计函证可靠性的因素之一，但这种限制不一定使回函失去可靠性，注册会计师能否依赖回函信息以及依赖的程度取决于免责或限制条款的性质和实质。对回函可靠性可能产生影响的限制性条款包括：“本信息是从电子数据库中取得，可能不包括被询证方所拥有的全部信息；本信息既不保证准确也不保证是最新的，其他方可能会持有不同意见；接收人不能依赖函证中的信息”等，因此选择选项C。对询证函进行口头回复不是对注册会计师的直接书面回复，不符合函证的要求，因此，不能作为可靠的审计证据。在收到对询证函口头答复的情况下，注册会计师可以要求被询证者提供直接书面回复，如果仍未收到书面回函，注册会计师需要通过实施替代程序，寻找其他审计证据以支持口头回复中的信息，因此选择选项D。

10.【答案】ABD

【解析】分析程序是指注册会计师通过分析不同财务数据之间以及财务数据与非财务数据之间的内在关系，对财务信息作出评价，因此选择选项A。注册会计师在风险评估阶段和审计结束时的总体复核阶段必须运用分析程序，在实施实质性程序阶段可选用分析程序。因此选择选项B。在总体复核阶段实施分析程序，所进行的比较和使用的手段与风险评估程序中使用的分析程序基本相同，但两者的目的不同，因此选项D不正确。

（三）简答题

【答案】

（1）不恰当。应全程关注银行对定期存单的询证回复过程/未对定期存单询证函获取过程保持控制。

（2）不恰当。注册会计师应当验证传真件回函的可靠性。

（3）不恰当。注册会计师应当检查应收票据原件/仅检查应收票据复印件不能获取充分、适当的审计证据/还应实施其他审计程序。

（4）恰当。

（5）不恰当。口头回复不能作为可靠的审计证据/审计结论形成前未获取充分、适当的审计证据/未能验证邮寄方式收回询证函的邮寄日期。

# 第四章　审计抽样方法

## 2023 年教材内容主要变化

主要内容无实质性变化，局部文字有修改。



## 本章近五年考试高频考点分布

| 高频考点内容 | 年度及题型分布 |
|---|---|
| 审计抽样相关概念 | 2022 年多选、2020 年单选、2019 年单选<br>2018 年单选、2018 年多选 |
| 抽样风险 | 2022 年单选 |
| 非抽样风险 | 2020 年单选 |
| 统计抽样和非统计抽样 | 2021 年单选 |
| 审计抽样在控制测试中的应用（选取样本阶段） | 2020 年单选、2018 年单选 |
| 审计抽样在控制测试中的应用（评价样本结果阶段） | 2022 年多选 |
| 审计抽样在细节测试中的运用（样本设计阶段） | 2019 年多选 |
| 审计抽样在细节测试中的运用（选取样本阶段） | 2019 年单选、2019 年综合 |

## 高频考点精讲

本章内容属于审计学原理部分内容，是审计方法中的抽样方法在审计业务的具体应用，着重考核注册会计师在收集审计证据过程中抽样审计方法的运用。在学习过程中可将审计抽样在控制测试中的应用、审计抽样在细节测试应用中的内容与第二编（审计测试流程）、第八章风险应对、第三编（各类交易和账户余额的审计）相联系，命题着重对各类审计抽样方法掌握的前提下，根据各类抽样方法优缺点及适用情况考核控制测试和细节测试的具体运用。

### 第一单元　审计抽样的相关概念

#### 高频考点 1：审计抽样★★★

##### （一）审计抽样的概念和目的

1. 概念

审计抽样是指注册会计师对

具有审计相关性的总体中低于百分之百的项目实施审计程序，使所有抽样单元都有被选取的机会，为注册会计师针对整个总体得出结论提供合理基础。

2. 目的

审计抽样能够使注册会计师获取和评价有关所选取项目某一特征的审计证据，以形成或有助于形成有关总体的结论。

### （二）审计抽样的特征（同时具备）

（1）对具有审计相关性的总体中低于百分之百的项目实施审计程序；

（2）所有抽样单元都有被选取的机会；

（3）可以根据样本项目的测试结果推断出有关抽样总体的结论。

**小贴士** 抽样审计应当同时具备上述三个基本特征。

## 经典例题

【真题·多选题】（2022）下列各项中，属于审计抽样的基本特征的有（　　）。

A. 对具有审计相关性的总体中低于百分之百的项目实施审计程序

B. 所有抽样单元都有被选取的机会

C. 可以根据样本项目的测试结果推断出有关总体的结论

D. 可以运用概率论计量抽样风险

【答案】ABC

【解析】选项D不正确，可以运用概率论计量抽样风险，属于统计抽样的特征。

### （三）审计抽样的适用性

审计抽样并非在所有审计程序中都可使用。注册会计师拟实施的审计程序将对运用审计抽样产生重要影响。

1. 风险评估程序

（1）通常不涉及审计抽样。

（2）如果注册会计师在了解控制的设计和确定控制是否得到执行的同时计划和实施控制测试，则可能涉及审计抽样，但此时审计抽样仅适用于控制测试。

2. 控制测试程序

（1）当控制的运行留下轨迹时，注册会计师可以考虑使用审计抽样实施控制测试。

（2）对于未留下运行轨迹的控制，注册会计师通常实施询问、观察等审计程序，以获取有关控制运行有效性的审计证据，此时不宜使用审计抽样。

（3）被审计单位采用信息技术处理各类交易及其他信息时，注册会计师通常只需要测试信息技术一般控制，并从各类交易中选取一笔或几笔交易进行测试，就能获取有关信息处理控制运行有效性的审计证据，此时不需要使用审计抽样。

**小贴士** 注册会计师要关注控制运行是否留下运行轨迹。

3. 实质性程序

实质性程序包括对各类交易、账户余额和披露的细节测试，以及实质性分析程序。

（1）在实施细节测试时，注册会计师可以使用审计抽样获取审计证据，以验证有关财务报表金额的一项或多项认定（如应收账款的存在），或对某些金额作出独立估计（如陈旧存货的价值）。

（2）如果注册会计师将某类交易或账户余额的重大错报风险评估为可接受的低水平，也可不实施细节测试，此时不需要使用审计抽样。

（3）实施实质性分析程序时，注册会计师的目的不是根据样本项目的测试结果推断有关总体的结论，因而不宜使用审计抽样。

4. 审计抽样可以与其他选取测试项目的方法结合进行

## 经典例题

【真题·单选题】（2019）下列与内部控制有关的审计工作中，通常可以使用审计抽样的是（　　）。

A. 评价内部控制设计的合理性

B. 确定控制是否得到执行

C. 测试信息处理控制的运行有效性

D. 测试留下运行轨迹的人工控制的运行有效性

【答案】D

【解析】当控制的运行留下轨迹时，注册会计师可以考虑使用审计抽样实施控制测试，因此选择选项 D。

### 高频考点 2：抽样风险★★★

抽样风险，是指注册会计师根据样本得出的结论，可能不同于如果对整个总体实施与样本相同的审计程序得出的结论的风险。抽样风险是由抽样引起的，与样本规模和抽样方法相关。

#### （一）控制测试中的抽样风险

**小贴士** *控制测试中的抽样风险包括信赖过度风险和信赖不足风险。*

（1）信赖过度风险是指推断的控制有效性高于其实际有效性的风险，也可以说，尽管样本结果支持注册会计师计划信赖内部控制的程度，但实际偏差率不支持该信赖程度的风险。信赖过度风险与审计的效果有关。如果注册会计师评估的控制有效性高于其实际有效性，从而导致评估的重大错报风险水平偏低，注册会计师可能不适当地减少从实质性程序中获取的证据，因此审计的有效性下降。对于注册会计师而言，信赖过度风险更容易导致注册会计师发表不恰当的审计意见，因而更应予以关注。

（2）信赖不足风险是指推断的控制有效性低于其实际有效性的风险，也可以说，尽管样本结果不支持注册会计师计划信赖内部控制的程度，但实际偏差率支持该信赖程度的风险。信赖不足风险与审计的效率有关。当注册会计师评估的控制有效性低于其实际有效性时，评估的重大错报风险水平高于实际水平，注册会计师可能会增加不必要的实质性程序。在这种情况下，审计效率可能降低。

#### （二）细节测试中的抽样风险

**小贴士** *在实施细节测试时，注册会计师要关注是抽样风险是误受风险和误拒风险。*

（1）误受风险是指注册会计师推断某一重大错报不存在而实际上存在的风险。如果账面金额实际上存在重大错报而注册会计师认为其不存在重大错报，注册会计师通常会停止对该账面金额继续进行测试，并根据样本结果得出账面金额无重大错报的结论。与信赖过度风险类似，误受风险影响审计效果，容易导致注册会计师发表不恰当的审计意见，因此注册会计师更应予以关注。

（2）误拒风险是指注册会计师推断某一重大错报存在而实际上不存在的风险。与信赖不足风险类似，误拒风险影响审计效率。如果账面金额不存在重大错报而注册会计师认为其存在重大错报，注册会计师会扩大细节测试的范围并考虑获取其他审计证据，最终注册会计师会得出恰当的结论。在这种情况下，审计效率可能降低。

#### （三）抽样风险类型及对审计工作的影响

控制测试和细节测试中的抽样风险都可以分为两种类型，相较于影响审计效率的抽样风险，注册会计师更应关注影响审计效果的抽样风险。抽样风险内容概括如表 4-1 所示。

**表 4-1　抽样风险类型及对审计工作的影响**

| 审计测试 | 抽样风险类型 | 对审计工作的影响 |
|---|---|---|
| 控制测试 | 信赖过度风险 | 效果 |
| | 信赖不足风险 | 效率 |
| 实质性测试 | 误受风险 | 效果 |
| | 误拒风险 | 效率 |

**小贴士** 抽样风险与样本规模反方向变动：样本规模越小，抽样风险越大；样本规模越大，抽样风险越小。无论是控制测试还是细节测试，注册会计师都可以通过扩大样本规模降低抽样风险。如果对总体中的所有项目都实施检查，就不存在抽样风险，此时审计风险完全由非抽样风险产生。

## 经典例题

【真题·单选题】（2022）下列有关抽样风险的说法中，错误的是（　　）。

A. 审计程序设计不当导致的风险属于抽样风险

B. 抽样风险是指注册会计师根据样本得出的结论，不同于对整个总体实施与样本相同的审计程序得出的结论的可能性

C. 相较于影响审计效率的抽样风险，注册会计师更应关注影响审计效果的抽样风险

D. 抽样风险与样本规模是反向变动关系

【答案】A

【解析】审计程序设计不当导致的风险属于非抽样风险，选择A项。

## 高频考点3：非抽样风险★★

### （一）概念

非抽样风险，是指注册会计师由于任何与抽样风险无关的原因而得出错误结论的风险。

### （二）成因

在审计过程中，可能导致非抽样风险的原因主要包括下列情况：

（1）注册会计师选择了不适于实现特定目标的审计程序。

（2）注册会计师选择的总体不适合于测试目标。

（3）注册会计师未能适当地定义误差（包括控制偏差或错报），导致注册会计师未能发现样本中存在的偏差或错报。

（4）注册会计师未能适当地评价审计发现的情况。

**小贴士** 非抽样风险是由人为因素造成的，虽然难以量化非抽样风险，但通过采取适当的质量控制政策和程序，对审计工作进行适当的指导、监督和复核，仔细设计审计程序，以及对审计实务的适当改进，注册会计师可以将非抽样风险降至可接受的水平。

## 经典例题

【真题·单选题】（2020）下列有关非抽样风险的说法中，错误的是（　　）。

A. 注册会计师未能适当地定义误差会导致非抽样风险

B. 非抽样风险可以量化

C. 非抽样风险在所有审计业务中均存在

D. 对总体中所有的项目实施测试无法消除非抽样风险

【答案】B

【解析】非抽样风险是由人为因素造成的，虽然难以量化非抽样风险，但通过采取适当的质量控制政策和程序，对审计工作进行适当的指导、监督和复核，仔细设计审计程序，以及对审计实务的适当改进，注册会计师可以将非抽样风险降至可接受的水平，因此选项B错误。

## 高频考点4：统计抽样和非统计抽样★★★

### （一）统计抽样

统计抽样的基本特征（同时具备）：

（1）随机选取样本项目；

（2）运用概率论评价样本结果，包括计量抽样风险。

### （二）非统计抽样

不同时具备统计抽样两个基本特征的抽样方法为非统计抽样。

（1）统计抽样能够客观地计量抽样风险，并通过调整样本规模精确地控制风险，这是与

非统计抽样最重要的区别。

（2）注册会计师使用非统计抽样时，也必须考虑抽样风险并将其降至可接受水平，但无法精确地测定抽样风险。

（3）注册会计师在统计抽样与非统计抽样方法之间进行选择时主要考虑成本效益。不管是统计抽样还是非统计抽样，两种方法都要求注册会计师在设计、选取和评价样本时运用职业判断。

（4）选取的样本项目实施的审计程序通常与使用的抽样方法无关。

**小贴士** 如果设计适当，非统计抽样也能提供与统计抽样方法同样有效的结果。

## 经典例题

【真题·单选题】（2021）下列各项中，关于统计抽样和非统计抽样的说法错误的是（　　）。

A. 统计抽样和非统计抽样都可以客观计量抽样风险

B. 统计抽样和非统计抽样都难以量化非抽样风险

C. 统计抽样和非统计抽样都需要注册会计师的职业判断

D. 如果设计得当，非统计抽样能够提供与统计抽样同样有效的结果

【答案】A

【解析】选项A说法错误，非统计抽样无法客观计量抽样风险，统计抽样能够客观地计量抽样风险，并通过调整样本规模精确地控制风险，这是与非统计抽样最重要的区别。

### 高频考点5：属性抽样和变量抽样★★

属性抽样和变量抽样的内容如表4－2所示。

表4－2

| 项目 | 定义 | 适用 | 结论 |
|---|---|---|---|
| 属性抽样 | 用来对总体中某一事件发生率得出结论的统计抽样方法 | 控制测试 | 与总体发生率有关 |
| 变量抽样 | 用来对总体金额得出结论的统计抽样方法 | 细节测试 | 与总体的金额有关 |
| 特殊 | 变量抽样中的货币单元抽样，可运用属性抽样的原理得出以金额表示的结论 | | |

## 第二单元　审计抽样在控制测试中的应用

### 高频考点1：样本设计阶段★★★

#### （一）确定测试目标

1. 目的

注册会计师实施控制测试的目标是提供关于控制运行有效性的审计证据，以支持计划的重大错报风险评估水平。

2. 控制测试主要关注内容

（1）控制在所审计期间的相关时点是如何运行的；

（2）控制是否得到一贯执行；

（3）控制由谁或以何种方式执行。

**小贴士** 注册会计师应当首先针对某项认定详细了解控制目标和内部控制政策与程序之后，方可确定从哪些方面获取关于控制是否有效运行的审计证据。

#### （二）定义总体

总体，是指注册会计师从中选取样本并期望据此得出结论的整个数据集合。注册会计师在界定总体时，应当确保总体的适当性和完整性。

1. 适当性

总体应适合于特定的审计目标，包括测试的方向。

2. 完整性

注册会计师应当从总体项目内容和涉及时

间等方面确定总体的完整性。

3. 同质性

同质性是指总体中的所有项目应该具有同样的特征。

**小贴士** 如果某控制（旧控制）被用于实现相同控制目标的另一控制（新控制）所取代，注册会计师需要确定是否测试这两个控制的运行有效性，或只测试新控制。

### （三）定义抽样单元

抽样单元通常是能够提供控制运行证据的一份文件资料、一个记录或其中一行，每个抽样单元构成了总体中的一个项目。

在控制测试中，注册会计师应根据被测试的控制定义抽样单元。

**小贴士** 注册会计师定义的抽样单元应与审计测试目标相适应。

### （四）定义偏差构成条件

注册会计师应根据对内部控制的了解，确定哪些特征能够显示被测试控制的运行情况，然后据此定义偏差构成条件。在控制测试中，偏差是指偏离对设定控制的预期执行。在评估控制运行的有效性时，注册会计师应当考虑其认为必要的所有环节。

### （五）定义测试期间

注册会计师通常在期中实施控制测试。由于期中测试获取的证据只与控制截至期中测试时点的运行有关，注册会计师需要确定如何获取关于剩余期间的证据。注册会计师可以有两种做法：

（1）将测试扩展至在剩余期间发生的交易，以获取额外的证据。（总体由整个被审计期间的所有交易组成）

①初始测试。注册会计师可能将总体定义为包括整个被审计期间的交易，但在期中实施初始测试。在这种情况下，注册会计师可能估计总体中剩余期间将发生的交易的数量，并在期末审计时对所有发生在期中测试之后的被选取交易进行检查。

【示例】如果被审计单位在当年的前 10 个月开具了编号 1～10000 的发票，注册会计师可能估计，根据企业的经营周期，剩下两个月中将开具 2 500 张发票；因此注册会计师在选取所需的样本时用 1～12500 作为编号。所选取的发票中，编号小于或等于 10000 的样本项目在期中审计时进行检查，剩余的样本项目将在期末审计时进行检查。

②估计总体的特征。在估计总体规模时，注册会计师可能考虑上年同期的实际情况、变化趋势以及经营性质等因素。在实务中，注册会计师可能高估剩余项目的数量也可能低估剩余项目的数量如表 4－3 所示。

**表 4－3**

| 估计总体项目数量（编号从 1～12500） | 出现的状况（年底） | 注册会计师的应对 |
|---|---|---|
| 高估剩余项目（编号未到 12500） | 部分被选取的编号对应的交易没有发生 | 可以用其他交易代替 |
| 低估剩余项目（编号超过 12500） | 一些交易没有被选取的机会 | 可以重新定义总体，将样本中未包含的项目排除在新的总体之外。对未包含在重新定义总体中的项目，注册会计师可以实施替代程序。<br>【示例】将这些项目作为一个独立的样本进行测试或对其进行百分之百的检查，或询问剩余期间的情况 |

**小贴士** 注册会计师应判断各种替代程序的效率和效果，并据此选择适合于具体情况的方法。

③注册会计师的灵活应对方式。在许多情况下，注册会计师可能不需要等到被审计期间结束，就能得出关于控制的运行有效性是否支

持其计划评估的重大错报风险水平的结论。在对选取的交易进行期中测试时，注册会计师发现的误差可能足以使其得出结论：即使在发生于期中测试以后的交易中未发现任何误差，控制也不能支持计划评估的重大错报风险水平。在这种情况下，注册会计师可能决定不将样本扩展至期中测试以后发生的交易，而是相应地修正计划的重大错报风险评估水平和实质性程序。

（2）不将测试扩展至在剩余期间发生的交易。

①总体只包括从年初到期中测试日为止的交易，测试结果也只针对此期间进行推断，注册会计师可以使用替代方法测试剩余期间的控制有效性。

②在确定是否需要针对剩余期间获取额外证据以及获取哪些证据时，通常考虑下列因素：

a. 评估的认定层次重大错报风险的重要程度；

b. 在期中测试的特定控制和测试结果，以及自期中测试后控制发生的重大变动；

c. 在期中对有关控制运行有效性获取的审计证据的程度；

d. 剩余期间的长度；

e. 在信赖控制的基础上拟缩小实质性程序的范围；

f. 控制环境。

## 高频考点2：选取样本阶段★★★

### （一）确定抽样方法

不同抽样方法的内涵和适用范围如表4－4所示。

第四章

表4－4

| 项目 | 简单随机选样 | 系统选样 | 随意选样 | 整群选样 |
| --- | --- | --- | --- | --- |
| 内涵 | 相同数量的抽样单元组成的每种组合被选取的概率都相等 | 注册会计师需要确定选样间隔，然后确定一个随机起点，从这个起点开始，按照选样间隔在总体中按序选取样本 | 注册会计师要避免任何有意识的偏向或可预见性 | 从总体中选取一群（或多群）连续的项目 |
| 方法运用 | 注册会计师可使用计算机或随机数表获取所需的随机数，选取匹配的随机样本 | 总体的每一个抽样单元被选取的机会相等，人工选样时尤为方便。克服缺点的方法：增加随机起点个数；对总体特征分布进行观察 | | |
| 运用范围 | 统计抽样和非统计抽样均适用 | 要求总体必须是随机排列。系统选样可以在非统计抽样中使用，在总体随机分布时也适用于统计抽样 | 仅适用于非统计抽样 | 通常不能在审计抽样中使用，虽有些情况下注册会计师检查一群项目可能是适当的审计程序，但极少将整群选样作为适当的选样方法 |

### （二）确定样本规模

样本规模是指从总体中选取样本项目的数量。

**小贴士** 在审计抽样中，如果样本规模过小，就不能反映出审计对象总体的特征，注册会计师就无法获取充分的审计证据，其审计结论的可靠性就会大打折扣，甚至可能得出错误的审计结论。

1. 影响样本规模的因素

影响样本规模的因素如表4－5所示。

表 4－5

| 因素 | 含义 | 与样本规模的关系 |
|---|---|---|
| 可接受的信赖过度风险 | 实施控制测试中，注册会计师主要关注信赖过度风险，影响因素：<br>（1）该控制所针对的分析的重要性；<br>（2）控制环境的评估结果；<br>（3）针对风险的控制程序的重要性；<br>（4）证明该控制能够防止、发现和改正认定层次重大错报的审计证据的相关性和可靠性；<br>（5）在于某项认定有关的其他控制的测试中获取的证据的范围；<br>（6）控制的叠加程度；<br>（7）对控制的观察和询问所获得的答复可能不能准确反映该控制得以持续适当运行的风险 | 与样本规模反向变动。<br>【小贴士】信赖过度风险应确定在相对较低的水平上。<br>注册会计师一般将信赖过度风险确定为10%，特别重要的测试则可以将信赖过度风险确定为5% |
| 可容忍偏差率 | 指注册会计师设定的偏离规定的内部控制的比率，注册会计师试图对总体中的实际偏离差不超过该比率获取适当水平的保证。<br>【小贴士】可容忍偏离差是注册会计师接受的最大偏离数量。如果偏离了这一数量则应减少或取消对内部控制的信赖 | 与样本规模反向变动。<br>【小贴士】确定偏离差时，注册会计师应考虑计划评估的控制有效性。<br>计划评估的控制有效性越低，注册会计师确定的可容忍偏离差率通常越高，所需的样本规模就越小。<br>不是所有的偏离都一定导致财务报表出现重大错报 |
| 预计总体偏差率 | 注册会计师考虑总体特征时需要根据对相关控制的了解或对总体中少量项目的检查来评估预期偏差率。<br>【小贴士】注册会计师可根据上年测试结果、内控的设计和控制环境等因素对预期总体偏离差率进行评估 | 与样本规模同向变动。<br>【小贴士】如果预期总体偏差率高得无法接受，注册会计师提出决定不实施控制测试，而实施更多的实质性程序 |
| 总体规模 | 一般而言，对样本规模的影响几乎为零 | 影响很小，几乎为零 |
| 其他因素 | （1）控制运行的相关期间越长，需要测试的样本越多；<br>（2）控制程序越复杂，测试的样本越多；<br>（3）控制的类型影响样本规模，人工控制实施的测试要多于自动化控制 | |

2. 针对运行频率较低的内部控制的考虑

3. 确定样本量

（1）非统计抽样中，注册会计师可以只对影响样本规模的因素进行定性的估计，并运用职业判断确定样本规模。

（2）统计抽样方法时，注册会计师必须对影响样本规模的因素进行量化，并利用根据统计公式开发的专门的计算机程序或专门的样本量表来确定样本规模。

### 经典例题

【真题·单选题】（2020）在运用审计抽样实施控制测试时，下列各项因素中，不影响样本规模的是（　　）。

A. 控制的类型

B. 可容忍偏差率

C. 控制运行的相关期间的长短

D. 选取样本的方法

【答案】D

【解析】选项 A，因为人工控制更容易发生错误和偶然的失败，而针对计算机系统的信息技术一般控制只要有效发挥作用，曾经测试过的自动化控制一般都能保持可靠运行，因此对人工控制实施的测试要多过自动化控制，所以控制的类型影响样本规模；选项 B，可容忍偏差率越高，样本规模越小；选项 C，控制运行的相关期间越长，需要测试的样本越多。选项 D，选取样本的方法并不影响控制测试样本规模的大小。

### （三）选取样本并对其实施审计程序

在对选取的样本项目实施审计程序时可能出现以下几种情况：

（1）无效单据。
（2）未使用或不适用的单据。
（3）对总体的估计出现错误。
（4）在结束之前停止测试。
（5）无法对选取的项目实施检查。

## 高频考点3：评价样本结果阶段★★

**小贴士** 在此过程中，无论使用统计抽样还是非统计抽样方法，注册会计师都需要运用职业判断。

### （一）计算偏差率

样本偏差率＝样本中发现的偏差数量÷样本规模

**小贴士** 样本偏差率就是注册会计师对总体偏差率的最佳估计，因而在控制测试中无须另外推断总体偏差率，但注册会计师还必须考虑抽样风险。

### （二）考虑抽样风险

1. 使用统计抽样方法（结合教材统计抽样示例学习掌握）

注册会计师在统计抽样中通常使用公式、表格或计算机程序直接计算在确定的信赖过度风险水平下可能发生的偏差率上限。

（1）使用统计公式评价样本结果。

总体偏差率上限＝风险系数(R)÷样本量(n)

（2）使用样本结果评价表。

计算出估计的总体偏差率上限后，注册会计师通常可以对总体进行判断，如表4－6所示。



表4－6

| 偏差率表现 | 总体是否接受 | 注册会计师对总体的结论 |
|---|---|---|
| 总体偏差率上限低于可容忍偏差率 | 总体可以接受 | 样本结果支持计划评估的控制有效性，从而支持计划的重大错报风险评估水平 |
| 总体偏差率上限大于或等于可容忍偏差率 | 总体不能接受 | 样本结果不支持计划评估的控制的有效性，从而不支持计划的重大错报风险评估水平，注册会计师应当修正重大错报风险评估水平，并增加实质性程序的数量 |
| 总体偏差率上限低于但接近可容忍偏差率 | 考虑是否接受总体 | 考虑是否需要扩大测试范围，以进一步证实计划评估的控制有效性和重大错报风险水平 |

2. 使用非统计抽样方法

注册会计师通常将估计的总体偏差率（即样本偏差率）与可容忍偏差率相比较，运用职业判断确定总体是否可以接受，如表4－7所示。

表4－7

| 偏差率表现 | 总体是否接受 | 注册会计师对总体的结论 |
|---|---|---|
| 总体偏差率大于可容忍偏差率 | 总体不能接受 | |
| 总体偏差率虽然低于可容忍偏差率，但两者很接近 | 总体不可接受 | 注册会计师通常认为时间的总体偏差率高于可容忍偏差率的抽样风险很高 |
| 总体偏差率与可容忍偏差率之间的差额不是很大也不是很小 | 不能认为总体是否可以接受 | 注册会计师考虑扩大样本规模或实施其他程序，进一步收集证据 |
| 总体偏差率大大低于可容忍偏差率 | 总体可以接受 | |

### （三）考虑偏差的性质和原因

（1）注册会计师应当调查识别出的所有偏差的性质和原因，并评价其对审计程序的目的和审计的其他方面可能产生的影响。无论是统计抽样还是非统计抽样，对样本结果的定性评估和定量评估一样重要。即使样本的评价结果在可接受的范围内，注册会计师也应对样本中的所有控制偏差进行定性分析。

（2）如果注册会计师发现许多偏差具有相同的特征，如交易类型、地点、生产线或时期等，则应考虑该特征是不是引起偏差的原因，是否存在其他尚未发现的具有相同特征的偏差。此时，注册会计师应将具有该共同特征的全部项目划分为一层，并对层中的所有项目实施审计程序，以发现潜在的系统偏差。

（3）如果对偏差的分析表明是故意违背了既定的内部控制政策或程序，注册会计师应考虑存在重大舞弊的可能性。在这种情况下，注册会计师应当确定实施的控制测试能否提供适当的审计证据，是否需要增加控制测试，或是否需要使用实质性程序应对潜在的重大错报风险。

（4）一般情况下，如果在样本中发现了控制偏差，注册会计师有两种处理办法：

①扩大样本规模，以进一步收集证据。

②认为控制没有有效运行，样本结果不支持计划的控制运行有效性和重大错报风险的评估水平，因而应提高重大错报风险评估水平，增加对相关账户的实质性程序。

将追加测试的样本量确定为至少与初始样本量相同，这种做法只是简单的“经验法则”。使用统计抽样方法时，注册会计师可以对需要追加的样本量进行更为精确的计算。如果在预期不存在偏差的初始样本中发现两个或更多偏差，追加测试的样本量通常会大大超过初始样本量。此时，注册会计师也可能认为采取第二种处理方法更有效，即不采取大量追加测试样本量，而是选择不再信赖内部控制。但是，如果确定控制偏差是系统偏差或舞弊导致，扩大样本规模通常无效，注册会计师需要直接采用第二种处理办法。

（5）分析偏差的性质和原因时，注册会计师还要考虑已识别的偏差对财务报表的直接影响。控制偏差虽然增加了金额错报的风险，但并不一定导致财务报表中的金额错报。如果某项控制偏差更容易导致金额错报，该项控制偏差就更加重要。

### （四）得出总体结论

在计算偏差率，考虑抽样风险，分析偏差的性质和原因之后，注册会计师需要运用职业判断得出总体结论。

（1）如果样本结果及其他相关审计证据支持计划评估的控制有效性，从而支持计划的重大错报风险评估水平，注册会计师可能不需要修改计划的实质性程序。

（2）如果样本结果不支持计划的控制运行有效性和重大错报风险的评估水平，注册会计师通常有两种选择：

①进一步测试其他控制（如补偿性控制），以支持计划的控制运行有效性和重大错报风险的评估水平；

②提高重大错报风险评估水平，并相应修改计划的实质性程序的性质、时间安排和范围。

## 经典例题

【真题·多选题】（2022）下列有关注册会计师在实施控制测试时使用非统计抽样方法确定总体是否可以接受的说法中，正确的有（　　）。

A. 如果总体偏差率高于可容忍偏差率，则总体不可接受

B. 如果总体偏差率大大低于可容忍偏差率，注册会计师通常认为总体可以接受

C. 如果总体偏差率低于可容忍偏差率，但差额不是很大也不是很小，注册会计师通常认为总体可以接受

D. 如果总体偏差率低于可容忍偏差率，但两者非常接近，注册会计师应当扩大样本规模或实施其他测试，以进一步收集证据

【答案】AB

【解析】选项 C 错误，如果总体偏差率低于可容忍偏差率，但差额不是很大也不是很

小，不能认为总体是否可以接受注册会计师考虑扩大样本规模或实施其他程序，进一步收集证据；选项D错误，如果总体偏差率低于可容忍偏差率，但两者非常接近，注册会计师通常认为总体偏差率高于可容忍偏差率的抽样风险很高，因而总体不能接受。

## 第三单元　抽样审计在细节测试中的应用

### 高频考点1：样本设计阶段★★★

#### （一）确定测试目标

细节测试的目的是识别财务报表中各类交易、账户余额和披露中存在的重大错报。在细节测试中，审计抽样通常用来测试有关财务报表金额的一项或多项认定（如应收账款的存在）的合理性。如果该金额是合理正确的，注册会计师将接受与之相关的认定，认为财务报表金额不存在重大错报。

#### （二）定义总体

在实施审计抽样之前，注册会计师必须仔细定义总体，确定抽样总体的范围，确保总体的适当性和完整性。

1. 适当性

注册会计师应确信抽样总体适合于特定的审计目标。

【示例】注册会计师可能对期后的现金支付进行抽样，以测试由隐瞒采购所导致的应付账款低估，或者对装运单据进行抽样，以发现由已装运但未确认为销售的交易所导致的销售收入低估问题。

2. 完整性

（1）总体的完整性包括代表总体的实物的完整性。

如果代表总体的实物和总体不一致，注册会计师可能对总体得出错误的结论。因此，注册会计师必须详细了解代表总体的实物，确定代表总体的实物是否包括整个总体。注册会计师通常通过加总或计算来完成这一工作。如果注册会计师将选择的实物和总体比较之后，认为代表总体的实物遗漏了应包含在最终评价中的总体项目，注册会计师应选择新的实物，或对被排除在实物之外的项目实施替代程序，并询问遗漏的原因。

（2）在细节测试中，注册会计师还应当运用职业判断，判断某账户余额或交易类型中是否存在及存在哪些应该单独测试而不能放在抽样总体中的项目。

某一项目可能由于金额较大或存在较高的重大错报风险而被视为单个重大项目，注册会计师应当对单个重大项目实施100%的检查，所有单个重大项目都不构成抽样总体。

【示例】应收账款中有5个重大项目，占到账面价值的75%。注册会计师将这5个项目视为单个重大项目，逐一进行检查，这是选取特定项目而不是抽样，注册会计师只能根据检查结果对这5个项目单独得出结论。如果占到账面价值25%的剩余项目加总起来不重要，或者被认为存在较低的重大错报风险，注册会计师可以无须对这些剩余项目实施检查，或仅在必要时对其实施分析程序。如果注册会计师认为这些剩余项目加总起来是重要的，需要实施细节测试以实现审计目标，这些剩余项目就构成了抽样总体。

#### （三）定义抽样单元

（1）在细节测试中，注册会计师应根据审计目标和所实施审计程序的性质定义抽样单元。抽样单元可能是一个账户余额、一笔交易或交易中的一个记录（如销售发票中的单个项目），甚至是每个货币单元。

【示例】如果抽样的目标是测试应收账款是否存在，注册会计师可能选择各应收账款明细账余额、发票或发票上的单个项目作为抽样单元。选择的标准是，如何定义抽样单元能使审计抽样实现最佳的效率和效果。

（2）注册会计师定义抽样单元时也应考虑实施计划的审计程序或替代程序的难易程度。如果将抽样单元界定为客户明细账余额，当某客户没有回函证实该余额时，注册会计师可能需要对构成该余额的每一笔交易进行测试。因此，如果将抽样单元界定为构成应收账款余额的每笔交易，审计抽样的效率可能更高。

### （四）界定错报

在细节测试中，注册会计师应根据审计目标界定错报。

【示例】例如，在对应收账款存在的细节测试中（如函证），客户在函证信息针对的截止日之前已支付而被审计单位在该日之后才收到的款项不构成错报。而且，被审计单位在不同客户之间误登明细账也不影响应收账款总账余额。即使在不同客户之间误登明细账可能对审计的其他方面（如对舞弊的可能性或坏账准备的适当性的评估）产生重要影响，注册会计师在评价应收账款函证程序的样本结果时也不宜将其判定为错报。注册会计师还可能将被审计单位自己发现并已在适当期间予以更正的错报排除在外。

## 高频考点2：选取样本阶段★★★

### （一）确定抽样方法

在细节测试中进行审计抽样，可能使用统计抽样，也可能使用非统计抽样。注册会计师在细节测试中常用的统计抽样方法包括货币单元抽样和传统变量抽样。

1. 货币单元抽样

（1）含义。

货币单元抽样是一种运用属性抽样原理对货币金额而不是对发生率得出结论的统计抽样方法，它是概率比例规模抽样方法的分支，有时也被称为金额单元抽样、累计货币金额抽样以及综合属性变量抽样等。货币单元抽样以货币单元作为抽样单元。

【示例】总体包含100个应收账款明细账户，共有余额200 000元。若采用货币单元抽样，则认为总体含有200 000个抽样单元，而不是100个。

（2）具体运用。

总体中的每个货币单元被选中的机会相同，所以总体中某一项目被选中的概率等于该项目的金额与总体金额的比率，项目金额越大，被选中的概率就越大，这样有助于注册会计师将审计重点放在较大的账户余额或交易上。

但实际上注册会计师并不是对总体中的货币单元实施检查，而是对包含被选取货币单元的账户余额或交易实施检查。注册会计师检查的账户余额或交易被称为逻辑单元。

（3）货币单元抽样的优点。

①货币单元抽样以属性抽样原理为基础，注册会计师可以很方便地计算样本规模和评价样本结果，因而通常比传统变量抽样更易于使用；

②货币单元抽样在确定所需的样本规模时无须直接考虑总体的特征（如变异性），因为总体中的每一个货币单元都有相同的规模，而传统变量抽样的样本规模是在总体项目共有特征的变异性或标准差的基础上计算的；

③货币单元抽样中，项目被选取的概率与其货币金额大小成比例，因而无须通过分层减少变异性，而传统变量抽样通常需要对总体进行分层以减小样本规模；

④在货币单元抽样中使用系统选样法选取样本时，如果项目金额等于或大于选样间距，货币单元抽样将自动识别所有单个重大项目，即该项目一定会被选中；

⑤如果注册会计师预计不存在错报，货币单元抽样的样本规模通常比传统变量抽样方法更小；

⑥货币单元抽样的样本更容易设计，且可在能够获得完整的最终总体之前开始选取样本。

（4）货币单元抽样的缺点。

①货币单元抽样不适用于测试总体的低估，因为账面金额小但被严重低估的项目被选中的概率低，如果在货币单元抽样中发现低估，注册会计师在评价样本时需要特别考虑；

②对零余额或负余额的选取需要在设计时予以特别考虑。

【示例】如果准备对应收账款进行抽样，注册会计师可能需要将贷方余额分离出去，作为一个单独的总体，如果检查零余额的项目对审计目标非常重要，注册会计师需要单独对其进行测试，因为零余额的项目在货币单元抽样中不会被选取。

③当发现错报时，如果风险水平一定，货币单元抽样在评价样本时可能高估抽样风险的影响，从而导致注册会计师更可能拒绝一个可接受的总体账面金额。

④在货币单元抽样中，注册会计师通常需要逐个累计总体金额，以确定总体是否完整并与财务报表一致，如果相关会计数据以电子形式储存，则不会额外增加大量的审计成本。

⑤当预计总体错报的金额增加时，货币单元抽样所需的样本规模也会增加，这种情况下，货币单元抽样的样本规模可能大于传统变量抽样所需的规模。

2. 传统变量抽样

（1）概念。

传统变量抽样运用正态分布理论，根据样本结果推断总体的特征。传统变量抽样涉及难度较大、较为复杂的数学计算，注册会计师通常使用计算机程序确定样本规模，一般无须懂得这些方法所用到的数学公式。

（2）传统变量抽样的优点。

①如果账面金额与审定金额之间存在较多差异，传统变量抽样可能只需较小的样本规模就能满足审计目标；

②注册会计师关注总体的低估时，使用传统变量抽样比货币单元抽样更合适；

③需要在每一层追加选取额外的样本项目时，传统变量抽样更易于扩大样本规模；

④对零余额或负余额项目的选取，传统变量抽样不需要在设计时予以特别考虑。

（3）传统变量抽样的缺点。

①传统变量抽样比货币单元抽样更复杂，注册会计师通常需要借助计算机程序；

②在传统变量抽样中确定样本规模时，注册会计师需要估计总体特征的标准差，而这种估计往往难以作出，注册会计师可能利用以前对总体的了解或根据初始样本的标准差进行估计；

③如果存在非常大的项目，或者在总体的账面金额与审定金额之间存在非常大的差异，而且样本规模比较小，正态分布理论可能不适用，注册会计师更可能得出错误的结论；

④如果几乎不存在错报，传统变量抽样中的差异法和比率法将无法使用。

3. 传统变量抽样方法

在细节测试中运用传统变量抽样时，常见的方法如表4－8所示。

**表4－8**

| 常用方法 | 计算公式 |
| --- | --- |
| 均值法 | 样本审定金额的平均值＝样本审定金额÷样本规模<br>估计的总体金额＝样本审定金额的平均值×总体规模<br>推断的总体错报＝总体账面金额－估计的总体金额 |
| 差额法 | 样本平均错报＝（样本账面金额－样本审定金额）÷样本规模<br>推断的总体错报＝样本平均错报×总体规模<br>估计的总体金额＝总体账面金额－推断的总体错报 |
| 比率法 | 比率＝样本审定金额÷样本账面金额<br>估计的总体金额＝总体账面金额×比率<br>推断的总体错报＝总体账面金额－估计的总体金额 |

**小贴士** 如果未对总体进行分层，注册会计师通常不使用均值法，因为此时所需的样本规模可能太大，不符合成本效益原则。

## （二）确定样本规模

提供充分审计证据所必需的样本规模取决于审计目标和抽样方法的效率。

1. 影响样本规模的因素

影响样本规模的因素如表 4－9 所示。

**表 4－9**

| 因素 | 含义 | 与样本规模的关系 |
| --- | --- | --- |
| 可接受的误受风险 | 细节测试中的抽样风险包括误受风险和误拒风险。<br>误受风险——注册会计师推断某一重大错报不存在而实际上存在的风险，与审计的效果有关。<br>在确定可接受的误受风险时，注册会计师需要考虑下列因素：<br>（1）注册会计师愿意接受的审计风险水平；<br>（2）评估的重大错报风险水平；<br>（3）针对同一审计目标或财务报表认定的其他实质性程序的检查风险。<br>误拒风险——注册会计师推断某一重大错报存在而实际上不存在的风险，与审计效率有关 | 误受风险与样本规模反向变动；<br>误拒风险与样本规模反向变动 |
| 可容忍错报 | 指注册会计师设定的货币金额，注册会计师试图对总体中的实际错报不超过该货币金额获取适当水平的保证。细节测试中，某账户余额、交易类型或披露的可容忍错报是注册会计师接受的最大金额的错报。<br>可容忍错报可看作实际执行的重要性这个概念在抽样程序中的运用。<br>可容忍错报可能等于或低于实际执行的重要性，取决于注册会计师考虑下列因素后的职业判断：<br>（1）事实错报和推断错报的预期金额；<br>（2）被审计单位对建议的调整所持的态度；<br>（3）某审计领域中，金额需要估计或无法准确确定的账户的数量；<br>（4）经营场所、分支机构或某账户已被组合的数量，注册会计师分别测试这些经营场所、分支机构或样本组合，但需要将测试结果累积起来得出审计结论；<br>（5）测试项目占账户全部项目的比例 | 与样本规模反向变动。<br>当误受风险一定时，如果注册会计师确定的可容忍错报降低，为实现审计目标所需的样本规模就增加 |
| 预计总体错报 | 在确定细节测试所需的样本规模时，注册会计师还需考虑预计在账户余额或交易类别中存在的错报金额和频率。<br>【小贴士】预计总体错报不应超过可容忍错报。<br>如果预期错报很高，注册会计师实施细节测试时对总体进行 100% 的检查或使用较大的样本规模可能较为适当 | 在既定的可容忍错报下，预计总体错报的金额和频率越小，所需的样本规模也越小。相反，预计总体错报的金额和频率越大，所需的样本规模也越大 |
| 总体规模 | 对样本规模的影响很小。<br>【小贴士】按总体的固定百分比确定样本规模通常缺乏效率 | 影响很小 |
| 总体的变异性 | 注册会计师确定适当的样本规模时要考虑特征的变异性。衡量这种变异或分散程度的指标是标准差。<br>【小贴士】如果总体项目存在较大的变异性，注册会计师考虑将总体分层。<br>注册会计师应当仔细界定子总体，以使每一个抽样单元只能属于一个层。<br>分层可以降低每一层项目中的变异性，从而在抽样风险没有成比例增加的前提下减少样本规模，提高审计效率 | 总体项目的变异性越低，通常样本规模越小 |

**小贴士** 如果总体项目存在重大的变异性，注册会计师可以考虑将总体分层。在细节测试中，分层的依据可能包括项目的账面金额，与项目处理有关的控制的性质，或与特定项目（如更可能包含错报的那部分总体项目）有关的特殊考虑等。

分层后的每一组子总体被称为一层，每层分别独立选取样本。对某一层中的样本项目实施审计程序的结果，只能用于推断构成该层的项目。如果注册会计师将某类交易或账户余额分成不同的层，需要对每层分别推断错报。在考虑错报对该类别的所有交易或账户余额的可能影响时，注册会计师需要综合考虑每层的推断错报。如果对整个总体得出结论，注册会计师应当考虑与构成整个总体的其他层有关的重大错报风险。

【示例】在对某一账户余额进行测试时，占总体数量20%的项目，其金额可能占该账户余额的90%。注册会计师只能根据该样本的结果推断至上述90%的金额。对于剩余10%的金额，注册会计师可以抽取另一个样本或使用其他收集审计证据的方法，单独得出结论，或者认为其不重要而不实施审计程序。

## 经典例题

【真题·单选题】（2019）在运用审计抽样实施细节测试时，下列情形中，对总体进行分层可以提高抽样效率的是（　　）。

A. 总体规模较大

B. 总体变异性较大

C. 预计总体错报较高

D. 误拒风险较高

【答案】B

【解析】如果总体项目存在重大的变异性，注册会计师可以考虑将总体分层。分层可以降低每一层中项目的变异性，从而在抽样风险没有成比例增加的前提下减小样本规模，提高审计效率。

2. 确定样本量

实施细节测试时，无论使用统计抽样还是非统计抽样方法，注册会计师都应当综合考虑上述的影响因素，运用职业判断和经验确定样本规模。

（1）细节测试中基于货币单元抽样法的样本量。

教材表4－8中可接受的误受风险为5%或10%，如果注册会计师需要其他误受风险水平的抽样规模，必须使用统计抽样参考资料中的其他表格或计算机程序。

【示例】注册会计师确定的误受风险为10%，可容忍错报与总体账面金额之比为5%，预计总体错报与可容忍错报之比为0.20，根据教材表4－8，注册会计师确定样本规模为69。

（2）使用传统变量抽样方法时，注册会计师通常运用计算机程序确定适当的样本规模。

（3）如果使用非统计抽样，注册会计师也可以利用教材表4－8了解细节测试的样本规模，再考虑影响样本规模的各种因素及非统计抽样与货币单元抽样之间的差异，运用职业判断确定所需的适当样本规模。

（4）注册会计师还可以使用下列公式确定样本规模：

样本规模＝（总体账面金额÷可容忍错报）×保证系数

### （三）选取样本并对其实施审计程序

（1）选择方法的选择。

注册会计师应当仔细选取样本，以使样本能够代表抽样总体的特征。注册会计师可以根据具体情况，从简单随机选样、系统选样或随意选样中挑选适当的选样方法选取样本，也可以使用计算机辅助审计技术提高选样的效果。

（2）识别单个重大项目。

在选取样本之前，注册会计师通常先识别单个重大项目。然后，从剩余项目中选取样本，或者对剩余项目分层，并将样本规模相应分配给各层。注册会计师也可以将总体分为金额大约相等的两个部分，然后在这两个部分之间平均分配样本量。注册会计师从每一层中选取样本，但选取的方法应当能使样本具有代表性。

（3）货币单元抽样选取样本。

货币单元抽样以货币单元作为抽样单元，因为总体中的每一个货币单元都有相同的规模，项目被选取的概率与其货币金额大小成比例，因而无须分层。

①如果用系统选样法选取样本，注册会计师需要先确定选样间隔，即用总体账面金额除以样本规模，得到样本间隔。

②然后在第一个间隔中确定一个随机起点，从这个随机起点开始按照选样间隔，从总体中顺序选取样本。

③注册会计师再对包含被选取货币单元的账户余额或交易（逻辑单元）实施检查。

（4）注册会计师应对选取的每一个样本实施适合于具体审计目标的审计程序。无法对选取的项目实施检查时，注册会计师应当考虑这些未检查项目对样本评价结果的影响。

（5）选取的样本中可能包含未使用或无效的项目，注册会计师应当考虑设计样本时是如何界定总体的。

## 高频考点3：评价样本结果阶段★★

### （一）推断总体的错报

1. 要求

注册会计师应当根据样本结果推断总体的错报。如果在期中实施细节测试时用到审计抽样，注册会计师只能根据样本结果推断从中选取样本的总体的错报金额。注册会计师需要实施进一步审计程序，以确定能否将期中测试得出的结论合理延伸至期末。

【示例】未回函的消极函证不能证明被询证者已收到询证函并验证其中包含的信息是正确的，因此注册会计师不能根据未回函的消极函证推断总体的错报。

2. 推断总体错报的方法

根据样本中发现的错报金额估计总体的错报金额时，注册会计师可以使用比率法、差额法及货币单元抽样法等。

**小贴士** 如果注册会计师在设计样本时将进行抽样的项目分为几层，则要在每层分别推断错报，然后将各层推断的金额加总，计算估计的总体错报。注册会计师还要将在进行百分之百检查的个别重大项目中发现的所有错报与推断的错报金额汇总。

3. 货币单元抽样法

（1）如果逻辑单元的账面金额大于或等于选样间隔，推断的错报就是该逻辑单元的实际错报金额；

（2）如果逻辑单元的账面金额小于选样间隔，注册会计师首先计算存在错报的所有逻辑单元的错报百分比，这个百分比就是整个选样间隔的错报百分比（因为每一个被选取的货币单元都代表了整个选样间隔中的所有货币单元），再用这个错报百分比乘以选样间隔，得出推断错报的金额；

（3）将所有这些推断错报汇总后，再加上在金额大于或等于选样间隔的逻辑单元中发现的实际错报，注册会计师就能计算出总体的错报金额。

### （二）考虑抽样风险

（1）在细节测试中，推断的错报是注册会计师对总体错报作出的最佳估计。对于出现的情况应采取的应对措施，如表4－10所示。

**表4－10**

| 出现的情况 | 注册会计师应对措施 |
|---|---|
| 当推断的错报接近或超过可容忍错报时，总体中的实际错报金额很可能超过了可容忍错报 | 要将各交易类别或账户余额的错报总额与该类交易或账户余额的可容忍错报相比较，并适当考虑抽样风险，以评价样本结果 |
| 推断的错报总额低于可容忍错报 | 考虑即使总体的实际错报金额超过可容忍错报，仍可能出现这一情况的风险 |

（2）在非统计抽样中，注册会计师运用职业判断和经验考虑抽样风险，如表4－11所示。

**表4－11**

| 错报差距 | 总体是否接受 | 结论 |
|---|---|---|
| 推断的总体错报远远低于可容忍错报 | 总体可以接受 | 注册会计师可能合理确信，总体实际错报金额超过可容忍错报的抽样风险很低 |
| 推断的错报金额与可容忍错报的差距既不很小又不很大 | 考虑是否接受总体 | 注册会计师仔细考虑，总体实际错报超过可容忍错报的风险是否高得无法接受。<br>【措施】注册会计师可能会扩大样本规模以降低抽样风险的影响，增加的样本量通常至少是初始样本量的一倍 |

续表

| 错报差距 | 总体是否接受 | 结论 |
|---|---|---|
| 推断的错报大于注册会计师确定的样本规模时预计的总体错报 | 总体不能接受 | 注册会计师认为总体实际错报金额超过可容忍错报的抽样风险 |

（3）在货币单元抽样中，注册会计师通常使用教材表4-10中的保证系数，考虑抽样风险的影响，计算总体错报的上限。

①如果在样本中没有发现错报，总体错报的上限＝保证系数×选样间隔。

②如果在账面金额大于或等于选样间隔的逻辑单元中发现了错报，无论该错报的百分比是否为100%，总体错报的上限＝事实错报＋基本精确度。

③如果在样本（排除账面金额大于或等于选样间隔的逻辑单元）中发现了错报百分比为100%的错报，总体错报的上限＝保证系数×选样间隔。

④如果在样本（排除账面金额大于或等于选样间隔的逻辑单元）中发现了错报百分比低于100%的错报，注册会计师先计算推断错报，再将推断错报按金额降序排列后，分别乘以对应的保证系数增量（即在既定的误受风险水平下，特定数量的高估错报所对应的保证系数与上一行保证系数之间的差异），加上基本精确度之后，最终计算出总体错报的上限。总体错报的上限＝推断错报×保证系数的增量＋基本精确度。

⑤如果样本中既有账面金额大于或等于选样间隔的逻辑单元，又有账面金额小于选样间隔的逻辑单元，而且在账面金额小于选样间隔的逻辑单元中，既发现了错报百分比为100%的错报，又发现了错报百分比低于100%的错报。注册会计师可以将所有样本项目分成两组：第一组是账面金额大于或等于选样间隔的逻辑单元，注册会计师计算出该组项目的事实错报；第二组是账面金额小于选样间隔的逻辑单元，无论该组项目的错报百分比是否为100%，注册会计师都先计算出各项目的推断错报，再将所有推断错报按金额降序排列后，分别乘以对应的保证系数增量，并将计算结果累计起来。用这个累计结果加上基本精确度，再加上第一组项目中的事实错报，就是最终总体错报的上限。

⑥在货币单元抽样中，注册会计师将总体错报的上限与可容忍错报进行比较。如果总体错报的上限小于可容忍错报，注册会计师可以初步得出结论，样本结果支持总体的账面金额。不过，注册会计师还应将推断错报（排除被审计单位管理层已更正的事实错报）与其他事实错报和推断错报汇总，以评价财务报表整体是否可能存在重大错报。

### （三）考虑错报的性质和原因（略）

### （四）得出总体结论

1. 要求

在推断总体的错报，考虑抽样风险，分析错报的性质和原因之后，注册会计师需要运用职业判断得出总体结论。

2. 具体应对

（1）样本结果不支持总体账目金额，且注册会计师认为账目金额可能存在错报，注册会计师通常会建议被审计单位对错报进行调查，并在必要时调整账目记录。

（2）依据被审计单位已更正后的错报对推断的总体金额进行调整后，注册会计师应当将该类交易或账户余额中剩余的推断错报与其他交易或账户余额中的错报总额累计起来，以评价财务报表整体是否存在重大错报。

（3）无论样本结果是否表明错报总额超过了可容忍错报，注册会计师都应当要求被审计单位的管理层记录已发现的事实错报（除非明显微小）。

（4）样本结果表明注册会计师作出抽样计划时依据的假设有误，注册会计师应当采取适当的行动。

## 进阶练习

### （一）单选题

1. 下列各项中，不属于审计抽样基本特征的是（　　）。

A. 对具有审计相关性的总体中低于百分之百的项目实施审计程序

B. 从总体中挑选具备某一特征的项目实施审计程序

C. 所有抽样单元都有被选取的机会

D. 可以根据样本项目的测试结果推断出有关抽样总体的结论

2. 下列审计程序中，关于审计抽样的说法正确的是（　　）。

A. 注册会计师实施风险评估程序时涉及审计抽样

B. 当控制运行留下轨迹时，注册会计师可以考虑对控制运行的有效性实施测试

C. 在实施细节测试时，注册会计师为获得充分适当的审计证据，一般不使用抽样审计

D. 被审计单位采用信息技术处理各类交易及其他信息时，注册会计师使用审计抽样可以获得有关信息处理控制运行有效性的审计证据

3. 下列有关抽样风险的说法中，正确的是（　　）。

A. 信赖不足影响审计的效率

B. 如果样本结果不支持注册会计师计划信赖的内部控制的程度，实际偏差率也不支持该信赖程度的风险，则会形成信赖不足风险

C. 误受风险影响审计效率，容易导致注册会计师发表不恰当的审计意见

D. 信赖不足和误受风险影响审计效率

4. 下列各项中，有关非抽样风险说法正确的是（　　）。

A. 非抽样风险不是人为因素所导致

B. 注册会计师可以将非抽样风险降至可接受的水平

C. 注册会计师未对总体中的所有项目进行测试

D. 注册会计师可以通过采取适当的质量控制政策和程序，量化非抽样风险

5. 下列关于属性抽样和变量抽样的说法中，错误的是（　　）。

A. 属性抽样在实务中常见的用途是测试某一设定控制的偏差率，以支持注册会计师评估的控制风险水平

B. 变量抽样的主要用途是进行细节测试，以确定记录金额是否合理

C. 货币单元抽样运用属性抽样的原理得出以金额表示的结论，因此属于属性抽样

D. 属性抽样中，设定的每一次发生或偏差都被赋予同样的权重，而不管交易的金额大小

6. 关于审计抽样在控制测试中的应用，正确的说法是（　　）。

A. 注册会计师在界定总体时，应当确保总体的适当性、完整性和同质性

B. 在被审计单位某控制被用于实现相同控制目标的另一控制所取代，注册会计师需要测试新控制，对旧控制不进行测试

C. 注册会计师定义的抽样单元应与审计测试目标相适应

D. 对抽样单元定义过于严谨可能导致缺乏效率

7. 既可以在统计抽样中也可以在非统计抽样中使用的抽样方法是（　　）。

A. 简单随机选样

B. 系统选样

C. 随意选样

D. 整群选样

8. 下列有关控制测试的样本规模的说法中，错误的是（　　）。

A. 可接受的信赖过度风险与样本规模反向变动

B. 可容忍偏差率与样本规模反向变动

C. 可接受的信赖过度风险应确定在相对较低的水平上

D. 总体规模直接影响样本规模

9. 下列有关细节测试影响样本规模的说法中，错误的是（　　）。

A. 误受风险与样本规模反向变动

B. 可容忍错报可能等于或低于实际执行的重要性

C. 可容忍错报与样本规模同向变动

D. 总体中的项目数量对样本规模的影响很小

10. 细节测试中运用传统变量抽样时，常用的方法表述正确的是（　　）。

A. 均值法简单适应，可直接在细节测试中使用

B. 如果发现错报金额与项目的金额紧密相关，注册会计师通常会选择差额法

C. 比率法和差额法都要求样本项目存在错报

D. 如果发现错报金额与项目的数量紧密相关，注册会计师通常会选择比率法

### （二）多选题

1. 下列关于样本代表性的说法中，正确的有（　　）。

A. 代表性意味着根据样本测试结果推断的错报一定与总体的错报完全相同

B. 代表性与样本规模无关

C. 代表性通常只与错报的发生率而非错报的特定性质相关

D. 异常情况导致的样本错报也具有代表性

2. 下列有关抽样风险的说法中，正确的有（　　）。

A. 抽样风险在注册会计师的重大错报风险的评估中可能涉及

B. 误拒风险人员导致注册会计师发表不恰当的审计意见，因此注册会计师更应予以关注

C. 控制测试中的信赖不足风险和细节测试中的误拒风险都是影响审计效率的抽样风险

D. 抽样风险与样本规模同方向变动

3. 注册会计师更应关注影响审计效果的抽样风险有（　　）。

A. 信赖不足风险

B. 信赖过度风险

C. 误受风险

D. 误拒风险

4. 下列可能导致非抽样风险的原因的说法中，错误的有（　　）。

A. 注册会计师选择的审计程序不适于实现审计目标

B. 注册会计师测试现金支付授权控制的有效性时，测试的样本为企业签发的现金支票

C. 注册会计师依赖应收账款函证来揭示未入账的应收账款

D. 注册会计师通过扩大样本规模降低非抽样风险

5. 下列有关统计抽样和非统计抽样的说法中，错误的有（　　）。

A. 具有随机选取样本和运用概率论评价样本结果两特征的抽样方法是统计抽样

B. 统计抽样能够客观地记录抽样风险，并精确地控制风险

C. 使用统计抽样的表格确定样本规模就是统计抽样

D. 注册会计师在统计抽样和非统计抽样方法之间进行选择时主要考虑成本效益

6. 审计抽样在控制测试中的应用相关说法中，正确的有（　　）。

A. 注册会计师实施控制测试的目标是提供关于控制运行有效性的审计证据，

以支持计划的重大错报风险评估水平

B. 控制测试中，注册会计师必须考虑总体的同质性

C. 控制测试时，注册会计师在估计总体规模时，可能考虑被审计单位经营性质等因素

D. 注册会计师从被审计单位会计档案中选取付款证明，就可以得出被审计单位付款控制执行的结论

7. 总体特征的分布呈随机分布时，统计抽样中使用的抽样方法有（　　）。

A. 简单随机选样

B. 系统选样

C. 随意选样

D. 整群选样

8. 注册会计师在使用审计抽样实施控制测试时可以使用替代的随机数据的情况有（　　）。

A. 无效单据

B. 未使用或不适用的单据

C. 对总体的估计出现错误

D. 在结束之前停止测试

9. 关于细节测试样本规模的说法中，错误的有（　　）。

A. 预计总体错报的金额和频率越小，所需的样本规模也越小

B. 误拒风险与样本规模反向变动

C. 在考虑错报对某类交易或账户余额的影响时，注册会计师需要把各层错报累计后判断

D. 误受风险与样本规模反向变动

10. 关于货币单元抽样方法的表述中，错误的有（　　）。

A. 货币单元抽样运用属性抽样的原理得出以金额表示的结论

B. 货币单元抽样以货币为抽样单元，因此需要对总体按照一定金额进行分层

C. 如果用系统选样法选取样本，注册会计师需要先确定选样间隔

D. 如果逻辑单元的账目金额大于或等于选样间隔，该项目一定不会被挑选出来

### （三）简答题

A注册会计师在审计工作底稿中记录了实施进一步审计程序情况的部分内容摘录如下：

（1）A注册会计师在测试与购货付款相关的内部控制时识别出一项偏差，经查系员工舞弊所致。因追加样本量进行测试后未再识别出偏差，A注册会计师认为相关内部控制运行无效，并向管理层通报了该项舞弊。

（2）在采用审计抽样测试甲公司付款审批控制时，A注册会计师确定总体为20×2年度的所有付款单据，抽样单元为单张付款单据，选取范围为20×2年1月1日至12月31日的金额为100元及以上的付款单据共计1 080张作为样本，测试结果满意。

（3）甲公司由于业务需要，资金结算业务发生较为频繁，与资金结算审批相关的控制每日运行数次，审计项目组确定样本规模为60个。考虑到该公司货币资金结算控制制度在20×2年10月1日后发生重大调整，审计项目组从前9个月和后3个月的货币资金结算业务中分别选取45个和15个样本实施控制测试。

（4）A注册会计师初步确定甲公司财务报表整体的重要性为100万元，实际执行重要性为报表整体重要性的75%。A注册会计师使用审计抽样对销售费用进行了测试，发现测试样本存在30万元错报。A注册会计师认为该错报不重大，同意管理层不予调整。

（5）A注册会计师应用货币单元抽样法对甲公司销售收入项目执行审计，确定的选样间隔是2 000元，在样本中发现了3个高估错报，项目的金额分别为200元、400元和2 000元，审定金额分别为0、200元和1 000元，A注册会计师推断的错报金额为1 400元。

**【要求】**针对上述第（1）～（5）项，逐项指出审计项目组的做法是否恰当。如不恰当，简要说明理由。

## 进阶练习答案及解析

### （一）单选题

1. 【答案】B

【解析】审计抽样的特征有对具有审计相关性的总体中低于百分之百的项目实施审计程序，因此选项 A 正确；所有抽样单元都有被选取的机会，因此选项 C 正确；可以根据样本项目的测试结果推断出有关抽样总体的结论，因此选项 D 正确。

2. 【答案】B

【解析】风险评估程序通常不涉及审计抽样，因此不选择选项 A；对于留下运行轨迹的控制，注册会计师通常实施询问、观察等审计程序，以获取有关控制运行有效性的审计证据，因此选择选项 B；在上述细节测试时，注册会计师可以使用审计抽样获取审计证据，以验证有关财务报表金额的一项或多项认定，或对某些金额作出独立估计，因此不选择选项 C；在被审计单位采用信息技术处理各类交易及其他信息时，注册会计师通常只需要测试信息技术一般控制，并从各类交易中选取一笔或几笔交易进行测试，就能获取有关信息处理控制运行有效性的审计证据，此时不需要使用审计抽样，因此不选择选项 D。

3. 【答案】A

【解析】信赖不足风险是指推断的控制有效性低于其实际有效性的风险，也可以说，尽管如果样本结果不支持注册会计师计划信赖的内部控制的程度，但实际偏差率支持该信赖程度的风险，因此不选择选项 B。误受风险影响审计效果，容易导致注册会计师发表不恰当的审计意见，因此不选择选项 C。信赖不足影响审计效率，误受风险影响审计效果，因此不选择选项 D。

4. 【答案】B

【解析】非抽样风险是由人为因素造成的，因此不选择选项 A。注册会计师如果对总体的所有项目都实施检查，就不存在抽样风险，此时审计风险完全由非抽样风险产生，而选项 C 是抽样风险，因此不选择选项 C。非抽样风险难以量化，注册会计师可以通过采取适当的质量控制政策和程序，对审计工作进行适当的指导、监督和复核，仔细设计审计程序，以及对审计实务的适当改进，可以将非抽样风险降至可接受的水平，因此不选择选项 D。

5. 【答案】C

【解析】货币单元抽样是变量抽样的一个例外，它运用属性抽样的原理得出以金额表示的结论，因此选择选项 C。

6. 【答案】C

【解析】注册会计师在界定总体时，应当确保总体的适当性和完整性，控制测试中，还必须考虑总体的同质性，因此不选择选项 A。如果某控制（旧控制）被用于实现相同控制目标的另一控制（新控制）所取代，注册会计师需要确定是否测试这两个控制的运行有效性，或只测试新控制，因此不选择选项 B。对抽样单元定义过于宽泛可能导致缺乏效率，因此不选择选项 D。

7. 【答案】A

【解析】简单随机选样在统计抽样和非统计抽样中均适用，因此选择选项 A。总体特征呈随机分布，采用系统选样方法，否则，可考虑其他选样方法，因此不选择选项 B。随意选样仅适用于非统计抽样，因此不选择选项 C。整群选样通常不能在审计抽样中使用，因此不选择选项 D。

8. 【答案】D

【解析】除非总体非常小，一般而言，总体规模对样本规模的影响几乎为零。因此选择选项 D。

9. 【答案】C

【解析】可容忍错报与样本规模反向变动，因此选择选项 C。

10. 【答案】C

【解析】如果未对总体分层，注册会计师通常不使用均值法，此时所需的样本规模可能太大，不符合成本效益原则，因此不选择选项A。如果发现错报金额与项目的金额紧密相关，注册会计师通常会选择比率法，因此不选择选项B。如果发现错报金额与项目的数量紧密相关，注册会计师通常会选择差额法，因此不选择选项D。

（二）多选题

1.【答案】BC

【解析】代表性并不意味着根据样本测试结果推断的错报一定与总体的错报完全相同，如果样本的选取是无偏向性的，这个样本就具有了代表性，因此选项A错误。异常情况导致的样本错报就不具有代表性，因此选项D错误。

2.【答案】AC

【解析】误受风险人员导致注册会计师发表不恰当的审计意见，因此注册会计师更应予以关注，因此不选择选项B。抽样风险与样本规模反方向变动，因此不选择选项D。

3.【答案】BC

【解析】控制测试中的信赖过度风险和细节测试中的误受风险是影响审计效果的抽样风险，控制测试中的信赖不足风险和细节测试中的误拒风险是影响审计效果的抽样风险，相较于影响审计效率的抽样风险，注册会计师更应关注影响审计效果的抽样风险。

4.【答案】ABCD

【解析】可能导致非抽样风险的原因主要包括：注册会计师选择了不适于实现特定目标的审计程序（选项A不正确），选择的总体不适于测试目标，未能适当地定义误差，未能适当地评价审计发现的情况，选项B是属于选择了不适于实现特定目标的审计程序。选项C属于未能适当定义偏差，即未将签字人未得到适当授权的情况界定为控制偏差，因此选择选项A、B、C。非抽样风险，是指注册会计师由于任何与抽样风险无关的原因而得出错误结论的风险。注册会计师即使对某类交易或账户余额的所有项目实施审计程序，也可能仍未发现重大错报或控制失效，因此选择选项D。

5.【答案】ABC

【解析】统计抽样是指同时具备下列特征的抽样方法：（1）随机选取样本；（2）运用概率论评价样本结果，因此选择选项A。统计抽样能够客观地计量抽样风险，并通过调整样本规模精确地控制风险，因此选择选项B。使用统计抽样的表格确定样本规模，如果没有对样本结果进行统计评估，仍然是非统计抽样，因此选择选项C。

6.【答案】AB

【解析】控制测试时，注册会计师在估计总体规模时，可能考虑被审计单位上年同期的实际情况、变化趋势以及经营性质等因素，因此不选择选项C。注册会计师从被审计单位会计档案中选取付款证明，除非确信所有的付款证明都已经归档，否则注册会计师不能对该期间的所有付款证明得出结论，因此不选择选项D。

7.【答案】AB

【解析】简单随机选样在统计抽样和非统计抽样中均适用，因此选择选项A。总体特征的分布呈随机分布，采用系统选样方法，否则，可考虑其他选样方法，因此选择选项B。随意选样仅适用于非统计抽样，因此不选择选项C。整群选样通常不能在审计抽样中使用，因此不选择选项D。

8.【答案】ABC

【解析】在结束之前停止测试，这种情况下，注册会计师要重估重大错报风险并考虑是否有必要进行测试，因此不选择选项D。

9.【答案】AC

【解析】在既定的可容忍错报下，预计总体错报的金额和频率越小，所需的样本规模也越小，因此选择选项A。在考虑错报对某类交易或账户余额的影响时，注册会计师需要综合考虑每层的推断错报，因此选择选项C。

10.【答案】BD

【解析】货币单元抽样以货币为抽样单元，因为总体中的每一个货币单元都有相同的规模，项目被选取的概率与其货币金额大小成比例，因而无须分层，因此选择选项B。如果逻辑单元的账目金额大于或等于选择间隔，该项目一定会被挑选出来，因此选择选项D。

## （三）简答题

【答案】

（1）不恰当。控制偏差系由舞弊导致，扩大样本规模通常无效。

（2）不恰当。应从全年的付款单据中选取样本。

（3）不恰当。因为控制发生重大变化，应当分别测试20×2年前9个月和后3个月货币资金审批相关的内部控制活动，即应当分别测试60个。

（4）不恰当。没有推断总体错报。注册会计师应当使用在抽样中发现的样本错报去推断总体的错报金额/应针对推断的总体错报金额评价其是否重大。

（5）不恰当。推断的错报金额应为4 000元（100% ×2 000 +50% ×2 000 +1 000）。

# 第五章　信息技术对审计的影响

## 2023 年教材内容主要变化

将“信息技术应用控制”重新定义为“信息处理控制”，并重新定义其内容。

## 本章近五年考试高频考点分布

| 高频考点内容 | 年度及题型分布 |
| --- | --- |
| 信息技术中的一般控制和应用控制测试 | 2018 年单选 |
| 信息技术对审计过程的影响 | 2021 年单选、2020 年单选、2019 年单选 |

## 高频考点精讲

本章内容属于审计基础知识部分，侧重于信息技术对审计的影响，考核的是注册会计师在信息技术背景下如何收集审计证据。本章内容的学习，需要结合对被审计单位内部控制的了解、测试等内容，具体可结合第七章（风险评估）、第八章（风险应对）、第三编（各类交易和账户余额的审计的具体示例）及第二十章（企业内部控制审计）等有关章节内容。

### 第一单元　信息技术对企业财务报告和内部控制的影响

#### 高频考点 1：信息技术产生的风险及对企业内部控制的影响★

**（一）信息系统对控制的影响，取决于被审计单位对信息系统的依赖程度**

小贴士　随着信息技术的发展，内部控

制虽然在形式及内涵方面发生了变化，但内部控制的目标并没有发生改变。

（二）信息技术产生的风险

信息技术产生的风险，如表5－1所示。

表5－1

| 风险点 | 情形 |
| --- | --- |
| 处理错误 | 可能会错误地处理数据，也可能会处理错误的数据 |
| 安全控制隐患 | 如相关安全控制如果无效，会增加对数据信息非授权访问的风险，这种风险可能导致非授权交易、虚假交易、系统程序和系统内数据的不当改变、交易的不当记录，以及信息技术人员越权访问和处理等 |
| 数据丢失 | 数据丢失风险或数据无法访问风险，如系统瘫痪 |
| 人为干预 | 不适当的人工干预，或人为绕过自动控制 |

### 高频考点2：注册会计师在信息化环境下面临的挑战★

（一）对业务流程开展和内部控制运作的理解

注册会计师需要重新建立对业务流程开展和内部控制运作的理解和认识。

（二）对信息系统相关审计风险的认识

注册会计师在执行财务报表审计时，需要充分识别并评估与会计核算和财务报告编制相关的信息技术运用相伴而生的风险，如程序逻辑的错误、权限的不当授予等。对相关控制风险缺乏认识，可能导致审计工作针对性的欠缺，难以有效识别财务报表重大错报。

（三）审计范围的确定（略）

（四）审计内容的变化（略）

（五）审计线索的隐性化（略）

（六）审计技术改进的必要性

一方面，注册会计师的经验可能无法简单移植，从而丧失了针对性；另一方面，传统的抽样方式难以覆盖大量的数据，对于不同来源的数据缺乏深刻的洞察力，覆盖性方面也难以提供更强的审计信心。

（七）有待优化的知识结构

在信息化环境下，注册会计师必须熟悉信息技术的运用和信息系统的风险及控制，应对新的挑战，对审计的策略、范围、内容、方法和手段作出有针对性的调整，获取充分、适当的审计证据，从而发表恰当的审计意见。

（八）与专业团队的充分协同工作（略）

## 第二单元　信息技术中的一般控制和信息处理控制测试

### 高频考点1：信息技术一般控制★

（一）定义

（1）信息技术一般控制是指为了保证信息系统的安全，对整个信息系统以及外部各种环境要素实施的、对所有的应用或控制模块具有普遍影响的控制措施。

（2）信息技术一般控制通常会对实现部分或全部财务报表认定作出间接贡献。在有些情况下，信息技术一般控制也可能对实现信息处理目标和财务报表认定作出直接贡献。

（二）内容

信息技术一般控制包括程序开发、程序变更、程序和数据访问以及计算机运行四个方面。如果注册会计师计划依赖自动信息处理控制、自动会计程序或依赖系统生成信息的控制，他们就需要对相关的信息技术一般控制进行测试。信息技术一般控制的内容及含义，如表5－2所示。

表 5－2

| 内容 | 含义 |
| --- | --- |
| 程序开发 | 目标是确保系统的开发、配置和实施能够实现管理层的信息处理控制目标 |
| 程序变更 | (1) 目标是确保对程序和相关基础组件的变更经过请求、授权、执行、测试和实施，以达到管理层信息处理控制目标；<br>(2) 范围包括代码类的常规变更、配置类的变更和紧急变更 |
| 程序和数据访问 | (1) 目标是确保分配的访问程序和数据的权限经过用户身份认证并经过授权的；<br>(2) 包括安全活动管理、安全管理、数据安全、操作系统安全、网络安全和物理安全 |
| 计算机运行 | (1) 目标是确保业务系统根据管理层的控制目标完整准确地运行，确保运行问题被完整准确地识别并解决，以维护财务数据的完整性；<br>(2) 包括系统作业管理、问题和故障管理、数据备份和恢复、备份介质的异地存放和灾难恢复等 |

## 经典例题

【真题·单选题】（2018）下列有关信息技术一般控制的说法中，错误的是（　　）。

A. 信息技术一般控制只能对实现部分或全部财务报表认定作出间接贡献

B. 信息技术一般控制对所有信息处理控制具有普遍影响

C. 信息技术一般控制包括程序开发、程序变更、程序和数据访问以及计算机运行四个方面

D. 信息技术一般控制旨在保证信息系统的安全

【答案】A

【解析】信息技术一般控制通常会对实现部分或全部财务报表认定作出间接贡献。在有些情况下，信息技术一般控制也可能对实现信息处理目标和财务报表认定作出直接贡献。因此，选项A不正确。

## 高频考点2：信息处理控制★

### （一）概念

信息处理控制，是指与被审计单位信息系统中下列两方面相关的控制：（1）信息技术应用程序进行的信息处理；（2）人工进行的信息处理。信息处理控制既包括人工进行的控制，也包括自动化控制。一般要经过输入、处理及输出等环节；需要关注的要素包括完整性、准确性、存在和发生等。

### （二）内容

（1）系统自动生成报告；

（2）系统配置和科目映射；

（3）接口控制；

（4）访问和权限。

## 高频考点3：信息技术一般控制、信息处理控制与公司层面控制三者之间的关系★★

### （一）总体关系

（1）公司层面信息技术控制是信息技术的整体控制环境，决定了信息技术一般控制和信息处理控制的风险基调；

（2）信息技术一般控制是信息处理控制的基础，信息技术一般控制的有效与否直接关系到信息处理控制的有效性是否能够信任。

### （二）对注册会计师的要求

注册会计师需要了解与审计相关的信息技术一般控制和信息处理控制。

根据目前信息技术审计的业内最佳实践，注册会计师在执行信息技术一般控制和信息处理控制审计之前，会首先执行配套的公司层面信息技术控制审计，以了解公司的信息技术整体控制环境，并基于此识别出信息技术一般控制和信息处理控制的主要风险点以及审计重点。

## 第三单元 信息技术对审计过程的影响

### 高频考点1：信息技术对审计的影响★★

（1）对审计线索的影响。

（2）对审计技术手段的影响。

（3）对内部控制的影响。

现代审计技术中，注册会计师会对被审计单位的内部控制进行审查与评价，以此作为制定审计方案和决定抽样范围的依据。

（4）对审计内容的影响。

（5）对注册会计师的影响。

#### 经典例题

【真题·多选题】（2021）下列选项中，受被审计单位信息技术的应用影响的有（　）。

A. 审计线索　　B. 审计内容

C. 审计目标　　D. 审计技术手段

【答案】ABD

【解析】信息技术对审计过程的影响主要体现在以下几个方面：对审计线索的影响、对审计技术手段的影响、对内部控制的影响、对审计内容的影响、对注册会计师的影响。因此选择选项A、B、D。

### 高频考点2：信息技术审计范围的确定★

（一）考虑因素

注册会计师在确定审计策略时，需要结合被审计单位业务流程复杂度、信息系统复杂度、系统生成的交易数量和业务对系统的依赖程度、信息和复杂计算的数量、信息技术环境规模和复杂度五个方面，对信息技术审计范围进行适当考虑。

小贴士 信息技术审计的范围与被审计单位在业务流程及信息系统相关方面的复杂度成正比。

（二）评估复杂度考虑的方面

（1）评估业务流程的复杂度（如销售流程、薪酬流程、采购流程等）。

（2）评估信息系统的复杂度。

（3）信息技术环境的规模和复杂度。

### 高频考点3：信息技术一般控制和信息处理控制的影响★

（一）信息技术一般控制对控制风险的影响

（1）信息技术一般控制对信息处理控制的有效性具有普遍性影响。

无效的一般控制增加了信息处理控制不能防止或发现并纠正认定层次重大错报的可能性，即使这些信息处理控制本身得到了有效设计。

（2）如果一般控制有效，注册会计师可以更多地信赖信息处理控制，测试这些控制的运行有效性，并将控制风险评估为低于“最高”水平。

（3）考虑到公司层面信息技术控制是公司的整体控制环境，决定了信息技术的风险基准。因此，注册会计师通常优先评估公司层面信息技术控制和信息技术一般控制的有效性。

（二）信息处理控制对控制风险和实质性程序的影响

（1）在评估信息处理控制对控制风险和实质性程序的影响时，注册会计师需要将控制与具体的审计目标相联系。

（2）如果针对某一具体审计目标，注册会计师能够识别出有效的信息处理控制，在通过测试确定其运行有效后，注册会计师能够减少实质性程序。

### 高频考点4：不同信息技术环境下的审计★

不同IT环境下的审计方式和要求如表5-3所示。

表 5－3

| 分类 | 方式 | 对注册会计师的要求 |
| --- | --- | --- |
| 不太复杂 | 可采取传统方式进行审计，即“绕过计算机进行审计” | 仍需了解信息技术一般控制和信息处理控制，但不测试其运行的有效性 |
| 较为复杂 | “穿过计算机进行审计” | 运用计算机辅助审计技术和电子表格等开展工作 |

## 第四单元　数据分析及数据信息职能外包时注册会计师的应对

### 高频考点 1：数据分析★

#### （一）数据分析的概念

对审计而言，数据分析是注册会计师获取审计证据的一种手段，是指注册会计师在计划和执行审计工作时，通过对内部或外部数据进行分析、建模或可视化处理，以发现其中隐藏的模式、偏差或不一致，从而揭示出对审计有用的信息的方法。

#### （二）数据分析面临的挑战

数据分析面临的挑战类型如表 5－4 所示。

表 5－4

| 类型 | 内容 |
| --- | --- |
| 数据接口 | 注册会计师需要为客户的系统开发接口和映射编码，以便能够通过一个可使用的格式从系统中提取数据 |
| 数据转换 | 注册会计师需要考虑数据改变的程度，以便实现数据的可用性 |
| 数据容量 | 数据分析的规模和范围可能超出标准服务器的容量 |
| 数据保留 | 注册会计师需要考虑以何种方式保留数据，从而满足审计准则的文件记录要求 |

### 高频考点 2：信息技术职能外包时注册会计师的应对★

1. 外包安排的含义

被审计单位可能将全部或部分的信息技术职能外包给专门的应用软件服务提供商或云计算服务商等计算机服务机构。

2. 注册会计师应当实施的程序

（1）了解服务机构中与内部控制相关的控制以及针对服务机构活动所实施的控制；

（2）获取相关控制运行有效性的证据。

3. 获取相关控制运行有效性的证据的程序

（1）了解服务机构注册会计师对服务机构内部控制有效性出具的报告或与控制测试相关的商定程序报告；

（2）测试被审计单位对服务机构活动的控制；

（3）对服务机构实施控制测试。

4. 获取外部报告

如果可以获取服务机构注册会计师对服务机构内部控制有效性出具的报告，注册会计师应当评价该报告是否提供了充分、适当的证据，以支持注册会计师的意见。

在评价时，注册会计师可能考虑下列因素：

（1）对控制的测试涵盖的期间及其与管理层评估时间点的关系；

（2）对控制的测试涵盖的范围、测试的控制及其与企业控制的关联度；

（3）对控制的测试结果，以及服务机构注册会计师对控制运行有效性发表的意见。

# 进阶练习

## （一）单选题

1. 下列关于信息技术一般控制审计的表述中，正确的是（　　）。

A. 信息技术一般控制通常会对实现部分或全部财务报表认定作出直接贡献

B. 信息技术一般控制包括程序开发、程序变更及程序和数据访问三个方面

C. 程序变更范围包括代码类变更、配置类变更和紧急变更

D. 计算机运行的目标是确保业务系统根据管理层的控制目标完整准确地运行、确保系统的配置和实施，确保运行问题被完整准确地识别并解决，以维护财务数据的完整性

2. 下列关于计算机辅助审计技术的说法中，正确的是（　　）。

A. 计算机辅助审计技术可以用于实质性程序

B. 计算机辅助审计技术无法替代手工测试

C. 计算机辅助审计技术不能用于控制测试

D. 计算机辅助审计技术无法应对舞弊的检查工作

3. 下列关于数据分析的说法中，正确的是（　　）。

A. 数据分析通过数据记录的格式提取信息

B. 数据分析不能用于控制测试

C. 数据分析的价值在于可以提高审计质量，这种价值来自数据分析工具本身及对数据进行的转换

D. 数据分析可以用于分析性程序

4. 下列关于信息技术在企业中的应用的说法，不正确的是（　　）。

A. 将影响审计线索

B. 将影响审计目标

C. 将影响抽样范围

D. 将影响审计内容

5. 下列信息技术的内部控制中，属于信息处理控制的是（　　）。

A. 程序开发

B. 数据输出

C. 信息技术预算管理

D. 信息安全和风险管理

6. 下列关于信息系统的一般控制、信息处理控制和公司层面信息技术控制的说法中，正确的是（　　）。

A. 数据备份和恢复属于公司层面信息技术控制

B. 信息处理控制一般要经过输入、处理及输出等环节

C. 信息安全和风险管理属于信息技术一般控制

D. 一般控制不包括对信息系统外部各种环境要素的控制

7. 下列有关信息技术产生的风险的表述中，错误的是（　　）。

A. 信息系统或相关系统程序可能会错误地处理数据，也可能会去处理本身就错误的数据

B. 即使相关安全控制无效，也不会增加对数据信息非授权访问的风险

C. 会产生数据丢失风险或数据无法访问风险

D. 可能会出现不适当的人工干预，或人为绕过自动控制

8. 注册会计师测试信息处理控制时，不需要测试的是（　　）。

A. 系统自动生成报告

B. 访问和权限

C. 系统配置

D. 计算机运行

9. 当被审计单位将信息系统外包给专业

的服务机构时，注册会计师应该对与服务机构活动相关的事项实施的下列程序中，错误的是（　　）。

A. 了解服务机构中与内部控制相关的控制

B. 获取相关控制运行是否有效的证据

C. 了解服务机构中针对服务机构活动所实施的控制

D. 无须了解服务机构中与内部控制相关的控制

10. 注册会计师在评估自行研发系统的复杂度时，不需要考虑的因素是（　　）。

A. 系统复杂程度

B. 距离上一次系统架构重大变更的时间

C. 客制化程度

D. 系统变更之后的系统运行情况

## （二）多选题

1. 下列关于 IT 环境下的审计的说法中，不正确的有（　　）。

A. IT 环境较为复杂时，应采用“绕过计算机进行审计”的方式

B. IT 环境不太复杂时，可采用传统方式进行审计

C. 采用“绕过计算机进行审计”时，注册会计师不需要了解测试一般控制和信息处理控制

D. “绕过计算机进行审计”无须测试其运行的有效性

2. 下列有关信息技术产生的风险的说法中，正确的有（　　）。

A. 错误地处理数据

B. 不适当的人为干预

C. 数据存在丢失风险

D. 系统瘫痪

3. 注册会计师在确定信息技术审计范围时，应考虑的因素有（　　）。

A. 系统生成的交易数量

B. 评估销售流程的复杂度

C. 被审计单位业务对系统的依赖程度

D. 被审计单位信息系统复杂度

4. 下面关于计算机辅助审计技术的说法中，正确的有（　　）。

A. 计算机辅助审计技术有助于详审海量数据

B. 计算机辅助审计技术能够提高审阅大量交易的效率

C. 注册会计师仅可以在统计抽样方法中使用计算机辅助审计技术选取样本

D. 计算机辅助审计技术使得人们有可能对每笔交易进行测试

5. 下列关于信息技术一般控制的说法中，正确的有（　　）。

A. 信息技术一般控制是对所有的应用或控制模块具有普遍影响的控制措施

B. 信息技术一般控制不能对实现信息处理目标和财务报表认定作出直接贡献

C. 当人工控制依赖信息系统生成的信息时，信息技术一般控制同样重要

D. 如果注册会计师计划依赖自动信息处理控制、自动会计程序或依赖系统生成信息的控制，他们就需要对相关的信息技术一般控制进行测试

6. 下列关于数据分析的说法中，正确的有（　　）。

A. 注册会计师在使用管理层提供的数据时，需要对数据的提取和验证过程执行控制测试

B. 只有在注册会计师要求的情况下，管理层需要进行广泛的安全性和完整性检查

C. 数据分析工具本身可以提高审计质量

D. 数据分析工具可用于为判断提供支撑并提供见解

7. 下列关于信息系统一般控制的说法中，正确的有（　　）。

A. 一般控制的目的是保证信息系统的安全

B. 有效的一般控制可以保障应用系统控制的有效运行

C. 一般控制的措施对特定应用或控制模

块具有影响

D. 一般控制不包括对信息系统外部各种环境要素的控制

8. 注册会计师计划在审计中使用电子表格，下列说法中正确的有（　　）。

A. 注册会计师在进行系统审计时，需要确保电子表格相关的内嵌控制持续的完整性

B. 电子表格数据准确性较高

C. 注册会计师应当了解电子表格相关的控制

D. 电子表格的逻辑错误是指与其他系统传输数据时产生的错误

9. 注册会计师在对被审计单位的信息技术进行审计时，通常优先评估的有（　　）。

A. 公司层面信息技术控制

B. 信息技术一般控制的有效性

C. 信息处理控制的有效性

D. 信息处理控制设计的合理性

10. 下列各项中，体现注册会计师在信息化环境下面临的挑战有（　　）。

A. 对业务流程开展和内部控制运作的理解

B. 对信息系统相关审计风险的认识

C. 审计范围的确定

D. 审计内容的变化

## 进阶练习答案及解析

### （一）单选题

1.【答案】C

【解析】选项A不正确，信息技术一般控制通常会对实现部分或全部财务报表认定作出间接贡献，在有些情况下，信息技术一般控制也可能对实现信息处理目标和财务报表认定作出直接贡献；选项B不正确，信息技术一般控制包括程序开发、程序变更、程序和数据访问及计算机运行等四个方面；选项D不正确，计算机运行这一领域的目标是确保业务系统根据管理层的控制目标完整准确地运行，确保运行问题被完整准确地识别并解决，以维护财务数据的完整性；确保系统的配置和实施，是程序开发领域的目标。

2.【答案】A

【解析】选项B不正确，计算机辅助审计技术使得对系统中的每一笔交易进行测试成为可能，用于在交易样本量很大的情况下替代手工测试；选项C不正确，与其他控制测试相同，计算机辅助审计技术也可用于测试控制的有效性，选择少量的交易，并在系统中进行穿行测试，或是开发一套集成的测试工具，用于测试系统中的某些交易；选项D不正确，由于计算机辅助审计技术有助于详查海量数据，它可用于辅助对舞弊的检查工作（如审计非正常的日记账）。

3.【答案】D

【解析】选项A不正确，数据分析是通过基础数据结构中的字段来提取信息，而不是通过数据记录的格式；选项B不正确、选项D正确，数据分析工具可用于风险分析、交易和控制测试、分析性程序，用于为判断提供支撑并提供见解；选项C不正确，数据分析工具可以提高审计质量，审计质量不在于工具本身，而是在于分析和相应判断的质量。这种价值不在于数据转换，而是在于从分析产生的交谈和询问中提取的审计证据。

4.【答案】B

【解析】选项B符合题意，信息技术在企业中的应用并不改变注册会计师制定审计目标，进行风险评估和了解内部控制的原则性要求，审计准则和财务报告审计目标在所有情况下都适用。

5.【答案】B

【解析】选项A属于信息技术一般控制；选项C、D属于公司层面信息技术控制；选项B正确，信息处理控制一般要经过输入、处理及输出等环节，故数据输出属于信息处理

控制。

6. 【答案】B

【解析】选项A不正确，数据备份和恢复属于信息技术一般控制中的计算机运行；选项C不正确，信息安全和风险管理属于公司层面信息技术控制；选项D不正确，信息系统一般性控制是为保护信息系统的安全而对整个信息系统以及外部各种环境要素实施的，对所有的应用或控制模块具有普遍影响的控制措施。

7. 【答案】B

【解析】选项B不正确，自动信息系统、数据库及操作系统的相关安全控制如果无效，会增加对数据信息非授权访问的风险，这种风险可能导致非授权交易、虚假交易、系统程序和系统内的数据的不当改变、交易的不当记录，以及信息技术人员越权访问和处理等。

8. 【答案】D

【解析】选项A、B、C不符合题意，常见的系统自动控制以及信息处理控制审计关注点为系统自动生成报告、系统配置和科目映射、接口控制、访问和权限；选项D符合题意，计算机运行属于信息技术一般控制。

9. 【答案】D

【解析】选项A、B、C正确，属于注册会计师应当实施与服务机构活动相关的程序；选项D错误，注册会计师需了解服务机构中与内部控制相关的控制。

10. 【答案】C

【解析】选项A、B、D正确，对于自行研发系统复杂度的评估，应当考虑系统复杂程度、距离上一次系统架构重大变更的时间、系统变更对财务系统的影响结果，以及系统变更之后的系统运行情况及运行期间。选项C，在评估商业软件的复杂程度时应考虑客制化程度。

（二）多选题

1. 【答案】AC

【解析】选项A不正确，IT环境较为复杂时，“绕过计算机进行审计”不可行，而需要“穿过计算机进行审计”；选项C不正确，采用“绕过计算机进行审计”时，注册会计师仍需要了解信息技术的一般控制和信息处理控制；选项D，“绕过计算机进行审计”不测试其运行的有效性。

2. 【答案】ABCD

【解析】选项A、B、C、D均符合题意，信息技术在改进被审计单位内部控制的同时，也产生了特定的风险：（1）信息系统或相关系统程序可能会对数据进行错误处理，也可能会去处理那些本身就错误的数据；（2）自动信息系统、数据库及操作系统的相关安全控制如果无效，会增加对数据信息非授权访问的风险；（3）数据丢失风险或数据无法访问风险；（4）不适当的人工干预，或人为绕过自动控制。

3. 【答案】ABCD

【解析】选项A、B、C、D均符合题意，在确定审计策略时，需要结合被审计单位业务流程复杂度、信息系统复杂度、系统生成的交易数量和业务对系统的依赖程度、信息和复杂计算的数量、信息技术环境规模和复杂度五个方面，对信息技术审计范围进行适当考虑。

4. 【答案】ABD

【解析】选项A正确，由于计算机辅助审计技术有助于详审海量数据，它也可用于辅助对舞弊的检查工作（如审计非正常的日记账）；选项B正确，计算机辅助审计技术能够提高审计、审阅工作的效率和效果；选项C不正确，在非统计抽样和统计抽样方法中，注册会计师均可使用计算机辅助审计技术选取样本；选项D正确，在控制测试中使用计算机辅助审计技术的优势是，可以对每一笔交易进行测试，从而确定是否存在控制失效的情况。

5. 【答案】ACD

【解析】选项A正确，信息技术一般控制是指为了保证信息系统的安全，对整个信息系统以及外部各种环境要素实施的、对所有应用或控制模块具有普遍影响的控制措施；选项B错误，信息技术一般控制也可能对实现信息处理目标和财务报表认定作出直接贡献；选项 C、D 正确，当人工控制依赖信息系统生成的信息时，信息技术一般控制同样重要。如果注册会计师计划依赖自动信息处理控制、自动会计程序或依赖系统生成的信息的控制，则需要测试相关的信息技术一般控制。

6. 【答案】AD

【解析】选项 A 正确，注册会计师围绕管理层的数据提取和验证过程执行一套控制测试，然后将管理层生成的信息用于自己的分析；选项 B 不正确，在任何情况下，管理层必须在注册会计师做任何事情以前进行广泛的安全性和完整性检查；选项 C 不正确，数据分析工具可以提高审计质量，审计质量不在于工具本身，而是在于分析和相应判断的质量；选项 D正确，数据分析工具可用于风险分析、交易和控制测试、分析性程序，用于为判断提供支撑并提供见解。

7. 【答案】AB

【解析】选项 A 正确，信息技术一般控制是为了保证信息系统安全的控制措施；选项 B 正确，有效的信息技术一般控制确保了应用系统控制和依赖计算机处理的自动会计程序得以持续有效的运行；选项 C 错误，一般控制对所有的应用或控制模块具有普遍影响；选项 D 错误，一般控制包括对整个信息系统以及外部各种环境要素的控制。

8. 【答案】AC

【解析】选项 A、C 正确，注册会计师在进行系统审计时，需要谨慎地考虑电子表格的控制，以及类似于信息系统一般控制的设计与执行（在相关时）有效性，从而确保这些内嵌控制持续的完整性；选项 B 不正确，电子表格的特性以及编制并使用电子表格的环境的特性，增加了电子表格所生成数据存在错误的风险；选项 D 不正确，逻辑错误是指创建错误的公式从而生成了错误的结果。

9. 【答案】AB

【解析】选项 A、B 正确，考虑到公司层面信息技术控制是公司的整体控制环境，决定了信息技术的风险基准。因此，注册会计师通常优先评估公司层面信息技术控制和信息技术一般控制的有效性。

10. 【答案】ABCD

【解析】注册会计师在信息化环境下面临的挑战体现在对业务流程开展和内部控制运作的理解、对信息系统相关审计风险的认识、审计范围的确定、审计内容的变化、审计线索的隐性化、审计技术改进的必要性、有待优化的知识结构、与专业团队的充分协同工作等方面。选项 A、B、C、D 均正确。

# 第六章　审计工作底稿

## 2023 年教材内容主要变化

主要内容无实质性变化，局部文字有修改。

## 本章近五年考试高频考点分布

| 高频考点内容 | 年度及题型分布 |
|---|---|
| 审计工作底稿的编制目的 | 2020 年单选 |
| 审计工作底稿的性质 | 2019 年简答 |
| 审计工作底稿的要素 | 2022 年简答、2020 年单选 |
| 审计工作底稿归档工作的性质 | 2022 年简答、2019 年单选、2018 年多选 |
| 审计工作底稿归档期限 | 2020 年单选、2018 年简答 |
| 审计工作底稿归档后的变动 | 2022 年简答、2020 年单选、2019 年单选 |

## 高频考点精讲

本章内容常常结合后续内容考核。例如，与教材第七编（质量管理）的内容结合考核。

### 第一单元　审计工作底稿概述

#### 高频考点 1：审计工作底稿的含义★

审计工作底稿，是指注册会计师对制定的审计计划、实施的审计程序、获取的相关审计证据，以及得出的审计结论作出的记录。

审计工作底稿是审计证据的载体，是注册会计师在审计过程中形成的审计工作记录和获取的资料。它形成于审计过程，也反映整个审计过程。

#### 高频考点 2：审计工作底稿的作用★★

审计工作底稿的作用，具体如表 6 - 1 所示。

表 6－1 审计工作底稿的作用

| 序号 | 主要作用 |
| --- | --- |
| (1) | 提供了审计工作实际执行情况的记录，并形成审计报告的基础 |
| (2) | 用于质量控制复核、监督会计师事务所对审计准则的遵循情况以及第三方的检查 |
| (3) | 在会计师事务所因执业质量而涉及诉讼或有关监管机构进行执业质量检查时，审计工作底稿能够提供证据，证明会计师事务所是否按照《中国注册会计师审计准则》的规定执行了审计工作 |

## 高频考点3：审计工作底稿的编制目的★★

审计工作底稿的编制目的，具体如表 6－2 所示。

表 6－2 审计工作底稿的编制目的

| | |
| --- | --- |
| 基本目的 | (1) 提供充分、适当的记录，作为出具审计报告的基础；<br>(2) 提供证据，证明已按照审计准则和法律法规的规定计划和执行了审计工作 |
| 其他目的 | (1) 有助于计划和执行审计工作；<br>(2) 有助于履行指导、监督与复核的责任；<br>(3) 便于项目组说明其执行审计工作的情况；<br>(4) 保留对未来审计工作持续产生重大影响的事项的记录；<br>(5) 便于实施质量控制复核与检查；<br>(6) 便于监管机构和注册会计师协会实施执业质量检查 |

### 命题点拨

命题角度：审计工作底稿的编制目的

本知识点在命题时，一般会以客观题（单选题和多选题）的形式出现，主要考核考生对于审计工作底稿的编制目的相关内容的掌握（即 8 项目的），需要识别那些不属于该 8 项内容之外的说法。

## 高频考点4：审计工作底稿的编制要求★★

### （一）基本要求

审计工作底稿的编制，应当使未曾接触该项审计工作的有经验的专业人士清楚地了解：

（1）按照规定实施的审计程序的性质、时间安排和范围；

（2）实施审计程序的结果和获取的审计证据；

（3）遇到的重大事项和得出的结论，以及作出的重大职业判断。

### （二）有经验的专业人士的含义

有经验的专业人士指会计师事务所内部或外部的具有审计实务经验，并且对下列方面有合理了解的人士：

（1）审计过程；

（2）相关法律法规和审计准则的规定；

（3）被审计单位所处的经营环境；

（4）与被审计单位所处行业相关的会计和审计问题。

### 命题点拨

命题角度：审计工作底稿编制的基本要求、有经验的专业人士的含义

本知识点在命题时，一般会以客观题（单选题和多选题）的形式出现，主要考核考生对于审计工作底稿编制的基本要求、有经验的专业人士的含义内容的理解，同时需要考生辨析审计工作底稿编制的基本要求与有经验的专业人士含义相关内容表述的差别。

## 高频考点5：审计工作底稿的性质★★★

### （一）审计工作底稿的存在形式

1. 审计工作底稿的存在形式

审计工作底稿的存在形式，

可以是纸质、电子或其他介质。

2. 审计工作底稿的设计及控制要求

无论审计工作底稿以哪种形式存在，会计师事务所都应当针对审计工作底稿设计和实施适当的控制，以实现下列目的，具体如表6－3所示。

表6－3　审计工作底稿的设计及控制要求

| 序号 | 目的 |
|---|---|
| (1) | 清晰地显示其生成、修改及复核的时间和人员 |
| (2) | 在审计业务的所有阶段，尤其是在项目组成员共享信息或通过互联网传递信息时，保护信息的完整性和安全性 |
| (3) | 防止未经授权改动审计工作底稿 |
| (4) | 允许项目组和其他经授权的人员为适当履行职责而接触审计工作底稿 |

## 经典例题

【真题·单选题】（2020）会计师事务所应当针对审计工作底稿设计和实施适当的控制。下列各项中，通常不属于控制目的的是（　　）。

A. 使审计工作底稿清晰显示其生成、修改及复核的时间和人员

B. 允许项目组以外的经授权的人员为适当履行职责而接触审计工作底稿

C. 防止在审计工作底稿归档后未经授权删除或增加审计工作底稿

D. 在审计业务的所有阶段保护信息的完整性和安全性

【答案】C

【解析】无论审计工作底稿以哪种形式存在，会计师事务所都应当针对审计工作底稿设计和实施适当的控制，以实现下列目的：(1) 使审计工作底稿清晰地显示其生成、修改及复核的时间和人员（选项A）；(2) 在审计业务的所有阶段，尤其是在项目组成员共享信息或通过互联网将信息传递给其他人员时，保护信息的完整性和安全性（选项D）；(3) 防止未经授权改动审计工作底稿；(4) 允许项目组和其他经授权的人员为适当履行职责而接触审计工作底稿（选项B）。

3. 审计工作底稿的归档要求

(1) 电子或其他介质形式存在的底稿，应与其他纸质形式的审计工作底稿一并归档，并能通过打印等方式，转换成纸质形式的审计工作底稿；

(2) 单独保存这些以电子或其他介质形式存在的审计工作底稿。

### （二）审计工作底稿通常包括的内容

审计工作底稿通常包括的内容具体如表6－4所示。

表6－4　审计工作底稿通常包括的内容

| 序号 | 主要内容 |
|---|---|
| 1 | 业务约定书 |
| 2 | 总体审计策略和具体审计计划 |
| 3 | 分析表、核对表和问题备忘录 |
| 4 | 重大事项概要及往来函件（包括电子邮件） |
| 5 | 询证函回函和声明 |
| 6 | 被审计单位文件记录的摘要或复印件 |
| 7 | 项目组内部或项目组与被审计单位举行的会议记录。<br>【小贴士】审计工作底稿并不能代替被审计单位的会计记录 |

续表

| 序号 | 主要内容 |
|---|---|
| 8 | 与其他人士（如其他注册会计师、律师、专家等）的沟通文件及错报汇总表 |
| 9 | 管理建议书 |

### （三）审计工作底稿通常不包括的内容

（1）已被取代的审计工作底稿的草稿或财务报表的草稿；

（2）反映不全面或初步思考的记录；

（3）存在印刷错误或其他错误而作废的文本；

（4）重复的文件记录等。

**命题点拨**

命题角度：审计工作底稿通常不包括的内容

本知识点在命题时，一般会以客观题（单选题和多选题）的形式出现，主要考核考生对于审计工作底稿通常不包括内容的掌握。

**小贴士** 该知识点的出题概率远远大于"审计工作底稿通常包括的内容"。

## 第二单元　审计工作底稿格式、要素和范围

### 高频考点 1：确定审计工作底稿格式、要素和范围时考虑的因素★

注册会计师确定审计工作底稿格式、要素和范围时考虑的因素，具体如表 6－5 所示。

表 6－5　确定审计工作底稿格式、要素和范围时考虑的因素

| 主要因素 | 具体内容 |
|---|---|
| 被审计单位的规模和复杂程度 | （1）大型被审计单位通常比小型被审计单位多，复杂被审计单位通常比简单被审计单位多；<br>（2）对业务复杂的被审计单位进行审计形成的审计工作底稿，通常比对业务简单的被审计单位进行审计形成的审计工作底稿要多 |
| 拟实施审计程序的性质 | 不同的审计程序会使得注册会计师获取不同性质的审计证据，由此注册会计师可能会编制不同的审计工作底稿。例如函证程序与存货监盘程序两者的审计工作底稿不同 |
| 识别出的重大错报风险 | 识别和评估的重大错报风险水平的不同可能导致注册会计师实施的审计程序和获取的审计证据不尽相同。重大错报风险高，审计工作底稿中记录的内容越多，范围越广 |
| 已获取的审计证据的重要程度 | 注册会计师通过执行多项审计程序可能会获取不同的审计证据，有些审计证据的相关性和可靠性较高，有些质量则较差，注册会计师可能需要区分不同的审计证据进行有选择性的记录 |
| 识别出的例外事项的性质和范围 | 注册会计师在执行审计程序时会发现例外事项，由此可能导致审计工作底稿在格式、内容和范围方面的不同 |
| 当从已执行审计工作或获取审计证据的记录中不易确定结论或结论的基础时，记录结论或结论基础的必要性 | 在某些情况下，特别是在涉及复杂的事项时，注册会计师仅将已执行的审计工作或获取的审计证据记录下来，并不容易使其他有经验的注册会计师通过合理的分析，得出审计结论或结论的基础。此时注册会计师应当考虑是否需要进一步说明并记录得出结论的基础（即得出结论的过程）及该事项的结论 |
| 审计方法和使用的工具 | 使用计算机辅助审计技术与采用人工方式是不同的 |

**经典例题**

【真题·单选题】（2020）下列各项因素中，注册会计师在确定审计工作底稿的要素和范围时通常无须考虑的是（　　）。

A. 审计方法

B. 审计程序的范围

C. 已获取的审计证据的重要程度

D. 识别出的例外事项的性质

【答案】B

【解析】审计工作底稿的格式、要素和范围取决于诸多因素：（1）被审计单位的规模和复杂程度；（2）拟实施审计程序的性质；（3）识别出的重大错报风险；（4）已获取的审计证据的重要程度（选项 C）；（5）识别出的例外事项的性质和范围（选项 D）；（6）当从已执行审计工作或获取审计证据的记录中不宜确定结论或结论的基础时，记录结论或结论基础的必要性；（7）审计方法和使用的工具（选项 A）。

## 高频考点 2：审计工作底稿的要素★★

### （一）审计工作底稿的要素

审计工作底稿的基本要素，具体如表 6－6 所示。

表 6－6　审计工作底稿的基本要素

| 基本因素 | 具体内容 |
|---|---|
| 审计工作底稿的标题 | 每张底稿应当包括：被审计单位的名称、审计项目的名称以及资产负债表日或底稿覆盖的会计期间（如果与交易相关） |
| 审计过程记录 | 在后续知识点中重点阐述 |
| 审计结论 | 在审计工作底稿中记录的审计程序和审计证据是否足以支持所得出的审计结论 |
| 审计标识及其说明 | 每张底稿都应包含对已实施程序的性质和范围所作的解释，以支持每一个标识的含义。审计工作底稿中可使用各种审计标识，但应说明其含义，并保持前后一致 |
| 索引号及编号 | 审计工作底稿需要注明索引号及顺序编号，相关审计工作底稿之间需要保持清晰的勾稽关系。为了汇总及便于交叉索引和复核，每个事务所都会制定特定的审计工作底稿归档流程 |
| 编制人员及复核人员及执行日期 | 在各自完成与特定工作底稿相关的任务之后，编制者和复核者都应在工作底稿上签名并注明编制日期和复核日期。在记录已实施审计程序的性质、时间安排和范围时，注册会计师应当记录：（1）测试的具体项目或事项的识别特征；（2）审计工作的执行人员及完成审计工作的日期；（3）审计工作的复核人员及复核的日期和范围。在需要项目质量控制复核的情况下，还需要注明项目质量控制复核人员及复核的日期。通常，需要在每一张审计工作底稿上注明执行审计工作的人员和复核人员、完成该项审计工作的日期以及完成复核的日期 |
| 其他应说明事项 | — |

### （二）审计过程记录

1. 具体项目或事项的识别特征

（1）识别特征的含义。

识别特征指被测试项目或事项表现出的象征或标志。

（2）识别特征的作用。

识别特征既能反映项目组履行职责的情况，也便于对例外事项或不符事项进行调查，以及对测试的项目或事项进行复核。

（3）识别特征的唯一性。

识别特征通常具有唯一性，可以使其他人员根据识别特征识别该项目或事项，并重新执行该测试。具体示例如下：

①如在对被审计单位生成的订购单进行细节测试时，注册会计师可以以订购单的日期和其唯一编号作为测试订购单的识别特征。

②对于需要选取或复核既定总体内一定金额以上的所有项目的审计程序，注册会计师可以记录实施程序的范围并指明该总体。例如，银行存款日记账中一定金额以上的所有会计分录。

③对于需要系统化抽样的审计程序，注册会计师可能会通过记录样本的来源、抽样的起点及抽样间隔来识别已选取的样本。

④对于需要询问被审计单位中特定人员的

审计程序，注册会计师可能会以询问的时间、被询问人的姓名及职位作为识别特征。

⑤对于观察程序，注册会计师可以以观察的对象或观察过程、相关被观察人员及其各自的责任、观察的地点和时间作为识别特征。

小贴士 该知识点常常以简答题形式进行考查，关键点在于判断识别特征是否具有唯一性。

2. 重大事项及相关重大职业判断

(1) 重大事项的基本内容。

重大事项的基本内容具体如表6－7所示。

表6－7 重大事项的基本内容

| 序号 | 基本内容 |
| --- | --- |
| ① | 引起特别风险的事项 |
| ② | 实施审计程序的结果，该结果表明财务信息可能存在重大错报，或需要修正以前对重大错报风险的评估和拟采取的应对措施 |
| ③ | 导致注册会计师难以实施必要审计程序的情形 |
| ④ | 导致出具非无保留意见或者带强调事项段“与持续经营相关的重大不确定性”等段落的审计报告的事项 |

(2) 重大事项记录的基本要求。

重大事项记录的基本要求具体如表6－8所示。

表6－8 重大事项记录的基本要求

| 序号 | 基本要求 |
| --- | --- |
| ① | 记录与管理层、治理层和其他人员对重大事项性质的讨论，包括讨论的时间、地点和参与人员 |
| ② | 可以将分散的重大事项的记录汇总在重大事项概要中，有利于有效地复核和检查审计工作底稿，并评价重大事项的影响 |
| ③ | 重大事项概要包括识别的重大事项及其如何得到解决，或对其他支持性审计工作底稿的交叉索引 |
| ④ | 当涉及重大事项和重大职业判断时，注册会计师需要编制与运用职业判断相关的审计工作底稿。具体举例见教材 |

3. 针对重大事项如何处理不一致情况

如果识别出的信息与针对某重大事项得出的最终结论不一致，注册会计师应当记录如何处理不一致的情况。

小贴士 对如何解决这些不一致的记录要求并不意味着注册会计师需要保留不正确的或被取代的审计工作底稿。例如，某些信息初步显示与针对某重大事项得出的最终结论不一致，注册会计师发现这些信息是错误的或不完整的，并且初步显示的不一致可以通过获取正确或完整的信息得到满意的解决，则注册会计师无须保留这些错误的或不完整的信息。此外，对于职业判断的差异，若初步的判断意见是基于不完整的资料或数据，则注册会计师也无须保留这些初步的判断意见。

## 经典例题

【真题·单选题】(2020) 下列各项因素中，注册会计师在确定审计工作底稿的要素和范围时通常无须考虑的是（　　）。

A. 审计程序的范围

B. 已获取的审计证据的重要程度

C. 识别出的例外事项的性质

D. 审计方法

【答案】A

【解析】审计工作底稿的格式、要素和范围取决于诸多因素，例如：(1) 被审计单位的规模和复杂程度；(2) 拟实施审计程序的性质；(3) 识别出的重大错报风险；(4) 已获取的审计证据的重要程度（选项B正确）；

(5) 识别出的例外事项的性质和范围（选项 C 正确）；(6) 当从已执行审计工作或获取审计证据的记录中不易确定结论或结论的基础时，记录结论或结论基础的必要性；(7) 审计方法和使用的工具（选项 D 正确）。而选项 A 错误。

## 第三单元　审计工作底稿归档

### 高频考点 1：审计工作底稿归档工作的性质★★

**（一）归档工作的性质**

审计工作底稿归档是指将审计工作底稿归整为最终审计档案，属于一项事务性工作，不涉及实施新的审计程序或得出新的审计结论。

**（二）归档期间对审计工作底稿进行的事务性变动**

(1) 删除或废弃被取代的审计工作底稿；

(2) 对审计工作底稿进行分类、整理和交叉索引；

(3) 对审计档案归整工作的完成核对表签字认可；

(4) 记录在审计报告日前获取的、与项目组相关成员进行讨论并达成一致意见的审计证据。

**命题点拨**

命题角度：归档工作的性质、归档期间对审计工作底稿进行的事务性变动

本知识点在命题时，一般会以客观题（单选题和多选题）的形式出现，主要考核考生对于归档工作的性质、归档期间对审计工作底稿进行的事务性变动的理解。

小贴士　注意辨析“归档期间对审计工作底稿进行的事务性变动”和“审计工作底稿归档后的变动”。

**经典例题**

【真题·单选题】（2019）下列各项中，不属于在审计工作底稿归档期间的事务性变动的是（　　）。

A. 删除被取代的审计工作底稿

B. 对审计工作底稿进行分类和整理

C. 将在审计报告日后获取的管理层书面声明放入审计工作底稿

D. 将在审计报告日前获取的、与项目组相关成员进行讨论并达成一致意见的审计证据放入审计工作底稿

【答案】C

【解析】归档期间可以对审计工作底稿进行的事务性变动包括：(1) 删除或废弃被取代的审计工作底稿（选项 A）；(2) 对审计工作底稿进行分类、整理和交叉索引（选项 B）；(3) 对审计档案归整工作的完成核对表签字认可；(4) 记录在审计报告日前获取的、与项目组相关成员进行讨论并达成一致意见的审计证据（选项 D）。

### 高频考点 2：审计工作底稿归档的期限★★

**（一）审计工作底稿归档的期限**

(1) 审计报告日后 60 天内；

(2) 审计业务中止后 60 天内。

**（二）审计工作底稿归档的要求**

如果针对客户的同一财务信息执行不同的委托业务，出具两个或多个不同的报告，会计师事务所应当将其视为不同的业务，根据会计师事务所内部制定的政策和程序，在规定的归档期限内分别将审计工作底稿归整为最终审计档案。

**经典例题**

【真题·单选题】（2020）下列有关审计工作底稿归档期限的说法中，正确的是（　　）。

A. 注册会计师应当自财务报表批准日起 60 天内将审计工作底稿归档

B. 如对同一财务信息出具两份日期相近的审计报告，注册会计师应当在较早

的审计报告日后 60 天内将审计工作底稿归档

C. 如注册会计师未能完成审计业务，应当自审计业务中止后 60 天内将审计工作底稿归档

D. 注册会计师应当自财务报表报出日起 60 天内将审计工作底稿归档

【答案】C

【解析】审计工作底稿的归档期限为审计报告日后 60 天内，选项 A、D 错误；如果针对客户的同一财务信息执行不同的委托业务，出具两个或多个不同的报告，会计师事务所应当将其视为不同的业务，根据会计师事务所内部制定的政策和程序，在规定的归档期限内分别将审计工作底稿归整为最终审计档案，选项 B 错误；如果注册会计师未能完成审计业务，审计工作底稿的归档期限为审计业务中止后 60 天内，选项 C 正确。

## 高频考点 3：审计工作底稿归档后的变动★★

### （一）基本要求

在完成最终审计档案的归整工作后，不应在规定的保存期限届满前删除或废弃任何性质的审计工作底稿。

### （二）需要变动审计工作底稿的情形

（1）注册会计师已实施了必要的审计程序，取得了充分、适当的审计证据并得出了恰当的审计结论，但审计工作底稿的记录不够充分；

（2）审计报告日后，发现例外情况要求实施新的或追加审计程序，或导致注册会计师得出新的结论。

**小贴士** 归档后的变动只有以上两点，注意不要和归档期间的事务性变动混淆。

### （三）变动审计工作底稿时的记录要求

注册会计师应当记录下列事项：

（1）修改或增加审计工作底稿的理由；

（2）修改或增加审计工作底稿的时间和人员，以及复核的时间和人员。

## 名师解惑

问：老师，既然规定在完成最终审计档案的归整工作后，不应在规定的保存期限届满前删除或废弃任何性质的审计工作底稿，为什么又可以变动呢？

答：你要清楚“删除或废弃”与“变动”的区别，变动是在符合规定的情形下，对原归档审计工作底稿的完善与补充，与“删除或废弃”存在本质的差别。

## 高频考点 4：审计工作底稿的保存期限★★★

会计师事务所应当自审计报告日起，对审计工作底稿至少保存 10 年；如果注册会计师未能完成审计业务，会计师事务所应当自业务中止日起，对审计工作底稿至少保存 10 年。

**小贴士** 审计工作底稿的保存期限不是归档日起。

## 经典例题

【真题·单选题】（2020）下列有关保存审计工作底稿的做法中，错误的是（　　）。

A. 自审计报告日起保存 10 年

B. 自审计工作底稿归档日起保存 10 年

C. 自所审计财务报表的财务报表日起保存 15 年

D. 无限期保存所有审计工作底稿

【答案】C

【解析】会计师事务所应当自审计报告日起，对审计工作底稿至少保存 10 年；如果注册会计师未能完成审计业务，会计师事务所应当自业务中止日起，对审计工作底稿至少保存 10 年。选项 A、B、D 均符合要求。

【真题·简答题】（2022）ABC 会计师事务所的 A 注册会计师负责审计甲公司 2021 年度财务报表。与审计工作底稿相关的部分事项如下：

（1）因在测试材料采购相关控制时发现控制未得到有效执行，A 注册会计师将材料采

购的审计由综合性方案改为实质性方案，并重新编制审计计划工作底稿，删除了被取代的原审计计划的工作底稿。

（2）A注册会计师在对甲公司的原材料采购业务选取采购订单实施细节测试时，以单笔订单作为抽样单元，将供应商名称作为测试订单的识别特征记录于审计工作底稿中。

（3）A注册会计师在审计工作底稿归档期间，对审计工作底稿进行交叉索引，并对审计档案归档工作的完成核对表签字认可。

（4）A注册会计师在审计工作底稿归档期间收到一份应付账款询证函回函，回函结果与审计报告日前对该项目实施替代程序得出的审计结论一致。A注册会计师将该回函归入审计工作底稿中，并删除了记录替代程序的审计工作底稿。

（5）A注册会计师根据所内质量检查的要求，在归档后的审计工作底稿中补充记录了审计报告日前项目组讨论的情况。对该事务性变动，A注册会计师将修改审计工作底稿的理由，以及修改的时间和人员记录于档案变动登记表后，归还了审计档案。

【要求】针对上述第（1）~（5）项，逐项指出A注册会计师的做法是否恰当。如不恰当，简要说明理由。

【答案】

（1）不恰当。应当在审计工作底稿中记录对审计计划作出的重大修改及其理由。

（2）不恰当。对订单而言，供应商名称不具有唯一性，不适合作为识别特征。

（3）恰当。

（4）不恰当。替代程序是审计报告日前应完成的必要审计程序，相关审计工作底稿不能删除。

（5）不恰当。还应当记录复核的时间和人员。

## 进阶练习

### （一）单选题

1. 下列有关审计工作底稿归档的说法中，错误的是（　　）。

A. 在归档期间，可以删除或废弃被取代的审计工作底稿

B. 审计报告日后的归档工作，有可能涉及实施新的审计程序或得出新的结论

C. 在归档期间，注册会计师可以记录在审计报告日前获取的、与项目组相关成员进行讨论并达成一致意见的审计证据

D. 在审计报告日后将审计工作底稿归整为最终审计档案是一项事务性的工作

2. 下列各项中，通常不构成审计工作底稿内容的是（　　）。

A. 询证函回函

B. 业务约定书

C. 审计报告

D. 错报汇总表

3. 会计师事务所应当针对审计工作底稿设计和实施适当的控制，下列有关控制目的的说法中，正确的是（　　）。

A. 至少应该在审计工作底稿的存档期间，保护信息的完整性和安全性

B. 防止改动审计工作底稿

C. 审计工作底稿设计应该便于后任注册会计师查阅

D. 使工作底稿清晰地显示其生成、修改及复核的时间和人员

4. 下列各项关于审计工作底稿存在形式的说法中，正确的是（　　）。

A. 审计工作底稿只能以纸质形式存在

B. 电子形式的审计工作底稿转换成纸质形式后，可以将电子形式的审计工作底稿删除

C. 电子形式的审计工作底稿无须转换成

纸质形式的

D. 电子或其他介质形式存在的底稿，应与其他纸质形式的审计工作底稿一并归档

5. 下列各项中，不属于归档后变动审计工作底稿情形的是（　　）。

A. 注册会计师对审计工作底稿进行分类、整理和交叉索引

B. 注册会计师对银行存款进行了函证，但归档后发现对函证结果记录不充分

C. 审计报告日后，注册会计师发现例外情况要求实施新的或追加审计程序，会导致注册会计师得出新的结论

D. 注册会计师在审计报告日后才获知法院在审计报告日前已对被审计单位的诉讼、索赔事项作出最终判决结果

6. 在实施审计程序过程中，需要在工作底稿中记录测试的具体项目或事项的识别特征，下列做法中，正确的是（　　）。

A. 对被审计单位生成的订购单进行细节测试，将订购单金额作为主要识别特征

B. 对于运用系统抽样的审计程序，将抽样的起点作为主要识别特征

C. 对于需要复核银行存款日记账中一定金额以上的所有会计分录，注册会计师可以记录实施程序的范围并指明该总体

D. 对于观察程序，将观察的地点作为主要识别特征

7. 下列各项中，不属于注册会计师应当在记录审计过程时特别关注的是（　　）。

A. 具体项目或事项的识别特征

B. 审计结论

C. 重大事项及相关重大职业判断

D. 针对重大事项如何处理不一致情况

8. 在编制审计工作底稿的过程中，注册会计师应当根据具体情况判断某一事项是否属于重大事项，下列各项中，通常不属于重大事项的是（　　）。

A. 引起重大错报风险的事项

B. 导致出具保留意见的审计报告的事项

C. 导致注册会计师难以实施必要审计程序的情形

D. 导致出具带强调事项段“与持续经营相关的重大不确定性”等段落的审计报告的事项

9. 在审计报告日后，注册会计师的下列做法中，不正确的是（　　）。

A. 审计报告日后收到应收账款回函原件，注册会计师认为原结论适当，但是记录不充分，故将该回函原件补充进原审计档案

B. 注册会计师对期后事项追加审计程序，得出新的结论

C. 发现以前工作底稿中有计算错误，因为与原底稿结论矛盾，故将其废弃

D. 注册会计师对期后事项实施新的审计程序，得出新的结论

10. 在审计工作底稿归档后，注册会计师对审计工作底稿进行了必要的修改，下列各项中，不属于应在审计工作底稿中记录事项的是（　　）。

A. 修改或增加审计工作底稿的理由

B. 项目合伙人批准归档的时间和人员

C. 修改或增加审计工作底稿的时间

D. 复核审计工作底稿的时间和人员

### （二）多选题

1. 注册会计师编制的审计工作底稿，应当使未曾接触该项审计工作的有经验的专业人士清楚地了解相关事项。下列各项中，属于有经验的专业人士需要满足条件的有（　　）。

A. 了解审计过程

B. 了解与被审计单位所处行业相关的会计和审计问题

C. 曾经是审计项目组关键成员

D. 在会计师事务所专职执业 5 年以上

2. 审计工作底稿归档时，下列各项中，注册会计师通常认为构成最终审计工作底稿的有（　　）。

A. 往来函件的电子邮件

B. 被审计单位重大事项概要

C. 注册会计师作出的反映初步打算与治理层沟通的会计调整的记录

D. 注册会计师与被审计单位管理层对重大事项进行讨论的结果

3. 下列各项中，属于影响审计工作底稿的格式、要素和范围的因素有（　　）。

A. 审计方法和使用的工具

B. 拟实施审计程序的性质

C. 已获取的审计证据的性质

D. 识别出的重要事项的性质和范围

4. 在各自完成与特定工作底稿相关的任务之后，编制者和复核者都应在工作底稿上签名并注明编制日期和复核日期。下列各项中，属于在记录已实施审计程序的性质、时间安排和范围时，注册会计师应当记录的有（　　）。

A. 项目质量控制复核人员及复核的日期

B. 测试的具体项目或事项的识别特征

C. 审计工作的执行人员及完成审计工作的日期

D. 审计工作的复核人员及复核的日期和范围

5. 下列各项中，属于审计工作底稿包含的要素的有（　　）。

A. 编制人员和复核人员及执行日期

B. 项目合伙人签名及日期

C. 审计过程记录

D. 审计标识及说明

6. 下列各项中，不属于审计工作底稿中要求的最主要的识别特征的有（　　）。

A. 适当性

B. 充分性

C. 唯一性

D. 合理性

7. 下列有关审计工作底稿归档的说法中，错误的有（　　）。

A. 如果注册会计师未能完成审计业务，归档期限为审计业务中止日后60天内

B. 如果完成了审计工作，归档期限为审计报告公布日后60天内

C. 针对客户的同一财务信息执行不同的委托业务，出具两个或多个不同的报告，会计师事务所可以一并归档

D. 归档后的审计工作底稿所有权归被审计单位所有

8. 下列各项中，属于审计工作底稿归档期间进行的事务性变动的有（　　）。

A. 删除或废弃被取代的审计工作底稿

B. 对审计工作底稿的内容进行修改

C. 对审计档案归整工作的完成核对表签字认可

D. 记录在审计报告日前获取的、与项目组相关成员进行讨论并达成一致意见的审计证据

9. 无论审计工作底稿以哪种形式存在，会计师事务所都应当针对审计工作底稿设计和实施适当的控制，下列有关表述中，正确的有（　　）。

A. 清晰地显示其生成、修改及复核的时间和人员

B. 防止未经授权改动审计工作底稿

C. 在审计业务的所有阶段，尤其是在项目组成员共享信息或通过互联网传递信息时，保护信息的完整性和及时性

D. 允许项目组和其他经授权的人员为适当履行职责而接触审计工作底稿

10. 下列关于审计工作底稿的含义表述中，正确的有（　　）。

A. 审计工作底稿形成于归档阶段

B. 审计工作底稿反映整个审计过程

C. 审计工作底稿是指注册会计师对制定的审计计划、实施的审计程序、获取的相关审计证据，以及得出的审计结论作出的记录

D. 审计工作底稿是审计报告的载体，是注册会计师在审计过程中形成的审计工作记录和获取的资料

### （三）简答题

ABC会计师事务所的A注册会计师负责审计甲公司2022年度财务报表。与审计工作底稿相关的部分事项如下：

（1）A注册会计师在审计工作底稿归档期间，将获取估值专家的评估报告最终版本并归入审计工作底稿。

（2）在对营业收入进行细节测试时，注册会计师对顺序编号的销售发票进行了抽样检查，针对所检查的销售发票，注册会计师记录的识别特征为销售发票的金额。

（3）A注册会计师认为被审计单位文件记录的复印件不重要，并不能作为影响审计意见的支持性证据，因此不属于审计工作底稿应当包括的内容。

（4）在对审计工作底稿进行归档的过程中，A注册会计师删除了被取代的审计工作底稿，并对审计档案归整工作的完成核对表签字认可。

（5）A注册会计师将以电子形式存在的审计工作底稿通过打印转换成纸质形式的审计工作底稿，与其他纸质工作底稿一同归档，并将这些电子形式存在的审计工作底稿销毁。

（6）审计报告日期为2023年4月20日，A注册会计师于2023年4月23日将审计报告提交给甲公司管理层，并于2023年7月1日完成审计工作底稿的归档工作。

【要求】针对上述第（1）～（6）项，逐项指出A注册会计师的做法是否恰当。如不恰当，简要说明理由。

## 进阶练习答案及解析

### （一）单选题

1. 【答案】B

【解析】审计报告日后的归档工作不涉及实施新的审计程序或得出新的结论，故选项B错误。

2. 【答案】C

【解析】选项C，审计工作底稿不包括审计报告。

3. 【答案】D

【解析】实施控制程序的目的包括：（1）清晰地显示其生成、修改及复核的时间和人员（选项D正确）；（2）在审计业务的所有阶段，尤其是在项目组成员共享信息或通过互联网传递信息时，保护信息的完整性和安全性（选项A错误）；（3）防止未经授权改动审计工作底稿（选项B错误，应当是“防止未经授权改动”）；（4）允许项目组和其他经授权的人员为适当履行职责而接触审计工作底稿；而选项C错误，便于后任注册会计师查阅不属于审计工作底稿设计的目的。

4. 【答案】D

【解析】选项A错误，审计工作底稿的存在形式包括纸质、电子或其他介质；选项B错误，电子形式的审计工作底稿转换成纸质形式后，需要单独保存电子形式的审计工作底稿；选项C错误，电子或其他介质形式存在的底稿，应与其他纸质形式的审计工作底稿一并归档，并应能通过打印等方式，转换成纸质形式的审计工作底稿（选项D正确）。

5. 【答案】A

【解析】归档后审计工作底稿需要变动的情形包括：（1）注册会计师已实施了必要的审计程序，取得了充分、适当的审计证据并得出了正确的审计结论，但审计工作底稿的记录不够充分（选项B正确）；（2）审计报告日后，发现例外情况要求实施新的或追加审计程序，会导致注册会计师得出新的结论（选项C、D正确）；而选项A属于归档期间的事务性变动。

6. 【答案】C

【解析】选项A错误，对订购单进行细节测试，注册会计师可以以订购单的日期或其唯一编号作为测试订购单的识别特征。选项B错误，对运用系统抽样的审计程序，通过样本的来源、抽样的起点及抽样间隔来识别已选取的样本；选项D错误，对观察程序，应将观察的对象或观察过程、相关被观察人员及其各自的责任、观察的地点和时间作为识别特征。

7. 【答案】B

【解析】在记录审计过程时，注册会计师应当特别注意的几个重要方面包括：(1) 具体项目或事项的识别特征（选项A正确）；(2) 重大事项及相关重大职业判断（选项C正确）；(3) 针对重大事项如何处理不一致情况（选项D正确）；而选项B属于审计工作底稿的要素。

8. 【答案】A

【解析】重大事项通常包括：(1) 引起特别风险的事项；(2) 实施审计程序的结果，该结果表明财务信息可能存在重大错报，或需要修正以前对重大错报风险的评估和拟采取的应对措施；(3) 导致注册会计师难以实施必要审计程序的情形（选项C正确）；(4) 导致出具非无保留意见或者带强调事项段“与持续经营相关的重大不确定性”等段落的审计报告的事项（选项B、D正确）；而选项A不属于重大事项。

9. 【答案】C

【解析】选项A、B、D属于归档后允许变动的情形；选项C，在完成最终审计档案的规整工作后，注册会计师不能在规定的保存期限届满前删除废弃任何性质的审计工作底稿。

10. 【答案】B

【解析】变动审计工作底稿的记录要求：(1) 修改或增加审计工作底稿的时间和人员，以及复核的时间和人员（选项C、D正确）；(2) 修改或增加审计工作底稿的理由（选项A正确）；不包括归档审计工作底稿的时间和人员，选项B错误。

### （二）多选题

1. 【答案】AB

【解析】有经验的专业人士是指在会计师事务所内部或外部的具有审计实务经验，并且对下列方面有合理了解的人士：(1) 审计过程（选项A正确）；(2) 相关法律法规和审计准则的规定；(3) 被审计单位所处的经营环境；(4) 与被审计单位所处行业相关的会计和审计问题（选项B正确）。

2. 【答案】ABD

【解析】选项C错误，审计工作底稿的内容不包括反映不全面或初步思考的记录。

3. 【答案】AB

【解析】在确定审计工作底稿的格式、要素和范围时，注册会计师应当考虑下列因素：(1) 被审计单位的规模和复杂程度；(2) 拟实施审计程序的性质（选项B正确）；(3) 识别出的重大错报风险；(4) 已获取审计证据的重要程度（选项C错误）；(5) 识别出的例外事项的性质和范围（选项D错误）；(6) 当从已执行审计工作或获取审计证据的记录中不易确定结论或结论的基础时，记录结论或结论基础的必要性；(7) 审计方法和使用的工具（选项A正确）。

4. 【答案】BCD

【解析】编制人员和复核人员及执行日期要素通常记录的内容包括：(1) 测试的具体项目或事项的识别特征（选项B正确）；(2) 审计工作的执行人员及完成审计工作的日期（选项C正确）；(3) 审计工作的复核人员及复核的日期和范围（选项D正确）；选项A错误，项目质量控制复核人员及复核的日期的记录是在需要的情况下，并非所有项目都应当记录。

5. 【答案】ACD

【解析】选项B错误，审计工作底稿的要素不包括项目合伙人签名及日期。

6. 【答案】ABD

【解析】选项C属于审计工作底稿中要求的最主要的识别特征，对某一个具体项目或事项而言，其识别特征通常具有唯一性。

7. 【答案】BCD

【解析】选项B错误，审计工作底稿归档

的期限在审计报告日后60天内或审计业务中止后60天内；选项C错误，针对客户的同一财务信息执行不同的委托业务，出具两个或多个不同的报告，会计师事务所应当将其视为不同的业务，在规定的归档期限内分别归档；选项D错误，审计工作底稿的所有权除了外部专家形成的工作底稿属于该专家外，其他的均属于会计师事务所。

8.【答案】ACD

【解析】归档期间可以对审计工作底稿进行的事务性变动包括：（1）删除或废弃被取代的审计工作底稿（选项A正确）；（2）对审计工作底稿进行分类、整理和交叉索引；（3）对审计档案归整工作的完成核对表签字认可（选项C正确）；（4）记录在审计报告日前获取的、与项目组相关成员进行讨论并达成一致意见的审计证据（选项D正确）。而选项B不属于事务性变动。

9.【答案】ABD

【解析】选项C错误，对审计工作底稿设计和实施适当的控制要求，在审计业务的所有阶段，尤其是在项目组成员共享信息或通过互联网传递信息时，保护信息的完整性和安全性，而不是“及时性”。

10.【答案】BC

【解析】选项A错误，审计工作底稿形成于审计过程；选项D错误，审计工作底稿是审计证据的载体，是注册会计师在审计过程中形成的审计工作记录和获取的资料，而不是审计报告的载体。

### （三）简答题

【答案】

（1）不恰当。审计工作底稿归档期间，将获取估值专家的评估报告最终版本并归入审计工作底稿，不属于事务性变动。

（2）不恰当。对某一个具体项目或事项而言，其识别特征通常应具有唯一性，针对所检查的连续编号的销售发票，识别特征应当为销售发票的编号。

（3）不恰当。审计工作底稿的内容通常包括被审计单位文件记录的摘要或复印件。

（4）恰当。

（5）不恰当。应当单独保存这些以电子形式存在的审计工作底稿。

（6）不恰当。应当在审计报告日后60天内将工作底稿归档，即2023年6月19日前。

# 第七章　风险评估

## 2023 年教材内容主要变化

本章是 2023 年教材变化最大的一章。第一节中将风险评估领域明确为三个方面，即“了解被审计单位及其环境、适用的财务报告编制基础和内部控制体系各要素”；第二节中重新定义“风险评估概念”、修订了“风险评估程序和信息来源、项目组讨论”中的有关内容；第三节依据“了解被审计单位及其环境和适用的财务报告编制基础”框架体系阐述；第四节中重新定义了的“内部控制”概念、提出“直接控制和间接控制”；第五节中大篇幅修订“识别和评估重大错报风险”有关内容，其中明确提出“评估固有风险等级”。

## 本章近五年考试高频考点分布

| 高频考点内容 | 年度及题型分布 |
| --- | --- |
| 与财务报表编制相关的内部环境 | 2022 年单选 |
| 对内部控制了解的程度 | 2019 年单选 |
| 在整体层面了解内部控制 | 2019 年多选 |
| 在业务流程层面了解内部控制 | 2018 年单选 |
| 识别和评估财务报表层次以及认定层次的重大错报风险 | 2022 年多选、2022 年综合、2020 年单选、2019 年单选 |
| 需要特别考虑的重大错报风险（特别风险） | 2021 年单选、2019 年单选、2019 年多选、2018 年单选 |
| 仅通过实质性程序无法对应的重大错报风险 | 2020 年综合、2019 年综合、2018 年综合 |

## 高频考点精讲

本章内容属于审计基础理论。相关内容在财务报表审计的各个项目均适用。本章和第八章（风险评估）共同构成财务报表审计的测试流程，考核重点主要是注册会计师执行财务报表审计时对财务报表层次和认定层次重大错报风险进行识别、评估和应对，并通过实施进一步审计程序最终将审计风险降至可接受的低水平。本章内容属于财务报表审计各项目普遍适用的内容，在学习过程中可以结合第三编（各类交易和账户余额的审计）的各类业务循环审计和第十三章（对舞弊和法律法规的考虑）章节中相关实例，有助于对本章相关内容的学习和理解。

## 第一单元 风险识别和评估概述

### 高频考点1：风险识别和评估的概念★

#### （一）风险识别和评估的基本原理

在风险导向审计模式下，注册会计师以重大错报风险的识别、评估和应对为审计工作的主线，最终将审计风险控制在可接受的低水平。风险的识别和评估是审计风险控制流程的起点。

#### （二）风险识别和评估的相关概念

（1）风险识别和评估：是指注册会计师通过实施风险评估程序，识别和评估财务报表层次和认定层次的重大错报风险；

（2）风险识别：是指找出财务报表层次和认定层次的重大错报风险；

（3）风险评估：是指对重大错报发生的可能性和后果严重程度进行评估。

### 高频考点2：风险识别和评估的作用★★

了解被审计单位及其环境是风险评估程序的必要程序，特别是为注册会计师在下列关键环节作出职业判断提供重要基础：

（1）确定重要性水平，并随着审计工作的进程评估对重要性水平的判断是否仍然适当；

（2）考虑会计政策的选择和运用是否恰当，以及财务报表的列报是否适当；

（3）识别需要特别考虑的领域，包括关联方交易、管理层运用持续经营假设的合理性，或交易是否具有合理的商业目的等；

（4）确定在实施分析程序时所使用的预期值；

（5）设计和实施进一步审计程序，以将审计风险降至可接受的低水平；

（6）评价所获取审计证据的充分性和适当性。

**小贴士** 了解被审计单位及其环境、适用的财务报告编制基础和内部控制体系各要素是一个连续和动态地收集、更新与分析信息的过程，贯穿于整个审计过程的始终。注册会计师应当运用职业判断确定需要了解的程度。评价了解的程度是否恰当，关键是看注册会计师获得的了解是否足以为识别、评估财务报表层次及认定层次重大错报风险和设计进一步审计程序提供依据。如果足以为之提供依据，那么，了解的程度就是恰当的。当然，要求注册会计师对被审计单位及其环境等方面情况了解的程度，要低于管理层为经营管理企业而对被审计单位及其环境等方面情况需要了解的程度。

## 第二单元 风险评估程序、信息来源以及项目组内部的讨论

### 高频考点1：风险评估程序和信息来源★★

#### （一）风险评估程序的概念

1. 风险评估程序的概念

风险评估程序，是指注册会计师为识别和评估财务报表层次以及认定层次的重大错报风险，而设计和实施的审计程序。注册会计师应当依据实施这些程序所获取的信息，识别和评估重大错报风险。

2. 风险评估程序运用保持职业怀疑的主要情形

注册会计师在设计和实施风险评估程序时，不应当偏向于获取佐证性的审计证据，也不应当排斥相矛盾的审计证据。注册会计师保持职业怀疑的情形可能包括：

（1）质疑相矛盾的信息以及文件的可靠性；

（2）考虑管理层和治理层对询问的答复以及从管理层和治理层获取的其他方面的信息；

（3）对可能表明存在由舞弊或错误导致

的错报的情况保持警觉；

（4）根据被审计单位的性质和具体情况，考虑获取的审计证据是否支持注册会计师对重大错报风险的识别和评估。

### （二）风险评估程序运用的具体程序

1. 询问管理层和被审计单位内部其他合适人员

2. 实施分析程序

注册会计师在将分析程序用作风险评估程序时，可以：

（1）同时使用财务信息和非财务信息，如分析销售额（财务信息）与卖场的面积（非财务信息）或已出售商品数量（非财务信息）之间的关系；

（2）使用高度汇总的数据。因此，实施分析程序的结果可能大体上初步显示发生重大错报的可能性。例如，在对许多被审计单位（包括业务模式、流程和信息系统较不复杂的被审计单位）进行审计时，注册会计师可以对相关信息进行简单的比较，如中期账户余额或月度账户余额与以前期间的余额相比发生的变化，以发现潜在的较高风险领域。

3. 观察和检查程序

观察和检查程序可以支持对管理层和其他相关人员的询问结果，并可以提供有关被审计单位及其环境等方面情况的信息。

## 高频考点2：其他审计程序和信息来源★

### （一）其他审计程序

除了采用上述程序从被审计单位内部获取信息以外，如果根据职业判断认为从被审计单位外部获取的信息有助于识别重大错报风险，注册会计师应当实施其他审计程序以获取这些信息。

### （二）其他信息来源

注册会计师应当考虑在评价客户关系和审计业务的接受或保持过程中获取的信息是否与识别重大错报风险相关。

1. 新的审计业务

对新的审计业务，注册会计师应在业务承接阶段对被审计单位及其环境等方面情况有一个初步的了解，以确定是否承接该业务。

2. 连续审计业务

对连续审计业务，也应在每年的续约过程中对上年审计作总体评价，并更新对被审计单位的了解和风险评估结果，以确定是否续约。注册会计师还应当考虑向被审计单位提供其他服务（如执行中期财务报表审阅业务）所获得的经验是否有助于识别重大错报风险。

## 高频考点3：项目组内部的讨论★★

### （一）讨论的目的

（1）使经验较丰富的项目组成员（包括项目合伙人）有机会分享其根据对被审计单位的了解形成的见解，共享信息有助于增进所有项目组成员对项目的了解。

（2）使项目组成员能够讨论被审计单位面临的经营风险，固有风险因素如何影响各类交易、账户余额和披露易于发生错报的可能性，以及财务报表易于发生由舞弊或错误导致的重大错报的方式和领域。

（3）帮助项目组成员更好地了解在各自负责的领域中潜在的财务报表重大错报，并了解各自实施的审计程序的结果可能如何影响审计的其他方面，包括对确定进一步审计程序的性质、时间安排和范围的影响。特别是讨论可以帮助项目组成员基于各自对被审计单位性质和情况的了解，进一步考虑相矛盾的信息。

（4）为项目组成员交流和分享在审计过程中获取的、可能影响重大错报风险评估结果或应对这些风险的审计程序的新信息提供基础。

### （二）讨论的内容

讨论的内容和范围受项目组成员的职位、经验和所需要的信息的影响。

### （三）参与讨论的人员

注册会计师应当运用职业判断确定项目组内部参与讨论的成员。项目组的关键成员应当参与讨论，如需要的特殊技能专家，专家也应参与讨论。跨区审计中，每个重要地区项目组的关键成员都应该参加讨论，但不要求所有成员每次都参与项目组的讨论。

### （四）讨论的时间和方式

项目组应当根据审计的具体情况，在整个审计过程中持续交换有关财务报表发生重大错报可能性的信息。

## 第三单元　了解被审计单位及其环境和适用的财务报告编制基础

### 高频考点1：总体要求★

注册会计师应当实施风险评估程序，以了解下列三个方面：

1. 被审计单位及其环境

（1）组织结构、所有权和治理结构、业务模式（包括该业务模式利用信息技术的程度）；

（2）行业形势、法律环境、监管环境和其他外部因素；

（3）财务业绩的衡量标准，包括内部和外部使用的衡量标准。

2. 适用的财务报告编制基础、会计政策以及变更会计政策的原因

基于对上述第1项和第2项的了解，被审计单位在按照适用的财务报告编制基础编制财务报表时，固有风险因素怎样影响各项认定易于发生错报的可能性以及影响的程度。

3. 被审计单位内部控制体系各要素

上述了解的第1项中第（2）点是被审计单位的外部环境，第1项中第（1）点、第2项、第3项是被审计单位的内部因素，第1项中第（3）点则既有外部因素也有内部因素。

### 高频考点2：组织结构、所有权和治理结构、业务模式★

### （一）行业形势

注册会计师应当了解被审计单位的行业形势，主要包括：

（1）所处行业的市场与竞争，包括市场需求、生产能力和价格竞争；

（2）生产经营的季节性和周期性；

（3）与被审计单位产品相关的生产技术发展；

（4）能源供应与成本。

### （二）法律环境与监管环境

1. 了解被审计单位法律环境与监管环境的主要原因

（1）某些法律法规或监管要求可能对被审计单位经营活动有重大影响，如不遵守将导致停业等严重后果；

（2）某些法律法规或监管要求（如环保法规等）规定了被审计单位某些方面的责任和义务；

（3）某些法律法规或监管要求决定了被审计单位需要遵循的行业惯例和核算要求。

2. 应当了解的主要内容

（1）适用的财务报告编制基础；

（2）受管制行业的法规框架，包括披露要求；

（3）对被审计单位经营活动产生重大影响的法律法规，如劳动法和相关法规；

（4）税收相关法律法规；

（5）目前对被审计单位开展经营活动产生影响的政府政策，如货币政策（包括外汇管制）、财政政策、财政刺激措施（如政府援助项目）、关税或贸易限制政策等；

（6）影响行业和被审计单位经营活动的环保要求。

### （三）其他外部因素

注册会计师应当了解影响被审计单位的其他外部因素，主要包括总体经济情况、利率、融资的可获得性、通货膨胀水平或币值变动等。

### （四）了解的重点和程度

（1）注册会计师对上述外部因素了解的范围和程度，因被审计单位所处行业、规模以及其他因素（如市场地位）的不同而不同。例如，对从事计算机硬件制造的被审计单位，注册会计师可能更关心市场和竞争以及技术进步的情况；对金融企业，注册会计师可能更关心宏观经济走势以及货币、财政等方面的宏观

经济政策；对化工等产生污染的行业，注册会计师可能更关心相关环保法规。注册会计师可以考虑将了解的重点，放在对被审计单位的经营活动可能产生重要影响的关键外部因素，以及与前期相比发生的重大变化上。

（2）注册会计师应当考虑被审计单位所在行业的性质或监管程度是否可能导致特定的重大错报风险，并考虑项目组是否配备了具有相关知识和经验的成员。例如，建筑行业长期合同涉及收入和成本的重大估计，可能导致重大错报风险；银行监管机构对商业银行的资本充足率有专门规定，不能满足这一监管要求的商业银行可能有操纵财务报表的动机和压力。

### 高频考点 3：适用的财务报告编制基础、会计政策及变更会计政策的原因★

注册会计师应当了解适用的财务报告编制基础、会计政策及变更会计政策的原因，并评价被审计单位的会计政策是否适当、是否与适用的财务报告编制基础一致。

#### （一）了解时需要考虑的事项

（1）被审计单位与适用的财务报告编制基础相关的财务报告实务。

（2）就被审计单位对会计政策的选择和运用（包括发生的变化以及变化的原因）获得的了解。

#### （二）了解固有风险因素如何影响认定易于发生错报的可能性（略）

#### （三）可能表明财务报表存在重大错报风险的事项和情况（略）

## 第四单元　了解被审计单位内部控制体系各要素

### 高频考点 1：内部控制的概念和要素★★

#### （一）内部控制的概念

内部控制（简称“控制”），是指被审计单位为实现控制目标所制定的政策和程序。其中：

（1）政策，是指被审计单位为了实施控制而作出的应当或不应当采取某种措施的规定（这些规定可能以成文方式存在，也可能通过讯息予以明示，或者暗含于行动或决策中）。

（2）程序，是指为执行政策而采取的行动。

#### （二）内部控制的体系

1. 内部控制体系的概念

内部控制体系是指由治理层、管理层和其他人员设计、执行和维护的体系，以合理保证被审计单位能够实现财务报告的可靠性，提高经营效率和效果，以及遵守适用的法律法规等目标。

2. 内部控制的要素

内部控制体系包含以下五个相互关联的要素：

（1）内部环境（控制环境）；

（2）风险评估；

（3）信息与沟通（信息系统与沟通）；

（4）控制活动；

（5）内部监督。

### 高频考点 2：直接控制和间接控制★★

针对财务报表审计的目的和需要，注册会计师只应当了解与审计相关的控制。与审计相关的控制，按照其对防止、发现或纠正认定层次错报发挥作用的方式，分为直接控制和间接控制。

#### （一）识别与审计相关的控制的方法

就财务报表审计而言，与审计相关的内部控制就是“与财务报表编制相关的内部控制”（或称“与财务报告相关的内部控制”）。被审计单位的目标与为实现目标提供合理保证的控制之间存在直接关系。被审计单位的目标和控制，与财务报告、经营及合规有关。但这些目标和控制并非都与注册会计师的风险评估相关。

（1）如果在设计和实施进一步审计程序时拟利用被审计单位内部生成的信息，针对该信息完整性和准确性的控制可能与审计相关。

（2）如果与经营和合规目标相关的控制与注册会计师实施审计程序时评价或使用的数据相关，则这些控制也可能与审计相关。

（3）用于防止未经授权购买、使用或处置资产的内部控制，可能包括与财务报告和经营目标相关的控制。注册会计师对这些控制的考虑，通常仅限于与财务报告可靠性相关的控制。

（4）被审计单位通常有一些与目标相关但与审计无关的控制，注册会计师无须对其加以考虑。

### （二）直接控制和间接控制区分的依据及作用

（1）直接控制是指足以精准防止、发现或纠正认定层次错报的内部控制，间接控制是指不足以精准防止、发现或纠正认定层次错报的内部控制。也就是说，直接控制和间接控制对防止、发现或纠正认定层次错报分别产生直接影响和间接影响。

（2）信息系统与沟通以及控制活动要素中的控制主要为直接控制。因此，注册会计师对这些要素的了解和评价更有可能影响其对认定层次重大错报风险的识别和评估。实务中，注册会计师需要投入充足的资源对这类要素中的控制进行了解和评价。

（3）内部环境、风险评估和内部监督中的控制主要是间接控制，该类控制虽不足以精准地防止、发现或纠正认定层次的错报，但可以支持其他控制，因此，该类控制可能间接影响及时发现或防止错报发生的可能性。值得说明的是，这些要素中的某些控制也可能是直接控制。

## 高频考点3：了解内部控制的性质和程度★★

### （一）了解内部控制的性质

注册会计师了解内部控制的目的，就是为了评价控制设计的有效性以及控制是否得到执行。在评价控制设计的有效性以及控制是否得到执行时，注册会计师了解被审计单位内部控制体系各项要素，有助于其初步了解被审计单位如何识别和应对经营风险。这些了解也可能以不同方式，影响注册会计师对重大错报风险的识别和评估。这有助于注册会计师设计和实施进一步审计程序，包括计划测试控制运行的有效性。

### （二）了解内部控制的程度

对内部控制了解的程度，是指注册会计师在实施风险评估程序时，了解被审计单位内部控制的范围及深度，包括评价控制设计的有效性，并确定其是否得到执行，但不包括对控制是否得到一贯执行的测试。

## 高频考点4：内部控制的局限性★★

内部控制实现目标的可能性受其固有限制的影响。这些限制分为主要原因与其他原因。

1. 主要原因

（1）在决策时人为判断可能出现错误和因人为失误而导致内部控制失效。（人的主观臆断，非故意）

（2）控制可能由于两个或更多的人员串通或与管理层不当的凌驾于内部控制之上而被规避。（舞弊，故意）

2. 其他原因

被审计单位内部行使控制职能的人员素质不适应岗位要求；被审计单位实施内部控制的成本效益问题会影响其效能；内部控制一般都是针对经常而重复的业务设置的，如果出现不经常发生或未预计到的业务，原有控制就可能不适用。

内部控制无论如何有效，都只能为被审计单位实现财务报告目标提供合理保证。

## 高频考点5：与财务报表编制相关的内部环境★★

### （一）控制环境的概念

内部环境包括治理职能和管理职能，以及治理层和管理层对内部控制体系及其重要性的态度、认识和行动。

### （二）对控制环境的了解

控制环境设定了被审计单位的内部控制基调影响员工对内部控制的意识。良好的控制环境是实施有效内部控制的基础。在承接审计业务时，需要对以下方面进行了解：

（1）对诚信和道德价值观念的沟通与落实。

（2）对胜任能力的重视。

（3）治理层的参与程度。

（4）管理层的理念和经营风格。

（5）职权与责任的分配。

（6）人力资源政策与实务。

## 经典例题

【真题·单选题】（2022）下列各项中，通常不属于被审计单位控制环境要素的是（　　）。

A. 管理层对胜任能力的重视

B. 管理层如何识别和评估与财务报告相关的经营风险

C. 管理层的理念和经营风格

D. 被审计单位的人力资源政策与实务

【答案】B

【解析】选项 B 属于风险评估要素。

## 高频考点 6：与财务报表编制相关的风险评估工作★

### （一）被审计单位风险评估过程的概念

被审计单位风险评估过程包括识别与财务报告相关的经营风险，以及针对这些风险所采取的措施。注册会计师应当了解被审计单位的风险评估过程和结果。

### （二）对风险评估过程的了解

在评价被审计单位风险评估的设计和执行时，注册会计师应当确定管理层如何识别与财务报告相关的经营风险，如何估计该风险的重要性，如何评估风险发生的可能性，以及如何采取措施管理这些风险。如果被审计单位的风险评估符合其具体情况，了解被审计单位的风险评估工作有助于注册会计师识别财务报表的重大错报风险。

## 高频考点 7：与财务报表编制相关的信息系统与沟通★

### （一）与财务报告相关的信息系统的概念

与财务报表编制相关的信息系统由一系列的活动和政策、会计记录和支持性记录组成。

### （二）对与财务报表编制相关的信息系统的了解

（1）注册会计师在了解被审计单位的信息系统时，应了解被审计单位如何生成交易和获取信息，这其中可能包括与被审计单位为应对合规目标和经营目标而设置的系统（被审计单位的政策）相关的信息，因为这类信息可能与财务报表编制相关。此外，某些被审计单位的信息系统可能是高度集成的，控制的设计可以同时实现财务报告、合规和经营这三个控制目标。

（2）了解被审计单位的信息系统，还包括了解信息处理活动中使用的资源。

### （三）与财务报表编制相关的沟通的概念

与财务报表编制相关的沟通，包括使员工了解各自在与财务报告有关的内部控制方面的角色和职责、员工之间的工作联系，以及向适当级别的管理层报告例外事项的方式。

### （四）对与财务报表编制相关的沟通的了解

注册会计师应当了解被审计单位内部如何对财务报告的岗位职责以及与财务报表编制相关的重大事项进行沟通。注册会计师还应当了解管理层与治理层（特别是审计委员会）之间的沟通，以及被审计单位与外部（包括与监管部门）的沟通。

## 高频考点 8：与财务报表编制相关的控制活动★★★

### （一）与财务报表编制相关的控制活动的概念

控制活动是指有助于确保管理层的指令得以执行的政策和程序。控制活动要素中的控制可能与下列事项相关：

（1）授权和批准。有了授权才能确认交易是有效的（即交易具有经济实质或符合被审计单位的政策）。授权的形式通常为较高级别的管理层批准或验证并确定交易是否有效。

（2）调节。即将两项或多项数据要素进行比较。如果发现差异，则采取措施使数据相一致。调节通常应对所处理交易的完整性或准确性。

（3）验证。即将两个或多个项目互相进行比较，或将某个项目与政策进行比较，如果两个项目不匹配或者某个项目与政策不一致，则可能对其执行跟进措施。验证通常应对所处理交易的完整性、准确性或有效性。

（4）实物或逻辑控制。这包括应对资产安全的控制，以防止未经授权的访问、获取、使用或处置资产。实物或逻辑控制包括下列控制：

①保证资产的实物安全，包括恰当的安全保护措施，如针对接触资产和记录的安全设施；

②对接触计算机程序和数据文档设置授权（即逻辑访问权限）；

③定期盘点并将盘点记录与控制记录相核对（如将会计记录与现金、有价证券和存货的定期盘点结果相比较）。旨在防止资产盗窃的实物控制，其与财务报表编制的可靠性相关，相关的程度取决于资产被侵占的风险。

（5）职责分离。即将交易授权、交易记录以及资产保管等不相容职责分配给不同员工。职责分离旨在降低同一员工在正常履行职责过程中实施并隐瞒舞弊或错误的可能性。例如，授权赊销的经理不负责维护应收账款记录或处理现金收入。如果某个员工能够执行上述所有活动，则该员工可以创建难以被发现的虚假销售。类似地，销售人员也不应具有修改产品价格文件或佣金比率的权限。

### （二）对控制活动的了解

在了解控制活动时，注册会计师应当重点考虑一项控制活动单独或连同其他控制活动，是否能够以及如何防止或发现并纠正各类交易、账户余额和披露存在的重大错报。

注册会计师的工作重点是识别和了解针对重大错报可能发生的领域的控制活动。如果多项控制活动能够实现同一目标，注册会计师不必了解与该目标相关的每项控制活动。注册会计师对被审计单位整体层面的控制活动进行的了解和评估，主要针对被审计单位的一般控制活动，特别是信息技术一般控制。

## 高频考点9：对与财务报表编制相关的内部控制体系的监督★★

### （一）对控制的监督的概念

对控制的监督是指被审计单位评价内部控制在一段时间内运行有效性的过程。对控制的监督涉及及时评估控制的有效性并采取必要的补救措施。

### （二）了解对内部控制的监督

注册会计师在了解被审计单位如何监督内部控制体系时，可以考虑的相关事项包括：

（1）监督活动的设计，如监督是定期的还是持续的；

（2）监督活动的实施情况和频率；

（3）对监督活动结果的定期评价，以确定控制是否有效；

（4）如何通过适当的整改措施应对识别的缺陷，包括与负责采取整改措施的人员及时沟通缺陷。

## 高频考点10：在整体层面和业务流程层面了解内部控制★★★

### （一）整体层面与业务层面

内部控制的某些要素（如控制环境）更多地对被审计单位整体层面产生影响，而其他要素（如信息系统与沟通、控制活动）则可能更多地与特定业务流程相关。在实务中，注册会计师应当从被审计单位整体层面和业务流程层面分别了解和评价被审计单位的内部控制。

整体层面的控制（包括对管理层凌驾于

内部控制之上的控制）和信息技术一般控制通常在所有业务活动中普遍存在。整体层面的控制对内部控制在所有业务流程中得到严格的设计和执行具有重要影响。整体层面的控制较差甚至可能使最好的业务流程层面控制失效。

### （二）重要业务流程层面的实施步骤

在初步计划审计工作时，注册会计师需要确定在被审计单位财务报表中可能存在重大错报风险的重大账户及其相关认定。为实现此目的，通常采取下列步骤（在实务中，下列步骤可能同时进行）：

1. 确定重要业务流程和相关交易类别

在实务中，将被审计单位的整个经营活动划分为几个重要的业务循环，有助于注册会计师更有效地了解和评估重要业务流程及相关控制。

2. 了解相关交易流程，并进行记录

在确定重要的业务流程和相关交易类别后，注册会计师便可着手了解每一类相关交易类别在信息技术或人工系统中生成、记录、处理及在财务报表中报告的程序，即相关交易流程。这是确定在哪个环节或哪些环节可能发生错报的基础。

3. 确定可能发生错报的环节

注册会计师需要确认和了解被审计单位应在哪些环节设置控制，以防止或发现并纠正各相关交易流程可能发生的错报。注册会计师所关注的控制，是那些能通过防止错报的发生，或者通过发现和纠正已有错报，从而确保各个相关交易流程中的具体活动（从交易的发生到记录于账目）能够顺利运转的人工或自动化控制程序。

4. 识别和了解相关控制

通常将业务流程中的控制划分为预防性控制和检查性控制：

（1）预防性控制。预防性控制通常用于正常业务流程的每一项交易，以防止错报的发生。在流程中防止错报是信息系统的重要目标。预防性控制可能是人工的，也可能是自动化的。

（2）检查性控制。建立检查性控制的目的是发现流程中可能发生的错报（尽管有预防性控制还是会发生的错报）。被审计单位通过检查性控制，监督其流程和相应的预防性控制能否有效地发挥作用。检查性控制通常是管理层用来监督实现流程目标的控制。检查性控制可以由人工执行，也可以由信息系统自动执行。

5. 执行穿行测试，证实对交易流程和相关控制的了解

（1）穿行测试的目的。

为了解各类相关交易在业务流程中发生、处理和记录的过程，注册会计师通常会执行穿行测试。

（2）穿行测试可以获取的证据。

为了解各类重要交易在业务流程中发生、处理和记录的过程，注册会计师通常会执行穿行测试。执行穿行测试可获得下列方面的证据：

①确认对业务流程的了解；

②确认对重要交易的了解是完整的，即在交易流程中所有与财务报表认定相关的可能发生错报的环节都已识别；

③确认所获取的有关流程中的预防性控制和检查性控制信息的准确性；

④评估控制设计的有效性；

⑤确认控制是否得到执行；

⑥确认之前所做的书面记录的准确性。

6. 初步评价和风险评估

（1）对控制的初步评价。在识别和了解控制后，根据执行上述程序及获取的审计证据，注册会计师需要评价控制设计的合理性并确定其是否得到执行。

注册会计师对控制的评价结论可能是：

①所设计的控制单独或连同其他控制能够防止或发现并纠正重大错报，并得到执行；

②控制本身的设计是合理的，但没有得到执行；

③控制本身的设计就是无效的或缺乏必要的控制。

（2）风险评估需要考虑的因素。注册会计师对控制的评价，进而对重大错报风险的评估，需要考虑以下因素：

①账户特征及已识别的重大错报风险。

②对被审计单位整体层面控制的评价。注册会计师应将对整体层面获得的了解和结论，同在业务层面获得的有关重大交易流程及其控制的证据结合起来考虑。

7. 对财务报告流程的了解

上述内容讨论了注册会计师如何在重要业务流程层面了解重大交易生成、处理和记录的流程，并评估在可能发生错报的环节控制的设计及其是否得到执行。

## 经典例题

【真题·单选题】（2018）下列各项控制中，属于检查性控制的是（ ）。

A. 出纳不兼任收入或支出的记账工作

B. 财务总监复核并批准财务经理提出的撤销银行账号的申请

C. 财务经理根据其权限复核并批准相关付款

D. 财务经理复核会计编制的银行存款余额调节表

【答案】D

【解析】选项 D 正确，财务经理复核会计编制的银行存款余额调节表，其目的是发现流程中可能发生的错报，是典型的检查性控制；选项 A、B、C 均是为了防止错报的发生，均属于预防性控制。

# 第五单元 识别和评估重大错报风险

## 高频考点 1：识别和评估财务报表层次以及认定层次的重大错报风险★★★

### （一）识别和评估重大错报风险的作用和步骤

（1）识别和评估重大错报风险的作用。注册会计师识别和评估重大错报风险能为风险应对提供方向性指引，有助于注册会计师确定总体应对措施和用于获取充分、适当的审计证据的进一步审计程序的性质、时间安排和范围，这些证据使其最终能够以可接受的低审计风险水平对财务报表发表审计意见。

（2）识别和评估重大错报风险的步骤。

①利用实施风险评估程序所了解的信息。通过实施风险评估程序收集的信息可以作为审计证据，为注册会计师识别和评估重大错报风险提供基础。

②识别两个层次的重大错报风险。

a. 要求分成两个层次识别。尽管两个层次的重大错报风险相互影响，但审计准则规定，注册会计师应当识别重大错报风险，并确定其存在于财务报表层次，还是各类交易、账户余额和披露的认定层次。注册会计师应当利用了解获得的信息，判断确定某风险因素是与财务报表整体存在广泛的联系，并可能影响多项认定，进而识别该风险属于财务报表层次重大错报风险，还是与财务报表整体不存在广泛联系，进而识别该风险为认定层次重大错报风险。

b. 要求考虑的风险因素。注册会计师应当在考虑相关控制之前识别重大错报风险（即固有风险），并以注册会计师对错报的初步考虑为基础，即错报的发生、错报如果发生将是重大的，均具有合理可能性。

③评估两个层次的重大错报风险。由于重大错报风险是固有风险和控制风险共同作用的结果，因此，注册会计师在评估重大错报风险时，应当考虑相关控制的影响（即控制风险）。

重大错报风险的识别和评估是紧密联系又有区别的两项工作。由于财务报表层次和认定层次的重大错报风险各自的性质特征以及对财务报表及其审计产生影响的具体方式存在差异，因此，尽管两个层次重大错报风险的识别和评估遵守的基本原理相同，但运用的具体方法及要求存在差异。比如，在识别和评估两个层次的重大错报风险时，都应当考虑固有风险和控制风险两个因素的影响，但审计准则要求针对识别出的认定层次重大错报风险，注册会计师应当分别评估固有风险和控制风险。

④评价审计证据的适当性。在识别和评估重大错报风险时，注册会计师应当考虑通过实施风险评估程序获取的所有审计证据，无论这些证据是佐证性的还是相矛盾的。也就是说，注册会计师不应当偏向于获取、使用佐证性的审计证据，而排斥、舍弃相矛盾的审计证据。

⑤修正识别或评估的结果。随着审计过程的推进，如果注册会计师获取新信息，与之前识别或评估重大错报风险时所依据的审计证据不一致，注册会计师应当修正之前对重大错报风险的识别或评估结果，并考虑对风险应对的影响。

### （二）识别和评估财务报表层次重大错报风险

（1）识别。如果判断某风险因素对财务报表整体存在广泛联系，并可能影响多项认定，注册会计师应当将其识别为财务报表层次重大错报风险。

（2）评估。对于识别出的财务报表层次重大错报风险，注册会计师应当从下列两方面对其进行评估：

①评价这些风险对财务报表整体产生的影响；

②确定这些风险是否影响对认定层次风险的评估结果。

### （三）识别和评估认定层次重大错报风险

（1）识别。如果判断某固有风险因素可能导致某项认定发生重大错报，与财务报表整体不存在广泛联系，注册会计师应当将其识别为认定层次的重大错报风险。

（2）评估。评估的要求及工作事项包括：

①总体要求。对于识别出的认定层次重大错报风险，注册会计师应当分别评估固有风险和控制风险。

②评估固有风险。对于识别出的认定层次重大错报风险，注册会计师应当通过评估错报发生的可能性和重要程度来评估固有风险。

③评估控制风险。注册会计师在拟测试控制运行有效性的情况下，应当评估控制风险。如果拟不测试控制运行的有效性，则应当将固有风险的评估结果作为重大错报风险的评估结果。

④确定特别风险。注册会计师应当确定评估的重大错报风险是否为特别风险。确定特别风险可以使注册会计师通过实施特定应对措施，更专注于那些位于固有风险等级上限的风险。按照《中国注册会计师审计准则第 1211 号——重大错报风险的识别和评估》的定义，特别风险，是指注册会计师识别出的符合下列特征之一的重大错报风险：

a. 根据固有风险因素对错报发生的可能性和错报的严重程度的影响，注册会计师将固有风险评估为达到或接近固有风险等级的最高级（上限）；

b. 根据其他审计准则的规定，注册会计师应当将其作为特别风险。

在确定特别风险时，注册会计师可能首先识别评估的固有风险等级较高的重大错报风险，作为考虑哪些风险可能达到或接近固有风险等级上限的基础。不同被审计单位以及同一被审计单位在不同期间的固有风险等级上限可能不同，这取决于被审计单位的性质和具体情况（如规模和复杂程度等）。固有风险等级的评估需要注册会计师作出职业判断，除非该风险是其他审计准则规定应当作为特别风险处理的风险类型。

⑤两种特殊情形的处理。包括：

a. 仅实施实质性程序无法应对的重大错报风险。

针对某些认定层次重大错报风险，仅实施实质性程序无法为其提供充分、适当的审计证据，注册会计师应当确定评估出的重大错报风险是否属于该类风险。对这类风险，注册会计师应当根据相关审计准则的规定，对相关控制的设计和执行进行了解和测试。

b. 对重大交易类别、账户余额和披露的考虑。

注册会计师对重要性的确定属于职业判断，受到注册会计师关于财务报表使用者对财务信息需求的认识的影响。如果能够合理预期，某类交易、账户余额和披露中信息的遗漏、错误陈述或含糊表达，可能影响财务报表使用者依据财务报表整体作出的经济决策，则通常认为该类交易、账户余额和披露是重大的。如果注册会计师未将重大交易类别、账户余额和披露确定为“相关交易类别、账户余额和披露”，则应当评价这样做是否适当。

如果注册会计师确定某类交易、账户余额和披露是相关交易类别、账户余额和披露，那么，按照《中国注册会计师审计准则第1231号——针对评估的重大错报风险采取的应对措施》的规定，该类交易、账户余额和披露也是重大的。

⑥两个层次间相互影响的处理。

a. 在评估识别的认定层次重大错报风险时，注册会计师可能认为某些重大错报风险与财务报表整体存在广泛联系，可能影响多项认定，在这种情况下，注册会计师可能更新对财务报表层次重大错报风险的识别。

b. 如果重大错报风险由于广泛影响多项认定而被识别为财务报表层次重大错报风险，并可以识别出受影响的特定认定，注册会计师应当在评估认定层次重大错报风险的固有风险时考虑这些风险。

### （四）考虑财务报表的可审计性

注册会计师在了解被审计单位内部控制后，可能对被审计单位财务报表的可审计性产生怀疑。如果通过对内部控制的了解发现下列情况，并对财务报表局部或整体的可审计性产生疑问。注册会计师应考虑出具保留意见或无法表示意见的审计报告，必要时，应当考虑解除业务约定：

（1）被审计单位会计记录的状况和可靠性存在重大问题，不能获取充分、适当的审计证据以支持发表无保留意见；

（2）对管理层的诚信存在严重疑虑。

## 经典例题

【真题·多选题】（2022）下列各项因素中，可能导致财务报表层次重大错报风险的有（　　）。

A. 被审计单位管理层承受异常压力

B. 被审计单位融资能力受限导致持续经营能力存在重大疑虑

C. 被审计单位存在具有高度估计不确定性的会计估计

D. 被审计单位信息技术一般控制薄弱

【答案】ABD

【解析】选项C被审计单位存在具有高度估计不确定性的会计估计，属于认定层次的重大错报风险。

## 高频考点2：评估固有风险等级★★

（1）在评估与特定认定层次重大错报风险相关的固有风险等级时，注册会计师应当运用职业判断，确定错报发生的可能性和重要程度综合起来的影响程度。

（2）固有风险等级是指注册会计师对固有风险水平在一个范围内作出的从低到高的判断。作出该判断应当考虑被审计单位的性质和具体情况，并考虑评估的错报发生的可能性和重要程度以及固有风险因素。

（3）在考虑错报发生的可能性时，注册会计师应当基于对固有风险因素的考虑，评估错报发生的概率。

（4）在考虑错报的重要程度时，注册会计师应当考虑错报的定性和定量两个方面（即注册会计师可能根据错报的金额大小、性质或情况，判断各类交易、账户余额和披露在认定层次的错报是重大的）。

（5）注册会计师应使用错报发生的可能性和重要程度综合起来的影响程度，确定固有风险等级。综合起来的影响程度越高，评估的固有风险等级越高，反之则相反。

（6）评估的固有风险等级较高，并不意

味着评估的错报发生的可能性和重要程度都较高。错报发生的可能性和重要程度在固有风险等级上的交集确定了评估的固有风险在固有风险等级中是较高还是较低。评估的固有风险等级较高也可能是错报发生的可能性和重要程度的不同组合导致的，例如，较低的错报发生的可能性和极高的重要程度可能导致评估的固有风险等级较高。

（7）为制定适当的应对策略，注册会计师可以基于其对固有风险的评估，将重大错报风险按固有风险等级的类别进行划分。注册会计师可以以不同的方式描述这些等级类别（如区分最高、较高、中、低等进行定性描述）。不管使用的分类方法如何，如果旨在应对识别的认定层次重大错报风险的进一步审计程序的设计和实施能够适当应对固有风险的评估结果和形成该评估结果的依据，则注册会计师对固有风险等级的评估就是适当的。

## 高频考点3：需要特别考虑的重大错报风险★★★

### （一）特别风险的概念

特别风险，是指注册会计师识别和评估的、根据判断认为需要特别考虑的重大错报风险。

### （二）确定特别风险时应考虑的事项

注册会计师在评估固有风险等级时，应当考虑固有风险因素的相对影响。固有风险因素的影响越低，评估的风险等级可能也越低。以下事项可能导致注册会计师评估认为重大错报风险具有较高的固有风险等级，进而将其确定为特别风险：

（1）交易具有多种可接受的会计处理，因此涉及主观性；

（2）会计估计具有高度不确定性或模型复杂；

（3）支持账户余额的数据收集和处理较为复杂；

（4）账户余额或定量披露涉及复杂的计算；

（5）对会计政策存在不同的理解；

（6）被审计单位业务的变化涉及会计处理发生变化，如合并和收购。

在判断哪些风险是特别风险时，注册会计师不应考虑识别出的控制对相关风险的抵消效果，但评估重大错报发生的可能性时要考虑控制对风险的抵消和遏制作用。

### 经典例题

【真题·单选题】（2021）下列关于重大错报风险的表述中，注册会计师应当认定为特别风险的是（　　）。

A. 与关联方交易相关的重大错报风险

B. 与管理层挪用资金相关的重大错报风险

C. 与重大货币资金相关的风险

D. 高度估计不确定性的风险

【答案】B

【解析】选项B为舞弊风险，舞弊属于特别风险。

### （三）非常规交易和判断事项导致的特别风险

特别风险来源通常与重大的非常规交易和判断事项有关。

（1）非常规交易：指由于金额或性质异常而不经常发生的交易。例如，企业购并、债务重组、重大或有事项等。由于非常规交易具有下列特征，与重大非常规交易相关的特别风险可能导致更高的重大错报风险。

（2）判断事项：通常包括作出的会计估计（具有计量的重大不确定性）。如资产减值准备金额的估计、需要运用复杂估值技术确定的公允价值计量等。

### （四）考虑与特别风险相关的控制

（1）对特别风险，注册会计师应当评价相关控制的设计情况，并确定其是否已经得到执行。由于与重大非常规交易或判断事项相关的风险很少受到日常控制的约束，注册会计师应当了解被审计单位是否针对该特别风险设计和实施了控制。

（2）如果管理层未能实施控制以恰当应对特别风险，注册会计师应当认为内部控制存在重大缺陷，并考虑其对风险评估的影响。在此情况下，注册会计师应当就此类事项与治理层沟通。

了解与特别风险相关的控制，有助于注册会计师制订有效的审计方案予以应对。

## 经典例题

【真题·单选题】（2019）下列有关注册会计师评估特别风险的说法中，正确的是（　　）。

A. 注册会计师应当将具有高度估计不确定性的会计估计评估为存在特别风险

B. 注册会计师应当将涉及重大管理层判断和重大审计判断的事项评估为存在特别风险

C. 注册会计师应当将管理层凌驾于控制之上的风险作为特别风险

D. 注册会计师应当将重大非常规交易评估为存在特别风险

【答案】C

【解析】选项C正确，应当评估为特别风险的事项只有三个：（1）舞弊导致的重大错报风险；（2）管理层凌驾于控制之上的风险；（3）超出被审计单位正常经营过程的重大关联方交易导致的重大错报风险。其余的事项都需要进一步评估才能确定是否存在特别风险。

### 高频考点4：仅通过实质性程序无法应对的重大错报风险★★★

如果认为仅通过实质性程序获取的审计证据无法应对认定层次的重大错报风险，注册会计师应当评价被审计单位针对这些风险设计的控制，并确定其执行情况。

在被审计单位对日常交易采用高度自动化处理的情况下，审计证据可能仅以电子形式存在，其充分性和适当性通常取决于自动化信息系统相关控制的有效性，注册会计师应当考虑仅通过实施实质性程序不能获取充分、适当审计证据的可能性。同时应当考虑依赖的相关控制的有效性，并对其进行了解、评估和测试。

### 高频考点5：修正风险识别或评估结果★

注册会计师对认定层次重大错报风险的识别或评估，可能随着审计过程中不断获取审计证据而作出相应的变化。

因此，识别或评估重大错报风险与了解被审计单位及其环境等方面情况一样，也是一个连续和动态地收集、更新与分析信息的过程，贯穿于整个审计过程的始终。

## 进阶练习



（一）单选题

1. 下列关于风险评估运用分析程序的说法中，错误的是（　　）。

A. 风险评估贯穿于审计过程的始终

B. 注册会计师运用分析程序通常需要数据之间存在预期关系，因此只能使用财务信息

C. 注册会计师实施分析程序可能有助于识别异常的交易或事项，以及对审计产生影响的金额、比率或趋势

D. 通过实施分析程序识别出异常的或者未预期到的关系对识别和评估由于舞弊导致的重大错报风险具有特别意义

2. 下列有关项目组内部讨论的说法中，不正确的是（　　）。

A. 项目组应当根据审计的具体情况，持续交换有关被审计单位财务报表发生重大错报可能性的消息

B. 项目组应当讨论被审计单位面临的经营风险、财务报表容易发生错报的领

域以及发生错报的方式，特别是由于舞弊导致重大错报的可能性

C. 如果项目组利用了信息技术或其他特殊技能的专家工作，这些专家不用参与讨论

D. 讨论的范围受项目组成员的职位、经验和信息需要的影响

3. 下列关于风险评估的说法中，不正确的是（　　）。

A. 了解被审计单位及其环境是一个连续和动态地收集、更新与分析信息的过程，贯穿于整个审计过程的始终

B. 注册会计师应当运用职业判断确定需要了解被审计单位及其环境的程度

C. 注册会计师应当了解被审计单位及其环境，以充分识别和评估财务报表重大错报风险，设计和实施进一步审计程序

D. 风险评估程序并不是必须实施的，注册会计师可以根据职业判断作出选择

4. 在下列控制中，属于检查性控制的是（　　）。

A. 在更新采购档案之前必须先有收货报告

B. 计算机每天比较运出货物的数量和开票数量，并生成差异报告

C. 销货发票上的价格根据价格清单上的信息确定

D. 计算机将记账凭证上借贷方金额对比，对账户代码进行逻辑测试

5. 下列有关内部环境的说法中，错误的是（　　）。

A. 内部环境对重大错报风险的评估具有广泛影响

B. 财务报表层次重大错报风险很可能源于薄弱的控制环境

C. 有效的内部环境有助于降低发生舞弊的风险

D. 有效的内部环境本身可以防止、发现并纠正各类交易、账户余额和披露认定层次的重大错报

6. 下列有关注册会计师了解内部控制的说法中，不正确的是（　　）。

A. 注册会计师不需要了解被审计单位所有的内部控制

B. 注册会计师在了解被审计单位内部控制时，应当确定其是否得到一贯执行

C. 注册会计师对内部控制的了解通常不足以测试控制运行的有效性

D. 注册会计师询问被审计单位人员不足以评价内部控制设计的合理性

7. 下列各项中，属于检查性控制的是（　　）。

A. 定期编制银行存款余额调节表，跟踪调查挂账的项目

B. 负责业务收入和应收账款记账的财务人员不得经手货币资金

C. 采购固定资产需要经适当级别的人员批准

D. 仓库管理员根据经批准的发货单办理出库

8. 下列各项中，属于认定层次重大错报风险的是（　　）。

A. 被审计单位管理层凌驾于内部控制之上

B. 被审计单位所处行业陷入严重衰退

C. 被审计单位治理层和管理层不重视内部控制

D. 被审计单位大额应收账款可收回性具有高度不确定性

9. A注册会计师负责审计甲公司20×1年度财务报表，下列情形中，最有可能导致A注册会计师不能执行财务报表审计的是（　　）。

A. 甲公司管理层没有清晰区分内部控制要素

B. 甲公司管理层没有根据变化的情况修改相关的内部控制

C. 甲公司管理层凌驾于内部控制之上

D. A注册会计师对甲公司管理层的诚信存在严重疑虑

10. 下列重大错报风险中，与特定的某类交易、账户余额和披露的认定相关的是（　　）。
A. 被审计单位在经济不稳定的国家和地区开展业务
B. 被审计单位存在复杂的联营或合营
C. 被审计单位资产的流动性出现问题
D. 被审计单位融资能力受到限制

### （二）多选题

1. 下列关于风险评估程序的说法中，正确的有（　　）。
A. 为了解被审计单位及其环境而实施的程序就是风险评估程序
B. 注册会计师实施风险评估程序是为了识别和评估财务报表重大错报风险
C. 注册会计师应当实施的风险评估程序包括询问管理层和被审计单位内部其他人员、分析程序、观察和检查
D. 注册会计师应当在了解被审计单位及其环境的每一个方面实施询问、观察、检查和分析程序

2. 下列关于风险评估的理解中，不正确的有（　　）。
A. 审计风险控制流程的起点是风险的识别和评估
B. 评价对被审计单位及其环境了解的程度是否恰当，关键是看注册会计师是否能够发现舞弊
C. 无论评估的重大错报风险结果如何，均应当针对所有的各类交易、账户余额和披露实施实质性程序
D. 注册会计师应当了解被审计单位的目标、战略以及所有的经营风险

3. 注册会计师组织项目讨论组讨论的主要内容有（　　）。
A. 管理层是否倾向于高估或低估收入
B. 管理层是否存在严重诚信问题
C. 会计政策是否发生重大变化
D. 被审计单位是否面临重大的经营风险

4. 下列有关了解内部控制的表述中，不正确的有（　　）。
A. 在了解内部控制时，注册会计师应评价相关控制的设计情况，并确定其是否得到一贯执行
B. 注册会计师需要了解和评价的内部控制只是与非财务报表相关的内部控制
C. 小型被审计单位通常没有正式的内部控制，注册会计师通常无须对其内部控制进行了解
D. 执行穿行测试，可以确定相关控制活动是否得到执行

5. 在注册会计师了解控制活动时，下列说法中，恰当的有（　　）。
A. 注册会计师应当了解被审计单位所有的与财务报表相关的控制活动
B. 注册会计师应当了解被审计单位所有的控制活动
C. 注册会计师应当了解与审计相关的控制活动
D. 如果多项控制活动能够实现同一控制目标，注册会计师不必了解与该目标相关的每项控制活动

6. 下列被审计单位的控制中，通常与审计有关的有（　　）。
A. 工厂存货定期盘点
B. 公司因某些特别原因同意对某个不符合一般信用条件的客户赊购商品
C. 航空公司用于维护航班时间表的自动控制系统
D. 银行客户信贷经理复核各分行、地区和各种贷款类型的审批和收回

7. 下列与审计相关的内部控制的说法中，正确的有（　　）。
A. 被审计单位通常有些与内部控制目标相关但与审计无关的控制，注册会计师无须对其加以考虑
B. 与审计相关的内部控制一定与财务报告相关
C. 被审计单位的目标和控制，与财务报告、经营及合规有关，但这些目标和控制并非都与注册会计师的风险评估

相关

D. 如果与经营和合规目标相关的控制与注册会计师实施审计程序时评价或使用的数据相关，则这些控制也可能与审计相关

8. A注册会计师在审计甲公司20×1年度财务报表，在识别和评估重大错报风险时，A注册会计师可能实施的审计程序有（　　）。

A. 评估识别出的风险，并评价其是否更广泛地与财务报表整体相关

B. 考虑识别的错报风险导致财务报表发生重大错报的可能性

C. 考虑识别的错报风险是否重大

D. 将识别的错报风险与认定层次可能发生错报的领域相联系

9. 在应对仅通过实质性程序无法应对的重大错报风险时，注册会计师应当考虑的主要因素有（　　）。

A. 被审计单位是否针对这些风险设计了控制

B. 相关控制是否可以信赖

C. 会计政策是否发生变更

D. 相关交易是否采用高度自动化的处理

10. 下列选项中，通常导致财务报表层次重大错报风险的有（　　）。

A. 管理层舞弊

B. 未实施恰当的职责分离

C. 出纳舞弊

D. 赊销金额超过授权

### （三）简答题

A注册会计师是甲公司20×2年度财务报表审计业务的项目合伙人。在了解甲公司及其环境以及评估重大错报风险时，A注册会计师的观点如下：

（1）针对甲公司多项控制活动能够实现营业收入发生的目标，A注册会计师认为应该了解与该目标相关的每项控制活动。

（2）甲公司与固定资产相关的会计估计在本年发生变化，A注册会计师认为这可能会导致固定资产的金额计量不准确，但不会导致特别风险。

（3）在了解甲公司的内部控制时，A注册会计师认为应该了解的是与财务报告相关的内部控制，而非甲公司所有的内部控制。

（4）在识别和评估特别风险时，A注册会计师认为必须要亲自实施各项审计程序，不能利用专家的工作。

（5）针对特别风险的项目，A注册会计师认为不需要了解内部控制，只需直接实施实质性程序。

【要求】假定上述第（1）~（5）项均独立，逐项指出A注册会计师的观点是否恰当。如不恰当，简要说明理由。

## 进阶练习答案及解析

### （一）单选题

1.【答案】B

【解析】注册会计师实施分析程序可以利用财务信息和非财务信息，如销售额与卖场的面积或已出售商品数量之间的关系。

2.【答案】C

【解析】如果项目组需要拥有信息技术或其他特殊技能的专家（包括会计师事务所内外），项目组讨论时，这些专家也可根据需要参与讨论。

3.【答案】D

【解析】风险评估是必须实施的程序。

4.【答案】B

【解析】预防性控制通常用于正常业务流程中的每一项交易中以防止错报的发生，建立检查性控制的目的是发现流程中可能发生的错报。

5.【答案】D

【解析】控制环境本身并不能防止或发现并纠正各类交易账户余额和披露认定层次重大

错报。

6. 【答案】B

【解析】"了解内部控制"包括两层含义：一是评价控制的设计；二是确定控制是否得到执行。在测试控制运行的有效性时，注册会计师应当从下列方面获取关于控制是否有效运行的审计证据：(1) 控制在所审计期间的相关时点是如何运行的；(2) 控制是否得到一贯执行；(3) 控制由谁或以何种方式执行。

7. 【答案】A

【解析】选项B、C、D属于预防性控制。

8. 【答案】D

【解析】选项A、B、C均属于财务报表层次重大错报风险，财务报表整体广泛相关，进而影响多项认定，所以选项D正确。

9. 【答案】D

【解析】选项A、B说明甲公司内部控制存在缺陷；选项C管理层凌驾于内部控制之上，注册会计师可以少利用甚至不利用控制测试的结果，通过多做实质性程序来实施审计；选项D的情况可能解除业务约定，从而不能执行财务报表审计。

10. 【答案】B

【解析】选项A、C、D是可能与财务报表整体广泛相关的情形，比如经济不稳定的国家和地区开展业务，可能会对企业的持续经营产生影响，此时对财务报表产生的影响是广泛性的，与报表整体性有关，选项B表明"长期股权投资"账户的认定可能存在重大错报风险。

(二) 多选题

1. 【答案】ABC

【解析】注册会计师应当实施下列风险评估程序，以了解被审计单位及其环境：(1) 询问管理层和被审计单位内部其他人员；(2) 分析程序；(3) 观察和检查。注册会计师在审计过程中应当实施上述审计程序，但是在了解被审计单位及其环境的每一个方面时无须实施上述所有程序。

2. 【答案】BCD

【解析】选项B，评价对被审计单位及其环境了解的程序是否恰当，关键是看注册会计师对被审计单位及其环境的了解是否足以识别和评估财务报表的重大错报风险；选项C，无论评估的重大错报风险结果如何，均应当针对所有重大的各类交易、账户余额和披露实施实质性分析程序；选项D，注册会计师只需要识别可能导致重大错报风险的经营风险。

3. 【答案】ABCD

【解析】项目组应当讨论被审计单位面临的经营风险、财务报表容易发生错报的领域以及发生错报的方式，特别是由于舞弊导致重大错报的可能性。选项A是财务报表容易发生错报的方式；选项B、C属于财务报表容易发生错报的领域；选项D是被审计单位面临的经营风险，所以上述选项均正确。

4. 【答案】ABC

【解析】选项A，对内部控制了解的深度，是指在了解被审计单位及其环境时对内部控制了解的程度，包括评价控制的设计，并确定其是否得到执行，但不包括对控制是否得到一贯执行的测试；选项B，注册会计师需要了解和评价的内部控制只是与财务报表审计相关的内部控制；选项C，了解内部控制是必需的程序。

5. 【答案】CD

【解析】注册会计师进行财务报表审计时目标很明确，即合理保证查出财务报表重大错报，降低财务信息的重大错报风险，提高财务报表的可信性。因此，注册会计师需要了解的是被审计单位内部控制中与财务报表审计相关的重要控制活动，不需要了解与财务报表审计无关的内部控制；如果多项控制活动能够实现同一控制目标，注册会计师不必了解与该目标相关的每项控制活动。

6. 【答案】ABD

【解析】被审计单位通常有一些与审计无关的控制，注册会计师无须对其加以考虑。例如，被审计单位可能依靠某复杂的自动控制系统提高经营活动的效率和效果（如航空公司用于维护航班时间表的自动控制系统），但这些控制通常与审计无关。

7. 【答案】ACD

【解析】选项A，例如，被审计单位可能依靠某一复杂的自动化控制提高经营活动的效率和效果（如航空公司用于维护航班时间表的自动化控制系统），但这些控制通常与审计无关。选项B，与审计相关的内部控制并非均与财务报告相关。

8. 【答案】ABCD

9. 【答案】ABD

【解析】如果认为仅通过实质性程序获取的审计证据无法将认定层次的重大错报风险降至可接受的低水平，注册会计师应当评价被审计单位针对这些风险设计的控制，并确定其执行情况，选项A、B正确。在被审计单位对日常交易采用高度自动化处理的情况下，审计证据可能仅以电子形式存在，其充分性和适当性通常取决于自动化信息系统相关控制的有效性，可能仅通过实施实质性程序不能获取充分、适当的审计证据，需执行控制测试，选项D正确。

10. 【答案】AB

【解析】选项A、B都会导致报表层次重大错报风险，与整体有关；而选项C与货币资金项目错报有关；选项D与营业收入、应收账款等项目错报有关。

（三）简答题

【答案】

（1）不恰当。如果多项控制活动能够实现同一目标，注册会计师不必了解与该目标相关的每项控制活动。

（2）不恰当。特别风险通常与重大的非常规交易和判断事项有关，判断事项通常包括作出的会计估计（具有计量的重大不确定性），所以这一事项也可能产生特别风险。

（3）不恰当。注册会计师需要了解和评价的内部控制是与财务报表审计相关的内部控制，并非与财务报告相关的内部控制，也不是甲公司所有的内部控制。

（4）不恰当。注册会计师在识别和评估重大错报风险时可以利用专家的工作，而特别风险属于需要特别考虑的重大错报风险，所以也可以利用专家的工作。

（5）不恰当。对特别风险，注册会计师应当评价相关控制的设计情况，并确定其是否已经得到执行。

# 第八章　风险应对

## 2023 年教材内容主要变化

主要内容无实质性变化，局部文字有修改。

## 本章近五年考试高频考点分布

| 高频考点内容 | 年度及题型分布 |
| --- | --- |
| 增加审计程序不可预见性的方法 | 2022 年单选、2019 年单选 |
| 进一步审计程序的含义与要求 | 2020 年综合 |
| 进一步审计程序的性质 | 2021 年单选 |
| 进一步审计程序的时间 | 2022 年多选、2020 年多选 |
| 进一步审计程序的范围 | 2022 年多选 |
| 控制测试的概念和要求 | 2021 年综合、2018 年单选 |
| 控制测试的性质 | 2022 年多选、2020 年综合、2019 年综合 |
| 控制测试的时间 | 2019 年单选、2018 年单选、2018 年简答 |
| 实质性程序的概念和要求 | 2020 年简答、2018 年简答 |
| 实质性程序的性质 | 2019 年单选、2019 年多选 |
| 实质性程序的时间 | 2019 年综合 |

## 高频考点精讲

本章内容常常结合相关章节内容考核。例如，控制测试、实质性程序与第四章（审计抽样方法）有关内容结合考核；财务报表层次重大错报风险的总体应对措施和针对认定层次重大错报风险的进一步审计程序与第七章（风险评估）、第十三章（对舞弊和法律法规的考虑）有关内容结合考核；针对认定层次重大错报风险的进一步审计程序、控制测试、实质性程序与第三编（各类交易和账户余额的审计）有关内容结合考核。

## 第一单元 针对财务报表层次重大错报风险的总体应对措施

### 高频考点1：财务报表层次重大错报风险的总体应对措施★★

#### （一）总体应对措施的实施基本要求

在财务报表重大错报风险的评估过程中，注册会计师应当确定，与财务报表整体广泛相关、进而影响多项认定的，属于财务报表层次的重大错报风险。注册会计师应当针对评估的财务报表层次重大错报风险确定总体应对措施。

#### （二）总体的应对措施

针对财务报表层次重大错报风险的总体应对措施，具体如表8－1所示。

表8－1 针对财务报表层次重大错报风险的总体应对措施

| 主要措施 | 具体内容 |
| --- | --- |
| 向项目组强调保持职业怀疑的必要性 | |
| 指派更有经验或具有特殊技能的人员，或利用专家的工作 | 审计项目组成员中应有一定比例的人员曾经参与过被审计单位以前年度的审计，或具有被审计单位所处特定行业的相关审计经验。必要时，要考虑利用信息技术、税务、评估、精算等方面的专家的工作 |
| 提供更多的督导 | 对于财务报表层次重大错报风险较高的审计项目，审计项目组的高级别成员，如项目合伙人、项目经理等经验较丰富的人员，要对其他成员提供更详细、更经常、更及时的指导和监督并加强项目质量复核 |
| 在选择拟实施的进一步审计程序时融入更多的不可预见的因素 | 在“重难点2：增加审计程序不可预见性的方法”予以阐述 |
| 对拟实施审计程序的性质、时间安排或范围作出总体修改（控制环境存在缺陷） | （1）在期末而非期中实施更多的审计程序。控制环境的缺陷通常会削弱期中获得的审计证据的可信赖程度。<br>（2）通过实施实质性程序获取更广泛的审计证据。控制环境存在缺陷通常会削弱其他控制要素的作用，导致注册会计师可能无法信赖内部控制，而主要依赖实施实质性程序获取审计证据。<br>（3）增加拟纳入审计范围的经营地点的数量 |

### 高频考点2：增加审计程序不可预见性的方法★★

#### （一）增加审计程序不可预见性的思路

注册会计师增加审计程序不可预见性的思路，具体如表8－2所示。

表8－2 增加审计程序不可预见性的思路

| 主要方法 | 具体内容 |
| --- | --- |
| 对某些以前未测试的低于设定的重要性水平或风险较小的账户余额和认定实施实质性程序 | 注册会计师可以关注以前未曾关注过的审计领域，尽管这些领域可能重要程度比较低。如果这些领域有可能被用于掩盖舞弊行为，注册会计师就要针对这些领域实施一些具有不可预见性的测试 |
| 调整实施审计程序的时间，使其超出被审计单位的预期 | 如果注册会计师在以前年度的大多数审计工作都围绕着12月或在年底前后进行，那么被审计单位就会了解注册会计师这一审计习惯，由此可能会把一些不适当的会计调整放在年度的9月、10月或11月等，以避免引起注册会计师的注意。为此，注册会计师可以将审计测试的时间调整到9月、10月或11月 |

续表

| 主要方法 | 具体内容 |
| --- | --- |
| 采取不同的审计抽样方法，使当年抽取的测试样本与以前有所不同 | 例如，改变以前惯用的系统抽样，改为随机数表抽样 |
| 选取不同的地点实施审计程序，或预先不告知被审计单位所选定的测试地点 | 例如，对于存货审计，监盘程序运用 |

### （二）增加审计程序不可预见性的实施要点

（1）注册会计师需要与被审计单位的高层管理人员事先沟通，要求实施具有不可预见性的审计程序，但不能告知其具体内容。

（2）注册会计师可以在签订审计业务约定书时明确提出这一要求。

**小贴士** 注册会计师可以在签订审计业务约定书时明确提出这一要求，但不是必须提出，视实际情况而定。

（3）虽然对于不可预见性程度没有量化的规定，但审计项目组可根据对舞弊风险的评估等确定具有不可预见性的审计程序。审计项目组可以汇总那些具有不可预见性的审计程序，并记录在审计工作底稿中。

（4）项目合伙人需要安排项目组成员有效地实施具有不可预见性的审计程序，但同时要避免使项目组成员处于困难境地。

### （三）增加审计程序不可预见性的示例

**小贴士** 具体如教材表8-1所示，需要链接到教材第九章至第十二章、第十六章，深入理解，常常作为考核点。

## 名师解惑

问：老师，增加审计程序不可预见性的主要目的是什么？什么情形下需要增加审计程序不可预见性？

答：增加审计程序不可预见性的主要目的是尽量降低管理层人为不当“应对”审计的程度，提高审计程序的实施效果，也可以看作是一种有效的“捕鼠”技能；一般认为舞弊风险的可能性很大时，可以考虑实施。

## 经典例题

【真题·单选题】（2022）下列各项措施中，通常无法增加审计程序不可预见性的是（　　）。

A. 调整实施审计程序的时间

B. 采取不同的审计抽样方法

C. 指派更有经验的项目质量复核人员

D. 选取不同的地点实施审计程序

【答案】C

【解析】选项C错误，项目质量复核人员胜任能力的条件之一为“有经验”。

## 高频考点3：总体审计应对措施对拟实施进一步审计程序的总体审计方案的影响★★

### （一）总体审计方案影响因素

注册会计师评估的财务报表层次重大错报风险以及采取的总体应对措施，对拟实施进一步审计程序的总体审计方案具有重大影响。

**小贴士** 总体应对措施与总体审计方案概念的区别：

（1）总体审计应对措施是应对财务报表层次重大错报风险的措施，属于财务报表层次重大错报风险应对；

（2）总体审计方案针对的是拟实施进一步审计程序方案的设计，属于认定层次重大错报风险应对。

### （二）总体审计方案的类型

拟实施进一步审计程序的总体审计方案包括实质性方案和综合性方案，具体如表8-3所示。

表 8－3　　总体审计方案的类型

| 类型 | 含义 | 总体应对措施的影响 |
|---|---|---|
| 实质性方案 | 实质性方案是指注册会计师实施的进一步审计程序以实质性程序为主 | 评估的财务报表层次重大错报风险属于高风险水平（并相应采取更强调审计程序的不可预见性以及重视审计程序的性质、时间安排和范围等总体应对措施） |
| 综合性方案 | 综合性方案是指注册会计师在实施进一步审计程序时，将控制测试与实质性程序结合使用 | 评估的财务报表层次重大错报风险属于中风险或者低风险水平 |

## 经典例题

【真题·单选题】（2022）下列有关注册会计师拟实施进一步审计程序的总体审计方案的说法中，错误的是（　　）。

A. 注册会计师出于成本效益的考虑通常可以采用综合性方案设计进一步审计程序

B. 如仅通过实质性程序无法应对重大错报风险，注册会计师应当采用综合性方案设计进一步审计程序

C. 如注册会计师的风险评估程序未能识别出与认定相关的任何控制，注册会计师可能认为采用实质性方案设计进一步审计程序是适当的

D. 当评估的财务报表层次重大错报风险属于高风险水平，注册会计师拟实施进一步审计程序的总体方案往往更倾向于综合性方案

【答案】D

【解析】选项 D 不正确，当评估的财务报表层次重大错报风险属于高风险水平，注册会计师拟实施进一步审计程序的总体方案往往更倾向于实质性方案。

# 第二单元　针对认定层次重大错报风险的进一步审计程序

## 高频考点 1：进一步审计程序的概念与要求★★

### （一）进一步审计程序的概念

进一步审计程序，是指注册会计师针对评估的各类交易、账户余额和披露认定层次重大错报风险实施的审计程序，包括控制测试和实质性程序。

小贴士　进一步审计程序是相对于风险评估程序以及针对报表层次重大错报风险的总体应对措施而言，针对认定层面的审计程序。

### （二）设计和实施进一步审计程序的要求

（1）注册会计师应当针对评估的认定层次重大错报风险设计和实施进一步审计程序，包括审计程序的性质、时间安排和范围。

（2）注册会计师设计和实施的进一步审计程序的性质、时间安排和范围，应当与评估的认定层次重大错报风险具备明确的对应关系。

（3）进一步审计程序的性质的重要地位。

尽管在应对评估的认定层次重大错报风险时，拟实施的进一步审计程序的性质、时间安排和范围都应当确保其具有针对性，但其中进一步审计程序的性质是最重要的。

例如，注册会计师评估的存货存在认定重大错报风险是高水平的，实施进一步审计程序的范围通常越大。但是只有首先确保进一步审计程序的性质与该风险相关时，扩大审计程序的范围才是有效的。即，注册会计师应该在程序性质上选择监盘程序，在此基础上的审计程序范围的扩大才是有效的。

### （三）设计进一步审计程序时的考虑因素

注册会计师设计进一步审计程序时的考虑因素，具体如表 8－4 所示。

表 8-4 设计进一步审计程序时的考虑因素

| 主要因素 | 具体内容 |
| --- | --- |
| 风险的重要性，即风险造成的后果的严重程度 | 风险的后果越严重，就越需要注册会计师关注和重视，越需要精心设计有针对性的进一步审计程序 |
| 重大错报发生的可能性 | 重大错报发生的可能性越大，同样越需要注册会计师精心设计进一步审计程序 |
| 涉及的各类交易、账户余额和披露的特征 | 不同的交易、账户余额和披露，产生的认定层次的重大错报风险也会存在差异，适用的审计程序也有差别，需要注册会计师区别对待，并设计有针对性的进一步审计程序予以应对 |
| 被审计单位采用的特定控制的性质 | 不同性质的控制（尤其是人工控制或自动化控制）对注册会计师设计进一步审计程序具有重要影响 |
| 注册会计师是否拟获取审计证据，以确定内部控制在防止或发现并纠正重大错报方面的有效性 | 如果注册会计师在风险评估时预期内部控制运行有效，随后拟实施的进一步审计程序就必须包括控制测试，且实质性程序自然会受到之前控制测试结果的影响 |

### （四）设计和实施进一步审计程序时的考虑

注册会计师应当根据对认定层次重大错报风险的评估结果，恰当选用实质性方案或综合性方案。

（1）通常情况下，注册会计师出于成本效益的考虑可以采用综合性方案设计进一步审计程序，即将测试控制运行的有效性与实质性程序结合使用。

（2）在某些情况下（如仅通过实质性程序无法应对重大错报风险），注册会计师必须通过实施控制测试，才可能有效应对评估出的某一认定的重大错报风险；而在另一些情况下（如注册会计师的风险评估程序未能识别出与认定相关的任何控制，或注册会计师认为控制测试很可能不符合成本效益原则），注册会计师可能认为仅实施实质性程序就是适当的。

（3）注册会计师对重大错报风险的评估毕竟是一种主观判断，可能无法充分识别所有的重大错报风险，同时内部控制存在固有局限性（特别是存在管理层凌驾于内部控制之上的可能性），因此，无论选择何种方案，注册会计师都应当对所有重大类别的交易、账户余额和披露设计和实施实质性程序。

## 高频考点 2：进一步审计程序的性质

★★

### （一）进一步审计程序的性质的含义

进一步审计程序的性质是指进一步审计程序的目的和类型，具体如表 8-5 所示。

表 8-5 进一步审计程序的性质的含义

| 性质的含义 | 具体内容 |
| --- | --- |
| 进一步审计程序的目的 | 通过实施控制测试以确定内部控制运行的有效性，通过实施实质性程序以发现认定层次的重大错报 |
| 进一步审计程序的类型 | 检查、观察、询问、函证、重新计算、重新执行和分析程序（具体链接教材第三章） |

**小贴士** 如前所述，在应对评估的风险时，进一步审计程序的性质、时间安排和范围三个要素中，合理确定审计程序的性质是最重要的。不同的审计程序应对特定认定错报风险的效力不同。

【示例】营业收入审计

对于与收入完整性认定相关的重大错报风险，控制测试通常更能有效应对；对于与收入发生认定相关的重大错报风险，实质性程序通常更能有效应对。

### （二）进一步审计程序的性质的选择

注册会计师在选择进一步审计程序的性质时，主要从如下两个方面予以考虑。

1. 认定层次重大错报风险的评估结果

注册会计师应当根据认定层次重大错报风险的评估结果选择审计程序。评估的认定层次重大错报风险越高，对通过实质性程序获取的审计证据的相关性和可靠性的要求也越高，从而可能影响进一步审计程序的类型及其综合运用。

例如，当注册会计师判断某类交易协议的完整性存在更高的重大错报风险时，除了检查文件以外，注册会计师还可能决定向第三方询问或函证协议条款的完整性。

2. 认定层次重大错报风险产生的原因

具体包括考虑各类交易、账户余额和披露的具体特征以及内部控制。

例如，注册会计师可能判断某特定类别的交易即使在不存在相关控制的情况下发生重大错报的风险仍较低，此时注册会计师可能认为仅实施实质性程序就可以获取充分、适当的审计证据。

**小贴士** 如果在实施进一步审计程序时拟利用被审计单位信息系统生成的信息，注册会计师应当就信息的准确性和完整性获取审计证据。

### 经典例题

【真题·单选题】（2021）下列有关控制测试和实质性程序的说法中，错误的是（　　）。

A. 无论是否实施控制测试，注册会计师均应当对所有重大类别交易、账户余额和披露实施实质性程序

B. 如果仅通过实施实质性程序无法获取充分、适当的审计证据，注册会计师应当实施控制测试

C. 注册会计师可以同时实施控制测试和实质性程序，以达到双重目的

D. 注册会计师应当针对特别风险同时实施控制测试和实质性程序

【答案】D

【解析】选项D错误，当预期针对特别风险的控制无效时，不拟信赖该控制，注册会计师可以仅实施实质性程序。

## 高频考点3：进一步审计程序的时间 ★★

### （一）进一步审计程序的时间的含义

进一步审计程序的时间是指注册会计师何时实施进一步审计程序，或审计证据适用的期间或时点。因此，当提及进一步审计程序的时间时，在某些情况下指的是审计程序的实施时间，在另一些情况下是指需要获取的审计证据适用的期间或时点。

### （二）进一步审计程序的时间的选择

1. 进一步审计程序的时间的选择问题

具体如表8-6所示。

表8-6　进一步审计程序的时间的选择问题

| 层面 | 含义 | 具体内容 |
| --- | --- | --- |
| 第一层面 | 何时实施进一步审计程序的问题 | 权衡期中与期末实施审计程序的关系 |
| 第二层面 | 选择获取什么期间或时点的审计证据 | （1）权衡期中审计证据与期末审计证据的关系；<br>（2）权衡以前审计获取的审计证据与本期审计获取的审计证据的关系 |

2. 期中实施进一步审计程序的局限性

（1）注册会计师往往难以仅凭在期中实施的进一步审计程序获取有关期中以前的充分、适当的审计证据。例如，某些期中以前发生的交易或事项在期中审计结束时尚未完结。

（2）即使注册会计师在期中实施的进一步

步审计程序能够获取有关期中以前的充分、适当的审计证据，但从期中到期末这段剩余期间还往往会发生重大的交易或事项（包括期中以前发生的交易、事项的延续，以及期中以后发生的新的交易、事项），从而对所审计期间的财务报表认定产生重大影响。

（3）被审计单位管理层也完全有可能在注册会计师于期中实施了进一步审计程序之后对期中以前的相关会计记录作出调整甚至篡改，注册会计师在期中实施了进一步审计程序所获取的审计证据已经发生了变化。为此，如果在期中实施了进一步审计程序，注册会计师还应当针对剩余期间获取审计证据。

3. 确定何时实施进一步审计程序时应当考虑的因素

注册会计师确定何时实施进一步审计程序时应当考虑的因素，具体如表 8－7 所示。

表 8－7　确定何时实施进一步审计程序时应当考虑的因素

| 主要因素 | 具体内容 |
| --- | --- |
| 控制环境 | 良好的控制环境可以抵销在期中实施进一步审计程序的一些局限性，使注册会计师在确定实施进一步审计程序的时间时有更大的灵活度 |
| 何时能得到相关信息 | 例如，某些控制活动可能仅在期中（或期中以前）发生，而之后可能难以再被观察到。再如，某些电子化的交易和账户文档如未能及时取得，可能被覆盖。在这些情况下，注册会计师如果希望获取相关信息，则需要考虑能够获取相关信息的时间 |
| 错报风险的性质 | 例如，被审计单位可能为了保证盈利目标的实现，而在会计期末以后伪造销售合同以虚增收入，此时注册会计师需要考虑在期末（即资产负债表日）这个特定时点获取被审计单位截至期末所能提供的所有销售合同及相关资料，以防范被审计单位在资产负债表日后伪造销售合同虚增收入的做法 |
| 审计证据适用的期间或时点 | 注册会计师应当根据需要获取的特定审计证据确定何时实施进一步审计程序。例如，为了获取资产负债表日的存货余额证据，显然不宜在与资产负债表日间隔过长的期中时点或期末以后时点实施存货监盘等相关审计程序 |
| 编制财务报表的时间，尤其是编制某些披露的时间 | 在实务中，需要注册会计师在报表披露日前，对报表完成审计工作 |

## 经典例题

【真题·多选题】（2022）下列各项中，影响进一步审计程序时间的因素有（　　）。

A. 被审计单位的控制环境

B. 错报风险的性质

C. 审计证据适用的期间或时点

D. 编制财务报表的时间

【答案】ABCD

【解析】注册会计师在确定何时实施审计程序时应当考虑的重要因素包括：（1）控制环境（选项 A）；（2）何时能得到相关信息；（3）错报风险的性质（选项 B）；（4）审计证据适用的期间或时点（选项 C）；（5）编制财务报表的时间，尤其是编制某些披露的时间（选项 D）。

## 高频考点 4：进一步审计程序的范围

★★

### （一）进一步审计程序的范围的含义

进一步审计程序的范围是指实施进一步审计程序的数量，包括抽取的样本量、对某项控制活动的观察次数等。

### （二）确定进一步审计程序的范围时考虑的因素

注册会计师确定进一步审计程序的范围时考虑的因素，具体如表 8－8 所示。

表 8－8　确定进一步审计程序的范围时考虑的因素

| 主要因素 | 具体内容 |
|---|---|
| 确定的重要性水平 | 确定的重要性水平越低，注册会计师实施进一步审计程序的范围越广 |
| 评估的重大错报风险 | 评估的重大错报风险越高，注册会计师实施的进一步审计程序的范围也越广 |
| 计划获取的保证程度 | 计划获取的保证程度越高，注册会计师实施的进一步审计程序的范围越广 |
| 可接受的可容忍错报 | 确定的可接受的可容忍错报越小，注册会计师实施进一步审计程序的范围越广 |

**小贴士** 可容忍错报、评估的重大错报风险及计划获取的保证程度与样本规模的关系，链接教材第四章（审计抽样方法）。

**小贴士** 随着重大错报风险的增加，注册会计师应当考虑扩大审计程序的范围。但是，只有当审计程序本身与特定风险相关时，扩大审计程序的范围才是有效的。

## 经典例题

【真题·单选题】（2022）在确定进一步审计程序的范围时，下列各项中不需要考虑的是（　　）。

A. 评估的重大错报风险
B. 实施审计程序的成本
C. 确定的重要性水平
D. 计划获取的保证程度

【答案】B

【解析】在确定进一步审计程序的范围时，注册会计师应当考虑下列因素：（1）确定的重要性水平（选项 C）；（2）评估的重大错报风险（选项 A）；（3）计划获取的保证程度（选项 D）。

# 第三单元　控制测试

## 高频考点 1：控制测试的概念和要求★★★

### （一）控制测试的概念

控制测试是指用于评价内部控制在防止或发现并纠正认定层次重大错报方面的运行有效性的审计程序。

### （二）控制测试与了解内部控制的区别

具体如表 8－9 所示。

表 8－9　控制测试与了解内部控制的区别

| 项目 | 了解内部控制 | 控制测试 |
|---|---|---|
| 实施程序的时间 | 风险评估 | 风险应对 |
| 获取证据的领域 | （1）评价控制的设计；<br>（2）确定控制是否得到执行 | （1）控制在所审计期间的相关时点是如何运行的；<br>（2）控制是否得到一贯执行；<br>（3）控制由谁或以何种方式执行。<br>【小贴士】控制运行有效性强调的是控制能够在各个不同时点按照既定设计得以一贯执行 |
| 获取证据的数量 | 注册会计师只需抽取少量的交易进行检查或观察某几个时点 | 注册会计师需要抽取足够数量的交易进行检查或对多个不同时点进行观察 |

### （三）控制测试的要求

作为风险应对的进一步审计程序，控制测试并非在任何情况下都需要实施。当存在下列情形之一时，注册会计师应当实施控制测试：

（1）在评估认定层次重大错报风险时，预期控制的运行是有效的。

（2）仅实施实质性程序并不能够提供认定层次充分、适当的审计证据。

**小贴士** 被审计单位在所审计期间内可能由于技术更新或组织管理变更而更换了信息系统，从而导致在不同时期使用了不同的控制。如果被审计单位在所审计期间内的不同时期使用了不同的控制，注册会计师应当考虑不同时期控制运行的有效性。

## 名师解惑

问：老师，为什么控制测试的结果，影响实质性程序的决策呢？

答：如前所述，控制测试和实质性程序属于风险应对的审计程序，大多审计项目常常采用综合性方案，如果控制测试结果比较令人满意，说明与编制财务报表相关的内部控制较为有效，能合理确信财务报表发生错报的可能性较小，为此，在决策实施的实质性程序时，在程序的性质、时间、范围方面，则具有较大的灵活性。

## 高频考点2：控制测试的性质★★★

### （一）控制测试的性质的含义

1. 控制测试的性质的定义

控制测试的性质，是指控制测试所使用的审计程序的类型及其组合。

2. 控制测试中各类程序的运用

具体如表8－10所示。

表8－10　控制测试中各类程序的运用

| 程序类型 | 具体内容 |
| --- | --- |
| 询问 | 注册会计师可以向被审计单位适当员工询问，获取与内部控制运行情况相关的信息。例如，向负责复核银行存款余额调节表的人员询问如何进行复核，包括复核的要点是什么、发现不符事项如何处理等。然而，仅仅通过询问不能为控制运行的有效性提供充分的证据，注册会计师通常需要印证被询问者的答复，如向其他人员询问和检查执行控制时所使用的报告、手册或其他文件等。因此，虽然询问是一种有用的手段，但它必须和其他测试手段结合使用才能发挥作用 |
| 观察 | 观察是测试不留下书面记录的控制（如职责分离）的运行情况的有效方法。例如，观察存货盘点控制的执行情况。通常情况下，注册会计师通过观察直接获取的证据比间接获取的证据更可靠。但是，注册会计师还要考虑其所观察到的控制在注册会计师不在场时可能未被执行的情况 |
| 检查 | 对运行情况留有书面证据的控制，检查非常适用。书面说明、复核时留下的记号，或其他记录在偏差报告中的标志，都可以被当作控制运行情况的证据。例如，检查销售发票是否有复核人员签字，检查销售发票是否附有客户订购单和出库单等 |
| 重新执行 | 例如，为了合理保证计价认定的准确性，被审计单位的一项控制是由复核人员核对销售发票上的价格与统一价格单上的价格是否一致。但是，要检查复核人员有没有认真执行核对，仅仅检查复核人员是否在相关文件上签字是不够的，注册会计师还需要自己选取部分销售发票进行核对，这就是重新执行程序 |

### （二）确定控制测试的性质时的要求

1. 考虑特定控制的性质

注册会计师应当根据特定控制的性质选择所需实施审计程序的类型。例如，某些控制可能存在反映控制运行有效性的文件记录，在这种情况下，注册会计师可以检查这些文件记录以获取控制运行有效的审计证据；某些控制可能不存在文件记录（如一项自动化的控制活动），或文件记录与能否证实控制运行有效性不相关，注册会计师应当考虑实施检查以外的其他审计程序（如询问和观察）或借助计算机辅助审计技术，以获取有关控制运行有效性的审计证据。

2. 考虑测试与认定直接相关和间接相关的控制

在设计控制测试时，注册会计师不仅应当考虑与认定直接相关的控制，还应当考虑这些控制所依赖的与认定间接相关的控制，以获取支持控制运行有效性的审计证据。例如，被审计单位可能针对超出信用额度的例外赊销交易设置报告和审核制度（与认定直接相关的控制）；在测试该项制度的运行有效性时，注册会计师不仅应当考虑审核的有效性，还应当考虑与例外赊销报告中信息准确性有关的控制（与认定间接相关的控制）是否有效运行。

3. 如何对一项自动化的信息处理控制实施控制测试

对于一项自动化的应用控制，由于信息技术处理过程的内在一贯性，注册会计师可以利用该项控制得以执行的审计证据和信息技术一般控制（特别是对系统变动的控制）运行有效性的审计证据，作为支持该项控制在相关期间运行有效性的重要审计证据。

## 经典例题

【真题·多选题】（2022）下列各项审计程序中，可以用于控制测试的有（　　）。

A. 观察

B. 分析程序

C. 检查

D. 重新计算

【答案】AC

【解析】分析程序和重新计算均不可用于控制测试。选项B，分析程序可以用于实质性程序，即实质性分析程序；选项D，重新计算属于用于细节测试的审计程序。

### （三）实施控制测试时双重目的的实现

（1）控制测试的目的是评价控制是否有效运行；

（2）细节测试的目的是发现认定层次的重大错报；

（3）尽管控制测试和细节测试的目的不同，但注册会计师可以考虑针对同一交易同时实施控制测试和细节测试，以实现双重目的。

### （四）实施实质性程序的结果对控制测试结果的影响

（1）如果通过实施实质性程序未发现某项认定存在错报，这**本身并不能说明**与该认定有关的控制是有效运行的。

（2）如果通过实施实质性程序发现某项认定存在错报，注册会计师应当在评价相关控制的运行有效性时予以考虑，具体措施如下：

①降低对相关控制的信赖程度；

②调整实质性程序的性质；

③扩大实质性程序的范围。

（3）如果实施实质性程序发现被审计单位没有识别出的重大错报，通常表明内部控制存在值得关注的缺陷，注册会计师应当就这些缺陷与管理层和治理层进行沟通。

**小贴士** 关注实施实质性程序的结果对控制测试结果的影响。

## 高频考点3：控制测试的时间★★★

### （一）控制测试的时间的含义

1. 控制测试的时间的内涵

控制测试的时间包含如下两层含义：

（1）何时实施控制测试；

（2）测试所针对的控制适用的时点或期间。

2. 控制测试时间决策的基本思路

（1）时点控制。

如果仅需要测试控制在特定时点的运行有效性（如对被审计单位期末存货盘点进行控制测试），注册会计师只需要获取该时点的审计证据。

（2）期间控制。

如果需要获取控制在某一期间有效运行的审计证据，仅获取与时点相关的审计证据是不充分的，注册会计师应当辅以其他控制测试，包括测试被审计单位对控制的监督。

### （二）如何考虑期中审计证据

1. 基本要求

对于控制测试，注册会计师在期中实施此类程序具有更积极的作用，即使已获取有关控制在期中运行有效性的审计证据，仍然需要考虑如何能够将控制在期中运行有效性的审计证据合理延伸至期末。因此，针对期中至期末这段剩余期间获取充分、适当的审计证据，注册会计师应当实施下列审计程序：

（1）获取这些控制在剩余期间发生重大变化的审计证据。

（2）确定针对剩余期间还需获取的补充审计证据。

2. 针对剩余期间获取补充审计证据时应当考虑的因素

注册会计师针对剩余期间获取的补充审计证据时应当考虑的因素，具体如表 8－11 所示。

表 8－11　　获取补充审计证据时考虑的因素

| 主要因素 | 具体内容 |
| --- | --- |
| 评估的认定层次重大错报风险的重要程度 | 评估的重大错报风险对财务报表的影响越大，注册会计师需要获取的剩余期间的补充证据越多 |
| 在期中测试的特定控制，以及自期中测试后发生的重大变动 | 例如，对自动化运行的控制，注册会计师更可能测试信息系统一般控制的运行有效性，以获取控制在剩余期间运行有效性的审计证据 |
| 在期中对有关控制运行有效性获取的审计证据的程度 | 如果注册会计师在期中对有关控制运行有效性获取的审计证据比较充分，可以考虑适当减少需要获取的剩余期间的补充证据 |
| 剩余期间的长度 | 剩余期间越长，注册会计师需要获取的剩余期间的补充证据越多 |
| 在信赖控制的基础上拟缩小实质性程序的范围 | 注册会计师对相关控制的信赖程度越高，通常在信赖控制的基础上拟减少实质性程序的范围就越大。在这种情况下，注册会计师需要获取的剩余期间的补充证据越多 |
| 控制环境 | 控制环境越薄弱（或把握程度越低），注册会计师需要获取的剩余期间的补充证据越多 |

## 经典例题

【真题·单选题】（2018）如果注册会计师已获取有关控制在期中运行有效的审计证据，下列有关剩余期间补充证据的说法中，错误的是（　　）。

A. 注册会计师可以通过测试被审计单位对控制的监督，将控制在期中运行有效的审计证据合理延伸至期末

B. 被审计单位的控制环境越有效，注册会计师需要获取的剩余期间的补充证据越少

C. 如果控制在剩余期间发生了变化，注册会计师可以通过穿行测试，将期中获取的审计证据合理延伸至期末

D. 注册会计师在信赖控制的基础上拟减少的实质性程序的范围越大，注册会计师需要获取的剩余期间的补充证据越多

【答案】C

【解析】选项 C 错误，如果控制在剩余期间发生了变化，注册会计师应当实施控制测试，穿行测试不适合用于控制测试，主要用于了解内部控制。

### （三）如何考虑以前审计获取的审计证据

1. 基本思路

考虑拟信赖的以前审计中测试的控制在本期是否发生变化。如果拟信赖以前审计获取的有关控制运行有效性的审计证据，注册会计师应当通过实施询问并结合观察或检查程序，获取这些控制是否已经发生变化的审计证据。

2. 控制在本期发生变化时注册会计师的做法

如果控制在本期发生变化，注册会计师应当考虑以前审计获取的有关控制运行有效性的审计证据是否与本期审计相关。

（1）如果拟信赖的控制自上次测试后未

发生实质性变化，不影响以前审计所获取证据的相关性，注册会计师应当在综合考虑有关因素后，考虑是否在本期审计中测试这些控制的运行有效性。例如，如果系统的变化仅仅使被审计单位从中获取新的报告，这种变化通常不影响以前审计所获取证据的相关性。

（2）如果拟信赖的控制自上次测试后已发生实质性变化，以致影响以前审计所获取证据的相关性，注册会计师应当在本期审计中测试这些控制的运行有效性。例如，如果系统的变化引起数据累积或计算发生改变，这种变化可能影响以前审计所获取证据的相关性。

3. 控制在本期未发生变化时注册会计师的做法

（1）旨在减轻特别风险的控制。

对于旨在减轻特别风险的控制不应依赖在本期测试。

（2）不属于旨在减轻特别风险的控制。

注册会计师应当运用职业判断确定是否在本期审计中测试其运行有效性，以及本次测试与上次测试的时间间隔，但每三年至少对控制测试一次。

（3）确定利用以前审计获取的有关控制运行有效性的审计证据是否适当以及再次测试控制的时间间隔。

具体如表 8－12 所示。

**表 8－12　注册会计师应当考虑的因素或情况**

| 主要因素或情况 | 具体内容 |
| --- | --- |
| 内部控制其他要素的有效性 | 包括控制环境、对控制的监督以及被审计单位的风险评估过程。例如，当被审计单位控制环境薄弱或对控制的监督薄弱时，注册会计师应当缩短再次测试控制的时间间隔或完全不信赖以前审计获取的审计证据 |
| 控制特征（是人工控制还是自动化控制）产生的风险 | 当相关控制中人工控制的成分较大时，考虑到人工控制一般稳定性较差，注册会计师可能决定在本期审计中继续测试该控制的运行有效性 |
| 信息技术一般控制的有效性 | 当信息技术一般控制薄弱时，注册会计师可能更少地依赖以前审计获取的审计证据 |
| 影响内部控制的重大人事变动 | 例如，当所审计期间发生了对控制运行产生重大影响的人事变动时，注册会计师可能决定在本期审计中不依赖以前审计获取的审计证据 |
| 由于环境发生变化而特定控制缺乏相应变化导致的风险 | 当环境的变化表明需要对控制作出相应的变动，但控制却没有作出相应变动时，注册会计师应当充分意识到控制不再有效，从而导致本期财务报表发生重大错报的可能，此时不应再依赖以前审计获取的有关控制运行有效性的审计证据 |
| 重大错报的风险和对控制的信赖程度 | 如果重大错报风险较大或对控制的信赖程度较高，注册会计师应当缩短再次测试控制的时间间隔或完全不信赖以前审计获取的审计证据 |

4. 不得依赖以前审计所获取证据的情形

（1）对于旨在减轻特别风险的控制，不论该控制在本期是否发生变化，注册会计师都不应依赖以前审计获取的证据，而应在本期审计中测试这些控制的运行有效性。

（2）如果确定评估的认定层次重大错报风险是特别风险，且注册会计师拟信赖旨在减轻特别风险的控制，那么所有关于该控制运行有效性的审计证据必须来自当年的控制测试，注册会计师应当在每次审计中都测试这类控制。

## 经典例题

【真题·单选题】（2019）对于财务报表审计业务，在决定是否信赖以前审计获取的有关控制运行有效性的审计证据时，下列各项中，注册会计师通常无须考虑的是（　　）。

A. 控制发生的频率

B. 控制是否是自动化控制

C. 控制是否是复杂的人工控制

D. 控制在本年是否发生变化

【答案】A

【解析】选项 A 错误，控制发生的频率与是否信赖以前审计获取的有关控制运行有效性无关。

## 命题点拨

命题角度：针对剩余期间获取的补充审计证据时应当考虑的因素、如何考虑以前审计获取的审计证据

本知识点在命题时，一般会以客观题（单选题和多选题）的形式出现，主要考核考生对于针对剩余期间获取的补充审计证据时应当考虑的因素以及如何考虑以前审计获取的审计证据相关内容的把握。

## 高频考点 4：控制测试的范围★★★

### （一）控制测试的范围的含义

控制测试的范围，是指某项控制活动的测试次数。注册会计师应当设计控制测试，以获取控制在整个拟信赖的期间有效运行的充分、适当的审计证据。也就是说，在确定控制测试范围时，测试范围的“总体”为整个拟信赖的期间（年报审计的拟信赖期间为整个审计年度）。

### （二）确定控制测试范围的考虑因素

注册会计师确定控制测试范围时考虑的因素，如表 8－13 所示。

表 8－13　　确定控制测试范围的考虑因素

| 主要因素 | 具体内容 |
| --- | --- |
| 在拟信赖期间，被审计单位执行控制的频率 | 控制执行的频率越高，控制测试的范围越大 |
| 在所审计期间，注册会计师拟信赖控制运行有效性的时间长度 | 拟信赖控制运行有效性的时间长度不同，在该时间长度内发生的控制活动次数也不同。注册会计师需要根据拟信赖控制的时间长度确定控制测试的范围。拟信赖期间越长，控制测试的范围越大 |
| 控制的预期偏差 | 控制的预期偏差率越高，需要实施控制测试的范围越大。如果控制的预期偏差率过高，注册会计师应当考虑控制可能不足以将认定层次的重大错报风险降至可接受的低水平，从而针对某一认定实施的控制测试可能是无效的 |
| 通过测试与认定相关的其他控制获取的审计证据的范围 | 针对同一认定，可能存在不同的控制。当针对其他控制获取审计证据的充分性和适当性较高时，测试该控制的范围可适当缩小 |
| 拟获取的有关认定层次控制运行有效性的审计证据的相关性和可靠性 | 如拟获取的有关证据的相关性和可靠性较高，测试该控制的范围可适当缩小 |

小贴士　表 8－13 中有关因素，具体链接教材第四章（审计抽样方法）。

### （三）对自动化控制的测试范围的特别考虑

（1）信息技术处理具有内在一贯性，除非系统发生变动，一项自动化信息处理控制应当一贯运行。

（2）对于一项自动化信息处理控制，一旦确定被审计单位正在执行该控制，注册会计师通常无须扩大控制测试的范围，但需要考虑执行相关测试以确定该控制持续有效运行，具体如表 8－14 所示。

表 8－14　测试自动化信息处理控制持续有效运行

| 序号 | 测试程序 |
|---|---|
| ① | 测试与该信息处理控制有关的一般控制的运行有效性 |
| ② | 确定系统是否发生变动，如果发生变动，是否存在适当的系统变动控制 |
| ③ | 确定对交易的处理是否使用授权批准的软件版本 |

## 经典例题

【真题·多选题】（2022）下列各项中，注册会计师实施控制测试的范围通常与之同向变动的有（　　）。

A. 注册会计师拟信赖控制运行有效性的时间长度

B. 控制的预期偏差

C. 通过测试与认定相关的其他控制获取的审计证据的充分性和适当性

D. 拟获取的控制运行有效性的审计证据的相关性和可靠性

【答案】AB

【解析】选项 C、D 为反向变动。

# 第四单元　实质性程序

## 高频考点 1：实质性程序的概念和要求★★

### （一）实质性程序的概念

实质性程序，是指用于发现认定层次重大错报的审计程序，包括对各类交易、账户余额和披露的细节测试以及实质性分析程序。

### （二）实质性程序的要求

1. 与财务报表编制完成阶段相关的审计程序

注册会计师实施的实质性程序应当包括下列与财务报表编制完成阶段相关的审计程序：

（1）将财务报表中的信息与其所依据的会计记录进行核对或调节，包括核对或调节披露中的信息，无论该信息是从总账和明细账中获取，还是从总账和明细账之外的其他途径获取。

（2）检查财务报表编制过程中作出的重大会计分录和其他调整。注册会计师对会计分录和其他会计调整检查的性质和范围，取决于被审计单位财务报告过程的性质和复杂程度以及由此产生的重大错报风险。

2. 实质性程序的一般要求

无论评估的重大错报风险结果如何，注册会计师都应当针对所有重大类别的交易、账户余额和披露实施实质性程序。

3. 针对特别风险实施的实质性程序

（1）如果认为评估的认定层次重大错报风险是特别风险，注册会计师应当专门针对该风险实施实质性程序。

（2）如果针对特别风险实施的程序仅为实质性程序，这些程序应当包括细节测试，或将细节测试和实质性分析程序结合使用，以获取充分、适当的审计证据，不能仅实施实质性程序。

为应对特别风险需要获取具有高度相关性和可靠性的审计证据，仅实施实质性分析程序不足以获取有关特别风险的充分、适当的审计证据。因为实质性分析程序的精确度不足，进而使获取的审计证据的充分性和适当性不如细节测试。

## 高频考点 2：实质性程序的性质★★

### （一）实质性程序的性质的含义

1. 实质性程序的性质的定义

实质性程序的性质是指实质性程序的类型及其组合。

2. 实质性程序的基本类型

具体如表 8－15 所示。

表 8－15　实质性程序的基本类型

| 基本类型 | 含义 | 具体程序 | 适用性 |
| --- | --- | --- | --- |
| 细节测试 | 对各类交易、账户余额和披露的具体细节进行测试 | 检查、询问、观察、函证、重新计算 | 对各类交易、账户余额和披露认定的测试 |
| 实质性分析程序 | 研究数据间关系评价信息，识别各类交易、账户余额和披露及相关认定是否存在错报 | 分析程序 | 一段时间内存在可预期关系的大量交易 |

### （二）细节测试的方向

细节测试的方向直接影响获取审计证据的相关性，一般按财务报告编制的流程，衡量注册会计师运用的审计程序是“逆查”还是“顺查”。

1. 逆查

在针对存在或发生认定设计细节测试时，注册会计师应当选择包含在财务报表金额中的项目，并获取相关审计证据。

2. 顺查

在针对完整性认定设计细节测试时，注册会计师应当选择有证据表明应包含在财务报表金额中的项目，并调查这些项目是否确实包括在内。

**名师解惑**

问：老师，如何理解细节测试中的“细节”呢？

答：细节测试与实质性分析同属于实质性程序，细节测试中的“细节”主要相对于实质性分析程序的精确度不高的特点，综合运用检查、询问、观察、函证、重新计算等审计程序以提高审计程序的精确度。

### （三）设计实质性分析程序时考虑的因素

设计实质性分析程序时考虑的因素，具体如表 8－16 所示。

表 8－16　设计实质性分析程序时考虑的因素

| 序号 | 主要因素 |
| --- | --- |
| 1 | 对特定认定使用实质性分析程序的适当性 |
| 2 | 对已记录的金额或比率作出预期时，所依据的内部或外部数据的可靠性 |
| 3 | 作出预期的准确程度是否足以在计划的保证水平上识别重大错报 |
| 4 | 已记录金额与预期值之间可接受的差异额 |

**小贴士**　考虑到数据及分析的可靠性，当实施实质性分析程序时，如果使用被审计单位编制的信息，注册会计师应当考虑测试与信息编制相关的控制，以及这些信息是否在本期或前期经过审计。

## 高频考点 3：实质性程序的时间★★

### （一）实质性程序与控制测试的时间选择共同点和差异

1. 二者共同点

实质性程序的时间选择与控制测试的时间

选择共同点在于：两类程序都面临着对期中审计证据和对以前审计获取的审计证据的考虑。

2. 二者差异

实质性程序与控制测试的时间选择差异，具体如表 8 – 17 所示。

表 8 – 17　实质性程序与控制测试的时间选择差异

| 类别 | 期中审计证据 | 以前审计获取的审计证据 |
| --- | --- | --- |
| 控制测试 | 期中实施控制测试并获取期中关于控制运行有效性审计证据的做法更具有一种“常态” | 受到了很大的限制 |
| 实质性程序 | 由于实质性程序的目的在于更直接地发现重大错报，在期中实施实质性程序时更需要考虑其成本效益的权衡 | 采取更加慎重的态度和更严格的限制 |

### （二）如何考虑是否在期中实施实质性程序

1. 决策的基本思路

期中实施实质性程序，一方面消耗了审计资源，另一方面期中实施实质性程序获取的审计证据又不能直接作为期末财务报表认定的审计证据，注册会计师仍然需要消耗进一步的审计资源，使期中审计证据能够合理延伸至期末。于是这两部分审计资源的总和是否能够显著小于完全在期末实施实质性程序所需消耗的审计资源，是注册会计师需要权衡的。

2. 考虑是否在期中实施实质性程序时应当考虑的因素

具体如表 8 – 18 所示。

表 8 – 18　考虑是否在期中实施实质性程序时考虑的因素

| 主要因素 | 具体内容 |
| --- | --- |
| 控制环境和其他相关的控制 | 控制环境和其他相关的控制越薄弱，注册会计师越不宜在期中实施实质性程序 |
| 实施审计程序所需信息在期中之后的可获得性 | 如果实施实质性程序所需信息在期中之后可能难以获取（如系统变动导致某类交易记录难以获取），注册会计师应考虑在期中实施实质性程序；但如果实施实质性程序所需信息在期中之后的获取并不存在明显困难，该因素不应成为注册会计师在期中实施实质性程序的重要影响因素 |
| 实质性程序的目的 | 如果针对某项认定实施实质性程序的目的就包括获取该认定的期中审计证据（从而与期末比较），注册会计师应在期中实施实质性程序 |
| 评估的重大错报风险 | 注册会计师评估的某项认定的重大错报风险越高，针对该认定所需获取的审计证据的相关性和可靠性要求也就越高，注册会计师越应当考虑将实质性程序集中于期末（或接近期末）实施 |
| 特定类别交易或账户余额以及相关认定的性质 | 例如，某些交易或账户余额以及相关认定的特殊性质（如收入截止认定、未决诉讼）决定了注册会计师必须在期末（或接近期末）实施实质性程序 |
| 针对剩余期间，能否通过实施实质性程序或将实质性程序与控制测试相结合，降低期末存在错报而未被发现的风险 | 如果针对剩余期间注册会计师可以通过实施实质性程序或将实质性程序与控制测试相结合，较有把握地降低期末存在错报而未被发现的风险，注册会计师可以考虑在期中实施实质性程序；但如果针对剩余期间注册会计师认为还需要消耗大量审计资源才有可能降低期末存在错报而未被发现的风险，甚至没有把握通过适当的进一步审计程序降低期末存在错报而未被发现的风险，注册会计师就不宜在期中实施实质性程序 |

## 经典例题

【例题·单选题】下列有关实质性程序的时间安排的说法中，正确的是（　　）。

A. 实质性程序应当在控制测试完成后实施

B. 应对舞弊风险的实质性程序应当在资产负债表日后实施

C. 针对账户余额的实质性程序应当在接近资产负债表日实施

D. 实质性程序的时间安排受被审计单位控制环境的影响

【答案】D

【解析】选项A错误，注册会计师可以同时实施控制测试和细节测试，以实现双重目的；选项B错误，如果是舞弊导致的重大错报风险，注册会计师应当考虑在期末或接近期末实施实质性程序；选项C错误，针对某些相关认定的特殊性质，注册会计师应当在期末或接近期末实施实质性程序，但不是说所有的实质性程序都在期末或接近期末实施。

### （三）如何考虑期中审计证据

（1）如果在期中实施了实质性程序，注册会计师应当针对剩余期间实施进一步的实质性程序，或将实质性程序和控制测试结合使用，以将期中测试得出的结论合理延伸至期末。

（2）如果拟将期中测试得出的结论延伸至期末，注册会计师应当考虑针对剩余期间仅实施实质性程序是否足够。如果认为实施实质性程序本身不充分，注册会计师还应测试剩余期间相关控制运行的有效性或针对期末实施实质性程序。

（3）对于舞弊导致的重大错报风险（作为一类重要的特别风险），被审计单位存在故意错报或操纵的可能性，那么注册会计师更应慎重考虑能否将期中测试得出的结论延伸至期末。

（4）如果已识别出由于舞弊导致的重大错报风险，为将期中得出的结论延伸至期末而实施的审计程序通常是无效的，注册会计师应当考虑在期末或者接近期末实施实质性程序。

### （四）如何考虑以前审计获取的审计证据

（1）在以前审计中实施实质性程序获取的审计证据，通常对本期只有很弱的证据效力或没有证据效力，不足以应对本期的重大错报风险；

（2）只有当以前获取的审计证据及其相关事项未发生重大变动时，以前获取的审计证据才可能用作本期的有效审计证据；

（3）如果拟利用以前审计中实施实质性程序获取的审计证据，注册会计师应当在本期实施审计程序，以确定这些审计证据是否具有持续相关性。

## 高频考点4：实质性程序的范围★

### （一）确定实质性程序的范围时考虑因素

评估的认定层次重大错报风险和实施控制测试的结果是注册会计师在确定实质性程序的范围时的重要考虑因素。

确定实质性程序的范围时考虑因素，具体如表8－19所示。

表8－19　确定实质性程序的范围时考虑因素

| 主要因素 | 具体内容 |
| --- | --- |
| 评估的认定层次的重大错报风险 | 评估的认定层次的重大错报风险越高，需要实施实质性程序的范围越广 |
| 控制测试结果 | 如果对控制测试结果不满意，可能需要考虑扩大实质性程序的范围 |

### （二）确定细节测试范围时考虑的因素（具体链接教材第四章）

（1）从样本量的角度考虑测试范围；

（2）考虑选样方法的有效性。

### （三）实质性分析程序对可容忍偏差的考虑

注册会计师确定实质性分析程序范围时考虑的因素，具体如表8－20所示。

表 8－20　确定实质性分析程序范围时考虑的因素

| 主要层面 | 具体内容 |
| --- | --- |
| 对什么层次上的数据进行分析 | 注册会计师可以选择在高度汇总的财务数据层次进行分析，也可以根据重大错报风险的性质和水平调整分析层次。例如，按照不同产品线、不同季节或月份、不同经营地点或存货存放地点等实施实质性分析程序 |
| 需要对什么幅度或性质的差异展开进一步调查 | 实施分析程序可能发现差异，但并非所有的差异都值得展开进一步调查。可容忍或可接受的差异额（即预期差异额）越大，作为实质性分析程序一部分的进一步调查的范围就越小。在设计实质性分析程序时，注册会计师应当确定已记录金额与预期值之间可接受的差异额。在确定该差异额时，注册会计师应当主要考虑各类交易、账户余额和披露及相关认定的重要性和计划的保证水平 |

## 进阶练习

### （一）单选题

1. 下列各项审计程序中，不能提高不可预见性的是（　　）。

A. 在不事先通知被审计单位的情况下，选择一些以前未曾到过的盘点地点进行存货监盘

B. 对于零余额银行账户实施函证

C. 对以前由于低于设定的重要性水平而未曾测试过的采购项目，进行细节测试

D. 选取不同的地点实施审计程序，或预先不告知被审计单位所选定的测试地点

2. 下列针对特别风险实施的审计程序的说法中，错误的是（　　）。

A. 为应对特别风险，仅实施实质性分析程序不能获取充分、适当的审计证据

B. 如果认为评估的认定层次重大错报风险是特别风险，注册会计师应当专门针对该风险实施细节测试

C. 如果针对特别风险实施的程序仅为实质性程序，这些程序应当包括细节测试

D. 如果认为评估的认定层次重大错报风险是特别风险，注册会计师应当专门针对该风险实施实质性程序

3. 下列关于确定进一步审计程序范围的说法中，错误的是（　　）。

A. 注册会计师确定的重要性水平越低，则实施进一步审计程序的范围越广

B. 只有当审计程序本身与特定风险相关时，扩大审计程序的范围才是有效的

C. 评估的重大错报风险越高，注册会计师实施的进一步审计程序的范围也越广

D. 注册会计师对于控制的预期偏差率越低，需要实施控制测试的范围越大

4. 下列关于进一步审计程序的说法中，错误的是（　　）。

A. 确定进一步审计程序的性质时，注册会计师首要考虑内部控制的评估结果

B. 注册会计师根据对认定层次重大错报风险的评估结果，可能选用综合性方案

C. 设计进一步审计程序时应当考虑被审计单位采用的特定控制的性质

D. 注册会计师设计和实施进一步审计程序的性质、时间安排和范围，应当与评估的认定层次重大错报风险具备明确的对应关系

5. 如果拟信赖的控制通过实施询问并结合观察或检查程序，获取的审计证据说明这些控制未发生变化，注册会计师采取的下列措施，错误的是（　　）。

A. 如果不属于旨在减轻特别风险的控制，应运用职业判断确定是否在本期审计

中测试运行有效性，但至少每三年对控制测试一次

B. 无论是否属于旨在减轻特别风险的控制，均应当在本期实施控制测试才能得出控制运行是否有效的结论

C. 如果属于旨在减轻特别风险的控制，则必须在本期测试

D. 如果不属于旨在减轻特别风险的控制，不应将所有拟信赖控制的测试集中于某一次审计，而在之后的两次审计中不进行任何测试

6. 下列审计程序，不适合用于控制测试的是（　　）。

A. 询问

B. 观察

C. 检查

D. 重新计算

7. 下列各项中，不能作为证实内部控制有效性的审计证据的是（　　）。

A. 控制设计是否合理

B. 控制由谁或以何种方式执行

C. 控制是否得到一贯执行

D. 控制在所审计期间的相关时点是如何运行的

8. 如果通过实施实质性程序发现某项认定存在错报，注册会计师应当在评价相关控制的运行有效性时予以考虑，下列具体措施中，错误的是（　　）。

A. 降低对相关控制的信赖程度

B. 调整实质性程序的性质

C. 调整实质性程序的时间

D. 扩大实质性程序的范围

9. 下列有关实质性程序的说法中，错误的是（　　）。

A. 实质性程序包括细节测试和实质性分析程序

B. 无论评估的重大错报风险结果如何，注册会计师都应当针对所有重大类别的交易、账户余额和披露实施实质性程序

C. 实质性程序通常适用于一段时间内存在可预期关系的大量交易

D. 细节测试的目的是发现认定层次的重大错报

10. 下列有关在以前审计中实施实质性程序获取的审计证据的说法中，错误的是（　　）。

A. 在以前审计中实施实质性程序获取的审计证据，通常对本期只有很弱的证据效力或没有证据效力，不足以应对本期的重大错报风险

B. 只有当以前获取的审计证据及其相关事项未发生重大变动时，以前获取的审计证据才可能用作本期的有效审计证据

C. 注册会计师不应当信赖在以前审计中实施实质性程序获取的审计证据

D. 如果拟利用以前审计中实施实质性程序获取的审计证据，注册会计师应当在本期实施审计程序，以确定这些审计证据是否具有持续相关性

### （二）多选题

1. 下列关于审计程序不可预见性的说法中，错误的有（　　）。

A. 审计准则对于不可预见性程度没有量化的规定，项目组无法根据舞弊风险的评估确定具有不可预见性的审计程序

B. 注册会计师应当在签订审计业务约定书时明确提出实施具有不可预见性的审计程序这一要求，但不能告知其具体内容

C. 注册会计师可以对大额应收账款进行函证以达到提高审计程序不可预见性的目的

D. 注册会计师可以改变以前惯用的系统抽样，改为随机数表抽样

2. 下列有关利用以前审计获取的有关控制运行有效性的审计证据的说法中，正确的有（　　）。

A. 如果拟信赖以前审计获取的有关控制运行有效性的审计证据，注册会计师应当通过询问程序获取这些控制是否已经发生变化的审计证据

B. 如果拟信赖的控制在本期发生变化，注册会计师应当考虑以前审计获取的有关控制运行有效性的审计证据是否与本期审计相关

C. 如果拟信赖的控制在本期未发生变化，注册会计师可以运用职业判断决定不在本期测试其运行的有效性

D. 如果拟信赖的控制在本期未发生变化，控制应对的重大错报风险越高，本次控制测试与上次控制测试的时间间隔越短

3. 下列选项中，属于注册会计师在确定进一步审计程序的时间时，应当考虑的重要因素的有（　　）。

A. 控制环境

B. 何时能得到相关信息

C. 错报风险的可能性

D. 确定审计证据适用的类型，如书面证据、实物证据、口头证据等

4. 下列有关进一步审计程序的说法中，错误的有（　　）。

A. 如果评估的重大错报风险达到相当低的水平，注册会计师可以考虑选择不实施实质性程序

B. 注册会计师应当针对评估的财务报表层次重大错报风险设计和实施进一步审计程序

C. 进一步审计程序包括控制测试和实质性程序

D. 进一步审计程序范围的判断决策是最重要的

5. 下列关于控制测试的范围的说法中，正确的有（　　）。

A. 控制测试范围是指某项控制活动的测试次数

B. 一旦确定被审计单位正在执行某自动化控制，注册会计师通常无须扩大控制测试的范围

C. 只要在控制测试中注册会计师发现某次控制运行偏差，应认为该控制运行无效

D. 拟信赖期间越长，控制测试的范围越大

6. 下列关于进一步审计程序的说法中，正确的有（　　）。

A. 注册会计师可以考虑针对同一交易同时实施控制测试和细节测试，以实现双重目的

B. 当拟实施的进一步审计程序主要以控制测试为主时，尤其在仅实施实质性程序无法获取充分、适当的审计证据时，注册会计师应当获取有关控制运行有效性更高的保证水平

C. 当所测试的控制预期运行有效时，注册会计师只需抽取少量的交易进行检查或观察某几个时点

D. 通常情况下，注册会计师出于成本效益的考虑可以采用综合性方案设计进一步审计程序，即将测试控制运行的有效性与实质性程序结合使用

7. 下列关于控制测试时间的说法中，错误的有（　　）。

A. 注册会计师一般在期初实施控制测试，以提高审计效率

B. 注册会计师在期中实施控制测试是一种“常态”

C. 注册会计师一般在期末实施控制测试，以提高审计效果

D. 注册会计师一般应当利用以前审计获取的审计证据，以提高审计效率

8. 下列应对财务报表层次重大错报风险的各项措施中，正确的有（　　）。

A. 在选择拟实施的进一步审计程序时，融入更多的不可预见的因素

B. 向审计项目合伙人强调保持独立性的必要性

C. 在期末而非在期中实施更多的审计程序

D. 通过实施控制测试扩大获取审计证据的范围

9. 下列各项中，属于影响实质性程序范围的因素有（　　）。

A. 评估的认定层次重大错报风险

B. 实施控制测试的结果

C. 从样本量的角度考虑测试范围

D. 评估的财务报表层次重大错报风险

10. 下列关于实质性程序的说法中，正确的有（　　）。

A. 一般情况下，实质性程序在期中执行更具有积极作用

B. 当使用分析程序比细节测试能更有效地将认定层次的检查风险降低至可接受的水平时，分析程序可以用作实质性程序

C. 为应对特别风险，仅实施实质性分析程序不足以获取充分、适当的审计证据

D. 仅实施实质性程序不能提供认定层次充分、适当的审计证据时，注册会计师应当实施控制测试

### （三）简答题

注册会计师小张负责 ABC 公司 2×22 年度财务报表的审计工作，现在小张正针对财务报表重大错报风险设计和实施审计程序，部分相关内容摘录如下：

（1）小张对截至 2×22 年 12 月 11 日的应收账款相关的内部控制实施了控制测试，该控制有效运行，并获取了相关审计证据，认为剩余期间较短，故对于剩余期间不再获取补充证据。

（2）小张 2×22 年 9 月 11 日针对自动化运行的控制，测试信息系统一般控制的运行有效性，以获取控制在剩余期间运行有效性的审计证据。

（3）针对识别出的重大关联方交易舞弊风险，小张拟仅实施实质性分析程序予以应对。

（4）2×22 年被审计单位更换了董事长及总经理，小张决定在本期审计中不依赖以前审计获取的审计证据。

（5）在针对存在或发生认定设计细节测试时，小张选择有证据表明应包含在财务报表金额中的项目，并调查这些项目是否确实包括在内。

【要求】针对事项（1）~（5），简要说明注册会计师小张的做法是否恰当，如不恰当，简要说明理由。

## 进阶练习答案及解析

### （一）单选题

1.【答案】B

【解析】对于零余额银行账户实施函证，是审计准则规定的对象，所以不属于不可预见的审计程序，故选项 B 错误。

2.【答案】B

【解析】如果针对特别风险实施的程序仅为实质性程序，这些程序应当包括细节测试，或将细节测试和实质性分析程序结合使用，以获取充分、适当的审计证据，不能仅实施实质性分析程序（选项 A 正确、选项 C 正确）；如果认为评估的认定层次重大错报风险是特别风险，注册会计师应当专门针对该风险实施实质性程序（选项 B 错误、选项 D 正确）。

3.【答案】D

【解析】注册会计师对于控制的预期偏差率越低，需要实施控制测试的范围越小，故选项 D 错误。

4.【答案】A

【解析】选项 A 错误，确定进一步审计程序的性质时，注册会计师首要考虑认定层次重大错报风险的评估结果。

5. 【答案】B

【解析】选项B错误，如果不属于旨在减轻特别风险的控制，应运用职业判断确定是否在本期审计中测试运行有效性，但至少每三年对控制测试一次。

6. 【答案】D

【解析】控制测试所采用的审计程序的类型包括：询问、观察、检查和重新执行。选项D，重新计算适用于实质性程序。

7. 【答案】A

【解析】评价控制是否设计合理是风险评估阶段了解内部控制时应当得出的结论，故选项A错误。

8. 【答案】C

【解析】如果通过实施实质性程序发现某项认定存在错报，注册会计师应当在评价相关控制的运行有效性时予以考虑，具体措施包括：（1）降低对相关控制的信赖程度（选项A正确）；（2）调整实质性程序的性质（选项B正确）；（3）扩大实质性程序的范围（选项D正确）；而选项C错误。

9. 【答案】C

【解析】实质性分析程序通常适用于一段时间内存在可预期关系的大量交易，而不是实质性程序，故选项C错误。

10. 【答案】C

【解析】选项C错误，注册会计师应当谨慎考虑是否信赖在以前审计中实施实质性程序获取的审计证据。

（二）多选题

1. 【答案】ABC

【解析】选项A错误，虽然对于不可预见性程度没有量化的规定，但项目组可根据对舞弊风险的评估等确定具有不可预见性的审计程序；选项B错误，注册会计师可以在签订审计业务约定书时明确提出实施具有不可预见性的审计程序这一要求，而不是“必须”提出；选项C错误，对大额应收账款进行函证不能提高审计程序的不可预见性，因为审计准则中明确大额应收账款常常作为函证的重点。

2. 【答案】BD

【解析】选项A错误，仅仅通过询问不能为控制运行的有效性提供充分证据，应当印证被询问者的答复，通常可以检查报告、文件记录等以获取控制运行有效的审计证据；选项C错误，如果拟信赖的控制在本期未发生变化，注册会计师应当运用职业判断决定是否在本期测试运行有效性，如果是针对旨在减轻特别风险的控制，那么无论该控制是否发生变化，都不应依赖以前审计获取的证据。

3. 【答案】AB

【解析】确定进一步审计程序的时间的重要因素包括控制环境（选项A正确）、何时能得到相关信息（选项B正确）、错报风险的性质（选项C错误）、审计证据适用的期间或时点（选项D错误）。

4. 【答案】ABD

【解析】选项A错误，注册会计师应当对所有重大类别的交易、账户余额和披露设计和实施实质性程序；选项B错误，注册会计师应当针对认定层次重大错报风险设计和实施进一步审计程序；选项D错误，进一步审计程序性质的判断决策是最重要的。

5. 【答案】ABD

【解析】如果发现某次控制运行出现偏差，注册会计师可以考虑扩大样本规模，进一步证实内控是否无效，故选项C错误。

6. 【答案】ABD

【解析】选项C错误，在了解内部控制是否得到执行时，注册会计师只需抽取少量的交易进行检查或观察某几个时点，但在测试控制运行的有效性时，注册会计师需要抽取足够数量的交易进行检查或对多个不同时点进行观察。

7. 【答案】ACD

【解析】一般情况下，控制测试在期中执行更具有积极作用（选项A错误、选项B正确、选项C错误）；选项D错误，注册会计师一般可以考虑利用以前审计获取的审计证据，但不是“应当”。

8. 【答案】AC

【解析】确定总体应对措施包括向审计项目组强调保持职业怀疑的必要性，而不是独立性（选项B错误）；财务报表层次的重大错报风险很可能源于薄弱的控制环境，控制环境存在重大缺陷时，注册会计师应在期末而非在期中实施更多的审计程序，并且应实施实质性程序获取更广泛的审计证据（选项D错误）。

9. 【答案】ABC

【解析】选项D不属于，实质性程序属于进一步审计程序，是针对认定层次重大错报风险的，而不是针对财务报表层次重大错报风险。

10. 【答案】BCD

【解析】期中实施实质性程序，一方面消耗了审计资源，另一方面期中实施实质性程序获取的审计证据又不能直接作为期末财务报表认定的审计证据，注册会计师仍然需要消耗进一步的审计资源，使期中审计证据能够合理延伸至期末。于是这两部分审计资源的总和是否能够显著小于完全在期末实施实质性程序所需消耗的审计资源，是注册会计师需要权衡的，故选项A错误。

## （三）简答题

【答案】

事项（1）不恰当。即使已获取有关控制在期中运行有效性的审计证据，仍然需要考虑如何能够将控制在期中运行有效性的审计证据合理延伸至期末，即使剩余期间较短，也要考虑。

事项（2）恰当。

事项（3）不恰当。舞弊导致的重大错报风险是特别重要的一类特别风险，如果认为评估的财务报表层次重大错报风险是特别风险，注册会计师应当专门针对该风险实施实质性程序，仅实施实质性分析程序不足以获取充分、适当的审计证据。

事项（4）恰当。

事项（5）不恰当。在针对存在或发生认定设计细节测试时，注册会计师应当选择包含在财务报表金额中的项目，并获取相关审计证据。

# 第九章　销售与收款循环的审计

## 2023 年教材内容主要变化

第三节增加了“评估固有风险和控制风险”内容、表 9－4“销售与收款循环的重大错报风险和拟实施的进一步审计程序的总体方案”主要栏目变动。

## 本章近五年考试高频考点分布

| 高频考点内容 | 年度及题型分布 |
| --- | --- |
| 控制测试的基本原理 | 2018 年单选 |
| 销售与收款循环存在的重大错报风险 | 2022 年综合、2021 年综合、2020 年综合、2019 年综合、2018 年综合 |
| 主营业务收入的实质性分析程序 | 2020 年简答 |
| 应收账款的常规实质性程序 | 2018 年简答 |
| 应收账款的函证程序 | 2021 年单选、2019 年简答、2018 年简答 |

## 高频考点精讲

本章内容考核涉及的知识点较广。例如，常常与教材第一编审计基本原理（如具体审计目标、认定、审计风险等内容）结合考核；与第二编审计测试流程（风险评估、风险应对等内容）结合考核；与第五编完成审计工作与出具审计报告（审计报告内容）结合考核。同时，还要考核相关会计知识（如收入、应收账款、坏账准备等）。

### 第一单元　财务报表审计的组织方式及销售与收款循环的特点

**高频考点 1：**财务报表审计的组织方式★★

注册会计师财务报表审计的组织方式，具体如表 9－1 所示。

表 9－1 财务报表审计的组织方式

| 组织方式 | 含义 | 特征 |
| --- | --- | --- |
| 账户法 | 对财务报表的每个账户余额单独进行审计 | (1) 账户法与多数被审计单位账户设置体系及财务报表格式相吻合，具有操作方便的优点；<br>(2) 将紧密联系的相关账户（如存货和营业成本）人为地予以分割，容易造成整个审计工作脱节和重复，不利于审计效率的提高 |
| 循环法 | 将财务报表分成几个循环进行审计，即把紧密联系的各类交易和账户余额归入同一循环中，按业务循环组织实施审计 | (1) 更符合被审计单位的业务流程和内部控制设计的实际情况，不仅可加深审计人员对被审计单位经济业务的理解，而且由于将特定业务循环所涉及的财务报表项目分配给一个或数个审计人员，增强了审计人员分工的合理性，有助于提高审计工作的效率与效果。<br>(2) 控制测试是在了解被审计单位内部控制、实施风险评估程序基础上进行的，与被审计单位的业务流程关系密切，因此，对控制测试通常采用循环法实施。<br>(3) 对交易和账户余额的实质性程序，既可采用账户法实施，也可采用循环法实施。但由于控制测试通常按循环法实施，为有利于实质性程序与控制测试的衔接，提倡采用循环法。<br>(4) 在本教材，以制造业为例，将交易和账户余额划分为销售与收款循环、采购与付款循环、生产与存货循环、人力资源与工薪循环、投资与筹资循环，并举例阐述各业务循环的审计。由于货币资金与上述多个业务循环均密切相关，并且货币资金的业务和内部控制又有着不同于其他业务循环和其他财务报表项目的鲜明特征，因此，将货币资金审计单独作为一章进行阐述。<br>【小贴士】第三编主要阐述销售与收款循环、采购与付款循环、生产与存货循环和货币资金审计，但是其他两个循环也是考核的范围 |

## 高频考点 2：涉及的主要单据与会计记录★

在内部控制比较健全的企业，处理销售与收款业务通常需要使用多种单据与会计记录。常见的销售与收款循环所涉及的主要单据与会计记录，具体如表 9－2 所示。

表 9－2 涉及的主要单据与会计记录

| 序号 | 单据与会计记录 | 具体内容 |
| --- | --- | --- |
| 1 | 客户订购单 | 客户订购单即客户提出的书面购货要求。企业可以通过销售人员或其他途径，如采用电话、信函、邮件和向现有的及潜在的客户发送订购单等方式接受订货，取得客户订购单 |
| 2 | 销售单 | 列示客户所订商品的名称、规格、数量以及其他与客户订购单有关信息的凭证，作为销售方内部处理客户订购单的凭据 |
| 3 | 出库单 | 出库单是仓库确认商品已出库发运的凭证，在货物出库时填制，用以反映发出商品的名称、规格、数量和其他有关内容的凭据。出库单的一联留给客户，其余联（一联或数联）由企业保留，通常其中有一联由客户在收到商品时签署并返还给企业，用作企业确认收入及向客户收取货款的依据 |
| 4 | 销售发票 | 通常包含已销售商品的名称、规格、数量、价格、销售金额等内容。以增值税发票为例，销售发票的两联（抵扣联和发票联）寄送给客户，一联由企业保留。销售发票通常也是在会计账簿中登记销售交易的基本凭据之一 |
| 5 | 商品价目表 | 商品价目表是列示已经授权批准的、可供销售的各种商品的价格清单 |
| 6 | 贷项通知单 | 一种用来表示由于销售退回或经批准的折让而导致应收货款减少的单据，其格式通常与销售发票的格式类似 |

续表

| 序号 | 单据与会计记录 | 具体内容 |
|---|---|---|
| 7 | 应收票据/应收款项融资/应收账款预期信用损失计算表 | 通常，企业按月编制应收票据/应收款项融资/应收账款预期信用损失计算表，反映月末应收票据/应收款项融资/应收账款的预期信用损失 |
| 8 | 应收票据/应收款项融资/应收账款/合同资产明细账 | 用来记录已向每个客户转让商品而有权收取对价的权利的明细账 |
| 9 | 主营业务收入明细账 | 一种用来记录销售交易的明细账。它通常记载和反映不同类别商品或服务的营业收入的明细发生情况和总额 |
| 10 | 可变对价相关会计记录 | 企业与客户的合同中约定的对价金额可能因折扣、价格折让、返利等因素而变化。企业通常定期编制可变对价的相关会计记录，反映对计入交易价格的可变对价的估计和结算情况 |
| 11 | 汇款通知书 | 一种与销售发票一起寄给客户，由客户在付款时再寄回企业的凭证。这种凭证注明了客户名称、销售发票号码、企业开户银行账号以及金额等内容 |
| 12 | 现金日记账和银行存款日记账 | 用来记录应收账款的收回或现销收入以及其他各种现金、银行存款收入和支出的日记账 |
| 13 | 坏账核销审批表 | 一种用于批准将无法收回的应收款项融资/应收款项作为坏账予以核销的单据 |
| 14 | 客户对账单 | 一种定期寄送给客户的用于购销双方核对账目的文件。客户对账单上通常注明应收票据/应收款项融资/应收账款的期初余额、本期销售交易的金额、本期已收到的货款、贷项通知单的金额以及期末余额等内容。对账单可能是月度、季度或年度的，取决于企业的经营管理需要 |
| 15 | 转账凭证 | 转账凭证是指记录转账业务的记账凭证。它是根据有关转账业务（即不涉及现金、银行存款收付的各项业务）的原始凭证编制的。企业记录赊销交易的会计凭证即为一种转账凭证 |
| 16 | 现金和银行凭证 | 分别用来记录现金和银行存款收入业务和支付业务的记账凭证 |

**小贴士** 学习有关主要凭证与会计记录内容，需要结合销售与收款循环的业务活动和相关内部控制。

## 第二单元　销售与收款循环的业务活动和相关内部控制

### 高频考点1：了解销售与收款循环的业务活动和相关内部控制的审计程序★

注册会计师了解销售与收款循环的业务活动和相关内部控制的审计程序，具体如表9－3所示。

表9－3　审计程序

| 序号 | 审计程序 | 具体内容 |
|---|---|---|
| 1 | 询问 | 询问参与销售与收款流程各业务活动的被审计单位人员，一般包括销售部门、仓储部门和财务部门的员工和管理人员 |

续表

| 序号 | 审计程序 | 具体内容 |
| --- | --- | --- |
| 2 | 获取并阅读 | 获取并阅读企业的相关业务流程图或内部控制手册等资料 |
| 3 | 观察 | 观察销售与收款流程中特定控制的运用。例如，观察仓储部门人员是否以及如何将装运的商品与销售单上的信息进行核对 |
| 4 | 检查 | 检查文件资料。例如，检查销售单、发运凭证、客户对账单等 |
| 5 | 穿行测试 | 实施穿行测试，即追踪销售交易从发生到最终被反映在财务报表中的整个处理过程。例如，选取一笔已收款的销售交易，追踪该笔交易从接受客户订购单直至收回货款的整个过程 |

## 高频考点2：销售与收款循环的主要业务活动★

### （一）接受客户订购单

1. 业务活动内涵

客户提出订货要求是整个销售与收款循环的起点，是购买某种商品或服务的一项申请。

2. 主要控制点

（1）客户订购单只有在符合企业管理层的授权标准时才能被接受。

例如，管理层一般设有已批准销售的客户名单。销售部门在决定是否同意接受某客户的订购单时，需要检查该客户是否在名单内。如果该客户未被列入名单，则通常需要由销售部门的主管来决定是否同意销售。

（2）在批准了顾客订单之后，下一步就应编制一式多联的销售单。

销售单是证明销售交易的“发生”认定的凭据之一，也是此笔销售交易轨迹的起点之一。此外，客户订购单是来自外部的触发销售交易的文件之一，也能为销售交易的“发生”认定提供证据。

### （二）批准赊销信用

1. 业务活动内涵

由信用管理部门根据管理层的赊销政策在每个客户的已授权的信用额度内进行的赊销授权控制。

2. 主要控制点

（1）赊销业务的批准是信用管理部门的员工在收到销售部门的销售单后，应将销售单与该客户已被授权的赊销信用额度以及至今尚欠的账款余额加以比较。

（2）执行人工赊销信用检查时，还应合理划分工作职责，以避免销售人员为扩大销售而使企业承受不适当的信用风险。

（3）在使用信息系统实现自动控制的企业，订购单涉及的客户是否已被列入经批准的客户名单，以及赊销金额是否仍在信用额度内，这类控制往往通过系统设置得以实现。对于不满足条件的情形则要求管理层特别批准。

**小贴士** 企业的信用管理部门通常应对每个新客户进行信用调查，包括获取信用评审机构对客户信用等级的评定报告。无论是否批准赊销，都要求被授权的信用管理部门人员在销售单上签署意见，然后再将已签署意见的销售单送回销售部门。

**小贴士** 设计信用批准控制的目的是降低信用损失风险，因此，这些控制与应收票据/应收款项融资/应收账款/合同资产账面余额的“准确性、计价和分摊”认定有关。

### （三）根据销售单编制出库单并发货

1. 业务活动内涵

仓库管理人员只有在收到经过批准的销售单后才能编制出库单并安排发货。

2. 主要控制点

已批准的销售单是仓库根据授权发货的依据。

在使用信息技术的企业中，信息技术应用程序可能在销售单批准后才生成连续编号的出库单，并按照设定的要求对出库单和销售单的相关内容进行核对。

### （四）按出库单装运货物

产品配送人员在发货时清点货物，确认与出库单一致后在出库单上签字确认并进行货物运输。

### （五）向客户开具发票

1. 业务活动内涵

向客户开具发票这一环节涉及的主要问题是：

（1）是否对所有发运的货物都开具了发票（“完整性”）；

（2）是否仅对实际发运的货物开具发票，有无重复开具发票或虚开发票（“发生”）；

（3）是否按已授权批准的商品价目表所列价格计价开具发票（“准确性”）。

2. 主要控制点

（1）在开具销售发票前，负责开票的员工检查是否存在出库单和相应的经批准的销售单；

（2）根据已授权批准的商品价目表开具销售发票；

（3）将出库单上的发货数量与销售发票上的产品数量进行核对。

上述控制与销售交易（即营业收入）的“发生”“完整性”以及“准确性”认定有关。

**小贴士** 信息技术可以协助实现上述内部控制，在单证核对一致的情况下生成连续编号的销售发票，并对例外事项进行汇总，以供企业相关人员进行进一步的处理。

### （六）记录销售

1. 业务活动内涵

记录销售是指按财务核算流程，将销售业务计入凭证及账簿的业务。主要职责归属于财务部门。

2. 主要控制点

在手工会计系统中，记录销售的过程包括区分赊销、现销，按销售发票编制转账凭证或现金、银行存款收款凭证，据以登记营业收入明细账和应收票据/应收款项融资/应收账款/合同资产明细账或现金、银行存款日记账。记录销售的常见控制程序，具体如表9－4所示。

表9－4　常见控制程序

| 序号 | 主要控制程序 |
| --- | --- |
| （1） | 根据有效的出库单和销售单记录销售，这些出库单和销售单应能证明销售交易的发生及其发生的日期 |
| （2） | 使用事先连续编号的销售发票并对发票使用情况进行监控 |
| （3） | 独立检查销售发票所载的销售金额与会计记录金额的一致性 |
| （4） | 记录销售的职责应与处理销售交易的其他功能相分离 |
| （5） | 对记录过程中所涉及的有关记录的接触权限予以限制，以减少未经授权批准的记录发生 |
| （6） | 定期独立检查应收票据/应收款项融资/应收账款/合同资产的明细账与总账的一致性 |
| （7） | 由不负责现金出纳和销售及应收票据/应收款项融资/应收账款/合同资产记账的人员定期向客户寄发对账单，对不符事项进行调查，必要时调整会计记录，编制对账情况汇总报告并交管理层审核 |

### （七）办理和记录现金、银行存款收入

1. 业务活动内涵

这项活动涉及的是货款收回，导致现金、银行存款增加以及应收账款/合同资产等项目的减少。处理货币资金收入时要保证全部货币资金如数、及时地记入现金、银行存款日记账或应收票据/应收款项融资/应收账款/合同资产明细账，并如数、及时地将现金存入银行。

2. 主要控制点

企业通过出纳与现金记账的职责分离、现金盘点、编制银行余额调节表、定期向客户发送对账单等控制，实现如数、及时地将现金存入银行的目的。

### （八）确认和记录可变对价的估计和结算情况

1. 业务活动内涵

针对合同中存在的可变对价，依据现行会计准则予以确认，并记录的活动。

2. 主要控制点

如果合同中存在可变对价，企业需要对计入交易价格的可变对价进行估计，并在每一资产负债表日重新估计应计入交易价格的可变对价金额，以如实反映报告期末存在的情况以及报告期内发生的情况变化。

### （九）计提坏账准备

1. 业务活动内涵

对应收款项等遵循谨慎性原则，实施的一项会计估计活动。

2. 主要控制点

企业一般定期对应收票据/应收款项融资/应收账款的预期信用损失进行估计，根据估计结果确认信用减值损失并计提坏账准备，管理层对相关估计进行复核和批准。

### （十）核销坏账

1. 业务活动内涵

对于赊销客户因经营不善、宣告破产、死亡等原因而不支付货款的事项，依据会计准则实施的财务活动。

2. 主要控制点

如有证据表明某项货款已无法收回，企业可通过适当的审批程序注销该笔应收账款/应收款项融资。

## 高频考点3：销售交易的内部控制★★

**小贴士** 下列内容是销售交易内部控制的关键控制环节，是评价内部控制是否健全的主要环节，自然会成为考核的主要知识点。

### （一）适当的职责分离

**小贴士** 注意把握各项不相容职责的分离。

适当的职责分离不仅是预防舞弊的必要手段，也有助于防止各种有意或无意的错误。

常见的职责分离，具体如表9－5所示。

表9－5 常见的职责分离

| 序号 | 职责分离 |
| --- | --- |
| 1 | 主营业务收入账如果系由记录应收账款之外的员工独立登记，并由另一位不负责账簿记录的员工定期调节总账和明细账 |
| 2 | 负责主营业务收入和应收账款记账的员工不得经手货币资金，这是防止舞弊的一项重要控制 |
| 3 | 赊销批准职能与销售职能的分离。因为销售人员通常有一种追求更大销售数量的固有倾向，而不考虑是否将以巨额坏账损失为代价，赊销的审批则在一定程度上可以抑制这种倾向 |
| 4 | 企业应当分别设立办理销售、发货、收款三项业务的部门（或岗位） |
| 5 | 企业在销售合同订立前，应当指定专门人员就销售价格、信用政策、发货及收款方式等具体事项与客户进行谈判 |
| 6 | 就销售价格、信用政策、发货及收款方式等具体事项与客户进行谈判的人员至少应有两人以上，并与订立合同的人员相分离 |
| 7 | 编制销售发票通知单的人员与开具销售发票的人员应相互分离 |
| 8 | 销售人员应当避免接触销货现款 |
| 9 | 企业应收票据的取得和贴现必须经由保管票据以外的主管人员的书面批准 |

### （二）恰当的授权审批

销售交易常见的授权审批，具体如表9－6所示。

表 9－6　　　　　　　　　　常见的授权审批

| 序号 | 关键点 | 设置的目的 |
| --- | --- | --- |
| 1 | 在销售发生之前，赊销已经正确审批 | 防止企业因向虚构的或者无力支付货款的客户发货而蒙受损失 |
| 2 | 非经正当审批，不得发出货物 | 防止企业因向虚构的或者无力支付货款的客户发货而蒙受损失 |
| 3 | 销售价格、销售条件、运费、折扣等必须经过审批。<br>【小贴士】对于超过企业既定销售政策和信用政策规定范围的特殊销售交易，需要经过适当的授权 | 保证销售交易按照企业定价政策规定的价格开票收款 |
| 4 | 审批人应当根据销售与收款授权批准制度的规定，在授权范围内进行审批，不得超越审批权限 | 防止因审批人决策失误而造成严重损失 |

### （三）充分的凭证和记录

**小贴士** 充分的凭证和记录强调“充分”，“充分”既包含凭证和记录种类的问题，也包含着对于自制凭证一式几联的问题，由于单位不同、业务不同，对于“充分”运用自然存在差异。例如，有的企业在收到顾客订货单后，就立即编制一份预先编号的一式多联的销售单，分别用于批准赊销、审批发货、记录发货数量以及向顾客开具账单等。在这种制度下，只要定期清点销售发票，漏开账单的情形几乎就不太会发生。

### （四）凭证的预先编号

对凭证预先进行编号，旨在防止销售以后遗漏向客户开具发票或登记入账，也可防止重复开具发票或重复记账。

**小贴士** 凭证的预先编号主要与完整性认定相关。定期检查全部凭证的编号，并调查凭证缺号的原因，就是实施这项控制的一种方法。

### （五）定期寄发对账单

一般由不负责现金出纳和销售及应收票据/应收款项融资/应收账款/合同资产记账的人员定期向客户寄发对账单，能促使客户在发现应付账款余额不正确后及时反馈有关信息，因而这是一项有用的控制。

**小贴士** 为了使这项控制更加有效，最好将账户余额中出现的所有核对不符的账项，指定一位既不负责货币资金也不记录主营业务收入和应收票据/应收款项融资/应收账款/合同资产账目的主管人员处理。

### （六）内部核查程序

内部核查程序属于内控中的监督环节，由内部审计人员或其他独立人员核查销售与收款交易的处理和记录，是实现内部控制目标所不可缺少的一项控制措施。

## 高频考点 4：收款交易的内部控制★

对于收款循环的内部控制而言，尽管由于每个企业的性质、所处行业、规模以及内部控制健全程度等不同，而使得其与收款交易相关的内部控制内容有所不同，但是通常共同遵循的内容具体如表 9－7 所示。

表 9－7　　　　　　　　　共同遵循的收款循环内部控制

| 序号 | 内部控制环节 |
| --- | --- |
| 1 | 企业应当按照《现金管理暂行条例》《支付结算办法》等规定，及时办理销售收款业务 |
| 2 | 企业应将销售收入及时入账，不得账外设账，不得擅自坐支现金。销售人员应当避免接触销售现款 |
| 3 | 企业应当建立应收票据/应收款项融资/应收账款/合同资产信用风险分析制度和逾期催收制度。销售部门应当负责应收款项融资/应收账款的催收，财会部门应当督促销售部门加紧催收。对催收无效的逾期款项可通过法律程序予以解决 |

续表

| 序号 | 内部控制环节 |
| --- | --- |
| 4 | 企业应当按客户设置应收票据/应收款项融资/应收账款/合同资产台账，及时登记每一客户应收票据/应收款项融资/应收账款/合同资产余额增减变动情况和信用额度使用情况。对长期往来客户应当建立起完善的客户资料，并对客户资料实施动态管理，及时更新 |
| 5 | 企业对于可能成为坏账的应收票据/应收款项融资/应收账款/合同资产应当报告有关决策机构，由其进行审查，确定是否确认为坏账。企业发生的各项坏账，应查明原因，明确责任，并在履行规定的审批程序后作出会计处理 |
| 6 | 企业注销的坏账应当进行备查登记，做到账销案存。已注销的坏账又收回时应当及时入账，防止形成账外资金 |
| 7 | 企业应收票据的取得和贴现必须经由保管票据以外的主管人员的书面批准。应有专人保管应收票据，对于即将到期的应收票据，应及时向付款人提示付款；已贴现票据应在备查簿中登记，以便日后追踪管理；并应制定逾期票据的冲销管理程序和逾期票据追踪监控制度 |
| 8 | 企业应当定期与客户核对应收票据/应收款项融资/应收账款、预收款项、合同负债等往来款项。如有不符，应查明原因，及时处理 |

## 第三单元　销售与收款循环的重大错报风险

### 高频考点1：相关交易类别和账户余额存在的重大错报风险★★

不同的被审计单位的收入模式可能不同，即使是同一被审计单位也可能存在多种收入模式，收入的来源和构成、交易特性、行业特定惯例、收入确认的具体原则等因素对收入交易的会计核算产生诸多影响。例如，不同合同下的收入确认的前提条件可能不尽相同。因此，注册会计师识别出的重大错报风险因被审计单位的性质和交易的具体情况而异。以一般制造业的赊销销售为例，注册会计师识别出的重大错报风险通常包括：

（1）已记录的收入交易未真实发生。

（2）未完整记录所有已发生的收入交易。

（3）收入交易的复杂性可能导致的错误。例如，被审计单位可能针对一些特定的产品或者服务提供一些特殊的交易安排，如可变对价安排、特殊的退货约定、特殊的服务期限安排等，但管理层可能对这些不同安排下所涉及的交易风险的判断缺乏经验，导致收入确认发生错误。

（4）期末发生的交易可能未计入正确的期间，包括销售退回交易的截止错误。

（5）收款未及时入账或记入不正确的账户，因而导致应收账款/合同资产（或应收票据/银行存款）的错报。

（6）应收账款坏账准备的计提不准确。

**命题点拨**

**命题角度：**销售与收款循环存在的重大错报风险

本知识点在命题时，一般会以主观题（综合题）的形式出现，主要考核考生对于销售与收款循环存在的重大错报风险的理解。

考核时，常常定位于某个行业的一个公司，但切记不一定是制造业类公司，纵观近些年综合题的考核，涉及了诸多行业，所以在备考时不要仅仅局限于制造类公司。

### 高频考点2：与收入确认相关的舞弊风险★★

#### （一）识别与收入确认相关的舞弊风险

（1）注册会计师通过了解被审计单位生产经营的基本情况、销售模式和业务流程、与收入相关的生产技术条件、收入的来源和构成、收入交易的特性、收入确认的具体原则、与收入确认相关的信息系统、所在行业的基本情况和特殊事项、上下游行业的景气度、重大异常交易的商业理由、被审计单位的业绩衡量、管理层的经营理念、内部控制、财务报表项目的内在联系等，有助于其考虑发生舞弊的方式和领域，以及管理层可能采取的舞弊手段，从而更有效地识别与收入确认相关的舞弊风险，并设计恰当的审计程序以应对此类风险。

（2）注册会计师应当评价通过实施风险评估程序和执行其他相关活动获取的信息是否表明存在舞弊风险因素。

### （二）常用的收入确认舞弊手段

了解被审计单位通常采用的收入确认舞弊手段，有助于注册会计师更加有针对性地实施审计程序。被审计单位通常采用的收入确认舞弊手段举例如下：

（1）为了达到粉饰财务报表的目的而虚增收入或提前确认收入。

①虚构销售交易。

②实施显失公允的交易。

（2）为了达到报告期内降低税负或转移利润等目的而少计收入或推迟确认收入。

①被审计单位在满足收入确认条件后，不确认收入，而将收到的货款作为负债挂账，或转入本单位以外的其他账户。

②被审计单位采用以旧换新的方式销售商品时，以新旧商品的差价确认收入。

③对于应采用总额法确认收入的销售交易，被审计单位采用净额法确认收入。

④对于属于在某一时段内履约的销售交易，被审计单位未按实际履约进度确认收入，或采用时点法确认收入。

⑤对于属于在某一时点履约的销售交易，被审计单位未在客户取得相关商品或服务控制权时确认收入，推迟收入确认时点。

⑥通过调整与单独售价或可变对价等相关的会计估计，达到少计或推迟确认收入的目的。

### （三）表明被审计单位在收入确认方面可能存在舞弊风险的迹象

舞弊风险迹象，是注册会计师在实施审计过程中发现的、需要引起对舞弊风险警觉的事实或情况。存在舞弊风险迹象并不必然表明发生了舞弊，但了解舞弊风险迹象，有助于注册会计师对审计过程中发现的异常情况产生警觉，从而更有针对性地采取应对措施。注册会计师保持职业怀疑，充分了解被审计单位业务模式并理解业务逻辑，有助于识别舞弊风险迹象。

### （四）对收入确认实施分析程序

在收入确认领域实施审计程序时，分析程序是一种较为有效的方法，注册会计师需要重视并充分利用分析程序，发挥其在识别收入确认舞弊中的作用。在设计分析程序时，注册会计师需要在充分了解被审计单位及其环境等方面情况的基础上，识别与收入相关的财务数据和其他财务数据、非财务数据之间存在的关系，以提升实施分析程序的效果。基于被审计单位的业务性质，可以采用不同的数据指标分析。在某些情况下，注册会计师还可以使用数据分析技术。

## 高频考点3：评估固有风险和控制风险★★

### （一）评估固有风险

针对识别出的销售与收款循环相关交易类别和账户余额存在的重大错报风险，注册会计师应当通过评估错报发生的可能性和重要程度来评估固有风险。在评估时，注册会计师运用职业判断确定错报发生的可能性和重要程度综合起来的影响程度。

【示例】某被审计单位本年度与新客户签订了一项重大合同，包含向客户转让多项商品和服务的承诺。在评估固有风险时，注册会计师认为与该交易相关的固有风险因素包括：（1）复杂性。例如，被审计单位需要识别合同中包含几个单项履约义务。（2）主观性。

例如，在确定单独售价时，被审计单位需要对采用的方法和参数作出选择。（3）不确定性。例如，在确定涉及可变对价的交易价格和单项履约义务的履约进度时，涉及重大的管理层判断，存在估计不确定性。（4）其他因素。被审计单位以往年度未签订过这类合同，财务人员对相关的会计处理缺乏经验。基于上述因素，注册会计师认为错报发生的可能性较高，并且由于合同金额重大，如果发生错报，其严重程度较高。综合这些考虑，注册会计师将与该交易相关的风险的固有风险等级评估为最高级，即存在特别风险。

（二）评估控制风险

如果计划测试销售与收款循环中相关控制的运行有效性，注册会计师应当评估控制风险。

【示例】被审计单位建造部门的人员每月测量产品完工进度，经该部门经理复核签字后交财务部门，作为确定履约进度和收入的依据。注册会计师计划测试该项控制的运行有效性，认为虽然执行控制的人员具备相应的知识和技能，但该项控制非常重要，且控制的运行涉及较高的主观程度，因此，综合考虑确定该项控制的风险等级为高水平。

小贴士　如果注册会计师拟不测试控制运行的有效性，则应当将固有风险的评估结果作为重大错报风险的评估结果。

### 高频考点4：根据重大错报风险评估结果设计进一步审计程序★★

注册会计师根据对销售与收款循环的重大错报风险的评估结果，制定实施进一步审计程序的总体方案，包括确定是采用综合性方案还是实质性方案，并考虑审计程序的性质、时间安排和范围，继而实施控制测试和实质性程序，以应对识别出的认定层次的重大错报风险。具体见《审计》教材表9－4。

**名师解惑**

问：老师，为什么说识别收入确认舞弊风险很重要呢？

答：我认为主要基于以下三点原因：一是，从识别角度看，舞弊比错误难识别；二是，收入确认舞弊在舞弊案件中一般占比在70%左右（实务研究结果）；三是，收入确认舞弊常常伴随财务报表的重大错报。基于上述原因，注册会计师常常非常重视收入确认舞弊风险的识别与应对。

## 第四单元　销售与收款循环的控制测试

### 高频考点1：控制测试的基本原理★

（1）控制测试所使用的审计程序的类型主要包括询问、观察、检查和重新执行，其提供的保证程度依次递增。注册会计师需要根据所测试的内部控制的特征及需要获得的保证程度选用适当的测试程序。

（2）如果在期中实施了控制测试，注册会计师应当在年末审计时实施适当的前推程序，就控制在剩余期间的运行情况获取证据，以确定控制是否在整个被审计期间持续运行有效。

（3）控制测试的范围取决于注册会计师需要通过控制测试获取的保证程度。

（4）如果拟信赖的内部控制是由计算机执行的自动化控制，注册会计师除了测试自动化信息处理控制的运行有效性，还需要就相关的信息技术一般控制的运行有效性获取审计证据。如果所测试的人工控制利用了系统生成的信息或报告，注册会计师除了测试人工控制，还需就系统生成的信息或报告的可靠性获取审计证据。

**经典例题**

【真题·单选题】（2018）下列有关询问程序的说法中，错误的是（　　）。

A. 询问适用于风险评估、控制测试和实质性程序

B. 询问可以以口头或书面方式进行

C. 注册会计师应当就管理层对询问作出的口头答复获取书面声明

D. 询问是指注册会计师向被审计单位内部或外部的知情人员获取财务信息和非财务信息，并对答复进行评价的过程

【答案】C

【解析】针对某些事项，注册会计师可能认为有必要向管理层和治理层（如适用）获取书面声明，以证实对口头询问的答复，故选项 C 错误。

### 高频考点 2：以风险为起点的控制测试★

风险评估和风险应对是整个审计过程的核心，因此，注册会计师通常以识别的重大错报风险为起点，选取拟测试的控制并实施控制测试。教材表 9－5 列示了通常情况下，注册会计师对销售与收款循环实施的控制测试。

**小贴士** 教材表 9－5 中各栏从左至右依次为：（1）可能发生错报的环节；（2）相关的财务报表项目及认定；（3）存在的内部控制（自动）；（4）存在的内部控制（人工）；（5）相关的控制测试程序。需要重点掌握针对"可能发生错报的环节"涉及的"相关的财务报表项目及认定"，以及"相应的内部控制测试程序"。

## 第五单元　销售与收款循环的实质性程序

### 高频考点 1：主营业务收入的常规实质性程序★★

主营业务收入的常规实质性程序，具体如表 9－8 所示。

表 9－8　　主营业务收入的常规实质性程序

| 主要程序 | 备注 |
|---|---|
| 获取营业收入明细表 | 结合教材讲述 |
| 实施实质性分析程序 | 后续知识点重点讲述 |
| 检查主营业务收入确认方法是否符合企业会计准则的规定 | 结合教材讲述 |
| 检查交易价格 | 结合教材讲述 |
| 检查与收入交易相关的原始凭证与会计分录 | 结合教材讲述 |
| 从发运凭证（客户签收联）中选取样本，追查至主营业务收入明细账，以确定是否存在遗漏事项（"完整性"认定） | 结合教材讲述 |
| 结合对应收账款实施的函证程序，选择客户函证本期销售额 | 链接教材应收账款函证 |
| 实施销售截止测试 | 后续知识点重点讲述 |
| 对于销售退回，检查相关手续是否符合规定，结合原始销售凭证检查其会计处理是否正确，结合存货项目审计关注其真实性 | 略 |
| 检查可变对价的会计处理 | 后续知识点重点讲述 |
| 检查主营业务收入在财务报表中的列报和披露是否符合企业会计准则的规定 | 略 |

### 高频考点 2：主营业务收入的实质性分析程序★★

主营业务收入的实质性分析程序，具体如表 9－9 所示。

表 9-9　　主营业务收入的实质性分析程序

| 主要流程 | 具体内容 |
|---|---|
| 建立有关数据的期望值 | （1）将账面销售收入、销售清单和销售增值税销项清单进行核对。<br>（2）将本期销售收入金额与以前可比期间的对应数据或预算数进行比较。<br>（3）分析月度或季度销售量、销售单价、销售收入金额、毛利率变动趋势。<br>（4）将销售收入变动幅度与销售商品及提供劳务收到的现金、应收账款/合同资产、存货、税金等项目的变动幅度进行比较。<br>（5）将销售毛利率、应收账款/合同资产周转率、存货周转率等关键财务指标与可比期间数据、预算数或同行业其他企业数据进行比较。<br>（6）分析销售收入等财务信息与投入产出率、劳动生产率、产能、水电能耗、运输数量等非财务信息之间的关系。<br>（7）分析销售收入与销售费用之间的关系，包括销售人员的人均业绩指标、销售人员薪酬、广告费、差旅费，以及销售机构的设置、规模、数量、分布 |
| 确定可接受的差异额 | 略 |
| 将实际金额与期望值相比较，计算差异 | 略 |
| 如果差异额超过确定的可接受差异额，调查并获取充分的解释和恰当的、佐证性质的审计证据（如通过检查相关的凭证等） | 【小贴士】如果差异超过可接受差异额，注册会计师需要对差异额的全额进行调查证实，而非仅针对超出可接受差异额的部分 |
| 评价实质性分析程序的结果 | 略 |

## 命题点拨

命题角度：主营业务收入的实质性分析程序

本知识点在命题时，一般会以主观题（综合题）的形式出现，主要考核考生对于主营业务收入的实质性分析程序的运用，考核考生在特定行业的环境下，灵活运用实质性分析程序，例如，分析毛利率、收入、利润等的异常变化等。

## 高频考点 3：销售的截止测试★★

### （一）截止测试的目的

（1）确定被审计单位主营业务收入的会计记录归属期是否正确；

（2）应记入本期或下期的主营业务收入是否被推延至下期或提前至本期。

### （二）截止测试审计程序

（1）选取资产负债表日前后若干天的发运凭证，与应收账款和收入明细账进行核对；同时，从应收账款和收入明细账选取在资产负债表日前后若干天的凭证，与发运凭证核对，以确定销售是否存在跨期现象。

（2）复核资产负债表日前后销售和发货水平，确定业务活动水平是否异常，并考虑是否有必要追加实施截止测试程序。

（3）取得资产负债表日后所有的销售退回记录，检查是否存在提前确认收入的情况。

（4）结合对资产负债表日应收账款/合同资产的函证程序，检查有无未取得客户认可的销售。

### （三）销售截止测试的前提

实施截止测试的前提是注册会计师充分了解被审计单位的收入确认会计实务，并识别能够证明某笔销售符合收入确认条件的关键单据。

【示例】货物出库时，与存货相关的风险和报酬可能尚未转移，不符合收入确认的条件，因此，仓储部门留存的发运凭证可能不是实现收入的充分证据，注册会计师需要检查有客户签字的那一联发运凭证。

### （四）实施销售截止测试的审计路径

1. 以账簿记录为起点（逆查法）

从资产负债表日前后若干天的账簿记录追

查至记账凭证和客户签收的发运凭证，目的是证实已入账收入是否在同一期间已发货并由客户签收，有无多记收入。这种方法的优点是比较直观，容易追查至相关凭证记录，以确定其是否应在本期确认收入，特别是在连续审计两个以上会计期间时，检查跨期收入十分便捷，可以提高审计效率。缺点是缺乏全面性和连贯性，只能查多记，无法查漏记，尤其是当本期漏记收入延至下期而审计时被审计单位尚未及时入账，不易发现应记入而未记入报告期收入的情况。

**小贴士** 使用这种方法主要是为了证实是否存在多计收入。

2. 以发运凭证为起点（顺查法）

从资产负债表日前后若干天的已经客户签收的发运凭证查至账簿记录，确定主营业务收入是否已记入恰当的会计期间。

**小贴士** 使用这种方法主要证实是否存在少计收入。

## 高频考点4：检查可变对价的会计处理★★

注册会计师针对可变对价的实质性程序可能包括：

（1）获取可变对价明细表，选取项目与相关合同条款进行核对，检查合同中是否确定存在可变对价；

（2）检查被审计单位对可变对价的估计是否恰当，例如，是否在整个合同期间内一致地采用同一种方法进行估计；

（3）检查计入交易价格的可变对价金额是否满足限制条件；

（4）检查资产负债表日被审计单位是否重新估计了应计入交易价格的可变对价金额。

如果可变对价金额发生变动，是否按照《企业会计准则第14号——收入》的规定进行了恰当的会计处理。

## 高频考点5：营业收入的“延伸检查”程序★★

### （一）“延伸检查”运用情形

如果识别出被审计单位收入真实性存在重大异常情况，且通过常规审计程序无法获取充分、适当的审计证据，注册会计师需要考虑实施“延伸检查”程序，即对检查范围进行合理延伸，以应对识别出的舞弊风险。

### （二）“延伸检查”程序示例

实务中，注册会计师可以实施的“延伸检查”程序，具体如表9－10所示。

表9－10 “延伸检查”示例

| 主要程序 | 具体内容 |
| --- | --- |
| 实地走访 | 在获取被审计单位配合的前提下，对相关供应商、客户进行实地走访，针对相关采购、销售交易的真实性获取进一步的审计证据。在实施实地走访程序时，注册会计师通常需要关注以下事项：<br>（1）被访谈对象身份的真实性和适当性。<br>（2）相关供应商、客户是否与被审计单位存在关联方关系或“隐性”关联方关系。<br>（3）观察相关供应商、客户的生产经营场地，判断其与被审计单位之间的交易规模是否和其生产经营规模匹配。<br>（4）相关客户向被审计单位进行采购的商业理由。<br>（5）相关客户采购被审计单位商品的用途和去向，是否存在销售给被审计单位指定单位的情况。<br>（6）相关客户从被审计单位采购的商品的库存情况，必要时进行实地察看。<br>（7）是否存在“抽屉协议”，如退货条款、价格保护机制等。<br>（8）相关供应商向被审计单位销售的产品是否来自被审计单位的指定单位。<br>（9）相关供应商、客户与被审计单位是否存在除购销交易以外的资金往来，如有，了解资金往来的性质 |

续表

| 主要程序 | 具体内容 |
|---|---|
| 利用企业信息查询工具 | 利用企业信息查询工具，查询主要供应商和客户的股东至其最终控制人，以识别相关供应商和客户与被审计单位是否存在关联方关系 |
| 检查采用经销模式 | 检查经销商的最终销售实现情况 |
| 注意到存在关联方配合被审计单位虚构收入的迹象 | 获取并检查相关关联方的银行账户资金流水，关注是否存在与被审计单位相关供应商或客户的异常资金往来 |

**小贴士** 如果注册会计师认为“延伸检查”程序是必要的，但受条件限制无法实施，或实施“延伸检查”程序后仍不足以获取充分、适当的审计证据，注册会计师应当考虑审计范围是否受限，并考虑对审计报告意见类型的影响或解除业务约定。

### 高频考点6：应收账款的常规实质性程序★★

应收账款的常规实质性程序，具体如表9－11所示。

**表9－11 应收账款的常规实质性程序**

| 主要程序 | 备注 |
|---|---|
| 取得应收账款明细表 | 结合教材讲述 |
| 分析与应收账款相关的财务指标 | 结合教材讲述 |
| 对应收账款实施函证程序 | 后续知识点重点讲述 |
| 对应收账款余额实施函证以外的细节测试 | 结合教材讲述 |
| 检查坏账的冲销和转回 | 结合教材讲述 |
| 确定应收账款的列报是否恰当 | 结合教材讲述 |

### 高频考点7：应收账款的函证程序★★★

#### （一）函证决策

除非有充分证据表明应收账款对被审计单位财务报表而言是不重要的，或者函证很可能是无效的，否则，注册会计师应当对应收账款进行函证。

**小贴士** 如果注册会计师不对应收账款进行函证，应当在审计工作底稿中说明理由。

**小贴士** 如果认为函证很可能是无效的，注册会计师应当实施替代审计程序，获取相关、可靠的审计证据。

#### （二）函证的范围和对象

1\. 函证范围确定（样本量的选择）

（1）应收账款在全部资产中的重要程度。若应收账款在全部资产中所占的比重较大，则函证的范围应相应大一些。

（2）被审计单位内部控制的有效性。如果相关内部控制有效，则可以相应减少函证范围；反之，则需要扩大函证范围。

（3）以前期间的函证结果。若以前期间函证中发现过重大差异，或欠款纠纷较多，则函证范围应相应扩大一些。

2\. 函证对象确定（选取特定项目的方法）

一般情况下，注册会计师应选择以下项目作为函证对象：

（1）大额或账龄较长的项目；

（2）与债务人发生纠纷的项目；

（3）重大关联方项目；

（4）主要客户（包括关系密切的客户）项目；

（5）新增客户项目；

（6）交易频繁但期末余额较小甚至余额为零的项目；

（7）可能产生重大错报或舞弊的非正常的项目。

3. 函证的方式

注册会计师可采用积极的或消极的函证方式实施函证，也可将两种方式结合使用。

**小贴士** 由于应收账款通常存在高估风险，且与之相关的收入确认存在舞弊风险假定，因此实务中通常对应收账款采用积极的函证方式。

4. 函证时间的选择

注册会计师通常以资产负债表日为截止日，在资产负债表日后适当时间内实施函证。

**小贴士** 如果重大错报风险评估为低水平，注册会计师可选择资产负债表日前适当日期为截止日实施函证，并对所函证项目自该截止日起至资产负债表日止发生的变动实施实质性程序。

5. 函证的控制

注册会计师通常利用被审计单位提供的应收账款明细账户名称及客户地址等资料据以编制询证函，但注册会计师应当对选择被询证者、设计询证函以及发出和收回询证函保持控制。

**小贴士** 注册会计师应对确定需要确认或填列的信息、选择适当的被询证者、设计询证函以及发出和跟进（包括收回）询证函保持控制。

6. 对不符事项的处理

对回函中出现的不符事项，注册会计师需要调查核实原因，确定其是否构成错报。

**小贴士** 对应收账款而言，登记入账的时间不同而产生的不符事项（不构成错报）主要表现为：

（1）询证函发出时，客户已经付款，被审计单位尚未收到货款。

（2）询证函发出时，被审计单位的货物已经发出并已做销售记录，但货物仍在途中，客户尚未收到货物。

（3）客户由于某种原因将货物退回，而被审计单位尚未收到。

（4）客户对收到的货物的数量、质量及价格等方面有异议而全部或部分拒付货款等。

7. 对未回函项目实施替代审计程序

（1）检查资产负债表日后收回的货款；

（2）检查相关的销售合同、销售单、发运凭证；

（3）检查被审计单位与客户之间的往来邮件。

**小贴士** 某些情况下，注册会计师可能认为取得积极式函证回函是获取充分、适当的审计证据的必要程序，尤其是识别出有关收入确认的舞弊风险，导致注册会计师不能信赖从被审计单位取得的审计证据，则替代程序不能提供注册会计师需要的审计证据。在这种情况下，如果未获取回函，注册会计师应当确定其对审计工作和审计意见的影响。

## 命题点拨

**命题角度：**应收账款的函证程序

本知识点在命题时，一般会以客观题（单选题和多选题）、主观题（简答题）的形式出现，主要考核考生对于应收账款的函证程序的运用。

**小贴士** 该知识点常常是每年的必考内容，希望大家予以重视。

## 经典例题

**【真题·单选题】**（2021）下列选项中，不会影响回函的可靠性的是（　　）。

A. 回函的及时性

B. 回函包含的限制条款

C. 回函发出及收回的控制情况

D. 被询证者的客观性

**【答案】**A

**【解析】**在评价函证的可靠性时，注册会计师应当考虑：（1）对询证函的设计、发出及收回的控制情况（选项 C）；（2）被询证者的胜任能力、独立性、授权回函情况、对函证项目的了解及其客观性（选项 D）；（3）被审计单位施加的限制或回函中的限制（选项 B）。

## 高频考点 8：坏账准备的实质性程序 ★★

坏账准备的实质性程序，具体如表 9－12 所示。

表 9－12　　坏账准备的实质性程序

| 主要程序 | 具体内容 |
|---|---|
| 取得坏账准备明细表 | 略 |
| 将应收账款坏账准备本期计提数与信用减值损失相应明细项目的发生额核对是否相符 | 略 |
| 检查应收账款坏账准备计提和核销的批准程序，取得书面报告等证明文件，结合应收账款函证回函结果，评价计提坏账准备所依据的资料、假设及方法 | 在实务中，有些企业通常会编制应收账款账龄分析报告，以监控货款回收情况、及时识别可能无法收回的应收账款，并以账龄组合为基础预计信用损失。在这种情况下，注册会计师可以通过测试应收账款账龄分析表来评估坏账准备的计提是否恰当。在测试时，除将应收账款账龄分析表中的合计数与应收账款总分类账余额相比较，调查重大调节项目，以确定应收账款账龄分析表计算的准确性外，注册会计师还需要从账龄分析表中抽取一定数量的项目，追查至相关销售原始凭证，测试账龄划分的准确性 |
| 实际发生坏账损失的，检查转销依据是否符合有关规定，会计处理是否正确 | 对于被审计单位在被审计期间内发生的坏账损失，注册会计师应检查其原因是否清楚，是否符合有关规定，有无授权批准，有无已做坏账处理后又重新收回的应收账款，相应的会计处理是否正确。对有确凿证据表明确实无法收回的应收账款，如债务单位已撤销、破产、资不抵债、现金流量严重不足等，企业应根据管理权限，经股东（大）会或董事会，或经理（厂长）办公会或类似机构批准作为坏账损失，冲销提取的坏账准备 |
| 已经确认并转销的坏账重新收回的，检查其会计处理是否正确 | 略 |
| 确定应收账款坏账准备的披露是否恰当 | 企业是否在财务报表附注中清晰地说明坏账的确认标准、坏账准备的计提方法等内容 |

# 进阶练习

### （一）单选题

1. 下列各项与销售与收款循环相关的授权审批中，错误的是（　　）。

A. 在销售发生之前，销售已经正确审批

B. 非经正当审批，不得发出货物

C. 销售价格、销售条件、运费、折扣等必须经过审批

D. 审批人应当根据销售与收款授权批准制度的规定，在授权范围内进行审批，不得超越审批权限

2. 下列各项中，不能作为应收账款未回函项目实施替代审计程序的是（　　）。

A. 检查资产负债表日后收回的货款

B. 检查相关的销售合同、销售单、出库单

C. 检查被审计单位与客户之间的往来邮件

D. 检查资产负债表日后坏账的计提

3. 下列各项中，不属于财务报表审计循环法组织方式主要特征的是（　　）。

A. 可加深审计人员对被审计单位经济业务的理解

B. 与多数被审计单位账户设置体系及财务报表格式相吻合

C. 增强了审计人员分工的合理性

D. 有助于提高审计工作的效率与效果

4. 下列注册会计师针对交易价格的实质性程序中，错误的是（　　）。

A. 询问管理层对交易价格的确定方法

B. 检查管理层的处理是否正确

C. 与同类商品价格比较

D. 选取和阅读部分合同，确定合同条款是否表明需要将交易价格分摊至各单项履约义务，以及合同中是否包含可变对价、非现金对价、应付客户对价以及重大融资成分等

5. 下列审计程序中，不适用于销售与收款循环控制测试的审计程序的是（　　）。

A. 询问和观察

B. 检查

C. 重新执行

D. 分析程序

6. 下列有关销售与收款交易的职责分工，不符合不相容职责适当分离要求的是（　　）。

A. 在销售合同订立前，应当指定专门人员就销售价格、信用政策等具体事项与客户进行谈判并签订合同

B. 应收票据的取得和贴现必须经由保管票据以外的主管人员的书面批准

C. 应当分别设立办理销售、发货、收款三项业务的部门（或岗位）

D. 销售人员应当避免接触销货现款

7. 注册会计师检查出库单与销售发票连续编号是否完整，有助于实现的审计目标是（　　）。

A. 销售交易计入恰当的会计期间，截止正确

B. 所有销售交易均已登记入账，不存在隐瞒

C. 销售的金额是准确的

D. 登记入账的销售交易是真实的，不存在虚构

8. 下列各项中，通常不属于注册会计师确定应收账款函证范围时考虑的因素的是（　　）。

A. 应收账款在全部资产中的重要性

B. 被审计单位内部控制的强弱

C. 以前期间的函证结果

D. 交易的频繁程度

9. 下列各项中，属于为了达到报告期内降低税负或转移利润等目的而少计收入或推迟确认收入的手段的是（　　）。

A. 被审计单位在满足收入确认条件后，不确认收入，而将收到的货款作为负债挂账

B. 被审计单位采用以旧换新的方式销售商品时，以新旧商品的差价确认收入

C. 对于应采用净额法确认收入的销售交易，被审计单位采用总额法确认收入

D. 对于属于在某一时段内履约的销售交易，被审计单位采用时点法确认收入

10. 下列有关注册会计师针对应收账款实施函证程序的说法中，正确的是（　　）。

A. 注册会计师通常以函证日为截止日，在资产负债表日后适当时间内实施函证

B. 注册会计师应当将积极和消极的函证两种方式结合使用

C. 对回函中出现的不符事项，要遵循谨慎原则，查明原因，进而判定是否为错报

D. 采用消极的函证方式，在规定期限内未收到回函，可以考虑再次发函

11. 通过评估认为管理层期末收入可能存在虚构的重大错报风险，固有风险等级为最高，控制风险等级为高，注册会计师则拟从控制测试中获取的保证程度的水平是（　　）。

A. 高　　B. 中
C. 低　　D. 无

12. 下列各项中，不适用于销售截止测试的审计程序的是（　　）。

A. 选取资产负债表日前后若干天一定金额以上的发运凭证，与应收账款和收入明细账进行核对；同时，从应收账款和收入明细账中选取在资产负债表日前后若干天一定金额以上的凭证，与发运凭证核对，以确定销售是否存在跨期现象

B. 复核资产负债表日前后销售和发货水平，确定业务活动水平是否异常（如与正常水平相比），并考虑是否有必要追加截止程序

C. 取得资产负债表日前后所有的销售退回记录，检查是否存在提前确认收入的情况

D. 结合对资产负债表日应收账款的函证程序，检查有无未取得对方认可的大额销售

13. 下列有关应收账款函证程序决策的说法中，正确的是（　　）。

A. 如果有充分证据表明函证很可能是无效的，注册会计师可以不实施应收账款函证程序

B. 如果在收入确认方面不存在由于舞弊导致的重大错报风险，注册会计师可以不实施应收账款函证程序

C. 如果有充分证据表明应收账款对财务报表预期使用者而言不重要，注册会计师可以不实施应收账款函证程序

D. 对小型企业财务报表执行审计时，注册会计师可以不实施应收账款函证程序

14. 应收账款的审计常常需要结合销售交易的审计来进行，下列说法中，错误的是（　　）。

A. 营业收入和营业利润均为利润表的主要项目

B. 财务报表中营业收入与应收账款的数额是一一对应的

C. 营业收入的“发生”认定直接影响应收账款的“存在”认定

D. 应收账款代表了尚未收回货款的营业收入，通过审计应收账款获取的审计证据也能够为营业收入提供审计证据

15. 下列审计程序中，不适用于审查被审计单位低估主营业务收入的是（　　）。

A. 从发运凭证追查至主营业务收入明细账

B. 检查销售发票连续编号的完整性

C. 检查主营业务收入明细账是否后附销售发票、发运凭证等原始凭证

D. 检查发运凭证连续编号的完整性

## （二）多选题

1. 下列人员中，不能作为定期向客户寄发对账单工作的人员的有（　　）。

A. 负责应收账款明细账记账人员

B. 负责库存商品总账记账人员

C. 现金出纳员

D. 负责固定资产登记人员

2. 下列各项业务中，适合用于实施实质性分析程序的有（　　）。

A. 餐饮业翻台率

B. 房地产业债务重组利得

C. 游戏直播行业实际在线时间

D. 制造业产品毛利率

3. 下列关于对被审计单位销售与收款循环的重大错报风险评估的说法中，正确的有（　　）。

A. 将属于下一会计期间的收入有意或无意地计入本期，可能导致本期收入以及本期期末应收账款余额、货币资金余额和应交税费余额的高估或低估

B. 注册会计师通过了解被审计单位销售模式和业务流程、收入确认的具体原则等，有助于其考虑收入虚假错报可能采取的方式，从而设计正确的审计程序以发现此类错报

C. 注册会计师通过实施风险评估程序了解到，被审计单位所处行业竞争激烈并伴随着利润率的下降，而管理层过于强调完成既定盈利的目标，则注册会计师需要警惕实施舞弊低估收入，达到平滑利润，从而低估利润的风险

D. 注册会计师需要结合对被审计单位及其环境的具体了解，考虑收入确认舞弊可能如何发生

4. 下列项目中，可以用于了解销售与收款循环的业务活动和相关内部控制的审计程序的有（　　）。

A. 询问

B. 重新计算

C. 重新执行

D. 穿行测试

5. 下列各项审计程序中，能够获得营业收入的发生认定审计证据的有（　　）。

A. 以发运凭证、发票等原始凭证为起点，检查主营业务收入明细账中的业务记录

B. 对应收账款余额实施函证

C. 存在销货退回的，检查相关手续是否符合规定，检查有关会计处理是否正确，并结合存货项目审计关注退货业务的真实性

D. 采取将本期营业收入与上年比较分析等实质性分析程序

6. 下列有关收入确认的舞弊风险的说法中，正确的有（　　）。

A. 注册会计师在识别和评估与收入确认相关的重大错报风险时，应当基于收入确认存在舞弊风险的假定，评价哪些类型的收入、收入交易或认定导致舞弊风险

B. 如果被审计单位已经超额完成当年的利润目标，为了平滑利润，收入的截止认定存在舞弊风险的可能性较大

C. 关联方交易比非关联方交易更容易增加收入的发生认定存在舞弊风险的可能性

D. 收入的发生认定存在舞弊风险的可能性通常大于完整性认定存在的舞弊风险

7. 下列职责分工中，正确的有（　　）。

A. 存货仓储职责与记账职责分离

B. 主营业务收入账由记录主营业务成本之外的员工独立登记，并定期调节总账和明细账

C. 门店营业员经手货币资金

D. 赊销的审批不能由销售人员负责

8. 下列有关销售与收款循环的内部控制，正确的有（　　）。

A. 企业应当设置客户应收账款台账，及时登记每一客户应收账款余额增减变动情况和信用额度使用情况

B. 企业应当建立逾期应收账款催收制度，信用管理部门应当负责应收账款的催收，销售部门应当督促信用管理部门加紧催收

C. 企业对于可能成为坏账的应收账款应当报告有关决策机构，由其进行审查，确定是否确认为坏账

D. 企业应当定期与往来客户通过函证等方式核对应收账款、应收票据和预收款项等往来款项，如有不符应查明原因，及时处理

9. 下列各项中，属于为了达到粉饰财务报表的目的，管理层惯用的舞弊手段的有（　　）。

A. 当存在多种可供选择的收入确认会计政策时，选择增加收入的会计政策

B. 通过未披露的关联方，进行高于公允价值的交易

C. 被审计单位采用以旧换新的方式销售商品时，以新旧商品的差价确认收入

D. 在商品交易合同履行时，推迟确认收入

10. 一般注册会计师针对主营业务收入实施截止测试时，可以考虑选择的审计路径有

(　　)。

A. 从资产负债表日前的销售发票追查至销售合同

B. 从资产负债表日前后若干天的出库单追查至账簿记录

C. 从资产负债表日前后若干天的销售发票追查至出库单

D. 从资产负债表日前后若干天的账簿记录追查至记账凭证和出库单

### (三) 简答题

A注册会计师依照审计计划了解甲公司销售与收款循环的内部控制，审计工作底稿的部分内容摘录如下：

(1) 贷项通知单是一种用来表示由于销售退回或经批准的折让而导致营业收入减少的单据，其格式通常与销售发票的格式类似；

(2) 对于赊销业务的批准是由销售部门根据管理层的赊销政策在每个客户的已授权的信用额度内进行的；

(3) 商品仓库管理人员根据发货情况编制发运凭证并供货，并定期与批准的销售单核对；

(4) 销售单管理部门发现X客户未在客户清单中，由销售单管理部门的主管决定同意销售后，企业编制一式一联的销售单；

(5) 由负责应收账款记账的人员按月向客户寄发对账单，能促使客户在发现应付账款余额不正确后及时反馈有关信息。

【要求】针对上述第(1)~(5)项，假定不考虑其他条件，逐项指出所列控制的设计是否恰当。如不恰当，简要说明理由。

## 进阶练习答案及解析

### (一) 单选题

1. 【答案】A

【解析】选项A错误，在销售发生之前，一般要求赊销已经正确审批，防止企业因向虚构的或者无力支付货款的客户发货而蒙受损失，如果现销则不涉及无法收回货款的问题。

2. 【答案】D

【解析】选项D的程序作为替代程序获取审计证据的相关性较弱。

3. 【答案】B

【解析】选项B，与多数被审计单位账户设置体系及财务报表格式相吻合，是账户法组织方式的主要特征。

4. 【答案】C

【解析】选项C错误，与同类商品价格比较，不能实现确定交易价格确认与计量是否公允、合理等审计目标。

5. 【答案】D

【解析】分析程序不能用于控制测试，可以用于实质性程序，故选项D错误。

6. 【答案】A

【解析】选项A错误，企业在销售合同订立前，应当指定专门人员就销售价格、信用政策、发货及收款方式等具体事项与客户进行谈判，谈判人员至少应有两人以上，并与订立合同的人员相分离。

7. 【答案】B

【解析】检查发运凭证与销售发票连续编号是否完整针对的是完整性认定，其目标是测试所有销售交易是否均已登记入账，故选项B正确。选项A有助于实现截止目标、选项C有助于实现准确性目标、选项D有助于实现发生目标。

8. 【答案】D

【解析】交易频繁程度属于确定函证对象考虑的因素，故选项D不属于。

9. 【答案】C

【解析】选项C错误，为了达到报告期内降低税负或转移利润等目的而少计收入或推迟确认收入，应该是“对于应采用总额法确认收入的销售交易，被审计单位采用净额法确认收入”。

10.【答案】C

【解析】选项A错误，注册会计师通常以资产负债表日为截止日，在资产负债表日后适当时间内实施函证；选项B错误，注册会计师可采用积极的或消极的函证方式实施函证，也可将两种方式结合使用；选项D错误，采用消极的函证方式在规定期限内未收到回函，一般认为不存在差异，不需要再次发函。

11.【答案】D

【解析】选项D正确，固有风险等级为最高，控制风险等级为高，注册会计师采用实质性方案，则拟从控制测试中获取的保证程度的水平为无。

12.【答案】C

【解析】选项C，针对销售截止测试的审计程序，不应该是“取得资产负债表日前后所有的销售退回记录”，而是“取得资产负债表日后所有的销售退回记录”。

13.【答案】A

【解析】除非有充分证据表明应收账款对被审计单位财务报表而言是不重要的，或者函证很可能是无效的，否则，注册会计师应当对应收账款进行函证，并不受其他因素的影响，故选项B、C、D是错误的。

14.【答案】B

【解析】选项B错误，营业收入与应收账款的数额不是一一对应的。

15.【答案】C

【解析】选项C，检查主营业务收入明细账是否后附销售发票、发运凭证等原始凭证，主要针对营业收入的发生认定。

（二）多选题

1.【答案】AC

【解析】为了使对账这项控制更加有效，最好将账户余额中出现的所有不符的账项进行核对，指定一位既不掌管货币资金也不记录主营业务收入和应收账款的主管人员处理，然后由独立人员按月编制对账情况汇总报告并交管理层审阅，所以选项B、D正确。故选项A、C错误。

2.【答案】ACD

【解析】选项B不适合实施实质性分析程序，房地产业债务重组利得属于营业外收入，是非日常活动的利得，具有偶发性，而实质性分析程序适用于在一段时期内存在预期关系的大量交易。

3.【答案】ABD

【解析】选项C错误，注册会计师通过实施风险评估程序了解到，被审计单位所处行业竞争激烈并伴随着利润率的下降，而管理层过于强调完成既定盈利的目标，则注册会计师需要警惕管理层通过实施舞弊高估收入，从而高估利润的风险。

4.【答案】AD

【解析】选项B，重新计算属于用于实质性程序中细节测试的审计程序；选项C，重新执行属于用于控制测试的审计程序。

5.【答案】BCD

【解析】选项A错误，以发运凭证、发票等原始凭证为起点，检查主营业务收入明细账中的业务记录，属于顺查法，主要提供完整性认定审计证据。

6.【答案】ABC

【解析】选项D错误，管理者实施舞弊的动机或压力不同，其舞弊风险所涉及的具体认定也不同，如果管理层存在为了隐瞒收入而降低税负的动机，则注册会计师需要关注与收入完整性认定相关的舞弊风险。

7.【答案】AD

【解析】选项B错误，主营业务收入账由记录应收账款之外的员工独立登记，并由另一位不负责账簿记录的员工定期调节总账和明细账，构成一项交互牵制，而主营业务成本账户与主营业务收入账户存在对应关系，这种分工显然是不合理的；选项C错误，门店营业员不得经手货币资金。

8.【答案】ACD

【解析】选项B错误，逾期应收账款的催收，一般应当由销售部门负责应收账款的催收，财会部门适当地监督销售部门的催收情况。

9.【答案】AB

【解析】选项C、D属于管理层为了达到报告期内降低税负或转移利润等目的的舞弊手段。

10.【答案】BD

【解析】截止测试一般有两条审计路径：一是以账簿记录为起点追查至记账凭证和出库单（选项D正确）；二是以出库单为起点追查至账簿记录（选项B正确）。

（三）简答题

【答案】

（1）不恰当。一种用来表示由于销售退回或经批准的折让而导致应收货款减少的单据，其格式通常与销售发票的格式类似，而不是“导致营业收入减少的凭证”。

（2）不恰当。对于赊销业务的批准是由信用管理部门根据管理层的赊销政策在每个客户的已授权的信用额度内进行的。

（3）不恰当。企业管理层通常要求商品仓库管理人员只有在收到经过批准的销售单时才能编制发运凭证并供货。

（4）不恰当。企业编制的销售单应该一式多联，具体联数可根据管理需要确定。

（5）不恰当。应该由不负责现金出纳和销售及应收账款记账的人员定期向客户寄发对账单，对不符事项进行调查，必要时调整会计记录，编制对账情况汇总报告并交管理层审核。

# 第十章　采购与付款循环的审计

## 2023年教材内容主要变化

第二节相关控制活动中增加“与供应商定期对账”；第三节中“相关交易类别和账户余额存在的重大错报风险”相关内容修订、增加了“评估固有风险和控制风险”内容、“采购与付款循环的重大错报风险和拟实施的进一步审计程序的总体方案”主要栏目变动（见表10－3）。

## 本章近五年考试高频考点分布

| 高频考点内容 | 年度及题型分布 |
| --- | --- |
| 除折旧/摊销、人工费用以外的地方一般费用的实质性程序 | 2018年综合 |

## 高频考点精讲

本章内容考核涉及的知识点较广泛。例如，常常与教材第一编审计基本原理（如具体审计目标、认定、审计风险等内容）结合考核；与第二编审计测试流程（风险评估、风险应对等内容）结合考核；与第五编完成审计工作与出具审计报告（审计报告内容）结合考核。同时，还要考核相关会计知识（如存货、应付账款、期间费用等）。

### 第一单元　采购与付款循环的主要业务活动和相关内部控制

#### 高频考点1：涉及的主要凭证与会计记录★

小贴士　以一般制造业为例，其典型的采购与付款循环所涉及的主要单据与会计记录具体如表10－1所示。

表 10－1　　主要单据与会计记录

| 序号 | 主要单据与会计记录 | 具体内容 |
|---|---|---|
| 1 | 采购计划 | 企业以销售和生产计划为基础，考虑供需关系及市场变化等因素，制订采购计划，并经适当的管理层审批后执行 |
| 2 | 供应商清单 | 企业通过文件审核及实地考察等方式对合作的供应商进行认证，将通过认证的供应商信息进行手工或系统维护，并及时进行更新 |
| 3 | 请购单 | 请购单是由生产、仓库等部门的有关人员填写，送交采购部门，是申请购买商品、服务或其他资产的书面凭据 |
| 4 | 订购单 | 订购单是由采购部门填写，经适当的管理层审核后发送供应商，是向供应商购买订购单上所指定的商品和服务的书面凭据 |
| 5 | 验收及入库单 | 验收单是收到商品时所编制的凭据，列示通过质量检验的、从供应商处收到的商品的种类和数量等内容。入库单是由仓库管理人员填写的验收合格品入库的凭证 |
| 6 | 卖方发票 | 卖方发票（供应商发票）是供应商开具的，交给采购方企业以载明发运的商品或提供的服务、应付款金额和付款条件等事项的凭证 |
| 7 | 转账凭证 | 转账凭证是指记录转账交易的记账凭证，它是根据有关转账交易（即不涉及现金、银行存款收付的各项交易）的原始凭证编制的 |
| 8 | 付款凭证 | 付款凭证包括现金付款凭证和银行存款付款凭证，是指用来记录现金和银行存款支出交易的记账凭证 |
| 9 | 应付账款明细账 | 略 |
| 10 | 现金日记账和银行存款日记账 | 略 |
| 11 | 供应商对账单 | 实务中，对采购及应付账款的定期对账通常由供应商发起。供应商对账单是由供应商编制的、用于核对与采购企业往来款项的凭据，通常标明期初余额、本期购买、本期支付给供应商的款项和期末余额等信息。供应商对账单是供应商对有关交易的陈述，如果不考虑买卖双方在收发商品或接受服务、货物上可能存在的时间差等因素，其期末余额通常应与采购方相应的应付账款期末余额一致 |

**小贴士**　有关主要凭证与会计记录内容的学习，应该结合主要业务活动和相关内部控制。

## 高频考点 2：采购与付款循环的主要业务活动★★

### （一）制订采购计划

1. 业务活动内涵

制订采购计划是对商品及服务采购具体安排的业务活动。

2. 主要控制点

（1）生产、仓库等部门定期编制采购计划；

（2）经部门负责人等适当的管理人员审批后提交采购部门，具体安排商品及服务采购。

### （二）维护供应商清单

1. 业务活动内涵

供应商认证及信息维护是对合作的供应商事先进行资质审核，以及动态更新的业务活动。

2. 主要控制点

（1）通常对于合作的供应商事先进行资质等审核，将通过审核的供应商信息录入系统，形成完整的供应商清单；

（2）及时对供应商信息变更进行更新；

（3）采购部门只能向通过审核的供应商进行采购。

### （三）请购商品和服务

1. 业务活动内涵

请购商品和服务是对所需商品和服务申请的业务活动。

2. 主要控制点

生产部门根据采购计划，对需要购买的已列入存货清单的原材料等项目填写请购单，其他部门也可以对所需要购买的商品或服务编制请购单。

**小贴士** 大多数企业对正常经营所需物资的购买均作一般授权，例如，生产部门在现有库存达到再订购点时就可提出采购申请，其他部门也可为正常的维修工作和类似工作直接申请采购有关物品。

**小贴士** 由于企业内不少部门都可以填列请购单，可以按照部门分别设置请购单的连续编号，每张请购单必须经过对这类支出预算负责的主管人员签字批准。

请购单是证明采购交易“发生”认定的凭据之一，也是采购交易轨迹的起点。

### （四）编制订购单

1. 业务活动内涵

编制订购单是以企业的名义对拟采购商品或劳务签署书面要约的业务活动。

2. 主要控制点

（1）采购部门在收到请购单后，只能对经过恰当批准的请购单发出订购单。对每张订购单，采购部门应确定最佳的供应来源。

（2）订购单应正确填写所需要的商品品名、数量、价格、供应商名称和地址等，预先予以顺序编号并经过被授权的采购人员签名。

**小贴士** 订购单正联应送交供应商，副联则送至企业内部的验收部门、财务部门和编制请购单的部门。随后，内部审计部门独立检查订购单的处理，以确定是否确实收到商品并正确入账。这项检查与采购交易的“完整性”和“发生”认定有关。

### （五）验收商品

1. 业务活动内涵

验收商品是对所到货的采购商品，在数量、质量、规格等方面的核验业务活动。

2. 主要控制点

（1）验收部门首先应比较所收商品与订购单上的要求是否相符，如商品的品名、规格型号、数量和质量等，然后再盘点商品并检查商品有无损坏；

（2）验收后，验收部门应对已收货的每张订购单编制一式多联、预先按顺序编号的验收单，作为验收和检验商品的依据；

（3）验收人员将商品送交仓库或其他请购部门时，应取得经过签字的收据，或要求其在验收单的副联上签收，以确立他们对所采购的资产应负的保管责任，验收人员还应将其中的一联验收单送交财务部门。

**小贴士** 验收单是支持资产以及与采购有关的负债的“存在”认定的重要凭据。定期独立检查验收单的顺序以确定每笔采购交易都已编制凭单，则与采购交易的“完整性”认定有关。

### （六）储存商品

1. 业务活动内涵

储存商品是对采购商品存放入仓库等场所，妥善保管的业务活动。

2. 主要控制点

（1）将已验收商品的保管与采购职责相分离，可减少未经授权的采购和盗用商品的风险；

（2）存放商品的仓储区应相对独立，限制无关人员接近。

**小贴士** 上述这些控制与商品的“存在”认定有关。

### （七）确认和记录采购交易与负债

1. 业务活动内涵

确认和记录采购交易与负债是企业财务部门依据现行会计准则，对采购业务确认、计量和记录的业务活动。正确确认已验收商品和已接受服务的债务，对企业财务报表和实际现金支出具有重大影响。

2. 主要控制点

（1）在记录采购交易前，财务部门需要做的工作如下：

①检查订购单、验收单和供应商发票的一致性；

②确定供应商发票的内容是否与相关的验收单、订购单一致；

③确定供应商发票的计算是否正确。

（2）在检查无误后，会计人员编制转账凭证/付款凭证，经会计主管审核后据以登记相关账簿。

（3）如果月末尚未收到供应商发票，财务部门需根据验收单和订购单暂估相关的负债。

**小贴士** 上述这些控制与“存在”“发生”“完整性”“权利和义务”“准确性、计价和分摊”等认定有关。

### （八）办理付款

1. 业务活动内涵

办理付款业务是企业财务部门依据采购合同的规定，向卖方及时支付货款的活动。企业通常根据国家有关支付结算的相关规定和企业生产经营的实际情况选择付款结算方式。

2. 主要控制点

以支票结算方式为例，编制和签发支票的有关控制包括：

（1）由被授权的财务部门的人员负责签发支票；

（2）被授权签发支票的人员应确定每张支票后附有已经适当批准的未付款凭单，并确定支票收款人姓名和金额与凭单内容一致；

（3）支票一经签发就应在其凭单和支持性凭证上用加盖印戳或打洞等方式将其注销，以免重复付款；

（4）不得签发无记名甚至空白的支票；

（5）支票应预先顺序编号，保证支出支票存根的完整性和作废支票处理的恰当性；

（6）应确保只有被授权的人员才能接近未经使用的空白支票。

### （九）记录现金、银行存款支出

1. 业务活动内涵

记录现金、银行存款支出是企业财务部门依据现行会计准则和企业财务制度的规定，及时将货币资金变动入账的业务活动。

2. 主要控制点

以支票结算方式为例，在手工系统下，会计人员应根据已签发的支票编制付款记账凭证，并据以登记银行存款日记账及其他相关账簿。以记录银行存款支出为例，有关控制包括：

（1）会计主管应独立检查记入银行存款日记账和应付账款明细账的金额的一致性，以及与支票汇总记录的一致性；

（2）通过定期比较银行存款日记账记录的日期与支票副本的日期，独立检查入账的及时性；

（3）独立编制银行存款余额调节表。

**小贴士** 不能由出纳员编制银行存款余额调节表，否则属于内部控制设计缺陷（不符合不相容职务控制要求）。

## 经典例题

【例题·多选题】下列有关采购与付款业务流程相关控制活动与相关认定的对应关系的说法中，正确的有（　　）。

A. 订购单的连续编号，能够有效降低应付账款“完整性”认定错报风险

B. 支票预先顺序编号能够确保支出支票存根的完整性和作废支票处理的恰当性

C. 验收单的连续编号，与应付账款的“存在”认定最相关

D. 确定供应商发票计算的正确性能够降低应付账款的计价和分摊认定、相关费用的准确性认定的错报风险

【答案】ABD

【解析】选项 C 错误，验收单的连续编号，与应付账款的“完整性”认定最相关。

### （十）与供应商定期对账

通过定期向供应商寄发对账单，就应付账款、预付账款等进行核对，能够及时发现双方存在的差异，对差异进行调查，如有必要作出相应调整。

## 高频考点 3：采购交易的主要内部控制★★

### （一）适当的职责分离

企业应当建立采购与付款交易的岗位责任制，明确相关部门和岗位的职责、权限，确保办理采购与付款交易的不相容岗位相互分离、制约和监督。采购与付款交易不相容岗位分离，具体如表 10－2 所示。

表 10－2 不相容岗位分离

| 序号 | 主要的岗位分离 |
| --- | --- |
| 1 | 请购与审批 |
| 2 | 询价与确定供应商 |
| 3 | 采购合同的订立与审批 |
| 4 | 采购与验收 |
| 5 | 采购、验收与相关会计记录 |
| 6 | 付款审批与付款执行 |

### （二）恰当的授权审批

付款需要由经授权的人员审批，审批人员在审批前需检查相关支持文件，并对其发现的例外事项进行跟进处理。

### （三）凭证的预先编号及对例外报告的跟进处理

通过对入库单的预先编号以及对例外情况的汇总处理，被审计单位可以应对存货和负债记录方面的完整性风险。

1. 人工控制

如果该控制是人工执行的，被审计单位可以安排入库单编制人员以外的独立复核人员定期检查已经进行会计处理的入库单记录，确认是否存在遗漏或重复记录的入库单，并对例外情况予以跟进。

2. 自动化控制

如果在 IT 环境下，则系统可以定期生成列明跳号或重号的入库单统计例外报告，由经授权的人员对例外报告进行复核和跟进，可以确认所有入库单都进行了处理，且没有重复处理。

## 第二单元　采购与付款循环的重大错报风险及控制测试

### 高频考点 1：采购与付款循环的相关交易和余额存在的重大错报风险★★

注册会计师基于在了解被审计单位及其环境的整个过程中所识别的相关风险，结合对采购与付款循环中拟测试控制的了解，评估采购与付款循环的相关交易和余额存在的重大错报风险，采购与付款交易和余额的重大错报风险，具体如表 10－3 所示。

表 10－3 采购与付款交易和余额的重大错报风险

| 重大错报风险 | 具体内容 |
| --- | --- |
| 没有完整记录负债的风险 | 在承受反映较高盈利水平和营运资本的压力下（如为满足业绩考核要求、从银行获得资金或吸引潜在投资者），被审计单位管理层可能试图低估应付账款等负债。重大错报风险常常集中体现在遗漏交易，例如，未记录已收取货物但尚未收到发票的与采购相关的负债，或未记录尚未付款的已经购买的服务支出，这将对“完整性”等认定产生影响 |
| 多计或少计费用支出的风险 | 例如，通过多计或少计准备把损益控制在被审计单位管理层希望的程度，或是管理层把私人费用计入企业费用 |
| 费用支出记录不准确的风险 | 例如，被审计单位以复杂的交易安排购买一定期间的多种服务，管理层对于涉及的服务收益与付款安排所涉及的复杂性缺乏足够的了解，这可能导致费用支出分配或计提的错误 |
| 外币交易记录不准确的风险 | 当被审计单位进口用于出售的商品时，可能由于采用不恰当的外币汇率而导致该项采购的记录出现差错。此外，还存在未能将诸如运费、保险费和关税等与存货相关的进口费用进行正确分摊的风险 |

续表

| 重大错报风险 | 具体内容 |
| --- | --- |
| 存在未记录的权利和义务 | 这可能导致资产负债表分类错误以及财务报表附注不正确或披露不充分 |

### 高频考点 2：评估固有风险和控制风险★

（1）针对识别出的相关交易类别和账户余额存在的重大错报风险，注册会计师应当通过评估错报发生的可能性和重要程度来评估固有风险。在评估时，注册会计师运用职业判断确定错报发生的可能性和重要程度综合起来的影响程度。例如，某被审计单位从事农产品加工业务，部分原材料系向农户个人采购。在评估固有风险时，注册会计师认为与该类交易相关的固有风险因素主要是复杂性，如采购交易涉及多个农户，并且交易价格的季节性波动较大，导致核算较为复杂。此外，由于与农户的交易多为现金交易，以往年度存在白条交易的情况，存在较高的舞弊风险。基于上述因素，注册会计师认为错报发生的可能性较高，并且由于采购金额重大，如果发生错报，其严重程度较高，因此，将与该类交易相关的风险的固有风险等级评估为最高级，即存在特别风险。

（2）如果注册会计师计划测试采购与付款循环中相关控制的运行有效性，应当评估相关控制的控制风险。例如，被审计单位每月由不负责应付账款核算的财务人员向供应商寄发对账单，就对账差异进行调查并编写说明，报经财务经理复核。注册会计师计划测试该项控制的运行有效性，考虑到该项控制属于常规性控制，不涉及重大判断，执行控制的人员具备相应的知识和技能并且保持了适当的职责分离，因此，注册会计师将与该项控制的控制风险等级评估为低水平。

**小贴士** 如果注册会计师拟不测试控制运行的有效性，则应当将固有风险的评估结果作为重大错报风险的评估结果。

### 高频考点 3：根据重大错报风险评估结果设计进一步审计程序★

注册会计师根据对相关交易类别和账户余额存在重大错报风险的评估结果，制定实施进一步审计程序的总体方案，包括确定是采用综合性方案还是实质性方案，并考虑审计程序的性质、时间安排和范围，继而实施控制测试和实质性程序，以应对识别出的认定层次的重大错报风险。具体见《审计》教材表 10－3。

### 高频考点 4：采购与付款循环的控制测试★

风险评估和风险应对是整个审计过程的核心，因此，注册会计师通常以识别的重大错报风险为起点，选取拟测试的控制并实施控制测试。《审计》教材表 10－4 列示了通常情况下，注册会计师对采购与付款循环实施的控制测试。

**小贴士** 《审计》教材表 10－4 中各栏从左至右依次为：（1）可能发生错报的环节；（2）相关的财务报表项目及认定；（3）存在的内部控制（自动）；（4）存在的内部控制（人工）；（5）相关的控制测试程序。需要重点掌握针对“可能发生错报的环节”涉及“相关的财务报表项目及认定”，以及相应的“相关的控制测试程序”。

## 第三单元 采购与付款循环的实质性程序

### 高频考点 1：应付账款的实质性程序★★

应付账款的实质性程序具体如表 10－4 所示。

表 10－4　　应付账款的实质性程序

| 主要程序 | 备注 |
| --- | --- |
| 获取应付账款明细表 | 结合教材讲述 |
| 对应付账款实施函证程序 | 后续知识点重点讲述 |
| 检查应付账款是否计入正确的会计期间，是否存在未入账的应付账款 | 后续知识点重点讲述 |
| 寻找未入账负债的测试 | 后续知识点重点讲述 |
| 检查应付账款长期挂账的原因，确定无须支付的应付账款的会计处理是否正确 | 略 |
| 检查应付账款是否已按照企业会计准则的规定在财务报表中作出恰当列报和披露 | 略 |

## 高频考点 2：对应付账款实施函证程序★★

采购与付款循环中较为常见的重大错报风险是低估应付账款（“完整性”认定），因此，注册会计师在实施函证程序时可能需要从非财务部门（如采购部门）获取适当的供应商清单，如本期采购清单、所有现存供应商名录等，从中选取样本进行测试并执行相应程序，具体如表 10－5 所示。

表 10－5　　对应付账款实施的函证程序

| 主要程序 | 具体内容 |
| --- | --- |
| 向债权人发送询证函 | 注册会计师应根据审计准则的规定对询证函保持控制，包括确定需要确认或填列的信息、选择适当的被询证者、设计询证函，包括正确填列被询证者的姓名和地址，以及被询证者直接向注册会计师回函的地址等信息，必要时再次向被询证者寄发询证函等 |
| 将询证函回函确认的余额与已记录金额相比较 | 如存在差异，检查支持性文件。评价已记录金额是否适当 |
| 对未回函的项目实施替代程序 | 例如，检查付款单据（如支票存根）、相关的采购单据（如订购单、验收单、发票和合同）或其他适当文件 |
| 如果认为回函不可靠 | 评价对评估的重大错报风险以及其他审计程序的性质、时间安排和范围的影响 |

**小贴士**　函证应付账款程序与函证应收账款程序的运用在技术上是一致的，但是，由于应付账款与应收账款性质不同，审计目标也存在一定的差别，所以，在函证决策运用中自然存在一定的差别，应收账款函证属于约束性的审计程序，而应付账款函证则不是约束性的。

### 名师解惑

问：老师，为什么应收账款函证属于约束性的审计程序，而应付账款函证则不是约束性的审计程序呢？

答：“约束性”是从审计准则的视角来说的，对于应收账款函证，准则以“应当”词语予以约束，而应付账款函证则以“可以”词语描述。准则之所以这样规定，其主要原因如下：一是应收账款的主要重大错报表现为虚构或虚增，而应付账款的主要重大错报表现为隐瞒或虚减，函证程序对于应对虚构或虚增的错报较为有效，而对于隐瞒或虚减的错报应对能力很弱；二是即使应付账款存在虚构或虚增的错报，一般可以采用检查程序（从被审计单位内部获取证据）足以应对；而应收账款的虚构或虚增的重大错报，采用检查程序（从被审计单位内部获取证据）不足以应对，需要从外部获取证据，即需要采用函证程序获取证据。

### 经典例题

【例题·多选题】注册会计师运用函证程序对被审计单位的应付账款实施决策时，以下做法中，正确的有（　　）。

A. 注册会计师应当对应付账款实施函证，若不函证需说明理由，并记录在工作底稿中

B. 如果认为回函不可靠，评价对评估的重大错报风险以及其他审计程序的性质、时间安排和范围的影响

C. 对于账户在资产负债表日账户余额较小或为零，但为被审计单位重要供应商，注册会计师决定不对其函证

D. 如果存在被询证者最终未作回复的重大项目，注册会计师应采用替代审计程序

【答案】BD

【解析】选项A不正确，应付账款函证不是约束性程序，所以不函证不需要说明理由；选项C不正确，对于账户在资产负债表日账户余额较小或为零，但为被审计单位重要供应商，注册会计师应当对其函证。

### 高频考点3：检查应付账款是否计入正确的会计期间，是否存在未入账的应付账款★★

（1）对本期发生的应付账款增减变动，检查至相关支持性文件，确认会计处理是否正确；

（2）检查资产负债表日后应付账款明细账贷方发生额的相应凭证，关注其验收单、供应商发票的日期，确认其入账时间是否合理；

（3）获取并检查被审计单位与其供应商之间的对账单以及被审计单位编制的差异调节表，确定应付账款金额的准确性；

（4）针对资产负债表日后付款项目，检查银行对账单及有关付款凭证（如银行汇款通知、供应商收据等），询问被审计单位内部或外部的知情人员，查找有无未及时入账的应付账款；

（5）结合存货监盘程序，检查被审计单位在资产负债表日前后的存货入库资料（验收报告或入库单），检查相关负债是否计入了正确的会计期间。

### 高频考点4：寻找未入账负债的测试★★

注册会计师为寻找未入账负债，应该获取期后收取、记录或支付的发票明细，包括获取支票登记簿/电汇报告/银行对账单（根据被审计单位情况不同）以及入账的发票和未入账的发票。从中选取项目（尽量接近审计报告日）进行测试并实施以下程序：

（1）检查支持性文件，如相关的发票、采购合同/申请、收货文件以及接受服务明细，以确定收到商品/接受服务的日期及应在期末之前入账的日期；

（2）追踪已选取项目至应付账款明细账、货到票未到的暂估入账和/或预提费用明细表，并关注费用所计入的会计期间。调查并跟进所有已识别的差异；

（3）评价费用是否被记录于正确的会计期间，并相应确定是否存在期末未入账负债。

#### 命题点拨

命题角度：寻找未入账负债的测试

本知识点在命题时，一般会以客观题（单选题和多选题）的形式出现，主要考核考生对于寻找未入账负债测试的掌握，尤其是有关程序的运用。

### 高频考点5：除折旧/摊销、人工费用以外的一般费用的实质性程序★★

小贴士　之所以用“折旧/摊销、人工费用以外的一般费用”这样的提法，是因为“折旧/摊销”费用的审计在固定资产或者无形资产中阐述，“人工费用”会在人力资源与薪酬审计中阐述。该部分内容既具有费用审计的一般属性，又具有特殊的一面，例如电话费、广告费等审计就具有其特殊性。针对一般费用的实质性程序，具体如表10－6所示。

表 10－6 一般费用的实质性程序

| 主要程序 | 具体内容 |
|---|---|
| 获取一般费用明细表 | 复核其加计数是否正确，并与总账和明细账合计数核对是否正确 |
| 实质性分析程序 | （1）考虑可获取信息的来源、可比性、性质和相关性以及与信息编制相关的控制，评价在对记录的金额或比率作出预期时使用数据的可靠性；<br>（2）将费用细化到适当层次，根据关键因素和相互关系（例如本期预算、费用类别与销售数量、职工人数的变化之间的关系等）设定预期值，评价预期值是否足够精确以识别重大错报；<br>（3）确定已记录金额与预期值之间可接受的、无须作进一步调查的可接受的差异额；<br>（4）将已记录金额与期望值进行比较，识别需要进一步调查的差异；<br>（5）调查差异，询问管理层，针对管理层的答复获取适当的审计证据，根据具体情况在必要时实施其他审计程序 |
| 从资产负债表日后的银行对账单或付款凭证中选取项目进行测试 | 检查支持性文件（如合同或发票），关注发票日期和支付日期，追踪已选取项目至相关费用明细表，检查费用所计入的会计期间，评价费用是否被记录于正确的会计期间 |
| 对本期发生的费用选取样本 | 检查其支持性文件，确定原始凭证是否齐全，记账凭证与原始凭证是否相符以及账务处理是否正确 |
| 抽取资产负债表日前后的凭证，实施截止测试 | 评价费用是否被记录于正确的会计期间 |
| 检查一般费用是否已按照企业会计准则及其他相关规定在财务报表中作出恰当的列报和披露 | 略 |

## 进阶练习

### （一）单选题

1. 下列有关采购业务相关内部控制的说法中，错误的是（　　）。

A. 企业采购计划以生产计划为基础，考虑供需关系及市场变化等因素，制订采购计划，并经适当的管理层审批后执行

B. 采购部门在收到请购单后，只能对经过正确批准的请购单发出订购单

C. 企业通过文件审核及实地考察等方式对合作的供应商进行认证，将通过认证的供应商信息进行手工或系统维护，并及时进行更新

D. 验收部门应对已收货的每张订购单编制一式多联、预先按顺序编号的验收单，作为验收和检验商品的依据

2. 下列程序中，不能实现检查应付账款是否计入正确的会计期间，是否存在未入账的应付账款的是（　　）。

A. 对本期发生的应付账款增减变动，检查至相关支持性文件，确认会计处理是否正确

B. 检查接近资产负债表日应付账款明细账贷方发生额的相应凭证，关注其验收单、购货发票的日期，确认其入账时间是否合理

C. 获取并检查被审计单位与其供应商之间的对账单以及被审计单位编制的差异调节表，确定应付账款金额的准确性

D. 针对资产负债表日后付款项目，检查银行对账单及有关付款凭证，询问被审计单位内部或外部的知情人员，查找有无未及时入账的应付账款

3. 下列有关函证应付账款的做法中，错误的是（ ）。

A. 将询证函回函确认的余额与财务账面记录金额相比较，如存在差异，确认为错报

B. 如果存在被询证者最终未作回复的重大项目，注册会计师应采用替代审计程序

C. 如果认为回函不可靠，评价对评估的重大错报风险以及其他审计程序的性质、时间安排和范围的影响

D. 某供应商是被审计单位的重要供应商，在资产负债表日账户余额为零，但注册会计师决定对其函证

4. 下列程序中，不适用于应对采购计划未经适当审批的重大错报风险的控制测试程序的是（ ）。

A. 询问部门负责人审批采购计划的过程

B. 重新执行采购计划经适当审批的程序

C. 采用分析性程序

D. 检查采购计划是否经部门负责人审批正确审批

5. 下列各项实质性程序中，与存货完整性认定最相关的是（ ）。

A. 将存货的成本与可变现净值比较，确定存货是否发生减值

B. 复算包括折扣和运费在内的卖方发票填写金额的准确性

C. 检查采购业务的验收单、订购单和请购单的合理性和真实性

D. 从采购业务的卖方发票追查至采购明细账

6. 下列有关存货入库环节控制测试的做法中，错误的是（ ）。

A. 如果该控制是系统自动控制，则注册会计师可以选取系统生成的例外事项报告，检查报告并确定是否存在管理层复核的证据以及复核是否在合理的时间内完成

B. 确认是否发现了任何调整，调整如何得以解决以及采取的行动是否正确

C. 如果入库单编号存在跳号情况，向企业的仓储人员询问跳号原因，就其解释获取佐证并考虑对审计的影响

D. 对于入库单连续编号的控制，如果该控制是人工控制，注册会计师可以根据样本量选取一定数量的经复核的入库单清单，检查入库单编号是否完整

7. 下列各项中，不属于与采购有关的银行存款支出的是（ ）。

A. 会计主管应独立检查记入银行存款日记账和应付账款明细账的金额的一致性，以及与支票汇总记录的一致性

B. 通过定期比较银行存款日记账记录的日期与支票副本的日期，独立检查入账的及时性

C. 指派出纳员之外的财务人员编制银行存款余额调节表

D. 检查订购单、验收单和供应商发票的一致性

8. 下列项目中，不属于管理层错报负债费用支出的偏好和动因的是（ ）。

A. 未记录已收取货物但尚未收到发票的采购相关的负债，或未记录尚未付款的已经购买的服务支出

B. 利用特别目的实体把负债从资产负债表中剥离

C. 利用关联方间的费用定价优势制造虚假的收益增长趋势

D. 被审计单位管理层把私人费用计入企业费用，把企业资金当作私人资金运作

9. 下列程序中，与证实已记录应付账款完整性认定不相关的是（ ）。

A. 向供应商函证零余额的应付账款

B. 检查采购文件以确定是否使用预先编号的采购单

C. 从应付账款明细账追查至购货合同、购货发票和入库单等凭证

D. 抽取购货合同、购货发票和入库单等

凭证，追查至应付账款明细账

10. 下列有关采购与付款交易内部控制中，错误的是（　　）。

A. 通过定期比较银行存款日记账记录的日期与支票副本的日期，独立检查入账的及时性

B. 通过对入库单的预先编号以及对例外情况的汇总处理，被审计单位可以应对存货和负债记录方面的完整性风险

C. 指定某仓储人员负责登记材料明细账和总账登记工作

D. 材料采购付款审批与付款执行的职责应该分离

### （二）多选题

1. 注册会计师在选择对除折旧、摊销、人工费用以外的一般费用执行分析程序时，下列各项中，属于需要考虑的事项的有（　　）。

A. 考虑可获取信息的来源、可比性

B. 根据关键因素和相互关系设定预期值，评价预期值是否足够精确以识别重大错报

C. 从资产负债表日后的银行对账单或付款凭证中选取项目进行测试

D. 将已记录金额与期望值进行比较

2. 下列各项审计程序中，不能实现应付账款完整性审计目标的有（　　）。

A. 检查被审计单位资产负债表日后应付账款明细账借方发生额的相应凭证，确认其入账时间是否正确

B. 抽取大额的被审计单位本期应付账款明细账贷方发生额，核对相应的购货发票和验收单据，确认其入账时间是否正确

C. 询问复核人复核采购计划的过程，检查采购计划是否经复核人正确复核

D. 结合存货监盘程序，检查被审计单位在资产负债表日是否存在有材料入库，但发票等凭证未收到的业务

3. 下列有关针对应付关联方款项的实质性程序的说法中，正确的有（　　）。

A. 检查证实交易的支持性文件

B. 了解交易的商业实质

C. 检查应付账款长期挂账的原因，确定是否为关联方

D. 检查被审计单位与关联方的对账记录或向关联方函证

4. 下列有关采购业务相关控制活动中，错误的有（　　）。

A. 企业以销售计划为基础，考虑供需关系及市场变化等因素，制订采购计划

B. 采购部门只能向通过审核的供应商进行采购

C. 采购部门在收到请购单后，只能对经过正确批准的请购单发出订购单

D. 生产部门根据采购计划，对需要购买的已列入存货清单的原材料等项目填写请购单，其他部门需要购买的商品或服务，需要由采购部门编制请购单

5. 下列有关请购商品和服务的控制程序中，正确的有（　　）。

A. 生产部门在现有库存达到再订购点时就可提出采购申请

B. 企业其他部门可以为正常的维修工作和类似工作直接申请采购有关物品，但需要特别授权

C. 请购单可由手工编制或系统创建

D. 由于企业内不少部门都可以填列请购单，所以请购单做不到事先连续编号

6. 企业通过“三单核对”控制，以应对存货及应付账款的“存在”风险，下列有关“三单”内容的理解，错误的有（　　）。

A. “三单”主要包括订购单、合同、验收单

B. “三单”主要包括请购单、订购单和卖方发票

C. “三单”主要包括订购单、验收单和卖方发票

D. “三单”主要包括验收单、卖方发票和付款凭单

7. 下列各项中，属于针对未回函的应付

账款重大项目，应采用的替代审计程序的有（　　）。

A. 检查决算日后应付账款明细账及库存现金和银行存款日记账，核实其是否已支付

B. 检查该笔债务的相关凭证资料，如合同、发票、验收单，核实应付账款的真实性

C. 检查现金支出、电汇凭证和支票复印件等付款文件，核实付款的真实性

D. 针对已偿付的应付账款，追查至银行对账单、银行付款单据和其他原始凭证，检查其是否在资产负债表日前真实偿付

8. 下列有关编制订购单的控制活动中，正确的有（　　）。

A. 采购部门对每张订购单，采购部门应确定最佳的供应来源

B. 采购部门在收到请购单后，需要逐一编制订购单，然后报有关部门批准

C. 订购单应正确填写所需要的商品品名、数量、价格、供应商名称和地址等，预先予以顺序编号并经过被授权的采购人员签名

D. 内部审计部门独立检查订购单的处理，以确定是否确实收到商品并正确入账

9. 下列寻找未入账负债的测试程序中，正确的有（　　）。

A. 复核应付账款明细表是否正确，并与报表数、总账数和明细账合计数核对是否相符

B. 追踪已选取项目至应付账款明细账、货到票未到的暂估入账和/或预提费用明细表，并关注费用所计入的会计期间

C. 评价费用是否被记录于正确的会计期间，并相应确定是否存在期末未入账负债

D. 检查发票、采购合同/申请、收货文件等，确定收到商品的日期及应在期末之前入账的日期

10. 下列采购业务的控制活动中，正确的有（　　）。

A. 请购单既可以由仓库人员填制，也可以由车间、管理部门人员填制

B. 采购部门只能向通过审核的供应商进行采购

C. 定期独立检查验收单的顺序以确定每笔采购交易都已编制凭单，合理保证与采购交易的真实性

D. 如未收到卖方发票，平时不做会计处理，月末按暂估价入账

### （三）简答题

A注册会计师依据计划了解甲公司采购与付款循环的内部控制，审计工作底稿的部分内容摘录如下：

（1）采购部门可以根据有关市场信息和企业实际情况，自主确定供应商，进行相关采购。

（2）由于甲企业内各个部门都可以填列请购单，这样请购单就无法连续编号，故请购单事先不编号。

（3）采购部门首先应比较所收商品与订购单上的要求是否相符，如商品的品名、摘要、数量、到货时间等，然后再盘点商品并检查商品有无损坏。

（4）验收单是支持资产以及与采购有关的负债的“完整性”认定的重要凭据。定期独立检查验收单的顺序以确定每笔采购交易都已编制凭单，则与采购交易的“发生”认定有关。

（5）大多数企业对正常经营所需物资的购买均作特别授权，例如，生产部门在现有库存达到再订购点时就可提出采购申请，其他部门也可为正常的维修工作和类似工作直接申请采购有关物品。

【要求】针对上述第（1）~（5）项，假定不考虑其他条件，逐项指出所列控制的设计是否恰当。如不恰当，简要说明理由。

## 进阶练习答案及解析

### （一）单选题

1. 【答案】A

【解析】选项A错误，企业采购计划应当以销售和生产计划为基础，考虑供需关系及市场变化等因素，制订采购计划，并经适当的管理层审批后执行。

2. 【答案】B

【解析】选项B错误，正确的程序应当检查资产负债表日后应付账款明细账贷方发生额的相应凭证，关注其验收单、购货发票的日期，确认其入账时间是否合理，而不是“接近资产负债表日”。

3. 【答案】A

【解析】函证应付账款中应执行的程序中包括：（1）对于未作回复的函证实施替代程序：如检查至付款文件（如现金支出、电汇凭证和支票复印件）、相关的采购文件（如采购订单、验收单、发票和合同）或其他适当文件（选项B正确）；（2）如果认为回函不可靠（选项C正确），评价对评估的重大错报风险以及其他审计程序的性质、时间安排和范围的影响。函证的对象应当包括被审计单位重要供应商（选项D正确）；将询证函回函确认的余额与已记录金额相比较，如存在差异，检查支持性文件（选项A错误）。

4. 【答案】C

【解析】选项C用于实质性的程序，不能用于控制测试。

5. 【答案】D

【解析】选项A、B与存货准确性、计价和分摊认定相关；选项C与存货的存在认定最相关。

6. 【答案】C

【解析】选项C错误，如果入库单编号存在跳号情况，向企业的复核人员询问跳号原因，就其解释获取佐证并考虑对审计的影响；而不是“向企业的仓储人员询问跳号原因”。

7. 【答案】D

【解析】选项D，检查订购单、验收单和供应商发票的一致性与银行存款支付业务无关，属于确认和记录采购交易与负债控制活动。

8. 【答案】A

【解析】选项A属于低估负债的重大错报风险。

9. 【答案】C

【解析】从应付账款明细账追查至购货合同、购货发票和入库单等凭证，属于“逆查”，主要目的是查证其真实性，即证实存在认定，故选项C错误。

10. 【答案】C

【解析】选项C错误，仓储人员可以登记部分明细账业务（登记数量），但不能登记材料总账。

### （二）多选题

1. 【答案】ABD

【解析】选项C不属于需要考虑的事项，从资产负债表日后的银行对账单或付款凭证中选取项目进行测试，属于对除折旧/摊销、人工费用以外的一般费用实施的实质性程序，但不属于实质性分析程序。

2. 【答案】ABC

【解析】选项A错误，检查资产负债表日后应付账款明细账贷方发生额的相应凭证，确认其入账时间是否应在资产负债表日前，是查找未入账的应付账款程序；选项B错误，从应付账款明细账贷方发生额追查至购货发票和验收单据是验证已记录在账上的“应付账款”的真实性；选项C错误，检查采购计划是否经复核人正确复核与应付账款存在认定有关。

3. 【答案】AD

【解析】针对应付账款中存在应付关联方款项的实质性程序：（1）了解交易的商业理由（选项B错误）；（2）检查证实交易的支持

性文件（例如，发票、合同、协议及入库和运输单据等相关文件）（选项 A 正确）；（3）检查被审计单位与关联方的对账记录或向关联方函证（选项 D 正确）；而选项 C 与查找关联方相关性太弱。

4. 【答案】AD

【解析】选项 A 错误，企业以销售和生产计划为基础，考虑供需关系及市场变化等因素，制订采购计划，在基础中不能漏掉“生产计划”；选项 D 错误，其他部门也可以对所需要购买的商品或服务编制请购单。

5. 【答案】AC

【解析】选项 B 错误，企业其他部门可以为正常的维修工作和类似工作直接申请采购有关物品，属于一般授权；选项 D 错误，可以按照部门分别设置请购单的连续编号。

6. 【答案】ABD

【解析】选项 C 正确，请购单的审批与存货及应付账款的存在认定相关，但如果企业存在将订购单、验收单和卖方发票的一致性进行核对的“三单核对”控制，该控制足以应对存货及应付账款的存在性风险，则可以直接选择“三单核对”控制作为关键控制进行测试更能提高审计效率。

7. 【答案】ABC

【解析】对于未作回复的函证实施替代程序，如检查至付款文件（选项 C 正确）；相关的采购文件（选项 B 正确）；或其他适当文件（选项 A 正确）；而选项 D，既然针对的是资产负债表日前已偿付的应付账款，该类项目不在函证总体范围内，所以该程序不能作为替代程序。

8. 【答案】ACD

【解析】选项 B 错误，采购部门在收到请购单后，只能对经过正确批准的请购单发出订购单。

9. 【答案】BCD

【解析】注册会计师应该获取期后收取、记录或支付的发票明细，从中选取项目进行测试并实施以下程序：（1）检查支持性文件，如相关的发票、采购合同/申请、收货文件以及接受劳务明细，以确定收到商品/接受劳务的日期及应在期末之前入账的日期（选项 D 正确）；（2）追踪已选取项目至应付账款明细账、货到票未到的暂估入账和/或预提费用明细表，并关注费用所计入的会计期间（选项 B 正确）；（3）评价费用是否被记录于正确的会计期间，并相应确定是否存在期末未入账负债（选项 C 正确）；而选项 A，属于获取应付账款明细表应执行的程序，与寻找未入账负债相关性太弱。

10. 【答案】ABD

【解析】选项 C 错误，定期独立检查验收单的顺序以确定每笔采购交易都已编制凭单，与采购交易的“完整性”认定有关。

### （三）简答题

【答案】

（1）不恰当。企业通常对于合作的供应商事先进行资质等审核，将通过审核的供应商信息录入系统，形成完整的供应商清单，并及时对其信息变更进行更新。采购部门只能向通过审核的供应商进行采购。

（2）不恰当。尽管企业内各个部门都可以填列请购单，可以分部门设置请购单的连续编号，每张请购单必须经过对这类支出预算负责的主管人员签字批准。

（3）不恰当。有效的订购单代表企业已授权验收部门接受供应商发运来的商品。验收部门首先应比较所收商品与订购单上的要求是否相符，如商品的品名、摘要、数量、到货时间等，然后再盘点商品并检查商品有无损坏。

（4）不恰当。验收单是支持资产以及与采购有关的负债的“存在”认定的重要凭据。定期独立检查验收单的顺序以确定每笔采购交易都已编制凭单，则与采购交易的“完整性”认定有关。

（5）不恰当。大多数企业对正常经营所需物资的购买均作一般授权，而不是“特别授权”。

# 第十一章　生产与存货循环的审计

## 2023年教材内容主要变化

第五节中增加了“针对与存货相关的舞弊风险采取的应对措施”。

## 本章近五年考试高频考点分布

| 高频考点内容 | 年度及题型分布 |
|---|---|
| 存货监盘的总体要求 | 2018年简答 |
| 存货监盘一般程序 | 2021年多选、2018年简答 |
| 存货监盘的性质 | 2020年简答 |
| 考虑存货存放在多个地点 | 2018年简答 |
| 执行抽盘 | 2018年简答 |
| 存货盘点范围 | 2020年简答 |
| 无法在存货盘点现场实施监盘 | 2019年简答 |
| 针对第三方保管或控制的存货 | 2020年简答 |
| 存货跌价准备的测试 | 2021年简答 |

## 高频考点精讲

本章内容属于审计实务章节中较为重要的内容之一，也是近年来中国证监会行政处罚出现的热点内容，因此考核的知识点较广。即可与教材第一编审计基本原理部分的具体审计目标、认定、审计风险等内容相结合，又可以与第二编审计测试流程的风险评估、风险应对等内容结合，还可以与第五编中的审计报告等内容结合考核。同时，还需要了解掌管与生产存货相关的会计知识。

# 第一单元　生产与存货循环的特点

## 高频考点1：一般制造业存货性质★★

一般制造业的存货性质和注册会计师审计目标，如表11－1所示。

表11－1　一般制造业的存货性质和注册会计师审计目标

| 行业类型 | 存货性质 | 注册会计师审计目标 |
| --- | --- | --- |
| 一般制造业 | 采购的原材料、低值易耗品和配件等、委托加工材料、生产的半成品和产成品 | 确认在财务报表中列示的存货金额是否正确（存在、完整性、准确性、计价和分摊认定）；<br>是否归被审计单位所有（权利和义务认定）；<br>期末计价是否准确（准确性、计价和分摊认定）；<br>存货的购入和发出交易是否计入正确的会计期间（截止认定） |

## 高频考点2：生产与存货循环涉及的主要凭证与会计记录★★

生产与存货循环涉及的主要凭证与会计记录，如表11－2所示。

表11－2　生产与存货循环涉及的主要凭证与会计记录

| 交易类型 | 涉及的财务报表项目 | 常见的主要凭证和会计记录 |
| --- | --- | --- |
| 生产 | 存货 | 原始凭证：生产指令、领发料凭证、产量和工时记录、工薪汇总表及工薪费用分配表、材料费用分配表、制造费用分配汇总表、成本计算单 |
| | | 记账凭证：转账凭证、付款凭证 |
| | | 账：存货明细账 |
| 存货管理 | 存货营业成本 | 原始凭证：产成品入库单和出库单、存货盘点指令、盘点表及盘点标签、存货账龄分析表 |
| | | 记账凭证：记账凭证 |
| | | 账：存货明细账、营业成本明细账 |



# 第二单元　生产与存货循环的主要业务活动和相关内部控制

## 高频考点1：审计计划阶段需要了解涉及的业务活动及相关的内部控制★★

审计计划阶段需要了解的业务活动及相关内部控制，如表11－3所示。

表11－3　审计计划阶段需要了解的业务活动及相关内部控制

| 审计程序 | 内容 |
| --- | --- |
| 询问 | 参与生产和存货循环各业务活动的被审计单位人员，一般包括生产部门、仓储部门、人事部门和财务部门的员工和管理人员 |
| 审阅 | 获取并阅读企业的相关业务流程图或内部控制手册等资料 |

续表

| 审计程序 | 内容 |
|---|---|
| 观察 | 生产和存货循环中特定控制的运用，例如观察生产部门如何将完工产品移送入库并办理手续 |
| 检查 | 文件资料例如检查原材料领料单、成本计算表、产成品出入库单等 |
| 穿行测试 | 即追踪一笔交易在财务报告信息系统中的处理过程，例如：选取某种产成品，追踪该产品制订生产计划、领料生产、成本核算、完工入库的整个过程 |

## 高频考点2：常见的业务活动及内部控制要求★★★

以一般制造型企业为例，针对生产与存货循环中的两个主要方面，即生产及成本核算和存货管理两个方面，表11－4分别简要列示了它们通常涉及的财务报表项目、主要业务活动及常见的主要凭证和会计记录。

### （一）常见的业务活动及内部控制要求

**表11－4**

| 交易类别 | 涉及的财务报表项目 | 主要业务活动 | 常见会计凭证和会计记录 | 内容 |
|---|---|---|---|---|
| 生产 | 存货 | 计划和安排生产 | 生产通知单 | 生产计划部门的职责是根据客户订购单或者销售部门对销售预测和产品需求的分析来决定生产授权。如决定授权生产，即签发预先顺序编号的生产通知单。该部门通常应将发出的所有生产通知单顺序编号并加以记录控制。此外，该部门还需编制一份材料需求报告，列示所需要的材料和零件及其库存 |
| | | 发出原材料 | 领料单 | 仓储部门的责任是根据从生产部门收到的领料单发出原材料。领料单上必须列示所需的材料数量和种类，以及领料部门的名称。领料单可以一料一单，也可以多料一单，通常需一式三联。仓库管理人员发料并签署后，将其中一联连同材料交给领料部门（生产部门存根联），一联留在仓库登记材料明细账（仓库联），一联交会计部门进行材料收发核算和成本核算（财务联） |
| | | 生产产品 | 产量统计记录表、生产统计报告、工时统计记录表 | 生产部门在收到生产通知单及领取原材料后，便将生产任务分解到每一个生产工人，并将所领取的原材料交给生产工人，据以执行生产任务。生产工人在完成生产任务后，将完成的产品交生产部门统计人员查点，然后转交检验员验收并办理入库手续；或是将所完成的半成品移交下一个部门，作进一步加工 |
| | | 核算产品成本 | 生产通知单、领料单、计工单、产量统计记录表、生产统计报告、入库单、材料费用分配表、人工费用分配汇总表、制造费用分配汇总表、成本计算单 | 一方面，生产过程中的各种记录、文件资料都要汇集到会计部门，由会计部门对其进行检查和核对，了解和控制生产过程中存货的实物流转；另一方面，会计部门要设置相应的会计账户，会同有关部门对生产过程中的成本进行核算和控制。<br>完善的成本会计制度应该提供原材料转为在产品，在产品转为产成品，以及按成本中心、分批次生产任务通知单或生产周期所消耗的材料、人工和间接费用的分配与归集的详细资料 |

续表

| 交易类别 | 涉及的财务报表项目 | 主要业务活动 | 常见会计凭证和会计记录 | 内容 |
|---|---|---|---|---|
| 存货管理 | 存货<br>营业成本<br>资产减值损失<br>管理费用/<br>营业外支出 | 产成品入库及存储 | 验收单、入库单、存货台账 | 产成品入库，须由仓储部门先行点验和检查，然后签收。签收后，将实际入库数量通知会计部门。仓储部门确立了本身应承担的保管责任，并对验收部门的工作进行验证。此外，仓储部门还应根据产成品的品质特征分类存放，并填制标签 |
| | | 发出产成品 | 出库单、存货台账、营业成本明细账 | 产成品的发出须由独立的发运部门进行。装运产成品时必须持有经有关部门核准的发运通知单，并据此编制出库单。出库单一般为一式四联，一联交仓储部门；一联由发运部门留存；一联送交客户；一联作为开具发票的依据 |
| | | 存货盘点 | 盘点计划、盘点表单、盘点明细表 | 管理人员编制盘点指令，安排适当人员对存货实物（包括原材料、在产品和产成品等所有存货类别）进行定期盘点，将盘点结果与存货账面数量进行核对，调查差异并进行适当调整 |
| | | 计提存货跌价准备 | 存货账龄分析表、可变现净值计算表 | 财务部门根据存货货龄分析表信息或相关部门提供的有关存货状况的信息，结合存货盘点过程中对存货状况的检查结果，对出现损毁、滞销、跌价等降低存货价值的情况进行分析计算，计提存货跌价准备 |

### （二）生产与存货循环常见的业务活动及内部控制示例

生产与存货循环常见的业务活动及内部控制示例，如表 11－5 所示。

**表 11－5**

| 业务活动 | 内部控制示例 |
|---|---|
| 计划和安排生产 | 根据经审批的月度生产计划书，由生产计划经理签发预先按顺序编号的生产通知单 |
| 发出原材料 | （1）领料单应当经生产主管批准，仓库管理员凭经批准的领料单发料；领料单一式三联，分别作为生产部门存根联、仓库联和财务联。<br>（2）仓库管理员应把领料单编号、领用数量、规格等信息输入计算机系统，经仓储经理复核并以电子签名方式确认后，系统自动更新材料明细台账 |
| 生产产品和核算产品成本 | （1）生产成本记账员应根据原材料领料单财务联，编制原材料领用日报表，与计算机系统自动生成的生产记录日报表核对材料耗用和流转信息；由会计主管审核无误后，生成记账凭证并过账至生产成本及原材料明细账和总分类账。<br>（2）生产部门记录生产各环节所耗用工时数，包括人工工时数和机器工时数，并将工时信息输入生产记录日报表。<br>（3）每月末，由生产车间与仓库核对原材料和产成品的转出和转入记录，如有差异，仓库管理员应编制差异分析报告，经仓储经理和生产经理签字确认后交会计部门进行调整。<br>（4）每月末，由计算机系统对生产成本中各项组成部分进行归集，按照预设的分摊公式和方法，自动将当月发生的生产成本在完工产品和在产品之间按比例分配；同时，将完工产品成本在各不同产品类别之间分配，由此生成产品成本计算表和生产成本分配表；由生产成本记账员编制成生产成本结转凭证，经会计主管审核批准后进行账务处理 |
| 产成品入库和储存 | （1）产成品入库时，质量检验员应检查并签发预先按顺序编号的产成品验收单，由生产小组将产成品送交仓库，仓库管理员应检查产成品验收单并清点产成品数量，填写预先顺序编号的产成品入库单经质检经理、生产经理和仓储经理签字确认后，由仓库管理员将产成品入库单信息输入计算机系统，计算机系统自动更新产成品明细台账。<br>（2）存货存放在安全的环境（如上锁、使用监控设备）中，只有经过授权的工作人员可以接触及处理存货 |

续表

| 业务活动 | 内部控制示例 |
| --- | --- |
| 发出产成品 | (1) 产成品出库时，由仓库管理员填写预先顺序编号的出库单，并将产成品出库单信息输入计算机系统，经仓储经理复核并以电子签名方式确认后，计算机系统自动更新产成品明细台账并与发运通知单编号核对。<br>(2) 产成品装运发出前，由运输经理独立检查出库单、销售订购单和发运通知单，确定从仓库提取的商品附有经批准的销售订购单，并且，所提取商品的内容与销售订购单一致。<br>(3) 每月末，生产成本记账员根据计算机系统内状态为“已处理”的订购单数量，编制销售成本结转凭证，结转相应的销售成本，经会计主管审核批准后进行账务处理 |
| 盘点存货 | (1) 生产部门和仓储部门在盘点日前对所有存货进行清理和归整，便于盘点顺利进行。<br>(2) 每一组盘点人员中应包括仓储部门以外的其他部门人员，即不能由负责保管存货的人员单独负责盘点存货；安排不同的工作人员分别负责初盘和复盘。<br>(3) 盘点表和盘点标签事先连续编号，发放给盘点人员时登记领用人员；盘点结束后回收并清点所有已使用和未使用的盘点表和盘点标签。<br>(4) 为防止存货被遗漏或重复盘点，所有盘点过的存货贴盘点标签，注明存货品名、数量和盘点人员，完成盘点前检查现场确认所有存货均已贴上盘点标签。<br>(5) 将不属于本单位的代其他方保管的存货单独堆放并作标识；将盘点期间需要领用的原材料或出库的产成品分开堆放并作标识。<br>(6) 汇总盘点结果，与存货账面数量进行比较，调查分析差异原因，并对认定的盘盈和盘亏提出账务调整建议，经仓储经理、生产经理、财务经理和总经理复核批准后入账 |
| 计提存货跌价准备 | (1) 定期编制存货货龄分析表，管理人员复核该分析表，确定是否有必要对滞销存货计提存货跌价准备，并计算存货可变现净值，据此计提存货跌价准备。<br>(2) 生产部门和仓储部门每月上报残冷背次存货明细，采购部门和销售部门每月上报原材料和产成品最新价格信息，财务部门据此分析存货跌价风险并计提跌价准备，由财务经理和总经理复核批准并入账 |

## 第三单元　生产与存货循环的重大错报风险

### 高频考点1：生产与存货循环存在的重大错报风险★★★

#### （一）影响生产与存货循环交易和余额的风险因素

（1）交易的数量和复杂性。

（2）成本核算的复杂性。

（3）产品的多元化。

（4）某些存货项目的可变现净值难以确定。

（5）将存货存放在很多地点。

（6）寄存的存货。

#### （二）一般制造型企业的存货的重大错报风险

一般制造企业存货的重大错报风险和认定，如表11-6所示。

**表11-6　一般制造企业存货的重大错报风险和认定**

| 重大错报风险 | 认定 |
| --- | --- |
| 存货实物可能不存在 | 存在 |
| 属于被审计单位的存货可能未在账面反映 | 完整性 |
| 存货的所有权可能不属于被审计单位 | 权利和义务 |
| 存货的单位成本可能存在计算错误 | 准确性、计价和分摊 |
| 存货的账面价值可能无法实现，即存货跌价准备的计提可能不充分 | 准确性、计价和分摊 |

### 高频考点2：根据重大错报风险评估结果设计进一步审计程序★★★

注册会计师基于生产与存货循环的重大错报风险评估结果，制定实施进一步审计程序的总体方案（包括综合性方案和实质性方案），继而实施控制测试和实质性程序，以应对识别出的认定层次的重大错报风险。注册会计师通过控制测试和实质性程序获取的审计证据综合起来应足以应对识别出的认定层次的重大错报风险。

## 第四单元　生产与存货循环的控制测试

### 高频考点1：生产与存货循环控制测试的基本内容★★

总体上看，生产与存货循环的内部控制主要包括存货数量的内部控制和存货单价的内部控制两方面。由于生产与存货循环和其他业务循环的紧密联系，生产与存货循环中某些审计程序，特别是对存货余额的审计程序，与其他相关业务循环的审计程序同时进行将更为有效。

**小贴士** 在对生产与存货循环的内部控制实施测试时，要考虑其他业务循环的控制测试是否与本循环相关，避免重复测试。

### 高频考点2：生产与存货循环的风险、存在的控制及控制测试程序★★

风险评估和风险应对是整个审计过程的核心，因此，注册会计师通常以识别的重大错报风险为起点，选取拟测试的控制并实施控制测试。如果人工控制在执行时依赖于信息系统生成的报告，注册会计师还应当针对系统生成报告的准确性执行测试。教材中的表11-4列示了通常情况下注册会计师对生产与存货循环实施的控制测试的内容。

**小贴士** 教材中的表11-4中各栏从左至右依次为：(1) 可能发生错报的环节；(2) 相关的财务报表项目及认定；(3) 存在的内部控制（自动）；(4) 存在的内部控制（人工）；(5) 相关的控制测试程序。需要重点掌握针对**“可能发生错报的环节”**涉及**“相关的财务报表项目及认定”**，以及**“相应的内部控制测试程序”**。

## 第五单元　生产与存货循环的实质性程序

### 高频考点1：存货的审计目标及一般程序★★★

**（一）存货审计复杂的主要原因**

存货审计，尤其是对年末存货余额的测试，通常是审计中最复杂也最费时的部分。对存货存在和存货价值的评估常常十分困难。导致存货审计复杂的主要原因包括：

(1) 存货通常是资产负债表中的一个主要项目，而且通常是构成营运资本的最大项目。

(2) 存货存放于不同的地点，这使得对它的实物控制和盘点都很困难。

(3) 存货项目的多样性也给审计带来了困难。

(4) 存货本身的状况以及存货成本的分配也使得存货的估价存在困难。

(5) 不同企业采用的存货计价方法存在多样性。

**（二）存货审计关注重点**

(1) 存货审计涉及数量和单价两个方面。

①针对存货数量的实质性程序主要是存货监盘。此外，还包括对第三方保管的存货实施函证等程序，对在途存货检查相关凭证和期后入库记录等。

②针对存货单价的实质性程序包括对购买和生产成本的审计程序和对存货可变现净值的

审计程序。

（2）审计存货要考虑与采购、销售收入及销售成本间的相互关系，因为就存货认定取得的证据也同时为其对应项目的认定提供了证据。

### （三）存货的审计目标（略）

### （四）存货的一般审计程序

获取年末存货余额明细表，并执行以下工作：

（1）复核单项存货金额的计算（单位成本×数量）和明细表的加总计算是否准确。

（2）将本年末存货余额与上年末存货余额进行比较，总体分析变动原因。

## 高频考点2：存货监盘总体要求★★★

### （一）存货监盘的作用

如果存货对财务报表是重要的，注册会计师应当实施下列审计程序，对存货的存在和状况获取充分、适当的审计证据：

（1）在存货盘点现场实施监盘（除非不可行）；

（2）对期末存货记录实施审计程序，以确定其是否准确反映实际的存货盘点结果。

### （二）存货监盘审计程序

在存货盘点现场实施监盘时，注册会计师应当实施下列审计程序：

（1）评价管理层用以记录和控制存货盘点结果的指令和程序；

（2）观察管理层制定的盘点程序的执行情况；

（3）检查存货；

（4）执行抽盘。

存货监盘针对的主要是存货的存在认定，对存货的完整性认定及准确性、计价和分摊认定，也能提供部分审计证据。此外，注册会计师很可能在存货监盘中获取有关存货所有权的部分审计证据。

### 经典例题

【真题·多选题】（2021）下列选项中，属于注册会计师在存货监盘现场执行的程序有（　　）。

A. 评价管理层用以记录和控制存货盘点结果指令和程序

B. 观察管理层制定的盘点程序的执行情况

C. 检查存货

D. 执行抽盘

【答案】ABCD

【解析】在存货盘点现场实施监盘时，注册会计师应当实施下列审计程序：（1）评价管理层用以记录和控制存货盘点结果指令和程序；（2）观察管理层制定的盘点程序的执行情况；（3）检查存货；（4）执行抽盘。因此选择选项A、B、C、D。

## 高频考点3：存货监盘计划★★★

存货监盘计划包括的内容，如表11－7所示。

表11－7　存货监盘计划包括的内容

| 存货监盘计划 | 具体内容 |
|---|---|
| 制订存货监盘计划的基本要求 | 注册会计师应当根据被审计单位存货的特点、盘存制度和存货内部控制的有效性等情况，在评价被审计单位管理层制定的存货盘点程序的基础上，编制存货监盘计划，对存货监盘作出合理安排 |
| 制订存货监盘计划应考虑的相关事项 | （1）与存货相关的重大错报风险。<br>影响重大错报风险的因素具体包括：存货的数量和种类、成本归集的难易程度、陈旧过时的速度或易损坏程度、遭受失窃的难易程度。 |

续表

| 存货监盘计划 | 具体内容 |
| --- | --- |
| 制订存货监盘计划应考虑的相关事项 | （2）与存货相关的内部控制的性质。<br>与存货相关的内部控制涉及被审计单位的供、产、销各个环节，包括采购、验收、仓储、领用、加工、装运出库等方面，其中与存货实地盘点相关的内部控制通常包括：制订合理的存货盘点计划，确定合理的存货盘点程序，配备相应的监督人员，对存货进行独立的内部验证，将盘点结果与永续存货记录进行独立的调节，对盘点表和盘点标签进行充分控制。<br>（3）对存货盘点是否制定了适当的程序，并下达了正确的指令。<br>注册会计师一般需要复核或与管理层讨论其存货盘点程序。<br>（4）存货盘点的时间安排。<br>存货盘点在财务报表日以外的其他日期进行，注册会计师除实施存货监盘相关审计程序外，还应当实施其他审计程序，以获取审计证据，确定存货盘点日与财务报表日之间的存货变动是否已得到恰当的记录。<br>（5）被审计单位是否一贯采用永续盘存制。<br>如果被审计单位通过实地盘存制确定存货数量，则注册会计师要参加此种盘点。如果被审计单位采用永续盘存制，注册会计师应在年度中一次或多次参加盘点。<br>（6）存货的存放地点。<br>如果被审计单位的存货存放在多个地点，注册会计师可以要求被审计单位提供一份完整的存货存放地点清单（包括期末库存量为零的仓库、租赁的仓库，以及第三方代被审计单位保管存货的仓库等），并考虑其完整性。<br>在获取完整的存货存放地点清单的基础上，注册会计师可以根据不同地点所存放存货的重要性以及对各个地点与存货相关的重大错报风险评估的结果，选择适当的地点进行监盘，并记录选择这些地点的原因。<br>（7）是否需要专家协助 |
| 存货监盘计划的主要内容 | （1）存货监盘的目标、范围及时间安排。<br>——主要目标包括获取被审计单位资产负债表日有关存货数量和状况以及有关管理层存货盘点程序可靠性的审计证据，检查存货的数量是否真实完整，是否归属被审计单位，存货有无毁损、陈旧、过时、残次和短缺等状况。<br>——存货监盘范围的大小取决于存货的内容、性质以及与存货相关的内部控制的完善程度和重大错报风险的评估结果。<br>——存货监盘的时间，包括实地察看盘点现场的时间、观察存货盘点的时间和对已盘点存货实施检查的时间等，应当与被审计单位实施存货盘点的时间相协调。<br>（2）存货监盘的要点及关注事项。<br>——存货监盘的要点主要包括注册会计师实施存货监盘程序的方法、步骤，各个环节应注意的问题以及所要解决的问题。<br>——注册会计师需要重点关注的事项包括盘点期间的存货移动、存货的状况、存货的截止确认、存货的各个存放地点及金额等。<br>（3）参加存货监盘人员的分工。<br>——注册会计师应当根据被审计单位参加存货盘点人员分工、分组情况、存货监盘工作量的大小和人员素质情况，确定参加存货监盘的人员组成以及各组成人员的职责和具体的分工情况，并加强督导。<br>（4）抽盘存货的范围。<br>——注册会计师应当根据对被审计单位存货盘点和对被审计单位内部控制的评价结果确定抽盘存货的范围。在实施观察程序后，如果认为被审计单位内部控制设计良好且得到有效实施，存货盘点组织良好，可以相应缩小实施抽盘的范围 |



## 高频考点4：存货监盘程序★★★

在存货盘点现场实施监盘时，注册会计师应当实施的审计程序，如表11－8所示。

表 11－8

| 审计程序 | 具体内容及要求 |
|---|---|
| 评价管理层用以记录和控制存货盘点结果的指令和程序 | 注册会计师需要考虑这些指令和程序是否包括下列方面：<br>（1）适当控制活动的运用；<br>（2）准确认定在产品的完工程度，流动缓慢（呆滞）、过时或毁损的存货项目，以及第三方拥有的存货（如寄存货物）；<br>（3）适用的情况下用于估计存货数量的方法；<br>（4）对存货在不同存放地点之间的移动以及截止日前后出入库的控制。<br>【示例】如果被审计单位在盘点过程中无法停止生产，可以考虑在仓库内划分出独立的过渡区域，将预计在盘点期间领用的存货移至过渡区域、对盘点期间办理入库手续的存货暂时存放在过渡区域，以此确保相关存货只被盘点一次。<br>【小贴士】注册会计师需要观察被审计单位有关存货移动的控制程序是否得到执行。<br>注册会计师可以向管理层索取盘点期间存货移动相关的书面记录以及出、入库资料作为执行截止测试的资料，以为监盘结束的后续工作提供证据 |
| 观察管理层制定的盘点程序的执行情况 | （1）存货移动的控制。<br>如果在盘点过程中被审计单位的生产经营仍将持续进行，注册会计师应通过实施必要的检查程序，确定被审计单位是否已经对此设置了相应的控制程序，确保在适当的期间内对存货作出了准确记录。<br>（2）获取存货截止性信息。<br>——注册会计师一般应当获取盘点日前后存货收发及移动的凭证，检查库存记录与会计记录期末截止是否正确。<br>——需要关注，所有在盘点日以前入库的存货项目是否均已包括在盘点范围内，所有已确认为销售但尚未装运出库的商品是否均未包括在盘点范围内。<br>——在途存货和被审计单位直接向顾客发运的存货是否均已得到了适当的会计处理。<br>——注册会计师通常可观察存货的验收入库地点和装运出库地点以执行截止测试 |
| 检查存货 | 在存货监盘过程中检查存货，有助于确定存货的存在，以及识别过时、毁损或陈旧的存货。能为测试被审计单位存货跌价准备计提的准确性提供证据 |
| 执行抽盘 | （1）方式方法。<br>注册会计师可以从存货盘点记录中选取项目追查至存货实物——获取盘点记录准确性。<br>从存货实物中选取项目追查至盘点记录——获取盘点记录完整性的审计证据。<br>【小贴士】注册会计师应尽可能避免让被审计单位事先了解将抽盘的存货项目。<br>（2）实施抽盘程序时发现差异的处理。<br>——注册会计师应当查明原因，并及时提请被审计单位更正。<br>——注册会计师应当考虑错误的潜在范围和重大程度，在可能的情况下，扩大检查范围以减少错误的发生。<br>——注册会计师还可要求被审计单位重新盘点 |
| 需要特别关注的情况 | （1）存货盘点范围。<br>——防止遗漏或重复盘点。<br>——防止所有权不属于被审计单位的存货被纳入盘点范围。<br>（2）对特殊类型存货的监盘。<br>【小贴士】掌握教材中的表 11－5 特殊类型存货的监盘程序 |
| 存货监盘结束时的工作 | （1）再次观察盘点现场，以确定所有应纳入盘点范围的存货是否均已盘点。<br>（2）取得并检查已填用、作废及未使用盘点表单的号码记录，确定其是否连续编号，查明已发放的表单是否均已收回，并与存货盘点的汇总记录进行核对。<br>【小贴士】如果存货盘点日不是资产负债表日，注册会计师应当实施适当的审计程序，确定盘点日与资产负债表日之间存货的变动是否已得到恰当的记录。<br>实质性程序：<br>（1）比较盘点日和财务报表日之间的存货信息以识别异常项目，并对其执行适当的审计程序（例如实地查看等）；<br>（2）对存货周转率或存货销售周转天数等实施实质性分析程序；<br>（3）对盘点日至财务报表日之间的存货采购和存货销售分别实施双向检查；<br>（4）测试存货销售和采购在盘点日和财务报表日的截止是否正确 |

## 高频考点5：特殊情况的处理★★★

存货监盘中特殊情况的处理，如表11－9所示。

表11－9

| 特殊情况 | 审计程序 |
| --- | --- |
| 在存货盘点现场实施存货监盘不可行 | 实施替代程序——存货盘点现场实施存货监盘不可行，注册会计师应当实施替代审计程序（如检查盘点日后出售盘点日之前取得或购买的特定存货的文件记录），以获取有关存货的存在和状况的充分、适当的审计证据。<br>——不能实施替代审计程序，或者实施替代审计程序可能无法获取有关存货的存在和状况的充分、适当的审计证据，注册会计师需要按照《中国注册会计师审计准则第1502号——在审计报告中发表非无保留意见》的规定发表非无保留意见。<br>【小贴士】审计中的困难、时间或成本等事项本身，不能作为注册会计师省略不可替代的审计程序或满足于说服力不足的审计证据的正当理由 |
| 不可预见的情况导致无法在存货盘点现场实施监盘 | 典型的情况：<br>一是注册会计师无法亲临现场，即由于不可抗力导致其无法到达存货存放地实施存货监盘；<br>二是气候因素，即由于恶劣的天气导致注册会计师无法实施存货监盘程序，或由于恶劣的天气无法观察存货，如木材被积雪覆盖。<br>注册会计师审计程序：<br>——应当另择日期实施监盘，并对间隔期内发生的交易实施审计程序 |
| 由第三方保管或控制的存货（存货对财务报表是重要的） | 注册会计师应当实施下列一项或两项审计程序：<br>——向持有被审计单位存货的第三方函证存货的数量和状况；<br>——实施检查或其他适合具体情况的审计程序 |
| | 其他审计程序：<br>——实施或安排其他注册会计师实施对第三方的存货监盘（如可行）；<br>——获取其他注册会计师或服务机构注册会计师针对用以保证存货得到恰当盘点和保管的内部控制的适当性而出具的报告；<br>——检查与第三方持有的存货相关的文件记录，如仓储单；<br>——当存货被作为抵押品时，要求其他机构或人员进行确认 |

### 经典例题

【真题·简答题】（2020）制造业企业甲公司是ABC会计师事务所的常年审计客户。A注册会计师负责审计甲公司2019年度财务报表。与存货审计相关的部分事项如下：

（1）在测试2019年度营业成本时，A注册会计师检查了成本核算系统中结转营业成本的设置，并检查了财务经理对营业成本计算表的复核审批记录，结果满意，据此认可了甲公司2019年度的营业成本。

（2）A注册会计师取得了甲公司2019年末存货跌价准备明细表，测试了明细表中的存货数量、单位成本和可变现净值，检查了明细表的计算准确性，结果满意，据此认可了年末的存货跌价准备。

（3）甲公司对生产工人采用计件工资制。在对直接人工成本实施实质性分析程序时，A注册会计师取得了生产部门提供的产量统计报告和人事部门提供的计件工资标准，评价了相关信息的可靠性，据此计算了直接人工成本的预期值。

（4）A注册会计师于2019年12月31日对甲公司的存货盘点实施了监盘。因人手不足，管理层和A注册会计师分别执行了其中的8个和2个仓库的盘点。在管理层完成8个仓库的盘点后，A注册会计师取得了管理层编制的盘点表，从中选取项目执行了抽盘，结果满意，据此认可了盘点结果。

（5）甲公司年末存放于第三方仓库的原材料金额重大。A注册会计师向第三方仓库函证了这些原材料的名称、规格和数量，并测试了其单价，结果满意，据此认可了这些原材料的年末账面价值。

【要求】针对上述第（1）~（5）项，逐项指出A注册会计师的做法是否恰当。如不恰当，简要说明理由。

【答案】

（1）不恰当。制造业企业的营业成本通常涉及重大类别交易，应当实施实质性程序。

（2）不恰当。需要识别计提跌价准备的存货项目是否完整，测试可变现净值的计量是否合理。

（3）恰当。

（4）不恰当。不能代行管理层的盘点职责。未在现场观察管理层的盘点。

（5）不恰当。没有就第三方保管的原材料状况获取审计证据。

## 高频考点6：存货计价测试★★

存货计价测试包括两个方面：一是被审计单位所使用的存货单位成本是否正确；二是是否恰当计提了存货跌价准备。

### （一）存货单位成本测试

### （二）存货跌价准备的测试

注册会计师在测试存货跌价准备时，需要从以下两个方面进行测试：

1. 识别需要计提跌价准备的存货项目

（1）注册会计师可以通过询问管理层和相关部门（生产、仓储、财务、销售等）员工，了解被审计单位如何收集有关滞销、过时、陈旧、毁损、残次存货的信息并为之计提必要的存货跌价准备。

（2）被审计单位编制存货货龄分析表，则可以通过审阅分析表识别滞销或陈旧的存货。

（3）注册会计师还要结合存货监盘过程中检查存货状况而获取的信息，以判断被审计单位的存货跌价准备计算表是否有遗漏。

2. 检查可变现净值的计量是否合理

在存货计价审计中，由于被审计单位对期末存货采用成本与可变现净值孰低的方法计价，所以注册会计师应充分关注其对存货可变现净值的确定及存货跌价准备的计提。

## 高频考点7：存货计价测试★★

如果识别出与存货相关的舞弊风险，注册会计师可以特别关注或考虑实施以下程序：

1. 针对虚构存货相关舞弊风险

（1）根据存货的特点、盘存制度和存货内部控制，设计和执行存货监盘程序；

（2）关注是否存在金额较大且占比较高、库龄较长、周转率低于同行业可比公司等情形的存货，分析评价其合理性；

（3）严格执行分析性程序，检查存货结构波动情况，分析其与收入结构变动的匹配性，评价产成品存货与收入、成本之间变动的匹配性；

（4）对异地存放或由第三方保管或控制的存货，严格执行函证或异地监盘等程序。

2. 针对账外存货相关舞弊风险

（1）在其他资产审计中，关注是否有转移资产形成账外存货的情况；

（2）关注存货盘亏、报废的内部控制程序，关注是否有异常大额存货盘亏、报废的情况；

（3）存货监盘中，关注存货的所有权及完整性；

（4）关注是否存在通过多结转成本、多报耗用数量、少报产成品入库等方式，形成账外存货。

# 进阶练习

### （一）单选题

1. 下列各项中，不属于生产与存货循环的主要业务活动的是（　　）。

A. 生产产品

B. 核算产品成本
C. 存货监盘
D. 计提存货跌价准备

2. 下列各项中，不属于针对存货数量的实质性程序是（　　）。
A. 针对第三方保管的存货实施函证
B. 存货监盘
C. 对在途存货检查相关凭证和期后入库记录
D. 生产成本的审计

3. 下列审计程序中，不属于注册会计师在存货盘点现场实施监盘时应当实施的程序是（　　）。
A. 评价管理层用以记录和控制存货盘点结果的指令和程序
B. 观察管理层制定的盘点程序
C. 检查存货
D. 执行抽盘

4. 下列各项中，不属于注册会计师在编制存货监盘计划时需要考虑的事项是（　　）。
A. 存货相关的重大错报风险
B. 存货相关的内部控制的性质
C. 存货盘点的程序
D. 存货盘点的时间安排

5. 如果识别出由于舞弊导致的影响存货数量的重大错报风险，注册会计师不应采取的对策是（　　）。
A. 检查被审计单位存货记录
B. 不预先通知的情况下对特定存放地点的存货实施监盘
C. 在同一天对所有存放地点的存货实施监盘
D. 要求被审计单位提供一份完整的存货存放地点清单

### （二）多选题

1. 存货重大错报风险与财务报表其他项目的重大错报风险共存的有（　　）。
A. 收入确认的错报风险
B. 采购交易的错报风险
C. 营业成本的错报风险
D. 银行存款的错报风险

2. 下列所述注册会计师执行控制测试时的测试内容，测试内容不完整的有（　　）。
A. 计提存货跌价准备使用了系统生成的存货货龄分析表，注册会计师需要测试存货货龄分析表的准确性
B. 系统根据当月输入的产成品入库单和出库单自动生成产成品收发存报表，注册会计师核对报表产生的过程
C. 系统根据输入的成本和费用代码自动识别制造费用并进行归集，注册会计师检查自动归集设置是否合理
D. 系统根据确认的营业收入所对应的售出产品自动结转营业成本，注册会计师检查系统设置的自动转账功能是否正常运行

3. 注册会计师监盘存货的目的在于获取有关存货数量和状况的审计证据，下列审计证据通过存货监盘可以获取的有（　　）。
A. 存货的存在认定
B. 存货的完整性认定
C. 存货的计价和分摊认定
D. 存货的权利与义务认定

4. 在复核或与管理层讨论其存货盘点程序时，注册会计师应当考虑的因素有（　　）。
A. 存货盘点范围和场所
B. 对毁损、陈旧、过时、残次的存货的区分
C. 在产品完工程度的确定方法
D. 盘点结果的汇总

5. 如果被审计单位的存货存放在多个地点，注册会计师可以考虑执行的审计程序有（　　）。
A. 询问除被审计单位管理层和财务部门及其他部门的人员，以了解有关存货存放地点的情况
B. 检查被审计单位“固定资产——房屋建筑物”明细清单
C. 检查费用支出明细账和租赁合同
D. 检查被审计单位存货的出、入库单

6. 存货监盘的时间有（　　）。

A. 实地查看盘点现场的时间

B. 观察存货盘点的时间

C. 对已盘点存货实施检查的时间

D. 存货盘点实施结束的时间

7. 关于存货监盘程序的说法中，错误的有（　　）。

A. 注册会计师应当在被审计单位盘点存货时，观察盘点现场

B. 注册会计师抽盘时应和被审计单位进行沟通

C. 存货监盘过程中检查存货，可以确定存货的所有权

D. 注册会计师需要关注已确认为销售但尚未装运出库的商品是否均未包括在盘点范围内

8. 如果存货盘点日不是资产负债表日，注册会计师可以实施的实质性程序有（　　）。

A. 测试存货销售和采购在盘点日和财务报表日的截止是否正确

B. 对存货周转率实施实质性分析程序

C. 对盘点日至财务报表日之间的存货采购和存货销售实施检查

D. 对盘点日至财务报表日之间的存货变动记录重新计算

9. 下列注册会计师针对存货盘点中存在特殊问题的处理方式中，错误的有（　　）。

A. 被审计单位提供资料证明，某类存货存放在严格限定非专业人员进入区域，注册会计师认为审计工作受限，考虑发表非无保留意见

B. 因天气原因，原定监盘计划无法按时开展，注册会计师实施替代审计程序，确认有关存货的存在和价值

C. 因车辆故障，注册会计师在被审计单位盘点开始 15 分钟后到达监盘现场，认真观察盘点现场，执行了抽盘，确认有关存货的存在和状况

D. 因突降大雨，注册会计师无法观察存货，决定雨停后再进行存货监盘，两天后按照原定计划执行存货监盘，核对各类数据信息，取得有关存货的存在和状况的证据

10. 注册会计师在测试存货跌价准备时，需要实施的审计程序有（　　）。

A. 编制存货账龄分析表

B. 识别需要计提跌价准备的存货项目

C. 检查可变现净值的计量是否合理

D. 收集有关滞销、过时、陈旧、毁损、残次存货的信息

### （三）简答题

1. ABC 会计师事务所的 A 注册会计师负责审计甲公司 20×2 年度财务报表。与存货审计相关的部分事项如下：

（1）甲公司为制造型企业，采用信息系统进行成本核算。A 注册会计师对信息系统一般控制和相关的自动化信息处理控制进行测试后结果满意，再询问财务经理如何执行复核和调查后，确认产成品核算符合控制要求，确认成本核算结果。

（2）因公司存货管理系统在 7 月 1 日由 3.0 版本升级为 4.0 版本，以前年度审计时发现与存货相关的控制运行有效，A 注册会计师因此减少了本年度存货细节测试的样本量。

（3）20×2 年 12 月 29 日，A 注册会计师对存货实施监盘，结果满意。因年末存货余额与盘点日余额差异较小，A 注册会计师根据监盘结果认可了年末存货数量。

（4）在执行抽盘时，A 注册会计师从存货实物中选取项目追查至盘点记录，以获取有关盘点记录准确性和完整性的审计证据。

（5）A 注册会计师向货运公司函证由其暂存尚未发货的甲公司存货的数量和状况，收到对方电话回复，答复内容与函证显示信息一致。A 注册会计师据此认可了回函结果。

（6）A 注册会计师获取了甲公司的存货货龄分析表，考虑到信息系统中生产和仓储部门上报的存货损毁情况及存货监盘中对存货状况的检查情况，认为甲公司财务人员编制的存货可变现净值计算表中计提跌价准备的项目不存

在遗漏。

【要求】针对上述第（1）~（6）项，逐项指出A注册会计师的做法是否恰当。如不恰当，简要说明理由。

2. ABC会计师事务所的A注册会计师负责审计甲公司等多家被审计单位20×2年度财务报表。与存货审计相关的事项如下：

（1）为提高工作效率，A注册会计师于20×2年12月27日审阅甲公司管理层设计的用以记录和控制存货盘点结果的程序，认为其设计有效。20×2年12月28日，A注册会计师到达存货盘点现场，观察到管理层按制定的盘点程序组织存货的盘点工作，A注册会计师在检查存货并执行抽盘后结束了现场工作。

（2）因乙公司存货品种和数量均较少，A注册会计师决定不实施控制测试，直接选择存货监盘作为实质性程序。

（3）丙公司每年年末未收到发票但已入库的存货比例较高，常年保持在30%~50%，经测算20×2年末，存货以暂估价入账金额占存货总额的40%。A注册会计师对存货实施了监盘，测试了采购和销售交易的截止日期，均未发现差错，据此认为暂估的存货记录准确。

（4）丁公司管理层未将20×2年已收到全款订金尚未完工的定制产品纳入本年末盘点范围。A注册会计师检查了本年度销售及相关账目，认可了管理层的做法。

（5）戊公司管理层规定，由仓储部门人员对全部存货进行盘点，再由生产部门、销售和财务部门人员对生产环节、销售环节和其他领域的存货进行复盘。A注册会计师对复盘项目执行抽盘，未发现差异，据此认可了管理层的盘点结果。

【要求】针对上述第（1）~（5）项，逐项指出A注册会计师的做法是否恰当。如不恰当，简要说明理由。

3. ABC会计师事务所A注册会计师负责审计甲公司20×2年度财务报表。A注册会计师在审计工作底稿中记录了与存货监盘相关的情况，部分内容摘录如下：

（1）A注册会计师拟信赖甲公司与存货相关的内部控制运行的有效性，故在监盘时不再观察管理层制定的盘点程序的执行情况。

（2）甲公司的存货存放在多个地点。A注册会计师基于管理层提供的存货存放地点清单，并根据不同地点所存放存货的重要性及评估的重大错报风险确定了监盘地点。

（3）由于甲公司人手不足，A注册会计师受管理层委托，于20×2年12月31日派出审计助理D代为盘点甲公司异地专卖店的存货，并将盘点记录作为甲公司的盘点记录和审计项目组的监盘工作底稿。

（4）根据管理层提供信息，A注册会计师了解到C材料分别存放在4个仓库和1个厂区专用货场中，进一步询问后得知现有1个仓库已经闲置可在维缮后存放产成品。考虑到监盘人员安排困难，A注册会计师组织审计人员对其中3个仓库的C材料执行抽盘，未发现差异，对该样本项目的抽盘结果满意。

（5）在甲公司存货盘点结束前，A注册会计师取得并检查了已填用、作废及未使用盘点表单的号码记录，确定其是否连续编号以及已发放的表单是否均已收回，并与存货盘点汇总表中记录的盘点表单使用情况核对一致。

【要求】针对上述第（1）~（5）项，逐项指出审计项目组的做法是否恰当。如不恰当，简要说明理由。



## 进阶练习答案及解析

### （一）单选题

1.【答案】C

【解析】存货监盘是注册会计师执行的审计程序，不是企业生产与存货循环的业务活动，因此选择选项C。

2.【答案】D

【解析】生产成本的审计属于针对存货单价的实质性程序，因此选择选项 D。

3.【答案】B

【解析】观察管理层制定的盘点程序的执行情况属于注册会计师在存货盘点现场实施监盘时应当实施的程序，因此选择选项 B。

4.【答案】C

【解析】应考虑的是对存货盘点是否制定了适当的程序，并下达了正确的指令，因此选择选项 C。

5.【答案】D

【解析】如果识别出由于舞弊导致的影响存货数量的重大错报风险，注册会计师在检查被审计单位存货记录的基础时，可能决定在不预先通知的情况下对特定存放地点的存货实施监盘，或在同一天对所有存放地点的存货实施监盘，因此选择选项 D。

（二）多选题

1.【答案】ABC

【解析】存货与企业采购、销售收入及销售成本之间紧密联系，因此选择选项 A、B、C。

2.【答案】BCD

【解析】选项 B，应询问和检查成本会计将产成品收发存报表与成本计算表进行核对的过程和记录。选项 C，应检查系统的自动归集设置是否符合有关成本和费用的性质，是否合理。询问并检查成本会计复核制造费用明细表的过程和记录，检查财务经理对调整制造费用的分录的批准记录。选项 D，应检查系统设置的自动结转功能是否正常运行，成本结转方式是否符合公司成本核算政策。询问和检查财务经理和总经理进行毛利率分析的过程和记录，并对异常波动的调查和处理结果进行核实。

3.【答案】ABC

【解析】存货监盘针对的主要是存货的存在认定，对存货的完整性认定及计价和分摊认定，也能提供部分审计证据。注册会计师还可能在存货监盘中获取有关存货所有权的部分审计证据，存货监盘本身并不足以提供注册会计师确定存货的所有权，注册会计师可能需要执行其他实质性审计程序以应对权利与义务认定的相关风险。因此不选择选项 D。

4.【答案】ABCD

【解析】以上四个选项均正确。

5.【答案】ABCD

【解析】以上四个选项均正确。

6.【答案】ABC

【解析】存货盘点结束的时间不在存货监盘的时间考虑范围之内，因此不选择选项 D。

7.【答案】ABC

【解析】注册会计师应当在被审计单位盘点存货前，观察盘点现场，因此选择选项 A。注册会计师应尽可能避免让被审计单位事先了解将抽盘的存货项目，因此选择选项 B。在存货监盘过程中检查存货，虽然不一定能够确定存货所有权，但有助于确定存货的存在，以及识别过时、毁损或陈旧的存货，因此选择选项 C。

8.【答案】AB

【解析】对盘点日至财务报表日之间的存货采购和存货销售分别实施双向检查，因此不选择选项 C。对盘点日至财务报表日之间的存货变动记录重新计算仅能获得数据的勾稽关系，但需要结合相关内部控制的有效性等因素进行风险评估，因此不选择选项 D。

9.【答案】ABCD

【解析】被审计单位提供证明，如果是真实有效的，注册会计师应当实施替代审计程序，以获取有关存货的存在和状况的充分、适当的审计证据，因此选择选项 A。因天气原因，原定监盘计划无法开展，注册会计师应当另择日期实施监盘，而不是采取替代审计程序，因此选择选项 B。车辆故障，导致注册会计师无法在被审计单位盘点前到达监盘现场进行观察，无法保证监盘的全过程有效控制，也无法确认存货的状况，因此选择选项 C。因大雨导致监盘延期，注册会计师应对间隔期内发生的交易实施审计程序，因此选择选项 D。

10.【答案】BC

【解析】编制存货账龄分析表是被审计单

位的工作，因此不选择选项A。注册会计师了解被审计单位如何收集有关滞销、过时、陈旧、毁损、残次存货的信息并为之计提必要的跌价准备，因此不选择选项D。

## （三）简答题

1.【答案】

（1）不恰当。制造业的成本核算涉及重大类别交易或账户余额，应当实施实质性程序。

（2）不恰当。如果某项控制被用于实现相同控制目标的另一控制所取代，注册会计师需要确定是否测试这两个控制的运行有效性，或只测试新控制，这与存货相关的控制运行有效不构成减少本年度细节测试样本规模的充分理由。

（3）不恰当。注册会计师应当测试盘点日与资产负债表日之间存货的变动是否已得到恰当记录。

（4）不恰当。注册会计师可以从存货盘点记录中选取项目追查至存货实物，以及从存货实物中选取项目追查至盘点记录，以获取有关盘点记录准确性和完整性的审计证据。

（5）不恰当。只对询证函进行口头回复不是注册会计师的直接书面回复，不符合函证要求，因此，不能作为可靠的审计函证。在收到对询证函口头回复的情况下，注册会计师可以要求被询证者提供直接书面回复。如果仍未收到书面回函，注册会计师需要通过实施替代程序，询证其他审计证据以支持口头回复中的信息。

（6）不恰当。注册会计师还需测试存货货龄分析表的准确性。

2.【答案】

（1）不恰当。A注册会计师在存货盘点现场实施监盘，没有/应当评价管理层用以记录和控制存货盘点结果的指令和程序。

（2）恰当。

（3）不恰当。A注册会计师应当检查暂估存货的单价，对存货的成本实施计价测试。

（4）恰当。

（5）不恰当。抽盘的总体无法保持完整。

3.【答案】

（1）不恰当。无论是否信赖内部控制，注册会计师在监盘中均应当观察管理层制定的盘点程序的执行情况。

（2）不恰当。注册会计师应当考虑存货存放地点清单的完整性。

（3）不恰当。A注册会计师指派审计助理D代管理层执行盘点工作，将会影响其独立性。盘点存货是甲公司管理层的责任。

（4）不恰当。应当对所有C材料执行抽盘，检查要关注存货的出入库单，关注是否存在被审计单位尚未告知注册会计师的仓库（期末库存量为零的仓库）。

（5）恰当。

# 第十二章　货币资金的审计

## 2023 年教材内容主要变化

第四节中增加“针对与货币资金相关的舞弊风险采取的应对措施”内容。

## 本章近五年考试高频考点分布

| 高频考点内容 | 年度及题型分布 |
| --- | --- |
| 取得并检查银行存款对账单 | 2022 年简答、2021 年简答 |
| 取得并检查银行存款余额调节表 | 2022 年简答、2021 年简答 |
| 函证银行存款余额 | 2022 年简答、2021 年简答、2020 年简答 |

## 高频考点精讲

本章内容属于审计实务考试较为重要的章节之一，尤其近年中国证监会针对个别上市公司的货币资金项目下发的行政处罚公告将货币资金审计提升至高度重视的程度。本章需要结合第一编（审计基本原理）中的认定、具体审计目标、审计证据、审计程序等内容来学习，并且与第三编（各类交易和账户余额的审计）中的销售与收款、购货与付款、生产与存货的相关内容密不可分。

### 第一单元　货币资金审计概述

#### 高频考点 1：涉及的主要业务活动★★

（一）现金管理

出纳员每日对库存现金自行盘点，编制现金报表，计算当日现金收入、支出及结余额，并将结余额与实际库存额进行核对，如有差异及时查明原因。会计主管不定期检查现金日报表。

每月末，会计主管指定出纳员以外的人员对现金进行盘点，编制库存现金盘点表，将盘点金额与现金日记账余额进行核对。对冲抵库存现金的借条、未提现支票、未作报销的原始票证，在库存现金盘点报告表中予以注明。会计主管复核库存现金盘点表，如果盘点金额与现金日记账余额存在差异，需查明原因并报经财务经理批准后进行财务处理。

（二）银行存款管理

（1）银行账户管理：企业银行账户的开立、变更或注销须经财务经理审核，报总经理审批。

（2）编制银行存款余额调节表：每月末，会计主管指定出纳员以外的人员核对银行存款日记账和银行对账单，编制银行存款余额调节表，使银行存款账面余额与银行对账单调节相符。如调节不符，查明原因。会计主管复核银行存款余额调节表，对需要调整的调节项目及时进行处理。

（3）票据管理：财务部门设置银行票据登记簿，防止票据遗失或被盗用。出纳员登记银行票据的购买、领用、背书转让及注销等事项。空白票据存放在保险柜中。每月末，会计主管指定出纳员以外的人员对空白票据、未办理收款和承兑的票据进行盘点，编制银行票据盘点表，并与银行票据登记簿进行核对。会计主管复核库存银行票据盘点表，如果存在差异，需查明原因。

（4）印章管理：企业的财务专用章由财务经理保管，办理相关业务中使用的个人名章由出纳员保管。

## 高频考点2：货币资金内部控制★★

（一）良好的货币资金内部控制要求

（1）货币资金收支与记账的岗位分离。

（2）货币资金收支要有合理、合法的凭据。

（3）全部收支及时准确入账，并且资金支付应严格履行审批、复核制度。

（4）控制现金坐支，当日收入现金应及时送存银行。

（5）按月盘点现金，编制银行存款余额调节表，以做到账实相符。

（6）对货币资金进行内部审计。

（二）共同遵循的货币资金内部控制

共同遵循的货币资金内部控制，具体内容如表12－1所示。



表12－1 共同遵循的货币资金内部控制

| 要求 | 具体内容 |
| --- | --- |
| 岗位分工及授权批准 | （1）企业应当建立货币资金业务的岗位责任制，明确相关部门和岗位的职责权限，确保办理货币资金业务的不相容岗位相互分离、制约和监督。<br>【小贴士】出纳人员不得兼任稽核、会计档案保管和收入、支出、费用、债权债务账目的登记工作。企业不得由一人办理货币资金业务的全过程。<br>（2）企业应当对货币资金业务建立严格的授权审批制度，明确审批人对货币资金业务的授权批准方式、权限、程序、责任和相关控制措施，规定经办人办理货币资金业务的职责范围和工作要求。<br>①审批人应当根据货币资金授权批准制度的规定，在授权范围内进行审批，不得超越审批权限。<br>②经办人应当在职责范围内，按照审批人的批准意见办理货币资金业务。<br>③对于审批人超越授权范围审批的货币资金业务，经办人员有权拒绝办理，并及时向审批人的上级授权部门报告。<br>（3）企业应当按照规定的程序办理货币资金支付业务。<br>①支付申请。<br>②支付审批。<br>③支付复核。<br>④办理支付。<br>（4）企业对于重要货币资金支付业务，应当实行集体决策和审批，并建立责任追究制度，防范贪污、侵占、挪用货币资金等行为。<br>（5）严禁未经授权的机构或人员办理货币资金业务或直接接触货币资金 |

续表

| 要求 | 具体内容 |
| --- | --- |
| 现金和银行存款的管理 | (1) 企业应当加强现金库存限额的管理，超过库存限额的现金应及时存入银行。<br>(2) 企业必须根据《现金管理暂行条例》的规定，结合本企业的实际情况，确定本企业现金的开支范围。<br>(3) 企业现金收入应当及时存入银行，不得从企业的现金收入中直接支付（即坐支）。因特殊情况需坐支现金的，应事先报经开户银行审查批准，由开户银行核定坐支范围和限额。企业借出款项必须执行严格的授权批准程序，严禁擅自挪用、借出货币资金。<br>(4) 企业取得的货币资金收入必须及时入账，不得私设“小金库”，不得账外设账，严禁收款不入账。<br>(5) 企业应当严格按照《支付结算办法》等国家有关规定，加强银行账户的管理，严格按照规定开立账户，办理存款、取款和结算。<br>(6) 企业应当严格遵守银行结算纪律，不准套取银行信用、套取银行和他人资金；不准违反规定开立和使用银行账户。<br>(7) 企业应当指定专人定期核对银行账户（每月至少核对一次），编制银行存款余额调节表，使银行存款账面余额与银行对账单调节相符。如调节不符，应查明原因，及时处理。<br>(8) 企业应当定期和不定期地进行现金盘点，确保现金账面余额与实际库存相符。发现不符，及时查明原因并作出处理 |
| 票据及有关印章的管理 | (1) 企业应当加强与货币资金相关的票据的管理，明确各种票据的购买、保管、领用、背书转让、注销等环节的职责权限和程序，并专设登记簿进行记录，防止空白票据的遗失和被盗用。<br>(2) 企业应当加强银行预留印鉴的管理。财务专用章应由专人保管，个人名章必须由本人或其授权人员保管。严禁一人保管支付款项所需的全部印章 |
| 监督检查 | (1) 企业应当建立对货币资金业务的监督检查制度，明确监督检查机构或人员的职责权限，定期和不定期地进行检查。<br>(2) 货币资金监督检查的内容主要包括：<br>①货币资金业务相关岗位及人员的设置情况。重点检查是否存在货币资金业务不相容岗位职责未分离的现象。<br>②货币资金授权批准制度的执行情况。重点检查货币资金支出的授权批准手续是否健全，是否存在越权审批行为。<br>③支付款项印章的保管情况。重点检查是否存在办理付款业务所需的全部印章交由一人保管的现象。<br>④票据的保管情况。重点检查票据的购买、领用、保管手续是否健全，票据保管是否存在漏洞。<br>(3) 对监督检查过程中发现的货币资金内部控制中的薄弱环节，应当及时采取措施，加以纠正和完善 |

# 第二单元　货币资金的重大错报风险

## 高频考点1：货币资金可能发生的错报环节★★

货币资金可能发生的错报环节如表12－2所示。

表12－2　货币资金可能发生的错报环节

| 可能发生错报环节 | 认定 |
| --- | --- |
| 被审计单位资产负债表的货币资金项目中的库存现金和银行存款在资产负债表日不存在 | 存在 |
| 被审计单位所有应当记录的现金收支业务和银行存款收支业务未得到完整记录，存在遗漏 | 完整性 |
| 被审计单位的现金收款通过舞弊手段被侵占 | 完整性 |
| 记录的库存现金和银行存款不为被审计单位所拥有或控制 | 权利和义务 |

续表

| 可能发生错报环节 | 认定 |
|---|---|
| 库存现金和银行存款的金额未被恰当地包括在财务报表的货币资金项目中，与之相关的计价调整未得到恰当记录 | 准确性、计价和分摊 |
| 库存现金和银行存款未按照企业会计准则的规定在财务报表中作出恰当列报 | 列报 |

## 高频考点 2：货币资金业务交易、账户余额和列报的认定层次的重大错报风险★★

### （一）可能存在的情形

（1）被审计单位存在虚假的货币资金余额或交易，因而导致银行存款余额或交易的发生存在重大错报风险。

（2）被审计单位存在大额的外币交易和余额，可能存在外币交易或余额未被准确记录的风险。

【示例】对于有外币现金或外币银行存款的被审计单位，企业有关外币交易的增减变动或年底余额可能因未采用正确的折算汇率而导致计价错误（计价和分摊/准确性）。

（3）银行存款的期末收支存在大额的截止性错误（截止）。

【示例】被审计单位期末存在金额重大且异常的银付企未付、企收银未收事项。

（4）被审计单位可能存在未能按照企业会计准则的规定对货币资金作出恰当披露的风险。

【示例】被审计单位期末持有使用受限制的大额银行存款，但在编制财务报表时未在财务报表附注中对其进行披露。

### （二）注册会计师实施货币资金审计，需要保持警觉的事项或情形

在实施货币资金审计的过程中，如果被审计单位存在以下事项或情形，注册会计师需要保持警觉：

（1）被审计单位的现金交易比例较高，并且与其所在行业的常用结算模式不同。

（2）库存现金规模明显超过业务周转所需资金。

（3）银行账户开立数量与企业实际业务规模不匹配，或存在多个零余额账户且长期不注销。

（4）在没有经营业务的地区开立银行账户，或将高额资金存放于其经营和注册地之外的异地。

（5）被审计单位资金存放于管理层或员工个人账户，或通过个人账户进行被审计单位交易的资金结算。

（6）货币资金收支金额与现金流量表中的经营活动、筹资活动、投资活动的现金流量不匹配，或经营活动现金流量净额与净利润不匹配。

（7）不能提供银行对账单或银行存款余额调节表，或提供的银行对账单没有银行印章、交易对方名称或摘要。

（8）存在长期或大量银行未达账项。

（9）银行存款明细账存在非正常转账。例如，短期内相同金额的一收一付或相同金额的分次转入转出等大额异常交易。

（10）存在期末余额为负数的银行账户。

（11）受限货币资金占比较高。

（12）存款收益金额与存款的规模明显不匹配。

（13）针对同一交易对方，在报告期内存在现金和其他结算方式并存的情形。

（14）违反货币资金存放和使用规定，如上市公司将募集资金违规用于质押、未经批准开立账户转移募集资金、未经许可将募集资金转作其他用途等。

（15）存在大额外币收付记录，而被审计单位并不涉足进出口业务。

（16）被审计单位以各种理由不配合注册会计师实施银行函证、不配合注册会计师至中

国人民银行或基本户开户行打印《已开立银行结算账户清单》。

(17) 与实际控制人（或控股股东）、银行（或财务公司）签订集团现金管理账户协议或类似协议。

### (三) 注册会计师在审计其他财务报表项目时，需保持警觉的事项或情形

(1) 存在没有真实业务支持或与交易不相匹配的大额资金或汇票往来。

(2) 存在长期挂账的大额预付款项等。

(3) 存在大量货币资金的情况下仍高额或高息举债。

(4) 付款方全称与销售客户名称不一致、收款方全称与供应商名称不一致。

(5) 开具的银行承兑汇票没有银行承兑协议支持。

(6) 银行承兑票据保证金余额与应付票据相应余额比例不合理。

(7) 存在频繁的票据贴现。

(8) 实际控制人（或控股股东）频繁进行股权质押（冻结）且累计被质押（冻结）的股权占其持有被审计单位总股本的比例较高。

(9) 存在大量货币资金的情况下，频繁发生债务违约，或者无法按期支付股利或偿付债务本息。

(10) 首次公开发行股票（IPO）公司申报期内持续现金分红。

(11) 工程付款进度或结算周期异常等。

**小贴士** 当被审计单位存在以上事项或情形时，可能表明存在舞弊风险。

### (四) 注册会计师拟实施的进一步审计程序的总体方案

注册会计师基于以上识别的重大错报风险评估结果，制定实施进一步审计程序的总体方案（包括综合性方案和实质性方案），继而实施控制测试和实质性审计程序，以应对识别出的重大错报风险。注册会计师通过综合性方案或实质性方案获取的审计证据应足以应对识别出的认定层次的重大错报风险。

# 第三单元 测试货币资金的内部控制

## 高频考点 1：货币资金的控制测试

★★★

### (一) 现金付款的审批和复核

1. 被审计单位的内控要求

(1) 部门经理审批本部门的付款申请，审核付款业务是否真实发生、付款金额是否准确，以及后附票据是否齐备，并在复核无误后签字认可。

(2) 财务部门在安排付款前，财务经理再次复核经审批的付款申请及后附相关凭据或证明，如核对一致，进行签字认可并安排付款。

2. 注册会计师选取适当样本基础上实施以下控制测试程序

(1) 询问相关业务部门的部门经理和财务经理其在日常现金付款业务中执行的内部控制，以确定其是否与被审计单位内部控制政策要求保持一致。

(2) 观察财务经理复核付款申请的过程，是否核对了付款申请的用途、金额及后附相关凭据，以及在核对无误后是否进行了签字确认。

(3) 重新核对经审批及复核的付款申请及其相关凭据，并检查是否经签字确认。

### (二) 现金盘点

注册会计师针对被审计单位现金盘点实施的现金监盘。

(1) 检查现金以确定其是否存在，并检查现金盘点结果。

(2) 观察执行现金盘点的人员对盘点计划的遵循情况，以及用于记录和控制现金盘点结果的程序的实施情况。

(3) 获取有关被审计单位现金盘点程序可靠性的审计证据。

**小贴士** 现金监盘程序是用作控制测试还是实质性程序，取决于注册会计师对风险评

估结果、审计方案和实施的特定程序的判断。注册会计师可以将现金监盘同时用作控制测试和实质性程序。

库存现金的控制测试示例如表 12－3 所示。

表 12－3

| 被审计单位内部控制要求 | 注册会计师实施控制测试程序 |
| --- | --- |
| (1) 会计主管指定应付账款会计在每月末的最后一天对库存现金进行盘点，根据盘点结果编制库存现金盘点表，将盘点余额与现金日记账余额进行核对，并对差异调节项进行说明。<br>(2) 会计主管复核库存现金盘点，如盘点金额与现金日记账余额存在差异且差异金额超过 2 万元，需查明原因并报财务经理批准后进行财务处理 | (1) 在月末最后一天参与被审计单位的现金盘点，检查是否由应付账款会计进行现金盘点。<br>(2) 观察现金盘点程序是否按照盘点计划的指令和程序执行，是否编制了现金盘点表并根据内控要求经财务部相关人员签字复核。<br>(3) 检查现金盘点表中记录的现金盘点余额是否与实际盘点金额保持一致、现金盘点表中记录的现金日记账余额是否与被审计单位现金日记账中余额保持一致。<br>(4) 针对调节差异金额超过 2 万元的调节项，检查是否经财务经理批准后进行财务处理 |

## 高频考点 2：银行存款的控制测试★★★

银行存款的控制测试具体内容如表 12－4 所示。

表 12－4

| 内部控制 | 被审计单位内部控制要求 | 注册会计师实施控制测试程序 |
| --- | --- | --- |
| 银行账户的开立、变更和注销 | 会计主管根据被审计单位的实际业务需要就银行账户的开立、变更和注销提出申请，经财务经理审核后报总经理审批 | (1) 询问会计主管被审计单位本年开户、变更、撤销的整体情况。<br>(2) 取得本年度账户开立、变更、撤销申请项目清单，检查清单的完整性，并在选取适当样本的基础上检查账户的开立、变更、撤销项目是否已经财务经理和总经理审批 |
| 银行付款的审批和复核 | 部门经理审批本部门的付款申请，审核付款业务是否真实发生、付款金额是否准确，以及后附票据是否齐备，并在复核无误后签字认可。<br>财务部门在安排付款前，财务经理再次复核经审批的付款申请后附相关凭据或证明，如核对一致，进行签字认可并安排付款 | (1) 询问相关业务部门的部门经理和财务经理在日常银行付款业务中执行的内部控制，以确定其是否与被审计单位内部控制政策要求保持一致。<br>(2) 观察财务经理复核付款申请的过程，是否核对了付款申请的用途、金额及后附相关凭据，以及在核对无误后是否进行了签字确认。<br>(3) 重新核对经审批及复核的付款申请及其相关凭据，并检查是否经签字确认 |
| 编制银行存款余额调节表 | 每月末，会计主管指定应收账款会计核对银行存款日记账和银行对账单，编制银行存款余额调节表，使银行存款账面余额与银行对账单调节相符。如存在差异项，查明原因并进行差异调节说明。<br>会计主管复核银行存款余额调节表，对需要进行调整的调节项目及时进行处理，并签字确认 | (1) 询问应收账款会计和会计主管，以确定其执行的内部控制是否与被审计单位内部控制政策要求保持一致，特别是针对未达账项的编制及审批流程。<br>(2) 针对选取的样本，检查银行存款余额调节表，查看调节表中记录的企业银行存款日记账余额是否与银行存款日记账余额保持一致、调节表中记录的银行对账单余额是否与被审计单位提供的银行对账单中的余额保持一致。<br>(3) 针对调节项目，检查是否经会计主管的签字复核。<br>(4) 针对大额未达账项进行期后收付款的检查 |

## 第四单元　货币资金的实质性程序

### 高频考点1：库存现金的实质性程序★★★

（1）核对库存现金日记账与总账的金额是否相符，检查非记账本位币库存现金的折算汇率及折算金额是否正确。注册会计师测试现金余额的起点是，核对库存现金日记账与总账的金额是否相符。如果不相符，应查明原因，必要时应建议作出适当调整。

（2）监盘库存现金，具体内容如表12－5所示。

**表12－5**

| 监盘库存现金 | 内容 |
| --- | --- |
| 监盘时间 | 最好选择在上午上班前或下午下班时 |
| 监盘范围 | 一般包括被审计单位各部门经管的所有现金 |
| 监盘参加人员 | 现金出纳员和被审计单位会计主管人员必须参加，注册会计师 |
| 监盘方式 | 对库存现金的监盘最好实施突击性的检查 |
| 监盘步骤与方法 | （1）查看被审计单位制订的盘点计划，以确定监盘时间。<br>（2）查阅库存现金日记账并同时与现金收付凭证相核对。<br>一方面检查库存现金日记账的记录与凭证的内容和金额是否相符；另一方面了解凭证日期与库存现金日记账日期是否相符或接近。<br>（3）检查被审计单位现金实存数，并将该监盘金额与库存现金日记账余额进行比较，如有差异，应要求被审计单位查明原因，必要时应提请被审计单位作出调整；如无法查明原因，应要求被审计单位按管理权限批准后作出调整。若有冲抵库存现金的借条、未提现支票、未作报销的原始凭证，应在“库存现金监盘表”中注明，必要时应提请被审计单位作出调整。<br>（4）在非资产负债表日进行监盘时，应将监盘金额调整至资产负债表日的金额，并对变动情况实施程序 |
| 【小贴士】对被审计单位现金盘点实施的监盘程序是用作控制测试还是实质性程序，取决于注册会计师对风险评估结果、审计方案和实施的特定程序的判断。<br>注册会计师可能基于风险评估的结果判断无须对现金盘点实施控制测试，仅实施实质性程序 | |

（3）抽查大额库存现金收支。查看大额现金收支，并检查原始凭证是否齐全、原始凭证内容是否完整、有无授权批准、记账凭证与原始凭证是否相符、账务处理是否正确、是否记录于恰当的会计期间等内容。

（4）检查库存现金列报。检查库存现金是否在财务报表中作出恰当列报。

### 高频考点2：银行存款的实质性程序★★★

注册会计师就银行存款实施的实质性程序可能包括：

#### （一）基本程序

1. 获取银行存款余额明细表

复核加计是否正确，并与总账数和日记账合计数核对是否相符；检查非记账本位币银行存款的折算汇率及折算金额是否正确。

2. 可以考虑额外实施的实质性程序

如果对被审计单位银行账户的完整性存有疑虑，例如，当被审计单位可能存在账外账或资金体外循环时，注册会计师可以考虑额外实施以下实质性程序：

（1）注册会计师在企业人员陪同下到中国人民银行或基本存款账户开户行查询并打印《已开立银行结算账户清单》，观察银行办事人员的查询、打印过程，并检查被审计单位账面记录的银行人民币结算账户是否完整。

（2）结合其他相关细节测试，关注交易相关单据中被审计单位的收（付）款银行账户是否均包含在注册会计师已获取的开立银行账户清单内。

### （二）实施实质性分析程序

（1）计算银行存款累计余额应收利息收入，分析比较被审计单位银行存款应收利息收入与实际利息收入的差异是否恰当，评估利息收入的合理性。

（2）检查是否存在高息资金拆借，确认银行存款余额是否存在，利息收入是否已经完整记录。

### （三）检查银行存款账户发生额

注册会计师还可以考虑对银行存款账户的发生额实施以下程序：

（1）结合银行账户性质，分析不同账户发生银行存款日记账漏记银行交易的可能性，获取相关账户相关期间的全部银行对账单。

（2）利用数据分析等技术，对比银行对账单上的收付款流水与被审计单位银行存款日记账的收付款信息是否一致，对银行对账单及被审计单位银行存款日记账记录进行双向核对。

注册会计师通常可以考虑选择以下银行账户进行核对：基本户，余额较大的银行账户，发生额较大且收付频繁的银行账户，发生额较大但余额较小、零余额或当期注销的银行账户，募集资金账户等。

（3）浏览资产负债表日前后的银行对账单和被审计单位银行存款账簿记录，关注是否存在大额、异常资金变动以及大量大额红字冲销或调整记录，如存在，需要实施进一步的审计程序。

## 经典例题

【真题·简答题】（2021）甲公司是ABC会计师事务所的常年审计客户，A注册会计师负责审计甲公司2020年度财务报表，确定财务报表整体的重要性为300万元，与货币资金相关的部分事项如下：

（1）甲公司一笔1 000万元的定期存款于2021年1月到期。A注册会计师于2020年末检查了相关的开户证实书原件，于2021年2月检查了到期兑付的银行凭证及相关的银行对账单，据此认可了该笔定期存款的存在。

（2）A注册会计师实施实质性分析程序后发现，甲公司2020年度账面记录的银行存款利息收入明显少于预期值，经调查系年内向关联方借出资金、甲公司账面未作记录所致，因借出资金已于年末收回，不影响银行存款余额，A注册会计师认为不存在错报。

（3）甲公司与其子公司乙银行签订的集团现金管理账户协议约定，乙公司银行账户余额超过500万元的部分自动拨入甲公司银行账户。A注册会计师检查了相关协议，并通过函证向乙银行确认了资金归集账户的具体信息，结果满意。

（4）为验证银行对账单的真实性，A注册会计师要求甲公司财务人员提供相关的网银记录截屏，将网银截屏信息与银行对账单信息进行核对，结果满意。

（5）在测试银行存款余额调节表时，A注册会计师针对企付银未付和企收银未收调节事项，分别检查了相关的付款和收款原始凭证，据此确认了调节事项的适当性。

【要求】针对上述第（1）~（5）项，逐项指出A注册会计师做法是否恰当。如不恰当，请说明理由。

【答案】

（1）恰当。

（2）不恰当。借出资金未记录，存在舞弊风险。

（3）不恰当。签订现金管理协议为集团变相占用子公司资金，存在舞弊风险，检查协议和向子公司实施函证不能提供可靠的审计证据。

（4）不恰当。应当实施审计程序确定网银记录截屏的真实性/可以实地观察被审计单位登录网银系统查询银行账户信息，并将查询记录截屏与银行对账单信息进行核对。

（5）不恰当。对于企付银未付、企收银未收款项，应检查被审计单位付款和收款的原始凭证，并与期后对账单进行核对。

## 高频考点 3：检查银行对账单和银行存款余额调节表★★

1. 取得并检查银行对账单

（1）取得被审计单位加盖银行印章的银行对账单，注册会计师应对银行对账单的真实性保持警觉，必要时，亲自到银行获取对账单，并对获取过程保持控制。此外，注册会计师还可以观察被审计单位人员登录并操作网银系统导出信息的过程，核对网银界面的真实性，核对网银中显示或下载的信息与提供给注册会计师的对账单中信息的一致性。

（2）将获取的银行对账单余额与银行日记账余额进行核对，如存在差异，获取银行存款余额调节表。

（3）将被审计单位资产负债表日的银行对账单与银行询证函回函核对，确认是否一致。

2. 取得并检查银行存款余额调节表

（1）检查调节表中加计数是否正确，调节后银行存款日记账余额与银行对账单余额是否一致。

（2）检查调节事项。

**小贴士** 如果企业的银行存款余额调节表存在大额或较长时间的未达账项，注册会计师应查明原因并确定是否需要提请被审计单位进行调整。

（3）关注长期未达账项，查看是否存在挪用资金等事项。

（4）特别关注银付企未付、企付银未付中支付异常的领款事项，包括没有载明收款人、签字不全等支付事项，确认是否存在舞弊。

## 高频考点 4：函证银行存款余额★★★

**小贴士** 结合第一编（审计基本原理）与第三章第三节函证相关内容学习。

函证银行存款余额，编制银行函证结果汇总表，检查银行回函。应注意：

（1）银行函证程序是证实资产负债表所列银行存款是否存在的重要程序。通过向往来银行函证，注册会计师不仅可了解企业资产的存在，还可了解企业账面反映所欠银行债务的情况，并有助于发现企业未入账的银行借款和未披露的或有负债。

（2）注册会计师应当对银行存款（包括零余额账户和在本期内注销的账户）、借款及与金融机构往来的其他重要信息实施函证程序，除非有充分证据表明某一银行存款、借款及与金融机构往来的其他重要信息对财务报表不重要且与之相关的重大错报风险很低。如果不对这些项目实施函证程序，注册会计师应当在审计工作底稿中说明理由。

（3）当实施函证程序时，注册会计师应当对询证函保持控制，当函证信息与银行回函结果不符时，注册会计师应当调查不符事项，以确定是否表明存在错报。

（4）在实施银行函证时，注册会计师需要以被审计单位名义向银行发函询证，以验证被审计单位的银行存款是否真实、合法、完整。

### 经典例题

【真题·简答题】（2020）ABC 会计师事务所的 A 注册会计师负责审计甲公司 2019 年度财务报表。与函证相关的部分事项如下：

（1）在发出询证函前，A 注册会计师根据风险评估结果选取部分被询证者，通过查询公开网站等方式，验证了甲公司管理层提供的被询证者名称和地址的准确性，结果满意。

（2）甲公司 2019 年 12 月 31 日银行借款账面余额为零。为确认这一情况，A 注册会计师在询证函中将银行借款项目用斜线划掉。银行回函显示信息相符，结果满意。

（3）甲公司开户行乙银行因受新冠肺炎疫情影响无法处理函证。A注册会计师与乙银行的上级银行沟通后向其寄发了询证函并收到回函，结果满意。

（4）2020年3月现场审计工作开始前，甲公司已收回2019年末的大部分应收账款。A注册会计师检查了相关的收款单据和银行对账单，结果满意，决定不对应收账款实施函证程序，并在审计工作底稿中记录了不发函的上述理由。

（5）A注册会计师收到丙公司通过电子邮件发来的其他应收款回函扫描件后，向甲公司财务人员取得了丙公司财务人员的微信号，联系对方核实了函证内容，并在审计工作底稿中记录了沟通情况及微信对话截屏。

【要求】针对上述第（1）~（5）项，逐项指出A注册会计师的做法是否恰当。如不恰当，简要说明理由。

【答案】

（1）恰当。

（2）不恰当。斜线划掉表示该项目不适用，与发函目的不符/应当在银行借款项目填写零或无。

（3）恰当。

（4）不恰当。应当对应收账款实施函证，除非不重要或函证很可能无效/收款单据和银行对账单可能不可靠。

（5）不恰当。没有核实微信联络人的身份。

## 高频考点5：其他货币资金的实质性程序★★★

### （一）定期存款的实质性程序

如果被审计单位有定期存款，注册会计师可以考虑实施以下审计程序：

（1）如果定期存款占银行存款的比例偏高，或同时负债比例偏高，注册会计师需要向管理层询问定期存款存在的商业理由并评估其合理性。

（2）获取定期存款明细表，检查是否与账面记录金额一致，存款人是否为被审计单位，定期存款是否被质押或限制使用。

（3）监盘定期存款凭据，或实地观察被审计单位登录网银系统查询定期存款信息，并将查询信息截屏保存。

**小贴士** 如果被审计单位在资产负债表日有大额定期存款，基于对风险的判断考虑选择在资产负债表日实施监盘。

（4）对存款期限跨越资产负债表日的未质押定期存款，检查开户证实书原件而非复印件，以防止被审计单位提供的复印件是未质押或未提现前原件的复印件，特别关注被审计单位在定期存单到期之前，是否存在先办理质押贷款或提前套现，再用质押贷款所得货币资金或套取的货币资金虚增收入、挪作他用或从事其他违规业务的情形。

**小贴士** 在检查时，还要认真核对相关信息，包括存款人、金额、期限等，如有异常，需实施进一步审计程序。

（5）对已质押的定期存款，检查定期存单复印件，并与相应的质押合同核对。

①对于质押借款的定期存单，关注定期存单对应的质押借款有无入账。

②对于超过借款期限但仍处于质押状态的定期存款，还应关注相关借款的偿还情况，了解相关质权是否已被行使。

③对于为他人担保的定期存单，关注担保是否逾期及相关质权是否已被行使。

（6）函证定期存款相关信息。

（7）结合财务费用和投资收益审计，分析利息收入的合理性，判断定期存款是否真实存在，或是否存在体外资金循环的情形。

（8）对于在报告期内到期结转的定期存款、资产负债表日后已提取的定期存款，检查、核对相应的兑付凭证、银行对账单或网银记录等。

（9）关注被审计单位是否在财务报表附注中对定期存款及其受限情况（如有）给予充分披露。

### （二）除定期存款外，注册会计师特别关注事项

注册会计师对其他货币资金实施审计程序时，通常可能特别关注以下事项：

（1）保证金存款的检查，检查开立银行承兑汇票的协议或银行授信审批文件。

（2）对于存出投资款，跟踪资金流向，并获取董事会决议等批准文件、开户资料、授权操作资料等。

（3）检查互联网支付留存于第三方支付平台的资金。

针对常见的与货币资金相关的舞弊风险，注册会计师可以特别关注或考虑实施以下程序：

1. 针对虚构货币资金相关舞弊风险

（1）严格实施银行函证程序，保持对函证全过程的控制，恰当评价回函可靠性，深入调查不符事项或函证程序中发现的异常情况；

（2）关注货币资金的真实性和巨额货币资金余额以及大额定期存单的合理性；

（3）了解企业开立银行账户的数量及分布，是否与企业实际经营需要相匹配且具有合理性，检查银行账户的完整性和银行对账单的真实性；

（4）分析利息收入和财务费用的合理性，关注存款规模与利息收入是否匹配，是否存在“存贷双高”现象；

（5）关注是否存在大额境外资金，是否存在缺少具体业务支持或与交易金额不相匹配的大额资金或汇票往来等异常情况。

2. 针对大股东侵占货币资金相关舞弊风险

（1）识别企业银行对账单中与实际控制人、控股股东或高级管理人员的大额资金往来交易，关注是否存在异常的大额资金流动，关注资金往来是否以真实、合理的交易为基础，关注利用无商业实质的购销业务进行资金占用的情况；

（2）分析企业的交易信息，识别交易异常的疑似关联方，检查企业银行对账单中与疑似关联方的大额资金往来交易，关注资金或商业汇票往来是否以真实、合理的交易为基础；

（3）关注期后货币资金重要账户的划转情况以及资金受限情况；

（4）通过公开信息等可获取的信息渠道了解实际控制人、控股股东财务状况，关注其是否存在资金紧张或长期占用企业资金等情况，检查大股东有无高比例股权质押的情况。

3. 针对虚构现金交易相关舞弊风险

（1）结合企业所在行业的特征恰当评价现金交易的合理性，检查相关的内部控制是否健全、运行是否有效，是否保留了充分的资料和证据；

（2）计算月现金销售收款、现金采购付款的占比，关注现金收、付款比例是否与企业业务性质相匹配，识别现金收、付款比例是否存在异常波动，并追查波动原因；

（3）了解现金交易对方的情况，关注使用现金结算的合理性和交易的真实性；

（4）检查大额现金收支，追踪来源和去向，核对至交易的原始单据，关注收付款方、收付款金额与合同、订单、出入库单相关信息是否一致；

（5）检查交易对象的相关外部证据，验证其交易真实性；

（6）检查是否存在洗钱等违法违规行为。

## 进阶练习

### （一）单选题

1. 出纳员的主要工作是（　　）。

A. 每日对库存现金进行盘点

B. 检查现金日报表

C. 每月对现金进行盘点

D. 核对银行存款日记账和银行对账单

2. 下列关于出纳人员岗位职责的说法中，不正确的是（　　）。

A. 出纳人员不得兼任会计档案保管工作

B. 出纳人员不得由一人办理货币资金业

务的全过程

C. 出纳人员应当根据支付申请，按规定办理货币资金支付手续

D. 登记库存现金日记账和银行存款日记账

3. 下列关于库存现金监盘的说法中，正确的是（　　）。

A. 对被审计单位库存现金盘点实施的监盘程序是控制测试程序

B. 对被审计单位库存现金盘点实施的监盘程序是实质性程序

C. 如果注册会计师基于风险评估的结果判断无须对现金盘点实施控制测试，仅实施实质性程序

D. 如果注册会计师基于风险评估的结果判断无须对现金盘点实施实质性程序，仅实施控制测试

4. 下列事项中，不属于注册会计师对银行存款账户发生额实施的审计程序是（　　）。

A. 分析不同账户发生银行日记账漏记银行交易的可能性

B. 注册会计师在被审计单位的协助下获取银行对账单

C. 从银行对账单中选取交易的样本与被审计单位银行日记账记录进行核对

D. 从被审计单位银行存款日记账上选择样本，核对至银行对账单

5. 下列关于注册会计师取得并检查银行对账单和银行存款余额调节表的测试程序的说法中，正确的是（　　）。

A. 取得并检查银行对账单和银行存款余额调节表

B. 将获取的银行对账单余额与银行询证函回函核对，确认是否一致

C. 调节银行存款余额调节表调节事项

D. 取得被审计单位的银行对账单

## （二）多选题

1. 属于财务主管的工作内容有（　　）。

A. 不定期检查现金日记账

B. 复核银行存款余额调节表

C. 对空白票据、未办理收款和承兑的票据进行盘点

D. 个人名章的保管

2. 按照货币资金的管理制度，下列情况中，不恰当的有（　　）。

A. 审批人应该根据货币资金授权批准制度的规定在授权范围内进行审批

B. 指定出纳人员定期核对银行账户，编制银行存款余额调节表

C. 出纳人员应定期或不定期进行现金盘点

D. 企业加强货币资金管控，由财务经理保管财务专用章、法人名章、财务经办人员名章

3. 下列关于监盘库存现金的步骤与方法的说法中，正确的有（　　）。

A. 对库存现金的监盘最好实施突击性的检查

B. 查阅库存现金日记账并同时与库存现金监盘表相核对

C. 在资产负债表日前进行现金监盘时，应将监盘金额调整至资产负债表日的金额，并对变动情况实施程序

D. 在资产负债表日后进行现金监盘时，应将监盘金额调整至资产负债表日的金额，并对变动情况实施程序

4. 针对被审计单位银行存款余额调节表的调节事项，注册会计师的测试程序有（　　）。

A. 企业已经收款、银行尚未入账的事项，检查相关收付款凭证，并取得银行对账单，确认未达账项是否存在，银行是否已于期后入账

B. 银行已收付、企业尚未入账的事项，检查企业入账的收付款凭证，确认未达账项是否存在

C. 检查调节表中加计数是否正确

D. 调节后银行日记账余额与银行对账单余额是否一致

5. 下列关于注册会计师向被审计单位往

来银行函证的说法中，不正确的有（　　）。

A. 注册会计师应当对银行存款、借款的金融机构实施函证

B. 实施银行函证时，注册会计师需要以被审计单位名义向银行发询证函

C. 实施函证程序时，注册会计师应当对询证函保持控制，当询证信息与银行回函结果不一致时，注册会计师应采取替代程序

D. 注册会计师评估认定被审计单位货币资金控制的重大错报风险很低，决定不对银行存款实施函证，并在审计工作底稿中说明理由

## （三）简答题

1. ABC会计师事务所的A注册会计师负责审计甲公司20×2年度财务报表，与货币资金审计相关的部分事项如下：

（1）A注册会计师认为库存现金重大错报风险很低，因此于20×2年1月3日实施了现金监盘，结果满意。

（2）对于银行存款日记账余额与银行对账单余额存在差异的银行账户，A注册会计师获取了银行存款余额调节表，检查了调节事项，被审计单位调节后的银行存款日记账余额与银行对账单余额一致，据此认可了银行存款余额调节表。

（3）因对甲公司管理层提供的银行对账单的真实性存有疑虑，A注册会计师在出纳与开户银行客户经理联系后独自前往银行，在约定的时间获取了银行对账单。

（4）甲公司有一笔20×0年12月存入的期限两年的大额定期存款，在20×1年10月办理质押手续。A注册计师在20×2年度财务报表审计中检查了定期存单复印件，并与相应的质押合同核对相符，注册会计师对此结果满意。

（5）A注册会计师在验证银行对账单时发现20×1年12月30日有30 000元转入记录，但企业银行存款日记账找不到此项交易，询问被审计单位财务人员答复是D客户通过微信转账支付的购货款，A注册会计师与银行对账单进行核对，并检查了支持性文件，结果满意。

（6）乙银行在银行询证函回函中注明："本信息是从电子数据库中取得，可能不包括被询证方所拥有的全部信息。"A注册会计师认为询证的信息均已查证，该条款不影响回函的可靠性，认可了回函结果。

【要求】针对上述第（1）~（6）项，逐项指出A注册会计师的做法是否恰当。如不恰当，简要说明理由。

2. 甲集团公司在公司总部和下属4个分公司均设有出纳部门，A注册会计师负责甲集团公司20×1年度财务报表审计业务，计划于20×2年1月3日进行现金监盘，与库存现金监盘相关的审计要点如下：

（1）为提高工作效率，A注册会计师在20×2年1月2日下班前告知甲公司出纳员做好1月3日上班前监盘准备工作。

（2）由于甲公司库存现金多处存放，A注册会计师决定在1月3日上午上班前对总部和乙、丙两家分公司进行现金监盘，丁、戊两家分公司在1月3日下班前进行现金监盘。

（3）监盘库存现金时，A注册会计师以及甲公司总部和各分公司的出纳员均要在现场。

（4）A注册会计师对甲公司总部和乙、丙两家分公司直接进行现金盘点，盘点结束核对库存现金日记账余额相符，丁、戊两家分公司出纳员先将现金盘点后放入保险柜，并将当日已办妥收付款手续的交易登记现金日记账，结出现金日记账余额，A注册会计师对出纳员放入保险柜的现金当场进行盘点。

（5）A注册会计师将监盘金额与现金日记账余额进行核对后填写"库存现金监盘表"，签字后形成审计工作底稿。

【要求】

1. 针对上述第（1）~（5）项，逐项指出A注册会计师的做法是否恰当。如不恰当，简要说明理由。

2. A注册会计师的现金监盘是否存在遗漏。如有，请指出。

## 进阶练习答案及解析

### （一）单选题

1. 【答案】A

【解析】会计主管不定期检查现金日报表，因此不选择选项B。每月末，会计主管指定出纳员以外的人员对现金进行盘点，编制库存现金盘点表，因此不选择选项C。每月末，会计主管指定出纳员以外的人员核对银行存款日记账和银行对账单，编制银行存款余额调节表，因此不选择选项D。

2. 【答案】C

【解析】出纳人员应当根据复核无误的支付申请，按规定办理货币资金支付手续，因此选择选项C。

3. 【答案】C

【解析】对被审计单位库存现金盘点实施的监盘程序是用作控制测试程序还是实质性程序，取决于注册会计师对风险评估结果、审计方案和实施的特定程序的判断，因此不选择选项A和选项B。如果注册会计师基于风险评估的结果判断无须对现金盘点实施控制测试，仅实施实质性程序，因此不选择选项D。

4. 【答案】B

【解析】注册会计师在不登记单位的协助下亲自到银行获取银行对账单，在获取银行对账单时，注册会计师要全程关注银行对账单的打印过程，因此选择选项B。

5. 【答案】A

【解析】将获取的银行对账单余额与银行日记账余额核对，将被审计单位的资产负债表日的银行对账单与银行询证回函核对，因此不选择选项B。注册会计师应检查银行存款余额调节表调节事项，因此不选择选项C。注册会计师取得被审计单位加盖银行印章的银行对账单，因此不选择选项D。

### （二）多选题

1. 【答案】AB

【解析】会计主管制定出纳员以外的人员对空白票据、未办理收款和承兑的票据进行盘点，会计主管复核库存银行票据盘点表，因此不选择选项C。办理相关业务中使用的个人名章由出纳员保管，因此不选择选项D。

2. 【答案】BCD

【解析】审批人应该根据货币资金授权批准制度的规定，在授权范围内进行审批，不得超越审批范围，因此选项A恰当。企业应指定专人定期核对银行账户，编制银行存款余额调节表，出纳人员一般不得同时从事银行对账单的获取、银行存款余额调节表的编制工作，因此选项B不恰当。出纳人员每日对库存现金自行盘点，每月末，会计主管指定出纳员以外的人员对现金进行盘点，编制库存现金盘点表，因此选项C不恰当。财务专用章应由专人保管，个人名章必须由本人或其授权人员保管，严禁一人保管支付款项所需的全部印章，因此选项D不恰当。

3. 【答案】ACD

【解析】对库存现金监盘最好采取突击性检查，是为了防止出纳员在监盘前采取措施掩盖弊端，因此选择选项A。查阅库存现金日记账并同时与现金收付凭证相核对，因此不选择选项B。在非资产负债表日进行现金监盘时，应将监盘金额调整至资产负债表日的金额，并对变动情况实施程序，因此选择选项C和选项D。

4. 【答案】CD

【解析】企业已经收款、银行尚未入账的事项，检查相关收付款凭证，并取得期后银行对账单，确认未达账项是否存在，银行是否已于期后入账，因此不选择选项A。银行已收付、企业尚未入账的事项，检查期后企业入账的收付款凭证，确认未达账项是否存在，因此不选择选项B。

5. 【答案】ACD

【解析】注册会计师应当对银行存款（包

括零余额账户和在本期内注销的账户)、借款及与金融机构往来的其他重要信息实施函证程序，因此选择选项 A。实施函证程序时，注册会计师应当对询证函保持控制，当询证信息与银行回函结果不一致时，注册会计师应当调查不符事项，以确定是否表明存在错报，因此选择选项 C。除非有充分证据表明某一银行存款、借款及与金融机构往来的其他重要信息对财务报表不重要且与之相关的重大错报风险很低，如果不对这些项目实施函证程序，注册会计师应当在审计工作底稿中说明理由，因此选择选项 D。

### （三）简答题

1.【答案】

（1）不恰当。应将监盘金额调整至资产负债表日的金额，并对变动情况实施程序。

（2）不恰当。还应检查调节表中加计数是否正确/关注长期未达账项/关注未达账项中异常的支付款项。

（3）不恰当。应全程关注银行对账单的打印过程/未对银行对账单获取过程保持控制。

（4）不恰当。应当关注定期存单对应的质押借款有无入账/为他人担保的定期存单，关注担保是否逾期及相关质权是否已被行使。

（5）恰当。

（6）不恰当。该条款影响回函可靠性。

2.【答案】

1.（1）不恰当。对库存现金的监盘最好实施突击性检查，提前通知被审计单位的做法不当。

（2）不恰当。甲公司总部和 4 个分公司都存有库存现金，应同时盘点，如果不能同时盘点，应对后监盘的库存现金实施封存。

（3）不恰当。除了 A 注册会计师和出纳员之外，被审计单位的会计主管人员必须参加。

（4）不恰当。库存现金的盘点工作应由被审计单位出纳员负责，注册会计师进行监盘。

（5）不恰当。“库存现金监盘表”的审计工作底稿中的签字人员除了注册会计师，还应包括被审计单位的出纳员、会计主管人员。

2. 有遗漏，在非资产负债表日进行监盘时，应将监盘金额调整至资产负债表日的金额，并对变动情况实施程序。

# 第十三章　对舞弊和法律法规的考虑

## 2023 年教材内容主要变化

第一节中增加了“针对舞弊易发高发领域的重点应对措施”内容、修订了“针对管理层凌驾于控制之上的风险实施的程序”相关内容。

## 本章近五年考试高频考点分布

| 高频考点内容 | 年度及题型分布 |
|---|---|
| 实施询问程序获取、评估舞弊风险因素 | 2020 年综合 |
| 评价舞弊风险因素 | 2022 年多选 |
| 应对舞弊导致的重大错报风险 | 2021 年单选、2020 年单选、2019 年单选、2018 年多选、2018 年综合 |
| 评价审计证据 | 2018 年综合 |
| 违反法律法规行为的含义 | 2019 年多选 |
| 对被审计单位遵守法律法规的考虑 | 2018 年单选 |

## 高频考点精讲

本章尽管属于财务报表审计对特殊事项考虑的内容，但是面对舞弊高发的审计环境，为了缩小注册会计师与社会公众期望差距，合理控制审计风险，对于舞弊和违反法律法规的考虑已经成为财务报表审计的重要审计领域，自然也成为考核的重要领域。学习时需要把握风险识别和评估以及风险应对的主线，充分理解有关程序的运用。本章内容常常与相关章节内容结合考核，例如与第二编（审计测试流程）结合考核；与第十四章（审计沟通）结合考核。

### 第一单元　财务报表审计中与舞弊相关的责任

#### 高频考点 1：舞弊的概念和种类★★

##### （一）舞弊的概念

舞弊是指被审计单位的管理层、治理层、

员工或第三方使用欺骗手段获取不当或非法利益的故意行为。

### （二）舞弊的种类

尽管舞弊是一个宽泛的法律概念，但在财务报表审计中，注册会计师关注的是导致财务报表发生重大错报的舞弊。

**小贴士** 与财务报表审计相关的故意错报，主要包括编制虚假财务报告导致的错报和侵占资产导致的错报，需要区分两类错报。具体如表 13－1 所示。

表 13－1　　财务报表审计相关的故意错报

| 错报类型 | 具体方式 |
| --- | --- |
| 编制虚假财务报告导致的错报 | （1）对编制财务报表所依据的会计记录或支持性文件进行操纵、弄虚作假（包括伪造）或篡改。<br>（2）在财务报表中错误表达或故意漏记事项、交易或其他重要信息。<br>（3）故意错误使用与金额、分类、列报或披露相关的会计原则 |
| 侵占资产导致的错报 | （1）贪污收到的款项。例如，侵占收到的应收账款或将与已注销账户相关的收款转移至个人银行账户。<br>（2）盗窃实物资产或无形资产。例如，盗窃存货以自用或出售、盗窃废料以再销售、通过向被审计单位竞争者泄露技术资料与其串通以获取回报。<br>（3）使被审计单位对未收到的商品或未接受的劳务付款。例如，向虚构的供应商支付款项、供应商向采购人员提供回扣以作为其提高采购价格的回报、向虚构的员工支付工资。<br>（4）将被审计单位资产挪为私用。例如，将被审计单位的资产作为个人或关联方贷款的抵押。<br>【小贴士】侵占资产通常伴随着虚假或误导性的记录或文件，其目的是隐瞒资产丢失或未经适当授权而被抵押的事实 |

## 命题点拨

**命题角度：**编制虚假财务报告导致的错报、侵占资产导致的错报

本知识点在命题时，一般会以客观题（单选题和多选题）的形式出现，主要考核考生对于编制虚假财务报告导致的错报和侵占资产导致的错报主要方式的掌握，尤其是辨析二者的错报方式。

### 经典例题

【例题·多选题】下列舞弊风险因素中，与编制虚假财务报告相关的有（　　）。

A. 在非所有者管理的主体中，管理层由一人或少数人控制，且缺乏补偿性控制

B. 对高级管理人员支出的监督不足

C. 会计系统和信息系统无效

D. 利用商业中介进行交易，但缺乏明显的商业理由

【答案】ACD

【解析】选项 B，对高级管理人员支出的监督不足，属于与侵占资产导致错报相关的舞弊风险因素。

## 高频考点 2：治理层、管理层的责任和注册会计师的责任★★

### （一）治理层、管理层的责任

（1）治理层和管理层对防止或发现舞弊负有主要责任。

（2）管理层在治理层的监督下，高度重视对舞弊的防范和遏制是非常重要的。

①对舞弊进行防范可以减少舞弊发生的机会；

②对舞弊进行遏制，即发现和惩罚舞弊行为，能够警示被审计单位人员不要实施舞弊。

（3）对舞弊的防范和遏制需要管理层营造诚实守信和合乎道德的文化，并且这一文化能够在治理层的有效监督下得到强化。

（4）治理层的监督包括考虑管理层凌驾于控制之上或对财务报告过程施加其他不当影

响的可能性，例如，管理层为了影响分析师对被审计单位业绩和盈利能力的看法而操纵利润。

### （二）注册会计师的责任

注册会计师职业界往往会辩解财务报表审计不是专门的舞弊调查，在发现舞弊方面有很大的局限性。对于注册会计师发现舞弊的责任，注册会计师职业界与社会公众之间存在期望差。

注册会计师对于发现舞弊的责任可以从正反两个方面界定，具体如表 13－2 所示。

表 13－2 注册会计师对于发现舞弊责任的界定

| 方面 | 主要责任 | 具体内容 |
| --- | --- | --- |
| 正面 | 有责任对财务报表整体是否不存在由于舞弊或错误导致的重大错报获取合理保证 | 编制虚假财务报告直接导致财务报表产生错报，侵占资产通常伴随着虚假或误导性的文件或记录。<br>（1）对能够导致财务报告产生重大错报的舞弊，注册会计师应当合理保证能够予以发现，这是实现财务报表审计目标的内在要求，也是财务报表审计的价值所在。<br>（2）在获取合理保证时，注册会计师有责任在整个审计过程中保持职业怀疑，认识到存在由于舞弊导致的重大错报的可能性，而不应受到以前对管理层、治理层正直和诚信形成的判断的影响，并认识到对发现错误有效的审计程序未必对发现舞弊有效 |
| 反面 | 不能对财务报表整体不存在重大错报获取绝对保证 | 由于审计的固有限制，即使注册会计师按照审计准则的规定恰当计划和执行了审计工作，也不可避免地存在财务报表中的某些重大错报未被发现的风险。<br>（1）舞弊导致的重大错报未被发现的风险，大于错误导致的重大错报未被发现的风险。<br>（2）如果涉及串通舞弊，注册会计师可能更加难以发现蓄意隐瞒的企图 |

**小贴士** 如果在完成审计工作后发现舞弊导致的财务报表重大错报，特别是串通舞弊或伪造文件记录导致的重大错报，并不一定表明注册会计师没有遵守审计准则。注册会计师是否按照审计准则的规定实施了审计工作，取决于其是否根据具体情况实施了审计程序，是否获取了充分、适当的审计证据，以及是否根据证据评价结果出具了恰当的审计报告。

## 高频考点 3：风险评估程序和相关活动★★

风险评估程序和相关活动总体框架，具体如表 13－3 所示。

表 13－3 风险评估程序和相关活动总体框架

| 风险评估程序和相关活动 | 备注 |
| --- | --- |
| 询问 | 后续知识点重点讲述 |
| 评价舞弊风险因素 | 后续知识点重点讲述 |
| 实施分析程序 | 后续知识点重点讲述 |
| 考虑其他信息 | 结合教材阐述 |
| 组织项目组讨论 | 后续知识点重点讲述 |

## 高频考点 4：实施询问程序获取、评估舞弊风险★★

注册会计师通过询问治理层、管理层、内部审计人员，可以确定其是否知悉任何舞弊事实、舞弊嫌疑或舞弊指控，通过询问管理层可以获取有关员工舞弊导致的财务报表重大错报风险的有用信息。但是，这种询问难以获取有关管理层舞弊导致的财务报表重大错报风险的有用信息。因此，注册会计师还应当询问被审计单位内部的其他相关人员，为这些人员提供机会，使他们能够向注册会计师传递一些信息。具体内容如表 13－4 所示。

表 13－4 询问程序运用

| 询问对象 | 询问内容 |
|---|---|
| 管理层 | （1）管理层对财务报表可能存在由于舞弊导致的重大错报风险的评估，包括评估的性质、范围和频率等。<br>（2）管理层对舞弊风险的识别和应对过程，包括管理层识别出的或注意到的特定舞弊风险，或可能存在舞弊风险的各类交易、账户余额或披露。<br>（3）管理层就其对舞弊风险的识别和应对过程向治理层的通报。<br>（4）管理层就其经营理念和道德观念向员工的通报 |
| 治理层 | （1）注册会计师应当了解治理层如何监督管理层对舞弊风险的识别和应对过程，以及为降低舞弊风险而建立的内部控制。<br>（2）注册会计师对治理层的询问内容应包括治理层是否知悉任何舞弊事实、舞弊嫌疑或舞弊指控 |
| 内部审计人员 | （1）是否知悉舞弊事实、舞弊嫌疑或舞弊指控。<br>（2）对舞弊风险的看法 |
| 内部其他相关人员（指不直接参与财务报告过程的业务人员、拥有不同级别权限的人员、参与生成、处理或记录复杂或异常交易的人员及对其进行监督的人员、内部法律顾问、负责道德事务的主管人员或承担类似职责的人员、负责处理舞弊指控的人员） | （1）是否知悉舞弊事实、舞弊嫌疑或舞弊指控。<br>（2）他们认为有用的其他信息 |

## 高频考点 5：评价舞弊风险因素★★★

存在舞弊风险因素并不必然表明发生了舞弊，但在舞弊发生时通常存在舞弊风险因素，因此，舞弊风险因素可能表明存在由于舞弊导致的重大错报风险。

根据舞弊存在时通常伴随着的三种情况，也被称为“舞弊三角”。具体内容如表 13－5 所示。

表 13－5 “舞弊三角”

| 舞弊因素 | 具体内容 |
|---|---|
| 实施舞弊的动机或压力 | 舞弊者具有舞弊的动机是舞弊发生的首要条件。例如，高级管理人员的报酬与财务业绩或公司股票的市场表现挂钩、公司正在申请融资等情况都可能促使管理层产生舞弊的动机 |
| 实施舞弊的机会 | 舞弊的机会一般源于内部控制在设计和运行上的缺陷，如公司对资产管理松懈，公司管理层能够凌驾于内部控制之上而随意操纵会计记录等 |
| 为舞弊行为寻找借口的能力 | 借口是指存在某种态度、性格或价值观念，使得管理层或员工能够作出不诚实的行为，或者管理层或员工所处的环境促使其能够将舞弊行为予以合理化。借口是舞弊发生的重要条件之一。只有舞弊者能够对舞弊行为予以合理化，舞弊者才可能作出舞弊行为，作出舞弊行为后才能心安理得。例如，侵占资产的员工可能认为单位对自身的待遇不公，编制虚假财务报告者可能认为造假不是出于个人私利而是出于公司集体利益 |

**小贴士** 表 13－5 中舞弊风险的三个因素，在两类舞弊行为中有不同的体现，在教材表 13－1 和表 13－2 分别列示了注册会计师在执业过程中可能遇到的与两类舞弊行为相关的风险因素。考核时常常需要掌握舞弊风险的三个因素在两类舞弊行为中有不同的体现，并能够清晰区分舞弊形成的因素种类。

## 命题点拨

**命题角度：**“舞弊三角”

本知识点在命题时，一般会以客观题（单选题和多选题）的形式出现，主要考核考生对于“舞弊三角”中三类风险因素内涵的掌握，尤其是甄别三因素在细类的不同。

### 经典例题

**【真题·多选题】**（2022）下列各项中，属于舞弊风险因素的有（　　）。

A. 实施舞弊的动机

B. 审计的固有限制

C. 实施舞弊的压力

D. 为舞弊行为寻找借口的能力

**【答案】** ACD

**【解析】** 舞弊风险因素主要包括：实施舞弊的动机或压力（选项 A、C）；实施舞弊的机会以及为舞弊行为寻找借口的能力（选项 D）。

## 高频考点 6：识别和评估舞弊导致的重大错报风险★★

### （一）基本要求

（1）舞弊导致的重大错报风险属于需要注册会计师特别考虑的重大错报风险，即特别风险。

（2）在识别和评估财务报表层次以及各类交易、账户余额、披露的认定层次的重大错报风险时，注册会计师应当识别和评估舞弊导致的重大错报风险。

### （二）基于收入确认存在舞弊风险的假定

（1）在识别和评估由于舞弊导致的重大错报风险时，注册会计师应当基于收入确认存在舞弊风险的假定，评价哪些类型的收入、收入交易或认定导致舞弊风险。

（2）如果认为收入确认存在舞弊风险的假定不适用于业务的具体情况，从而未将收入确认作为由于舞弊导致的重大错报风险领域，注册会计师应当在审计工作底稿中记录得出该结论的理由。

**小贴士** 该知识点与第九章（销售与收款循环的审计）相关内容有交叉。

## 高频考点 7：应对舞弊导致的重大错报风险★★★

舞弊导致的重大错报风险属于特别风险，注册会计师应该遵循审计准则的相关规定，采取应对措施。

**小贴士** 应对舞弊导致的重大错报风险，遵循风险导向模式，具体链接第二编（审计测试流程）。

### （一）针对因舞弊导致的财务报表层次重大错报风险的总体应对措施

（1）在分派和督导项目组成员时，考虑承担重要业务职责的项目组成员所具备的知识、技能和能力，并考虑由于舞弊导致的重大错报风险的评估结果。

（2）评价被审计单位对会计政策（特别是涉及主观计量或复杂交易的会计政策）的选择和运用，是否可能表明管理层通过操纵利润对财务信息作出虚假报告。

（3）选择审计程序的性质、时间安排和范围时，增加审计程序的不可预见性。

### 经典例题

**【真题·多选题】**（2021）针对评估的由于舞弊导致的财务报表层次重大错报风险，下列各项中属于注册会计师应当采取的应对措施的有（　　）。

A. 在分派和督导项目组成员时，考虑承担重要业务职责的项目组成员所具备

的知识、技能和能力

B. 评价被审计单位对会计政策的选择和运用，是否可能表明管理层通过操纵利润对财务信息作出虚假报告

C. 在选择审计程序的性质、时间安排和范围时，增加审计程序的不可预见性

D. 扩大细节测试的样本规模

【答案】ABC

【解析】选项D错误，扩大细节测试的样本规模应对的是舞弊导致的认定层次重大错报风险，不属于财务报表层次重大错报风险的总体应对措施。

### （二）针对舞弊导致的认定层次重大错报风险实施的审计程序

（1）改变拟实施审计程序的性质，以获取更可靠、相关的审计证据，或获取额外的佐证信息。例如，对特定资产进行实地观察或检查；设计询证函时，增加交易日期、退货权、交货条款等销售协议的细节；向被审计单位的非财务人员询问销售协议和交货条款的变化，以对函证获取的信息进行补充。

（2）调整实施审计程序的时间安排。例如，在期末或接近期末实施实质性程序，以更好地应对由于舞弊导致的重大错报风险；由于涉及不恰当收入确认的舞弊可能已在期中发生，针对本期较早期间发生的交易或整个报告期内的交易实施实质性程序。

（3）调整实施审计程序的范围，以应对评估的由于舞弊导致的重大错报风险。例如，扩大样本规模；在更详细的层次上实施分析程序；利用计算机辅助审计技术对电子交易和会计文档实施更广泛的测试。

**小贴士** 掌握教材表13－3、表13－4的应对程序和举例或解释。

## 名师解惑

问：老师，应对舞弊导致的重大错报风险为什么分为财务报表层次和认定层次呢？

答：首先，你要清楚舞弊导致的重大错报风险，也属于重大错报风险；其次，既然是重大错报风险，就应当遵循风险应对的基本流程，即在应对风险时，要从财务报表层次（错报宽泛）和认定层次（错报具体），分别制定应对措施，这样才能使应对措施更具有针对性。

## 经典例题

【真题·单选题】（2020）下列做法中，通常无法应对舞弊导致的认定层次重大错报风险的是（　　）。

A. 改变审计程序的性质

B. 改变控制测试的时间

C. 改变实质性程序的时间

D. 改变审计程序的范围

【答案】B

【解析】注册会计师应当考虑通过下列方式，应对舞弊导致的认定层次重大错报风险：（1）改变拟实施审计程序的性质（选项A）；（2）改变实质性程序的时间（选项C）；（3）改变审计程序的范围（选项D）。选项B，存在舞弊导致的认定层次重大错报风险时，注册会计师很可能无法信赖内部控制，将主要依赖实施实质性程序获取审计证据，因此，改变控制测试的时间不足以应对该风险。

### （三）针对舞弊易发高发领域的重点应对措施

1. 货币资金相关舞弊风险应对措施

（1）针对虚构货币资金相关舞弊风险。

（2）针对大股东侵占货币资金相关舞弊风险。

（3）针对虚构现金交易相关舞弊风险。

2. 存货相关舞弊风险应对措施

（1）针对虚构存货相关舞弊风险。

（2）针对账外存货相关舞弊风险。

3. 在建工程和购置资产相关舞弊风险应对措施

（1）针对利用在建工程掩盖舞弊的风险。

（2）针对通过购置固定资产实施舞弊的风险。

4. 资产减值相关舞弊风险应对措施

（1）针对通过不恰当计提减值准备人为调整资产账面价值的舞弊风险。

（2）针对通过不恰当计提坏账准备人为调整利润的舞弊风险。

5. 收入相关舞弊风险应对措施

（1）针对收入确认存在的舞弊风险因素。

（2）针对虚增或隐瞒收入的舞弊风险。

（3）针对提前或延迟确认收入的舞弊风险。

6. 境外业务相关舞弊风险应对措施

（1）针对虚构境外经营相关舞弊风险。

（2）针对虚构境外收入相关舞弊风险。

（3）针对利用境外业务虚增虚构资产舞弊风险。

7. 企业合并相关舞弊风险应对措施

（1）针对操纵合并范围实施舞弊的风险。

（2）针对滥用企业合并实施舞弊的风险。

8. 商誉相关舞弊风险应对措施

（1）针对确认高额商誉相关舞弊风险。

（2）针对商誉未被恰当分摊至相关资产组或资产组组合的舞弊风险。

（3）针对商誉减值测试过程中的相关舞弊风险。

（4）针对商誉减值确认相关舞弊风险。

9. 金融工具相关舞弊风险应对措施

（1）针对金融工具分类和计量相关舞弊风险。

（2）针对金融工具终止确认相关舞弊风险。

（3）针对利用复杂金融产品实施舞弊的风险。

10. 滥用会计政策和会计估计相关舞弊风险应对措施

（1）针对滥用会计政策和会计估计变更实施舞弊的风险。

（2）针对混淆会计政策变更、会计估计变更和前期差错更正实施舞弊的风险。

11. 关联方相关舞弊风险应对措施

（1）针对通过未识别出或未披露的关联方实施舞弊的风险。

（2）针对通过关联方实施舞弊的风险。

### （四）针对管理层凌驾于控制之上的风险实施的审计程序

1. 管理层凌驾于控制之上实施舞弊的手段

（1）编制虚假的会计分录，特别是在临近会计期末时；

（2）滥用或随意变更会计政策；

（3）不恰当地调整会计估计所依据的假设及改变原先作出的判断；

（4）故意漏记、提前确认或推迟确认报告期内发生的交易或事项；

（5）隐瞒可能影响财务报表金额的事实；

（6）构造复杂或虚假的交易以歪曲财务状况或经营成果；

（7）篡改与重大或异常交易相关的会计记录和交易条款。

2. 实施的审计程序

管理层凌驾于控制之上的风险属于特别风险。无论对管理层凌驾于控制之上的风险的评估结果如何，注册会计师都应当设计和实施以下审计程序。

（1）测试日常会计核算过程中作出的会计分录以及编制财务报表过程中作出的其他调整是否适当；

（2）复核会计估计是否存在偏向，并评价产生这种偏向的环境是否表明存在由于舞弊导致的重大错报风险；

（3）对于超出被审计单位正常经营过程的重大交易，或基于对被审计单位及其环境等方面情况的了解以及在审计过程中获取的其他信息异常的重大交易，评价其商业理由（或缺乏商业理由）是否表明被审计单位从事交易的目的是对财务信息作出虚假报告或掩盖侵占资产的行为。

## 命题点拨

**命题角度：**针对管理层凌驾于控制之上的风险实施的审计程序

本知识点在命题时，一般会以客观题（单

选题和多选题）或主观题（综合题）的形式出现，主要考核考生对于管理层凌驾于控制之上实施舞弊的手段（单选题或多选题的形式）和管理层实施的审计程序（综合题的形式）的掌握。

## 高频考点8：评价审计证据★★

（1）如果发现某项错报，注册会计师应当考虑该项错报是否表明存在舞弊。注册会计师不应将审计中发现的舞弊视为孤立发生的事项。注册会计师还应当考虑发现的错报是否表明，在某一特定领域存在舞弊导致的更高的重大错报风险。

（2）如果认为错报是舞弊或可能是舞弊导致的，且涉及管理层，尤其是高层，无论错报是否重大，注册会计师都应当重新评价对由于舞弊导致的重大错报风险的评估结果，以及该结果旨在应对评估的风险的审计程序的性质、时间安排和范围的影响。

（3）在重新考虑此前获取的审计证据的可靠性时，注册会计师还应当考虑相关的情形是否表明可能存在涉及员工、管理层或第三方的串通舞弊。

**小贴士** 从一般性角度出发，对于审计证据的评价，主要从其充分性和适当性的维度考虑，该知识点也遵循这样一个思路。

**小贴士** 如果确认财务报表存在由于舞弊导致的重大错报，或无法确定财务报表是否存在由于舞弊导致的重大错报，注册会计师应当评价这两种情况对审计（例如，维系审计关系或审计意见等）的影响。

## 高频考点9：无法继续执行审计业务★★

### （一）对继续执行审计业务的能力产生怀疑

如果由于舞弊或舞弊嫌疑导致出现错报，致使注册会计师遇到对其继续执行审计业务的能力产生怀疑的异常情形，应采取的措施如表13－6所示。

表13－6　异常情形及采取的措施

| 异常情形及措施 | 具体内容 |
| --- | --- |
| 异常情形 | （1）被审计单位没有针对舞弊采取适当的、必要的措施，即使该舞弊对财务报表并不重大。<br>（2）注册会计师对由于舞弊导致的重大错报风险的考虑以及实施审计测试的结果，表明存在重大且广泛的舞弊风险。<br>（3）注册会计师对管理层或治理层的胜任能力或诚信产生重大疑虑 |
| 措施 | （1）确定适用于具体情况的职业责任和法律责任，包括是否需要向审计业务委托人或监管机构报告。<br>（2）在相关法律法规允许的情况下，考虑是否需要解除业务约定 |

### （二）解除业务约定

由于可能出现的情形各不相同，因而难以确切地说明在何时解除业务约定是适当的。影响注册会计师得出结论的因素包括管理层或治理层成员参与舞弊可能产生的影响（可能会影响到管理层声明的可靠性），以及与被审计单位之间保持客户关系对注册会计师的影响。如果决定解除业务约定，注册会计师应当采取以下措施：

（1）与适当层级的管理层和治理层讨论解除业务约定的决定和理由。

（2）考虑是否存在职业责任或法律责任，需要向审计业务委托人或监管机构报告解除业务约定的决定和理由。

## 高频考点10：与管理层、治理层及被审计单位之外的适当机构的沟通★★

注册会计师对识别出的或怀疑舞弊的事项，应该依据审计准则的规定，与管理层、治理层及被审计单位之外的适当机构沟通，具体事项如表13－7所示。

表 13－7　与管理层、治理层及被审计单位之外的适当机构的沟通

| 沟通的对象 | 沟通注意的事项 |
| --- | --- |
| 管理层 | 当证据表明存在或可能存在舞弊时，除非法律法规禁止，尽快提请适当层级的管理层关注这一事项是很重要的。<br>【小贴士】通常情况下，适当层级的管理层至少要比涉嫌舞弊人员高出一个级别。即使该事项可能被认为不重要（如被审计单位组织结构中处于较低职位的员工挪用小额公款），注册会计师也应当这样做 |
| 治理层 | (1) 如果确定或怀疑舞弊涉及管理层、在内部控制中承担重要职责的员工以及其舞弊行为可能导致财务报表重大错报的其他人员，应当尽早就此类事项与治理层沟通。<br>(2) 如果怀疑舞弊涉及管理层，除非法律法规禁止，注册会计师应当将此怀疑向治理层通报，并与其讨论为完成审计工作所必需的审计程序的性质、时间安排和范围。<br>(3) 如果根据判断认为还存在与治理层职责相关的、涉及舞弊的其他事项，注册会计师应当就此与治理层沟通。这些事项可能包括：<br>①对管理层评估的性质、范围和频率的疑虑。<br>②管理层未能恰当应对识别出的值得关注的内部控制缺陷或舞弊。<br>③注册会计师对被审计单位控制环境的评价，包括对管理层胜任能力和诚信的疑虑。<br>④可能表明存在编制虚假财务报告的管理层行为。<br>⑤对超出正常经营过程的交易的授权的适当性和完整性的疑虑 |
| 被审计单位之外的适当机构 | (1) 如果识别出舞弊或怀疑存在舞弊，注册会计师应当确定是否有责任向被审计单位以外的机构报告。<br>(2) 尽管注册会计师对客户信息负有的保密义务可能妨碍这种报告，但如果法律法规或相关职业道德要求注册会计师履行报告责任，注册会计师应当遵守法律法规或相关职业道德的规定 |

## 第二单元　财务报表审计中对法律法规的考虑

### 高频考点 1：违反法律法规行为的含义★★

#### （一）违反法律法规的定义

违反法律法规是指被审计单位、治理层、管理层或者为被审计单位工作或受其指导的其他人，有意或无意违背除适用的财务报告编制基础以外的现行法律法规的行为。

小贴士　违反法律法规不包括由治理层、管理层或员工实施的与被审计单位经营活动无关的不当个人行为。

#### （二）“两类”法律法规

被审计单位需要遵守的两类不同的法律法规，具体如表 13－8 所示。

表 13－8　“两类”法律法规

| 类别 | 具体内容 |
| --- | --- |
| “第一类”法律法规 | 该类法规是指对决定财务报表中的重大金额和披露有直接影响的法律法规。例如，税收和企业年金方面的法律法规 |
| “第二类”法律法规 | (1) 该类法规是指对决定财务报表中的金额和披露没有直接影响的其他法律法规，但遵守这些法律法规对被审计单位的经营活动、持续经营能力或避免大额罚款至关重要；违反法律法规可能导致被审计单位面临罚款、诉讼或其他对财务报表产生重大影响的后果。例如，遵守经营许可条件、监管机构对偿债能力的规定或环境保护要求等法规。<br>(2) 违反这些法律法规，可能对财务报表产生重大影响 |

### （三）注册会计师关注违反法律法规行为的理由

（1）被审计单位违反法律法规的行为可能与财务报表相关，有些违反法律法规的行为还可能产生重大财务后果，进而影响财务报表的合法性和公允性。

（2）如果不实施必要的审计程序，则可能导致注册会计师出具不恰当的审计报告。

（3）在设计和实施审计程序以及评价和报告审计结果时，注册会计师应当充分关注被审计单位违反法律法规行为可能对财务报表产生的重大影响。

## 命题点拨

命题角度："两类"法律法规

本知识点在命题时，一般会以客观题（单选题和多选题）的形式出现，主要考核考生对于"两类"法律法规内容的理解，尤其注意甄别"两类"法律法规的界限。

### 经典例题

【真题·多选题】（2019）下列有关注册会计师执行财务报表审计时对法律法规的考虑的说法中，正确的有（　　）。

A. 注册会计师没有责任防止被审计单位违反法律法规

B. 对于不直接影响财务报表金额和披露的法律法规，注册会计师应就被审计单位遵守了这些法律法规获取管理层的书面声明

C. 如果识别出被审计单位的违反法律法规行为，注册会计师应当考虑是否有责任向被审计单位以外的监管机构报告

D. 对于直接影响财务报表金额和披露的法律法规，注册会计师应就被审计单位遵守了这些法律法规获取充分、适当的审计证据

【答案】ACD

【解析】选项B不正确，对于不直接影响财务报表金额和披露的法律法规，注册会计师的责任仅限于实施特定的审计程序，以有助于识别可能对财务报表产生重大影响的违反这些法律法规的行为。

## 高频考点2：注册会计师对被审计单位违反法律法规的审计责任★★

### （一）总体要求

**小贴士** 注册会计师有责任对财务报表整体不存在由于舞弊或错误导致的重大错报获取合理保证。注册会计师没有责任防止被审计单位违反法律法规行为，也不能期望其发现所有的违反法律法规行为。

（1）许多法律法规主要与被审计单位经营活动相关，通常不影响财务报表，且不能被与财务报告相关的信息系统所获取。

（2）违反法律法规可能涉及故意隐瞒的行为，如共谋、伪造、故意漏记交易、管理层凌驾于控制之上或故意向注册会计师提供虚假陈述。

（3）某行为是否构成违反法律法规，最终只能由法院认定。

### （二）注册会计师对"两类"法律法规的审计责任

（1）针对被审计单位需要遵守的第一类法律法规，注册会计师的责任是，就被审计单位遵守这些法律法规的规定获取充分、适当的审计证据。

（2）针对被审计单位需要遵守的第二类法律法规，注册会计师的责任仅限于实施特定的审计程序，从而有助于识别可能对财务报表产生重大影响的违反这些法律法规的行为。

### 经典例题

【例题·单选题】下列有关财务报表审计中对法律法规的考虑的说法中，错误的是（　　）。

A. 注册会计师没有责任防止被审计单位

违反法律法规

B. 注册会计师有责任实施特定的审计程序，以识别和应对可能对财务报表产生重大影响的违反法律法规行为

C. 注册会计师通常采用书面形式与被审计单位治理层沟通审计过程中注意到的有关违反法律法规的事项

D. 如果被审计单位存在对财务报表有重大影响的违反法律法规行为，且未能在财务报表中得到充分反映，注册会计师应当发表保留意见或否定意见

【答案】B

【解析】选项B错误，针对被审计单位遵守的第二类违反法律法规行为，注册会计师并不需要实施特定程序去应对可能对财务报表产生重大影响的违反法律法规行为。

### 高频考点3：对被审计单位遵守法律法规的考虑★★

#### （一）对法律法规框架的了解

在了解被审计单位及其环境时，需要总体了解法律法规框架以及被审计单位如何遵守该框架，具体如表13－9所示。

表13－9　　对法律法规框架的了解

| 了解事项及应对措施 | 具体内容 |
| --- | --- |
| 了解事项 | （1）适用于被审计单位及其所处行业或领域的法律法规框架；<br>（2）被审计单位如何遵守这些法律法规框架 |
| 应对措施 | （1）利用对被审计单位行业状况、监管环境以及其他外部因素的了解；<br>（2）更新对直接决定财务报表中的报告金额和列报的法律法规的了解；<br>（3）向管理层询问对被审计单位经营活动预期可能产生至关重要影响的其他法律法规；<br>（4）向管理层询问被审计单位制定的有关遵守法律法规的政策和程序；<br>（5）向管理层询问在识别、评价诉讼索赔并对其进行会计处理时采用的政策和程序 |

#### （二）对决定财务报表中的重大金额和披露有直接影响的法律法规

对决定财务报表中的重大金额和披露有直接影响的法律法规及注册会计师的责任，具体内容如表13－10所示。

表13－10　　对决定财务报表中的重大金额和披露有直接影响的法律法规

| 事项及责任 | 具体内容 |
| --- | --- |
| 具体事项 | （1）财务报表的格式和内容；<br>（2）特定行业的财务报告问题；<br>（3）根据政府合同对交易进行的会计处理；<br>（4）所得税费用或退休金成本的计提或确认 |
| 注册会计师的责任 | 通常对决定财务报表中的重大金额和披露有直接影响的法律法规的规定，注册会计师应当获取被审计单位遵守这些规定的充分、适当的审计证据 |

#### （三）识别违反其他法律法规的行为的程序

其他法律法规对决定财务报表中的重大金额和披露没有直接影响的法律法规，其他法律法规可能因其对被审计单位的经营活动具有至关重要的影响，需要注册会计师予以特别关注。具体如表13－11所示。

表 13－11　识别违反其他法律法规的行为的程序

| 事项及责任 | 具体内容 |
| --- | --- |
| 具体事项 | （1）许可证；<br>（2）经营权限；<br>（3）监管机构对偿债能力的规定；<br>（4）环境保护要求 |
| 审计程序 | （1）向管理层和治理层（如适用）询问被审计单位是否遵守了这些法律法规；<br>（2）检查被审计单位与许可证颁发机构或监管机构的往来函件 |

### （四）实施其他审计程序使注册会计师注意或识别出违反法律法规行为

为形成审计意见所实施的审计程序，可能使注册会计师注意到识别出的或怀疑存在的违反法律法规行为。注册会计师实施的其他审计程序具体如表 13－12 所示。

表 13－12　实施的其他审计程序

| 序号 | 审计程序 |
| --- | --- |
| 1 | 阅读会议纪要 |
| 2 | 向被审计单位管理层、内部或外部法律顾问询问诉讼、索赔及评估情况 |
| 3 | 对某类交易、账户余额和披露实施细节测试 |

### （五）书面声明

（1）由于法律法规对财务报表的影响差异很大，对于管理层识别出的或怀疑存在的、可能对财务报表产生重大影响的违反法律法规行为，书面声明可以提供必要的审计证据。

（2）书面声明本身并不提供充分、适当的审计证据，因此，不影响注册会计师拟获取的其他审计证据的性质和范围。

## 高频考点 4：识别出或怀疑存在违反法律法规行为时实施的审计程序★★★

### （一）注意到与识别出的或怀疑存在的与违反法律法规行为相关的信息时的审计程序

注册会计师识别出或怀疑存在违反法律法规行为及实施的审计程序，具体如表 13－13 所示。

表 13－13　实施的审计程序

| 行为及审计程序 | 具体内容 |
| --- | --- |
| 被审计单位行为 | （1）受到监管机构、政府部门的调查，或者支付罚金或受到处罚。<br>（2）向未指明的服务付款，或向顾问、关联方、员工或政府雇员提供贷款。<br>（3）与被审计单位或所处行业正常支付水平或实际收到的服务相比，支付过多的销售佣金或代理费用。<br>（4）采购价格显著高于或低于市场价格。<br>（5）异常的现金支付，以银行本票向持票人付款的方式采购。<br>（6）与在“避税天堂”注册的公司存在异常交易。<br>（7）向货物或服务原产地以外的国家或地区付款。<br>（8）在没有适当的交易控制记录的情况下付款。<br>（9）现有的信息系统不能（因系统设计存在问题或因突发性故障）提供适当的审计轨迹或充分的证据。<br>（10）交易未经授权或记录不当。<br>（11）负面的媒体评论 |

续表

| 行为及审计程序 | 具体内容 |
| --- | --- |
| 审计程序 | （1）了解违反法律法规行为的性质及其发生的环境。<br>（2）获取进一步的信息，以评价对财务报表可能产生的影响。<br>①违反法律法规行为对财务报表产生的潜在财务后果，如受到罚款、处分、赔偿、封存财产、强制停业和诉讼等。<br>②潜在财务后果是否需要列报。<br>③潜在财务后果是否严重，以致对财务报表的公允反映产生怀疑或导致财务报表产生误导 |

### （二）怀疑被审计单位存在违反法律法规行为时的审计程序

（1）注册会计师应当就此与适当层级的管理层和治理层进行讨论，因其可能能够提供额外的审计证据。例如，对于可能导致违反法律法规的交易或事项相关的事实和情况，注册会计师可以证实治理层是否对此具有相同的理解。

（2）如果管理层或治理层不能向注册会计师提供充分的信息，证明被审计单位遵守了法律法规，注册会计师可以考虑向被审计单位内部或外部的法律顾问咨询有关法律法规在具体情况下的运用，包括舞弊的可能性以及对财务报表的影响。

（3）如果认为向被审计单位法律顾问咨询是不适当的或不满意其提供的意见，注册会计师可能认为，在保密基础上向所在会计师事务所的其他人员、网络事务所、职业团体或注册会计师的法律顾问咨询被审计单位是否涉及违反法律法规行为（包括舞弊的可能性、可能导致的法律后果，以及注册会计师可能采取的进一步行动）是适当的。

### （三）评价违反法律法规行为的影响

（1）注册会计师**应当评价**违反法律法规行为对审计的其他方面可能产生的影响，包括对注册会计师风险评估和被审计单位书面声明可靠性的影响。

（2）注册会计师识别出的违反法律法规行为的影响，**取决于**该行为的实施和隐瞒与具体控制活动之间的关系，以及牵涉的管理人员或员工的级别，尤其是最高权力机构参与违反法律法规行为所产生的影响。

（3）当管理层或治理层**没有采取**注册会计师认为适合具体情况的补救措施，或者识别出的或怀疑存在的违反法律法规行为导致对管理层或治理层的诚信产生质疑（即使违反法律法规行为对财务报表不重要），注册会计师可能考虑在法律法规允许的情况下解除业务约定。在决定是否有必要解除业务约定时，注册会计师**可能认为**征询法律意见是适当的。

（4）在特殊情况下，管理层或治理层没有采取注册会计师认为在具体情形下适当的补救行动，并且不可能解除业务约定，在**其他事项段**中描述识别出的或怀疑存在的违反法律法规行为。



## 高频考点5：对识别出的或怀疑存在的违反法律法规行为的沟通和报告★★

### （一）与治理层沟通

1. 沟通的总体要求

（1）除非治理层全部成员参与管理被审计单位，否则注册会计师应当与治理层沟通识别出的或怀疑存在的违反法律法规行为的事项。

（2）不必沟通明显不重要的事项。

（3）通常采用书面形式，也可以采取口头方式。如果采用口头沟通方式，应形成沟通记录，并提请沟通对象签字确认。

2. 违反法律法规行为情节严重时的沟通要求

（1）对故意和重大的违反法律法规行为的沟通要求。

如果根据判断认为需要沟通的违反法律法规行为是故意和重大的，注册会计师应当就此尽快向治理层通报。

（2）怀疑违反法律法规行为涉及管理层或治理层时的沟通要求。

如果怀疑违反法律法规行为涉及管理层或治理层，注册会计师应当向被审计单位审计委员会或监事会等更高层级的机构通报。如果不存在更高层级的机构，或者注册会计师认为被审计单位可能不会对通报作出反应，或者注册会计师不能确定向谁报告，注册会计师应当考虑是否需要征询法律意见。

### （二）出具审计报告

**小贴士** 该知识点与第五编有关内容有交叉。

1. 考虑违反法律法规行为的影响

（1）如果认为违反法律法规行为对财务报表具有重大影响，注册会计师应当要求被审计单位在财务报表中予以恰当反映。

（2）如果认为违反法律法规行为对财务报表有重大影响，且未能在财务报表中得到恰当反映，注册会计师应当出具保留意见或否定意见的审计报告。

2. 考虑审计范围受到限制的影响

（1）来自被审计单位的限制。

如果因管理层或治理层阻挠而无法获取充分、适当的审计证据以评价是否存在或可能存在对财务报表产生重大影响的违反法律法规行为，注册会计师应当根据审计范围受到限制的程度，发表保留意见或无法表示意见。

（2）其他方面的限制。

如果由于审计范围受到管理层或治理层以外的其他方面（例如，客观因素）的限制而无法确定被审计单位是否存在违反法律法规行为，注册会计师应当评价这一情况对审计意见的影响。

### （三）向被审计单位之外的适当机构报告识别出的或怀疑存在的违反法律法规行为

（1）如果识别出或怀疑存在违反法律法规行为，注册会计师应当考虑是否有责任向被审计单位以外的适当机构报告；

（2）注册会计师考虑是否报告的是经注册会计师发现和确定的**严重**违反法律法规的行为；

（3）注册会计师应当了解相关法律法规是否要求报告违反法律法规行为，例如，商业银行监管法规可能要求注册会计师报告商业银行参与“洗钱”行为；

（4）注册会计师应考虑采取何种方式、何时以及向谁进行报告；

（5）如果无法确定是否有相关法律法规要求向被审计单位之外的适当机构报告发现的被审计单位的违反法律法规行为，或者无法确定某项违反法律法规行为是否应该向被审计单位之外的适当机构报告，注册会计师通常可以考虑征询相关的法律意见，以了解注册会计师的可能选择，以及采取任何特定行动的职业及法律后果。

## 进阶练习

### （一）单选题

1. 注册会计师拟通过测试日常会计核算过程中作出的会计分录以及编制财务报表过程中作出的其他调整是否适当，应对管理层凌驾于控制之上的风险，下列程序中，错误的是（　　）。

A. 追溯复核与以前年度财务报表反映的重大会计估计相关的管理层判断和假设

B. 选择在报告期末作出的会计分录和其他调整

C. 考虑是否有必要测试整个会计期间的会计分录和其他调整

D. 向参与财务报告过程的人员询问与处理会计分录和其他调整相关的错误或异常的活动

2. 下列各项中，属于为舞弊行为寻找借口的能力的是（　　）。

A. 新发布的会计准则、法律法规或监管要求

B. 公司对资产管理松懈

C. 股东人数有限的被审计单位股东之间存在争议

D. 高级管理人员频繁更换

3. 下列关于注册会计师针对发现的舞弊事项或存在的违反法律法规的行为与管理层和治理层沟通的说法中，正确的是（　　）。

A. 如果怀疑舞弊涉及管理层，注册会计师应当将此怀疑向治理层通报，但不应该与其讨论完成审计工作所必需的审计程序的性质、时间安排和范围

B. 注册会计师针对发现的舞弊事项与治理层的沟通应当采用书面形式

C. 注册会计师应当与治理层沟通审计过程中注意到的有关违反法律法规的事项，但不必沟通明显不重要的事项

D. 如果根据判断认为需要沟通的违反法律法规行为是故意和重大的，注册会计师应当就此尽快向管理层通报

4. 当怀疑被审计单位存在违反法律法规行为时，如果管理层或治理层不能向注册会计师提供充分的信息，证明被审计单位遵守了法律法规，下列各项程序中，不能为注册会计师提供额外审计证据的是（　　）。

A. 获取被审计单位管理层的书面声明

B. 与被审计单位治理层讨论

C. 向被审计单位内部法律顾问咨询

D. 向会计师事务所的法律顾问咨询

5. 下列各项中，不属于管理层编制虚假财务报告手段的是（　　）。

A. 对编制财务报表所依据的会计记录或支持性文件进行操纵、弄虚作假或篡改

B. 在财务报表中错误表达或故意漏记事项、交易或其他重要信息

C. 将与已注销账户相关的收款转移至个人银行账户

D. 故意地错误使用与金额、分类、列报或披露相关的会计原则

6. 下列各项中，不属于针对识别出被审计单位违反法律法规的行为时，注册会计师应当实施的应对程序是（　　）。

A. 评价识别出的违反法律法规行为对注册会计师风险评估的影响

B. 评价被审计单位书面声明的可靠性

C. 了解违反法律法规行为的性质及其发生的环境

D. 就识别出的所有违反法律法规行为与治理层进行沟通

7. 下列关于治理层、管理层与注册会计师对舞弊责任的说法中，错误的是（　　）。

A. 被审计单位治理层和管理层对防止或发现舞弊负有主要责任

B. 注册会计师对防止或发现舞弊负有次要责任

C. 注册会计师有责任对财务报表整体是否不存在由于舞弊或错误导致的重大错报获取合理保证

D. 治理层的监督包括考虑管理层凌驾于控制之上或对财务报告过程施加其他不当影响的可能性

8. 注册会计师没有责任防止被审计单位违反法律法规行为，也不能期望其发现所有的违反法律法规行为，下列关于上述观点成因的说法中，错误的是（　　）。

A. 受到审计成本的制约，致使获取的审计证据不充分

B. 违反法律法规可能涉及故意隐瞒的行为

C. 某行为是否构成违反法律法规，最终只能由法院认定

D. 许多法律法规主要与被审计单位经营活动相关，通常不影响财务报表，且不能被与财务报告相关的信息系统所获取

9. 注册会计师拟对识别出或怀疑存在的

违反法律法规行为，获取进一步的信息，以评价对财务报表可能产生的影响，下列审计程序中，错误的是（　　）。

A. 评价潜在财务后果是否需要列报

B. 了解违反法律法规行为的性质及其发生的环境

C. 评价违反法律法规行为对财务报表产生的潜在财务后果

D. 评价潜在财务后果是否严重，以致对财务报表的公允反映产生怀疑或导致财务报表产生误导

10. 下列有关财务报表审计中对法律法规说法中，错误的是（　　）。

A. 注册会计师通常采用书面形式与被审计单位治理层沟通审计过程中注意到的有关违反法律法规的重大事项

B. 违反法律法规包括由治理层、管理层或员工实施的与被审计单位经营活动无关的不当个人行为

C. 如果被审计单位存在对财务报表有重大影响的违反法律法规行为，且未能在财务报表中得到充分反映，注册会计师应发表非无保留意见

D. 被审计单位需要遵守的所有法律法规，构成注册会计师在财务报表审计中需要考虑的法律法规框架

## （二）多选题

1. 下列舞弊风险因素中，不属于与实施舞弊的动机或压力相关的有（　　）。

A. 存在异常的法律实体或管理层级

B. 非财务管理人员过度参与会计政策的选择或重大会计估计的确定

C. 管理层在被审计单位中拥有重大直接经济利益

D. 部门职责分离不合理

2. 下列各项中，属于针对评估的由于舞弊导致的财务报表层次重大错报风险确定总体应对措施的有（　　）。

A. 在选择审计程序的性质、时间安排和范围时，增加审计程序的不可预见性

B. 改变拟实施审计程序的性质，以获取更可靠、相关的审计证据，或获取额外的佐证信息

C. 调整实施审计程序的时间安排

D. 在分派和督导项目组成员时，考虑承担重要业务职责的项目组成员所具备的知识、技能和能力，并考虑由于舞弊导致的重大错报风险的评估结果

3. 注册会计师识别出或怀疑被审计单位存在违反法律法规的行为，下列拟实施程序中，属于获取进一步的信息以评价对财务报表可能产生的影响有（　　）。

A. 了解违反法律法规行为的性质及其发生的环境

B. 违反法律法规行为对财务报表产生的潜在财务后果

C. 潜在财务后果是否需要列报

D. 潜在财务后果是否严重，以致对财务报表的公允反映产生怀疑或导致财务报表产生误导

4. 下列程序中，通常用于评估舞弊风险的有（　　）。

A. 询问治理层、管理层和内部审计人员

B. 实施实质性分析程序

C. 组织项目组内部讨论

D. 考虑在客户接受或保持过程中获取的信息

5. 下列会计处理中，属于舞弊行为的有（　　）。

A. 随意变更会计政策

B. 故意推迟确认报告期内发生的交易

C. 由于误解有关事实而作出错误的会计估计

D. 人为错误地调整会计估计所依据的假设

6. 下列各项中，属于针对舞弊导致的认定层次重大错报风险实施的审计程序的有（　　）。

A. 在不预先通知的情况下对特定存放地点的存货实施监盘

B. 选择审计程序的性质、时间安排和范围时，增加审计程序的不可预见性

C. 向第三方函证合同的具体条款

D. 评价被审计单位对会计政策的选择和运用，是否可能表明管理层通过操纵利润对财务信息作出虚假报告

7. 为应对评估的由于舞弊导致的认定层次重大错报风险，下列做法中，属于改变拟实施审计程序的性质的有（　　）。

A. 设计询证函时，增加交易日期、退货权、交货条款等销售协议的细节

B. 在期末或接近期末实施实质性程序

C. 向被审计单位的非财务人员询问销售协议和交货条款的变化，以对函证获取的信息进行补充

D. 针对本期较早期间发生的交易或整个报告期内的交易实施实质性程序

8. 下列审计程序中，能增加审计程序不可预见性的有（　　）。

A. 改变实质性分析程序的对象

B. 运用与以往不同的抽样方法选择需要检查的存货

C. 对零余额账户的银行账户进行函证

D. 对本期注销的银行账户进行函证

9. 在判断注册会计师是否按照审计准则的规定执行工作以应对舞弊风险时，下列各项中，需要考虑的有（　　）。

A. 注册会计师是否根据审计证据评价结果出具了正确的审计报告

B. 注册会计师是否识别出舞弊导致的财务报表重大错报

C. 注册会计师在审计过程中是否保持了职业怀疑

D. 注册会计师是否根据具体情况实施了审计程序，并获取了充分、适当的审计证据

10. 下列审计程序中，通常能应对库存商品期末数量存在舞弊导致的重大错报风险的有（　　）。

A. 扩大与存货相关的内部控制测试的样本规模

B. 要求被审计单位在报告期末或临近期末的时点实施存货盘点

C. 在不预先通知的情况下对特定存放地点的存货实施监盘

D. 利用专家的工作对特殊类型的存货实施更严格的检查

## 进阶练习答案及解析

### （一）单选题

1. 【答案】A

【解析】测试日常会计核算过程中作出的会计分录以及编制财务报表过程中作出的其他调整是否适当，注册会计师应当：（1）向参与财务报告过程的人员询问与处理会计分录和其他调整相关的错误或异常的活动（选项 D 正确）；（2）选择在报告期末作出的会计分录和其他调整（选项 B 正确）；（3）考虑是否有必要测试整个会计期间的会计分录和其他调整（选项 C 正确）；而选项 A，属于“复核会计估计是否存在偏向，并评价产生这种偏向的环境是否表明存在由于舞弊导致的重大错报风险”的程序内容。

2. 【答案】C

【解析】根据舞弊存在时通常伴随着的三种情况，这些风险因素可以分为以下三类：（1）实施舞弊的动机或压力（选项 A）；（2）实施舞弊的机会（选项 B、D）；（3）为舞弊行为寻找借口的能力（选项 C）。

3. 【答案】C

【解析】选项 A 错误，如果怀疑舞弊涉及管理层，注册会计师应当将此怀疑向治理层通报，并与其讨论完成审计工作所必需的审计程序的性质、时间安排和范围；选项 B 错误，注册会计师针对发现的舞弊事项与治理层的沟通

可以采用口头形式，也可以采用书面形式；选项 D 错误，应当与治理层沟通，而不是与管理层沟通。

4. 【答案】A

【解析】选项 A，已经说明管理层或治理层不能向注册会计师提供充分的信息，则书面声明可靠性也较差；而选项 B、C、D 均正确。

5. 【答案】C

【解析】选项 C，属于侵占资产的手段。

6. 【答案】D

【解析】选项 D 错误，注册会计师应当与治理层沟通审计过程中注意到的有关违反法律法规的事项，但不必沟通明显不重要的事项。

7. 【答案】B

【解析】选项 B 错误，被审计单位治理层和管理层对防止或发现舞弊负有主要责任，但就得出注册会计师对防止或发现舞弊负有次要责任也是不合理的，注册会计师的责任是对财务报表整体是否不存在由于舞弊或错误导致的重大错报获取合理保证。

8. 【答案】A

【解析】选项 A 错误，审计成本的制约，不能成为审计证据不充分的理由。注册会计师可以在审计成本和信息可靠性之间进行权衡，但审计中的困难、时间或成本等事项本身，不能作为省略不可替代的审计程序或满足于说服力不足的审计证据的理由。

9. 【答案】B

【解析】注册会计师获取进一步的信息，以评价对财务报表可能产生的影响，主要包括：（1）违反法律法规行为对财务报表产生的潜在财务后果，如受到罚款、处分、赔偿、封存财产、强制停业和诉讼等（选项 C 正确）；（2）潜在财务后果是否需要列报（选项 A 正确）；（3）潜在财务后果是否严重，以致对财务报表的公允反映产生怀疑或导致财务报表产生误导（选项 D 正确）；选项 B 属于注册会计师识别出或怀疑存在违反法律法规行为及实施的审计程序，但是不属于“获取进一步的信息，以评价对财务报表可能产生的影响”的程序。

10. 【答案】B

【解析】选项 B 错误，违反法律法规不包括由治理层、管理层或员工实施的与被审计单位经营活动无关的不当个人行为。

（二）多选题

1. 【答案】ABD

【解析】选项 A、D 与实施舞弊的机会相关，选项 B 与实施舞弊的态度或借口相关。

2. 【答案】AD

【解析】选项 B、C，属于针对舞弊导致的认定层次重大错报风险实施的审计程序。

3. 【答案】BCD

【解析】注册会计师识别出或怀疑被审计单位存在违反法律法规的行为，注册会计师应当：（1）获取进一步的信息，以评价对财务报表可能产生的影响，具体包括：①违反法律法规行为对财务报表产生的潜在财务后果，如受到罚款、处分、赔偿、封存财产、强制停业和诉讼等（选项 B 正确）；②潜在财务后果是否需要列报（选项 C 正确）；③潜在财务后果是否严重，以致对财务报表的公允反映产生怀疑或导致财务报表产生误导（选项 D 正确）。（2）了解违反法律法规行为的性质及其发生的环境（选项 A 错误）。

4. 【答案】ACD

【解析】注册会计师通常采用下列程序评估舞弊风险：（1）询问（选项 A 正确）；（2）评价舞弊风险因素；（3）实施分析程序；（4）考虑其他信息（选项 D 正确）；（5）组织项目组讨论（选项 C 正确）；选项 B，实质性分析程序属于风险应对的程序，即进一步审计程序。

5. 【答案】ABD

【解析】舞弊是指使用欺骗的手段获取不当或非法利益的故意行为，疏忽和误解并不属于是故意行为，选项 A、B、D 均属于使用欺骗的手段获取不当或非法利益的故意行为，所以属于舞弊行为；而选项 C 不属于舞弊行为。

6. 【答案】AC

【解析】选项 B、D，属于针对评估的由

于舞弊导致的财务报表层次重大错报风险的总体应对措施。

7.【答案】AC

【解析】选项B、D，属于调整实施审计程序的时间安排。

8.【答案】AB

【解析】注册会计师应当对银行存款（包括零余额账户和本期内注销的账户）、借款及与金融机构往来的其他重要信息实施函证程序，是审计准则规定的应当函证的对象，故选项C、D不属于不可预见的审计程序。

9.【答案】ACD

【解析】如果在完成审计工作后发现舞弊导致的财务报表重大错报，并不必然表明注册会计师没有遵守审计准则，注册会计师是否按照审计准则的规定实施了审计工作，取决于其是否根据具体情况实施了审计程序，是否获取了充分、适当的审计证据，以及是否根据证据评价结果出具了正确的审计报告，选项A、C、D正确；而选项B错误。

10.【答案】BCD

【解析】选项A，控制测试目标是测试控制的运行有效性，难以应对由于舞弊导致的存货数量存在的重大错报风险；其他选项通常能应对库存商品期末数量存在舞弊导致的重大错报风险，选项B（改变审计程序的时间）、选项C（增加审计程序的不可预见性）、选项D（改变审计程序的性质）。

# 第十四章　审计沟通

## 2023 年教材内容主要变化

主要内容无实质性变化，只在局部作了文字修改。

## 本章近五年考试高频考点分布

| 高频考点内容 | 年度及题型分布 |
|---|---|
| 沟通的事项 | 2022 年多选、2019 年综合、2018 年综合 |
| 沟通的过程 | 2022 年单选、2021 年单选、2020 年单选 |
| 前后任注册会计师的含义 | 2021 年单选、2019 年简答 |
| 接受委托前的沟通 | 2019 年简答 |
| 接受委托后的沟通 | 2019 年简答 |

## 高频考点精讲

注册会计师与治理层的沟通以及前后任注册会计师沟通，已成为注册会计师良好作风和规范执业的有机组成部分，本章学习时需要把握沟通框架下，不同时间节点的审计准则规范要求。本章内容尽管看似与教材有关章节内容交互，例如，教材第一章、第二章、第十九章、第二十章相关内容，但是，应对考试，主要把握本章的知识点即可。

### 第一单元　注册会计师与治理层的沟通

#### 高频考点 1：与治理层的双向沟通动因与目的★★

##### （一）双向沟通的动因

被审计单位的治理层与注册会计师在财务报告编制过程中的监督和财务报表审计职责方面存在着共同的关注点，在履行职责方面存在着很强的互补性，这也正是注册会计师需要与治理层保持有效双向沟通的根本原因。

（1）注册会计师和治理层了解与审计相关事项的背景，并建立建设性的工作关系，在建立这种关系时，注册会计师需要保持独立性和客观性；

（2）注册会计师向治理层获取与审计相关的信息，例如，治理层可以帮助注册会计师了解被审计单位及其环境，确定审计证据的适当来源，以及提供有关具体交易或事项的信息；

（3）治理层履行其对财务报告过程的监督责任，从而降低财务报表重大错报风险。

### （二）双向沟通的主要目的

（1）就注册会计师与财务报告审计相关的责任、计划的审计范围和时间安排的总体情况，与治理层进行清晰的沟通；

（2）向治理层获取与审计相关的信息；

（3）及时向治理层通报审计中发现的与治理层对财务报告过程的监督责任相关的重大事项；

（4）推动注册会计师与治理层之间的有效的双向沟通。

## 高频考点2：沟通的对象★★

### （一）总体要求

注册会计师确定沟通对象的总体要求，具体如表14－1所示。

表14－1　总体要求

| | | |
|---|---|---|
| 一般要求 | （1）确定适当的沟通人员 | ①即使是同一家被审计单位，由于组织形式的变化、章程的修改或其他方面的变动，也可能使适当的沟通对象发生变动。<br>②由于沟通事项的不同，适当的沟通对象也会有所不同。<br>③尽管一般情况下适当的沟通对象可能是相对固定的，但是针对一些特殊事项，注册会计师应当运用职业判断考虑是否应当与被审计单位治理结构中的其他适当对象进行沟通。<br>【小贴士】例如，在上市公司审计中，有关注册会计师独立性问题的沟通，其沟通对象最好是被审计单位治理结构中有权决定聘任、解聘注册会计师的组织或人员。再如，有关管理层胜任能力和诚信问题方面的事项，就不宜与兼任高级管理职务的治理层成员沟通 |
| | （2）确定适当的沟通人员时应当利用的信息 | 通常，了解被审计单位的法律结构、组织形式，查阅被审计单位的章程、组织结构图，询问被审计单位的相关人员等，都有助于获取有关被审计单位治理结构和治理过程的信息，能够帮助注册会计师清楚地识别出适当的沟通对象 |
| 特殊情形 | （1）通常，被审计单位也会指定其治理结构中相对固定的人员或组织（如审计委员会）负责与注册会计师进行沟通。<br>（2）如果由于被审计单位的治理结构没有被清楚界定，导致注册会计师无法清楚地识别适当的沟通对象，被审计单位也没有指定适当的沟通对象，注册会计师就应当尽早与审计委托人商定沟通对象，并就商定的结果形成备忘录或其他形式的书面记录 | |

### （二）与治理层的下设组织或个人沟通

1. 决定与治理层的下设组织或个人沟通时应当考虑的**主要因素**

通常，注册会计师没有必要（实际上也不可能）就全部沟通事项与治理层整体进行沟通。

**小贴士** 适当的沟通对象往往是治理层的下设组织和人员，如董事会下设的审计委员会、独立董事、监事会或者被审计单位特别指定的组织和人员等。注册会计师在决定与治理层某下设组织或个人沟通时，需要考虑的事项，具体如表14－2所示。

表 14－2　　需要考虑的事项

| 序号 | 主要事项 | 具体内容 |
| --- | --- | --- |
| (1) | 治理层的下设组织与治理层各自的责任 | 这种责任划分是确定适当沟通对象的直接依据 |
| (2) | 拟沟通事项的性质 | 不同性质的沟通事项，其适当的沟通对象可能并不相同。这就意味着，尽管合适的沟通对象可能是治理层下设的某个组织、某些人员，但是，如果出现涉及内容和对象、重要程度等方面比较特殊的事项，可能需要适当改变沟通对象 |
| (3) | 相关法律法规的要求 | 法律法规可能会就治理结构、治理层下设组织和人员的职责作出规定，如有这方面的规定，注册会计师在确定适当的沟通对象时，应当从其规定 |
| (4) | 下设组织是否有权就沟通的信息采取行动，以及是否能够提供注册会计师可能需要的进一步信息和解释 | 对于需要通过与治理层沟通以寻求配合或解决问题的事项，注册会计师应当在合理考虑治理层的职责分工的基础上，选择有利于得到配合、有利于解决问题的适当的沟通对象 |

**小贴士** 在决定是否需要与治理机构沟通信息时，注册会计师可能受到其对下设组织与治理机构沟通相关信息的有效性和适当性的评估的影响。注册会计师可以在就审计业务约定条款达成一致意见时明确指出，除非法律法规禁止，注册会计师保留与治理机构直接沟通的权利。

2. 被审计单位设有审计委员会的情形

尽管审计委员会的具体权力和职责可能不同，但与其沟通已成为注册会计师与治理层沟通的一个关键要素。良好的公司治理原则建议：

(1) 邀请注册会计师定期参加审计委员会会议；

(2) 审计委员会主席和其他相关成员定期与注册会计师联系；

(3) 审计委员会每年至少一次在管理层不在场的情况下会见注册会计师。

3. 需要与治理层整体沟通的特殊情形(治理层全部成员参与管理)

(1) 如果就审计准则要求沟通的事项已与负有管理责任的人员沟通，且这些人员同时负有治理责任，注册会计师无须就这些事项再次与负有治理责任的相同人员沟通；

(2) 注册会计师应当确信与负有管理责任人员的沟通能够向所有负有治理责任的人员充分传递应予沟通的内容。

## 高频考点 3：沟通的事项★★★

注册会计师与治理层沟通的事项，具体如表 14－3 所示。

表 14－3　　沟通的事项

| 序号 | 主要事项 |
| --- | --- |
| 1 | 注册会计师与财务报表审计相关的责任 |
| 2 | 计划的审计范围和时间安排 |
| 3 | 审计中发现的重大问题 |
| 4 | 值得关注的内部控制缺陷 |
| 5 | 注册会计师的独立性 |
| 6 | 补充事项 |

**小贴士** 上述事项不仅需要从总体掌握沟通的事项范围，还需要对于重点沟通的事项，深入掌握。

### （一）注册会计师与财务报表审计相关的责任

1. 注册会计师与财务报表审计相关的责任基本内容

（1）注册会计师负责对管理层在治理层监督下编制的财务报表形成和发表意见；

（2）财务报表审计并不减轻管理层或治理层的责任。

**小贴士** 注册会计师与财务报表审计相关的责任应当包含在审计业务约定书或记录审计业务约定条款的其他适当形式的书面协议中。

2. 注册会计师向治理层提供审计业务约定书或其他适当形式的书面协议的副本，可能包括如下事项：

（1）注册会计师按照审计准则执行审计工作的责任，主要集中在对财务报表发表意见上；

（2）审计准则并不要求注册会计师设计程序来识别与治理层沟通的补充事项；

（3）当《中国注册会计师审计准则第1504号——在审计报告中沟通关键审计事项》适用时，注册会计师确定在审计报告中沟通关键审计事项的责任；

（4）注册会计师依据法律法规的规定，与被审计单位的协议或适用于该业务的其他规定，承担所需要沟通特定事项的责任（如适用）。

### （二）计划的审计范围和时间安排

**小贴士** 制订沟通计划的审计范围和时间安排时，需保持职业谨慎，避免损害审计的有效性。例如，沟通具体审计程序的性质和时间安排、沟通审计的重要性水平，都可能降低审计的有效性。

1. 与治理层可能沟通的事项

注册会计师与治理层可能沟通的事项，具体内容如表14－4所示。

表14－4 沟通的事项

| 序号 | 主要事项 |
| --- | --- |
| （1） | 注册会计师拟如何应对舞弊或错误导致的特别风险以及重大错报风险评估水平较高的领域 |
| （2） | 注册会计师对与审计相关内部控制采取的方案 |
| （3） | 在审计中对重要性概念的运用。<br>【小贴士】重要性概念的运用不能具体到重要性水平，否则会降低审计的有效性 |
| （4） | 实施计划的审计程序或评价审计结果需要的专门技术或知识的性质和程度，包括利用注册会计师的专家的工作 |
| （5） | 当《中国注册会计师审计准则第1504号——在审计报告中沟通关键审计事项》适用时，注册会计师对哪些事项可能需要重点关注因而可能成为关键审计事项所作的初步判断 |
| （6） | 针对适用的财务报告编制基础或者被审单位所处环境、财务状况或活动发生的重大变化对单一报表或披露产生的影响，注册会计师拟采取的应对措施 |

2. 与治理层的沟通中可能适合讨论的计划方面的其他事项

注册会计师与治理层的沟通中可能适合讨论的计划方面的其他事项，具体如表14－5所示。

表14－5 适合讨论的其他事项

| 其他事项 | 具体内容 |
| --- | --- |
| 被审计单位设有内部审计 | 如果被审计单位设有内部审计，注册会计师拟利用内部审计工作的程度，以及注册会计师和内部审计人员如何以建设性和互补性的方式更好地协调和配合工作 |

续表

| 其他事项 | 具体内容 |
| --- | --- |
| 治理层对下列问题的看法 | (1) 与被审计单位治理结构中的哪些适当人员沟通。<br>(2) 治理层和管理层之间的责任分配。<br>(3) 被审计单位的目标和战略，以及可能导致重大错报的相关经营风险。<br>(4) 治理层认为审计过程中需要特别关注的事项，以及治理层要求注册会计师追加审计程序的领域。<br>(5) 被审计单位与监管机构的重要沟通。<br>(6) 治理层认为可能会影响财务报表审计的其他事项 |
| 治理层对下列问题的态度、认识和措施 | (1) 被审计单位的内部控制及其在被审计单位中的重要性，包括治理层如何监督内部控制的有效性。<br>(2) 舞弊发生的可能性或如何发现舞弊 |
| 治理层应对会计准则、公司治理实务、交易所上市规则和相关事项变化的措施 | (1) 财务报表中信息的相关性、可靠性、可比性和可理解性;<br>(2) 考虑财务报表是否因包含不相关或有碍正确理解所披露事项的信息而受到不利影响 |
| 治理层对以前与注册会计师沟通作出的反应 | 治理层对以前与注册会计师沟通作出的反应，是积极的还是消极的 |

### （三）审计中发现的重大问题

注册会计师与治理层沟通的审计中发现的重大问题，具体如表 14－6 所示。

表 14－6　审计中发现的重大问题

| 重大问题 | 具体内容 |
| --- | --- |
| 对被审计单位会计实务（包括会计政策、会计估计和财务报表披露）重大方面的质量的看法 | (1) 在适当的情况下，注册会计师应当向治理层解释为何某项在适用的财务报告编制基础下可以接受的重大会计实务，并不一定最适合被审计单位的具体情况。<br>(2) 就被审计单位会计实务重大方面的质量进行开放的、建设性的沟通，可能包括评价重大会计实务和披露的质量的可接受性 |
| 审计工作中遇到的重大困难 | (1) 在提供审计所需信息时管理层出现严重拖延或不愿提供，或者被审计单位的人员不予配合。<br>(2) 不合理地要求缩短完成审计工作的时间。<br>(3) 为获取充分、适当的审计证据需要付出的努力远超预期。<br>(4) 无法获取预期的信息。<br>(5) 管理层对注册会计师施加限制。<br>(6) 管理层不愿意按要求对持续经营能力进行评估，或不愿意延长评估期间。<br>【小贴士】在某些情况下，这些困难可能构成对审计范围的限制，导致注册会计师发表非无保留意见 |
| 已与管理层讨论或需要书面沟通的重大事项，以及注册会计师要求提供的书面声明，除非治理层全部成员参与管理被审计单位 | (1) 影响被审计单位的业务环境，以及可能影响重大错报风险的经营计划和战略。<br>(2) 对管理层就会计或审计问题向其他专业人士进行咨询的关注。<br>(3) 管理层在首次或连续委托注册会计师时，就会计实务、审计准则应用、审计或其他服务费用与注册会计师进行的讨论或书面沟通。<br>(4) 当年发生的重大事项或交易。<br>(5) 与管理层存在意见分歧的重大事项，但因事实不完整或初步信息造成并在随后通过进一步获取相关事实或信息得以解决的初始意见分歧除外 |

续表

| 重大问题 | 具体内容 |
| --- | --- |
| 影响审计报告形式和内容的情形 | （1）根据《中国注册会计师审计准则第1502号——在审计报告中发表非无保留意见》的规定，注册会计师预期在审计报告中发表非无保留意见。<br>（2）根据《中国注册会计师审计准则第1324号——持续经营》的规定，报告与持续经营相关的重大不确定性。<br>（3）根据《中国注册会计师审计准则第1504号——在审计报告中沟通关键审计事项》的规定，沟通关键审计事项。<br>（4）根据《中国注册会计师审计准则第1503号——在审计报告中增加强调事项段和其他事项段》或其他审计准则的规定，注册会计师认为有必要（或应当）增加强调事项段或其他事项段 |
| 审计中出现的、根据职业判断认为与监督财务报告过程相关的所有其他重大事项 | 可能包括已更正的含有已审计财务报表的文件中的其他信息存在的对事实的重大错报或重大不一致 |

### （四）值得关注的内部控制缺陷

1. 内部控制缺陷和值得关注的内部控制缺陷

（1）内部控制缺陷含义。

内部控制缺陷是指在下列任一情况下内部控制存在的缺陷：

①某项控制的设计、执行或运行不能及时防止或发现并纠正财务报表错报；

②缺少用以及时防止或发现并纠正财务报表错报的必要控制。

（2）值得关注的内部控制缺陷。

值得关注的内部控制缺陷是指注册会计师根据职业判断，认为足够重要从而值得治理层关注的内部控制的一个缺陷或多个缺陷的组合。

2. 向治理层和管理层通报内部控制缺陷

（1）注册会计师应当以书面形式，及时向治理层通报审计过程中识别出的值得关注的内部控制缺陷。

（2）注册会计师应当及时向相应层级的管理层通报的内部控制缺陷。

①已向或拟向治理层通报的值得关注的内部控制缺陷，除非在具体情况下不适合直接向管理层通报；

②在审计过程中识别出的、其他方尚未向管理层通报而注册会计师根据职业判断认为足够重要从而值得管理层关注的内部控制其他缺陷。

**小贴士** 在向治理层和管理层提供信息时，注册会计师应当特别说明的事项。

a. 注册会计师执行审计工作的目的是对财务报表发表审计意见；

b. 审计工作包括考虑与财务报表编制相关的内部控制，其目的是设计适合具体情况的审计程序，并非对内部控制的有效性发表意见（如果结合财务报表审计对内部控制的有效性发表意见，应当删除“并非对内部控制的有效性发表意见”的措辞）；

c. 报告的事项仅限于注册会计师在审计过程中识别出的、认为足够重要从而值得向治理层报告的缺陷。

## 经典例题

【真题·多选题】（2022）下列各项中，属于注册会计师应当与被审计单位治理层沟通审计中发现的重大问题的有（　　）。

A. 审计工作中遇到的重大困难

B. 注册会计师已与管理层书面沟通的重大事项

C. 注册会计师对被审计单位会计实务重大方面的质量的看法

D. 影响审计报告形式和内容的情形

【答案】ABCD

【解析】选项A、B、C、D均属于注册会计师应当与被审计单位治理层沟通审计中发现的重大问题。

### （五）注册会计师的独立性

1. 如果被审计单位是上市实体，应当与治理层沟通的内容

（1）就审计项目组成员、会计师事务所其他相关人员，以及会计师事务所和网络事务所按照相关职业道德要求保持了独立性作出声明；

（2）根据职业判断，注册会计师认为会计师事务所、网络事务所与被审计单位之间存在的可能影响独立性的所有关系和其他事项，包括会计师事务所和网络事务所在财务报表涵盖期间为被审计单位和受被审计单位控制的组成部分提供审计、非审计服务的收费总额。这些收费应当分配到适当的业务类型中，以帮助治理层评估这些服务对注册会计师独立性的影响；

（3）为消除对独立性的不利影响或将其降至可接受的水平，已经采取的相关防范措施。

2. 拟沟通的关系和其他事项以及防范措施

拟沟通的关系和其他事项以及防范措施因业务具体情况的不同而不同，但是通常包括：

（1）对独立性的不利影响，包括因自身利益、自我评价、过度推介、密切关系和外在压力产生的不利影响；

（2）法律法规和职业规范规定的防范措施、被审计单位采取的防范措施，以及会计师事务所内部自身的防范措施。

### （六）补充事项（略）

## 命题点拨

**命题角度：**沟通的事项

本知识点在命题时，一般会以客观题（单选题和多选题）的形式出现，主要考核考生对于需要沟通的六个方面的事项。

## 高频考点4：沟通的过程★★★

### （一）确立沟通的过程

1. 基本要求

清楚地沟通注册会计师的责任、计划的审计范围和时间安排以及期望沟通的大致内容，有助于为有效的双向沟通确立基础。通常，讨论如下事项可能有助于实现有效的双向沟通，具体如表14－7所示。

**表14－7　讨论的事项**

| 讨论的事项 | 具体内容 |
|---|---|
| 沟通的目的 | 如果目的明确，注册会计师和治理层就可以更好地就相关问题和在沟通过程中期望采取的行动取得相互了解 |
| 沟通拟采取的形式 | 与治理层就沟通形式进行讨论，有利于合理确定拟采取的沟通形式，或及时对沟通形式进行必要的调整，同时也有利于得到治理层的理解和配合 |
| 由审计项目组和治理层中的哪些人员就特定事项进行沟通 | 这方面的讨论有利于双方合理确定参与沟通的人员，以及找到适当的沟通对象 |
| 注册会计师对沟通的期望（将进行双向沟通以及治理层就其认为与审计工作相关的事项与注册会计师沟通） | 与审计工作相关的事项一般包括：可能对审计程序的性质、时间安排和范围产生重大影响的战略决策，对舞弊的怀疑或检查，对高级管理人员的诚信或胜任能力的疑虑 |
| 对注册会计师沟通的事项采取措施和进行反馈的过程 | 讨论该事项有利于让治理层知悉注册会计师如何对沟通事项作出反应 |
| 对治理层沟通的事项采取措施和进行反馈的过程 | 讨论该事项有利于让注册会计师知悉治理层如何对沟通事项作出反应 |

2. 与管理层的沟通

（1）许多事项可以在正常的审计过程中与管理层讨论，包括审计准则要求与治理层沟通的事项。这种讨论有助于确认管理层对被审计单位经营活动的执行以及（特别是）对财务报表的编制承担的责任。

（2）不适合与管理层讨论的事项包括管理层的胜任能力或诚信问题等。

（3）如果被审计单位设有内部审计，注册会计师可以在与治理层沟通前与内部审计人员讨论相关事项。

3. 与第三方（银行或特定监管机构等）的沟通

（1）书面沟通文件要求。

在向第三方提供为治理层编制的书面沟通文件时，在书面沟通文件中声明以下内容，告知第三方这些书面沟通文件不是为他们编制，可能是非常重要的：

①书面沟通文件仅为治理层的使用而编制，在适当的情况下也可供集团管理层和集团注册会计师使用，但不应被第三方依赖；

②注册会计师对第三方不承担责任；

③书面沟通文件向第三方披露或分发的任何限制。

（2）法律法规要求。

①向监管机构或执法机构报告与治理层沟通的特定事项，例如，如果管理层和治理层没有采取纠正措施，注册会计师有义务向监管机构或执法机构报告错报。

②将为治理层编制的特定报告的副本提交给相关监管机构、出资机构或其他机构，如对某些公共部门实体，需要提交给某些主管部门。

③向公众公开为治理层编制的报告。

**小贴士** 除非法律法规要求向第三方提供注册会计师与治理层的书面沟通文件的副本，否则注册会计师在向第三方提供前可能需要事先征得治理层同意。

### （二）沟通形式

1. 沟通形式

有效的沟通可能包括结构化的陈述、书面报告以及不太正式的沟通（包括讨论）。沟通形式具体分为书面形式和口头形式。

2. 采用书面形式情形

（1）对于审计中发现的重大问题，如果根据职业判断认为采用口头形式沟通不适当，注册会计师应当以书面形式与治理层沟通，当然，书面沟通不必包括审计过程中的所有事项；

（2）对于审计准则要求的注册会计师的独立性，注册会计师也应当以书面形式与治理层沟通；

（3）注册会计师应当以书面形式向治理层通报值得关注的内部控制缺陷；

（4）书面沟通可能包括向治理层提供审计业务约定书。

3. 除特定事项的重要程度外，沟通的形式（口头沟通或书面沟通，沟通内容的详略程度，以正式或非正式的方式沟通）可能还受下列因素的影响，具体如表 14－8 所示



**表 14－8　　沟通的形式影响因素**

| 主要因素 | 具体内容 |
| --- | --- |
| 对该事项的讨论是否将包含在审计报告中 | 在审计报告中沟通关键审计事项时，注册会计师可能认为有必要就确定为关键审计事项的事项进行书面沟通 |
| 特定事项是否已经得到满意的解决 | 通常，特定事项已经得到满意的解决，就可以仅做简要沟通 |
| 管理层是否已事先就该事项进行沟通 | 通常，在注册会计师确信管理层已经就拟沟通事项与治理层有效沟通的情况下，如果该事项属于审计准则规定应当直接与治理层沟通的事项，注册会计师在与治理层进行沟通时可以相对简略；如果沟通事项属于审计准则规定的补充事项，注册会计师可能就没有必要就该事项再与治理层进行沟通 |

续表

| 主要因素 | 具体内容 |
| --- | --- |
| 被审计单位的规模、经营结构、控制环境和法律结构 | 通常，被审计单位的规模越大、经营和法律结构越复杂，注册会计师就越倾向于采取书面的、更为详细的和更加正式的沟通形式。相对于上市实体或大型被审计单位，在对小型被审计单位的审计中，注册会计师可以以不太正式的方式来与治理层沟通 |
| 在特殊目的财务报表审计中，注册会计师是否还审计被审计单位的通用目的财务报表 | 在同时审计的情况下，对于已经在通用目的财务报表审计中充分沟通的事项，就可以仅做简要沟通 |
| 法律法规要求 | 如果法律法规规定对某些特定事项的沟通必须采用书面、正式形式，应当从其规定 |
| 治理层的期望，包括与注册会计师定期会谈或沟通的安排 | 在不违背法律法规和审计准则要求、有利于实现沟通目的的前提下，注册会计师在确定沟通形式时一般会尽可能地尊重治理层的预期和愿望 |
| 注册会计师与治理层持续接触和对话的次数 | 如果双方保持频繁的有效联系和对话，对于一些治理层已经了解的事项，沟通的形式就可以比较简略 |
| 治理机构的成员是否发生了重大变化 | 通常，如果治理层成员发生了重大变化，注册会计师对相关事项的沟通就应当更加详细，以便让新接任的治理层成员全面了解相关的情况 |

## 经典例题

【真题·单选题】（2022）下列各项中，注册会计师应当以书面形式与治理层沟通的是（　　）。

A. 注册会计师与财务报表审计相关的责任

B. 注册会计师识别出的特别风险

C. 注册会计师识别出的值得关注的内部控制缺陷

D. 注册会计师计划的审计范围和时间安排

【答案】C

【解析】选项 C 正确，注册会计师应当以书面形式向治理层通报值得关注的内部控制缺陷。

### （三）沟通的时间安排

注册会计师应当及时与治理层沟通。怎样才算及时并非一成不变的，适当的沟通时间安排，因业务环境的不同而不同。

1. 相关环境的影响

相关的环境包括事项的重要程度和性质，以及期望治理层采取的行动，具体内容如表 14 – 9 所示。

**表 14 – 9　相关环境对于沟通时间安排的影响**

| 序号 | 具体情形 |
| --- | --- |
| （1） | 对于计划事项的沟通，通常在审计业务的早期进行，如系首次接受委托，沟通可以随同就审计业务条款达成一致意见一并进行 |
| （2） | 对于审计中遇到的重大困难，如果治理层能够协助注册会计师克服这些困难，或者这些困难可能导致发表非无保留意见，可能需要尽快沟通 |
| （3） | 如果识别出值得关注的内部控制缺陷，注册会计师可能在进行书面沟通前，尽快向治理层口头沟通 |
| （4） | 当《中国注册会计师审计准则第 1504 号——在审计报告中沟通关键审计事项》适用时，注册会计师可以在讨论审计工作的计划范围及时间安排时沟通对关键审计事项的初步看法，注册会计师在沟通重大审计发现时也可以与治理层进行更加频繁的沟通，以进一步讨论此类事项 |
| （5） | 无论何时（如承接一项非审计服务和在总结性讨论中）就对独立性的不利影响和相关防范措施作出了重要判断，对独立性进行沟通都可能是适当的 |

续表

| 序号 | 具体情形 |
|---|---|
| (6) | 沟通审计中发现的问题，包括注册会计师对被审计单位会计实务质量的看法，也可能作为总结性讨论的一部分 |
| (7) | 当同时审计通用目的和特殊目的的财务报表时，注册会计师协调沟通的时间安排可能是适当的 |

2. 其他因素影响

### （四）沟通过程的充分性

（1）注册会计师应当评价其与治理层之间的双向沟通对实现审计目的是否充分。如果认为双向沟通不充分，注册会计师应当评价其对重大错报风险评估以及获取充分、适当的审计证据的能力的影响，并采取适当的措施。

（2）如果注册会计师与治理层之间的双向沟通不充分，并且这种情况得不到解决，注册会计师可以采取下列措施：

①根据范围受到的限制发表非无保留意见；

②就采取不同措施的后果征询法律意见；

③与第三方（如监管机构）、被审计单位外部的在治理结构中拥有更高权力的组织或人员（如企业的业主、股东大会中的股东）或对公共部门负责的政府部门进行沟通；

④在法律法规允许的情况下解除业务约定。

### 命题点拨

命题角度：沟通形式、沟通过程的充分性

本知识点在命题时，一般会以客观题（单选题和多选题）的形式出现，主要考核考生对于沟通形式、沟通过程的充分性相关内容的理解，尤其是采用书面沟通的具体情形及双向沟通不充分时注册会计师可以采取的措施。

### 经典例题

【例题·单选题】如果注册会计师与治理层之间的双向沟通不充分，并且这种情况得不到解决，注册会计师采取的下列措施中，错误的是（　　）。

A. 根据范围受到的限制发表非无保留意见

B. 在法律法规允许的情况下解除业务约定

C. 就采取不同措施的后果征询法律意见

D. 与监管机构、被审计单位内部的在治理结构中拥有更高权力的组织或人员进行沟通

【答案】D

【解析】选项D错误，应该是与监管机构、被审计单位外部的在治理结构中拥有更高权力的组织或人员进行沟通，而不是“被审计单位内部”。

## 高频考点5：审计工作底稿★★

注册会计师应当记录与治理层沟通的重大事项，包括记录那些对于表明形成审计报告的合理基础、证明审计工作的执行遵循了审计准则和其他法律法规要求而言很重要的事项。

（1）如果审计准则要求沟通的事项是以口头形式沟通的，注册会计师应当将其包括在审计工作底稿中，并记录沟通的时间和对象；如果审计准则要求沟通的事项是以书面形式沟通的，注册会计师应当保存一份沟通文件的副本作为审计工作底稿的一部分。

（2）如果被审计单位编制的会议纪要是沟通的适当记录，注册会计师可以将其副本作为对口头沟通的记录，并作为审计工作底稿的一部分；如果发现这些会议纪要的记录不能恰当反映沟通的内容，且有差别的事项比较重大，注册会计师一般会另行编制能恰当记录沟通内容的纪要，并将其副本连同被审计单位编制的纪要一起致送治理层，提示两者的差别，以免引起不必要的误解。

（3）如果根据业务环境不容易识别出适当的沟通人员，注册会计师还应当记录识别治理结构中的适当沟通人员的过程。记录的内容一般包括从被审计单位获取的治理结构和组织结构图、项目组内部就确定沟通对象的讨论、与委托人就沟通对象进行沟通的过程和商定的结果等。它可以记录于注册会计师的工作底稿中，必要时也可以载入业务约定书或记录商定的业务约定条款的其他形式的合约中。

（4）如果治理层全部参与管理，注册会计师还应当记录对沟通的充分性进行考虑的过程，即考虑与负有管理责任人员的沟通能否向所有负有治理责任的人员充分传递应予沟通内容的过程。

## 第二单元　前任注册会计师和后任注册会计师的沟通

### 高频考点1：前后任注册会计师的含义★★

具体内容如表14－10所示。

**表14－10　前后任注册会计师的含义**

| 前后任注册会计师 | 含义 | 具体解析 |
| --- | --- | --- |
| 前任注册会计师 | 前任注册会计师是指已对被审计单位上期财务报表进行审计，但被现任注册会计师接替的其他会计师事务所的注册会计师 | （1）接受委托但未完成审计工作，已经或可能与委托人解除业务约定的注册会计师，也被视为前任注册会计师。<br>（2）当会计师事务所发生变更时，前任注册会计师通常包含两种情况：<br>①已对上期财务报表发表了审计意见的某会计师事务所的注册会计师；<br>②接受委托但未完成审计工作的某会计师事务所的注册会计师。<br>（3）在实务中，还可能出现委托人在相邻两个会计年度中连续变更多家会计师事务所的情况。在这些情况下，相对于执行本期财务报表审计业务的注册会计师而言，前任注册会计师是指为上期财务报表出具了审计报告的注册会计师，以及之后接受委托对本期财务报表进行审计但未完成审计工作的所有其他会计师事务所的注册会计师。<br>【小贴士】如果上期财务报表仅经过代编或审阅，执行代编或审阅业务的注册会计师不能被视为前任注册会计师 |
| 后任注册会计师 | 后任注册会计师是指正在考虑接受委托或已经接受委托，接替前任注册会计师对被审计单位本期财务报表进行审计的注册会计师 | （1）如果被审计单位委托注册会计师对已审计财务报表进行重新审计，正在考虑接受委托或已经接受委托的注册会计师也被视为后任注册会计师。<br>（2）当会计师事务所发生变更时，后任注册会计师通常包括两种情况：<br>①在签订业务约定书之前，正在考虑接受委托的注册会计师。此时，后任注册会计师对于是否接受委托尚未作出最后决定，正准备与前任注册会计师沟通，待了解有关情况之后再做决定。<br>②已接受委托并签订业务约定书，接替前任注册会计师执行财务报表审计业务的注册会计师。<br>（3）由于某些特殊原因或需要，委托人有可能委托注册会计师对已审计财务报表进行重新审计。在这种情况下，之前对已审计财务报表发表审计意见的注册会计师应被视为前任注册会计师，而正在考虑接受委托或已经接受委托的注册会计师应被视为后任注册会计师。这实际上是对前后任注册会计师含义的进一步拓展，即前后任注册会计师并不一定意味着后任将取代前任。当被审计单位的财务报表已经审计但需要重新审计时，就不属于后任取代前任的情况。<br>【小贴士】前任注册会计师和后任注册会计师是就会计师事务所发生变更时的情况而言的。在未发生会计师事务所变更的情况下，同处于某一会计师事务所中的不同注册会计师不属于前后任注册会计师的范畴 |

## 名师解惑

问：老师，如何准确掌握前任注册会计师和后任注册会计师的区别？

答：主要把握以下两点：一是前任注册会计师和后任注册会计师是站在财务报表审计的视角而言的，如果上期财务报表仅经过代编或审阅，执行代编或审阅业务的注册会计师不能被视为前任注册会计师；二是前任注册会计师和后任注册会计师是就会计师事务所发生变更时的情况而言的，同处于某一会计师事务所中的不同注册会计师不属于前后任注册会计师的范畴。以上两点是理解前后任注册会计师的核心要点。

### 经典例题

【真题·多选题】（2022）下列各项中，属于前任注册会计师的有（　　）。

A. 对上期财务报表执行审阅的其他会计师事务所的注册会计师

B. 对上期财务报表执行审计的同一家会计师事务所的其他注册会计师

C. 对上期财务报表执行审计的其他会计师事务所的注册会计师

D. 对本期财务报表执行审计但未完成审计工作的其他会计师事务所的注册会计师

【答案】CD

【解析】前任注册会计师是指为上期财务报表出具了审计报告的注册会计师（选项C），以及之后接受委托对本期财务报表进行审计但未完成审计工作的所有其他会计师事务所的注册会计师（选项D）。

### 高频考点2：前后任注册会计师沟通的总体要求★★

1. 沟通的发起方

在前任注册会计师与后任注册会计师的沟通过程中，后任注册会计师负有主动沟通的义务。

2. 沟通的前提

尽管后任注册会计师负有主动沟通的义务，但前提是需要征得被审计单位的同意。

3. 沟通的方式

前任注册会计师与后任注册会计师的沟通可以采用书面或口头的方式。

4. 对沟通情况的记录

尽管沟通可以采用书面或口头的方式进行，但无论是前任注册会计师还是后任注册会计师，都应当将沟通的情况记录于各自的审计工作底稿，以便完整反映审计工作的轨迹。

5. 前后任注册会计师应当对沟通过程中获知的信息保密

小贴士 即使未接受委托，“后任”仍应履行保密义务。

## 命题点拨

命题角度：前后任注册会计师沟通的总体要求

本知识点在命题时，一般会以客观题（单选题和多选题）的形式出现，主要考核考生对于前后任注册会计师沟通的总体要求的理解，尤其需要掌握前后任注册会计师沟通的发起方、前提和方式。

### 高频考点3：接受委托前的沟通★★★

#### （一）沟通的要求

在接受委托前，后任注册会计师应当与前任注册会计师进行必要沟通，并对沟通结果进行评价，以确定是否接受委托，这是审计准则对注册会计师接受委托前进行必要沟通的核心要求，它包括三层含义，具体如表14-11所示。

第十四章

表 14－11　　沟通的要求

| | |
|---|---|
| 沟通的目的 | (1) 在接受委托前，后任注册会计师与前任注册会计师进行沟通的目的，是了解被审计单位更换会计师事务所的原因以及是否存在不应接受委托的情况，以确定是否接受委托；<br>(2) 后任注册会计师一般只有通过与前任注册会计师直接沟通，才有可能了解更换会计师事务所的真实原因 |
| 沟通是必要的审计程序 | (1) 与前任注册会计师进行沟通，是后任注册会计师在接受委托前应当执行的必要审计程序；<br>(2) 如果没有进行必要沟通，则应视为后任注册会计师没有实施必要的审计程序 |
| 评价沟通结果 | (1) 在进行沟通后，后任注册会计师应当对沟通结果进行评价，以确定是否接受委托；<br>(2) 如果前任注册会计师提供的信息与被审计单位提供的更换会计师事务所的原因不符，特别是当被审计单位与前任注册会计师在重大会计、审计问题上存在意见分歧时，被审计单位可能会试图通过后任注册会计师寻求有利于自己的审计意见，在这种情况下，后任注册会计师应慎重考虑是否接受委托。当出现上述情况时，后任注册会计师一般应拒绝接受委托，以抑制被审计单位购买审计意见的企图，并保护前任注册会计师的利益 |

### （二）沟通的前提

(1) 后任注册会计师进行主动沟通的前提是征得被审计单位的同意；

(2) 后任注册会计师应当提请被审计单位以书面方式同意前任注册会计师对其询问作出充分答复；

(3) 如果被审计单位不同意前任注册会计师作出答复，或限制答复的范围，后任注册会计师应当向被审计单位询问原因，并考虑是否接受委托。当出现这种情况时，后任注册会计师一般需要拒绝接受委托，除非可以通过其他方式获知必要的事实，或有充分的证据表明审计风险水平非常低。

### （三）沟通的内容

接受委托前，向前任注册会计师进行询问是一项必要的沟通程序。但后任注册会计师向前任注册会计师询问的内容应当合理、具体。必要沟通过程中通常值得关注和询问的事项，具体如表 14－12 所示。

表 14－12　　沟通的内容

| 关注和询问的事项 | 具体内容 |
|---|---|
| 是否发现被审计单位管理层存在诚信方面的问题 | 例如，向前任注册会计师了解被审计单位的商业信誉如何，是否发现管理层存在缺乏诚信的行为，被审计单位是否过分考虑将会计师事务所的审计收费维持在尽可能低的水平，审计范围是否受到不适当限制等 |
| 前任注册会计师与管理层在重大会计、审计等问题上存在的意见分歧 | 例如，在会计政策和会计估计的运用 、财务报表的披露方面存在重大的意见分歧、管理层不接受注册会计师的调整建议等 |
| 前任注册会计师向被审计单位治理层通报的管理层舞弊、违反法律法规行为以及值得关注的内部控制缺陷 | 例如，向前任注册会计师询问其从被审计单位监事会或审计委员会是否了解到管理层的任何舞弊事实、舞弊嫌疑，或针对管理层的舞弊指控，以及违反法律法规行为，特别是被审计单位是否存在涉嫌洗钱或其他刑事犯罪的行为或迹象等 |
| 前任注册会计师认为导致被审计单位变更会计师事务所的原因 | 如果变更会计师事务所的原因可能是由于前任注册会计师在重大会计、审计问题上与被审计单位管理层存在意见分歧，管理层对前任注册会计师的审计意见不满意，经多次沟通仍难以达成一致意见，则后任注册会计师要慎重考虑是否接受该项业务委托 |

### （四）前任注册会计师的答复

（1）在被审计单位允许前任注册会计师对后任注册会计师的询问作出充分答复的情况下，前任注册会计师应当根据所了解的事实，对后任注册会计师的合理询问及时作出充分的答复。

（2）如果受到被审计单位的限制或存在法律诉讼的顾虑，决定不向后任注册会计师作出充分答复，前任注册会计师应当向后任注册会计师表明其答复是有限的，并说明原因。此时，后任注册会计师应当考虑对接受委托的影响。

（3）如果未得到答复，且没有理由认为变更会计师事务所的原因异常，后任注册会计师需要设法以其他方式与前任注册会计师再次进行沟通。如果仍得不到答复，后任注册会计师可以致函前任注册会计师，说明如果在适当的时间内得不到答复，将假设不存在专业方面的原因使其拒绝接受委托，并表明拟接受委托。

## 高频考点4：接受委托后的沟通★★★

**小贴士** 接受委托后的沟通与接受委托前有所不同，它不是必要程序，而是由后任注册会计师根据审计工作需要自行决定的。

这一阶段的沟通主要包括查阅前任注册会计师的工作底稿及询问有关事项等。沟通可以采用**电话询问、举行会谈、致送审计问卷**等方式，但最有效、最常用的方式是查阅前任注册会计师的工作底稿。具体如表14－13所示。



表14－13 接受委托后的沟通

| 主要事项 | 具体内容 |
|---|---|
| 查阅前任注册会计师工作底稿的前提 | （1）接受委托后，如果需要查阅前任注册会计师的工作底稿，后任注册会计师应当征得被审计单位同意，并与前任注册会计师进行沟通；<br>（2）前任注册会计师可以考虑允许后任注册会计师查阅其审计工作底稿；<br>（3）如果上期财务报表由前任注册会计师审计，后任注册会计师可考虑通过查阅前任注册会计师的工作底稿获取有关期初余额的审计证据，并考虑前任注册会计师的独立性和专业胜任能力 |
| 查阅相关工作底稿及其内容 | （1）前任注册会计师所在的会计师事务所可自主决定是否允许后任注册会计师获取工作底稿部分内容，或摘录部分工作底稿；<br>（2）如果前任注册会计师决定向后任注册会计师提供工作底稿，一般可考虑进一步从被审计单位（前审计客户）处获取一份确认函，以便降低在与后任注册会计师进行沟通时发生误解的可能性；<br>（3）前任注册会计师应当自主决定可供后任注册会计师查阅、复印或摘录的工作底稿内容 |
| 前后任注册会计师就使用工作底稿达成一致意见 | （1）在允许查阅工作底稿之前，前任注册会计师应当向后任注册会计师获取确认函，就工作底稿的使用目的、范围和责任等与其达成一致意见。<br>（2）在实务中，如果后任注册会计师在工作底稿的使用方面作出了更高程度的限制性保证。例如：<br>①不将查阅工作底稿获得的信息用于其他任何目的；<br>②在查阅工作底稿后，不对任何人作出关于前任注册会计师的审计是否遵循了审计准则的口头或书面评论；<br>③当涉及前任注册会计师的审计质量时，后任注册会计师不应提供任何专家证词、诉讼服务或承接关于前任注册会计师审计质量的评论业务 |
| 利用工作底稿的责任 | （1）查阅前任注册会计师工作底稿获取的信息可能影响后任注册会计师实施审计程序的性质、时间安排和范围，但后任注册会计师应当对自身实施的审计程序和得出的审计结论负责；<br>（2）后任注册会计师不应在审计报告中表明，其审计意见全部或部分地依赖前任注册会计师的审计报告或工作 |

## 命题点拨

命题角度：接受委托前的沟通、接受委托后的沟通

本知识点在命题时，一般会以客观题（单选题和多选题）的形式出现，主要考核考生对于接受委托前的沟通和接受委托后的沟通的内容理解，同时需要考生辨析接受委托前的沟通和接受委托后的沟通二者之间的差别。

### 高频考点5：发现前任注册会计师审计的财务报表可能存在重大错报时的处理★★

#### （一）安排三方会谈

如果发现前任注册会计师审计的财务报表可能存在重大错报，后任注册会计师应当提请被审计单位告知前任注册会计师。必要时，后任注册会计师应当要求被审计单位安排三方会谈。

**小贴士** "必要时"，后任注册会计师应当要求被审计单位安排三方会谈，并不是所有的都安排，需要专业判断。

#### （二）无法参加三方会谈的处理

如果被审计单位拒绝告知前任注册会计师，或前任注册会计师拒绝参加三方会谈，或后任注册会计师对解决问题的方案不满意，后任注册会计师应当考虑对**审计意见**的影响或**解除业务约定**。具体讲，后任注册会计师应当考虑：

（1）这种情况对当前审计业务的潜在影响，并根据具体情况出具恰当的审计报告；

（2）是否退出当前审计业务；

（3）后任注册会计师可考虑向其法律顾问咨询，以便决定如何采取进一步措施。

## 进阶练习

### （一）单选题

1. 下列有关前后任注册会计师沟通的说法中，错误的是（　　）。

A. 接受委托前的沟通是必要的审计程序，接受委托后的沟通不是必要的审计程序

B. 在接受委托前，后任注册会计师与前任注册会计师进行沟通的目的，是了解被审计单位更换会计师事务所的原因以及是否存在不应接受委托的情况，以确定是否接受委托

C. 前后任注册会计师一定意味着后任将取代前任

D. 当会计师事务所通过投标方式承接审计业务时，前任注册会计师无须对所有参与投标的会计师事务所的询问进行答复

2. 注册会计师与治理层某下设组织或个人沟通时，下列各项中，不属于需要考虑的事项的是（　　）。

A. 治理层的下设组织与治理层各自的责任

B. 拟沟通事项的重要性

C. 相关法律法规的要求

D. 下设组织是否有权就沟通的信息采取行动，以及是否能够提供注册会计师可能需要的进一步信息和解释

3. 下列关于注册会计师与被审计单位沟通形式的说法中，错误的是（　　）。

A. 有效的沟通可能包括结构化的陈述、书面报告以及不太正式的沟通

B. 书面沟通需包括审计过程中的所有需要沟通的事项

C. 对于审计中发现的重大问题，如果根据职业判断认为采用口头形式沟通不适当，注册会计师应当以书面形式与治理层沟通

D. 注册会计师应当以书面形式向治理层

通报值得关注的内部控制缺陷

4. 下列关于与治理层沟通的说法中，错误的是（　　）。

A. 在某些情形下，注册会计师的保密义务与沟通义务之间的潜在冲突可能十分复杂，此时注册会计师可以考虑获取法律咨询意见

B. 注册会计师通常没有必要就全部沟通事项与治理层整体进行沟通

C. 可能沟通已更正的含有已审计财务报表的文件中的其他信息存在对事实的重大错报或重大不一致

D. 注册会计师应当与治理层沟通计划的审计范围和时间安排的总体情况，但不包括识别的特别风险的审计范围和时间安排

5. 下列事项中，注册会计师不应当与治理层沟通的是（　　）。

A. 计划的审计范围和时间安排

B. 注册会计师与财务报表审计相关的责任

C. 审计中发现的重大问题

D. 注册会计师拟采用的特定类别的交易、账户余额或披露的重要性

6. 在被审计单位设有审计委员会的情形下，下列各项中，不属于良好的治理原则建议的是（　　）。

A. 邀请注册会计师定期参加审计委员会会议

B. 聘请注册会计师成为审计委员会的临时成员

C. 审计委员会主席和其他相关成员定期与注册会计师联系

D. 审计委员会每年至少一次在管理层不在场的情况下会见注册会计师

7. 下列各项中，不属于审计过程中遇到的重大困难，需要与治理层沟通的是（　　）。

A. 无法获取预期的信息

B. 管理层对注册会计师施加的限制

C. 管理层要求延长完成审计工作的时间

D. 为获取充分、适当的审计证据需要付出的努力远远超过预期

8. 下列各项中，不属于接受委托前必要沟通过程中，通常值得关注和询问的事项的是（　　）。

A. 是否发现被审计单位管理层存在诚信方面的问题

B. 是否发现被审计单位内部控制存在缺陷

C. 前任注册会计师与管理层在重大会计、审计等问题上存在的意见分歧

D. 前任注册会计师向被审计单位治理层通报的管理层舞弊、违反法律法规行为

9. 注册会计师应当在审计工作底稿中记录与治理层沟通的重大事项，下列做法中，错误的是（　　）。

A. 如果审计准则要求沟通的事项是以口头形式沟通的，注册会计师可以将其包括在审计工作底稿中，并记录沟通的时间和对象

B. 如果被审计单位编制的会议纪要是沟通的适当记录，注册会计师可以将其副本作为对口头沟通的记录，并作为审计工作底稿的一部分

C. 如果治理层全部参与管理，注册会计师应当记录对沟通的充分性进行考虑的过程

D. 如果不容易识别出适当的沟通人员，注册会计师应当记录识别治理结构中的适当沟通人员的过程

10. 在向第三方提供为治理层编制的书面沟通文件时，如下沟通内容中，错误的是（　　）。

A. 获取有关保密的书面声明

B. 注册会计师对第三方不承担责任

C. 书面沟通文件向第三方披露或分发的任何限制

D. 书面沟通文件仅为治理层的使用而编制，在适当的情况下也可供集团管理

层和集团注册会计师使用，但不应被第三方依赖

## （二）多选题

1. 下列各项中，不适合注册会计师与治理层沟通的有（　　）。

A. 注册会计师对与审计相关的内部控制采取的方案

B. 在审计中，确定的财务报表整体重要性水平

C. 注册会计师拟如何应对由于舞弊或错误导致的特别风险以及重大错报风险评估水平较高的领域

D. 实施计划的审计程序或评价审计结果需要的专门技术或知识的性质和程度，包括利用注册会计师的专家的工作

2. 注册会计师应当与治理层沟通为消除对独立性的不利影响或将其降至可接受的水平，已经采取的相关防范措施，下列各项中，属于沟通的内容的有（　　）。

A. 对独立性的不利影响

B. 法律法规和职业规范规定的防范措施

C. 被审计单位采取的防范措施

D. 会计师事务所内部自身的防范措施

3. 如果注册会计师与治理层之间的双向沟通不充分，并且这种情况得不到解决，下列措施中正确的有（　　）。

A. 解除业务约定

B. 与监管机构进行沟通

C. 就采取不同措施的后果征询法律意见

D. 根据范围受到的限制，发表无法表示意见

4. 下列有关与治理层沟通注册会计师责任的说法中，正确的有（　　）。

A. 注册会计师的责任是负责对管理层编制的财务报表形成和发表意见

B. 注册会计师与财务报表审计相关的责任通常可以不包含在审计业务约定书或记录审计业务约定条款的其他适当形式的书面协议中

C. 注册会计师向治理层提供审计业务约定书或其他适当形式的书面协议的副本，可能包括注册会计师按照审计准则执行审计工作的责任，主要集中在对财务报表发表意见上

D. 注册会计师通常需要专门为识别与治理层沟通的补充事项设计程序

5. 下列各项中，属于注册会计师与被审计单位治理层就计划的审计范围和时间安排进行沟通时，沟通的事项的有（　　）。

A. 注册会计师对哪些事项可能需要重点关注因而可能构成关键审计事项所作的初步判断

B. 针对适用的财务报告编制基础或者被审计单位所处环境、财务状况或活动发生的重大变化对单一报表或披露产生的影响，注册会计师拟采取的应对措施

C. 注册会计师沟通在审计过程中注意到的所有有关违反法律法规的事项

D. 注册会计师沟通实施计划的审计程序或评价审计结果需要的专门技术或知识的性质和程度

6. 下列有关后任注册会计师在接受委托后与前任注册会计师进行沟通的说法中，正确的有（　　）。

A. 接受委托后的沟通只能采取查阅审计工作底稿的形式

B. 接受委托后的沟通与接受委托前有所不同，它不是必要程序，而是由后任注册会计师根据审计工作需要自行决定的

C. 接受委托后，如果需要查阅前任注册会计师的工作底稿，后任注册会计师应当征得被审计单位同意

D. 查阅前任注册会计师工作底稿获取的信息可能影响后任注册会计师实施审计程序的性质、时间安排和范围，因此，前任注册会计师应当对后任注册会计师得出的审计结论承担部分负责

7. 在向治理层和管理层通报值得关注的

内部控制缺陷的信息时，注册会计师应当特别说明相关事项，下列相关说法中，错误的有（　　）。

A. 注册会计师执行财务报表审计工作的目的是对财务报表和财务报告内部控制发表审计意见，不对非财务报告内部控制发表意见

B. 审计工作包括考虑与财务报表编制相关的内部控制，可能需要对财务报告内部控制的有效性发表意见

C. 报告的事项仅限于注册会计师在审计过程中识别出的、认为足够重要从而值得向治理层报告的缺陷

D. 审计工作包括考虑与财务报表编制相关的内部控制，其目的是设计适合具体情况的审计程序，如控制测试等

8. 在确定与治理层沟通的时间时，注册会计师下列做法中，正确的有（　　）。

A. 适当的沟通时间安排因业务环境的不同而不同

B. 对于注册会计师的独立性，应当在初步业务活动阶段沟通

C. 对于审计中遇到的重大困难，如果这些困难可能导致发表非无保留意见，一般在报告阶段沟通

D. 对于计划事项的沟通，通常在审计业务的早期阶段进行

9. 下列各项沟通中，注册会计师可以不采用书面形式的有（　　）。

A. 在接受委托前，与前任注册会计师进行沟通

B. 在接受委托后，与前任注册会计师进行沟通

C. 在上市公司审计中，与治理层沟通关键审计事项

D. 在上市公司审计中，与治理层沟通注册会计师的独立性

10. 下列关于注册会计师接受委托前沟通的说法中，正确的有（　　）。

A. 如果被审计单位限制答复的范围，后任注册会计师应当拒绝接受委托

B. 在接受委托前，后任注册会计师与前任注册会计师进行沟通的目的，是了解被审计单位内部控制的设计与运行情况，以确定是否接受委托

C. 沟通之前要征得被审计单位的同意

D. 如果被审计单位不同意前任注册会计师作出答复，后任注册会计师应当向被审计单位询问原因，并考虑是否接受委托

### （三）简答题

ABC会计师事务所的A注册会计师担任甲公司2022年度财务报表审计业务项目合伙人。甲公司2021年度财务报表由XYZ会计师事务所审计，出具了否定意见的审计报告。A注册会计师承接审计业务后，部分事项的工作底稿摘录如下：

（1）A注册会计师与前任注册会计师沟通，询问前任注册会计师是否发现被审计单位管理层存在诚信方面的问题。

（2）A注册会计师首先采用电话询问的方式与前任注册会计师取得联系，与其进行沟通，A注册会计师认为采用电话询问的方式与前任注册会计师取得联系较为灵活，事先未征得被审计单位意见，事后告知了被审计单位。

（3）因电话沟通认为效果不理想，于是打算采用举行会谈方式。为此，A注册会计师在征得被审计单位同意前提下，与前任注册会计师采取会谈方式进行沟通。

（4）在允许查阅工作底稿之前，A注册会计师向前任注册会计师提交有关确认函，就工作底稿的使用目的、范围和责任等与其达成一致意见；承诺在查阅工作底稿后，不对任何人作出关于前任注册会计师的审计是否遵循了审计准则的口头或书面评论。

（5）查阅前任注册会计师工作底稿获取的信息影响了A注册会计师实施审计程序的性质、时间安排和范围，所以在审计报告中表明，其审计意见全部或部分地依赖前任注册会计师的工作。

【要求】针对上述第（1）~（5）项，不考虑其他因素，逐项判断各事项是否恰当，如不恰当，请简要说明理由。

## 进阶练习答案及解析

### （一）单选题

1. 【答案】C

【解析】选项C错误，前后任注册会计师并不一定意味着后任将取代前任，当被审计单位的财务报表已经审计但需要重新审计时，就不属于后任取代前任的情况。

2. 【答案】B

【解析】选项B错误，需要考虑的事项为拟沟通事项的性质而不是重要性；而其他选项均属于考虑的事项。

3. 【答案】B

【解析】选项B错误，书面沟通不必包括审计中的所有需要沟通的事项，有的事项可以采用口头形式。

4. 【答案】D

【解析】选项D错误，注册会计师应当与治理层沟通计划的审计范围和时间安排的总体情况，包括特别风险的审计范围和时间安排。

5. 【答案】D

【解析】注册会计师与治理层的沟通事项包括：（1）注册会计师与财务报表审计相关的责任（选项B正确）；（2）计划的审计范围和时间安排（选项A正确）；（3）审计中发现的重大问题（选项C正确）；（4）值得关注的内部控制缺陷；（5）注册会计师的独立性。选项D错误，注册会计师拟采用特定类别的交易、账户余额或披露的重要性不能沟通，否则，使得审计程序治理层具有了预见性。

6. 【答案】B

【解析】选项B，聘请注册会计师成为审计委员会的临时成员是不可行的，此种做法属于代行管理层职责。

7. 【答案】C

【解析】选项C，不合理地要求缩短完成审计工作的时间，属于审计工作中遇到的重大困难；而管理层要求延长完成审计工作的时间则不属于重大困难。

8. 【答案】B

【解析】选项B错误，沟通的事项为值得关注的内部控制缺陷，而不是“是否发现被审计单位内部控制存在缺陷”。

9. 【答案】A

【解析】选项A错误，如果审计准则要求沟通的事项是以口头形式沟通的，注册会计师应当将其包括在审计工作底稿中，并记录沟通的时间和对象，而不是“可以”。

10. 【答案】A

【解析】在向第三方提供为治理层编制的书面沟通文件时，在书面沟通文件中声明以下内容，告知第三方这些书面沟通文件不是为他们编制，可能是非常重要的：（1）书面沟通文件仅为治理层的使用而编制，在适当的情况下也可供集团管理层和集团注册会计师使用，但不应被第三方依赖（选项D正确）；（2）注册会计师对第三方不承担责任（选项B正确）；（3）书面沟通文件向第三方披露或分发的任何限制（选项C正确）；选项A错误，不属于该准则中规范的条款。

### （二）多选题

1. 【答案】ACD

【解析】选项B不适合，可以沟通在审计中对重要性概念的运用，但是沟通确定的财务报表整体重要性水平，可能因被预见而降低其有效性。

2. 【答案】ABCD

【解析】拟沟通的关系和其他事项以及防范措施因业务具体情况的不同而不同，但是通常包括：（1）对独立性的不利影响，包括因自身利益、自我评价、过度推介、密切关系和外在压力产生的不利影响（选项A正确）；

（2）法律法规和职业规范规定的防范措施、被审计单位采取的防范措施，以及会计师事务所内部自身的防范措施（选项 B、C、D 正确）。

3. 【答案】BC

【解析】如果注册会计师与治理层之间的双向沟通不充分，并且这种情况得不到解决，注册会计师可以采取下列措施：（1）根据范围受到的限制发表非无保留意见（选项 D 错误）；（2）就采取不同措施的后果征询法律意见（选项 C 正确）；（3）与第三方（如监管机构）、被审计单位外部的在治理结构中拥有更高权力的组织或人员（如企业的业主、股东大会中的股东）或对公共部门负责的政府部门进行沟通（选项 B 正确）；（4）在法律法规允许的情况下解除业务约定（选项 A 错误）。

4. 【答案】AC

【解析】选项 B 错误，注册会计师与财务报表审计相关的责任通常包含在审计业务约定书或记录审计业务约定条款的其他适当形式的书面协议中；选项 D 错误，注册会计师通常不专门为识别与治理层沟通的补充事项设计程序。

5. 【答案】ABD

【解析】选项 C 错误，注册会计师应当与治理层沟通审计过程中注意到的有关违反法律法规的事项，但不必沟通明显不重要的事项。

6. 【答案】BC

【解析】选项 A 错误，接受委托后的沟通可以采用电话询问、举行会谈、致送审计问卷等方式，其中最有效、最常用的方式是查阅前任注册会计师的工作底稿；选项 D 错误，查阅前任注册会计师工作底稿获取的信息可能影响后任注册会计师实施审计程序的性质、时间安排和范围，但后任注册会计师应当对自身实施的审计程序和得出的审计结论负责。

7. 【答案】AB

【解析】在向治理层和管理层通报值得关注的内部控制缺陷时，注册会计师应当特别说明下列事项：（1）注册会计师执行财务报表审计工作的目的是对财务报表发表审计意见（选项 A 不正确）；（2）审计工作包括考虑与财务报表编制相关的内部控制，其目的是设计适合具体情况的审计程序，并非对内部控制的有效性发表意见，自然不存在对非财务报告内部控制发表意见的说法（选项 B 错误、选项 D 正确）；（3）报告的事项限于注册会计师在审计过程中识别出的、认为足够重要从而值得向治理层报告的缺陷（选项 C 正确）。

8. 【答案】AD

【解析】选项 B 错误，注册会计师的独立性，根据业务的具体情形，无论何时沟通都可能是适当的；选项 C 错误，对于审计中遇到的重大困难，如果这些困难可能导致发表非无保留意见，可能需要尽快沟通。

9. 【答案】ABC

【解析】在与前任注册会计师进行沟通时，无论接受委托前还是接受委托后，均可以采用书面或口头形式进行沟通（选项 A、B 正确）；在与治理层沟通关键审计事项时，可以选择书面或口头形式进行沟通（选项 C 正确）；在上市公司审计中，与治理层沟通注册会计师的独立性，注册会计师应当采用书面形式，故选项 D 错误。

10. 【答案】CD

【解析】选项 A 错误，如果被审计单位不同意前任注册会计师作出答复，或限制答复的范围，后任注册会计师应当向被审计单位询问原因，并考虑是否接受委托。当出现这种情况时，后任注册会计师一般需要拒绝接受委托，除非可以通过其他方式获知必要的事实，或有充分的证据表明审计风险水平非常低。选项 B 错误，在接受委托前，后任注册会计师与前任注册会计师进行沟通的目的，是了解被审计单位更换会计师事务所的原因以及是否存在不应接受委托的情况，以确定是否接受委托。

## （三）简答题

【答案】

（1）不恰当。向前任注册会计师询问被审计单位管理层诚信方面的问题，属于接受委托前的必要沟通。

（2）不恰当。与前任注册会计师的沟通需要事先征得被审计单位的同意，采用电话询问的方式同样须事先征得被审计单位同意。

（3）恰当。

（4）恰当。

（5）不恰当。后任注册会计师应当对自身实施的审计程序和得出的审计结论负责，不应在审计报告中表明，其审计意见全部或部分地依赖前任注册会计师的审计报告或工作。

# 第十五章　注册会计师利用他人的工作



## 2023年教材内容主要变化

第二节中增加“在审计报告中提及专家”的具体规范要求。

## 本章近五年考试高频考点分布

| 高频考点内容 | 年度及题型分布 |
|---|---|
| 内部审计与注册会计师审计的关系 | 2020年单选、2018年单选 |
| 确定是否能够利用、在哪些领域利用以及在多大程度上利用内部审计人员提供直接协助 | 2020年综合、2018年多选 |
| 专家的含义 | 2022年多选、2019年多选、2018年单选 |
| 评价专家的胜任能力、专业素养和客观性 | 2020年简答 |
| 与专家达成一致意见 | 2022年单选、2019年多选 |
| 评价专家工作的恰当性 | 2022年单选、2020年单选 |

## 高频考点精讲

注册会计师合理利用内部审计可以有效提高审计效率，充分利用专家的工作可以降低审计风险，本章学习时需要把握利用内部审计和专家的决策框架下，不同节点的审计准则规范要求。本章内容相对独立，考核的知识点主要局限于本章。

### 第一单元　利用内部审计人员的工作

**高频考点1：**内部审计概述★★

为了合理利用内部审计工作，需掌握内部审计的含义、职能、基本活动，具体如表15-1所示。

表 15－1　　内部审计概述

| 项目 | 内容 | |
|---|---|---|
| 定义 | 内部审计是指被审计单位负责执行鉴证和咨询活动，以评价和改进被审计单位的治理、风险管理和内部控制流程有效性的部门、岗位或人员 | |
| 职能 | 检查、评价和监督内部控制的恰当性和有效性等 | |
| 基本活动 | 与公司治理有关的活动 | 内部审计可能评估被审计单位的治理流程是否能够实现下列方面的目标：道德和价值观，绩效管理和问责机制，向组织内的适当范围传达风险和控制信息，以及治理层、注册会计师、内部审计人员和管理层之间的有效沟通 |
| | 与风险管理有关的活动 | （1）内部审计可能有助于被审计单位识别和评价面临的重大风险，改善风险管理和内部控制（包括财务报告过程的有效性）；<br>（2）内部审计可能有助于被审计单位发现舞弊情形 |
| | 与内部控制有关的活动 | （1）评价内部控制；<br>（2）检查财务和经营信息；<br>（3）复核经营活动；<br>（4）复核遵守法律法规的情况 |

## 高频考点 2：内部审计与注册会计师审计的关系★★

### （一）内部审计与注册会计师审计的联系

1. 技术方法一致

尽管内部审计与注册会计师审计之间存在诸多差异，但两者用以实现各自目标的某些方式却通常是相似的。例如，为支持所得出的结论，审计人员都需要获取充分、适当的审计证据，都可以运用观察、询问、函证和分析程序等审计方法。

2. 与审计对象密切相关

内部审计对象与注册会计师审计对象也密切相关，甚至存在部分重叠。

**小贴士** 如果内部审计的工作结果表明被审计单位的财务报表在某些领域存在重大错报风险，注册会计师就应当对这些领域给予特别关注。注册会计师在审计中利用内部审计人员的工作包括：

（1）在获取审计证据的过程中利用内部审计部门、岗位或人员的工作；

（2）在注册会计师的指导、监督和复核下利用内部审计人员提供直接协助。

### （二）利用内部审计工作不能减轻注册会计师的责任

（1）内部审计的自主程度和客观性是有限的，无法达到注册会计师审计所要求的水平；

（2）审计过程中涉及的职业判断，如重大错报风险的评估、重要性水平的确定、样本规模的确定、对会计政策和会计估计的评估等，均应当由注册会计师负责执行；

（3）注册会计师对发表的审计意见独立承担责任，这种责任并不因利用内部审计工作或利用内部审计人员对该项审计业务提供直接协助而减轻。

### 命题点拨

**命题角度：**内部审计与注册会计师审计的关系

本知识点在命题时，一般会以客观题（单选题和多选题）的形式出现，主要考核考生对于内部审计与注册会计师审计联系的理解、考核内部审计与注册会计师审计联系、考核审计过程中涉及的应当由注册会计师负责执行的职业判断（如重大错报风险的评估、重要性水平的确定、样本规模的确定、对会计政策和会计估计的评估等）。

## 高频考点3：确定是否利用、在哪些领域利用以及在多大程度上利用内部审计的工作★★

当被审计单位存在内部审计，并且注册会计师预期将利用其工作以调整注册会计师直接实施的审计程序的性质、时间安排，或缩小其范围时，注册会计师应该作出合理的决策。具体内容如表15－2所示。

表15－2 决策的基本框架

| 基本框架 | 主要事项或情形 |
| --- | --- |
| 确定是否能够利用内部审计工作 | （1）内部审计在被审计单位中的地位，以及相关政策和程序支持内部审计人员客观性的程度；<br>（2）内部审计人员的胜任能力；<br>（3）内部审计是否采用系统、规范化的方法（包括质量控制） |
| 不得利用内部审计的工作（存在情形之一） | （1）内部审计在被审计单位的地位以及相关政策和程序不足以支持内部审计人员的客观性；<br>（2）内部审计人员缺乏足够的胜任能力；<br>（3）内部审计没有采用系统、规范化的方法（包括质量控制） |
| 较少地利用内部审计工作（存在情形之二） | （1）当计划和实施相关的审计程序或评价收集的审计证据涉及较多判断时；<br>（2）当评估的认定层次重大错报风险较高，需要对识别出的特别风险予以特殊考虑时；<br>（3）当内部审计在被审计单位中的地位以及相关政策和程序对内部审计人员客观性的支持程度较弱时；<br>（4）当内部审计人员的胜任能力较低时 |

### 经典例题

【真题·单选题】（2020）在对被审计单位同时执行财务报表审计和内部控制审计时，下列各项工作中，注册会计师可以利用被审计单位内部审计工作的是（　　）。

A. 确定重要性水平

B. 了解企业层面控制

C. 对重大业务流程实施穿行测试

D. 确定细节测试的样本量

【答案】C

【解析】评估重大错报风险、确定重要性水平、确定控制测试的样本规模、评估会计政策和会计估计等，均不应利用内部审计工作，故选项A、B、D错误。此外，需要注意的是，在内部控制审计中，注册会计师采用“自上而下”的方法，需要在工作的前期阶段了解企业层面的控制，以更好地识别和应对风险，这一核心工作也应独立完成。

## 高频考点4：利用内部审计工作★★

### （一）一般性要求

1. 与内部审计人员讨论

注册会计师应当与内部审计人员讨论利用其工作的计划，以作为协调各自工作的基础。

2. 阅读内部审计报告

注册会计师应当阅读与拟利用的内部审计工作相关的内部审计报告，以了解其实施的审计程序的性质和范围以及相关发现。

### （二）实施充分的审计程序，确定实现审计目的的适当性

（1）内部审计工作是否经过恰当的计划、实施、监督、复核和记录；

（2）内部审计是否获取了充分、适当的证据，以使其能够得出合理的结论；

（3）内部审计得出的结论在具体环境下是否适当，编制的报告与执行工作的结果是否一致。

### （三）重新执行内部审计的部分工作

注册会计师实施审计程序的性质和范围应当与其对以下事项的评价相适应，并应当包括重新执行内部审计的部分工作：

（1）涉及判断的数量或金额；

（2）评估的重大错报风险；

（3）内部审计在被审计单位中的地位以及相关政策和程序支持内部审计人员客观性的程度；

（4）内部审计人员的胜任能力。

## 经典例题

【真题·单选题】（2018）在确定内部审计人员的工作是否可能足以实现审计目的时，下列有关注册会计师执行的评价的说法中，错误的是（　　）。

A. 注册会计师应当评价内部审计人员是否能够符合注册会计师职业道德守则有关客观性的要求

B. 注册会计师应当评价内部审计人员的专业胜任能力

C. 注册会计师应当评价内部审计人员在执行工作时是否可能保持应有的职业关注

D. 注册会计师应当评价内部审计人员和注册会计师之间是否可能进行有效的沟通

【答案】A

【解析】选项A错误，内部审计的自主程度和客观性毕竟是有限的，无法达到注册会计师审计所要求的水平，不能按照注册会计师职业道德的要求进行评价，此外，两者的主体性质不同，职业道德要求自然会存在差别。

## 高频考点5：确定是否能够利用、在哪些领域利用以及在多大程度上利用内部审计人员提供直接协助★★

### （一）一般性要求

如果法律法规不禁止利用内部审计人员提供直接协助，并且注册会计师计划利用内部审计人员在审计中提供直接协助，注册会计师应当评价是否存在对内部审计人员客观性的不利影响及其严重程度，以及提供直接协助的内部审计人员的胜任能力。

注册会计师在评价是否存在对内部审计人员客观性的不利影响及其严重程度时，应当包括询问内部审计人员可能对其客观性产生不利影响的利益和关系。

### （二）不得利用内部审计人员提供直接协助的情形

当存在下列情形之一时，注册会计师不得利用内部审计人员提供直接协助：

（1）存在对内部审计人员客观性的重大不利影响；

（2）内部审计人员对拟执行的工作缺乏足够的胜任能力。

### （三）注册会计师不得利用内部审计人员提供直接协助以实施具有下列特征的程序

（1）在审计中涉及作出重大判断；

（2）涉及较高的重大错报风险，在实施相关审计程序或评价收集的审计证据时需要作出较多的判断；

（3）涉及内部审计人员已经参与并且已经或将要由内部审计向管理层或治理层报告的工作；

（4）涉及注册会计师按照规定就内部审计职能，以及利用内部审计工作或利用内部审计人员提供直接协助作出的决策。

## 命题点拨

命题角度：不得利用内部审计人员提供直接协助的情形、注册会计师不得利用内部审计人员提供直接协助的审计程序

本知识点在命题时，一般会以客观题（单选题和多选题）或者主观题（综合题）的形式出现，主要考核考生对于不得利用内部审计人员提供直接协助的情形和注册会计师不得利用内部审计人员提供直接协助的审计程序的内容的理解。

### （四）对内部审计人员进行指导、监督和复核（略）

## 高频考点6：利用内部审计人员提供直接协助★★

注册会计师利用内部审计人员提供直接协助之前以及具体实施过程中，所需实施的工作具体如表15－3所示。

表15－3　利用内部审计人员提供直接协助

| 主要工作 | 实施时间 | 具体内容 |
| --- | --- | --- |
| 获取书面协议 | 提供直接协助实施之前 | （1）从拥有相关权限的被审计单位代表人员处获取书面协议，允许内部审计人员遵循注册会计师的指令，并且被审计单位不干涉内部审计人员为注册会计师执行的工作；<br>（2）从内部审计人员处获取书面协议，表明其将按照注册会计师的指令对特定事项保密，并将对其客观性受到的任何不利影响告知注册会计师 |
| 指导、监督和复核 | 提供直接协助实施过程中 | （1）注册会计师在确定指导、监督和复核的性质、时间安排和范围时应当认识到内部审计人员并不独立于被审计单位，并且指导、监督和复核的性质、时间安排和范围应当恰当应对涉及判断的数量或金额、评估的重大错报风险、拟提供直接协助的内部审计人员的客观性和胜任能力的评价结果；<br>（2）复核程序应当包括由注册会计师检查内部审计人员执行的部分工作所获取的审计证据 |

# 第二单元　利用专家的工作

## 高频考点1：专家的含义★★★

### （一）专家的概念

专家，即注册会计师的专家，是指在会计或审计以外的某一领域具有专长的个人或组织，并且其工作被注册会计师利用，以协助注册会计师获取充分、适当的审计证据。

**小贴士**　“专家”定义具有相对性。

### （二）专家的来源

专家既可能是会计师事务所内部专家（如会计师事务所或其网络事务所的合伙人或员工，包括临时员工），也可能是会计师事务所外部专家。

**小贴士**　会计师事务所外部专家，不受会计师事务所质量控制政策和程序的约束。例如，外部专家形成的业务底稿，所有权不归事务所所有。

### （三）专家的专业身份及领域

专家通常可以是工程师、律师、资产评估师、精算师、环境专家、地质专家、IT专家以及税务专家，也可以是这些个人所从属的组织，如律师事务所、资产评估公司以及各种咨询公司等。

**名师解惑**

问：老师，如何专家概念的相对性呢？

答：注册会计师审计中定义的“专家”，是相对于注册会计师来说的，为此，要求我们界定专家概念时，一定要清楚只有具备注册会计师（胜任能力的注册会计师）不具备知识和技能的人员或组织，才能够成为注册会计师的专家。

**经典例题**

【真题·多选题】（2022）下列人员中，属于注册会计师的专家的有（　　）。

A. 审计项目组就疑难会计问题进行咨询的会计专家

B. 参与境外组成部分审计工作的境外网

络所的精算专家

C. 就复杂的法律问题为审计项目组提供专业意见的律师事务所合伙人

D. 向被审计单位提供用于财务报表编制目的的评估服务的资产评估师

【答案】BC

【解析】专家，即注册会计师的专家，是指在会计或审计以外的某一领域具有专长的个人或组织，并且其工作被注册会计师利用，以协助注册会计师获取充分、适当的审计证据。因此，选项 A、D 不属于注册会计师的专家。

### (四) 利用专家工作的目标

(1) 确定是否利用专家的工作；

(2) 如果利用专家的工作，专家的工作是否足以实现审计目的。

**小贴士** 注册会计师对发表的审计意见独立承担责任，这种责任并不因利用专家的工作而减轻。

## 高频考点2：利用专家的工作决策框架★★

利用专家的工作决策框架，具体如表 15－4 所示。

表 15－4　　决策框架

| | |
|---|---|
| 确定是否利用专家的工作 | 决策的起点，作出“是”和“否”的决策 |
| 评价专家的胜任能力、专业素质和客观性 | 有助于决策“是否利用专家的工作” |
| 了解专家的专长领域 | 有助于决策“是否利用专家的工作” |
| 与专家达成一致意见 | 有助于控制“利用专家的工作”的效果 |
| 评价专家工作的恰当性 | 有助于控制“利用专家的工作”的效果 |

**小贴士** 上述知识点，需要从总体把握决策框架的内容，同时，对于重点决策要深入掌握。

## 高频考点3：确定是否利用专家的工作★★

### (一) 可能需要利用专家工作的情形

(1) 了解被审计单位及其环境；

(2) 识别和评估重大错报风险；

(3) 针对评估的财务报表层次风险，确定并实施总体应对措施；

(4) 针对评估的认定层次风险，设计和实施进一步审计程序，包括控制测试和实质性程序；

(5) 在对财务报表形成审计意见时，评价已获取的审计证据的充分性和适当性。

### (二) 确定是否利用专家工作时可能考虑的因素

1. 基本要求

(1) 如果编制财务报表需要利用会计以外某一领域的专长，尽管注册会计师拥有会计和审计技能，但可能不具备审计这些财务报表的必要专长。

(2) 项目合伙人需要确信项目组和不属于项目组的专家整体上具备适当的胜任能力和专业素质以执行审计任务。并且，注册会计师需要确定完成审计项目所需资源的性质、时间安排和范围。

(3) 注册会计师需要确定是否利用专家的工作，如果需要利用，确定何时利用以及在多大程度上利用。

2. 可能考虑的因素

在确定是否利用专家的工作，以协助获取充分、适当的审计证据时，注册会计师可能考虑的因素，具体如表 15－5 所示。

表 15－5　可能考虑的因素

| 序号 | 主要因素 |
| --- | --- |
| (1) | ①管理层在编制财务报表时是否利用了管理层的专家的工作。<br>②如果管理层在编制财务报表时利用了管理层的专家的工作，可能意味着编制财务报表具有复杂性，重大错报风险可能增加。此时，注册会计师有可能考虑利用专家的工作，以降低审计风险 |
| (2) | ①事项的性质和重要性，包括复杂程度。<br>②如果事项复杂程度较高或者重要性较高，注册会计师有可能考虑利用专家的工作，以降低审计风险 |
| (3) | ①事项存在的重大错报风险。<br>②如果事项存在的重大错报风险较大，注册会计师有可能考虑利用专家的工作，以降低审计风险 |
| (4) | ①应对识别出的风险的预期程序的性质，包括注册会计师对与这些事项相关的专家工作的了解和具有的经验，以及是否可以获得替代性的审计证据。<br>②如果利用专家的工作，可以获得替代性的审计证据，注册会计师有可能考虑利用专家的工作，以降低审计风险 |

## 高频考点 4：评价专家的胜任能力、专业素质和客观性★

（1）专家的胜任能力、专业素质和客观性，对评价专家的工作是否适合审计目的具有重大影响；

（2）注册会计师应当评价专家是否具有实现审计目的所必需的胜任能力、专业素质和客观性；

（3）在评价外部专家的客观性时，注册会计师应当询问可能对外部专家客观性产生不利影响的利益和关系。

## 高频考点 5：了解专家的专长领域★

具体如表 15－6 所示。

表 15－6　了解专家的专长领域

| 总体要求及了解事项 | 具体内容 |
| --- | --- |
| 总体要求 | （1）为了实现审计目的，确定专家工作的性质、范围和目标；<br>（2）评价专家的工作是否足以实现审计目的。<br>【小贴士】注册会计师可以凭借审计工作经验或通过与专家及其他有关人士进行讨论的方式，了解专家的专长领域 |
| 了解事项 | （1）专家的专长领域是否与审计工作相关；<br>（2）职业准则或其他准则以及法律法规是否适用；<br>（3）专家使用哪些假设和方法（包括专家使用的模型），及其在专家的专长领域是否得到普遍认可，对实现财务报告目的是否适当；<br>（4）专家使用的内外部数据或信息的性质 |

## 高频考点 6：与专家达成一致意见★★

### （一）总体要求

（1）专家工作的性质、范围和目标可能会随着情况的变化而发生较大变化，相应地，注册会计师和专家各自的角色与责任、注册会计师和专家沟通的性质、时间安排和范围等也可能因情况的变化而发生较大变化。

（2）无论是对外部专家还是内部专家，注册会计师都有必要就专家工作的性质、范围和目标与其达成一致意见，并根据需要形成书面协议。

### （二）专家工作的性质、范围和目标

当就专家工作的性质、范围和目标达成一致意见时，注册会计师通常需要与专家讨论需要遵守的相关技术标准、其他职业准则或行业要求。

### （三）注册会计师和专家各自的角色和责任

（1）由注册会计师还是专家对原始数据实施细节测试；

（2）同意注册会计师与被审计单位或其

他人员讨论专家的工作结果或结论，必要时，包括同意注册会计师将专家的工作结果或结论的细节作为注册会计师在审计报告中发表非无保留意见的基础；

（3）将注册会计师对专家工作形成的结论告知专家。

注册会计师和专家就各自角色和责任达成的一致意见，可能还包括就各自的工作底稿的使用和保管达成的一致意见。当专家是项目组的成员时，专家的工作底稿是审计工作底稿的一部分。

**小贴士** 除非协议另作安排，外部专家的工作底稿属于外部专家，不是审计工作底稿的一部分。

## 经典例题

【真题·多选题】（2022）下列各项中，注册会计师应当与注册会计师的专家达成一致意见的有（　　）。

A. 专家工作的性质、范围和目标

B. 注册会计师和专家各自的角色与责任

C. 对专家遵守保密规定的要求

D. 对专家遵守会计师事务所的质量管理体系的要求

【答案】ABC

【解析】选项D错误，外部专家不是项目组成员，不受会计师事务所质量管理体系中政策的约束。

### （四）注册会计师和专家沟通的性质、时间安排和范围

（1）有效的双向沟通有利于将专家工作的性质、时间安排和范围与审计的其他工作整合在一起，也有利于在审计过程中对专家工作的目标进行适当的调整。例如，如果专家的工作与注册会计师针对某项特别风险形成的结论相关，专家不仅要在工作结束时提交一份正式的书面报告，而且要随着工作的推进随时作出口头报告。

（2）明确与专家保持联络的合伙人或员工，以及专家和被审计单位的沟通程序，有助于及时、有效地沟通，特别是在较大的业务项目中。

### （五）对专家遵守保密规定的要求

（1）适用于注册会计师相关职业道德要求中的保密条款同样也适用于专家；

（2）法律法规可能对保密作出额外规定；

（3）被审计单位也可能要求外部专家同意遵守特定的保密条款。

## 命题点拨

**命题角度：**注册会计师和专家各自的角色和责任

本知识点在命题时，一般会以客观题（单选题和多选题）或主观题（简答题）的形式出现，主要考核考生对于注册会计师和专家各自的角色和责任的掌握。

**小贴士** 外部专家的工作底稿属于外部专家，不是审计工作底稿的一部分。

## 经典例题

【真题·多选题】（2019）下列有关注册会计师的专家的说法中，错误的有（　　）。

A. 无论是内部专家还是外部专家，注册会计师都应当就专家工作的性质、范围和目标等事项与专家达成一致意见并形成书面协议

B. 无论是内部专家还是外部专家，都是项目组成员，受会计师事务所质量管理政策和程序的约束

C. 无论是内部专家还是外部专家，注册会计师都应当询问对专家客观性产生不利影响的利益和关系

D. 无论是内部专家还是外部专家，都不包括会计、审计领域的专家

【答案】ABC

【解析】选项A错误，无论是外部专家还是内部专家，注册会计师都有必要就这些事项与其达成一致意见，并非必须签署书面协议；选项B错误，外部专家不属于项目组成员，也不受会计师事务所质量管理政策和程序的约束；选项C错误，在评价外部专家的客观性

时，注册会计师应当询问对外部专家客观性产生不利影响的利益和关系。

## 高频考点7：评价专家工作的恰当性 ★★

### （一）总体要求

注册会计师应当评价专家的工作是否足以实现审计目的，包括：

（1）专家的工作结果或结论的相关性和合理性，以及与其他审计证据的一致性；

（2）如果专家的工作涉及使用重要的假设和方法，这些假设和方法在具体情况下的相关性和合理性；

（3）如果专家的工作涉及使用重要的原始数据，这些原始数据的相关性、完整性和准确性。

### （二）评价专家工作是否足以实现审计目的所实施的特定程序

评价专家工作是否足以实现审计目的所实施的特定程序，具体如表15－7所示。



表15－7　实施的特定程序

| 序号 | 主要程序 |
|---|---|
| 1 | 询问专家 |
| 2 | 复核专家的工作底稿和报告 |
| 3 | 实施用于证实的程序：<br>（1）观察专家的工作；<br>（2）检查已公布的数据，如来源于信誉高、权威的渠道的统计报告；<br>（3）向第三方询证相关事项；<br>（4）执行详细的分析程序；<br>（5）重新计算 |
| 4 | 必要时（如当专家的工作结果或结论与其他审计证据不一致时）与具有相关专长的其他专家讨论 |
| 5 | 与管理层讨论专家的报告 |

### （三）评价专家的工作结果或结论的相关性和合理性

（1）专家提交其工作结果或结论的方式是否符合专家所在的职业或行业标准；

（2）专家的工作结果或结论是否得到清楚表述，包括提及与注册会计师达成一致的目标，执行工作的范围和运用的标准；

（3）专家的工作结果或结论是否基于适当的期间，并考虑期后事项；

（4）专家的工作结果或结论在使用方面是否有任何保留、限制或约束，如果有，是否对注册会计师的工作产生影响；

（5）专家的工作结果或结论是否适当考虑了专家遇到的错误或偏差情况。

### （四）评价专家工作涉及使用重要的假设和方法的相关性和合理性

（1）如果专家的工作是评价管理层作出会计估计时使用的基础假设和方法，注册会计师实施的程序可能主要是评价专家是否已经充分复核了这些假设和方法。

（2）如果专家的工作是形成注册会计师的点估计，或是形成注册会计师用来与管理层的点估计进行比较的范围，注册会计师实施的程序可能主要是评价专家使用的假设和方法。

（3）当专家的工作涉及使用重要的假设和方法时，注册会计师评价这些假设和方法需要考虑：

①假设和方法在专家的专长领域是否得到普遍认可；

②假设和方法是否与适用的财务报告编制基础的要求相一致；

③假设和方法是否依赖某些专用模型的应用；

④假设和方法是否与管理层的假设、方法相一致，如果不一致，差异的原因及影响。

### （五）评价专家工作涉及使用重要的原始数据的相关性、完整性和准确性

注册会计师应当实施相应的审计程序，评价专家工作涉及使用重要的原始数据的相关性、完整性和准确性。注册会计师可以实施下列程序测试这些数据：

1. 核实数据的来源

包括了解和测试（适用时）针对数据的内部控制以及向专家传送数据的方式（如相关）。

2. 复核数据的完整性和内在一致性

在许多情况下，注册会计师可能测试原始数据。然而，在另外一些情况下，如果专家使用的是其领域中高度专业化的原始数据，该专家可能测试这些原始数据。如果专家已测试，注册会计师可以通过询问专家、监督或复核专家的测试来评价数据的相关性、完整性和准确性。

### （六）评价结果为不恰当时应当采取的措施

（1）就专家拟执行的进一步工作的性质和范围，与专家达成一致意见；

（2）根据具体情况，实施追加的审计程序。

**小贴士** ①如果注册会计师认为专家的工作不足以实现审计目的，且通过实施追加的审计程序，或者通过雇用、聘请其他专家仍不能解决问题，有必要发表非无保留意见。

②在考虑专家是否需要遵守会计师事务所的质量管理政策和程序时，应当区分内部专家和外部专家。内部专家可能是会计师事务所的合伙人或员工（包括临时员工），也可能是与会计师事务所共享统一的质量管理政策和程序的网络事务所的合伙人或员工（包括临时员工），需要遵守所在会计师事务所制定的政策和程序。而外部专家不是项目组成员，不受会计师事务所制定的质量管理政策和程序的约束。

## 经典例题

【真题·单选题】（2022）下列各项中，不属于评价专家工作正确性的内容的是（　　）。

A. 专家的工作结果与其他审计证据的一致性

B. 评价专家工作涉及使用的重要的假设和方法的相关性和合理性

C. 评价专家的工作结果或结论的相关性和合理性

D. 提请管理层评价专家涉及使用的重要原始数据的相关性、完整性和准确性

【答案】D

【解析】应由注册会计师评价专家的工作。涉及使用重要的原始数据的相关性、完整性和准确性，而非提请管理层评价，故选项 D 不属于评价专家工作正确性的内容。

### 高频考点 8：在审计报告中提及专家 ★★

1. 注册会计师不应在无保留意见的审计报告中提及专家的工作，除非法律法规另有规定。如果法律法规要求提及专家的工作，注册会计师应当在审计报告中指明，这种提及并不减轻注册会计师对审计意见承担的责任。

2. 如果注册会计师在审计报告中提及专家的工作，并且这种提及与理解审计报告中的非无保留意见相关，注册会计师仍应在审计报告中指明，这种提及并不减轻注册会计师对审计意见承担的责任。

## 进阶练习

### （一）单选题

1. 当专家的工作涉及使用重要的假设和方法时，下列考虑因素中，错误的是（　　）。

A. 假设和方法是否得到公认

B. 假设和方法是否与适用的财务报告编制基础的要求相一致

C. 假设和方法是否依赖某些专用模型的应用

D. 假设和方法是否与管理层的假设、方法一致

2. 下列有关利用内部审计工作的说法中，错误的是（　　）。

A. 如果被审计单位的内部审计没有采用系统、规范化的方法，注册会计师不得利用其工作

B. 内部审计人员缺乏足够的胜任能力，注册会计师应当计划较少地利用内部审计工作，而更多地直接执行审计工作

C. 当评估的认定层次重大错报风险较高，需要对识别出的特别风险予以特殊考虑时，注册会计师应当计划较少地利用内部审计工作

D. 当内部审计在被审计单位中的地位以及相关政策和程序对内部审计人员客观性的支持程度较弱时，注册会计师应当计划较少地利用内部审计工作，而更多地直接执行审计工作

3. 注册会计师应当作出审计业务中的所有重大判断，并防止不当利用内部审计工作。下列选项中，不属于注册会计师应当计划较少地利用内部审计工作，而更多地直接执行审计工作的是（　　）。

A. 计划和实施相关的审计程序涉及较多判断

B. 评估的认定层次重大错报风险较高，需要对识别出的特别风险予以特殊考虑

C. 内部审计在被审计单位中的地位以及相关政策和程序对内部审计人员客观性的支持程度较弱

D. 内部审计人员缺乏足够的胜任能力

4. 在确定可能分配给内部审计人员的工作的性质和范围，以及根据具体情况对内部审计人员进行指导、监督和复核的性质、时间安排和范围时，注册会计师通常不应当考虑的是（　　）。

A. 在计划和实施相关审计程序以及评价收集的审计证据时，涉及判断的数量或金额

B. 评估的重大错报风险

C. 针对拟提供直接协助的内部审计人员，注册会计师关于其胜任能力的评价结果

D. 被审计单位治理层和管理层是否诚信，是否会对内部审计人员施加压力

5. 下列有关内部审计的说法中，错误的是（　　）。

A. 内部审计与注册会计师审计用以实现各自目标的某些手段存在相近之处

B. 内部审计的职能包括检查、评价和监督内部控制的正确性和有效性

C. 内部审计人员可能属于内部审计部门或履行内部审计职责的类似部门

D. 为完成审计工作，实现审计目标，注册会计师应当利用内部审计的工作，以减少不必要的重复劳动，提高审计工作效率

6. 下列有关对专家遵守保密规定的要求中，错误的是（　　）。

A. 适用于注册会计师相关职业道德要求中的保密条款同样也适用于专家

B. 外部专家有关保密要求，弱于内部专家

C. 法律法规可能对保密作出额外规定

D. 被审计单位也可能要求外部专家同意遵守特定的保密条款

7. 注册会计师在评价专家的工作是否足以实现审计目的时，下列各项中，不应当考虑的是（　　）。

A. 专家工作涉及使用重要的假设和方法在具体情况下的相关性和合理性

B. 专家工作结果或结论的权威性和相关性

第十五章

C. 专家工作结果或结论与其他审计证据的一致性

D. 专家工作涉及使用的重要原始数据的相关性、完整性和准确性

8. 注册会计师应当针对计划利用的全部内部审计工作实施充分的审计程序，以确定其对于实现审计目的是否适当，下列程序中，错误的是（　　）。

A. 评价内部审计工作是否经过正确的计划、实施、监督、复核和记录

B. 评价内部审计是否获取了充分、适当的证据，以使其能够得出合理的结论

C. 评价内部审计人员是否获得被设计单位的授权

D. 评价内部审计得出的结论在具体环境下是否适当，编制的报告与执行工作的结果是否一致

9. 下列事项中，不属于对专家的专长领域的了解事项的是（　　）。

A. 专家的专长领域是否与审计工作相关

B. 职业准则或其他准则以及法律法规是否适用

C. 专家使用哪些假设和方法，及其在专家的专长领域是否得到普遍认可，对实现财务报告目的是否适当

D. 专家使用的内外部数据或信息的可靠性

10. 下列有关专家的说法中，错误的是（　　）。

A. 专家均属于项目组成员，受会计师事务所的质量管理政策和程序的约束

B. 无论是内部专家还是外部专家，都不包括会计、审计领域的专家

C. 外部专家形成的审计工作底稿，所有权不归事务所所有

D. 被审计单位的管理层的专家可以成为审计项目组的专家

### （二）多选题

1. 下列情形中，属于不得利用内部审计的工作的有（　　）。

A. 内部审计人员缺乏足够的胜任能力

B. 内部审计没有采用系统、规范化的方法（包括质量控制）

C. 当评估的认定层次重大错报风险较高，需要对识别出的特别风险予以特殊考虑

D. 内部审计在被审计单位的地位以及相关政策和程序不足以支持内部审计人员的客观性

2. 下列关于外部专家的说法中，正确的有（　　）。

A. 外部专家属于项目组的成员

B. 外部专家要遵守保密规定

C. 当注册会计师发表无保留意见时，可以在审计报告中注明依据了外部专家工作的部分

D. 必要时，注册会计师可以将专家的工作结果作为其在审计报告中发表非无保留意见的基础

3. 下列各项中，属于在确定是否能够利用内部审计工作时考虑的有（　　）。

A. 应当评价内部审计人员的专业胜任能力

B. 应当评价内部审计人员配合审计工作的积极性

C. 内部审计在被审计单位中的地位，以及相关政策和程序支持内部审计人员独立性的程度

D. 应当评价内部审计是否采用了系统、规范化的方法

4. 下列各项业务中，属于注册会计师利用专家工作的范围的有（　　）。

A. 土地及建筑物的评估

B. 对异常或复杂的纳税问题进行分析

C. 对异常或复杂的递延所得税进行相关的会计处理

D. 对合同、法律和法规进行解释

5. 下列人员中，应当遵守会计师事务所质量管理政策和程序的有（　　）。

A. 会计师事务所的临时员工

B. 会计师事务所聘请的外部法律顾问
C. 会计师事务所的计算机专家
D. 网络事务所的合伙人

6. 下列各项中，注册会计师不可以利用内部审计人员提供直接协助的有（　　）。
A. 在审计中涉及作出重大判断
B. 在实施相关审计程序或评价收集的审计证据时需要作出较多的判断
C. 实施风险较低业务的控制测试
D. 涉及内部审计人员已经参与并且将要由内部审计向治理层报告的工作

7. 下列各项中，属于内部审计与内部控制有关的活动的有（　　）。
A. 内部审计可能被要求参与设计内部控制
B. 内部审计可能被要求为内部控制提供鉴证
C. 内部审计可能被要求复核被审计单位经营活动的经济性、效率和效果
D. 内部审计可能被要求复核用以识别、确认、计量、分类和报告财务和经营信息的方法，并针对个别事项实施专门调查

8. 下列关于注册会计师利用内部审计工作的说法中，正确的有（　　）。
A. 审计过程中涉及的职业判断可以由内部审计负责
B. 注册会计师应当对发表的审计意见独立承担责任
C. 内部审计的独立性和客观性水平不足以对注册会计师发表的审计意见承担责任
D. 当计划和实施相关的审计程序或评价收集的审计证据涉及较多判断时注册会计师不得利用内审的工作

9. 下列有关注册会计师与专家就各自角色和责任达成的一致意见的内容，正确的有（　　）。
A. 明确与专家保持联络的合伙人或员工
B. 同意注册会计师与被审计单位或其他人员讨论专家的工作结果或结论
C. 将注册会计师对专家工作形成的结论告知专家
D. 由注册会计师对原始数据实施细节测试

10. 下列有关注册会计师利用专家工作的表述中，错误的有（　　）。
A. 专家的工作底稿应该属于审计工作底稿的一部分
B. 专家不是审计组成员，所以不需要遵守注册会计师职业道德要求中的保密条款
C. 依据法律法规规定，注册会计师在无保留意见的审计报告中提及专家的工作
D. 如果确定专家的工作不足以实现审计目的，注册会计师应当就专家拟执行的进一步工作的性质和范围，与专家达成一致意见，或者根据具体情况，实施追加的审计程序

## 进阶练习答案及解析

### （一）单选题

1. 【答案】A

【解析】当专家的工作涉及使用重要的假设和方法时，注册会计师评价这些假设和方法需要考虑的有：（1）假设和方法在专家的专长领域是否得到普遍认可（选项 A 错误）；（2）假设和方法是否与适用的财务报告编制基础的要求相一致（选项 B 正确）；（3）假设和方法是否依赖某些专用模型的应用（选项 C 正确）；（4）假设和方法是否与管理层的假设、方法一致，如果不一致，差异的原因及影响（选项 D 正确）。

2. 【答案】B

【解析】选项 B 错误，内部审计人员缺乏

足够的胜任能力，注册会计师不得利用其工作而不是计划较少地利用内部审计工作，而更多地直接执行审计工作。

3. 【答案】D

【解析】当存在下列情况之一时，注册会计师应当计划较少地利用内部审计工作，而更多地直接执行审计工作：（1）当在下列方面涉及较多判断时：一是计划和实施相关的审计程序，二是评价收集的审计证据（选项 A）；（2）当评估的认定层次重大错报风险较高，需要对识别出的特别风险予以特殊考虑时（选项 B）；（3）当内部审计在被审计单位中的地位以及相关政策和程序对内部审计人员客观性的支持程度较弱时（选项 C）；（4）当内部审计人员的胜任能力较低时（选项 D 错误。内部审计人员缺乏足够的胜任能力，属于不得利用内部审计的工作的情形）。

4. 【答案】D

【解析】在确定可能分配给内部审计人员的工作的性质和范围，以及根据具体情况对内部审计人员进行指导、监督和复核的性质、时间安排和范围时，注册会计师应当考虑下列方面：（1）在计划和实施相关审计程序以及评价收集的审计证据时，涉及判断的数量或金额（选项 A 正确）；（2）评估的重大错报风险（选项 B 正确）；（3）针对拟提供直接协助的内部审计人员，注册会计师关于是否存在对其客观性的不利影响及其严重程度的评价结果，以及关于其胜任能力的评价结果（选项 C 正确）。

5. 【答案】D

【解析】选项 D 错误，为完成审计工作，实现审计目标，注册会计师可能需要利用内部审计的工作，可以减少不必要的重复劳动，提高审计工作效率。而不是“应当利用内部审计的工作”。

6. 【答案】B

【解析】选项 B 错误，外部专家需要遵守注册会计师的保密原则，外部专家与内部专家有关保密要求一致。

7. 【答案】B

【解析】注册会计师应当评价专家的工作是否足以实现审计目的，包括：（1）专家的工作结果或结论的相关性和合理性，以及与其他审计证据的一致性（选项 B 错误、选项 C 正确）；（2）如果专家的工作涉及使用重要的假设和方法，这些假设和方法在具体情况下的相关性和合理性（选项 A 正确）；（3）如果专家的工作涉及使用重要的原始数据，这些原始数据的相关性、完整性和准确性（选项 D 正确）。

8. 【答案】C

【解析】注册会计师应当针对计划利用的全部内部审计工作实施充分的审计程序，以确定其对于实现审计目的是否适当，包括评价下列事项：（1）内部审计工作是否经过正确的计划、实施、监督、复核和记录（选项 A 正确）；（2）内部审计是否获取了充分、适当的证据，以使其能够得出合理的结论（选项 B 正确）；（3）内部审计得出的结论在具体环境下是否适当，编制的报告与执行工作的结果是否一致（选项 D 正确）。而选项 C 错误。

9. 【答案】D

【解析】对专家的专长领域的了解事项主要有：（1）专家的专长领域是否与审计工作相关（选项 A 正确）；（2）职业准则或其他准则以及法律法规是否适用（选项 B 正确）；（3）专家使用哪些假设和方法（包括专家使用的模型），及其在专家的专长领域是否得到普遍认可，对实现财务报告目的是否适当（选项 C 正确）；（4）专家使用的内外部数据或信息的性质（选项 D 错误）。

10. 【答案】A

【解析】选项 A 错误，外部专家不属于审计项目组成员，不受会计师事务所的质量管理政策和程序约束。

（二）多选题

1. 【答案】ABD

【解析】选项 C，当评估的认定层次重大错报风险较高时，需要对识别出的特别风险予以特殊考虑，属于较少地利用内部审计工作的情形。而其他选项均属于不得利用内部审计的工作的情形。

2. 【答案】BD

【解析】选项A错误，外部专家不属于项目组的成员；选项C错误，注册会计师对发表的审计意见独立承担责任，这种责任并不因利用专家的工作而减轻，当注册会计师发表无保留意见时，不可以在审计报告中注明依据了外部专家工作的部分。

3. 【答案】AD

【解析】确定是否能够利用内部审计工作时主要考虑的因素为：（1）内部审计在被审计单位中的地位，以及相关政策和程序支持内部审计人员客观性的程度（选项C错误）；（2）内部审计人员的胜任能力（选项A正确）；（3）内部审计是否采用系统、规范化的方法（选项D正确）。选项B错误，评价的内部审计人员配合审计的积极性，不是按照审计准则的要求。

4. 【答案】ABD

【解析】选项C属于会计问题，不属于注册会计师利用专家工作的范围，因为专家是指在会计或审计以外的某一领域具有专长的个人或组织。

5. 【答案】ACD

【解析】选项B，会计师事务所聘请的外部法律顾问属于外部专家，不是项目组成员，不受会计师事务所质量控制政策和程序的约束。

6. 【答案】ABD

【解析】注册会计师不得利用内部审计人员提供直接协助以实施具有下列特征的程序：（1）在审计中涉及作出重大判断（选项A错误）；（2）涉及较高的重大错报风险，在实施相关审计程序或评价收集的审计证据时需要作出较多的判断（选项B错误）；（3）涉及内部审计人员已经参与并且已经或将要由内部审计向管理层或治理层报告的工作（选项D错误）；选项C，注册会计师可以利用内部审计人员提供直接协助。

7. 【答案】BCD

【解析】选项A错误，内部审计可能承担评价内部控制，但不能参与设计内部控制。

8. 【答案】BC

【解析】选项A错误，审计过程中涉及的职业判断均应当由注册会计师负责；选项D错误，当计划和实施相关的审计程序或评价收集的审计证据涉及较多判断时，注册会计师可以较少地利用内审的工作。

9. 【答案】BC

【解析】注册会计师与专家就各自角色和责任达成的一致意见可能包括下列内容：（1）由注册会计师还是专家对原始数据实施细节测试（选项D错误）；（2）同意注册会计师与被审计单位或其他人员讨论专家的工作结果或结论，必要时，包括同意注册会计师将专家的工作结果或结论的细节作为注册会计师在审计报告中发表非无保留意见的基础（选项B正确）；（3）将注册会计师对专家工作形成的结论告知专家（选项C正确）；而选项A属于就注册会计师和专家之间沟通的性质、时间安排和范围达成的一致意见。

10. 【答案】AB

【解析】当专家是项目组的成员时，专家的工作底稿是审计工作底稿的一部分，除非协议另作安排，外部专家的工作底稿属于外部专家，不是审计工作底稿的一部分（选项A错误）；专家应遵守注册会计师职业道德要求中的保密条款（选项B错误）；除非法律法规另有规定，注册会计师不应在无保留意见的审计报告中提及专家的工作（选项C正确）。

# 第十六章　对集团财务报表审计的特殊考虑

## 2023 年教材内容主要变化

本章教材内容无变化。

## 本章近五年考试高频考点分布

| 高频考点内容 | 年度及题型分布 |
| --- | --- |
| 集团财务报表审计责任 | 2018 年简答 |
| 了解集团及其环境、组成部分及其环境 | 2018 年单选 |
| 评估了解的组成部分注册会计师 | 2022 年单选、2021 年简答、2020 年单选 |
| 重要性 | 2022 年单选、2020 年单选、2019 年简答、2018 年单选 |
| 针对评估的风险采取的应对措施 | 2020 年单选、2020 年多选 |

## 高频考点精讲

本章内容的学习，需要结合前面有关章节内容。例如，重要性与第一编（审计基本原理）第二章（审计计划）相结合；针对评估的风险采取的应对措施与第二编（审计测试流程）第八章（风险应对）相结合；与治理层沟通与第四编（对特殊事项的考虑）第十四章（审计沟通）相结合。

### 第一单元　与集团财务报表审计相关的概念

**高频考点 1**：重要组成的识别★★

重要组成部分，是指集团项目组识别出来

的具有下列特征之一的组成部分：

（1）单个组成部分对集团具有财务重大性。

（2）由于单个组成部分的特定性质或情况，可能存在导致集团财务报表发生重大错报的特别风险。

**小贴士** 在集团财务报表审计时集团项目组应当将集团所有组成部分划分为重要组成部分和不重要的组成部分，并对重要的组成部分和不重要的组成部分执行相应的工作（详见本章第五单元）。

### 高频考点2：财务重大与性质重大★

**（一）随着单个组成部分对集团具有的财务重大性的增加，集团财务报表的重大错报风险通常也会增加**

1. 判断方法

集团项目组可以将选定的基准乘以某一百分比，以协助识别对集团具有财务重大性的单个组成部分。

2. 基准选择

确定基准和应用于该基准的百分比属于职业判断。根据集团的性质和具体情况，适当的基准可能包括集团资产、负债、现金流量、利润总额或营业收入。

【示例】集团项目组可能认为超过选定基准15%的组成部分是重要组成部分。然而，较高或较低的百分比也可能是适合具体情况的。

**（二）性质重大**

某些组成部分由于其特定性质或情况，可能存在导致集团财务报表发生重大错报的特别风险，集团项目组可能将其识别为重要组成部分。

【示例】某组成部分进行外汇交易，虽然其对集团并不具有财务重大性，但仍使集团面临导致重大错报的特别风险。

## 第二单元　集团审计业务的接受与保持

### 高频考点1：注册会计师在接受与保持阶段了解事项★

**（一）目的及要求**

（1）集团项目合伙人应当确定是否能够合理预期获取与合并过程和组成部分财务信息相关的充分、适当的审计证据，以作为形成集团审计意见的基础。

（2）集团项目组应当了解集团及其环境、集团组成部分及其环境，以足以识别可能的重要组成部分。

（3）如果组成部分注册会计师对重要组成部分财务信息执行相关工作，集团项目合伙人应当评价集团项目组参与组成部分注册会计师工作的程度是否足以获取充分、适当的审计证据。

**（二）新业务的了解事项**

**（三）连续审计时可能受到的影响**

如果是连续审计业务，集团项目组获取充分、适当的审计证据的能力可能受某些方面重大变化的影响。

### 高频考点2：审计范围受到限制★★★

**（一）集团项目合伙人认为管理层施加限制**

1. 发表无法表示意见

如果集团项目合伙人认为由于集团管理层施加的限制使集团项目组不能获取充分、适当的审计证据，由此产生的影响可能导致对集团财务报表发表无法表示意见。

2. 采取的措施

集团项目合伙人应当视具体情况采取下列措施：

（1）如果是新业务，拒绝接受业务委托；如果是连续审计业务，在法律法规允许的情况下，解除业务约定。

（2）如果法律法规禁止注册会计师拒绝接受业务委托，或者注册会计师不能解除业务约定，在可能的范围内对集团财务报表实施审计，并对集团财务报表发表无法表示意见。

### （二）集团项目组接触信息受到限制

1. 集团项目组接触信息可能受到集团管理层无法克服的情况的限制

受到保密性或数据隐私有关的法律法规的限制，或组成部分注册会计师拒绝集团项目组接触相关审计工作底稿的要求，某些限制也可能来自集团管理层。

2. 对集团项目组获取充分、适当的审计证据的影响

（1）即使接触信息受到限制，集团项目组仍有可能获取充分、适当的审计证据，然而这种可能性随着组成部分对集团重要程度的增加而降低。

【示例】对于按权益法核算的组成部分，集团项目组无法接触组成部分的治理层、管理层或注册会计师（包括集团项目组需要获取的相关审计工作底稿）。

①在这种情况下，如果该组成部分不是重要组成部分，且集团项目组拥有其整套财务报表和审计报告，并能够接触集团管理层拥有的与该组成部分相关的信息，则集团项目组可能认为这些信息已构成与该组成部分相关的充分、适当的审计证据。

②如果该组成部分是重要组成部分，集团项目组就无法遵守审计准则中与集团审计相关的要求。

集团项目组无法按照准则的要求参与组成部分注册会计师的工作。因此，集团项目组无法获取与该组成部分相关的充分、适当的审计证据。集团项目组需要按照《中国注册会计师审计准则第 1502 号——在审计报告中发表非无保留意见》的规定考虑无法获取充分、适当的审计证据对其形成审计意见的影响。

（2）如果集团管理层限制集团项目组或组成部分注册会计师接触重要组成部分的信息，则集团项目组将无法获取充分、适当的审计证据。

（3）如果这类限制与不重要的组成部分有关，集团项目组仍有可能获取充分、适当的审计证据，但是受到限制的原因可能影响集团审计意见。

## 高频考点 3：业务约定条款★

1. 总体要求

集团项目合伙人应当按照准则的规定，就集团审计业务约定条款与管理层或治理层（如适用）达成一致意见。

2. 业务约定事项

业务约定条款需要明确适用的财务报告编制基础。集团审计业务约定书条款可能还需要包括下列事项：

（1）在法律法规允许的范围内，集团项目组与组成部分注册会计师的沟通应当尽可能地不受限制；

（2）组成部分注册会计师与组成部分治理层、组成部分管理层之间进行的重要沟通（包括就值得关注的内部控制缺陷进行的沟通），也应当告知集团项目组；

（3）监管机构与组成部分就财务报告事项进行的重要沟通，应当告知集团项目组；

（4）如果集团项目组认为有必要，应当允许集团项目组接触组成部分信息、组成部分治理层、组成部分管理层和组成部分注册会计师（包括集团项目组需要获取的相关审计工作底稿），以及允许集团项目组或允许其要求组成部分注册会计师对组成部分财务信息执行相关工作。

3. 可能影响集团审计意见的限制

在集团项目合伙人接受集团审计业务委托后，下列方面受到的限制将导致无法获取充分、适当的审计证据，从而可能影响集团审计意见：

（1）集团项目组接触组成部分信息、组成部分治理层和管理层，或组成部分注册会计师（包括集团项目组需要获取的相关审计工作底稿）；

（2）拟对组成部分财务信息执行的工作。

在极其特殊的情况下，如果适用的法律法规允许，这些限制可能导致解除业务约定。

## 第三单元 了解集团及其环境、集团组成部分及其环境

### 高频考点1：了解目的、要求及内容★

#### （一）目的

注册会计师应当通过了解被审计单位及其环境，识别和评估财务报表重大错报风险。

#### （二）要求

集团项目组应当对集团及其环境、集团组成部分及其环境获取充分的了解：

（1）确认或修正最初识别的重要组成部分；

（2）评估由于舞弊或错误导致集团财务报表发生重大错报的风险。

#### （三）内容

集团项目组应当：

（1）在业务承接或保持阶段获取信息的基础上，进一步了解集团及其环境、集团组成部分及其环境，包括集团层面控制；

（2）了解合并的过程，包括集团管理层向组成部分下达的指令。

### 高频考点2：识别、评估、讨论集团财务报表的重大错报风险★

（1）注册会计师需要识别和评估由于舞弊导致财务报表发生重大错报的风险，针对评估的风险设计和实施适当的应对措施。

（2）项目组关键成员需要讨论由于舞弊或错误导致被审计单位财务报表发生重大错报的可能性，并特别强调舞弊风险导致的风险。在集团审计中，参与讨论的成员还可能包括组成部分注册会计师。

（3）风险评估。集团项目组可以基于下列信息，在集团层面评估集团财务报表重大错报风险。

①在了解集团及其环境、集团组成部分及其环境和合并过程时获取的信息，包括在评价集团层面控制以及与合并过程相关的控制的设计和执行时获取的审计证据；

②从组成部分注册会计师获取的信息。

## 第四单元 了解组成部分注册会计师

### 高频考点1：了解组成部分注册会计师★★★

#### （一）了解的目的

只有当基于集团审计目的，计划要求由组成部分注册会计师执行组成部分财务信息的相关工作时，集团项目组才需要了解组成部分注册会计师。

#### （二）了解与集团审计相关的职业道德要求

**小贴士** 当基于集团审计目的对组成部分财务信息执行相关工作时，组成部分注册会计师需要遵守与集团审计相关的职业道德要求。

集团项目组需要了解组成部分注册会计师是否了解并将遵守与集团审计相关的职业道德要求，组成部分注册会计师了解和遵守的程度是否足以使其履行其在集团审计中承担的责任。

#### （三）了解组成部分注册会计师的专业胜任能力

集团项目组对组成部分注册会计师的专业胜任能力的了解可能包括下列方面：

（1）组成部分注册会计师是否对适用于集团审计的审计准则和其他职业准则有充分的了解，以足以履行其在集团审计中的责任。

（2）组成部分注册会计师是否拥有对特定组成部分财务信息执行相关工作所必需的专门技能（如行业专门知识）。

（3）如果相关，组成部分注册会计师是否对适用的财务报告编制基础（集团管理层向组成部分下达的指令，通常说明适用的财务报

告编制基础的特征）有充分的了解，以足以履行其在集团审计中的责任。

### 高频考点2：利用组成部分注册会计师的了解★★

（1）如果组成部分注册会计师不符合与集团审计相关的独立性要求，或集团项目组对下列事项存有重大疑虑，集团项目组应当就组成部分财务信息亲自获取充分、适当的审计证据，而不应要求组成部分注册会计师对组成部分财务信息执行相关工作。

①组成部分注册会计师是否了解并将遵守与集团审计相关的职业道德要求。

②组成部分注册会计师是否具备专业胜任能力。

③集团项目组参与组成部分注册会计师工作的程度是否足以获取充分、适当的审计证据。

（2）如果组成部分注册会计师不符合与集团审计相关的独立性要求，集团项目组不能通过参与组成部分注册会计师的工作、实施追加的风险评估程序或对组成部分财务信息实施进一步审计程序，消除组成部分注册会计师不具有独立性的影响。

**小贴士** 组成部分注册会计师独立性有重大疑虑时，不应要求组成部分注册会计师对组成部分财务信息执行相关工作。

组成部分注册会计师不符合与集团审计相关的独立性要求，集团项目组不能消除组成部分注册会计师不具有独立性的影响。

（3）消除组成部分注册会计师不利影响。

集团项目组可以通过参与组成部分注册会计师的工作、实施追加的风险评估程序或对组成部分财务信息实施进一步审计程序，消除对组成部分注册会计师专业胜任能力的并非重大的疑虑（如认为其缺乏行业专门知识），或消除组成部分注册会计师未处于积极有效的监管环境中的影响。

**小贴士** 集团项目组可以采取措施消除组成部分注册会计师非独立性的影响。

### 经典例题

【真题·单选题】（2022）下列各项中，集团项目组不能通过对组成部分财务信息实施追加审计程序消除其不利影响的是（　　）。

A. 组成部分注册会计师不符合与集团审计相关的独立性要求

B. 对组成部分注册会计师的专业胜任能力存在并非重大的疑虑

C. 组成部分注册会计师未处于积极有效的监管环境中

D. 组成部分注册会计师的工作不充分

【答案】A

【解析】组成部分注册会计师不符合与集团审计相关的独立性要求，集团项目组不能通过参与组成部分注册会计师的工作、实施追加的风险评估程序或对组成部分财务信息实施进一步审计程序，消除组成部分注册会计师不具有独立性的影响。因此选择选项A。

## 第五单元　重要性

### 高频考点1：重要性、重要性水平★

#### （一）集团财务报表整体的重要性

在制定集团总体审计策略时，集团项目组确定集团财务报表整体的重要性。

#### （二）适用于特定类别的交易、账户余额或披露的一个或多个重要性水平

根据集团的特定情况，如果集团财务报表中存在特定类别的交易、账户余额或其发生的错报金额低于集团财务报表整体的重要性，但合理预期将影响财务报表使用者据集团财务报表作出的经济决策，则确定适用于这些交易、账户余额或披露的一个或多个重要性水平。

### 高频考点2：组成部分重要性★★

#### （一）组成部分重要性的确定

（1）如果组成部分注册会计师对组成部分财务信息实施审计

或审阅，集团项目组应当基于集团审计目的，为这些组成部分确定组成部分重要性。

（2）为将未更正和未发现错报的汇总数超过集团财务报表整体的重要性的可能性降至适当的低水平，集团项目组应当将组成部分重要性设定为低于集团财务报表整体的重要性。针对不同的组成部分确定的重要性可能有所不同。

（3）在确定组成部分重要性时，无须采用将集团财务报表整体重要性按比例分配的方式，因此，对不同组成部分确定的重要性的汇总数，有可能高于集团财务报表整体重要性。在制定组成部分总体审计策略时，需要使用组成部分的重要性。

### （二）组成部分重要性的使用

（1）组成部分注册会计师需要使用组成部分重要性，评价识别出的未更正错报单独或汇总起来是否重大。

（2）在审计组成部分财务信息时，组成部分注册会计师（或集团项目组）需要确定组成部分层面实际执行的重要性。这对于将组成部分财务信息中未更正和未发现错报的汇总数超过组成部分重要性的可能性降至适当的低水平是必要的。

实务中，集团项目组可能按这一较低的水平确定组成部分重要性。在这种情况下，组成部分注册会计师需要使用组成部分重要性，评估组成部分财务信息的重大错报风险，针对评估的风险设计进一步审计程序，以及评价识别出的错报单独或汇总起来是否重大。

（3）如果基于集团审计目的，由组成部分注册会计师对组成部分财务信息执行审计工作，集团项目组应当评价在组成部分层面确定的实际执行的重要性的适当性。

### 经典例题

【真题·单选题】（2020）对于集团财务报表审计，下列有关组成部分重要性的说法中，错误的是（　　）。

A. 组成部分重要性应当小于集团财务报表整体的重要性

B. 不同组成部分的组成部分重要性可以相同

C. 集团项目组应当评价组成部分注册会计师确定的组成部分重要性是否适当

D. 并非所有组成部分都需要组成部分重要性

【答案】C

【解析】如果基于集团审计目的，由组成部分注册会计师对组成部分财务信息执行审计工作，集团项目组应当评价在组成部分层面确定的实际执行的重要性的适当性，因此选择选项C。

### 高频考点3：明显微小错报的临界值★

（1）注册会计师需要设定临界值，不能将超过该临界值的错报视为对集团财务报表明显微小的错报。

（2）组成部分注册会计师需要将在组成部分财务信息中识别出的超过临界值的错报通报给集团项目组。

## 第六单元　针对评估的风险采取的应对措施

### 高频考点1：影响集团项目组工作的因素★★

集团项目组确定对组成部分财务信息拟执行工作的类型以及参与组成部分注册会计师工作的程度，受下列因素影响：

（1）组成部分的重要程度；

（2）识别出的可能导致集团财务报表发生重大错报的特别风险；

（3）对集团层面控制的设计的评价，以及其是否得到执行的判断；

（4）集团项目组对组成部分注册会计师的了解。

### 经典例题

【真题·多选题】（2020）对于集团财务

报表审计，下列各项因素中，集团项目组在确定对组成部分财务信息拟执行的工作类型以及参与组成部分注册会计师工作的程度时，需要考虑的有（　　）。

A. 组成部分的重要程度

B. 是否识别出导致集团财务报表发生重大错报的特别风险

C. 对集团层面控制的设计的评价，以及其是否得到执行的判断

D. 集团项目组对组成部分注册会计师的了解

【答案】ABCD

【解析】以上选项均为集团项目组确定对组成部分财务信息拟执行工作类型以及参与组成部分注册会计师工作程度的影响因素，因此选择选项 A、B、C、D。

## 高频考点 2：针对评估的风险采取的应对措施★★★

### （一）对重要组成部分需执行的工作

1. 财务重大的单个组成部分

就集团而言，对于具有财务重大性的单个组成部分，集团项目组或代表集团项目组的组成部分注册会计师应当运用该组成部分的重要性，对组成部分财务信息实施审计。

2. 特定性质或情况的组成部分

对由于其特定性质或情况，可能存在导致集团财务报表发生重大错报的特别风险的重要组成部分，集团项目组或代表集团项目组的组成部分注册会计师应当执行下列一项或多项工作：

（1）使用组成部分重要性对组成部分财务信息实施审计。

（2）针对与可能导致集团财务报表发生重大错报的特别风险相关的一个或多个账户余额、一类或多类交易或披露事项实施审计。

（3）针对可能导致集团财务报表发生重大错报的特别风险实施特定的审计程序。

### （二）对不重要组成部分需执行的工作

（1）对于不重要组成部分，集团项目组应当在集团层面实施分析程序。

（2）根据业务的具体情况，集团项目组可以将组成部分财务信息在不同层面进行汇总，用以实施分析程序。

（3）实施分析程序的结果，可以佐证集团项目组得出的结论，即汇总的不重要组成部分的财务信息不存在特别风险。

## 高频考点 3：执行工作时获取审计证据的考虑★★★

已执行的工作仍不能提供充分、适当审计证据时的处理：

1. 集团项目组执行的工作

如果集团项目组认为对重要组成部分财务信息执行的工作、对集团层面控制和合并过程执行的工作以及在集团层面实施的分析程序还不能获取形成集团审计意见所依据的充分、适当的审计证据，集团项目组应当选择某些不重要的组成部分，并对已选择的组成部分财务信息亲自执行或由代表集团项目组的组成部分注册会计师执行下列一项或多项工作：

（1）使用组成部分重要性对组成部分财务信息实施审计；

（2）对一个或多个账户余额、一类或多类交易或披露实施审计；

（3）使用组成部分重要性对组成部分财务信息实施审阅；

（4）实施特定程序。

2. 集团项目组执行工作的影响因素

集团项目组确定选择多少组成部分、选择哪些组成部分以及对所选择的每个组成部分财务信息执行工作的类型，可能受到相关因素的影响：

（1）预期就重要组成部分财务信息获取审计证据的程度。

（2）组成部分是新设立的还是收购的。

（3）组成部分是否发生重大变化。

（4）内部审计是否对组成部分执行了工作，以及内部审计工作对集团审计的影响。

（5）组成部分是否应用相同的系统和

程序。

（6）集团层面控制运行的有效性。

（7）通过在集团层面实施分析程序识别出的异常波动。

（8）与同类其他组成部分相比，某组成部分是否对集团具有财务重大性或可能导致风险。

（9）是否因法律法规要求或其他原因需要对组成部分执行审计。

3. 集团项目组对组成部分财务信息实施审阅

集团项目组可以按照《中国注册会计师审阅准则第 2101 号——财务报表审阅》的相关要求，根据具体情况对组成部分财务信息实施审阅。集团项目组还可以实施追加的程序，作为对审阅程序的补充。

4. 集团项目组应当在一段时间之后更换所选择的组成部分

集团项目组应当在一段时间之后更换所选择的组成部分。选择不会被审计单位预见的同类其他组成部分，可以增加识别组成部分财务信息重大错报的可能性。

小贴士　对组成部分的选择通常实行定期轮换。

## 高频考点 4：参与组成部分注册会计师的工作★★★

1. 重要组成部分财务信息审计

如果组成部分注册会计师对重要组成部分财务信息执行审计，集团项目组应当参与组成部分注册会计师实施的风险评估程序，以识别导致集团财务报表发生重大错报的特别风险。集团项目组参与的性质、时间安排和范围受其对组成部分注册会计师所了解情况的影响，但至少应当包括：

（1）与组成部分注册会计师或组成部分管理层讨论对集团而言重要的组成部分业务活动。

（2）与组成部分注册会计师讨论由于舞弊或错误导致组成部分财务信息发生重大错报的可能性。

（3）复核组成部分注册会计师对识别出的导致集团财务报表发生重大错报的特别风险形成的审计工作底稿。审计工作底稿可以采用备忘录的形式，反映组成部分注册会计师针对识别出的特别风险得出的结论。

2. 评价拟实施的进一步审计程序的恰当性

如果在由组成部分注册会计师执行相关工作的组成部分内，识别出导致集团财务报表发生重大错报的特别风险，集团项目组应当评价针对识别出的特别风险拟实施的进一步审计程序的恰当性。根据对组成部分注册会计师的了解，集团项目组应当确定是否有必要参与进一步审计程序。可能影响集团项目组参与组成部分注册会计师工作的因素包括：

（1）组成部分的重要程度。

（2）识别出的导致集团财务报表发生重大错报的特别风险。

（3）集团项目组对组成部分注册会计师的了解。

3. 组成部分是不重要组成部分的考虑

集团项目组参与组成部分注册会计师工作的性质、时间安排和范围，将根据集团项目组对组成部分注册会计师的了解不同而不同。而该组成部分不是重要组成部分这一事实，成为次要考虑的因素。

【示例】即使某一组成部分未被视为重要组成部分，集团项目组仍可能决定参与组成部分注册会计师的风险评估，因为集团项目组对组成部分注册会计师专业胜任能力并非存在重大疑虑（如认为其缺乏行业专门知识），或者组成部分注册会计师未处于积极有效的监管环境中。

4. 集团项目组参与组成部分注册会计师工作的方式

取决于集团项目组对组成部分注册会计师的了解。这些方式可能还包括：

（1）与组成部分管理层或组成部分注册会计师会谈，获取对组成部分及其环境的了解。

（2）复核组成部分注册会计师的总体审计策略和具体审计计划。

（3）实施风险评估程序，识别和评估组成部分层面的重大错报风险。集团项目组可以单独或与组成部分注册会计师共同实施这类程序。

（4）设计和实施进一步审计程序。集团项目组可以单独或与组成部分注册会计师共同设计和实施这类程序。

（5）参加组成部分注册会计师与组成部分管理层的总结会议和其他重要会议。

（6）复核组成部分注册会计师的审计工作底稿的其他相关部分。

### 经典例题

【真题·单选题】（2020）对于集团财务报表审计，下列有关集团项目组参与重要组成部分审计工作的说法中，错误的是（　　）。

A. 集团项目组应当与组成部分注册会计师或组成部分管理层讨论对集团而言重要的组成部分业务活动

B. 集团项目组应当参与组成部分注册会计师实施的风险评估程序

C. 集团项目组应当参与组成部分注册会计师针对导致集团财务报表发生重大错报的特别风险实施的进一步审计程序

D. 集团项目组应当复核组成部分注册会计师对识别出的导致集团财务报表发生重大错报的特别风险形成的审计工作底稿

【答案】C

【解析】如果在由组成部分注册会计师执行相关工作的组成部分内，识别出导致集团财务报表发生重大错报的特别风险，集团项目组应当评价针对识别出的特别风险拟实施的进一步审计程序的恰当性。根据对组成部分注册会计师的了解，集团项目组应当确定是否有必要参与进一步审计程序。因此选择选项C。

## 第七单元　合并过程及期后事项

### 高频考点1：合并过程★

#### （一）集团层面控制测试

如果对合并过程执行工作的性质、时间安排和范围基于预期集团层面控制有效运行，或者仅实施实质性程序不能提供认定层次充分、适当的审计证据，集团项目组应当亲自测试或要求组成部分注册会计师代为测试集团层面控制运行的有效性。

#### （二）合并过程进一步审计程序

集团项目组应当针对合并过程设计和实施进一步审计程序，以应对评估的、由合并过程导致的集团财务报表发生重大错报的风险。设计和实施的进一步审计程序应当包括评价所有组成部分是否均已体现在集团财务报表中。

### 高频考点2：集团项目组的评价★★

#### （一）集团项目组对调整的评价

集团项目组应当评价合并调整和重分类事项的适当性、完整性和准确性，并评价是否存在舞弊风险因素或可能存在管理层偏向的迹象。合并过程可能需要对集团财务报表中列报的金额作出调整，这类调整不经过常规交易处理系统，可能不会受到针对其他财务信息的控制的约束。集团项目组对这类调整的适当性、完整性和准确性的评价可能包括：

（1）评价重大调整是否恰当反映了相关事项和交易。

（2）确定重大调整是否得到集团管理层和组成部分管理层（如适用）的正确计算、处理和授权。

（3）确定重大调整是否有适当的证据支持并得到充分记录。

（4）检查集团内部交易、未实现内部交易损益以及集团内部往来余额是否核对一致并抵销。

### （二）集团项目组对组成部分财务信息的评价

（1）未按要求编制信息的评价：如果组成部分财务信息没有按照集团财务报表采用的会计政策编制，集团项目组应当评价组成部分财务信息是否已得到适当调整，以满足编制和列报集团财务报表的要求。

（2）上报范围的评价：集团项目组应当确定，组成部分注册会计师上报的财务信息是否就是包括在集团财务报表中的财务信息。

（3）集团财务报表的调整。如果集团财务报表包括的组成部分财务报表的报告期末不同于集团财务报表，集团项目组应当评价是否已按照适用的财务报告编制基础对这些财务报表作出恰当调整。

### 高频考点3：期后事项★

如果集团项目组或组成部分注册会计师对组成部分财务信息实施审计，集团项目组或组成部分注册会计师应当实施审计程序，以识别组成部分自组成部分财务信息日至对集团财务报表出具审计报告日之间发生的、可能需要在集团财务报表中调整或披露的事项。

如果组成部分注册会计师执行组成部分财务信息审计以外的工作，集团项目组应当要求组成部分注册会计师告知其注意到的、可能需要在集团财务报表中调整或披露的期后事项。

## 第八单元　与组成部分注册会计师的沟通、评价审计证据的充分性和适当性

### 高频考点1：集团项目组向组成部分注册会计师的沟通★★

#### （一）沟通的要求

集团项目组应当及时向组成部分注册会计师通报工作要求。通报的内容应当明确组成部分注册会计师应执行的工作和集团项目组对其工作的利用，以及组成部分注册会计师与集团项目组沟通的形式和内容。

#### （二）沟通的内容

（1）在组成部分注册会计师知悉集团项目组将利用其工作的前提下，要求组成部分注册会计师确认其将配合集团项目组的工作。

（2）与集团审计相关的职业道德要求，特别是独立性要求。

（3）在对组成部分财务信息实施审计或审阅的情况下，组成部分的重要性和针对特定类别的交易、账户余额或披露采用的一个或多个重要性水平（如适用）以及临界值，超过临界值的错报不能视为对集团财务报表明显微小的错报。

（4）识别出的与组成部分注册会计师工作相关的、由于舞弊或错误导致集团财务报表发生重大错报的特别风险。集团项目组应当要求组成部分注册会计师及时沟通所有识别出的、在组成部分内的其他由于舞弊或错误可能导致集团财务报表发生重大错报的特别风险，以及组成部分注册会计师针对这些特别风险采取的应对措施。

（5）集团管理层编制的关联方清单和集团项目组知悉的任何其他关联方。集团项目组应当要求组成部分注册会计师及时沟通集团管理层或集团项目组以前未识别出的关联方。集团项目组应当确定是否需要将新识别的关联方告知其他组成部分注册会计师。

### 高频考点2：评价与组成部分注册会计师的沟通★★

#### （一）集团项目组与组成部分沟通的内容

集团项目组应当评价与组成部分注册会计师的沟通。集团项目组应当：

（1）与组成部分注册会计师、组成部分管理层或集团管理层（如适用）讨论在评价过程中发现的重大事项。

（2）确定是否有必要复核组成部分注册会计师审计工作底稿的相关部分。

#### （二）组成部分审计工作底稿的复核

组成部分注册会计师的审计工作底稿中哪

些部分与集团审计相关，可能因具体情况的不同而不同。集团项目组在复核时，通常关注的是与导致集团财务报表发生重大错报的特别风险相关的审计工作底稿。组成部分注册会计师的审计工作底稿按照组成部分注册会计师所在会计师事务所的复核程序进行复核这一事实，可能将影响集团项目组的复核范围。

**（三）集团项目组实施追加程序决策**

如果认为组成部分注册会计师的工作不充分，集团项目组应当确定需要实施哪些追加的程序，以及这些程序是由组成部分注册会计师还是由集团项目组实施。

## 高频考点3：评价审计证据的充分性和适当性★★

**（一）评价要求**

注册会计师应当获取充分、适当的审计证据，将审计风险降至可接受的低水平，从而得出合理的结论以作为形成审计意见的基础。

**（二）评价内容**

（1）集团项目组应当评价，通过对合并过程实施的审计程序以及由集团项目组和组成部分注册会计师对组成部分财务信息执行的工作，是否已获取充分、适当的审计证据，作为形成集团审计意见的基础。

（2）如果认为未能获取充分、适当的审计证据作为形成集团审计意见的基础，集团项目组可以要求组成部分注册会计师对组成部分财务信息实施追加的程序。如果不可行，集团项目组可以直接对组成部分财务信息实施程序。

（3）集团项目合伙人应当评价未更正错报（无论该错报是由集团项目组识别出的还是由组成部分注册会计师告知的）和未能获取充分、适当的审计证据的情况下对集团审计意见的影响。

（4）集团项目合伙人对错报（无论该错报是由集团项目组识别还是由组成部分注册会计师告知）汇总影响的评价，能够使其确定集团财务报表整体是否存在重大错报。

## 经典例题

**【真题·简答题】**（2019）ABC会计师事务所的A注册会计师负责审计甲集团公司2018年度财务报表。与集团审计相关的部分事项如下：

（1）A注册会计师将资产总额、营业收入或利润总额超过设定金额的组成部分识别为重要组成部分，其余作为不重要的组成部分。

（2）乙公司为重要组成部分，各项主要财务指标均占集团财务报表相关财务指标的50%以上。A注册会计师亲自担任组成部分注册会计师，选取乙公司财务报表中所有金额超过组成部分重要性的项目执行了审计工作，结果满意。

（3）A注册会计师对不重要组成部分的财务报表执行了集团层面分析程序，并对这些组成部分的年末银行存款、借款和与金融机构往来的其他信息实施了函证程序，结果满意。

（4）A注册会计师评估认为重要组成部分丙公司的组成部分注册会计师具备专业胜任能力，复核后认可了其确定的组成部分重要性和组成部分实际执行的重要性。

（5）A注册会计师要求所有组成部分注册会计师汇报组成部分的控制缺陷和超过组成部分实际执行重要性的未更正错报，将其与集团层面的控制缺陷和未更正错报汇总评估后认为：甲集团公司不存在值得关注的内部控制缺陷；甲集团财务报表不存在重大错报。

**【要求】**针对上述第（1）~（5）项，逐项指出A注册会计师的做法是否恰当。如不恰当，简要说明理由。

**【答案】**

（1）不恰当。在识别重要组成部分时还要考虑可能存在导致集团财务报表发生重大错报的特别风险的组成部分。

（2）不恰当。乙公司是具有财务重大性的重要组成部分，应当对乙公司财务信息执行审计。

（3）恰当。

（4）不恰当。应当由集团项目组确定组成部分重要性。

（5）不恰当。应当要求组成部分注册会计师汇报超过集团层面明显微小错报临界值的错报。

## 进阶练习

### （一）单选题

1. 下列关于重要组成部分的说法中，不恰当的是（　　）。

A. 随着单个组成部分对集团具有的财务重大性的增加，集团财务报表的重大错报风险通常也会增加

B. 单个组成部分的特定性质或情况，可能存在导致集团财务报表发生重大错报的特别风险

C. 集团项目组可将选定的基准乘以某一百分比，以协助识别对集团财务重大错报的单个组成部分

D. 集团项目组确定重大性的基准的百分比属于职业判断

2. 集团项目组连续审计业务，集团项目组获取充分适当的审计证据的能力可能受到（　　）重大变化的影响。

A. 组成部分中对集团重要的业务活动

B. 对集团具有重要影响的组成部分业务活动的变化

C. 集团层面控制的描述

D. 集团组织结构

3. 下列关于了解组成部分注册会计师的说法中，正确的是（　　）。

A. 基于集团审计目的，要求组成部分注册会计师执行相关工作时，集团项目组需要了解组成部分注册会计师

B. 集团层面对组成部分实施分析程序时，需要了解组成部分注册会计师

C. 了解组成部分注册会计师是否具备专业胜任能力

D. 了解组成部分注册会计师是否积极工作

4. 不属于集团项目组对组成部分注册会计师专任胜任能力的了解内容是（　　）。

A. 组成部分注册会计师是否对适用于集团审计的审计准则和其他职业准则有充分了解，以足以履行其在集团审计中的责任

B. 组成部分注册会计师是否拥有对特定组成部分财务信息执行相关工作所必需的专业技能

C. 组成部分注册会计师是否对适用的财务报告编制基础有充分的了解，以足以履行其在集团审计中的责任

D. 组成部分注册会计师工作的程度是否足以获取充分、适当的审计证据

5. 在审计集团财务报表时，下列有关组成部分重要性的说法中，错误的是（　　）。

A. 集团项目组确定集团财务报表整体重要性和组成部分重要性

B. 组成部分注册会计师需要使用组成部分重要性，评价识别出的未更正错报单独或汇总起来是否重大

C. 在审计组成部分财务信息时，组成部分注册会计师（或集团项目组）需要确定组成部分层面实际执行的重要性

D. 组成部分注册会计师无须将在组成部分财务信息中识别出的超过临界值的错报通报给集团项目组

6. 集团项目组确定对组成部分信息拟执行工作的类型以及参与组成部分注册会计师工作的程序的影响因素是（　　）。

A. 组成部分的重要程度

B. 特别风险

C. 集团层面控制的设计和评价

D. 组成部分注册会计师的专业胜任能力

7. 如果集团项目组认为对重要组成部分

财务信息执行的工作、对集团层面控制和合并过程执行的工作以及在集团层面实施的分析程序还不能获取形成集团审计意见所依据的充分、适当的审计证据，集团项目组可以采取的工作方式是（　　）。

A. 使用组成部分重要性对某些不重要的组成部分财务信息实施审计

B. 使用组成部分重要性对重要组成部分财务信息实施审阅

C. 集团项目组实施分析程序

D. 对重要组成部分实施特定程序

8. 下列关于可能影响集团项目组参与组成部分注册会计师工作的因素的说法中，错误的是（　　）。

A. 组成部分的重要性

B. 组成部分的重要程度

C. 识别出的导致集团财务报告发生重大错报的特别风险

D. 集团项目组对组成部分注册会计师的了解

9. 集团合并过程中，集团项目组应当评价的内容不包括（　　）。

A. 合并调整和重分类事项的适当性、完整性和准确性

B. 是否存在舞弊因素或可能存在管理层偏向的迹象

C. 组成部分财务信息采用的会计政策

D. 组成部分财务信息是否已经得到适当调整

10. 集团项目组向组成部分注册会计师通报的内容不包括（　　）。

A. 要求组成部分注册会计师应执行的工作和集团项目组对其工作的利用

B. 组成部分注册会计师与集团项目组沟通的形式和内容

C. 管理层编制的关联方清单和集团项目组知悉的任何其他关联方

D. 表明可能存在管理层偏向的迹象

### （二）多选题

1. 下列关于集团财务报表审计的责任设定的说法中，正确的有（　　）。

A. 集团项目组对整个集团财务报表审计工作及审计意见负全部责任，这一责任不因利用组成部分注册会计师的工作而减轻

B. 集团项目组和组成部分注册会计师就各自执行的审计工作分别负责，集团项目组在执行集团财务报表审计时完全基于组成部分注册会计师的工作

C. 组成部分注册会计师基于集团审计目的对组成部分财务信息执行相关工作，并对所有发现的问题、得出的结论或形成的意见负责，集团项目合伙人及其所在的会计师事务所仍对集团审计意见负全部责任

D. 注册会计师对集团财务报表审计出具的审计报告不应提及组成部分注册会计师，除非法律法规另有规定

2. 集团项目合伙人认为由于集团管理层施加的限制，使集团项目组不能获取充分、适当的审计证据，集团项目合伙人应采取的措施有（　　）。

A. 如果是新业务，拒绝接受业务委托

B. 如果是连续审计，修改审计业务约定书

C. 如果是新业务且法律法规禁止注册会计师拒绝接受业务委托，在可能的范围内对具体财务报表实施审计，并对集团财务报表发表无法表示意见

D. 如果是连续审计，注册会计师不能解除业务约定，在可能的范围内对具体财务报表实施审计，并对集团财务报表发表无法表示意见

3. 集团审计时，参加对集团财务报表重大错报风险的讨论组成人员有（　　）。

A. 项目组全部成员

B. 项目组关键成员

C. 组成部分注册会计师

D. 集团项目合伙人

4. 在集团财务报表审计中，集团项目组对组成部分注册会计师在职业道德、专任胜任

能力和所处的监管环境存在重大疑虑，可以采取消除影响的方式有（　　）。

A. 参加组成部分注册会计师的工作

B. 实施追加的风险评估程序

C. 对组成部分财务信息实施进一步审计程序

D. 亲自获取充分、适当的审计证据

5. 对于集团财务报表审计，下列有关组成部分重要性的说法中，正确的有（　　）。

A. 不同组成部分确定的重要性的汇总数应当小于集团财务报表整体的重要性

B. 集团项目组确定组成部分重要性

C. 集团项目组应当将组成部分重要性设定为低于集团财务报表整体的重要性

D. 集团项目组可以为组成部分设定一个或多个重要性水平

6. 下列关于对组成部分需执行的工作的说法中，正确的有（　　）。

A. 使用组成部分重要性对组成部分财务信息实施审计

B. 可能导致集团财务报表发生重大错报风险的特别风险实施特定的审计程序

C. 不重要的组成部分，由组成部分注册会计师实施审计

D. 具有财务重大性的单个组成部分，集团项目组对组成部分财务信息实施审计

7. 下列关于集团项目组参与组成部分注册会计师的工作的说法中，错误的有（　　）。

A. 如果组成部分注册会计师对重要组成部分财务信息执行审计，集团项目组应当参加组成部分注册会计师实施的风险评估程序

B. 与组成部分注册会计师讨论对集团而言重要的组成部分活动

C. 与组成部分注册会计师讨论财务信息发生重大错报风险的可能性

D. 复核组成部分注册会计师形成的审计工作底稿

8. 下列关于识别出导致集团财务报表发生重大错报的特别风险的说法中，正确的有（　　）。

A. 集团项目组应与组成部分注册会计师或组成部分管理层讨论对集团而言重要的组成部分业务活动

B. 复核组成部分注册会计师对识别出的导致集团财务报表发生重大错报的特别风险形成的审计工作底稿

C. 集团项目组应当评价针对识别出的特别风险拟实施的进一步审计程序的恰当性

D. 集团项目组应当确定是否有必要参与进一步审计程序

9. 集团项目组参与组成部分注册会计师的工作方式有（　　）。

A. 与组成部分注册会计师会谈

B. 设计和实施进一步审计程序

C. 参与组成部分注册会计师的会议

D. 复核组成部分注册会计师的总体审计策略和具体审计计划

10. 集团项目组对合并过程中不经过常规交易系统对集团财务报表列报金额作出调整的适当性、完整性和准确性的评价可能有（　　）。

A. 评价重大调整是否恰当反映了相关事项和交易

B. 确定重大调整是否得到集团管理层和组成部分管理层（如适用）的正确计算、处理和授权

C. 确定重大调整是否有适当的证据支持并得到充分的记录

D. 检查集团内部交易、未实现内部交易损益以及集团内部往来余额是否核对一致

### （三）简答题

1. ABC 会计师事务所承接甲集团公司 2022 年度财务报表，A 注册会计师为集团项目合伙人，审计过程中发现以下事项：

（1）XYZ 会计师事务所担任甲公司海外重要子公司的组成部分注册会计师。A 注册会计师认为该事项在财务报表中可能存在导致集

团财务报表发生重大错报的特别风险，拟在对甲公司2022年度财务报表出具的审计报告中增加其他事项段，说明该子公司的审计工作由组成部分注册会计师XYZ会计师事务所审计。

（2）乙公司为不重要的组成部分。A注册会计师拟在集团层面实施分析程序。

（3）丙公司为甲集团公司2022年新收购的子公司，A注册会计师认为甲公司合并丙公司过程中的重大调整没有得到充分记录，要求组成部分注册会计师使用组成部分重要性对丙公司财务信息实施审阅。

（4）丁公司为重要组成部分，组成部分注册会计师重新确定了组成部分重要性并实施了审计程序。

（5）组成部分注册会计师在对戊公司审计过程中发现存在错报，超过明显微小错报临界值，但没有达到组成部分重要性水平，因此没有向集团项目组进行通报。

【要求】针对上述第（1）~（5）项，逐项指出A注册会计师的做法是否恰当。如不恰当，简要说明理由。

2. ABC会计师事务所承接甲集团公司2022年度财务报表，A注册会计师为集团项目合伙人，审计过程中发现以下事项：

（1）乙公司为重要组成部分，组成部分注册会计师发现乙公司管理层可能存在的舞弊行为。A注册会计师评估后认为该事项对集团财务报表影响不重大，未再与集团管理层沟通。

（2）丙公司为海外子公司。A注册会计师要求担任丙公司组成部分注册会计师的境外会计师事务所确认其是否了解并遵守中国注册会计师职业道德守则的规定。

（3）丁公司为甲集团公司2022年并购的公司，为重要组成部分，组成部分注册会计师没有发现丁公司财务报表有重大会计调整事项，A注册会计师发现后，拟与集团管理层进行沟通。

（4）戊公司为重要组成部分，A注册会计师发现组成部分D注册会计师的爱人于2022年1月1日入职戊公司，担任财务经理一职。认为组成部分注册会计师不符合集团审计相关的独立性要求，决定参加组成部分注册会计师的工作，以消除组成部分注册会计师独立性的影响。

（5）己公司为重要组成部分，A注册会计师决定由组成部分注册会计师对己公司环境进行了解并制定对己公司的总体审计策略和具体审计计划。

【要求】针对上述第（1）~（5）项，逐项指出A注册会计师的做法是否恰当。如不恰当，简要说明理由。

### （四）综合题（部分）

甲集团公司是ABC会计师事务所的常年审计客户，主要从事饮料的生产、批发和零售。A注册会计师负责审计甲集团公司2022年度财务报表，确定集团财务报表整体的重要性为500万元。

资料一：

A注册会计师在审计工作底稿中记录了审计计划，部分内容摘录如下：

（1）子公司乙公司从事新饮品研发。2021年度新增无形资产800万元，为自行研发的产品专利。A注册会计师拟仅针对乙公司的研发支出实施审计程序。

（2）子公司丙公司负责生产，产品全部在集团内销售。A注册会计师认为丙公司的成本核算存在可能导致集团财务报表发生重大错报的特别风险，拟针对与成本核算相关的财务报表项目实施审计。

（3）甲集团公司的零售收入来自50家子公司，每家子公司的主要财务报表项目金额占集团的比例均低于1%。A注册会计师认为这些子公司均属于不重要组成部分，拟从集团层面实施分析程序。

（4）XYZ会计师事务所作为组成部分注册会计师负责审计联营企业丁公司的财务信息，其审计项目组按丁公司利润总额的5%确定组成部分重要性为525万元，实际执行的重要性为262万元。

（5）子公司戊公司负责甲集团公司主要

原材料的进口业务，通过外汇掉期交易管理外汇风险。A注册会计师拟使用80万元的组成部分重要性对戊公司财务信息实施审阅。

资料二：

A注册会计师在审计工作底稿中记录了甲集团公司的财务数据，部分内容摘录如下表：

单位：万元

| 集团/组成部分 | 2021年（未审数） | | |
|---|---|---|---|
| | 资产总额 | 营业收入 | 利润总额 |
| 甲集团公司 | 100 000 | 82 000<br>其中：批发收入 52 000<br>零售收入 28 000<br>其他 2 000 | 13 500 |
| 乙公司 | 2 900 | 300 | (350) |
| 丙公司 | 65 000 | 48 000 | 7 500 |
| 丁公司 | 25 000 | 56 000 | 10 500 |
| 戊公司 | 2 600 | 300 | 80 |

【要求】针对资料一第（1）~（5）项，结合资料二，假定不考虑其他条件，逐项指出资料一所列审计计划是否恰当。如不恰当，简要说明理由。将答案直接填入答题区的相应表格内。

| 事项序号 | 是否恰当（是/否） | 理由 |
|---|---|---|
| (1) | | |
| (2) | | |
| (3) | | |
| (4) | | |
| (5) | | |

## 进阶练习答案及解析

### （一）单选题

1.【答案】C

【解析】集团项目组可以将选定的基准乘以某一百分比，以协助识别对集团具有财务重大性的单个组成部分，因此选择选项C。

2.【答案】B

【解析】组成部分中对集团重要的业务活动、集团层面控制的描述和集团组织结构是集团项目组承接新业务需要了解的，因此选择选项B。

3.【答案】C

【解析】只有当基于集团审计目的，计划要求由组成部分注册会计师执行组成部分财务信息的相关工作时，集团项目组才需要了解组成部分注册会计师，因此不选择选项A。如果集团项目组计划仅在集团层面对某些组成部分实施分析程序，就无须了解这些组成部分注册会计师，因此不选择选项B。集团项目组需要了解组成部分注册会计师是否处于积极的监管环境中，因此不选择选项D。

4.【答案】D

【解析】组成部分注册会计师工作的程度是否足以获取充分、适当的审计证据属于集团项目组应当了解组成部分注册会计师的事项，但不属于专业胜任能力，因此选择选项 D。

5. 【答案】D

【解析】组成部分注册会计师需要将在组成部分财务信息中识别出的超过临界值的错报通报给集团项目组，因此选择选项 D。

6. 【答案】A

【解析】识别出导致集团财务报表发生重大错报风险的特别风险，因此不选择选项 B。对集团层面控制的设计和评价，以及其是否得到执行的判断，因此不选择选项 C。集团项目组对组成部分注册会计师的了解，了解的内容不仅限于专任胜任能力，还有独立性，是否处于积极有效的监管环境等，因此不选择选项 D。

7. 【答案】A

【解析】集团项目组应当使用组成部分重要性对某些不重要组成部分财务信息实施审阅，因此不选择选项 B。对于不重要组成部分，集团项目组应当在集团层面实施分析程序，因此不选择选项 C。集团项目组应当对某些不重要的组成部分实施特定程序，因此不选择选项 D。

8. 【答案】A

【解析】可能影响集团项目组参与组成部分注册会计师工作的因素不包括组成部分的重要性，因此选择选项 A。

9. 【答案】C

【解析】如果组成部分财务信息没有按照集团财务报表采用的会计政策编制，集团项目组应当评价组成部分财务信息是否已得到适当调整，以满足编制和列报集团财务报表的要求。因此选择选项 C。

10. 【答案】D

【解析】表明可能存在管理层偏向的迹象是组成部分注册会计师向集团项目组沟通的事项，因此选择选项 D。

（二）多选题

1. 【答案】ACD

【解析】集团项目组和组成部分注册会计师就各自执行的审计工作分别负责，集团项目组在执行集团财务报表审计时完全基于组成部分注册会计师的工作。这一种责任设定模式不是我国采用的，因此不选择选项 B。

2. 【答案】ACD

【解析】如果是连续审计，在法律规范允许的情况下，解除业务约定，如果法律法规禁止注册会计师拒绝接受业务委托，或者注册会计师不能解除业务约定，在可能的范围内对具体财务报表实施审计，并对集团财务报表发表无法表示意见，因此不选择选项 B。

3. 【答案】BCD

【解析】集团财务报表重大错报风险的讨论不需要全员参与，因此不选择选项 A。

4. 【答案】ABC

【解析】亲自获取充分、适当的审计证据是在组成部分注册会计师不符合集团审计相关的独立性要求时采取的方式，因此不选择选项 D。

5. 【答案】BCD

【解析】不同组成部分确定的重要性的汇总数，也可能高于集团财务报表整体的重要性，因此不选择选项 A。

6. 【答案】ABD

【解析】对由于其特定性质或情况，可能存在导致集团财务报表发生重大错报的特别风险的重要组成部分，集团项目组或代表集团项目组的组成部分注册会计师应当执行下列一项或多项工作：（1）使用组成部分重要性对组成部分财务信息实施审计，因此选择选项 A。（2）针对与可能导致集团财务报表发生重大错报的特别风险相关的一个或多个账户余额、一类或多类交易或披露事项实施审计。（3）针对可能导致集团财务报表发生重大错报的特别风险实施特定的审计程序，因此选择选项 B。不重要的组成部分，集团项目组应当在集团层面实施分析程序，因此不选择选项 C。就集团而言，对于具有财务重大性的单个组成部分，集团项目组或代表集团项目组的组成部分注册会计师应当运用该组成部分的重要性，对组成部分财务信息实施审计，因此选择选项 D。

7. 【答案】CD

【解析】与组成部分注册会计师讨论由于舞弊或错误导致组成部分财务信息发生重大错报的可能性，因此选择选项 C。复核组成部分注册会计师对识别出的导致集团财务报表发生重大错报的特别风险形成的审计工作底稿，因此选择选项 D。

8. 【答案】BCD

【解析】集团项目组应与组成部分注册会计师或组成部分管理层讨论对集团而言重要的组成部分业务活动是集团项目组参与组成部分注册会计师实施的风险评估程序的内容，因此不选择选项 A。

9. 【答案】ABD

【解析】参与组成部分注册会计师与组成部分管理层的总结会议和其他会议，因此不选择选项 C。

10. 【答案】ABC

【解析】检查集团内部交易、未实现内部交易损益以及集团内部往来余额是否核对一致并抵销，因此不选择选项 D。

### （三）简答题

1. 【答案】

（1）不恰当。注册会计师对集团财务报表出具的审计报告不应提及组成部分注册会计师，除非法律法规另有规定。

（2）恰当。

（3）不恰当。丙公司为重要组成部分，不应执行审阅/应当对丙公司执行财务信息审计/特定账户余额、披露或交易审计/实施特定审计程序。

（4）不恰当。集团项目组为组成部分确定组成部分重要性。

（5）不恰当。组成部分注册会计师需要将组成部分财务信息中识别出来的超过微小错报临界值的错报通报给集团项目组。

2. 【答案】

（1）不恰当。涉及组成部分管理层的舞弊或舞弊嫌疑，应当与治理层沟通。

（2）恰当。

（3）不恰当。集团项目组应当要求集团管理层告知组成部分管理层其尚未知悉的、集团项目组注意到的可能对组成部分财务报表产生重要影响的事项。

（4）不恰当。组成部分注册会计师不符合集团审计相关的独立性要求，集团项目组不能提供参加组成部分注册会计师的工作/实施追加的风险评估程序/对组成部分财务信息实施进一步审计程序，消除组成部分注册会计师不具有独立性的影响。

（5）不恰当。集团项目组应当对集团及其环境、集团组成部分及其环境获取充分了解/复核组成部分注册会计师的总体审计策略和具体审计计划。

### （四）综合题（部分）

【答案】

| 事项序号 | 是否恰当（是/否） | 理由 |
|---|---|---|
| 1 | 是 | |
| 2 | 否 | 丙公司是具有财务重大性的重要组成部分，应当对丙公司的财务信息实施审计 |
| 3 | 否 | 零售收入占集团营业收入的35%，金额重大，对这 50 家子公司仅在集团层面实施分析程序不足够 |
| 4 | 否 | 组成部分重要性应当由集团项目组确定，且丁公司重要性 525 万元超过集团财务报表整体重要性 500 万元水平。集团项目组应当将组成部分重要性设定为低于集团财务报表整体的重要性 |
| 5 | 否 | 戊公司的业务涉及外汇掉期交易，属于可能存在导致集团财务报表发生重大错报的特别风险的重要组成部分，应当实施审计程序 |

# 第十七章　其他特殊项目的审计

## 2023年教材内容主要变化

第一节（审计会计估计和相关披露）内容较上年进行了全方位整合修订。

## 本章近五年考试高频考点分布

| 高频考点内容 | | 年度及题型分布 |
| --- | --- | --- |
| 审计会计估计 | 会计估计性质 | 2022年单选 |
| | 识别和评估重大错报风险 | 2022年多选、2021年单选 |
| | 测试管理层如何作出会计估计以及会计估计所依据的数据 | 2020年简答、2018年多选、2018年简答 |
| | 作出注册会计师的点估计和区间估计，以评价管理层的点估计 | 2021年多选、2020年简答、2019年单选、2018年简答 |
| 关联方的审计 | 风险评估程序和相关工作 | 2020年简答 |
| | 识别和评估重大错报风险 | 2021年简答、2020年简答 |
| | 应对超出被审计单位正常经营过程的重大关联方交易导致的重大错报风险 | 2019年单选 |
| | 应对管理层披露关联方交易是公平交易时可能存在的重大错报风险 | 2020年简答 |
| | 与治理层沟通 | 2020年简答 |
| 考虑持续经营假设 | 评价管理层对持续经营能力作出的评估 | 2022年单选、2020年多选、2019年单选 |
| | 识别出事项或情况时实施追加的审计程序 | 2020年多选、2019年单选 |
| | 持续经营假设适当，但存在重大不确定性时对审计报告的影响 | 2018年简答 |
| | 与治理层的沟通 | 2019年单选 |
| 首次接受委托时对期初余额的审计 | 期初余额的审计目标 | 2021年单选、2020年多选、2019年简答、2018年单选 |

# 高频考点精讲

本章内容属于审计实务内容，是注册会计师完成财务报表审计基本业务后应考虑的一些特殊项目。在审计实务中往往是由专业理论知识比较扎实、执业经验比较丰富的注册会计师专门实施，并编制相应的审计工作底稿。在具体学习过程中需要结合前后有关章节内容。例如，会计估计、期初余额的内容与第三编（各类交易和账户余额的审计）相结合；关联方交易结合第二编（审计测试流程）；可持续经营、期初余额等内容与第五编（完成审计工作与出具审计报告）相结合。

## 第一单元　审计会计估计和相关披露

### 高频考点1：会计估计的性质★★

#### （一）责任划分

被审计单位管理层应当对其作出的包括在财务报表中的会计估计负责。而按照《中国注册会计师审计准则》的规定，获取充分、适当的审计证据，评价被审计单位作出的会计估计是否合理、披露是否充分，则是注册会计师的责任。

#### （二）风险判断

会计估计通常是被审计单位在不确定情况下作出的，其准确程度取决于管理层对不确定的交易或事项的结果做出的主观判断。由于会计估计的主观性、复杂性和不确定性，管理层作出的会计估计发生重大错报的可能性较大，注册会计师应当按照准则规定，确定会计估计的重大错报风险是否属于特别风险。

#### （三）差异不等于财务报表错报

需要提醒的是，会计估计的结果与财务报表中原来已确认或披露的金额存在差异，并不必然表明财务报表存在错报。这对于公允价值会计估计而言尤其如此，因为任何已观察到的结果都不可避免受到作出会计估计的时点后所发生的事项或情况的影响。

【示例】除公允价值会计估计外，其他可能需要作出会计估计的例子有：坏账准备；存货跌价准备；产品质量保证义务；折旧方法或资产预计使用寿命等。

#### 经典例题

【真题·单选题】（2022）下列有关会计估计的说法中，错误的是（　　）。

A. 会计估计一般包括存在估计不确定性时以公允价值计量的金额，以及其他需要估计的金额

B. 作出会计估计的难易程度取决于估计对象的金额或性质

C. 会计估计的结果与财务报表中原来已确认或披露的金额存在差异，并不必然表明财务报表存在错报

D. 会计估计的准确程度取决于管理层对不确定的交易或事项的结果做出的主观判断

【答案】B

【解析】作出会计估计的难易程度不取决于估计对象的金额或性质。

### 高频考点2：风险评估程序和相关活动★★

#### （一）了解被审计单位及其环境、适用的财务报告编制基础和内部控制体系各要素

按照《中国注册会计师审计准则第1211号——重大错报风险的识别和评估》的规定，了解被审计单位及其环境、适用的财务报告编制基础和内部控制体系各要素时，注册会计师应当了解与被审计单位会计估计相关的内容（具体见教材）。

#### （二）复核以前期间会计估计的结果或管理层对以前期间会计估计作出的后续重新估计（略）

#### （三）确定是否需要专门技能或知识（略）

## 高频考点3：识别和评估重大错报风险★★★

### （一）估计不确定性

估计不确定性，是指会计估计在计量时易于产生内在不精确性。在考虑会计估计涉及估计不确定性的程度时，注册会计师可以考虑下列事项：

（1）适用的财务报告编制基础是否要求；

（2）经营环境。被审计单位所处的市场可能经历动荡或发生中断（如重大汇率变动或市场不活跃），因此会计估计可能依赖于不易观察到的数据。

（3）管理层是否有可能（或在适用的财务报告编制基础允许的情况下，是否可行）：

①对过去交易的未来实现情况（如根据或有合同条款将支付的金额），或者未来事项或情况的发生和影响（如未来信用损失的金额，或保险索赔的结算金额和结算时间）作出准确和可靠的预测；

②获取关于当前状况的准确和完整的信息（如用于作出公允价值估计的、反映财务报表日市场参与方观点的估值属性信息）。

### （二）复杂性或主观性（略）

### （三）其他固有风险因素（略）

与会计估计相关的主观性程度会影响会计估计发生因管理层偏向或影响固有风险的其他舞弊风险因素导致的错报的可能性。

### （四）特别风险

对于识别和评估的重大错报风险，注册会计师应当作出职业判断，确定其是否为特别风险。如果存在特别风险，注册会计师应当识别针对该风险实施的控制，评价这些控制的设计是否有效，并确定其是否得到执行。

### 经典例题

【真题·单选题】（2019）下列有关注册会计师评估特别风险的说法中，正确的是（　　）。

A. 注册会计师应当将具有高度估计不确定性的会计估计评估为存在特别风险

B. 注册会计师应当将管理层凌驾于控制之上的风险作为特别风险

C. 注册会计师应当将涉及重大管理层判断和重大审计判断的事项评估为存在特别风险

D. 注册会计师应当将重大非常规交易评估为存在特别风险

【答案】B

【解析】注册会计师应当评价与会计估计相关的估计不确定性的程度，并根据职业判断确定识别出的具有高度估计不确定性的会计估计是否会导致特别风险，因此不选择选项A。管理层凌驾于控制之上的风险属于特别风险，因此选择选项B。特别风险与重大非常规交易和判断事项有关，因此不选择选项C、D。

## 高频考点4：应对评估的重大错报风险★★★

### （一）注册会计师的进一步审计程序

评估的重大错报风险越高，在设计和实施进一步审计程序时，注册会计师需要获取越有说服力的审计证据。注册会计师不应当偏向于获取佐证性的审计证据，也不应当排斥相矛盾的审计证据。

### （二）注册会计师拟信赖控制运行有效性时实施的审计程序（略）

### （三）注册会计师为应对特别风险实施的审计程序

对于与会计估计相关的特别风险，如果拟信赖针对该风险实施的控制，注册会计师应当在本期测试这些控制运行的有效性。如果针对特别风险实施的程序仅为实质性程序，这些程序应当包括细节测试。

### （四）从截至审计报告日发生的事项获取审计证据

（1）如果进一步审计程序包括从截至审计报告日发生的事项获取审计证据，注册会计师应当评价这些审计证据是否充分、适当，以应对与会计估计相关的重大错报风险。在评价时，注册会计师应当根据适用的财务报告编制基础，考虑事项发生日与计量日之间具体情况的变化是否会影响这些审计证据的相关性。

（2）在某些情况下，从截至审计报告日发生的事项获取审计证据可能提供充分、适当的审计证据以应对重大错报风险。例如，期后不久出售某停产产品的全部存货，可能为其期末可变现净值的估计提供充分、适当的审计证据。

（3）对于某些会计估计，截至审计报告日发生的事项不太可能提供有关会计估计的充分、适当的审计证据。例如，与某些会计估计相关的事项或情况需要较长时间才有进展；同样，由于公允价值会计估计的计量目标，期后信息可能无法反映资产负债表日存在的事项或情况，因而可能与公允价值会计估计的计量无关。

（4）即使决定对特定会计估计不采取这种测试方法，注册会计师仍需要遵守《中国注册会计师审计准则第 1332 号——期后事项》及其应用指南的相关规定，实施审计程序，获取充分、适当的审计证据，以确定财务报表日至审计报告日之间发生的、需要在财务报表中调整或披露的事项是否已经按照适用的财务报告编制基础在财务报表中得到恰当反映。由于除公允价值会计估计外的许多会计估计的计量通常取决于未来交易、事项或情况的结果，《中国注册会计师审计准则第 1332 号——期后事项》规定的审计工作对于这些会计估计尤为相关。

### （五）测试管理层如何作出会计估计

如果测试管理层如何作出会计估计，注册会计师应当设计和实施进一步审计程序，以针对与下列事项相关的重大错报风险获取充分、适当的审计证据：（1）管理层作出会计估计时，对方法、重大假设和数据的选择和运用；（2）管理层如何选择点估计，并就估计不确定性作出披露。

①评价管理层使用的方法。

②评价管理层使用的重大假设。

③评价管理层使用的数据。

④评价管理层作出的会计估计。

### （六）作出注册会计师的点估计或使用注册会计师的区间估计

如果注册会计师作出点估计或区间估计，用以评价管理层的点估计以及与估计不确定性相关的披露，注册会计师应当依据适用的财务报告编制基础，评价注册会计师在作出点估计或区间估计时，所使用的方法、假设或数据是否适当。无论使用的是管理层的方法、假设或数据，还是注册会计师的方法、假设或数据，注册会计师均应当就这些方法、假设或数据，设计和实施进一步审计程序。

### （七）与审计证据相关的其他考虑（略）

## 高频考点 5：其他相关审计程序★

### （一）关注与会计估计相关的披露

注册会计师应当针对所评估的、与会计估计相关披露有关的认定层次重大错报风险，设计和实施进一步审计程序，以获取充分、适当的审计证据。

### （二）识别可能存在管理层偏向的迹象

（1）对于管理层就财务报表中的会计估计所作的判断和决策，注册会计师应当评价是否有迹象表明可能存在管理层偏向，即使这些判断和决策孤立地看是合理的。如果识别出可能存在管理层偏向的迹象，注册会计师应当评价这一情况对审计的影响。如果是管理层有意误导，则管理层偏向具有舞弊性质。

（2）管理层偏向可能难以在账户层面发现。注册会计师可能只有在对一组会计估计或所有会计估计汇总加以考虑时，或者对连续几个会计期间进行观察时，才能识别出管理层偏向。例如，如果包含于财务报表中的会计估计单独而言被认为是合理的，但管理层的点估计始终倾向于注册会计师关于合理结果的区间估计的一端，从而为管理层提供了更有利的财务报告结果，此类情况可能是存在管理层偏向的迹象。

（3）可能存在管理层偏向的迹象可能影

响注册会计师对有关风险评估结果和相关应对措施是否仍然适当的判断。注册会计师同时可能有必要考虑对审计其他方面的影响，包括是否需要进一步质疑管理层作出会计估计时所作判断的适当性。可能存在管理层偏向的迹象也可能影响注册会计师对财务报表整体是否不存在重大错报得出的结论。

### （三）实施审计程序之后作出总体评价

注册会计师应当根据已经实施的审计程序以及获取的审计证据，作出下列评价：

（1）认定层次重大错报风险的评估结果是否仍然适当（包括识别出可能存在管理层偏向的迹象时）；

（2）管理层对于财务报表中会计估计的确认、计量和列报（包括披露）作出的决策，是否符合适用的财务报告编制基础；

（3）是否已经获取充分、适当的审计证据，无论这些审计证据是佐证性的，还是相矛盾的。

**小贴士** 如果无法获取充分、适当的审计证据，注册会计师应当评价这一情况对审计的影响，或者按照《中国注册会计师审计准则第1502号——在审计报告中发表非无保留意见》的规定，评价这一情况对财务报表审计意见的影响。

### （四）获取书面声明

注册会计师应当要求管理层和治理层（如适用）就以下事项提供书面声明：根据适用的财务报告编制基础有关确认、计量或披露的规定，管理层和治理层（如适用）作出会计估计和相关披露时使用的方法、重大假设和数据是适当的。

注册会计师还应当考虑是否需要获取关于特定会计估计（包括所使用的方法、假设或数据）的声明。

### （五）与治理层、管理层以及其他相关机构和人员进行沟通（略）

## 第二单元　关联方的审计

### 高频考点1：关联方审计的目标★

注册会计师审计关联方的目标在于：

（1）无论适用的财务报告编制基础是否对关联方作出规定，充分了解关联方关系及其交易，以便能够确认由此产生的、与识别和评估由于舞弊导致的重大错报风险相关的舞弊风险因素（如有）；根据获取的审计证据，就财务报表受到关联方关系及其交易的影响而言，确定财务报表是否实现公允反映。

（2）如果适用的财务报告编制基础对关联方作出规定，获取充分、适当的审计证据，确定关联方关系及其交易是否已按照适用的财务报告编制基础得到恰当识别、会计处理和披露。

### 高频考点2：风险评估程序和相关工作★★★

注册会计师在审计过程中应当实施风险评估程序和相关工作，以获取与识别关联方关系及其交易相关的重大错报风险的信息，如表17－1所示。

**表17－1**

| 相关工作 | 内容 |
|---|---|
| 了解关联方关系及其交易 | 项目组内部讨论；询问管理层；与关联方关系及其交易相关的控制 |
| 在检查记录或文件时对关联方信息保持警觉 | 检查记录或文件；询问管理层 |

1. 项目组内部的讨论

（1）要求。项目组内部讨论时，应当特别考虑由于关联方关系及其交易导致的舞弊或错误使得财务报表存在重大错报的可能性。

（2）项目组内部讨论的内容：

①关联方关系及其交易的性质和范围（如

利用在每次审计后更新的有关识别出的关联方的记录进行讨论）。

②强调在整个审计过程中对关联方关系及其交易导致的潜在重大错报风险保持职业怀疑的重要性。

③可能显示管理层以前未识别或未向注册会计师披露的关联方关系或关联方交易的情形或状况（如被审计单位组织结构复杂，利用特殊目的实体从事表外交易，或信息系统不够完善）。

④可能显示存在关联方关系或关联方交易的记录或文件。

⑤管理层和治理层对关联方关系及其交易（如果适用的财务报告编制基础对关联方作出规定）进行识别、恰当会计处理和披露的重视程度，以及管理层凌驾于相关控制之上的风险。

（3）针对舞弊进行的讨论。

2. 询问管理层

（1）注册会计师应当向管理层询问下列事项：

①关联方的名称和特征，包括关联方自上期以来发生的变化。

②被审计单位和关联方之间关系的性质。

③被审计单位在本期是否与关联方发生交易，如发生，交易的类型、定价政策和目的。

（2）具体情形及对注册会计师的影响如表 17－2 所示。

**表 17－2**

| 具体情形 | 对注册会计师的影响 |
|---|---|
| 如果适用的财务报告编制基础对关联方作出了规定，管理层可能容易获得有关关联方名称和特征的信息，因为被审计单位的信息系统需要记录、处理和汇总关联方关系及其交易，以满足适用的财务报告编制基础对关联方关系及其交易的会计处理和披露的要求。因此，管理层可能拥有关联方的详细清单以及自上期以来关联方发生变化情况的详细清单 | 在连续审计的情况下，向管理层进行询问，可以为注册会计师提供将其在以前审计中形成的有关关联方的工作记录与管理层提供的信息进行比较的基础 |
| 如果适用的财务报告编制基础没有对关联方作出规定，被审计单位可能就没有上述信息系统。在这种情况下，管理层可能无法知悉所有关联方。尽管如此，管理层仍可能注意到存在关联方 | 在这种情况下，注册会计师对被审计单位关联方名称和特征的询问，可能构成其根据《中国注册会计师审计准则第 1211 号——通过了解被审计单位及其环境识别和评估重大错报风险》的规定所实施风险评估程序和相关活动的一部分。注册会计师实施这些程序和活动旨在获得下列信息：<br>①被审计单位的所有权和治理结构。<br>②被审计单位正在实施和计划实施的投资的类型。<br>③被审计单位的组织结构和筹资方式 |
| 如果被审计单位与另一实体受同一方控制，且这种关系对被审计单位具有重大经济影响，则管理层更可能注意到这种关系 | 如果注册会计师重点询问与被审计单位从事重大交易或共享众多资源的另一实体是否为关联方，则询问可能更有效 |
| 对于集团审计业务，审计准则要求集团项目组向组成部分注册会计师提供集团管理层编制的关联方清单，以及集团项目组知悉的任何其他关联方 | 如果被审计单位是集团的一个组成部分，这些信息有助于注册会计师就关联方的名称和特征向管理层进行询问 |

**小贴士** 通过在业务接受或保持过程中对管理层的询问，注册会计师也可以获取有关关联方名称和特征的某些信息。

3. 与关联方关系及其交易相关的控制

如果管理层建立了下列与关联方关系及其交易相关的控制，注册会计师应当询问管理层和被审计单位内部其他人员，实施其他适当的风险评估程序，以获取对相关控制的了解：

（1）按照适用的财务报告编制基础，对关联方关系及其交易进行识别、会计处理和披露；

（2）授权和批准重大关联方交易和安排；

（3）授权和批准超出正常经营过程的重大交易和安排。

### 高频考点3：识别和评估重大错报风险★★★

注册会计师应当识别和评估关联方关系及其交易导致的重大错报风险，并确定这些风险是否为特别风险。

**（一）超出被审计单位正常经营过程的重大关联方交易导致的重大错报风险**

超出正常经营过程的重大交易，特别是临近会计期末发生的、在作出“实质重于形式”判断方面存在困难的重大交易（如交易实质不清晰、交易实质与其形式明显不符或交易不具有合理的商业理由），为被审计单位编制虚假财务报告提供了机会。

如果被审计单位开展超出正常经营过程的重大交易，并且关联方作为交易的一方直接影响该交易，或通过中间机构间接影响该交易，或为配合被审计单位管理层特定目的开展该交易，则很可能表明存在舞弊风险因素。

**小贴士** 注册会计师应当将识别出的、超出被审计单位正常经营过程的重大关联方交易导致的风险确定为特别风险。

**（二）存在具有支配性影响的关联方导致的重大错报风险**

管理层由一个或少数几个人支配且缺乏补偿性控制是一项舞弊风险因素，而具有支配性影响的关联方（通常为控股股东或实际控制人）借助对被审计单位财务和经营政策实施控制和重大影响的能力，通常能够对被审计单位或其管理层甚至治理层施加支配性影响。

**（三）管理层未能识别出或未向注册会计师披露的关联方关系或重大关联方交易导致的重大错报风险（略）**

**（四）管理层披露关联方交易是公平交易时可能存在的重大错报风险（略）**

**（五）管理层未能按照适用的财务报告编制基础对特定关联方关系及其交易进行恰当会计处理和披露导致的重大错报风险（略）**

## 经典例题

【真题·单选题】（2021）下列关于重大错报风险的表述中，注册会计师应当认定为特别风险的是（　　）。

A. 与关联方交易相关的重大错报风险

B. 与管理层挪用资金相关的重大错报风险

C. 与重大货币资金相关的风险

D. 高度估计不确定性的风险

【答案】B

【解析】选项B为舞弊风险，舞弊属于特别风险。

### 高频考点4：针对重大错报风险的应对措施★★★

**（一）应对超出被审计单位正常经营过程的重大关联方交易导致的重大错报风险**

1. 检查相关合同或协议（如有）

如果检查相关合同或协议，注册会计师应当评价：

（1）交易的商业理由（或缺乏商业理由）是否表明被审计单位从事交易的目的可能是为了对财务信息作出虚假报告或为了隐瞒侵占资产的行为；

（2）交易条款是否与管理层的解释一致；

（3）关联方交易是否已按照适用的财务报告编制基础得到恰当会计处理和披露。

2. 获取交易已经恰当授权和批准的审计证据

（1）如果超出正常经营过程的重大关联方交易经管理层、治理层或股东（如适用）授权和批准，可以为注册会计师提供审计证据，表明该项交易已在被审计单位内部的适当层面进行了考虑，并在财务报表中恰当披露了交易的条款和条件。

**小贴士** 授权和批准本身不足以就是否不存在由于舞弊或错误导致的重大错报风险得出结论，原因在于如果被审计单位与关联方串通舞弊或关联方对被审计单位具有支配性影响，被审计单位与授权和批准相关的控制可能是无效的。

（2）如果存在未经授权和批准的这类交易，且注册会计师与管理层或治理层进行讨论后仍未获取合理解释，可能表明存在由于舞弊或错误导致的重大错报风险。

小贴士 在这种情况下，注册会计师可能需要对其他类似性质的交易保持警觉。

### （二）应对存在具有支配性影响的关联方导致的重大错报风险

1. 有关特别风险的考虑

如果存在具有支配性影响的关联方，并且因此存在由于舞弊导致的重大错报风险，注册会计师将其评估为一项特别风险。

2. 考虑实施进一步的恰当的实质性程序

除了遵守《中国注册会计师审计准则第1141号——财务报表审计中与舞弊相关的责任》的总体要求外，注册会计师还可以实施诸如下列审计程序，以了解关联方与被审计单位直接或间接建立的业务关系，并确定是否有必要实施进一步的恰当的实质性程序：

（1）询问管理层和治理层并与之讨论。

（2）询问关联方。

（3）检查与关联方之间的重要合同。

（4）通过互联网或某些外部商业信息数据库，进行适当的背景调查。

（5）如果被审计单位保留了员工的举报报告，查阅该报告。

### （三）应对管理层未能识别出或未向注册会计师披露的关联方关系或重大关联方交易导致的重大错报风险

（1）为确定是否存在管理层和治理层未向注册会计师披露的关联方关系或关联方交易，《中国注册会计师审计准则第1323号——关联方》要求注册会计师检查在实施审计程序时获取的银行和律师询证函回函、股东会和治理层会议纪要，以及其认为必要的其他记录和文件。

（2）如果识别出可能表明存在管理层以前未识别出或未向注册会计师披露的关联方关系或关联方交易的安排或信息，注册会计师应当确定相关情况是否能够证实关联方关系或关联方交易的存在。

（3）如果识别出管理层以前未识别出或未向注册会计师披露的关联方关系或重大关联方交易，注册会计师应当：

①立即将相关信息向项目组其他成员通报；

②在适用的财务报告编制基础对关联方作出规定的情况下，要求管理层识别与新识别出的关联方之间发生的所有交易，以便注册会计师作出进一步评价，并询问与关联方关系及其交易相关的控制为何未能识别或披露该关联方关系或交易；

③对新识别出的关联方或重大关联方交易实施恰当的实质性程序；

④重新考虑可能存在管理层以前未识别出或未向注册会计师披露的其他关联方或重大关联方交易的风险，如有必要，实施追加的审计程序；

⑤如果管理层不披露关联方关系或交易看似是有意的，因而显示可能存在由于舞弊导致的重大错报风险，评价这一情况对审计的影响。

### （四）应对管理层披露关联方交易是公平交易时可能存在的重大错报风险

如果管理层在财务报表中作出认定，声明关联方交易是按照等同于公平交易中通行的条款执行的，注册会计师应当就该项认定获取充分、适当的审计证据。

1. 管理层认定关联方交易是按照等同于公平交易中通行的条款执行的措施

（1）将关联方交易条款与相同或类似的非关联方交易的条款进行比较。

（2）聘请外部专家确定交易的市场价格，并确认交易的条款和条件。

（3）将关联方交易条款与公开市场进行的类似交易的条款进行比较。

2. 注册会计师的审计程序

注册会计师应当检查关联方交易披露的充分性，同时就关联方交易为公平交易的披露进行评价。

**(五)应对管理层未能按照适用的财务报告编制基础对特定关联方关系及其交易进行恰当会计处理和披露导致的重大错报风险**

应当按照《中国注册会计师审计准则第1501号——对财务报表形成审计意见和出具审计报告》的规定对财务报表形成审计意见时,注册会计师应当评价:

(1)识别出的关联方关系及其交易是否已按照适用的财务报告编制基础得到恰当会计处理和披露。

(2)关联方关系及其交易是否导致财务报表未实现公允反映。

(3)考虑被审计单位对关联方关系及其交易的披露的可理解性

当存在下列情形之一时,表明管理层对关联方交易的披露可能不具有可理解性:

①关联方交易的商业理由以及交易对财务报表的影响披露不清楚,或存在错报。

②未适当披露为理解关联方交易所必需的关键条款、条件或其他要素。

**【真题·简答题】**(2020)ABC会计师事务所的A注册会计师负责审计甲公司2019年度财务报表。与关联方审计相关的部分事项如下:

(1)A注册会计师通过询问关联方名称、关联方自上期以来发生的变化、是否与关联方发生交易以及交易的类型、定价政策和目的,向管理层了解了关联方关系及其交易,并在审计工作底稿中记录了询问情况。

(2)甲公司与关联方乙公司签订协议,向其转让一幢办公楼并售后回租。A注册会计师认为该项交易影响重大,查阅了相关协议,评价了交易的商业合理性和交易价格的公允性,向管理层询问核实了交易条款,检查了收款记录和过户文件,结果满意,据此认可了该交易的会计处理和披露。

(3)甲公司管理层在财务报表附注中披露,其向控股股东控制的集团财务公司的借款为公平交易。A注册会计师将该借款的利率与同期银行借款利率进行了比较,未发现差异,据此认可了管理层的披露。

(4)因会计人员疏忽,甲公司将与关联方丙公司的交易误披露为与关联方丁公司的交易。A注册会计师要求管理层作出调整,并检查了其他关联方交易的披露是否存在类似情况,结果满意,因而未与治理层沟通该事项。

(5)A注册会计师怀疑甲公司2019年末新增的大客户戊公司是甲公司的关联方。管理层解释戊公司是甲公司为开拓某地市场而签约的总经销商,并非关联方。A注册会计师查阅了相关的经销合同,向戊公司函证了销售金额和应收账款余额,检查了出库物流单据和签收记录,结果满意,认可了管理层的解释。

**【要求】**针对上述第(1)~(5)项,逐项指出A注册会计师的做法是否恰当。如不恰当,简要说明理由。

**【答案】**

(1)不恰当。还应询问关联方的特征/关联方关系的性质。

(2)不恰当。还应获取交易已经恰当授权和批准的审计证据。

(3)不恰当。还应比较该借款的其他条款和条件。

(4)恰当。

(5)不恰当。还应就是否存在关联方关系实施进一步的审计程序/所实施程序无法证实是否存在关联方关系。

## 高频考点5:其他相关审计程序★★

**(一)评价会计处理和披露**

(1)当按照《中国注册会计师审计准则第1501号——对财务报表形成审计意见和出具审计报告》的规定对财务报表形成审计意见时,注册会计师应当评价:

①识别出的关联方关系及其交易是否已按照适用的财务报告编制基础得到恰当会计处理和披露;

②关联方关系及其交易是否导致财务报表未实现公允反映。

（2）注册会计师按照适用的财务报告编制基础的规定评价被审计单位对关联方关系及其交易的披露，需要考虑被审计单位是否已对关联方关系及其交易进行了恰当汇总和列报，以使披露具有可理解性。当存在下列情形之一时，表明管理层对关联方交易的披露可能不具有可理解性：

①关联方交易的商业理由以及交易对财务报表的影响披露不清楚，或存在错报；

②未适当披露为理解关联方交易所必需的关键条款、条件或其他要素。

### （二）获取书面声明（略）

### （三）与治理层沟通

除非治理层全部成员参与管理被审计单位，注册会计师应当与治理层沟通审计工作中发现的与关联方相关的重大事项。

注册会计师与治理层沟通审计工作中发现的与关联方相关的重大事项，有助于双方就这些事项的性质和解决方法达成共识。

## 第三单元　考虑持续经营假设

### 高频考点1：管理层的责任和注册会计师的责任★★★

### （一）管理层的责任

（1）某些适用的财务报告编制基础明确要求管理层对持续经营能力作出评估，并规定了与此相关的需要考虑的事项和作出的披露。相关法律法规还可能对管理层评估持续经营能力的责任和相关财务报表披露作出具体规定。

（2）其他财务报告编制基础可能没有明确要求管理层对持续经营能力作出评估。但由于持续经营假设是编制财务报表的基本原则，即使其他财务报告编制基础没有对此作出明确规定，管理层也需要在编制财务报表时评估持续经营能力。

（3）与管理层判断相关的因素。管理层对持续经营能力的评估涉及在特定时点对事项或情况的未来结果作出判断，这些事项或情况的未来结果具有固有不确定性。

### （二）注册会计师的责任

（1）在执行财务报表审计业务时，注册会计师的责任是就管理层在编制和列报财务报表时运用持续经营假设的适当性获取充分、适当的审计证据，并就持续经营能力是否存在重大不确定性得出结论。

**小贴士** 即使编制财务报表时采用的财务报告编制基础没有明确要求管理层对持续经营能力作出专门评估，注册会计师的这种责任仍然存在。

（2）如果存在可能导致被审计单位不再持续经营的未来事项或情况，审计的固有限制对注册会计师发现重大错报能力的潜在影响会加大。注册会计师不能对这些未来事项或情况作出预测。

**小贴士** 注册会计师未在审计报告中提及持续经营的不确定性，不能被视为对被审计单位持续经营能力的保证。

### 高频考点2：风险评估程序和相关活动★★

### （一）要求

（1）在按照《中国注册会计师审计准则第1211号——重大错报风险的识别和评估》的规定实施风险评估程序时，注册会计师应当考虑是否存在可能导致对被审计单位持续经营能力产生重大疑虑的事项或情况，并确定管理层是否已对被审计单位持续经营能力作出初步评估。

（2）如果管理层已对持续经营能力作出初步评估，注册会计师应当与管理层进行讨论，并确定管理层是否已识别出单独或汇总起来可能导致对被审计单位持续经营能力产生重大疑虑的事项或情况；如果管理层已识别出这些事项或情况，注册会计师应当与其讨论应对计划；如果管理层未对持续经营能力作出初步评估，注册会计师应当与管理层讨论其拟运用持续经营假设的基础，询问管理层是否存在单独或汇总起来可能导致对被审计单位持续经营能力产生重大疑虑的事项或情况。

（3）在计划审计工作和实施风险评估程序时，注册会计师应当考虑是否存在可能导致对持续经营能力产生重大疑虑的事项或情况及相关的经营风险，评价管理层对持续经营能力作出的评估，并考虑已识别的事项或情况对重大错报风险评估的影响。

### （二）持续经营假设产生重大疑虑的事项

被审计单位在财务、经营以及其他方面存在的某些事项或情况可能导致经营风险，这些事项或情况单独或连同其他事项或情况可能导致对持续经营假设产生重大疑虑。

## 高频考点3：评价管理层对持续经营能力作出的评估★★★

### （一）管理层评估涵盖的期间

（1）在评价管理层对被审计单位持续经营能力作出的评估时，注册会计师的评价期间应当与管理层按照适用的财务报告编制基础或法律法规（如果法律法规要求的期间更长）的规定作出评估的涵盖期间相同。

（2）财务报告编制基础规定了管理层需要在多长期间考虑所有可获得的持续经营信息。

（3）持续经营假设是指被审计单位在编制财务报表时，假定其经营活动在可预见的将来会继续下去，而可预见的将来通常是指财务报表日后12个月。

（4）管理层对持续经营能力的合理评估期间应是自财务报表日起的下一个会计期间。

（5）如果管理层评估持续经营能力涵盖的期间短于自财务报表日起的12个月，注册会计师应当提请管理层将其至少延长至自财务报表日起的12个月。

### （二）管理层的评估、支持性分析和注册会计师的评价

（1）纠正管理层缺乏分析的错误不是注册会计师的责任。

①在某些情况下，管理层缺乏详细分析以支持其评估，可能不妨碍注册会计师确定管理层运用持续经营假设是否适合具体情况。

②在其他情况下，注册会计师评价管理层对被审计单位持续经营能力所作的评估，可能包括评价管理层作出评估时遵循的程序、评估依据的假设、管理层的未来应对计划以及管理层的计划在当前情况下是否可行。

（2）注册会计师应当考虑管理层作出的评估是否已考虑所有相关信息，其中包括注册会计师实施审计程序获取的信息。

（3）在考虑管理层作出的评估所依据的假设时，注册会计师需要考虑管理层对相关事项或情况结果的预测所依据的假设是否合理，并特别关注具有以下几类特征的假设：

①对预测性信息具有重大影响的假设。

②特别敏感的或容易发生变动的假设。

③与历史趋势不一致的假设。

**小贴士** 注册会计师应当基于对被审计单位的了解，比较以前年度的预测与实际结果、本期的预测和截至目前的实际结果。

如果发现某些因素的影响尚未反映在相关预测中，注册会计师需要与管理层讨论这些因素，必要时，要求管理层对相关预测所依据的假设作出修正。

## 经典例题

【真题·单选题】（2022）下列有关注册会计师评价管理层对被审计单位持续经营能力作出的评估的说法中，错误的是（　　）。

A. 注册会计师的评价期间应当与管理层按照适用的财务报告编制基础或法律法规的规定作出评估的涵盖期间相同

B. 如果管理层评估持续经营能力涵盖的期间短于自财务报表日起的12个月，注册会计师应当提请管理层将其至少延长至财务报表日起的12个月

C. 如果管理层缺乏详细分析以支持其评估，注册会计师应当纠正管理层缺乏分析的错误

D. 注册会计师应当考虑管理层作出的评估是否已考虑所有相关信息，包括注册会计师实施审计程序获取的信息

【答案】C

【解析】如果管理层缺乏详细分析以支持其评估，注册会计师没有责任纠正管理层缺乏分析的错误。

### 高频考点 4：超出管理层评估期间的事项或情况★★

（1）注册会计师应当询问管理层是否知悉超出评估期间的、可能导致对持续经营能力产生重大疑虑的事项或情况。

（2）除询问管理层外，注册会计师没有责任实施其他任何审计程序，以识别超出管理层评估期间并可能导致对被审计单位持续经营能力产生重大疑虑的事项或情况。

### 高频考点 5：识别出事项或情况时实施追加的审计程序★★★

#### （一）要求

如果识别出可能导致对持续经营能力产生重大疑虑的事项或情况，注册会计师应当通过实施追加的审计程序（包括考虑缓解因素），获取充分、适当的审计证据，以确定是否存在重大不确定性。

#### （二）实施追加的审计程序

（1）如果管理层尚未对被审计单位持续经营能力作出评估，提请其进行评估。

（2）评价管理层与持续经营能力评估相关的未来应对计划，这些计划的结果是否可能改善目前的状况，以及管理层的计划对于具体情况是否可行。

（3）如果被审计单位已编制现金流量预测，且对预测的分析是评价管理层未来应对计划时所考虑事项或情况的未来结果的重要因素，评价用于编制预测的基础数据的可靠性，并确定预测所基于的假设是否具有充分的支持。

此外，注册会计师还可能：

①将最近若干期间的预测性财务信息与实际结果相比较。

②将本期预测性财务信息与截至目前的实际结果相比较。

（4）考虑自管理层作出评估后是否存在其他可获得的事实或信息。

（5）要求管理层和治理层（如适用）提供有关未来应对计划及其可行性的书面声明。

## 经典例题

【真题·多选题】（2020）如果识别出可能导致对被审计单位持续经营能力产生重大疑虑的事项或情况，注册会计师应当实施追加的审计程序，以确定是否存在重大不确定性。下列各项审计程序中，注册会计师应当实施的有（　　）。

A. 要求管理层提供有关未来应对计划及其可行性的书面声明

B. 评价与管理层评估持续经营能力相关的内部控制是否运行有效

C. 考虑自管理层作出评估后是否存在其他可获得的事实或信息

D. 如果管理层未对被审计单位持续经营能力作出评估，提请管理层进行评估

【答案】ACD

【解析】选项 A、C、D 均属于注册会计师识别出可能导致对持续经营能力产生重大疑虑的事项或情况时，为获取充分、适当的审计证据，以确定是否存在重大不确定性的情形下，注册会计师应当实施追加的审计程序。

### 高频考点 6：审计结论★★

#### （一）要求

注册会计师应当评价是否就管理层编制财务报表时运用持续经营假设的适当性获取了充分、适当的审计证据，并就运用持续经营假设的适当性得出结论。

#### （二）注册会计师运用职业判断时的考虑

（1）注册会计师应当根据获取的审计证据，运用职业判断，确定是否存在与事项或情况相关的重大不确定性（且这些事项或情况单独或汇总起来可能导致对被审计单位持续经营能力产生重大疑虑）并考虑对审计意见的影响。

（2）如果注册会计师根据职业判断认为，鉴于不确定性潜在影响的重要程度和发生的可能性，为了使财务报表实现公允反映，有必要适当披露该不确定性的性质和影响，表明存在重大不确定性。

### （三）持续经营假设存在重大不确定性时的应对

如果认为运用持续经营假设适合具体情况，但存在重大不确定性，注册会计师应当确定：

（1）财务报表是否已充分描述可能导致对持续经营能力产生重大疑虑的主要事项或情况以及管理层针对这些事项或情况的应对计划。

（2）财务报表是否已清楚披露可能导致对持续经营能力产生重大疑虑的事项或情况存在重大不确定性，并由此导致被审计单位可能无法在正常的经营过程中变现资产和清偿债务。

### （四）持续经营假设不存在重大不确定性时的应对

如果已识别出可能导致对被审计单位持续经营能力产生重大疑虑的事项或情况，但根据获取的审计证据，注册会计师认为不存在重大不确定性，则注册会计师应当根据适用的财务报告编制基础的规定，评价财务报表是否对这些事项或情况作出充分披露。

## 高频考点7：对审计报告的影响★★★

### （一）被审计单位运用持续经营假设适当但存在重大不确定性

1. 出具无保留意见类型审计报告的情形

如果运用持续经营假设是适当的，但存在重大不确定性，且财务报表对重大不确定性已作出充分披露，注册会计师应当发表无保留意见，并在审计报告中增加以“与持续经营相关的重大不确定性”为标题的单独部分。

（1）提醒财务报表使用者关注财务报表附注中对所述事项的披露。

（2）说明这些事项或情况表明存在可能导致对被审计单位持续经营能力产生重大疑虑的重大不确定性，并说明该事项并不影响发表的审计意见。

2. 出具无法表示意见类型审计报告的情形

在极少数情况下，当存在多项对财务报表整体具有重要影响的重大不确定性时，注册会计师可能认为发表无法表示意见而非增加以“与持续经营相关的重大不确定性”为标题的单独部分是适当的。

《中国注册会计师审计准则第1502号——在审计报告中发表非无保留意见》规定，在极其特殊的情况下，可能存在多个不确定事项。尽管注册会计师对每个单独的不确定事项获取了充分、适当的审计证据，但由于不确定事项之间可能存在相互影响，以及可能对财务报表产生累积影响，注册会计师不可能对财务报表形成审计意见。在这种情况下，注册会计师应当发表无法表示意见。

3. 出具保留意见或否定意见类型审计报告的情形

如果财务报表未作出充分披露，注册会计师应当发表保留意见或否定意见。注册会计师应当在审计报告中说明，存在可能导致对被审计单位持续经营能力产生重大疑虑的重大不确定性。

### （二）运用持续经营假设不适当

1. 出具否定意见类型审计报告的情形

如果财务报表按照持续经营基础编制，而注册会计师运用职业判断认为管理层在编制财务报表时运用持续经营假设是不适当的，则无论财务报表中对管理层运用持续经营假设的不适当性是否作出披露，注册会计师均应发表否定意见。

2. 采用替代基础编制财务报表的情形

（1）如果在具体情况下运用持续经营假设是不适当的，但管理层被要求或自愿选择编制财务报表，则可以采用替代基础（如清算基础）编制财务报表。

（2）注册会计师可以对财务报表进行审计，前提是注册会计师确定替代基础在具体情况下是可接受的编制基础。

（3）如果财务报表对此作出了充分披露，注册会计师可以发表无保留意见，但也可能认为在审计报告中增加强调事项段是适当或必要的，以提醒财务报表使用者注意替代基础及其使用理由。

### （三）严重拖延对财务报表的批准

（1）如果管理层或治理层在财务报表日后严重拖延对财务报表的批准，注册会计师应当询问拖延的原因。

（2）如果认为拖延可能涉及与持续经营评估相关的事项或情况，注册会计师有必要实施前述识别出可能导致对持续经营能力产生重大疑虑的事项或情况时追加的审计程序，并就存在的重大不确定性考虑对审计结论的影响。

## 经典例题

【真题·单选题】（2021）下列有关注册会计师在执行财务报表审计时对法律法规的考虑的说法中，错误的是（　　）。

A. 针对通常对决定财务报表重大金额和披露有直接影响的法律法规，注册会计师的责任是实施特定的审计程序，以识别可能对财务报表产生重大影响的违反这些法律法规的行为

B. 如果怀疑被审计单位存在违反法律法规行为，除非法律法规禁止，注册会计师应当就此与适当层级的管理层和治理层进行讨论

C. 如果识别出或怀疑被审计单位存在违反法律法规行为，注册会计师应当考虑是否有责任向被审计单位以外的适当机构报告

D. 注册会计师没有责任防止被审计单位违反法律法规行为，也不能期望其发现所有的违反法律法规行为

【答案】A

【解析】针对通常对决定财务报表重大金额和披露有直接影响的法律法规（第一类法律法规），注册会计师的责任是，就被审计单位遵守这些法律法规的规定获取充分、适当的审计证据；针对对决定财务报表中的金额和披露没有直接影响的其他法律法规，但遵守这些法律法规对被审计单位的经营活动、持续经营能力或避免大额罚款至关重要（第二类法律法规），注册会计师的责任仅限于实施特定的审计程序，以有助于识别可能对财务报表产生重大影响的违反这些法律法规的行为。因此选择选项A。

## 高频考点8：与治理层的沟通★★

注册会计师应当与治理层就识别出的可能导致对被审计单位持续经营能力产生重大疑虑的事项或情况进行沟通，除非治理层全部成员参与管理被审计单位。

与治理层的沟通应当包括下列方面：

（1）这些事项或情况是否构成重大不确定性。

（2）管理层在编制财务报表时运用持续经营假设是否适当。

（3）财务报表中的相关披露是否充分。

（4）对审计报告的影响（如适用）。

## 经典例题

【真题·单选题】（2019）如果注册会计师识别出可能导致对被审计单位持续经营能力产生重大疑虑的事项或情况，下列说法中错误的是（　　）。

A. 注册会计师应当通过实施追加的审计程序，以确定这些事项或情况是否存在重大不确定性

B. 注册会计师应当评价管理层与持续经营能力评估相关的未来应对计划对于具体情况是否可行

C. 注册会计师应当考虑自管理层对持续经营能力作出评估后是否存在其他可获得的事实或信息

D. 注册会计师应当根据对这些事项或情况是否存在重大不确定性的评估结果，确定是否与治理层沟通

【答案】D

【解析】选项D错误。注册会计师应当与治理层就识别出的可能导致对被审计单位持续经营能力产生重大疑虑的事项或情况进行沟通，除非治理层全部成员参与管理被审计单位。

## 第四单元　首次接受委托时对期初余额的审计

### 高频考点1：期初余额的概念★★

**（一）定义**

期初余额是指期初存在的账户余额。期初余额以上期期末余额为基础，反映了以前期间的交易和事项以及上期采用的会计政策的结果。

**（二）正确理解期初余额的含义**

1. 期初余额是期初已存在的账户余额

（1）期初已存在的账户余额是由上期结转至本期的金额。

（2）或是上期期末余额调整后的金额。

2. 期初余额反映了以前期间的交易和事项以及上期采用的会计政策的结果

3. 期初余额与注册会计师首次审计业务相联系

（1）所谓首次审计业务，是指在上期财务报表未经审计的业务。

（2）或上期财务报表由前任注册会计师审计的情况下承接的审计业务。

**（三）判断期初余额对本期财务报表的影响程度**

应着眼于以下三个方面：

（1）上期结转至本期的金额。

（2）上期所采用的会计政策。

（3）上期期末已存在的或有事项及承诺。

### 高频考点2：期初余额的审计目标★★★

**（一）确定期初余额是否含有对本期财务报表产生重大影响的错报**

（1）要确定期初余额是否存在对本期财务报表产生重大影响的错报，主要是判断期初余额的错报对本期财务报表使用者进行决策的影响程度，是否足以改变或影响其判断。

（2）如果期初余额存在对本期财务报表产生重大影响的错报，则注册会计师在审计中必须对此提出恰当的审计调整或披露建议。

（3）如果期初余额不存在对本期财务报表产生重大影响的错报，注册会计师无须对此予以特别关注和处理。

【示例】上期财务报表中对某项新增固定资产的初始计量存在重大差错，这一差错不仅会影响本期期末资产负债表中固定资产项目和资产总额项目的正确列报，同时还会因此影响本期损益核算的正确性，进而可能使得本期财务报表使用者在决策时作出错误判断。

**（二）确定期初余额反映的恰当的会计政策是否在本期财务报表中得到一贯运用，或会计政策的变更是否已按照适用的财务报告编制基础作出恰当的会计处理和充分的列报与披露（略）**

#### 经典例题

【真题·单选题】（2018）首次接受委托时，下列审计工作中，注册会计师应当执行的是（　　）。

A. 评价期初余额是否含有对上期财务报表产生重大影响的错报

B. 为期初余额确定财务报表整体的重要性和实际执行的重要性

C. 查阅前任注册会计师的审计工作底稿

D. 确定期初余额反映的恰当的会计政策是否在本期财务报表中得到一贯应用

【答案】D

【解析】在执行首次审计业务时，注册会计师针对期初余额的目标是，获取充分、适当的审计证据以确定：（1）期初余额是否含有对本期财务报表产生重大影响的错报；（2）期初余额反映的恰当的会计政策是否在本期财务报表中得到一贯运用，或会计政策的变更是否已按照适用的财务报告编制基础作出恰当的会计处理和充分的列报与披露。因此选择选项 D。

## 高频考点 3：审计程序★★★

### （一）要求

为达到上述期初余额的审计目标，注册会计师应当阅读被审计单位最近期间的财务报表和相关披露，以及前任注册会计师出具的审计报告（如有），获取与期初余额相关的信息。

### （二）注册会计师对期初余额需要实施的审计程序的性质和范围取决于下列事项

（1）被审计单位运用的会计政策。

（2）账户余额、各类交易和披露的性质以及本期财务报表存在的重大错报风险。

（3）期初余额相对于本期财务报表的重要程度。

（4）上期财务报表是否经过审计，如果经过审计，前任注册会计师的意见是否为非无保留意见。

### （三）注册会计师对期初余额实施的审计程序

1. 确定上期期末余额是否已正确结转至本期，或在适当的情况下已作出重新表述

上期期末余额已正确结转至本期，主要是指：

（1）上期账户余额计算正确。

（2）上期总账余额与各明细账余额合计数或日记账余额合计数相等。

（3）上期各总账余额和相应的明细账余额或日记账余额已经分别恰当地过入本期的总账和相应的明细账或日记账。

**小贴士** 上期期末余额通常应直接结转至本期。但在出现某些情形时，上期期末余额不应直接结转至本期，而应当作出重新表述。

2. 确定期初余额是否反映对恰当会计政策的运用

（1）注册会计师首先应了解、分析被审计单位所选用的会计政策是否恰当，是否符合适用的财务报告编制基础的要求，按照所选用会计政策对被审计单位发生的交易或事项进行处理，是否能够提供可靠、相关的会计信息。

（2）如果认定被审计单位所选用的会计政策恰当，应确认该会计政策是否在每一会计期间和前后各期得到一贯执行，有无变更。

（3）如果发现会计政策发生变更，应确定其变更理由是否充分，是否按规定予以变更，或者由于具体情况发生变化，会计政策变更能够提供更可靠、更相关的会计信息，并关注被审计单位是否已经按照适用的财务报告编制基础的要求，对会计政策变更作出适当的会计处理和充分披露。

（4）如果被审计单位上期适用的会计政策不恰当或与本期不一致，注册会计师在实施期初余额审计时应提请被审计单位进行调整或予以披露。

### （四）实施一项或多项审计程序

注册会计师实施的一项或多项审计程序包括：

（1）如果上期财务报表已经审计，查阅前任注册会计师的审计工作底稿，以获取有关期初余额的审计证据。包括进行以下工作，如表 17－3 所示。

表 17－3　实施多项审计应做的工作

| 实施工作 | 具体情形 |
|---|---|
| 查阅前任注册会计师的工作底稿 | 查阅的重点通常限于对本期审计产生重大影响的事项，如前任注册会计师对上期财务报表发表的审计意见的类型和主要内容，针对上期财务报表的审计计划和审计总结等，具体来讲：<br>①查阅前任注册会计师工作底稿中的所有重要审计领域。<br>②考虑前任注册会计师是否已实施审计程序，收集充分、适当的审计证据，以支持资产负债表重要账户期初余额。<br>③复核前任注册会计师建议的调整分录和未更正错报汇总表，并评价其对当期审计的影响 |

续表

| 实施工作 | 具体情形 |
|---|---|
| 考虑前任注册会计师的独立性和专业胜任能力 | 注册会计师可能通过复核前任注册会计师的审计工作底稿获取有关期初余额的充分、适当的审计证据，这种复核是否能够获取充分、适当的审计证据，受前任注册会计师的独立性和专业胜任能力的影响。如果认为前任注册会计师不具有独立性，或者不具有应有的专业胜任能力，则无法通过查阅其审计工作底稿获取有关期初余额的充分、适当的审计证据 |
| 与前任注册会计师沟通时的考虑 | 在与前任注册会计师沟通时，注册会计师应当遵守职业道德守则和《中国注册会计师审计准则第 1153 号——前任注册会计师和后任注册会计师的沟通》的规定 |

（2）评价本期实施的审计程序是否提供了有关期初余额的审计证据。

（3）实施其他专门的审计程序，以获取有关期初余额的审计证据。

注册会计师应当根据期初余额有关账户的不同性质实施相应的审计程序。账户的性质主要按照账户属于资产类还是负债类、属于流动性还是非流动性等标准加以区分。

①对流动资产和流动负债的审计程序。对流动资产和流动负债，注册会计师可以通过本期实施的审计程序获取部分审计证据，如表 17－4 所示。

**表 17－4　通过实施的审计程序获取部分审计证据**

| | |
|---|---|
| **应收账款** | 本期应收账款的收回（或应付账款的支付）为其在期初的存在、权利和义务、完整性以及准确性、计价和分摊提供了部分审计证据 |
| **存货** | 就存货而言，如果因为委托时间滞后，注册会计师可能未能对上期期末存货实施监盘，本期对存货的期末余额实施的审计程序，几乎无法提供有关期初持有存货的审计证据。注册会计师有必要实施追加的审计程序。<br>a. 监盘当前的存货数量并调节至期初存货数量；<br>b. 对期初存货项目的计价实施审计程序；<br>c. 对毛利和存货截止实施审计程序 |

②对非流动资产和非流动负债的审计程序，如下所示：

a. 对非流动资产和非流动负债，如长期股权投资、固定资产和长期借款，注册会计师可以通过检查形成期初余额的会计记录和其他信息获取审计证据；

b. 在某些情况下，注册会计师还可以通过向第三方函证获取有关期初余额（如长期借款和长期股权投资的期初余额）的部分审计证据；

c. 在另外一些情况下，注册会计师还可能需要实施追加的审计程序。

（4）对本期财务报表产生重大影响的错报的处理。

①如果获取的审计证据表明期初余额存在可能对本期财务报表产生重大影响的错报，注册会计师应当实施适合具体情况的追加的审计程序，以确定对本期财务报表的影响。

②如果认为本期财务报表中存在这类错报，注册会计师应当就这类错报与适当层级的管理层和治理层进行沟通。

（5）如果上期财务报表已由前任注册会计师审计，并发表了非无保留意见，注册会计师应当在评估本期财务报表重大错报风险时，评价导致对上期财务报表发表非无保留意见的事项的影响。

## 经典例题

**【真题·简答题】**（2019）ABC 会计师事务所首次接受委托审计甲公司 2018 年度财务报表，委派 A 注册会计师担任项目合伙人。与首次承接审计业务相关的部分事项如下：

（1）DEF会计师事务所审计了甲公司2017年度财务报表。XYZ会计师事务所接受委托审计甲公司2018年度财务报表，但未完成审计工作。A注册会计师将DEF会计师事务所确定为前任注册会计师，与其进行了沟通。

（2）A注册会计师在与甲公司签署审计业务约定书并征得管理层同意后，与前任注册会计师进行了口头沟通，沟通内容包括：是否发现甲公司管理层存在诚信方面的问题；前任注册会计师与甲公司管理层在重大会计、审计等问题上存在的意见分歧；向甲公司治理层通报的管理层舞弊、违反法律法规行为以及值得关注的内部控制缺陷；甲公司变更会计师事务所的原因。

（3）对于长期股权投资的期初余额，A注册会计师检查了形成期初余额的会计记录，以及包括投资协议和被投资单位工商登记信息在内的相关支持性文件，结果满意。

（4）A注册会计师对2018年末的存货实施了监盘，将年末存货数量调节至期初存货数量，并抽样检查了2018年度存货数量的变动情况，据此认可了存货的期初余额。

（5）在征得甲公司管理层同意，并向前任注册会计师承诺不对任何人作出关于其是否遵循审计准则的任何评论后，A注册会计师通过查阅前任注册会计师的审计工作底稿，获取了有关甲公司固定资产期初余额的审计证据，并在审计报告的其他事项段中提及部分依赖了前任注册会计师的工作。

【要求】针对上述第（1）~（5）项，逐项指出A注册会计师的做法是否恰当。如不恰当，简要说明理由。

【答案】

（1）不恰当。前任注册会计师还包括XYZ会计师事务所/在后任注册会计师之前接受委托对当期财务报表进行审计但未完成审计工作的会计师事务所。

（2）不恰当。应在接受委托前/签署业务约定书前与前任注册会计师进行沟通。

（3）恰当。

（4）不恰当。还应对期初存货的计价实施审计程序。

（5）不恰当。后任注册会计师应当对自身实施的审计程序/得出的审计结论负责。

## 高频考点4：审计结论和审计报告

★★★

### （一）要求

在对期初余额实施审计程序后，注册会计师应当分析已获取的审计证据，区分不同情况形成对被审计单位期初余额的审计结论，在此基础上确定其对本期财务报表出具审计报告的影响。

### （二）审计后不能获取有关期初余额的充分、适当的审计证据

如果不能针对期初余额获取充分、适当的审计证据，注册会计师应当在审计报告中发表下列类型之一的非无保留意见：

（1）发表适合具体情况的保留意见或无法表示意见。

（2）除非法律法规禁止，对经营成果和现金流量（如相关）发表保留意见或无法表示意见，而对财务状况发表无保留意见。

## 经典例题

【真题·单选题】（2021）关于首次接受委托时对期初余额的审计以下选项中不能为期初余额提供充分证据的是（　　）。

A. 阅读被审计单位近期财务报表和相关披露

B. 确定上期期末余额是否已正确结转至本期

C. 查阅前任注册会计师的审计工作底稿

D. 对本期期末余额及发生额实施审计程序

【答案】D

【解析】本期对期末余额实施的审计程序，几乎无法提供有关期初余额的审计证据。因此选择选项D。

### （三）期初余额存在对本期财务报表产生重大影响的错报

（1）如果期初余额存在对本期财务报表产生重大影响的错报，注册会计师应当告知管理层。

（2）如果上期财务报表由前任注册会计师审计，注册会计师还应当考虑提请管理层告知前任注册会计师。

（3）如果错报的影响未能得到正确的会计处理和恰当的列报与披露，注册会计师应当对财务报表发表保留意见或否定意见。

### （四）会计政策变更对审计报告的影响

（1）如果认为按照适用的财务报告编制基础与期初余额相关的会计政策未能在本期得到一贯运用。

（2）会计政策的变更未能得到恰当的会计处理或适当的列报与披露。

（3）注册会计师应当对财务报表发表保留意见或否定意见。

### （五）前任注册会计师对上期财务报表发表了非无保留意见

（1）如果前任注册会计师对上期财务报表发表了非无保留意见，注册会计师应当考虑该审计报告对本期财务报表的影响。

（2）如果导致出具非标准审计报告的事项对本期财务报表仍然相关和重大，注册会计师应当对本期财务报表发表非无保留意见。

（3）前任注册会计师对上期财务报表出具了非标准审计报告，对本期财务报表可能产生影响，也可能不再产生影响，注册会计师在审计中应当对具体问题做具体分析，不能一概而论。

①无须发表非无保留意见。在某些情况下，导致前任注册会计师发表非无保留意见的事项可能与对本期财务报表发表的意见既不相关也不重大。例如，上期存在范围限制，但在本期导致范围限制的事项已得到解决，那么注册会计师在本期审计时就无须因此而发表非无保留意见。

②发表非无保留意见。如果该重大事项在本期仍然存在并且对本期财务报表的影响仍然重大，而被审计单位继续坚持不在本期财务报表附注中予以披露，那么注册会计师在本期审计时仍需因此而发表非无保留意见。

## 经典例题

【真题·多选题】（2020）下列有关首次审计业务的期初余额审计的说法中，正确的有（　　）。

A. 如果前任注册会计师对上期财务报表发表了非无保留意见，注册会计师在评估本期财务报表重大错报风险时，应当评价导致对上期财务报表发表非无保留意见的事项的影响

B. 为确定期初余额是否含有对本期财务报表产生重大影响的错报，注册会计师应当确定适用于期初余额的重要性水平

C. 查阅前任注册会计师审计工作底稿获取的信息可能影响后任注册会计师对期初余额实施审计程序的范围

D. 即使上期财务报表未经审计，注册会计师也无须专门对期初余额发表审计意见

【答案】ACD

【解析】要确定期初余额是否存在对本期财务报表产生重大影响的错报，主要是判断期初余额的错报对本期财务报表使用者进行决策的影响程度，是否足以改变或影响其判断。如果期初余额存在对本期财务报表产生重大影响的错报，则注册会计师在审计中必须对此提出恰当的审计调整或披露建议；反之，注册会计师无须对此予以特别关注和处理，并没有要求注册会计师为期初余额确定重要性水平，因此选项 B 是错误的。

## 进阶练习

### （一）单选题

1. 下列关于会计估计的表述中，错误的是（　　）。

A. 被审计单位管理层应当对其作出的包括在财务报表中的会计估计负责

B. 注册会计师的责任是获取充分、适当的审计证据，评价被审计单位作出的会计估计是否合理、披露是否充分

C. 管理层作出的会计估计发生重大错报的可能性较大

D. 会计估计的结果与财务报表中原来已确认或披露的金额存在差异，表明财务报表存在错报

2. 下列关于注册会计师询问管理层，了解管理层如何识别需要作出会计估计的情形说法中，错误的是（　　）。

A. 作出会计估计的交易条款是否已经改变

B. 是否已经发生可能需要重新估计的新情况或事项

C. 是否已经发生可能需要修改现有估计的新情况或事项

D. 会计估计的完整性

3. 下列不属于注册会计师在了解管理层作出会计估计所采用的方法或模型（如适用）时可能考虑的事项是（　　）。

A. 在选择特定方法时，管理层如何考虑需要作出估计的资产的性质

B. 被审计单位是否在某些业务领域、行业或环境中从事经营活动，而这些业务领域、行业或环境存在用于作出特定类型会计估计的通用方法

C. 形成或识别影响会计估计的相关数据和假设

D. 在选择特定方法时，管理层如何考虑需要作出估计的负债的性质

4. 下列不属于管理层需要聘请专家作出或帮助其作出会计估计的情况的是（　　）。

A. 需要作出会计估计的事项具有特殊性质

B. 满足适用的财务报告编制基础相关要求的模型具有一定的技术含量

C. 需要作出会计估计的事项具有重大错报风险

D. 需要作出会计估计的情况、交易或事项具有异常性或偶发性

5. 在了解管理层是否以及如何评估估计不确定性的影响时，不属于注册会计师考虑的事项是（　　）。

A. 管理层是否已经考虑以及如何考虑各种可供选择的假设或结果

B. 敏感性分析存在的多种可能结果

C. 当敏感性分析表明存在多种可能结果时，管理层如何作出会计估计

D. 管理层是否监控上期作出会计估计的结果，以及管理层是否已恰当应对实施监控程序的结果

6. 应对评估的重大错报风险，不属于注册会计师应当确定的事项是（　　）。

A. 管理层是否恰当运用与会计估计相关的适用的财务报告编制基础的规定

B. 作出会计估计的方法是否恰当，并得到一贯运用

C. 会计估计或作出会计估计的方法不同于上期的变化是否适合于具体情况

D. 注册会计师实施追加的审计程序

7. 在应对评估的重大错报风险时，注册会计师实施的程序不包括（　　）。

A. 确定截至审计报告日发生的事项是否提供有关会计估计的审计证据

B. 测试管理层如何作出会计估计以及会计估计所依据的数据

C. 与管理层讨论其如何处理估计不确定性对会计估计的影响，并要求管理层

提供支持性证据

D. 作出注册会计师的点估计或区间估计，以评价管理层的点估计

8. 注册会计师测试管理层如何作出会计估计以及会计估计所依据的数据时，应当评价的内容是（　　）。

A. 重新计算会计估计，并复核有关会计估计信息的内在一致性

B. 管理层使用的假设是否合理

C. 采用的计量方法在具体情况下是否恰当

D. 管理层的复核和批准流程

9. 注册会计师评价计量方法是否适用于具体情况，需要考虑的事项不包括（　　）。

A. 管理层选择计量方法的理由是否合理

B. 管理层是否充分评价和恰当运用适用的财务报告编制基础提供的、用以支持所选择的计量方法的标准

C. 根据被估计的资产或负债的性质和适用的财务报告编制基础的要求，评价计量方法是否适用于具体情况

D. 管理层作出会计估计所选择的计量基础

10. 下列有关注册会计师作出的区间估计的说法中，错误的是（　　）。

A. 注册会计师作出的区间估计需要包括所有“合理”的结果而不是所有可能的结果

B. 当区间估计的区间缩小至等于或低于财务报表整体的重要性时，该区间估计对于评价管理层的点估计是适当的

C. 如果使用有别于管理层的假设或方法作出区间估计，注册会计师应当充分了解管理层的假设或方法

D. 如果注册会计师的区间估计范围足够小，以至于能够确定会计估计是否存在错报，它就是有用和有效的

11. 注册会计师用以应对特别风险实施的进一步实质性程序不包括（　　）。

A. 评价管理层如何评估估计不确定性对会计估计的影响

B. 评价管理层如何考虑替代性的假设或结果以及拒绝采纳的原因

C. 评价管理层使用的重大假设是否合理

D. 当管理层实施特定措施的意图和能力与其使用的重大假设的合理性或对适用的财务报告编制基础的恰当应用相关时，评价这些意图和能力

12. 下列有关会计估计错报的说法中，正确的是（　　）。

A. 当审计证据支持点估计时，注册会计师的点估计与管理层的点估计之间的差异构成错报

B. 当注册会计师认为使用其区间估计能够获取充分、适当的审计证据时，则在注册会计师区间估计之外的管理层的点估计得不到审计证据的支持，此种情况下，错报不大于管理层的点估计与注册会计师区间估计之间的最小差异

C. 注册会计师认为管理层对会计估计作出的判断不合理是推断错报

D. 注册会计师对总体中错报的最佳估计，包括由审计样本中识别出的错报推断出总体中的错报是判断错报

13. 针对会计估计的其他审计程序不包括（　　）。

A. 关注与会计估计相关的披露

B. 识别可能存在管理层偏向的迹象

C. 评价会计估计模型的使用

D. 获取书面声明

14. 管理层在作出会计估计时的判断和决策时可能存在管理层偏向的迹象的影响不包括（　　）。

A. 可能影响注册会计师对财务报表整体是否不存在重大错报的评估

B. 管理层主观地认为环境已经发生变化，并相应地改变会计估计或估计方法

C. 可能影响注册会计师对有关风险评估结果和相关应对措施是否仍然恰当地判断

D. 注册会计师可能有必要考虑对审计其他方面的影响

15. 在了解关联方关系及其交易过程中，注册会计师组织项目组讨论，项目组内部讨论的内容不包括（　　）。

A. 关联方关系及其交易的性质和范围

B. 关联方的名称和特征，包括关联方自上期以来发生的变化

C. 可能显示存在关联方关系或关联方交易的记录或文件

D. 强调在整个审计过程中对关联方关系及其交易导致的潜在重大错报风险保持职业怀疑的重要性

16. 注册会计师为了获取关联方关系及其交易，应当向管理层询问的事项不包括（　　）。

A. 关联方的名称和特征

B. 关联方自上期以来发生的变化

C. 被审计单位在本期是否与关联方发生交易

D. 与关联方交易是否存在重大舞弊风险

17. 关联方及其交易审计过程中，如果存在能够对被审计单位或其管理层、治理层施加支配性影响的关联方，注册会计师认为可能表明存在舞弊导致的特别风险的事项不包括（　　）。

A. 异常频繁地变更高级管理人员或专业顾问

B. 有证据显示关联方过度干涉或关注会计政策的选择或重大会计估计的作出

C. 关联方自上期以来发生重大的变化

D. 通过中间机构开展的重大交易，且难以判断通过中间机构开展该交易的必要性以及交易是否具有合理的商业理由

18. 注册会计师应当检查关联方交易披露的充分性，同时就关联方交易为公平交易的披露进行评价。评价管理层支持这项认定的审计程序包括（　　）。

A. 考虑管理层用于支持其认定的程序是否恰当

B. 询问管理层

C. 评价管理层认定所依据的重大假设的合理性

D. 验证支持管理层认定的内部或外部数据来源，对这些数据进行测试，以判断其准确性、完整性和相关性

19. 下列有关管理层和注册会计师对持续经营假设责任的说法中，正确的是（　　）。

A. 财务报告编制基础没有明确要求管理层对持续经营能力作出评估，管理层不需要在编制财务报表时评估持续经营能力

B. 编制财务报表时采用的财务报告编制基础没有明确要求管理层对持续经营能力作出专门评估，注册会计师仍需就管理层在编制和列报财务报表时运用持续经营假设的适当性获取充分、适当的审计证据，并就持续经营能力是否存在重大不确定性得出结论

C. 某些适用的财务报告编制基础明确要求管理层对持续经营能力作出评估，并规定了与此相关的需要考虑的事项和作出的披露

D. 注册会计师未在审计报告中提及持续经营的不确定性，应被视为对被审计单位持续经营能力的保证

20. 下列关于期初余额的表述中，错误的是（　　）。

A. 期初余额与注册会计师首次审计业务相联系

B. 注册会计师无须专门对期初余额发表审计意见

C. 注册会计师应当根据期初余额对财务报表的影响程度，合理运用职业判断，以确定期初余额是否真实

D. 注册会计师应确定期初余额对本期财务报表的影响

## （二）多选题

1. 为识别和评估会计估计重大错报风险，注册会计师在风险评估阶段应实施（　　）程序。

A. 了解适用的财务报告编制基础的要求

B. 了解管理层如何识别是否需要作出会计估计

C. 了解管理层如何作出会计估计

D. 了解管理层如何记录会计估计的结果

2. 注册会计师需要了解管理层作出会计估计的方法和依据有（　　）。

A. 相关控制

B. 管理层是否利用专家的工作

C. 会计估计所依据的假设

D. 会计估计不确定性的程度

3. 在了解相关控制时，注册会计师可能考虑的事项有（　　）。

A. 作出会计估计的人员的经验与胜任能力

B. 管理层如何确定作出会计估计所使用的数据的完整性、相关性和准确性

C. 管理层和治理层对会计估计进行复核和批准

D. 被审计单位作出会计估计而使用的特定模型可靠性的维护和定期验证

4. 在了解构成会计估计基础的假设时，注册会计师可能考虑的事项有（　　）。

A. 假设（包括重大假设）的性质

B. 管理层如何评价假设是否相关和完整

C. 管理层如何确定所采用假设的内在一致性

D. 支持假设的文件记录的完整性

5. 下列关于公允价值会计估计的说法中，正确的有（　　）。

A. 公允价值会计估计所依据的假设反映熟悉情况且自愿交易参与方和适用财务报告编制基础的要求的不同而不同

B. 公允价值会计估计所依据的假设或输入数据因其来源和基础的不同而不同

C. 如果市场参与方假设发生的变化影响上期公允价值会计估计的结果，注册会计师在复核公允价值会计估计时，可将重点放在获取与识别和评估重大错报风险相关的信息上

D. 对公允价值会计估计和其他以计量日情况为基础的会计估计，注册会计师可能着重了解会计估计流程的有效性，并据此判断本期估计流程可能的有效性

6. 注册会计师在评估重大错报风险时，考虑的事项可能有（　　）。

A. 会计估计对判断的依赖程度

B. 会计估计的记录金额与注册会计师预期应记录金额的差异

C. 满足适用的财务报告编制基础相关要求的模型

D. 对上期会计估计进行复核的结果

7. 注册会计师恰当应对测试管理层如何作出会计估计和会计估计所依据的数据的措施有（　　）。

A. 会计估计是依据模型作出的公允价值会计估计

B. 会计估计源于被审计单位会计系统对数据的常规处理

C. 注册会计师对上期财务报表中类似的会计估计的复核表明管理层本期的会计估计流程可能是有效的

D. 会计估计建立在性质相似、单项重要的项目的基础上

8. 注册会计师在评价管理层使用的构成公允价值会计估计基础的假设合理性时应考虑的事项有（　　）。

A. 假设是否相互依赖且具有内在一致性

B. 当将这些假设汇总起来考虑或结合其他假设考虑时，无论是对于特定会计估计还是其他会计估计，这些假设是否显得合理

C. 对于公允价值会计估计，假设是否恰当地反映可观察到的市场假设

D. 假设是否与可观察到的市场情况和以公允价值计量的资产或负债的特征一致

9. 注册会计师需要测试控制运行的有效性，并实施恰当的实质性程序的情形有（　　）。

A. 在评估认定层次重大错报风险时，预

期针对会计估计流程的控制的运行是有效的

B. 仅实施实质性程序不能提供认定层次充分、适当的审计证据

C. 存在不可观察到的输入数据

D. 管理层的复核和批准流程

10. 可能导致会计估计错报的因素有（　　）。

A. 毋庸置疑地存在错报（事实错报）

B. 由注册会计师认为管理层对会计估计作出的判断不合理（判断错报）

C. 由注册会计师认为管理层对会计政策的选择或运用不恰当而产生的差异（判断错报）

D. 注册会计师对总体中错报的最佳估计，包括由审计样本中识别出的错报推断出总体中的错报（推断错报）

11. 注册会计师向管理层和治理层（如适用）获取书面声明的内容可能有（　　）。

A. 计量流程的恰当性，以及流程的一贯运用

B. 在适用的财务报告编制基础下与会计估计相关的披露的完整性和适当性

C. 不存在需要对财务报表中会计估计和披露作出调整的期后事项

D. 管理层用于确定不满足适用的财务报告编制基础规定的确认或披露标准的依据的恰当性

12. 下列会计估计审计中涉及特别风险的说法中，正确的有（　　）。

A. 对具有特别风险的会计估计，即使已按照适用的财务报告编制基础的要求进行了披露，注册会计师仍可能根据所涉及的情况和事实认为对估计不确定性的披露是不充分的

B. 如果认为会计估计导致特别风险，注册会计师需要了解与会计估计相关的控制，包括控制活动

C. 由于会计估计的主观性、复杂性和不确定性，管理层作出的会计估计发生重大错报的可能性较大，注册会计师应当确定会计估计的重大错报风险属于特别风险

D. 在评价支持会计估计的假设的合理性时，注册会计师可能识别出一个或多个重大假设，这可能表明会计估计存在高度估计不确定性并由此可能产生特别风险

13. 关联方施加的支配性影响可能表现在（　　）。

A. 关联方否决管理层或治理层作出的重大经营决策

B. 日常经营依赖关联方

C. 重大交易需经关联方的最终批准

D. 对关联方提出的业务建议，管理层和治理层未曾或很少进行讨论即获得通过

14. 应对超出被审计单位正常经营过程的重大关联方交易导致的重大错报风险的措施有（　　）。

A. 检查相关合同或协议

B. 获取交易已经恰当授权和批准的审计证据

C. 评价关联方交易是否已按照适用的财务报告编制基础得到恰当会计处理和披露

D. 通过互联网或某些外部商业信息数据库，进行适当的背景调查

15. 某些安排或其他信息可能显示存在管理层未向注册会计师披露的关联方关系或关联方交易有（　　）。

A. 与其他机构或人员组成不具有法人资格的合伙企业

B. 存在担保和被担保关系

C. 按照超出正常经营过程的交易条款和条件，向特定机构或人员提供服务的安排

D. 管理层存在粉饰财务报表的动机

16. 如果注册会计师识别出重大异常情况，使其对某些供应商、客户或其他交易对方

是否为被审计单位关联方存有重大疑虑，注册会计师还可以考虑实施的程序有（　　）。

A. 实施函证和实地走访

B. 询问直接参与交易的基层员工

C. 针对交易对方实施背景调查

D. 利用其他专业人士或机构的工作

17. 应对存在具有支配性影响的关联方导致的重大错报风险时，注册会计师实施进一步的恰当的实质性程序有（　　）。

A. 询问管理层和治理层并与之讨论

B. 询问关联方

C. 通过互联网或某些外部商业信息数据库，进行适当的背景调查

D. 检查与关联方之间的重要合同

18. 应对管理层未能识别出或未向注册会计师披露的关联方关系或重大关联方交易导致的重大错报风险的审计程序有（　　）。

A. 访谈被审计单位的控股股东、实际控制人、治理层以及关键管理人员等

B. 运用数据分析工具，设置特定分析条件对被审计单位的交易信息进行分析，识别是否存在管理层未向注册会计师披露的关联方关系和交易

C. 亲自获取被审计单位的企业信用报告，关注企业信用报告内容的完整性，检查企业信用报告中显示的内容

D. 识别被审计单位银行对账单中与实际控制人、控股股东或高级管理人员的大额资金往来交易，关注是否存在异常的资金流动

19. 可能导致注册会计师对持续经营能力测试产生疑虑的事项有（　　）。

A. 关键财务比率不佳

B. 出现用工困难

C. 重要供应短缺

D. 违反有关资本法定要求

20. 下列有关注册会计师考虑管理层对持续经营能力作出的评估的说法中，正确的有（　　）。

A. 注册会计师应当考虑管理层作出的评估是否已考虑所有相关信息，但不包括注册会计师实施审计程序获取的信息

B. 在考虑管理层的评估程序时，注册会计师需要关注管理层是如何识别可能导致对其持续经营能力产生重大疑虑的事项或情况的，所识别的事项或情况是否完整

C. 在考虑管理层的评估程序时，注册会计师需要关注管理层是否已经了解了注册会计师在实施审计程序过程中发现的所有相关信息

D. 注册会计师需要考虑管理层对相关事项或情况结果的预测所依据的假设是否合理，并特别关注对预测性信息具有重大影响的假设

21. 如果识别出可能导致对持续经营能力产生重大疑虑的事项或情况，注册会计师能够实施的最佳审计程序有（　　）。

A. 如果管理层尚未对被审计单位持续经营能力作出评估，提请其进行评估

B. 考虑自管理层作出评估后是否存在其他可获得的事实或信息

C. 除询问管理层外，注册会计师没有责任实施其他任何审计程序

D. 要求管理层和治理层（如适用）提供有关未来应对计划及其可行性的书面声明

22. 注册会计师认为被审计单位运用持续经营假设存在重大不确定性时，应采取的对策有（　　）。

A. 注册会计师应当确定财务报表是否已充分描述可能导致对持续经营能力产生重大疑虑的主要事项或情况以及管理层针对这些事项或情况的应对计划

B. 注册会计师应当确定财务报表是否已清楚披露可能导致对持续经营能力产生重大疑虑的事项或情况存在重大不确定性，并由此导致被审计单位可能无法在正常的经营过程中变现资产和

清偿债务

C. 注册会计师应当根据适用的财务报告编制基础的规定，评价财务报表是否对这些事项或情况作出充分披露

D. 注册会计师应当发表无保留意见类型的审计报告

23. 由于被审计单位运用持续经营假设不当，导致注册会计师发表否定意见类型审计报告的说法中，正确的有（　　）。

A. 当存在多项对财务报表整体具有重要影响的重大不确定性时，注册会计师可能认为发表否定意见是适当的

B. 如果运用持续经营假设是适当的，但存在重大不确定性，且财务报表对重大不确定性已作出充分披露，注册会计师应当发表否定意见

C. 如果财务报表按照持续经营基础编制，而注册会计师运用职业判断认为管理层在编制财务报表时运用持续经营假设是不适当的，则无论财务报表中对管理层运用持续经营假设的不适当性是否作出披露，注册会计师均应发表否定意见

D. 如果在具体情况下运用持续经营假设是不适当的，注册会计师可以发表否定意见

24. 注册会计师识别出的可能导致对被审计单位持续经营能力产生重大疑虑的事项或情况需要与被审计单位进行沟通，下列说法正确的有（　　）。

A. 注册会计师应当与治理层就识别出的可能导致对被审计单位持续经营能力产生重大疑虑的事项或情况进行沟通，除非治理层全部成员参与管理

B. 注册会计师与治理层的沟通应当包括这些事项或情况是否构成重大不确定性

C. 注册会计师应当评价管理层在编制财务报表时运用持续经营假设是否适当

D. 注册会计师应当评估财务报表中的相关披露是否充分

25. 下列关于期初余额审计目标的说法中，正确的有（　　）。

A. 如果期初余额不存在对本期财务报表产生重大影响的错报，注册会计师无须对此予以特别关注和处理

B. 在执行首次审计业务时，注册会计师针对期初余额的目标是，获取充分、适当的审计证据以确定期初余额是否含有对本期财务报表产生重大影响的错报

C. 期初余额反映的恰当的会计政策是否在本期财务报表中得到一贯运用

D. 会计政策的变更是否已按照适用的财务报告编制基础作出恰当的会计处理和充分的列报与披露

## （三）简答题

1. ABC 会计师事务所首次接受委托审计甲公司等多家被审计单位 2021 年度财务报表，委派 A 注册会计师担任项目合伙人。与首次承接审计业务相关的部分事项如下：

（1）对于甲公司长期股权投资的期初余额，A 注册会计师检查了形成期初余额的会计记录，以及包括投资协议和被投资单位工商登记信息在内的相关支持性文件，结果满意。

（2）注册会计师对甲公司 2020 年末的存货实施了监盘，将年末存货数量调节至期初存货数量，并抽样检查了 2021 年度存货数量的变动情况，据此认可了存货的期初余额。

（3）甲公司一项工期两年的在建工程于 2020 年 12 月完工结转固定资产。A 注册会计师测试了该项在建工程的本期增加额，检查了与结转固定资产相关的批准文件、资产明细清单和验收报告等，据此认可了该项在建工程的期初余额。

（4）公司 2020 年度财务报表未经审计。A 注册会计师发现 2020 年末资产负债表的期初余额存在一项重大的分类错报，要求管理层进行更正，并检查了更正后的资产负债表，认可了管理层对该项差错的处理。

【要求】针对上述第（1）~（4）项，逐项指出A注册会计师的做法是否恰当。如不恰当，简要说明理由。

2. ABC会计师事务所的A注册会计师负责审计甲公司2021年度财务报表。与会计估计审计相关的部分事项如下：

（1）A注册会计师就管理层确认的某项预计负债作出了区间估计，该区间包括了甲公司所有可能承担的赔偿金额。管理层确认的预计负债处于该区间内，A注册会计师据此认可了管理层确认的金额。

（2）2019年末，管理层对某项应收款项全额计提了坏账准备。因2020年全额收回该款项，管理层转回了相应的坏账准备。A注册会计师据此认为2020年度财务报表存在重大错报，要求管理层更正2020年度财务报表的对应数据。

（3）管理层编制盈利预测以评价递延所得税资产的可回收性。A注册会计师向管理层询问了盈利预测中使用的假设的依据，并对盈利预测实施了重新计算，结果满意，据此认可了管理层的评价。

（4）2020年末，甲公司确认与产品保修义务相关的预计负债600万元。A注册会计师作出的点估计为800万元。管理层将预计负债调增至700万元。A注册会计师将未调整的100万元作为错报累积。

（5）由于2020年人员工资和维修材料价格持续上涨，甲公司实际发生的产品质量保证支出与以前年度的预计数相差较大。A注册会计师要求管理层就该差异进行追溯调整。

【要求】针对上述第（1）~（5）项，逐项指出A注册会计师的做法是否恰当。如不恰当，简要说明理由。

## 进阶练习答案及解析

### （一）单选题

1. 【答案】D

【解析】会计估计的结果与财务报表中原来已确认或披露的金额存在差异，并不必然表明财务报表存在错报，因此选择选项D。

2. 【答案】D

【解析】会计估计的完整性通常是注册会计师考虑的重要因素，因此选择选项D。

3. 【答案】C

【解析】形成或识别影响会计估计的相关数据和假设是管理层建立针对会计估计的财务报告过程，因此选择选项C。

4. 【答案】C

【解析】管理层可能拥有作出点估计必要的经验和胜任能力，或者被审计单位可能雇用那些具备作出点估计必要经验和胜任能力的人员。但在某些情况下，管理层可能需要聘请专家作出或者帮助其作出会计估计。这些情况可能包括：（1）需要作出会计估计的事项（如在采掘行业对矿产或油气储量的测量）具有特殊性质；（2）满足适用的财务报告编制基础相关要求的模型（如对某些公允价值计量采用的模型）具有一定的技术含量；（3）需要作出会计估计的情况、交易或事项具有异常性或偶发性。因此选择选项C。

5. 【答案】B

【解析】当敏感性分析存在多种可能结果时，注册会计师需要考虑的是管理层如何作出会计估计，因此选择选项B。

6. 【答案】D

【解析】在某些情况下，为了确定管理层是否恰当地遵守适用的财务报告编制基础的要求，注册会计师有必要实施追加的审计程序，因此选择选项D。

7. 【答案】C

【解析】选项A、B、D是在应对评估的重大错报风险时，注册会计师考虑会计估计的性质，实施的一项或多项程序。与管理层讨论其如何处理估计不确定性对会计估计的影响，并要求管理层提供支持性证据是注册会计师实施进一步实质性程序以应对特别风险的程序，因此选择选项C。

8. 【答案】C

【解析】重新计算会计估计，并复核有关会计估计信息的内在一致性是测试管理层如何作出会计估计涉及的内容，因此不选择选项A。根据适用的财务报告编制基础确定的计量目标，管理层使用的假设是否合理，选项B缺失前提条件，因此不选择选项B。考虑管理层的复核和批准流程也是注册会计师测试管理层如何作出会计估计所涉及的内容，因此不选择选项D。

9. 【答案】D

【解析】管理层作出会计估计所选择的计量基础是注册会计师对导致特别风险的会计估计确定作出会计估计所选择的计量基础是否符合适用的财务报告编制基础的获取审计证据的内容之一，因此选择选项D。

10. 【答案】B

【解析】当区间估计的区间已缩小至等于或低于实际执行的重要性时，该区间估计对于评价管理的点估计是适当的，因此选择选项B。

11. 【答案】A

【解析】评价管理层如何评估估计不确定性对会计估计的影响，以及这种不确定性对财务报表中会计估计的确认的恰当性可能产生的影响是注册会计师在审计导致特别风险的会计估计时实施进一步实质性程序时需要重点评价的内容，因此选择选项A。

12. 【答案】A

【解析】当注册会计师认为使用其区间估计能够获取充分、适当的审计证据时，则在注册会计师区间估计之外的管理层的点估计得不到审计证据的支持，此种情况下，错报不小于管理层的点估计与注册会计师区间估计之间的最小差异，因此不选择选项B。由注册会计师认为管理层对会计估计作出的判断不合理，或认为管理层对会计政策的选择或运用不恰当而产生的差异是判断错报，因此不选择选项C。注册会计师对总体中错报的最佳估计，包括由审计样本中识别出的错报推断出总体中的错报是推断错报，因此不选择选项D。

13. 【答案】C

【解析】评价会计估计模型的使用是注册会计师应对评估的重大错报风险采取的措施，不属于其他程序之列，因此选择选项C。

14. 【答案】B

【解析】管理层主观地认为环境已经发生变化，并相应地改变会计估计或估计方法是可能存在管理层偏向迹象的例子，不是影响，因此选择选项B。

15. 【答案】B

【解析】在了解关联方关系及其交易过程中，注册会计师组织项目组讨论的内容包括：(1) 关联方关系及其交易的性质和范围（选项A）。(2) 强调在整个审计过程中对关联方关系及其交易导致的潜在重大错报风险保持职业怀疑的重要性（选项D）。(3) 可能显示管理层以前未识别或未向注册会计师披露的关联方关系或关联方交易的情形或状况。(4) 可能显示存在关联方关系或关联方交易的记录或文件（选项C）。(5) 管理层和治理层对关联方关系及其交易（如果适用的财务报告编制基础对关联方作出规定）进行识别、恰当会计处理和披露的重视程度，以及管理层凌驾于相关控制之上的风险。故选择选项B。

16. 【答案】D

【解析】注册会计师为了获取关联方关系及其交易，应当向管理层询问的事项包括：(1) 关联方的名称和特征，包括关联方自上期以来发生的变化（选项A、B）。(2) 被审计单位和关联方之间关系的性质。(3) 被审计单位在本期是否与关联方发生交易，如发生，交易的类型、定价政策和目的（选项C）。故选择选项D。

17. 【答案】C

【解析】关联方及其交易审计过程中，如果存在能够对被审计单位或其管理层、治理层施加支配性影响的关联方，并同时出现其他风险因素，可能表明被审计单位存在由于舞弊导致的特别风险：（1）异常频繁地变更高级管理人员或专业顾问（例如，法律顾问或财务顾问等），可能表明被审计单位为关联方谋取利益而从事不道德或虚假的交易（选项 A）。（2）通过中间机构开展的重大交易，且难以判断通过中间机构开展该交易的必要性以及交易是否具有合理的商业理由，这可能表明关联方或被审计单位出于舞弊目的，通过控制这些中间机构从交易中获利（选项 D）。（3）有证据显示关联方过度干涉或关注会计政策的选择或重大会计估计的作出，可能表明存在虚假财务报告（选项 B）。故选择选项 C。

18. 【答案】B

【解析】注册会计师应当检查关联方交易披露的充分性，同时就关联方交易为公平交易的披露进行评价。评价管理层如何支持这项认定，可能涉及以下一个或多个方面：（1）考虑管理层用于支持其认定的程序是否恰当（选项 A）。（2）验证支持管理层认定的内部或外部数据来源，对这些数据进行测试，以判断其准确性、完整性和相关性（选项 D）。（3）评价管理层认定所依据的重大假设的合理性（选项 C）。故选择选项 B。

19. 【答案】B

【解析】其他财务报告编制基础可能没有明确要求管理层对持续经营能力作出评估，但由于持续经营假设是编制财务报表的基本原则，即使其他财务报告编制基础没有对此作出明确规定，管理层也需要在编制财务报表时评估持续经营能力，因此不选择选项 A。某些适用的财务报告编制基础明确要求管理层对持续经营能力作出评估，并规定了与此相关的需要考虑的事项和作出的披露，这是对财务报告编制的要求，不能视为管理层的责任，应不选择选项 C。注册会计师未在审计报告中提及持续经营的不确定性，不能被视为对被审计单位持续经营能力的保证，因此不选择选项 D。

20. 【答案】C

【解析】注册会计师应当根据期初余额对财务报表的影响程度，合理运用职业判断，以确定期初余额的审计范围，因此选择选项 C。

（二）多选题

1. 【答案】ABC

【解析】在实施风险评估程序和相关活动，以了解被审计单位及其环境时，注册会计师应当了解适用的财务报告编制基础的要求、管理层如何识别是否需要作出会计估计和管理层如何作出会计估计，作为识别和评估会计估计重大错报风险的基础，因此选择选项 A、B、C。

2. 【答案】ABC

【解析】识别和评估重大错报风险时，注册会计师应当评价与会计估计相关的估计不确定性的程度，因此不选择选项 D。

3. 【答案】ABD

【解析】由适当层级的管理层和治理层（如适用）对会计估计（包括使用的假设或输入数据）进行复核和批准，因此不选择选项 C。选项 A、B 是原文，选项 D 是其他与作出会计估计相关的控制取决于具体情况的类型之一。

4. 【答案】ABC

【解析】在了解构成会计估计基础的假设时，注册会计师可能考虑的事项包括：（1）假设（包括重大假设）的性质；（2）管理层如何评价假设是否相关和完整（即考虑了所有相关变量）；（3）管理层如何确定所采用假设的内在一致性（如适用）；（4）假设是否与管理层所能控制的事项相关（如对可能影响资产使用年限的维修计划的假设），以及这些假设是否与被审计单位的经营计划和外部环境相符，或者假设与管理层控制之外的事项相关（如对利率、死亡率、潜在的司法或监管行为或未来现金流量的变动和时间安排的假设）；（5）支持假设的文件记录（如存在）的性质和范围，因此不选择选项 D。

5. 【答案】AB

【解析】对公允价值会计估计和其他以计量日情况为基础的会计估计，上期财务报表中确认的公允价值金额与本期结果或为实现本期目的而重新作出估计的金额之间的差异可能更大。注册会计师在复核时，可将重点放在获取与识别和评估重大错报风险相关的信息上。因此不选择选项C。如果市场参与方假设发生的变化影响上期公允价值会计估计的结果，则了解该变化可能难以提供与本期审计目的相关的信息。在这种情况下，注册会计师在对上期公允价值会计估计结果进行考虑时，可能着重了解管理层上期会计估计流程（即管理层的历史记录）的有效性，并据此判断管理层本期估计流程可能的有效性，因此不选择选项D。

6.【答案】BD

【解析】会计估计对判断的依赖程度是与会计估计相关的估计不确定性的程序影响因素之一，因此不选择选项A。满足适用的财务报告编制基础相关要求的模型具有一定的技术含量是管理层可能需要聘请专家作出或帮助其作出会计估计的情况之一，因此不选择选项C。

7.【答案】ABC

【解析】会计估计建立在性质相似、单项不重要但数量众多的项目的基础上，因此不选择选项D。

8.【答案】ABCD

【解析】在评价管理层使用的假设的合理性时，注册会计师可能需要考虑：（1）单项假设是否显得合理；（2）假设是否相互依赖且具有内在一致性；（3）当将这些假设汇总起来考虑或结合其他假设考虑时，无论是对于特定会计估计还是其他会计估计，这些假设是否显得合理；（4）对于公允价值会计估计，假设是否恰当地反映可观察到的市场假设。在评价管理层使用的构成公允价值会计估计基础的假设的合理性时，注册会计师除了考虑上述事项，在适用时还可能考虑下列事项：管理层是否以及如何在作出假设时加入特定市场输入数据（如相关）；假设是否与可观察到的市场情况和以公允价值计量的资产或负债的特征一致；市场参与方假设的来源是否相关和可靠，以及当存在多种市场参与方假设时管理层如何选择假设；管理层是否以及如何考虑在可比较的交易、资产或负债中使用假设或有关信息（如适用）。因此选择选项A、B、C、D。

9.【答案】AB

【解析】当存在不可观察到的输入数据时，注册会计师需要在评价假设时结合审计准则提出的其他应对措施，以获取充分、适当的审计证据。在这种情况下，注册会计师有必要实施其他审计程序，因此不选择选项C。考虑管理层的复核和批准流程是应对评估重大错报风险时注册会计师采取的措施，因此不选择选项D。

10.【答案】ABCD

【解析】一项错报，无论是由于舞弊还是错误导致，当与会计估计相关时，可能是由于下列因素导致的：（1）毋庸置疑地存在错报（事实错报）；（2）由注册会计师认为管理层对会计估计作出的判断不合理，或认为管理层对会计政策的选择或运用不恰当而产生的差异（判断错报）；（3）注册会计师对总体中错报的最佳估计，包括由审计样本中识别出的错报推断出总体中的错报（推断错报）。因此选择选项A、B、C、D。

11.【答案】ABCD

【解析】根据估计不确定性的性质、重要性和程度，有关财务报表中确认或披露的会计估计的书面声明可能包括下列内容：（1）计量流程（包括管理层在根据适用的财务报告编制基础作出会计估计时使用的相关假设和模型）的恰当性，以及流程的一贯运用；（2）假设恰当地反映了管理层代表被审计单位执行特定措施的意图和能力（当这些意图和能力与会计估计和披露相关时）；（3）在适用的财务报告编制基础下与会计估计相关披露的完整性和适当性；（4）不存在需要对财务报表中会计估计和披露作出调整的期后事项。针对未在财务报表中确认或披露的会计估计，书面声明也可能包括下列内容：（1）管理层用于确定不满足适用的财务报告编制基础规定的确认或披露标准的依据的恰当性；（2）针对未在财务报表中以公允价值计量或披露的会计估计，管理层用于推翻适用的财务报告编制基础规定的与使用公允价值相关的假定的依据的恰当性。因此选择选项 A、B、C、D。

12. 【答案】ABD

【解析】由于会计估计的主观性、复杂性和不确定性，管理层作出的会计估计发生重大错报的可能性较大，注册会计师应当按照《中国注册会计师审计准则第 1211 号——通过了解被审计单位及其环境识别和评估重大错报风险》的规定，确定会计估计的重大错报风险是否属于特别风险，因此不选择选项 C。

13. 【答案】ACD

【解析】关联方施加的支配性影响可能表现在下列方面：（1）关联方否决管理层或治理层作出的重大经营决策（选项 A）。（2）重大交易需经关联方的最终批准（选项 C）。（3）日常经营（采购、销售或技术支持）高度依赖关联方或关联方提供的资金支持。（4）对关联方提出的业务建议，管理层和治理层未曾或很少进行讨论即获得通过（选项 D）。（5）对涉及关联方（或与关联方关系密切的家庭成员）的交易，管理层和治理层极少进行独立复核和批准。（6）管理层或治理层成员由关联方选定，独立董事实质上不独立，或者与关联方存在密切关系。（7）存在实际控制人、控股股东或者单一大股东，并利用其影响力凌驾于被审计单位内部控制之上，或使被审计单位管理层在作出决策时只关注单方面的利益，且相关决策在治理层（如董事会）缺乏充分的讨论。因此选择选项 A、C、D。

14. 【答案】ABC

【解析】选项 A、B、C 均属于应对超出被审计单位正常经营过程的重大关联方交易导致的重大错报风险的措施，选项 D 属于应对存在具有支配性影响的关联方导致的重大错报风险的措施。

15. 【答案】ABC

【解析】某些安排或其他信息可能显示存在管理层未向注册会计师披露的关联方关系或关联方交易，包括：（1）与其他机构或人员组成不具有法人资格的合伙企业；（2）按照超出正常经营过程的交易条款和条件，向特定机构或人员提供服务的安排；（3）担保和被担保关系。因此，选择选项 A、B、C。

16. 【答案】ABCD

17. 【答案】ABCD

18. 【答案】ABCD

19. 【答案】ABCD

【解析】四个选项的内容都是可能导致对持续经营假设产生重大疑虑的事项，分布于财务方面（选项 A）；经营方面（选项 B、C）和其他方面（选项 D）。

20. 【答案】BD

【解析】注册会计师应当考虑管理层作出的评估是否已考虑所有相关信息，其中包括注册会计师实施审计程序获取的信息，因此不选择选项 A。在考虑管理层的评估程序时，注册会计师需要关注管理层是如何识别可能导致对其持续经营能力产生重大疑虑的事项或情况的，所识别的事项或情况是否完整（选项 B），是否已经对注册会计师在实施审计程序过程中发现的所有相关信息进行了充分考虑，因此不选择选项 C。考虑管理层作出的评估所依据的假设时，注册会计师需要考虑管理层对相关事项或情况结果的预测所依据的假设是否合理，并特别关注具有以下几类特征的假设：（1）对预测性信息具有重大影响的假设；（2）特别敏感的或容易发生变动的假设；（3）与历史趋势不一致的假设（选项 D）。因此选择选项 B、D。

21. 【答案】ABD

【解析】除询问管理层外，注册会计师没有责任实施其他任何审计程序是注册会计师应对超出管理层评估期间的事项或情况所采取的应对措施，因此不选择选项 C。

22. 【答案】AB

【解析】如果认为运用持续经营假设适合具体情况，但存在重大不确定性，注册会计师应当确定：（1）财务报表是否已充分描述可能导致对持续经营能力产生重大疑虑的主要事项或情况以及管理层针对这些事项或情况的应对计划（选项 A）；（2）财务报表是否已清楚披露可能导致对持续经营能力产生重大疑虑的事项或情况存在重大不确定性，并由此导致被审计单位可能无法在正常的经营过程中变现资产和清偿债务（选项 B）。如果已识别出可能导致对被审计单位持续经营能力产生重大疑虑的事项或情况，但根据获取的审计证据，注册会计师认为不存在重大不确定性，则注册会计师应当根据适用的财务报告编制基础的规定，评价财务报表是否对这些事项或情况作出充分披露，因此不选择选项 C。注册会计师应当发表无保留意见类型的审计报告，被审计单位运用持续经营假设适当但存在重大不确定性是注册会计师形成的审计意见，因此不选择选项 D。

23. 【答案】CD

【解析】当存在多项对财务报表整体具有重要影响的重大不确定性时，注册会计师可能认为发表无法表示意见而非增加以“与持续经营相关的重大不确定性”为标题的单独部分是适当的，因此不选择选项 A。如果运用持续经营假设是适当的，但存在重大不确定性，且财务报表对重大不确定性已作出充分披露，注册会计师应当发表无保留意见，因此不选择选项 B。如果财务报表按照持续经营基础编制，而注册会计师运用职业判断认为管理层在编制财务报表时运用持续经营假设是不适当的，则无论财务报表中对管理层运用持续经营假设的不适当性是否作出披露，注册会计师均应发表否定意见，因此选择选项 C、D。

24. 【答案】ABCD

【解析】注册会计师应当与治理层就识别出的可能导致对被审计单位持续经营能力产生重大疑虑的事项或情况进行沟通，除非治理层全部成员参与管理被审计单位。与治理层的沟通应当包括下列方面：（1）这些事项或情况是否构成重大不确定性；（2）管理层在编制财务报表时运用持续经营假设是否适当；（3）财务报表中的相关披露是否充分；（4）对审计报告的影响（如适用）。

25. 【答案】ABCD

【解析】在执行首次审计业务时，注册会计师针对期初余额的目标是，获取充分、适当的审计证据以确定：（1）期初余额是否含有对本期财务报表产生重大影响的错报（选项 B）；（2）期初余额反映的恰当的会计政策是否在本期财务报表中得到一贯运用（选项 C），或会计政策的变更是否已按照适用的财务报告编制基础作出恰当的会计处理和充分的列报与披露（选项 D）。如果期初余额存在对本期财务报表产生重大影响的错报，则注册会计师在审计中必须对此提出恰当的审计调整或披露建议；反之，注册会计师无须对此予以特别关注和处理（选项 A）。

### （三）简答题

1. 【答案】

（1）恰当。

（2）不恰当。应当对期初存货项目的计价实施审计程序。

（3）恰当。

（4）不恰当。应当对本期期初余额实施恰当的审计程序以确定期初余额不存在重大错报。

2. 【答案】

（1）不恰当。作出的区间估计需要包括所有合理的结果而不是所有可能的结果。

（2）不恰当。2020 年度财务报表中的会计估计与实际结果存在差异，并不必然表明 2020 年度财务报表存在错报。

（3）不恰当。还应当执行程序评价盈利预测中假设的合理性/仅执行询问和重新计算无法获取有关假设合理性的充分、适当的审计证据。

（4）恰当。

（5）不恰当。资产负债表日后价格的变化并不表明前期会计估计存在差错。

# 第十八章　完成审计工作

## 2023 年教材内容主要变化

本章教材内容无变化。

## 本章近五年考试高频考点分布

| 高频考点内容 | 年度及题型分布 |
|---|---|
| 评价审计过程中发现的错报 | 2022 年多选、2021 年单选、2020 年综合 |
| 复核审计工作 | 2019 年单选 |
| 财务报表日至审计报告日发生的事项 | 2018 年综合 |
| 书面声明的含义与特征 | 2020 年单选 |
| 书面声明的日期和涵盖的期间 | 2018 年单选 |
| 对书面声明可靠性的疑虑以及管理层不提供要求的书面声明 | 2018 年综合 |

## 高频考点精讲

完成审计工作阶段既是财务报表审计的最后一个阶段，也是审计质量管理的关键阶段。本章内容的考核，常常结合第十九章（审计报告）、第二十一章（会计师事务所业务质量管理）等章节内容。

### 第一单元　完成审计工作概述

**高频考点 1**：评价审计中的重大发现★★

在审计完成阶段，项目合伙人和项目组考

虑的重大发现和事项以及对实施审计程序的结果进行评价、揭示的事项，具体如表 18－1 所示。

表 18－1　　评价审计中的重大发现

| | |
|---|---|
| 考虑的重大发现和事项 | （1）期中复核中的重大发现及其对审计方法的影响；<br>（2）涉及会计政策的选择、运用和一贯性的重大事项，包括相关披露；<br>（3）就识别出的重大风险，对审计策略和计划的审计程序所作的重大修正；<br>（4）在与管理层和其他人员讨论重大发现和事项时得到的信息；<br>（5）与注册会计师的最终审计结论相矛盾或不一致的信息 |
| 对实施审计程序的结果进行评价，揭示的事项 | （1）为了实现计划的审计目标，是否有必要对重要性进行修订；<br>（2）对审计策略和计划的审计程序的重大修正，包括对重大错报风险评估结果的重要变动；<br>（3）对审计方法有重要影响的值得关注的内部控制缺陷和其他缺陷；<br>（4）财务报表存在的重大错报；<br>（5）就重大会计和审计事项达成最终结论所存在的意见分歧；<br>（6）在实施审计程序时遇到的重大困难；<br>（7）咨询事项；<br>（8）与管理层或其他人员就重大发现以及注册会计师的最终审计结论相矛盾或不一致的信息进行的讨论 |

**小贴士** 如果在审计完成阶段修订后的重要性水平明显低于在计划阶段确定的重要性水平，注册会计师应该重新评估已经获得的审计证据的充分性和适当性。

## 高频考点 2：评价审计过程中识别出的错报★★★

### （一）累积识别出的错报

注册会计师应当累积审计过程中识别出的错报，除非错报明显微小。

### （二）随着审计的推进考虑识别出的错报

如果出现下列情形之一：（1）识别出的错报的性质以及错报发生的环境表明可能存在其他错报，并且可能存在的其他错报与审计过程中累积的错报合计起来可能是重大的；（2）审计过程中累积的错报合计数接近按照《中国注册会计师审计准则第 1221 号——计划和执行审计工作时的重要性》的规定确定的重要性。注册会计师应当确定是否需要修改总体审计策略和具体审计计划。第（一）项和第（二）项内容在第二章有详细阐述。

### （三）沟通与更正错报

除非法律法规禁止，注册会计师应当及时将审计过程中累积的所有错报（**即超过明显微小错报临界值的所有错报**）与适当层级的管理层进行沟通。注册会计师还应当要求管理层更正这些错报，具体如表 18－2 所示。

表 18－2　　错报的沟通与更正

| 主要情形 | 具体内容 |
|---|---|
| 法律法规限制 | （1）法律法规可能限制注册会计师向管理层或被审计单位内部的其他人员通报某些错报。例如，法律法规可能专门规定禁止通报某事项或采取其他行动，这些通报或行动可能不利于有关权力机构对实际存在的或怀疑存在的违反法律法规行为展开调查。<br>（2）在某些情况下，注册会计师的保密义务与通报义务之间存在的潜在冲突可能很复杂。此时，注册会计师可以考虑征询法律意见 |

续表

| 主要情形 | 具体内容 |
|---|---|
| 管理层拒绝更正沟通的部分或全部错报 | (1) 注册会计师应当了解管理层不更正错报的理由，并在评价财务报表整体是否不存在重大错报时考虑该理由。<br>(2) 注册会计师对管理层不更正错报的理由的理解，可能影响其对被审计单位会计实务质量的考虑 |

## （四）评价未更正错报的影响

1. 未更正错报的含义

未更正错报指注册会计师在审计过程中累积的且被审计单位未予更正的错报。

在审计完成阶段尽管注册会计师依据审计准则，采取了各种有效的沟通方式，常常也会存在管理层未更正错报事项。

2. 评价未更正错报的影响

注册会计师应该依据审计准则的规定，结合未更正错报的具体环境，作出合理的职业判断，以评价未更正错报的影响。具体如表 18 – 3 所示。

表 18 – 3　评价未更正错报的影响

| 主要情形 | 具体内容 |
|---|---|
| 重新评估计划重要性的适当性 | (1) 注册会计师在确定重要性时，通常依据对被审计单位财务结果的估计，因为此时可能尚不知道实际的财务结果。因此，在评价未更正错报的影响之前，注册会计师可能有必要依据实际的财务结果对重要性作出修改。<br>(2) 在审计过程中获知了某项信息，而该信息可能导致注册会计师确定与原来不同的财务报表整体重要性或者特定类别交易、账户余额或披露的一个或多个重要性水平，注册会计师应当予以修改。<br>【小贴士】如果注册会计师对重要性或重要性水平进行的重新评价导致需要确定较低的金额，则应重新考虑实际执行的重要性和进一步审计程序的性质、时间安排和范围的适当性，以获取充分、适当的审计证据，作为发表审计意见的基础 |
| 评价未更正错报 | (1) 定量评价错报。<br>①注册会计师需要考虑每一单项错报，以评价其对相关类别的交易、账户余额或披露的影响，包括评价该项错报是否超过特定类别的交易、账户余额或披露的重要性水平。<br>②如果注册会计师认为某一单项错报是重大的，则该项错报不太可能被其他错报抵销。例如，如果收入存在重大高估，即使这项错报对收益的影响完全可被相同金额的费用高估所抵销，注册会计师仍认为财务报表整体存在重大错报。<br>【小贴士】对于同一账户余额或同一类别的交易内部的错报，这种抵销可能是适当的。然而，在得出抵销非重大错报是适当的这一结论之前，需要考虑可能存在其他未被发现的错报的风险。<br>(2) 定性评价错报。<br>确定一项分类错报是否重大，需要进行定性评估。例如，分类错报对负债或其他合同条款的影响，对单个财务报表项目或小计数的影响，以及对关键比率的影响。<br>①即使分类错报超过了在评价其他错报时运用的重要性水平，注册会计师可能仍然认为该分类错报对财务报表整体不产生重大影响。<br>②在某些情况下，即使某些错报低于财务报表整体的重要性，但因与这些错报相关的某些情况，在将其单独或连同在审计过程中累积的其他错报一并考虑时，注册会计师也可能将这些错报评价为重大错报。例如，某项错报的金额虽然低于财务报表整体的重要性，但对被审计单位的盈亏状况有决定性的影响，注册会计师应认为该项错报是重大错报 |
| 其他情形 | (1) 除非法律法规禁止，注册会计师应当与治理层沟通未更正错报，以及这些错报单独或汇总起来可能对审计意见产生的影响。在沟通时，注册会计师应当逐项指明重大的未更正错报，应当要求被审计单位更正未更正错报。<br>(2) 注册会计师应当与治理层沟通与以前期间相关的未更正错报对相关类别的交易、账户余额或披露以及财务报表整体的影响 |

## 命题点拨

**命题角度：** 未更正错报

本知识点在命题时，一般会以客观题（单选题和多选题）或主观题（综合题）的形式出现，主要考核考生对于未更正错报的理解。

**小贴士**　以综合题考核时，常常针对特定的公司评价某一未更正错报对财务报表及审计报告的影响，考核出具审计意见的类型。

## 经典例题

**【真题·单选题】**（2021）下列有关未更正错报的说法中，错误的是（　　）。

A. 在评价未更正错报时，注册会计师需要考虑每一单项错报，以评价其对相关类别的交易、账户余额或披露的影响

B. 注册会计师应当考虑与以前期间相关的未更正错报对相关类别的交易、账户余额或披露以及财务报表整体的影响

C. 注册会计师与治理层沟通未更正错报时，应当逐项指明未更正错报的性质和金额

D. 注册会计师应当要求管理层提供书面声明，说明其是否认为未更正错报单独或汇总起来对财务报表整体的影响不重大

**【答案】** C

**【解析】** 选项 C 错误，除非法律法规禁止，注册会计师应当与治理层沟通未更正错报，以及这些错报单独或汇总起来可能对审计意见产生的影响。在沟通时，注册会计师应当逐项指明重大的未更正错报。

### （五）管理层提供有关未更正错报的书面声明

（1）注册会计师应当要求管理层和治理层提供书面声明，说明其是否认为未更正错报单独或汇总起来对财务报表整体的影响不重大。

（2）有关未更正错报项目的概要应当包含在书面声明中或附在其后。

## 高频考点 3：复核审计工作★★★

对审计工作的复核包括项目组内部复核和作为会计师事务所业务质量管理措施而执行的项目质量复核（如适用）。具体如表 18－4 所示。

**表 18－4　　复核审计工作**

| 复核的性质 | 具体内容 | |
| --- | --- | --- |
| 项目组内部复核 | 复核人员 | （1）会计师事务所针对业务执行的质量目标应当包括由经验较为丰富的项目组成员对经验较为缺乏的项目组成员的工作进行指导、监督和复核。会计师事务所应当基于这一质量目标，确定有关复核的政策和程序。<br>（2）对一些较为复杂、审计风险较高的领域，例如，舞弊风险的评估与应对、重大会计估计及其他复杂的会计问题、审核会议记录和重大合同、关联方关系和交易、持续经营存在的问题等，需要指派经验丰富的项目组成员执行复核，必要时可以由项目合伙人执行复核 |
| | 复核范围 | 执行复核时，复核人员需要考虑的事项包括但不限于：<br>（1）审计工作是否已按照职业准则和适用的法律法规的规定执行。<br>（2）重大事项是否已提请进一步考虑。<br>（3）相关事项是否已进行适当咨询，由此形成的结论是否已得到记录和执行。<br>（4）是否需要修改已执行审计工作的性质、时间安排和范围。<br>（5）已执行的审计工作是否支持形成的结论，并已得到适当记录。<br>（6）已获取的审计证据是否充分、适当。<br>（7）审计程序的目标是否已实现 |

续表

| 复核的性质 | 具体内容 | |
|---|---|---|
| 项目组内部复核 | 复核时间 | 审计项目复核贯穿审计全过程，随着审计工作的开展，复核人员在审计计划阶段、执行阶段和完成阶段及时复核相应的工作底稿。<br>例如，在审计计划阶段复核记录审计策略和审计计划的工作底稿，在审计执行阶段复核记录控制测试和实质性程序的工作底稿，在审计完成阶段复核记录重大事项、审计调整及未更正错报的工作底稿等 |
| | 项目合伙人复核 | 【小贴士】项目合伙人应当对管理和实现审计项目的高质量承担总体责任。<br>项目合伙人应当在审计过程中的适当时点复核审计工作底稿，包括与下列方面相关的工作底稿：<br>（1）重大事项。<br>（2）重大判断，包括与在审计中遇到的困难或有争议事项相关的判断，以及得出的结论。<br>（3）根据项目合伙人的职业判断，与项目合伙人的职责有关的其他事项。<br>【小贴士】项目合伙人应当在签署审计报告前复核财务报表、审计报告以及相关的审计工作底稿，包括对关键审计事项的描述（如适用）。项目合伙人应当在与管理层、治理层或相关监管机构签署正式书面沟通文件之前对其进行复核 |
| 项目质量复核 | （1）对上市实体财务报表审计业务、法律法规要求实施项目质量复核的审计业务或其他业务。<br>（2）会计师事务所认为，为应对一项或多项质量风险，有必要实施项目质量复核的审计业务或其他业务实施项目质量复核<br>（具体链接《审计》教材第二十一章第二节） | |

## 名师解惑

问：老师，如何正确理解复核审计工作呢？

答：复核审计工作应当遵循会计事务所业务管理准则，复核的层级一般分为项目组内部复核（一般为两个层级，即经验多的注册会计师复核经验少的注册会计师以及项目合伙人复核）和事务所组织的项目质量复核。按照以上的框架掌握，就能正确理解复核审计工作的有关内容了。

## 经典例题

【真题·单选题】（2019）在确定项目组内部的复核的性质、时间安排和范围时，注册会计师无须考虑的是（　　）。

A. 被审计单位的规模

B. 评估的重大错报风险

C. 项目质量控制复核人员的经验和能力

D. 项目组成员的专业素质和胜任能力

【答案】C

【解析】选项C错误，项目质量控制复核人员的经验和能力是事务所层面的，不是项目组内部的。

# 第二单元　期后事项

### 高频考点1：期后事项的种类★★★

期后事项是指财务报表日至审计报告日之间发生的事项，以及注册会计师在审计报告日后知悉的事实。可以依据是否需要调整以及发生的具体时段分类，具体如表18－5所示。

表 18－5　　期后事项的种类

<table>
<tr><th>分类标志</th><th colspan="2">具体内容</th></tr>
<tr><td rowspan="3">调整性质</td><td>财务报表日后调整事项</td><td>这类事项既为被审计单位管理层确定财务报表日账户余额提供信息，也为注册会计师核实这些余额提供补充证据。如果这类期后事项的金额重大，应提请被审计单位对本期财务报表及相关的账户金额进行调整。示例：<br>（1）财务报表日后诉讼案件结案，法院判决证实了企业在财务报表日已经存在现时义务，需要调整原先确认的与该诉讼案件相关的预计负债，或确认一项新负债。<br>（2）财务报表日后取得确凿证据，表明某项资产在财务报表日发生了减值或者需要调整该项资产原先确认的减值金额。<br>（3）财务报表日后进一步确定了财务报表日前购入资产的成本或售出资产的收入。<br>（4）财务报表日后发现了财务报表舞弊或差错。<br>【小贴士】利用期后事项审计以确认被审计单位财务报表所列金额时，应对财务报表日已经存在的事项和财务报表日后出现的事项严加区分，不能混淆。如果确认发生变化的事项直到财务报表日后才发生，就不应将财务报表日后的信息并入财务报表中去</td></tr>
<tr><td>财务报表日后非调整事项</td><td>这类事项因不影响财务报表日财务状况，而不需要调整被审计单位的本期财务报表。但如果被审计单位的财务报表因此可能受到误解，就应在财务报表中以附注的形式予以适当披露。示例：<br>（1）财务报表日后发生重大诉讼、仲裁、承诺；<br>（2）财务报表日后资产价格、税收政策、外汇汇率发生重大变化；<br>（3）财务报表日后因自然灾害导致资产发生重大损失；<br>（4）财务报表日后发行股票和债券以及其他巨额举债；<br>（5）财务报表日后资本公积转增资本；<br>（6）财务报表日后发生巨额亏损；<br>（7）财务报表日后发生企业合并或处置子公司；<br>（8）财务报表日后企业利润分配方案中拟分配的以及经审议批准宣告发放的股利或利润</td></tr>
<tr><td colspan="2">【小贴士】按期后事项是否需要调整分类，主要便于注册会计师作出合理判断，以及与被审计单位沟通</td></tr>
<tr><td rowspan="4">发生时段</td><td>第一时段</td><td>财务报表日后至审计报告日发生的事项</td></tr>
<tr><td>第二时段</td><td>审计报告日后至财务报表报出日发生的事项</td></tr>
<tr><td>第三时段</td><td>财务报表报出日后发生的事项</td></tr>
<tr><td colspan="2">（1）财务报表日：指财务报表涵盖的最近期间的截止日期；<br>（2）财务报表批准日：指构成整套财务报表的所有报表（含披露）已编制完成，并且被审计单位的董事会、管理层或类似机构已经认可其对财务报表负责的日期；<br>（3）财务报表报出日：指审计报告和已审计财务报表提供给第三方的日期；<br>（4）审计报告日：审计报告日不应早于注册会计师获取充分、适当的审计证据（包括管理层认可对财务报表的责任且已批准财务报表的证据），并在此基础上对财务报表形成审计意见的日期。在实务中审计报告日与财务报表批准日通常是相同的日期。<br>【小贴士】按期后事项发生时段分类，主要便于注册会计师明确审计责任</td></tr>
</table>

## 名师解惑

问：老师，为什么说掌握期后事项分类对注册会计师审计很重要呢？

答：如上所述，期后事项分类一般有两类：按照是否需要调整分类，便于注册会计师判断被审单位管理层对于期后事项的处理是否适当，也有利于对期后事项（调整报表还是不需要调整报表而在报表附注中披露）的沟通；按照期后事项发生的具体时段分类，便于注册会计师明确不同时段注册会计师的责任。

## 高频考点2：财务报表日至审计报告日发生的事项★★★

### （一）主动识别第一时段期后事项（主动识别责任）

注册会计师应当设计和实施审计程序，获取充分、适当的审计证据，以确定所有在财务报表日至审计报告日之间发生的、需要在财务报表中调整或披露的事项均已得到识别。

**小贴士** 注册会计师并不需要对之前已实施审计程序并已得出满意结论的事项执行追加的审计程序。

### （二）用以识别期后事项的审计程序

注册会计师用以识别期后事项审计程序，需要考虑实施审计程序的性质、时间和范围，具体如表18－6所示。

**表18－6　用以识别期后事项的审计程序**

| 审计程序性质、时间和范围 | 具体内容 | |
|---|---|---|
| 审计程序的性质 | 常用程序 | （1）了解管理层为确保识别期后事项而建立的程序。<br>（2）询问管理层和治理层（如适用），确定是否已发生可能影响财务报表的期后事项。注册会计师可以询问根据初步或尚无定论的数据作出会计处理的项目的现状，以及是否已发生新的承诺、借款或担保，是否计划出售或购置资产等。<br>（3）查阅被审计单位的所有者、管理层和治理层在财务报表日后举行会议的纪要，在不能获取会议纪要的情况下，询问此类会议讨论的事项。<br>（4）查阅被审计单位最近的中期财务报表（如有） |
| | 其他程序 | （1）查阅被审计单位在财务报表日后最近期间内的预算、现金流量预测和其他相关的管理报告。<br>（2）就诉讼和索赔事项询问被审计单位的法律顾问，或扩大之前口头或书面查询的范围。<br>（3）考虑是否有必要获取涵盖特定期后事项的书面声明以支持其他审计证据，从而获取充分、适当的审计证据 |
| 审计程序的时间 | | （1）通常情况下，针对期后事项的专门审计程序，其实施时间越接近审计报告日越好。<br>（2）越接近审计报告日，也就意味着离财务报表日越远，被审计单位这段时间内累积的对财务报表日已经存在的情况提供的进一步证据也就越多。<br>（3）越接近审计报告日，注册会计师遗漏期后事项的可能性就越小 |
| 审计程序的范围 | | 注册会计师应当按照审计准则的规定实施审计程序，以使审计程序能够涵盖财务报表日至审计报告日（或尽可能接近审计报告日）之间的期间 |

### （三）知悉对财务报表有重大影响的期后事项时的考虑

（1）如果注册会计师识别出对财务报表有重大影响的期后事项，应当确定这些事项是否按照适用的财务报告编制基础的规定在财务报表中得到恰当反映。

（2）如果所知悉的期后事项属于调整事项，注册会计师应当考虑被审计单位是否已对财务报表作出适当的调整。

（3）如果所知悉的期后事项属于非调整事项，注册会计师应当考虑被审计单位是否在财务报表附注中予以充分披露。

### （四）书面声明

注册会计师应当要求管理层和治理层（如适用）提供书面声明，确认所有在财务报表日后发生的、按照适用的财务报告编制基础的规定应予调整或披露的事项均已得到调整或披露。

## 命题点拨

**命题角度：**财务报表日至审计报告日发生

的事项

本知识点在命题时，一般会以主观题（综合题）的形式出现，主要考核考生对于财务报表日至审计报告日发生的事项的掌握。

小贴士 常常考核注册会计师责任及应该实施的审计程序。

## 高频考点3：审计报告日后至财务报表报出日前知悉的事实★★

### （一）被动识别第二时段期后事项（被动识别责任）

（1）在审计报告日后，注册会计师没有义务针对财务报表实施任何审计程序；

（2）注册会计师针对被审计单位的审计业务已经结束，要识别可能存在的期后事项比较困难，因而无法承担主动识别第二时段期后事项的审计责任；

（3）注册会计师可能从媒体报道、举报信或者证券监管部门告知等途径获悉影响财务报表的期后事项。

### （二）知悉第二时段期后事项时的考虑

对于知悉第二时段期后事项时的考虑，具体如表18－7所示。



表18－7 知悉第二时段期后事项时的考虑

| 主要考虑 | 具体内容 |
| --- | --- |
| 总体要求 | 如果知悉了某事实，且若在审计报告日知悉可能导致修改审计报告，注册会计师应当采取以下措施：<br>（1）应当与管理层和治理层（如适用）讨论该事项。<br>（2）确定财务报表是否需要修改。<br>（3）如果需要修改，询问管理层将如何在财务报表中处理该事项 |
| 管理层修改财务报表时的处理 | （1）管理层整体修改。<br>如果管理层修改财务报表，注册会计师应当根据具体情况对有关修改实施必要的审计程序；同时，除非下文述及的特殊情况适用，注册会计师应当将用以识别期后事项的上述审计程序延伸至新的审计报告日，并针对修改后的财务报表出具新的审计报告。新的审计报告日不应早于修改后的财务报表被批准的日期。<br>（2）管理层局部修改。<br>在有关法律法规或适用的财务报告编制基础未禁止的情况下，如果管理层对财务报表的修改仅限于反映导致修改的期后事项的影响，被审计单位的董事会、管理层或类似机构也仅对有关修改进行批准，注册会计师可以仅针对有关修改将用以识别期后事项的上述审计程序延伸至新的审计报告日。在这种情况下，注册会计师应当选用下列处理方式之一：<br>①修改审计报告，针对财务报表修改部分增加补充报告日期，从而表明注册会计师对期后事项实施的审计程序仅限于财务报表相关附注所述的修改；<br>②出具新的或经修改的审计报告，在强调事项段或其他事项段中说明注册会计师对期后事项实施的审计程序仅限于财务报表相关附注所述的修改 |
| 管理层不修改财务报表且审计报告未提交时的处理 | 如果认为管理层应当修改财务报表而没有修改，并且审计报告尚未提交给被审计单位，注册会计师应当按照注册会计师审计准则的规定发表非无保留意见，然后再提交审计报告 |
| 管理层不修改财务报表且审计报告已提交时的处理 | （1）如果认为管理层应当修改财务报表而没有修改，并且审计报告已经提交给被审计单位，注册会计师应当通知管理层和治理层（除非治理层全部成员参与管理被审计单位）在财务报表作出必要修改前不要向第三方报出。<br>（2）如果财务报表在未经必要修改的情况下仍被报出，注册会计师应当采取适当措施，以设法防止财务报表使用者信赖该审计报告。例如，针对上市公司，注册会计师可以利用证券传媒等刊登必要的声明，防止使用者信赖审计报告。注册会计师采取的措施取决于自身的权利和义务以及所征询的法律意见 |

## 命题点拨

**命题角度：**审计报告日后至财务报表报出日前知悉的事实

本知识点在命题时，一般会以主观题（综合题）的形式出现，主要考核考生对审计报告日后至财务报表报出日前知悉的事实的掌握。

**小贴士** 常常考核注册会计师责任及应该实施的审计程序。

## 经典例题

【真题·单选题】（2022）在审计报告日后至财务报表报出日前，如果注册会计师知悉了若在审计报告日知悉可能导致修改审计报告的事项，下列有关注册会计师采取的措施的说法中，错误的是（　　）。

A. 如果管理层修改了财务报表，注册会计师应当根据具体情况对有关修改实施必要的审计程序

B. 如果认为管理层应当修改财务报表而没有修改，并且审计报告尚未提交给被审计单位，注册会计师应当修改审计意见类型，然后再提交审计报告

C. 如果认为管理层应当修改财务报表而没有修改，并且审计报告已经提交给被审计单位，注册会计师应当通知管理层和治理层在财务报表作出必要修改前不要向第三方报出

D. 如果审计报告已经提交给被审计单位，且管理层在财务报表未经必要修改的情况下仍将其报出，注册会计师应当采取适当措施，以设法防止使用者信赖该审计报告

【答案】B

【解析】如果认为管理层应当修改财务报表而没有修改，并且审计报告尚未提交给被审计单位，注册会计师应当发表非无保留意见，然后再提交审计报告。其报出，注册会计师应当采取适当措施，以设法防止使用者信赖该审计报告

### 高频考点4：财务报表报出后知悉的事实★★

#### （一）没有义务识别第三时段的期后事项（被动获悉责任）

财务报表报出日后知悉的事实属于第三时段期后事项，注册会计师没有义务针对财务报表实施任何审计程序。但是，并不排除注册会计师通过媒体等其他途径获悉可能对财务报表产生重大影响的期后事项的可能性。

#### （二）知悉第三时段期后事项时的考虑

对于知悉第三时段期后事项时的考虑，具体如表18－8所示。

表18－8　知悉第三时段期后事项时的考虑

| 主要考虑 | 具体内容 |
| --- | --- |
| 总体要求 | 在财务报表报出后，如果知悉了某事实，且若在审计报告日知悉可能导致修改审计报告，注册会计师应当采取以下措施：<br>（1）与管理层和治理层（如适用）讨论该事项；<br>（2）确定财务报表是否需要修改；<br>（3）如果需要修改，询问管理层将如何在财务报表中处理该事项。<br>【小贴士】需要注册会计师在知悉后采取行动的第三时段期后事项是有严格限制的：一是这类期后事项应当是在审计报告日已经存在的事实；二是该事实如果被注册会计师在审计报告日前获知，可能影响审计报告。只有同时满足这两个条件，注册会计师才需要采取行动 |

续表

| 主要考虑 | 具体内容 |
|---|---|
| 管理层修改财务报表时的处理 | （1）根据具体情况对有关修改实施必要的审计程序。例如，查阅法院判决文件、复核会计处理或披露事项，确定管理层对财务报表的修改是否恰当；<br>（2）复核管理层采取的措施能否确保所有收到原财务报表和审计报告的人士了解这一情况；<br>（3）延伸实施审计程序，并针对修改后的财务报表出具新的审计报告；<br>（4）在特殊情况下，修改审计报告或提供新的审计报告。<br>【小贴士】注册会计师应当在新的或经修改的审计报告中增加强调事项段或其他事项段，提醒财务报表使用者关注财务报表附注中有关修改原财务报表的详细原因和注册会计师提供的原审计报告 |
| 管理层未采取任何行动时的处理 | （1）如果管理层没有采取必要措施确保所有收到原财务报表的人士了解这一情况，也没有在注册会计师认为需要修改的情况下修改财务报表，注册会计师应当通知管理层和治理层，注册会计师将设法防止财务报表使用者信赖该审计报告；<br>（2）如果注册会计师已经通知管理层或治理层，而管理层或治理层没有采取必要措施，注册会计师应当采取适当措施，以设法防止财务报表使用者信赖该审计报告 |

**命题点拨**

命题角度：财务报表报出后知悉的事实

本知识点在命题时，一般会以主观题（综合题）的形式出现，主要考核考生对于财务报表报出后知悉的事实的掌握。

**小贴士** 常常考核注册会计师责任及应该实施的审计程序。

## 第三单元　书面声明

### 高频考点1：书面声明的含义与特征★★

**（一）书面声明的含义**

书面声明，是指管理层向注册会计师提供的书面陈述，用以确认某些事项或支持其他审计证据。

**小贴士** 书面声明不包括财务报表及其认定，以及支持性账簿和相关记录。

**（二）书面声明的特征**

（1）书面声明是注册会计师在财务报表审计中需要获取的必要信息，是审计证据的重要来源。

**小贴士** 如果管理层修改书面声明的内容或不提供注册会计师要求的书面声明，可能使注册会计师警觉存在重大问题的可能性。而且，在很多情况下，要求管理层提供书面声明而非口头声明，可以促使管理层更加认真地考虑声明所涉及的事项，从而提高声明的质量。

（2）尽管书面声明提供了必要的审计证据，但其本身并不为所涉及的任何事项提供充分、适当的审计证据。

（3）管理层已提供可靠书面声明的事实，并不影响注册会计师就管理层责任履行情况或具体认定获取的其他审计证据的性质和范围。

**命题点拨**

命题角度：书面声明的含义与特征

本知识点在命题时，一般会以客观题（单选题和多选题）的形式出现，主要考核考生对于书面声明的含义与特征的掌握。

**经典例题**

【真题·单选题】（2020）下列有关书面声明的作用的说法中，错误的是（　　）。

A. 书面声明是审计证据的重要来源

B. 要求管理层提供书面声明而非口头声明，可以提高管理层声明的质量

C. 在某些情况下，书面声明可能可以为相关事项提供充分、适当的审计证据

D. 书面声明可能影响注册会计师需要获取的审计证据的性质和范围

【答案】C

【解析】书面声明本身并不为所涉及的任何事项提供充分、适当的审计证据，故选项C为正确答案。

## 高频考点2：针对管理层责任的书面声明★★

### （一）总体要求

针对财务报表的编制，注册会计师应当要求管理层提供书面声明，确认其根据审计业务约定条款，履行了按照适用的财务报告编制基础编制财务报表并使其实现公允反映（如适用）的责任。

### （二）针对完整性的书面声明

针对提供的信息和交易的完整性，注册会计师应当要求管理层就下列事项提供书面声明：

（1）按照审计业务约定条款，已向注册会计师提供所有相关信息，并允许注册会计师不受限制地接触所有相关信息以及被审计单位内部人员和其他相关人员。

（2）所有交易均已记录并反映在财务报表中。

### （三）书面声明与管理层责任

（1）如果未从管理层获取其确认已履行责任的书面声明，注册会计师在审计过程中获取的有关管理层已履行这些责任的其他审计证据是不充分的。

（2）基于管理层认可并理解在审计业务约定条款中提及的管理层的责任，注册会计师可能还要求管理层在书面声明中再次确认其对自身责任的认可与理解。

当存在下列情况时，这种确认尤为适当：

①代表被审计单位签订审计业务约定条款的人员不再承担相关责任；

②审计业务约定是在以前年度签订的；

③有迹象表明管理层误解了其责任；

④情况的改变需要管理层再次确认其责任。

**小贴士** 再次确认管理层对自身责任的认可与理解，并不限于管理层已知的全部事项。

## 高频考点3：其他书面声明★★

除《中国注册会计师审计准则第1341号——书面声明》和其他审计准则要求的书面声明外，如果注册会计师认为有必要获取一项或多项其他书面声明，以支持与财务报表或者一项或多项具体认定相关的其他审计证据，注册会计师应当要求管理层提供这些书面声明。其他书面声明涵盖的情形，具体如表18－9所示。

表18－9　其他书面声明

| 主要情形 | 具体内容 |
| --- | --- |
| 关于财务报表的额外书面声明 | 其他书面声明可能是对基本书面声明的补充，但不构成其组成部分。其他书面声明可能包括针对下列事项作出的声明：<br>（1）会计政策的选择和运用是否适当。<br>（2）是否按照适用的财务报告编制基础对下列事项（如相关）进行了确认、计量、列报或披露：<br>①可能影响资产和负债账面价值或分类的计划或意图。<br>②负债（包括实际负债和或有负债）。<br>③资产的所有权或控制权，资产的留置权或其他物权，用于担保的抵押资产。<br>④可能影响财务报表的法律法规及合同（包括违反法律法规及合同的行为） |
| 与向注册会计师提供信息有关的额外书面声明 | 注册会计师可能认为有必要要求管理层提供书面声明，确认其已将注意到的所有内部控制缺陷向注册会计师通报 |

续表

| 主要情形 | 具体内容 |
| --- | --- |
| 关于特定认定的书面声明 | 在获取有关管理层的判断和意图的证据时，或在对判断和意图进行评价时，注册会计师可能考虑下列一项或多项事项：<br>（1）被审计单位以前对声明的意图的实际实施情况；<br>（2）被审计单位选取特定措施的理由；<br>（3）被审计单位实施特定措施的能力；<br>（4）是否存在审计过程中已获取的、可能与管理层判断或意图不一致的任何其他信息。<br>【小贴士】注册会计师可能认为有必要要求管理层提供有关财务报表特定认定的书面声明，尤其是支持注册会计师就管理层的判断或意图，或者完整性认定从其他审计证据中获取的了解。例如，如果管理层的意图对投资的计价基础非常重要，但若不能从管理层获取有关该项投资意图的书面声明，注册会计师就不可能获取充分、适当的审计证据。尽管这些书面声明能够提供必要的审计证据，但其本身并不能为财务报表特定认定提供充分、适当的审计证据 |

## 命题点拨

命题角度：其他书面声明

本知识点在命题时，一般会以客观题（单选题和多选题）的形式出现，主要考核考生对于其他书面声明的理解。

小贴士　一般会考核其他书面声明与基本书面声明的区别。

### 高频考点4：书面声明的日期和涵盖的期间★★

#### （一）书面声明的日期

书面声明的日期应当尽量接近对财务报表出具审计报告的日期，但不得在审计报告日后。书面声明应当涵盖审计报告针对的所有财务报表和期间。

小贴士　由于书面声明是必要的审计证据，在管理层签署书面声明前，注册会计师不能发表审计意见，也不能签署审计报告。

## 经典例题

【真题·单选题】（2018）下列有关书面声明日期的说法中，错误的是（　　）。

A. 书面声明的日期不得早于财务报表报出日

B. 书面声明的日期不得晚于审计报告日

C. 书面声明的日期可以和审计报告日是同一天

D. 书面声明的日期可以早于审计报告日

【答案】A

【解析】选项A错误，书面声明的日期应当尽量接近对财务报表出具审计报告的日期，但不得在审计报告日后。

#### （二）书面声明涵盖的期间

在某些情况下，注册会计师在审计过程中获取有关财务报表特别认定的书面声明可能是适当的。此时，可能有必要要求管理层更新书面声明。管理层有时需要再次确认以前期间作出的书面声明是否依然适当，因此，书面声明需要涵盖审计报告中提及的所有期间。更新后的书面声明需要表明，以前期间所作的声明是否发生了变化，以及发生了什么变化。

小贴士　在实务中可能会出现这样的情况，即在审计报告中提及的所有期间内，现任管理层均尚未就任。他们可能由此声称无法就上述期间提供部分或全部书面声明。然而，这一事实并不能减轻现任管理层对财务报表整体的责任。相应地，注册会计师仍然需要向现任管理层获取涵盖整个相关期间的书面声明。

### 高频考点5：对书面声明可靠性的疑虑以及管理层不提供要求的书面声明★★

#### （一）对书面声明可靠性的疑虑

注册会计师对书面声明的可靠性存在疑虑时，应对的措施具体如表18－10所示。

表 18－10 对书面声明可靠性的疑虑

| 主要情形 | 具体内容 |
| --- | --- |
| 对管理层的胜任能力、诚信、道德价值观或勤勉尽责存在疑虑 | （1）如果对管理层的胜任能力、诚信、道德价值观或勤勉尽责存在疑虑，或者对管理层在这些方面的承诺或贯彻执行存在疑虑，注册会计师应当确定这些疑虑对书面或口头声明和审计证据总体的可靠性可能产生的影响。<br>（2）注册会计师可能认为，管理层在财务报表中作出不实陈述的风险很大，以至于审计工作无法进行。<br>【小贴士】在这种情况下，除非治理层采取适当的纠正措施，否则注册会计师可能需要考虑解除业务约定（如果法律法规允许）。很多时候，治理层采取的纠正措施可能并不足以使注册会计师发表无保留意见 |
| 书面声明与其他审计证据不一致 | （1）如果书面声明与其他审计证据不一致，注册会计师应当实施审计程序以设法解决这些问题。<br>（2）注册会计师可能需要考虑风险评估结果是否仍然适当。如果认为不适当，注册会计师需要修正风险评估结果，并确定进一步审计程序的性质、时间安排和范围，以应对评估的风险。<br>（3）如果问题仍未解决，注册会计师应当重新考虑对管理层的胜任能力、诚信、道德价值观或勤勉尽责的评估，或者重新考虑对管理层在这些方面的承诺或贯彻执行的评估，并确定书面声明与其他审计证据的不一致对书面或口头声明和审计证据总体的可靠性可能产生的影响。<br>【小贴士】如果认为书面声明不可靠，注册会计师应当采取适当措施，包括确定其对审计意见可能产生的影响 |

## （二）管理层不提供要求的书面声明

当管理层不提供要求的书面声明时，注册会计师应对的措施，具体如表 18－11 所示。

表 18－11 管理层不提供要求的书面声明

| 主要情形 | 具体内容 |
| --- | --- |
| 一般性措施 | （1）与管理层讨论该事项；<br>（2）重新评价管理层的诚信，并评价该事项对书面或口头声明和审计证据总体的可靠性可能产生的影响；<br>（3）采取适当措施，包括确定该事项对审计意见可能产生的影响 |
| 发表无法表示意见（具体措施） | 如果存在下列情形之一，注册会计师应当对财务报表发表无法表示意见：<br>（1）注册会计师对管理层的诚信产生重大疑虑，以至于认为其作出的书面声明不可靠。<br>（2）管理层不提供下列书面声明。<br>①针对财务报表的编制，管理层确认其根据审计业务约定条款，履行了按照适用的财务报告编制基础编制财务报表并使其实现公允反映（如适用）的责任。<br>②针对提供的信息和交易的完整性，管理层就下列事项提供书面声明：<br>a. 按照审计业务约定条款，已向注册会计师提供所有相关信息，并允许注册会计师不受限制地接触所有相关信息以及被审计单位内部人员和其他相关人员。<br>b. 所有交易均已记录并反映在财务报表中 |

小贴士 如果注册会计师认为有关这些事项的书面声明不可靠，或者管理层不提供有关这些事项的书面声明，则注册会计师无法获取充分、适当的审计证据，这对财务报表的影响可能是广泛的，并不局限于财务报表的特定要素、账户或项目。在这种情况下，注册会计师需要按照中国注册会计师审计准则的规定，对财务报表发表无法表示意见。

## 命题点拨

**命题角度**：对书面声明可靠性的疑虑以及管理层不提供要求的书面声明

本知识点在命题时，一般会以客观题（单选题和多选题）以及主观题（综合题）的形式出现，主要考核考生对于对书面声明可靠性的疑虑以及管理层不提供要求的书面声明情形下，注册会计师的应对措施。

### 经典例题

【真题·多选题】（2022）如果管理层不提供要求的一项或多项书面声明，下列说法中，正确的有（　　）。

A. 注册会计师应当发表无法表示意见

B. 注册会计师应当重新评价管理层的诚信

C. 注册会计师应当评价该事项对审计证据总体的可靠性可能产生的影响

D. 注册会计师应当与管理层讨论该事项

【答案】BCD

【解析】如果管理层不提供要求的一项或多项书面声明，注册会计师应当：（1）与管理层讨论该事项（选项D正确）；（2）重新评价管理层的诚信（选项B正确），并评价该事项对书面或口头声明和审计证据总体的可靠性可能产生的影响（选项C正确）；（3）采取适当措施，包括确定该事项对审计意见可能产生的影响。

## 进阶练习

### （一）单选题

1. 下列各项中，不属于财务报表日后调整事项的是（　　）。

A. 财务报表日后发现了财务报表舞弊或差错

B. 财务报表日后进一步确定了财务报表日前购入资产的成本或售出资产的收入

C. 财务报表日被审计单位认为可以收回的大额应收款项，因财务报表日后债务人突然破产而无法收回

D. 财务报表日后资本公积转增资本

2. 下列各项中，不属于项目合伙人在审计过程中复核审计工作底稿的内容的是（　　）。

A. 重大事项

B. 重大判断与在审计中有争议事项相关的判断，以及得出的结论

C. 重大判断与在审计中遇到的困难，以及得出的结论

D. 根据项目合伙人的职业判断，与项目组成员的职责有关的其他事项

3. 下列有关项目合伙人复核的说法中，错误的是（　　）。

A. 项目合伙人无须复核所有审计工作底稿

B. 项目合伙人应当在审计工作底稿中记录复核的范围和时间

C. 项目合伙人应当复核与重大错报风险相关的所有审计工作底稿

D. 项目合伙人通常需要复核项目组对关键领域所作的判断

4. 下列有关对审计过程识别出的错报考虑的说法中，错误的是（　　）。

A. 除非法律法规禁止，注册会计师应当及时将审计过程中累积的所有错报与适当层级的管理层进行沟通，还应当要求管理层更正这些错报

B. 如果法律法规限制注册会计师向被审计单位管理层或被审计单位的其他人员通报某些错报，注册会计师可以考虑征询法律意见

C. 确定一项分类错报是否重大时，注册会计师需要进行定性评估

D. 注册会计师在审计过程中，要及时与被审计单位管理层沟通所有的错报

5. 下列各项中，不属于注册会计师主动识别第一时段期后事项的审计程序的是（　　）。

A. 查阅被审计单位的所有者、管理层和治理层在财务报表日后举行会议的纪要，在不能获取会议纪要的情况下，询问此类会议讨论的事项

B. 询问管理层和治理层，确定是否已发生可能影响财务报表的期后事项

C. 查阅被审计单位上期财务报表

D. 了解管理层为确保识别期后事项而建立的程序

6. 下列有关注册会计师知悉第二时段期后事项时的应对措施，错误的是（　　）。

A. 如果知悉了某事实，且若在审计报告日知悉可能导致修改审计报告，注册会计师应当与管理层和治理层讨论该事项

B. 如果认为管理层应当修改财务报表而没有修改，直接解除业务约定

C. 如果认为管理层应当修改财务报表而没有修改，并且审计报告尚未提交给被审计单位，发表非无保留意见，然后再提交审计报告

D. 确定财务报表是否需要修改，如果需要修改，询问管理层将如何在财务报表中处理该事项

7. 下列有关书面声明的说法中，错误的是（　　）。

A. 管理层提供的可靠书面声明的事实，也不影响注册会计师就管理层责任履行情况或具体认定获取的其他审计证据的性质和范围

B. 如果管理层修改书面声明的内容或不提供注册会计师要求的书面声明，可能使注册会计师警觉存在重大问题的可能性

C. 如果在审计报告中提及的所有期间内，现任管理层均尚未就任，注册会计师也需向现任管理层获取涵盖整个相关期间的书面证明

D. 如果管理层不向注册会计师提供所有交易均已记录并反映在财务报表中的书面声明，注册会计师应当对财务报表发表非保留意见

8. 下列有关注册会计师对错报进行沟通的说法中，错误的是（　　）。

A. 注册会计师的保密义务与通报义务之间存在的潜在冲突可能很复杂，注册会计师可以考虑征询法律意见

B. 注册会计师应当与治理层沟通与以前期间相关的未更正错报对相关类别的交易、账户余额或披露以及财务报表整体的影响

C. 如果管理层拒绝更正沟通的部分或全部错报，应该发表非无保留意见

D. 除非法律法规禁止，注册会计师应当及时将审计过程中累积（超过明显微小错报临界值的错报）的所有错报与适当层级的管理层进行沟通

9. 下列关于项目组内部复核的做法中，错误的是（　　）。

A. 应当由项目组内级别高的人员复核级别低的人员的工作

B. 复核人员应当在计划阶段、执行阶段和完成阶段及时复核相应的工作底稿

C. 需要指派经验丰富的项目组成员执行复核，必要时可以由项目合伙人执行复核

D. 会计师事务所应当制定与内部复核相关的政策和程序，对内部复核的层级、各层级的复核范围、执行复核的具体要求以及对复核的记录要求等作出规定

10. 注册会计师知悉第三时段期后事项时，如果管理层修改了财务报表，注册会计师

采取的下列措施，错误的是（　　）。

A. 注册会计师可以认为寻求法律意见是适当的

B. 根据具体情况对有关修改实施必要的审计程序

C. 延伸实施审计程序，并针对修改后的财务报表出具新的审计报告

D. 复核管理层采取的措施能否确保所有收到原财务报表和审计报告的人士了解这一情况

（二）多选题

1. 下列关于书面声明日期和涵盖的期间的说法中，错误的有（　　）。

A. 书面声明可以涵盖审计报告针对的所有财务报表和期间

B. 书面声明的日期不得在审计报告日后

C. 书面声明的日期为资产负债表日

D. 书面声明的日期应当尽量接近对财务报表出具审计报告的日期

2. 下列关于书面声明的说法中，错误的有（　　）。

A. 如果管理层修改书面声明的内容或不提供注册会计师要求的书面声明，可能使注册会计师警觉存在重大问题的可能性

B. 即使被审计单位管理层就某事项提供的书面声明，也不能减轻注册会计师的责任

C. 如果注册会计师不能获取充分、适当的审计证据，可获取书面声明作为审计意见的基础

D. 书面声明包括财务报表及其认定

3. 对于审计过程发现的错报，注册会计师下列做法中，正确的有（　　）。

A. 注册会计师应当要求管理层更正审计过程中发现的所有错报

B. 管理层拒绝更正沟通的部分或全部错报，注册会计师可以考虑征询法律意见

C. 在评价未更正错报的影响之前，注册会计师可能有必要依据实际的财务结果对重要性作出修改

D. 除非法律法规禁止，注册会计师应当及时将审计过程中超过明显微小错报临界值的所有错报与适当层级的管理层进行沟通

4. 下列各项中，属于其他书面声明的有（　　）。

A. 与向注册会计师提供信息有关的额外书面声明

B. 关于会计政策的选择和运用是否适当的书面声明

C. 从管理层获取有关该项投资意图的书面声明

D. 注册会计师要求管理层提供书面声明，确认其根据审计业务约定条款，履行了按照适用的财务报告编制基础编制财务报表并使其实现公允反映的责任

5. 下列关于评价未更正错报影响的说法中，错误的有（　　）。

A. 注册会计师与治理层沟通未更正错报时，应当逐项指明未更正错报

B. 分类错报超过了在评价其他错报时运用的重要性水平，注册会计师也可能认为该分类错报对财务报表整体不产生重大影响

C. 如果注册会计师对重要性或重要性水平进行的重新评价导致需要确定与计划不同的金额，则应重新考虑实际执行的重要性和进一步审计程序的性质、时间安排和范围的适当性，以获取充分、适当的审计证据，作为发表审计意见的基础

D. 某些错报低于财务报表整体的重要性，在将其单独或连同在审计过程中累积的其他错报一并考虑时，注册会计师也可能将这些错报评价为重大错报

6. 下列关于未更正错报的说法中，正确的有（　　）。

A. 被审计单位财务报表中大于明显微小

错报临界值但尚未更正的错报构成未更正错报

B. 如果营业收入的高估错报和营业成本的高估错报，两者抵销对损益的影响金额低于明显微小错报临界值，此时收入和费用的错报可以不调整

C. 注册会计师应当要求管理层和治理层提供书面声明，说明其是否认为未更正错报单独或汇总起来对财务报表整体的影响不重大

D. 注册会计师应当与治理层沟通与以前期间相关的未更正错报对相关类别的交易、账户余额或披露以及财务报表整体的影响

7. 下列有关期后事项审计的说法中，正确的有（　　）。

A. 对于第一时段的期后事项，注册会计师应当按照审计准则的规定实施审计程序，以使审计程序能够涵盖财务报表日至审计报告日之间的期间

B. 注册会计师应当设计和实施审计程序，获取充分、适当的审计证据，以确定所有在财务报表日至审计报告日之间发生的、需要在财务报表中调整或披露的事项均已得到识别

C. 注册会计师应当设计和实施审计程序，获取充分、适当的审计证据，以确定所有在财务报表日至财务报表报出日之间发生的，需要在财务报表中调整或披露的事项均已得到识别

D. 对于第二时段的期后事项，如果认为管理层应当修改财务报表而没有修改，并且审计报告尚未提交给被审计单位，注册会计师应当按照注册会计师审计准则的规定发表非无保留意见，然后再提交审计报告

8. 下列各项中，在被审计单位年度财务报表公布后，对于知悉的事实，不需要注册会计师采取适当措施的情况的有（　　）。

A. 被审计单位年度财务报表存在重大错报

B. 被审计单位年度财务报表中正确披露的或有事项，在财务报表公布后得到解决

C. 被审计单位年度财务报表日前，出售了一家重要子公司

D. 被审计单位年度财务报表公布后，在本年度采用了不符合企业具体情况的会计政策

9. 对于第三时段的期后事项，管理层修改财务报表时，注册会计师的下列应对措施，正确的有（　　）。

A. 延伸实施审计程序，并针对修改后的财务报表出具新的审计报告

B. 复核管理层采取的措施能否确保所有收到原财务报表和审计报告的人士了解这一情况

C. 根据具体情况对修改后财务报告实施必要的审计程序

D. 注册会计师在新的或经修改的审计报告中增加强调事项段或其他事项段，提醒财务报表使用者关注财务报表附注中有关修改原财务报表的详细原因和注册会计师提供的原审计报告

10. 下列有关第一时段的期后事项注册会计师责任的说法中，正确的有（　　）。

A. 设计专门的审计程序识别这些期后事项

B. 尽量在接近资产负债表日时实施针对期后事项的专门审计程序

C. 对于这一时段的期后事项，注册会计师负有主动识别的义务

D. 秉持职业谨慎的需要，可以考虑对之前已实施审计程序并已得出满意结论的事项执行追加的审计程序

## 进阶练习答案及解析

### （一）单选题

1.【答案】D

【解析】选项D错误，财务报表日后资本公积转增资本属于财务报表日后非调整事项；而选项A、B、C均属于财务报表日后调整事项。

2.【答案】D

【解析】项目合伙人应当在审计过程中的适当时点复核审计工作底稿，包括与下列方面相关的工作底稿：（1）重大事项（选项A正确）；（2）重大判断，包括与在审计中遇到的困难或有争议事项相关的判断，以及得出的结论（选项B、C正确）；（3）根据项目合伙人的职业判断，与项目合伙人的职责有关的其他事项（选项D错误，不是“项目组成员”而是“项目合伙人”）。

3.【答案】C

【解析】选项C错误，项目合伙人复核与重大错报风险相关的所有审计工作底稿，显然不符合重要性原则。

4.【答案】D

【解析】选项D错误，及时与适当层级的管理层沟通错报事项，并不是所有的错报都要与被审计单位管理层沟通，法律法规可能限制注册会计师向管理层或被审计单位内部的其他人员通报某些错报。

5.【答案】C

【解析】选项C错误，应该查阅被审计单位最近中期的财务报表，而不是“上期财务报表”。

6.【答案】B

【解析】选项B错误，直接解除业务约定是一种极端做法。

7.【答案】D

【解析】选项D错误，针对所有交易均记录并反映在财务报表属于准则规定的基本书面声明，被审计单位是必须要提供的。如果管理层拒绝签署审计准则规定的书面声明，则出具无法表示意见的审计报告，不能出具非保留意见审计报告。

8.【答案】C

【解析】选项C错误，如果管理层拒绝更正沟通的部分或全部错报，也可能发表无保留意见（未更正错报不属于重大错报）。

9.【答案】A

【解析】选项A错误，应当由项目组内经验较多的人员复核经验较少的人员的工作，级别的高低不能代表经验的多少。

10.【答案】A

【解析】选项A属于“管理层未采取任何行动时的处理”时的措施。

### （二）多选题

1.【答案】AC

【解析】选项A错误，书面声明应当涵盖审计报告针对的所有财务报表和期间；选项C错误，书面声明的日期没有确定的日期，需要注册会计师根据具体情形判断。

2.【答案】CD

【解析】书面声明本身并不为所涉及的任何事项提供充分、适当的审计证据，而且，管理层已提供可靠书面声明的事实，并不影响注册会计师就管理层责任履行情况或具体认定获取的其他审计证据的性质和范围（选项B正确、选项C错误）；书面声明不包括财务报表及其认定，以及支持性账簿和相关记录（选项D错误）。

3.【答案】CD

【解析】选项A错误，注册会计师应当要求管理层更正审计过程中累积的所有错报；选项B错误，管理层拒绝更正沟通的部分或全部错报，注册会计师应当了解管理层不更正错报的理由，并在评价财务报表整体是否不存在重大错报时考虑该理由，而注册会计师考虑征询法律意见，一般是在“法律法规可能限制注册会计师向管理层或被审计单位内部的其他人员通报某些错报”情形下的措施。

4. 【答案】ABC

【解析】选项D，属于针对管理层责任的书面声明，即基本书面声明。

5. 【答案】AC

【解析】选项A错误，应当逐项指明重大的未更正错报，而非所有未更正错报；选项C错误，如果注册会计师对重要性或重要性水平进行的重新评价导致需要确定较低的金额，则应重新考虑实际执行的重要性和进一步审计程序的性质、时间安排和范围的适当性，以获取充分、适当的审计证据，作为发表审计意见的基础，强调“需要确定较低的金额”，也就是“不包括需要确定较高的金额”情形。

6. 【答案】ACD

【解析】选项B错误，营业收入的高估错报不能被营业成本的高估错报抵销

7. 【答案】ABD

【解析】选项C错误，财务报表日至财务报表报出日之间分为两个时段，第一时段财务报表日至审计报告日之间发生的事项，注册会计师有主动识别的义务；第二时段审计报告日至财务报表报出日前知悉的事实，注册会计师负有被动识别的义务。

8. 【答案】BD

【解析】对于财务报表公布后的第三时段期后事项是有严格限制的：（1）这类期后事项应当是在审计报告日已经存在的事实（选项A、C正确，选项D错误）；（2）该事实如果被注册会计师在审计报告日前获知，可能影响审计报告（选项B错误）。只有同时满足上述这两个条件，注册会计师才需要采取行动。

9. 【答案】ABD

【解析】选项C错误，管理层修改财务报表时，注册会计师应当根据具体情况对有关修改实施必要的审计程序，而不是“对修改后财务报告”。

10. 【答案】AC

【解析】对于第一时段的期后事项，注册会计师负有主动识别的义务（选项C正确）；应当设计专门的审计程序来识别这些期后事项（选项A正确）；注册会计师并不需要对之前已实施审计程序并已得出满意结论的事项执行追加的审计程序（选项D错误）；通常情况下，针对期后事项的专门审计程序，其实施时间越接近审计报告日越好（选项B错误）。

# 第十九章　审计报告



## 2023 年教材内容主要变化

本章内容没有实质性变化，只有局部文字修改。

## 本章近五年考试高频考点分布

| 高频考点内容 | 年度及题型分布 |
|---|---|
| 关键审计事项概述 | 2022 年简答、2019 年简答 |
| 确定关键审计事项的决策框架 | 2020 年简答、2018 年简答 |
| 确定非无保留意见的类型 | 2022 年简答、2019 年简答、2018 年简答 |
| 非无保留意见的审计报告的格式与内容 | 2022 年简答、2020 年简答 |
| 强调事项段 | 2022 年简答、2020 年简答、2018 年简答 |
| 其他事项段 | 2022 年简答 |
| 当注册会计师认为其他信息存在重大错报时的应对 | 2020 年简答 |
| 审计报告中对其他信息的描述 | 2022 年简答、2019 年简答、2018 年简答 |

## 高频考点精讲

审计报告是审计意见的主要载体，是衡量审计质量的重要书面文件，本章学习时需要把握不同类型审计意见的出具条件以及不同类型审计报告重要部分的撰写，注意本章与第二章、第十八章等章节内容的交汇链接，考核的知识点常常以本章为主，辐射其他章节。

### 第一单元　审计报告及审计意见形成

#### 高频考点 1：审计报告概述★

审计报告概述主要阐述审计报告的含义及作用，具体如表 19 - 1 所示。

表 19－1　审计报告概述

| 含义及作用 | 具体内容 |
|---|---|
| 审计报告的含义 | 审计报告是指注册会计师根据《中国注册会计师审计准则》的规定，在实施审计工作的基础上对被审计单位财务报表发表审计意见的书面文件。主要特征如下：<br>（1）注册会计师应当按照《中国注册会计师审计准则》的规定执行审计工作；<br>（2）注册会计师在实施审计工作的基础上才能出具审计报告；<br>（3）注册会计师通过对财务报表发表意见履行业务约定书约定的责任；<br>（4）注册会计师应当以书面形式出具审计报告 |
| 审计报告的作用 | （1）鉴证作用：<br>注册会计师签发的审计报告，以超然独立的第三者身份，对被审计单位财务报表合法性、公允性发表意见。这种意见具有鉴证作用。<br>（2）保护作用：<br>通过不同类型的审计报告，提高或降低财务报表使用者对财务报表的信赖程度，在一定程度上对被审计单位的财产、债权人和股东的权益及企业利害关系人的利益起到保护作用。<br>（3）证明作用：<br>审计报告是对注册会计师审计任务完成情况及其结果所作的总结，它可以表明审计工作的质量并明确注册会计师的审计责任 |

## 高频考点 2：得出审计结论时考虑的领域★★

注册会计师应当就财务报表是否在所有重大方面按照适用的财务报告编制基础编制并实现公允反映形成审计意见。为了形成审计意见，针对财务报表整体是否不存在由于舞弊或错误导致的重大错报，注册会计师应当得出结论，确定是否已就此获取合理保证。在得出结论时，应该考虑的领域，具体如表 19－2 所示。

表 19－2　得出审计结论时考虑的领域

| 主要领域 | 具体内容 |
|---|---|
| 审计证据的充分性和适当性 | 如果对重大的财务报表认定没有获取充分、适当的审计证据，注册会计师应当尽可能获取进一步的审计证据 |
| 未更正错报单独或汇总起来是否构成重大错报 | （1）相对特定类别的交易、账户余额或披露以及财务报表整体而言，错报的金额和性质以及错报发生的特定环境。<br>（2）与以前期间相关的未更正错报对相关类别的交易、账户余额或披露以及财务报表整体的影响 |
| 评价财务报表是否在所有重大方面按照适用的财务报告编制基础编制 | （1）财务报表是否恰当披露了所选择和运用的重要会计政策。<br>（2）选择和运用的会计政策是否符合适用的财务报告编制基础，并适合被审计单位的具体情况。<br>（3）管理层作出的会计估计是否合理。<br>（4）财务报表列报的信息是否具有相关性、可靠性、可比性和可理解性。<br>（5）财务报表是否作出充分披露，使财务报表预期使用者能够理解重大交易和事项对财务报表所传递的信息的影响。<br>（6）财务报表使用的术语（包括每一财务报表的标题）是否适当 |
| 评价财务报表是否实现公允反映 | （1）财务报表的整体列报（包括披露）、结构和内容是否合理。<br>（2）财务报表是否公允地反映了相关交易和事项 |
| 评价财务报表是否恰当提及或说明适用的财务报告编制基础 | （1）管理层和治理层编制的财务报表需要恰当说明适用的财务报告编制基础。<br>（2）只有当财务报表符合适用的财务报告编制基础的所有要求（在财务报表所涵盖的期间内有效）时，声明财务报表按照该编制基础编制才是恰当的。<br>（3）在对适用的财务报告编制基础的说明中使用不严密的修饰语或限定性的语言（如“财务报表实质上符合国际财务报告准则的要求”）是不恰当的，因为这可能会误导财务报表使用者 |

### 高频考点3：审计意见的类型★★

注册会计师的目标是在评价根据审计证据得出的结论的基础上，对财务报表形成审计意见，并通过书面报告的形式清楚地表达审计意见。审计意见的类型，具体如表19－3所示。

表19－3 审计意见的类型

| 主要类型 | 具体内容 |
| --- | --- |
| 无保留意见 | （1）无保留意见，是指当注册会计师认为财务报表在所有重大方面按照适用的财务报告编制基础编制并实现公允反映时发表的审计意见。<br>（2）如果认为财务报表在所有重大方面按照适用的财务报告编制基础编制并实现公允反映，注册会计师应当发表无保留意见 |
| 非无保留意见 | （1）非无保留意见，是指对财务报表发表的保留意见、否定意见或无法表示意见。<br>（2）当存在下列情形之一时，注册会计师应当在审计报告中发表非无保留意见：<br>①根据获取的审计证据，得出财务报表整体存在重大错报的结论。<br>②无法获取充分、适当的审计证据，不能得出财务报表整体不存在重大错报的结论。<br>【小贴士】具体意见类型链接教材表19－1 |



## 第二单元 审计报告的基本内容以及在审计报告中沟通关键审计事项

### 高频考点1：审计报告的要素★★

审计报告的基本要素，具体如表19－4所示。

表19－4 审计意见的要素

| 要素 | 具体内容 |
| --- | --- |
| 标题 | 审计报告应当具有标题，统一规范为"审计报告" |
| 收件人 | 审计报告应当按照审计业务的约定载明收件人。注册会计师通常将审计报告致送给财务报表使用者，一般是被审计单位的股东或治理层 |
| 审计意见 | 审计意见部分由两部分构成。第一部分指出已审计财务报表，应当包括下列方面：<br>（1）指出被审计单位的名称。<br>（2）说明财务报表已经审计。<br>（3）指出构成整套财务报表的每一财务报表的名称。<br>（4）提及财务报表附注。<br>（5）指明构成整套财务报表的每一财务报表的日期或涵盖的期间。<br>第二部分应当说明注册会计师发表的审计意见 |
| 形成审计意见的基础 | 该部分提供关于审计意见的重要背景，应当紧接在审计意见部分之后，并包括下列方面：<br>（1）说明注册会计师按照审计准则的规定执行了审计工作。<br>（2）提及审计报告中用于描述审计准则规定的注册会计师责任的部分。<br>（3）声明注册会计师按照与审计相关的职业道德要求对被审计单位保持了独立性，并履行了职业道德方面的其他责任。声明中应当指明适用的职业道德要求，如中国注册会计师职业道德守则。<br>（4）说明注册会计师是否相信获取的审计证据是充分、适当的，为发表审计意见提供了基础 |
| 管理层对财务报表的责任 | （1）按照适用的财务报告编制基础编制财务报表，使其实现公允反映，并设计、执行和维护必要的内部控制，以使财务报表不存在由于舞弊或错误导致的重大错报。<br>（2）评估被审计单位的持续经营能力和使用持续经营假设是否适当，并披露与持续经营相关的事项。对管理层评估责任的说明应当包括描述在何种情况下使用持续经营假设是适当的 |

续表

| 要素 | 具体内容 |
| --- | --- |
| 注册会计师对财务报表审计的责任 | 具体见教材表述 |
| 按照相关法律法规的要求报告的事项（如适用） | 具体见教材表述 |
| 注册会计师的签名和盖章 | 审计报告应由项目合伙人和另一名负责该项目的注册会计师签名和盖章 |
| 会计师事务所的名称、地址和盖章 | 审计报告应当载明会计师事务所的名称和地址，并加盖会计师事务所公章 |
| 报告日期 | 后续知识点重点讲述 |

**小贴士** 表19－4是对审计报告要素的一般性阐述，具体报告的意见类型为无保留意见，未列示其他段落，是后续审计报告结构的基础框架。

## 高频考点2：报告日期★★★

### （一）确定审计报告日的基本要求

（1）审计报告应当注明报告日期。审计报告日不应早于注册会计师获取充分、适当的审计证据，并在此基础上对财务报表形成审计意见的日期。

（2）在确定审计报告日时，注册会计师应当确信已获取下列两方面的审计证据：

①构成整套财务报表的所有报表（含披露）已编制完成。

②被审计单位的董事会、管理层或类似机构已经认可其对财务报表负责。

### （二）审计报告日的确定（实务流程）

（1）如果法律法规没有对财务报表在报出前获得批准作出规定，则注册会计师在正式签署审计报告前，通常把审计报告草稿随附管理层已按审计调整建议修改后的财务报表提交给管理层；

（2）如果管理层签署已按审计调整建议修改后的财务报表，注册会计师即可签署审计报告；

（3）注册会计师签署审计报告的日期可能与管理层签署已审计财务报表的日期为同一天，也可能晚于管理层签署已审计财务报表的日期。

**名师解惑**

**问：**老师，审计报告日为什么不能规定一个统一的日期呢？

**答：**因为注册会计师审计准则中明确规定，“审计报告日不应早于注册会计师获取充分、适当的审计证据，并在此基础上对财务报表形成审计意见的日期”，基于上述规范，由于不同的审计项目注册会计师获取充分、适当的审计证据的时点是不同的，为此，需要注册会计师在准则要求的框架下，合理确定具体项目的审计报告日期。

**经典例题**

【例题·单选题】下列有关审计报告日的说法中，错误的是（　　）。

A. 审计报告日可以晚于管理层签署已审计财务报表的日期

B. 审计报告日不应早于管理层书面声明的日期

C. 在特殊情况下，注册会计师可以出具

双重日期的审计报告

D. 审计报告日应当是注册会计师获取充分、适当的审计证据，并在此基础上对财务报表形成审计意见的日期

【答案】D

【解析】选项D错误，审计报告日不应早于（而不是“应当是”）注册会计师获取充分、适当的审计证据，并在此基础上对财务报表形成审计意见的日期。

### 高频考点3：关键审计事项概述★★

有关关键审计事项的含义、要求和意义，具体如表19－5所示。

表19－5 关键审计事项概述

| 概述 | 具体内容 |
|---|---|
| 含义 | 关键审计事项，是指注册会计师根据职业判断认为对当期财务报表审计最为重要的事项 |
| 要求 | （1）注册会计师在上市实体整套通用目的财务报表审计报告中增加关键审计事项部分，用于沟通关键审计事项。<br>（2）除非法律法规另有规定，当对财务报表发表无法表示意见时，注册会计师不得在审计报告中包含关键审计事项部分 |
| 意义 | （1）旨在通过提高已执行审计工作的透明度增加审计报告的沟通价值。<br>（2）能够帮助财务报表预期使用者了解被审计单位，以及已审计财务报表中涉及重大管理层判断的领域。<br>（3）能够为财务报表预期使用者就与被审计单位、已审计财务报表或已执行审计工作相关的事项进一步与管理层和治理层沟通提供基础 |

### 名师解惑

问：老师，关键审计事项和强调事项哪一个对预期使用者更重要呢？

答：从一般意义上讲，关键审计事项和强调事项对于预期使用者理解财务报表都很重要，但是，就二者的比较来看，我认为关键审计事项对预期使用者更重要一些。因为，关键审计事项是指注册会计师根据职业判断认为对当期财务报表审计最为重要的事项；而审计报告的强调事项对财务报表使用者理解财务报表至关重要。就上述概念中的“最为重要的事项”和“至关重要”含义的比较看，我们得出上述结论。当然，若深入理解二者的重要性，需要从二者各自的具体事项把握。

### 高频考点4：确定关键审计事项★★

确定关键审计事项的决策框架，具体如表19－6所示。

表19－6 确定关键审计事项的决策框架

| 决策步骤 | 具体内容 |
|---|---|
| 以“与治理层沟通过的事项”为起点选择关键审计事项（第一步） | （1）财务报表和审计报告使用者对与治理层沟通事项感兴趣，并且呼吁增加这些沟通的透明度。因此，注册会计师应当从与治理层沟通过的事项中选取关键审计事项。<br>（2）审计准则要求注册会计师与被审计单位治理层沟通审计过程中的重大发现，包括注册会计师对被审计单位的重要会计政策、会计估计和财务报表披露等会计实务的看法，审计过程中遇到的重大困难，已与治理层讨论或需要书面沟通的重大事项等 |

续表

| 决策步骤 | 具体内容 |
|---|---|
| 从“与治理层沟通过的事项”中选出“在执行审计工作时重点关注过的事项”（第二步） | 在确定哪些事项属于重点关注过的事项时，应当考虑下列方面：<br>（1）评估的重大错报风险较高的领域或识别出的特别风险。<br>（2）与财务报表中涉及重大管理层判断（包括被认为具有高度估计不确定性的会计估计）的领域相关的重大审计判断。<br>（3）本期重大交易或事项对审计的影响 |
| 从“在执行审计工作时重点关注过的事项”中确定哪些事项对本期财务报表审计“最为重要”，从而构成关键审计事项（第三步） | 在确定某一与治理层沟通过的事项的相对重要程度以及该事项是否构成关键审计事项时，下列考虑也可能是相关的：<br>（1）该事项对预期使用者理解财务报表整体的重要程度，尤其是对财务报表的重要性。<br>（2）与该事项相关的会计政策的性质或者与同行业其他实体相比，管理层在选择适当的会计政策时涉及的复杂程度或主观程度。<br>（3）从定性和定量方面考虑，与该事项相关的由于舞弊或错误导致的已更正错报和累积未更正错报（如有）的性质和重要程度。<br>（4）为应对该事项所需要付出的审计努力的性质和程度，包括：<br>①为应对该事项而实施审计程序或评价这些审计程序的结果（如有）在多大程度上需要特殊的知识或技能；<br>②就该事项在项目组之外进行咨询的性质。<br>（5）在实施审计程序、评价实施审计程序的结果、获取相关和可靠的审计证据以作为发表审计意见的基础时，注册会计师遇到的困难的性质和严重程度，尤其是当注册会计师的判断变得更加主观时。<br>（6）识别出的与该事项相关的控制缺陷的严重程度。<br>（7）该事项是否涉及数项可区分但又相互关联的审计考虑。如长期合同的收入确认、诉讼或其他或有事项等方面，可能需要重点关注，并且可能影响其他会计估计 |

**小贴士** 确定哪些事项以及多少事项对本期财务报表审计最为重要的是属于职业判断问题。“最为重要的事项”并不意味着只有一项，但对关键审计事项做冗长的列举可能与这些事项是审计中最为重要的事项这一概念相抵触。

## 高频考点5：在审计报告中沟通关键审计事项★★

### （一）单设关键审计事项部分

为达到突出关键审计事项的目的，同时向财务报表预期使用者展示项目特定信息在其眼中的价值，注册会计师应当在审计报告中单设一部分，以“关键审计事项”为标题，并在该部分使用恰当的子标题逐项描述关键审计事项。

### （二）描述单一关键审计事项

1. 描述内容

为帮助财务报表预期使用者了解注册会计师确定的关键审计事项，注册会计师应当在审计报告中逐项描述每一关键审计事项，并分别索引至财务报表的相关披露（如有），以使预期使用者能够进一步了解管理层在编制财务报表时如何应对这些事项。在描述时，注册会计师应当同时说明下列内容：

（1）该事项被认定为审计中最为重要的事项之一，因而被确定为关键审计事项的原因。

（2）该事项在审计中是如何应对的。

对一项关键审计事项在审计中如何应对的描述的详细程度属于职业判断，注册会计师可以描述下列要素：

①审计应对措施或审计方法中，与该事项最为相关或对评估的重大错报风险最有针对性的方面。

②对已实施审计程序的简要概述。

③实施审计程序的结果。

④对该事项的主要看法。

**小贴士** 在描述时，注册会计师还应当分别索引至财务报表的相关披露（如有），以使预期使用者能够进一步了解管理层在编制财务报表时如何应对这些事项。

2. 描述语言的要求

（1）不暗示注册会计师在对财务报表形成审计意见时尚未恰当解决该事项。

（2）将该事项直接联系到被审计单位的具体情况，避免使用一般化或标准化的语言。

（3）能够体现出对该事项在相关财务报表披露（如有）中如何应对的考虑。

（4）不对财务报表单一要素发表意见，也不暗示是对财务报表单一要素单独发表意见。

**小贴士** 对某项关键审计事项的描述是否充分属于职业判断。对关键审计事项进行描述的目的在于提供一种简明、不偏颇的解释，以使预期使用者能够了解为何该事项是对审计最为重要的事项之一，以及这些事项是如何在审计中加以应对的。同时，限制使用过于专业的审计术语。

3. 避免不恰当地提供与被审计单位相关的原始信息

在描述关键审计事项时，注册会计师需要避免不恰当地提供与被审计单位相关的原始信息。对关键审计事项的描述本身通常不构成有关被审计单位的原始信息，这是由于对关键审计事项的描述是在对财务报表进行审计的背景下进行的。然而，注册会计师可能认为提供进一步信息是有必要的。如果确定披露这些信息是必要的，注册会计师可以鼓励管理层或治理层进一步披露信息，而不是在审计报告中提供原始信息。

## 命题点拨

**命题角度：**在审计报告中沟通关键审计事项

本知识点在命题时，一般会以主观题（简答题）的形式出现，主要考核考生对于在审计报告中沟通关键审计事项内容的理解与掌握。

## 高频考点6：不在审计报告中沟通关键审计事项的情形★

（1）法律法规禁止公开披露某事项。例如，公开披露某事项可能损害相关机构对某项违法行为或疑似违法行为进行的调查。

（2）在极少数的情况下，如果合理预期在审计报告中沟通某事项造成的负面后果超过产生的公众利益方面的益处，注册会计师确定不应在审计报告中沟通该事项。

**小贴士** 如果被审计单位存在上述情形，注册会计师确定不在审计报告中沟通某一关键审计事项，并且不存在其他关键审计事项，注册会计师可以在审计报告单设的关键审计事项部分表述为“我们确定不存在需要在审计报告中沟通的关键审计事项。”

## 高频考点7：其他情形下关键审计事项的形式和内容★

（1）如果注册会计师根据被审计单位和审计业务的具体事项和情况，注册会计师确定不存在需要沟通的关键审计事项，可以在审计报告单设的关键审计事项部分表述为“我们确定不存在需要在审计报告中沟通的关键审计事项。”

**小贴士** 对上市实体整套通用目的财务报表进行审计的注册会计师，确定与治理层沟通过的事项中不存在任何一项需要在审计报告中沟通的关键审计事项，可能是较为少见的。

（2）仅有的需要沟通的关键审计事项是导致发表非无保留意见或否定意见的事项，或者是可能导致对被审计单位持续经营能力产生重大疑虑的事项或情况存在重大不确定性，注册会计师可以在审计报告单设的关键审计事项部分表述为“除形成保留（否定）意见的基础部分或与持续经营相关的重大不确定性部分所描述的事项外，我们确定不存在其他需要在审计报告中沟通的关键审计事项。”

**小贴士** 导致发表保留意见或否定意见

的事项以及可能导致对被审计单位持续经营能力产生重大疑虑的事项或情况存在重大不确定性，就其性质而言都属于关键审计事项，但这些事项在审计报告中专门的部分披露，不在审计报告的关键审计事项部分进行描述。进一步说，在关键审计事项部分披露的关键审计事项是已经得到满意解决的事项，既不存在审计范围受到限制，也不存在注册会计师与被审计单位管理层意见分歧的情况。注册会计师应当按照适用的审计准则的规定报告这些事项，并在关键审计事项部分提及形成保留（否定）意见的基础部分或与持续经营相关的重大不确定性部分。

（3）如果注册会计师根据《中国注册会计师审计准则第 1502 号——在审计报告中发表非无保留意见》的规定，确定对财务报表发表无法表示意见，注册会计师不得在审计报告中沟通关键审计事项，除非法律法规要求沟通。

（4）如果注册会计师认为有必要在审计报告中增加强调事项段或其他事项段，审计报告中的强调事项段或其他事项段需要与关键审计事项部分分开列示。如果某事项被确定为关键审计事项，则不能以强调事项段或其他事项段代替对关键审计事项的描述。

## 第三单元　非无保留意见审计报告

### 高频考点 1：非无保留意见的形成条件★★

非无保留意见的形成条件具体如表 19－7 所示。

表 19－7　非无保留意见的形成条件

| 主要情形 | 具体内容 | |
|---|---|---|
| 根据获取的审计证据，得出财务报表整体存在重大错报的结论 | 选择的会计政策的恰当性 | （1）选择的会计政策与适用的财务报告编制基础不一致。<br>（2）财务报表没有正确描述与资产负债表、利润表、所有者权益变动表或现金流量表中的重大项目相关的会计政策。<br>（3）财务报表没有按照公允反映的方式列报交易和事项 |
| | 对选择的会计政策的运用 | （1）管理层没有按照适用的财务报告编制基础的要求一贯运用所选择的会计政策，包括管理层未在不同会计期间或对相似的交易和事项一贯运用所选择的会计政策（运用的一致性）。<br>（2）不当运用所选择的会计政策（如运用中的无意错误） |
| | 财务报表披露的恰当性或充分性 | （1）财务报表没有包括适用的财务报告编制基础要求的所有披露。<br>（2）财务报表的披露没有按照适用的财务报告编制基础列报。<br>（3）财务报表没有作出适用的财务报告编制基础特定要求之外的其他必要的披露以实现公允反映 |
| 无法获取充分、适当的审计证据，不能得出财务报表整体不存在重大错报的结论 | 超出被审计单位控制的情形 | （1）被审计单位的会计记录已被毁坏。<br>（2）重要组成部分的会计记录已被政府有关机构无限期地查封 |
| | 与注册会计师工作的性质或时间安排相关的情形 | （1）被审计单位需要使用权益法对联营企业进行核算，注册会计师无法获取有关联营企业财务信息的充分、适当的审计证据以评价是否恰当运用了权益法。<br>（2）注册会计师接受审计委托的时间安排，使注册会计师无法实施存货监盘。<br>（3）注册会计师确定仅实施实质性程序是不充分的，但被审计单位的控制是无效的 |
| | 管理层施加限制的情形 | （1）管理层阻止注册会计师实施存货监盘。<br>（2）管理层阻止注册会计师对特定账户余额实施函证 |

## 高频考点 2：非无保留意见的类型★★★

### （一）在确定非无保留意见类型时需要考虑的因素

（1）导致非无保留意见的事项的性质，是财务报表存在重大错报，还是在无法获取充分、适当的审计证据的情况下，财务报表可能存在重大错报；

（2）注册会计师就导致非无保留意见的事项对财务报表产生或可能产生影响的广泛性作出的判断。

### （二）重大性和广泛性的判断

注册会计师对相关事项的影响的重大性和广泛性的判断均会影响审计意见的类型。

1. 影响的重大性

注册会计师需要从定量和定性两个方面考虑错报对财务报表的影响或未发现的错报（如存在）对财务报表可能产生的影响是否重大。

（1）定量的评价。

定量的标准通常是注册会计师确定的财务报表整体的重要性或特定类别的交易、账户余额或披露的重要性水平（如适用）。例如，对于以营利为目的且并非微利或微亏的企业，注册会计师可能将财务报表整体的重要性设定为经常性业务税前利润的 5%。

（2）定性的考虑。

定性考虑错报是否重大时，注册会计师需要运用判断评估错报的性质是否严重，是否会影响财务报表使用者的经济决策。例如，错报是否影响被审计单位实现盈利预期或达到监管要求，错报是否影响被审计单位的盈亏状况，错报是否是由于舞弊导致的。

2. 影响的广泛性

广泛性是描述错报影响的术语，用以说明错报对财务报表的影响，或者由于无法获取充分、适当的审计证据而未发现的错报（如存在）对财务报表可能产生的影响。根据注册会计师的判断，对财务报表的影响具有广泛性的情形包括以下三个方面：

（1）不限于对财务报表的特定要素、账户或项目产生影响。

①重大错报对财务报表的影响。如果注册会计师发现了多项重大错报（例如商誉、固定资产、存货和应收账款的减值准备计提均不充分），这些重大错报影响多个财务报表项目（商誉、固定资产、存货、应收账款、营业成本、信用减值损失、资产减值损失等），通常认为这些重大错报对财务报表的影响具有广泛性。

②在无法获取充分、适当的审计证据时，未发现的错报（如存在）对财务报表可能产生的影响。

如果注册会计师无法对被审计单位某一重要子公司的财务信息执行审计工作，因而无法就被审计单位合并财务报表中与该子公司有关的项目获取充分、适当的审计证据，由于该子公司可能存在的错报影响被审计单位合并财务报表的大多数项目，通常认为该事项对被审计单位合并财务报表可能产生的影响重大且具有广泛性。

又如，注册会计师新承接的某生产制造业审计客户与存货相关的会计记录和物流记录不完整、不准确，注册会计师因此无法就期末和期初存货余额以及当期的存货增减变动情况获取充分、适当的审计证据。由于存货对利润表的营业收入、营业成本、资产减值损失、所得税费用等项目以及资产负债表的应收账款、应付账款、应交税费等项目均有重大影响，该事项导致注册会计师对这些相关项目也无法获取充分、适当的审计证据，对财务报表可能产生的影响重大且具有广泛性。

（2）虽然仅对财务报表的特定要素、账户或项目产生影响，但这些要素、账户或项目是或可能是财务报表的主要组成部分。

【示例】被审计单位处于筹建期，其年末账面资产余额的 80% 为在建工程。注册会计师无法就年末在建工程余额获取充分、适当的审计证据。由于在建工程构成财务报表的主要组成部分，注册会计师认为上述事项对财务报表可能产生的影响重大且具有广泛性。

（3）当与披露相关时，产生的影响对财务报表使用者理解财务报表至关重要。

例如，基于获取的审计证据，注册会计师认为可能导致对被审计单位持续经营能力产生重大疑虑的事项或情况存在重大不确定性，且该公司正考虑申请破产。管理层在财务报表中遗漏了与重大不确定性相关的必要披露（即完全未披露）。注册会计师认为该漏报对财务报表的影响重大且具有广泛性。

### （三）非无保留意见类型

非无保留意见类型具体如表19－8所示。

**表19－8　非无保留意见的类型**

| 意见类型 | 意见形成的依据 |
| --- | --- |
| 保留意见 | （1）在获取充分、适当的审计证据后，注册会计师认为错报单独或汇总起来对财务报表影响重大，但不具有广泛性；<br>（2）注册会计师无法获取充分、适当的审计证据以作为形成审计意见的基础，但认为未发现的错报（如存在）对财务报表可能产生的影响重大，但不具有广泛性 |
| 否定意见 | 在获取充分、适当的审计证据后，如果认为错报单独或汇总起来对财务报表的影响重大且具有广泛性 |
| 无法表示意见 | 如果无法获取充分、适当的审计证据以作为形成审计意见的基础，但认为未发现的错报（如存在）对财务报表可能产生的影响重大且具有广泛性 |

**命题点拨**

**命题角度：**非无保留意见的类型

本知识点在命题时，一般会以客观题（单选题和多选题）或主观题（综合题）的形式出现，主要考核考生对于非无保留意见类型的掌握。

**小贴士**　以客观题（单选题和多选题）一般不涉及实务，只就理论层面考核；而以主观题（简答题）的形式考核时，常常会结合审计实务考核。

### （四）在确定非无保留意见的类型的特殊考虑

在导致非无保留意见的事项中，财务报表存在重大错报和注册会计师无法获取充分、适当的审计证据两种情形的性质明显不同，对财务报表使用者经济决策的影响也可能不同。注册会计师需要恰当区分这两种情形，以发表恰当的非无保留意见。在对财务报表的某些方面（如存在不确定性的事项）执行审计时，如果注册会计师就被审计单位管理层对存在不确定性的事项的会计处理或披露发表非无保留意见，区分导致非无保留意见的事项的性质究竟是属于“财务报表存在重大错报”还是“无法获取充分、适当的审计证据”所涉及的判断有时可能较为复杂。教材中提供了区分两类情形的总体思路和具体示例。

在确定非无保留意见的类型时需要注意的事项如表19－9所示。

**表19－9　在确定非无保留意见的类型时的特殊考虑**

| 主要情形 | 具体内容 |
| --- | --- |
| 管理层对审计范围施加了限制的考虑 | （1）承接审计业务后，如果注意到管理层对审计范围施加了限制，且认为这些限制可能导致对财务报表发表保留意见或无法表示意见，注册会计师应当要求管理层消除这些限制。<br>（2）如果管理层拒绝消除限制，除非治理层全部成员参与管理被审计单位，注册会计师应当就此事项与治理层沟通，并确定能否实施替代程序以获取充分、适当的审计证据。 |

续表

| 主要情形 | 具体内容 |
|---|---|
| 管理层对审计范围施加了限制的考虑 | (3) 如果无法获取充分、适当的审计证据，注册会计师应当通过下列方式确定其影响：<br>①如果未发现的错报（如存在）可能对财务报表产生的影响重大，但不具有广泛性，应当发表保留意见。<br>②如果未发现的错报（如存在）可能对财务报表产生的影响重大且具有广泛性，以至于发表保留意见不足以反映情况的严重性，应当在可行时解除业务约定（除非法律法规禁止）。<br>(4) 如果在出具审计报告之前解除业务约定被禁止或不可行，应当发表无法表示意见。<br>在某些情况下，如果法律法规要求注册会计师继续执行审计业务，则注册会计师可能无法解除审计业务约定。这种情况可能包括：<br>①注册会计师接受委托审计公共部门实体的财务报表。<br>②注册会计师接受委托审计涵盖特定期间的财务报表，或者接受一定期间的委托，在完成财务报表审计前或在受托期间结束前，不允许解除审计业务约定。在这些情况下，注册会计师可能认为需要在审计报告中增加其他事项段 |
| 发表否定意见或无法表示意见的特殊考虑 | 如果认为有必要对财务报表整体发表否定意见或无法表示意见，注册会计师不应在同一审计报告中对按照相同财务报告编制基础编制的单一财务报表或者财务报表特定要素、账户或项目发表无保留意见。在同一审计报告中包含无保留意见，将会与对财务报表整体发表的否定意见或无法表示意见相矛盾。 |

## 高频考点3：非无保留意见的审计报告的格式与内容★★★

**小贴士** 非无保留意见的审计报告的格式与内容与无保留意见审计报告，主要差别在意见段和形成审计意见基础段落。

### （一）形成非无保留审计意见的基础（导致非无保留意见的事项段）

1. 审计报告格式和内容的一致性

如果对财务报表发表非无保留意见，注册会计师还应当直接在审计意见段之后增加一个部分，并使用恰当的标题，如“形成保留意见的基础”“形成否定意见的基础”或“形成无法表示意见的基础”，说明导致发表非无保留意见的事项。

（1）当发表保留意见或否定意见时。

注册会计师应当修改“形成保留（否定）审计意见的基础”部分的描述，以说明：注册会计师相信，注册会计师获取的审计证据是充分、适当的，为发表保留（否定）意见提供了基础。

（2）当发表无法表示意见时。

注册会计师应当修改“形成无法表示意见的基础”部分的表述，不应提及审计报告中用于描述注册会计师责任的部分，也不应说明注册会计师是否已获取充分、适当的审计证据以作为形成审计意见的基础。

2. 量化财务影响

如果财务报表中存在与具体金额（包括定量披露）相关的重大错报，注册会计师应当在形成审计意见的基础部分说明并量化该错报的财务影响。如果无法量化财务影响，注册会计师应当在该部分说明这一情况。

3. 存在与定性披露相关的重大错报

如果财务报表中存在与定性披露相关的重大错报，注册会计师应当在形成审计意见的基础部分解释该错报错在何处。

4. 存在与应披露而未披露信息相关的重大错报

如果财务报表中存在与应披露而未披露信息相关的重大错报，注册会计师应当：

（1）与治理层讨论未披露信息的情况；

（2）在形成审计意见的基础部分描述未披露信息的性质；

（3）如果可行并且已针对未披露信息获取了充分、适当的审计证据，在形成审计意见的基础部分包含对未披露信息的披露，除非法律法规禁止。

**小贴士** 如果存在下列情形之一，则在形成审计意见的基础部分披露遗漏的信息是不可行的：①管理层还没有作出这些披露，或管理层已作出但注册会计师不易获取这些披露。②根据注册会计师的判断，在审计报告中披露该事项过于庞杂。

5. 无法获取充分、适当的审计证据

如果因无法获取充分、适当的审计证据而导致发表非无保留意见，注册会计师应当在形成审计意见的基础部分说明无法获取审计证据的原因。

6. 披露其他事项

在执行审计的过程中，即使已发现的重大错报具有广泛性，足以导致发表否定意见，注册会计师仍然需要对其余不涉及上述重大错报的财务报表项目按照审计准则的规定执行并完成审计工作；即使审计范围受到限制可能产生的影响足以导致发表无法表示意见，除非属于在可行时解除业务约定的情形，注册会计师仍然需要对审计范围没有受到限制的方面按照审计准则的规定执行并完成审计工作。并且，注册会计师应当在“形成否定（无法表示）意见的基础”部分说明注意到的、将导致发表非无保留意见的所有其他事项及其影响。

7. 提高“形成非无保留意见的基础”部分的可理解性

注册会计师可以考虑采取以下方式提高这部分内容的可理解性，例如：

（1）针对涉及多个事项的非无保留意见，可以以简要概括方式对每一事项分别增加一个小标题。

（2）针对非无保留意见涉及的事项索引至相关财务报表附注（如适用）。

（3）就单个事项的描述而言，从对使用者决策有用性角度考虑如何恰当体现相关描述的恰当性和可理解性。例如，说明审计范围受到限制相关事项影响的财务报表项目、金额及可能存在的具体影响；在说明无法获取充分、适当的审计证据的原因时，描述导致审计范围受到限制的具体情形等。

### （二）审计意见部分（审计意见段）

1. 标题

在发表非无保留意见时，注册会计师应当对审计意见部分使用恰当的标题，如“保留意见”“否定意见”或“无法表示意见”。

2. 发表保留意见

当由于财务报表存在重大错报而发表保留意见时，注册会计师应当在审计意见部分说明：

注册会计师认为，除形成保留意见的基础部分所述事项产生的影响外，后附的财务报表在所有重大方面按照适用的财务报告编制基础编制，公允反映了［……］。

当无法获取充分、适当的审计证据而导致发表保留意见时，注册会计师应当在审计意见部分使用“除……可能产生的影响外”等措辞。

**小贴士** 当注册会计师发表保留意见时，在审计意见部分使用“由于上述解释”或“受……影响”等措辞是不恰当的，因为这些措辞不够清晰或没有足够的说服力。

3. 发表否定意见

当发表否定意见时，注册会计师应当在审计意见部分说明：

注册会计师认为，由于形成否定意见的基础部分所述事项的重要性，后附的财务报表没有在所有重大方面按照适用的财务报告编制基础编制，未能公允反映［……］。

4. 发表无法表示意见

当由于无法获取充分、适当的审计证据而发表无法表示意见时，注册会计师应当在审计意见部分说明注册会计师不对后附的财务报表发表审计意见，并说明：由于形成无法表示意见的基础部分所述事项的重要性，注册会计师无法获取充分、适当的审计证据以为发表审计意见提供基础。同时，注册会计师应当将有关财务报表已经审计的说明，修改为注册会计师接受委托审计财务报表。

### （三）注册会计师对财务报表审计的责任部分（责任段）

当由于无法获取充分、适当的审计证据而发表无法表示意见时，注册会计师应当对无保留意见审计报告中注册会计师对财务报表审计的责任部分的表述进行修改，使之仅包含下列内容：

（1）注册会计师的责任是按照中国注册会计师审计准则的规定，对被审计单位财务报表执行审计工作，以出具审计报告；

（2）但由于形成无法表示意见的基础部分所述的事项，注册会计师无法获取充分、适当的审计证据以作为发表审计意见的基础；

（3）声明注册会计师在独立性和职业道德方面的其他责任。

## 命题点拨

**命题角度：**非无保留意见的审计报告的格式与内容

本知识点在命题时，一般会以客观题（单选题和多选题）或主观题（简答题和综合题）的形式出现，主要考核考生对于非无保留意见的审计报告的格式与内容的掌握。

**小贴士** 以客观题（单选题和多选题）一般不涉及实务，只就概念层面考核；而以主观题（简答题和综合题）的形式考核时，常常会结合审计实务考核。

## 经典例题

**【真题·简答题（部分）】**（2021）ABC会计师事务所的A注册会计师负责审计多家上市公司2020年度财务报表，遇到下列与审计报告相关的事项：

（1）2020年6月，丙公司因对外担保被债权人起诉，一审败诉，很可能需要承担巨额赔偿责任。管理层以案件尚未终审判决为由未计提预计负债。A注册会计师认为该事项对财务报表使用者理解财务报表至关重要，在审计报告中增加了强调事项段，提醒财务报表使用者关注附注中的相关披露。

（2）2021年1月，丁公司原总经理及财务总监因涉嫌犯罪被批捕，新任管理层拒绝就2020年度财务报表签署书面声明。A注册会计师执行审计后未发现重大错报，认为未获取书面声明对财务报表可能产生的影响重大但不具有广泛性，对丁公司2020年度财务报表发表了保留意见。

（3）因受疫情影响，A注册会计师无法对戊公司的境外重要子公司已公司财务信息执行审计，对戊公司2019年度财务报表发表了无法表示意见。2020年10月，戊公司转让已公司部分股权后失去控制，但仍具有重大影响。因疫情严重，A注册会计师仍无法对已公司2020年度财务信息执行审计。考虑到已公司财务信息仅影响戊公司个别财务报表项目，A注册会计师对戊公司2020年度财务报表发表了保留意见。

**【要求】**逐项指出A注册会计师的做法是否恰当。如不恰当，简要说明理由。

**【答案】**

（1）不恰当。财务报表存在重大错报，应发表保留／否定意见。

（2）不恰当。未能获取管理层书面声明，应发表无法表示意见。

（3）不恰当。已公司2020年1月至9月的经营成果对戊公司合并财务报表具有重大且广泛的影响／应发表无法表示意见。

# 第四单元　在审计报告中增加强调事项段和其他事项段

### 高频考点1：强调事项段★★★

**（一）强调事项段含义**

审计报告的强调事项段，是指审计报告中含有的一个段落，该段落提及已在财务报表中恰当列报或披露的事项，且根据注册会计师的职业判断，该事项对财务报表使用者理解财务报表至关重要。

**（二）增加强调事项段的条件**

如果认为有必要提醒财务报表使用者关注已在财务报表中列报或披露，且根据职业判断认为对财务报表使用者理解财务报表至关重要的事项，在同时满足下列条件时，注册会计师应当在审计报告中增加强调事项段：

（1）该事项不会导致注册会计师发表非无保留意见。

（2）该事项未被确定为在审计报告中沟通的关键审计事项。

### （三）增加强调事项段的情形

1. 审计准则的要求（强制要求）

（1）法律法规规定的财务报告编制基础不可接受，但其是基于法律或法规作出的规定；

（2）提醒财务报表使用者注意财务报表按照特殊目的的编制基础编制；

（3）注册会计师在审计报告日后知悉了某些事实（即期后事项），并且出具了新的或经修改的审计报告。

2. 注册会计师的专业判断（非强制要求）

（1）异常诉讼或监管行动的未来结果存在不确定性。

（2）在财务报表日至审计报告日之间发生的重大期后事项。

（3）在允许的情况下，提前应用对财务报表有重大影响的新会计准则。

（4）存在已经或持续对被审计单位财务状况产生重大影响的特大灾难。

### （四）在审计报告中增加强调事项段时注册会计师采取的措施

（1）将强调事项段作为单独的一部分置于审计报告中，并使用包含“强调事项”这一术语的适当标题。

（2）明确提及被强调事项以及相关披露的位置，以便能够在财务报表中找到对该事项的详细描述。强调事项段应当仅提及已在财务报表中列报或披露的信息。

（3）指出审计意见没有因该强调事项而改变。

在审计报告中包含强调事项段不影响审计意见。包含强调事项段不能代替下列情形：

①根据审计业务的具体情况，按照审计准则的规定发表非无保留意见；

②适用的财务报告编制基础要求管理层在财务报表中作出的披露，或为实现公允列报所需的其他披露；

③按照审计准则的规定，当可能导致对被审计单位持续经营能力产生重大疑虑的事项或情况存在重大不确定性时作出的报告。

## 高频考点 2：其他事项段★★★

### （一）其他事项段的含义

其他事项段，是指审计报告中含有的一个段落，该段落提及未在财务报表中列报或披露的事项，且根据注册会计师的职业判断，该事项与财务报表使用者理解审计工作、注册会计师的责任或审计报告相关。

### （二）增加其他事项段的条件

在同时满足下列条件时，注册会计师应当在审计报告中增加其他事项段：

（1）未被法律法规禁止。

（2）事项未被确定为在审计报告中沟通的关键审计事项。

### （三）需要增加其他事项段的情形

需要增加其他事项段的情形，具体如表 19－10 所示。

**表 19－10　需要增加其他事项段的情形**

| 主要情形 | 具体内容 |
| --- | --- |
| 与使用者理解审计工作相关 | （1）尽管与特别风险相关的事项可能被确定为关键审计事项，根据《中国注册会计师审计准则第 1504 号——在审计报告中沟通关键审计事项》对关键审计事项的定义，其他与计划及范围相关的事项（如计划的审计范围或审计时对重要性的运用）不太可能成为关键审计事项。然而，法律法规可能要求注册会计师在审计报告中沟通与计划及范围相关的事项，或者注册会计师可能认为有必要在其他事项段中沟通这些事项。<br>（2）在极少数情况下，即使由于管理层对审计范围施加的限制导致无法获取充分、适当的审计证据可能产生的影响具有广泛性，注册会计师也不能解除业务约定。在这种情况下，注册会计师可能认为有必要在审计报告中增加其他事项段，解释为何不能解除业务约定 |

续表

| 主要情形 | 具体内容 |
| --- | --- |
| 与使用者理解注册会计师的责任或审计报告相关 | (1) 除根据审计准则的规定有责任对财务报表出具审计报告外，注册会计师还有其他报告责任。<br>(2) 注册会计师可能被要求实施额外的规定的程序并予以报告，或对特定事项发表意见 |
| 对两套以上财务报表出具审计报告 | 被审计单位可能按照通用目的编制基础编制一套财务报表，且按照另一个通用目的编制基础编制另一套财务报表，并委托注册会计师同时对两套财务报表出具审计报告。如果注册会计师已确定两个财务报告编制基础在各自情形下是可接受的，可以在审计报告中增加其他事项段，说明该被审计单位根据另一个通用目的编制基础编制了另一套财务报表以及注册会计师对这些财务报表出具了审计报告 |
| 限制审计报告分发和使用 | 为特定目的编制的财务报表可能按照通用目的编制基础编制，因为财务报表预期使用者已确定这种通用目的财务报表能够满足他们对财务信息的需求。由于审计报告旨在提供给特定使用者，注册会计师可能认为在这种情况下需要增加其他事项段，说明审计报告只是提供给财务报表预期使用者，不应被分发给其他机构或人员或者被其他机构或人员使用 |



小贴士　其他事项段的内容明确反映了未被要求在财务报表中列报的其他事项。其他事项段不包括法律法规或其他职业准则（如中国注册会计师职业道德守则中与信息保密相关的规定）禁止注册会计师提供的信息。其他事项段也不包括要求管理层提供的信息。

## 命题点拨

**命题角度：**强调事项段和其他事项段

本知识点在命题时，一般会以客观题（单选题和多选题）或主观题（简答题）的形式出现，主要考核考生对于强调事项段和其他事项段的掌握。

小贴士　需要大家辨析强调事项段和其他事项段事项的差别。

## 第五单元　比较信息

### 高频考点 1：比较信息概述★★

财务报表使用者为了确定在一段时期内被审计单位财务状况和经营成果的变化趋势，需要了解涉及一个或多个以前会计期间的比较信息。为此，企业会计准则明确规定：当期财务报表的列报，至少应当提供所有列报项目上一可比会计期间的比较数据，以及与理解当期财务报表相关的说明。比较信息是当期财务报表的不可缺少的组成部分。注册会计师在对财务报表发表审计意见时，应当考虑比较信息对审计意见的影响。比较信息定义、类型以及注册会计师的审计目标，具体如表 19－11 所示。

**表 19－11　比较信息概述**

| 概述 | 具体内容 |
| --- | --- |
| 定义 | 比较信息，是指包含于财务报表中的、符合适用的财务报告编制基础的、与一个或多个以前期间相关的金额和披露 |
| 类型 | (1) 对应数据，是指作为本期财务报表组成部分的上期金额和相关披露，这些金额和披露只能和与本期相关的金额和披露联系起来阅读。对应数据列报的详细程度主要取决于其与本期数据的相关程度。<br>(2) 比较财务报表，是指为了与本期财务报表相比较而包含的上期金额和相关披露。比较财务报表包含信息的详细程度与本期财务报表包含信息的详细程度相似。<br>【小贴士】如果上期金额和相关披露已经审计，则将在审计意见中提及 |
| 审计目标 | — |

## 高频考点2：审计程序★★

### （一）一般审计程序

注册会计师应当确定财务报表中是否包括适用的财务报告编制基础要求的比较信息，以及比较信息是否得到恰当分类。基于上述目的，一般审计程序具体如表19－12所示。

表19－12　一般审计程序

| 主要程序 | 具体内容 |
| --- | --- |
| 比较信息是否与上期财务报表列报的金额和相关披露一致，如果必要，比较信息是否已经重述 | （1）本期财务报表中的比较信息来源于上期财务报表列报的金额和相关披露。但是，某些情况可能导致两者并不一致。因此，有必要将比较信息与上期财务报表列报的金额和相关披露进行核对，以确定两者之间是否一致。<br>（2）如果比较信息与上期财务报表列报的金额和相关披露不一致，注册会计师检查的内容通常包括：<br>①出现不一致是否由于适用的财务报告编制基础引起的，或是法律法规的要求。<br>②金额是否作出适当调整，包括报表项目的重新分类和归集，以及附注中前期对应数的调整等。<br>③是否已在附注中充分披露对比较信息作出调整的原因和性质，以及比较信息中受影响的项目名称和更正金额。<br>（3）如果发现对比较信息的调整缺乏合理依据，注册会计师需要提请管理层对比较信息作出更正，并视更正情况出具恰当意见类型的审计报告 |
| 在比较信息中反映的会计政策是否与本期采用的会计政策一致，如果会计政策已发生变更，这些变更是否得到恰当处理并得到充分列报与披露 | （1）适用的财务报告编制基础通常要求企业采用的会计政策在每一会计期间和前后各期应当保持一致，不得随意变更。因此，注册会计师应当检查在比较信息反映的会计政策是否与本期采用的会计政策一致。<br>（2）当被审计单位变更会计政策时，注册会计师检查的内容通常包括：<br>①会计政策变更是否符合适用的财务报告编制基础的规定。<br>②会计政策变更是否经过被审计单位有权限机构的批准。<br>③会计政策变更的会计处理是否恰当，如是否对比较信息进行了适当的调整。<br>④是否充分披露了会计政策变更，包括变更的性质、内容和原因，比较信息中受影响的项目名称和调整金额，无法进行追溯调整的事实和原因等 |

### （二）注意到比较信息可能存在重大错报时的审计要求

注意到比较信息可能存在重大错报时的审计要求，具体如表19－13所示。

表19－13　注意到比较信息可能存在重大错报时的审计要求

| 主要程序 | 具体内容 |
| --- | --- |
| 在实施本期审计时，如果注意到比较信息可能存在重大错报，注册会计师应当根据实际情况追加必要的审计程序，获取充分、适当的审计证据，以确定是否存在重大错报 | 本期财务报表中的比较信息出现重大错报的情形通常包括：<br>（1）上期财务报表存在重大错报，该财务报表虽经审计，但注册会计师因未发现而未在针对上期财务报表出具的审计报告中对该事项发表非无保留意见，本期财务报表中的比较信息未作更正。<br>（2）上期财务报表存在重大错报，该财务报表未经注册会计师审计，比较信息未作更正。<br>（3）上期财务报表不存在重大错报，但比较信息与上期财务报表存在重大不一致，由此导致重大错报。<br>（4）上期财务报表不存在重大错报，但在某些特殊情形下，比较信息未按照适用的财务报告编制基础的要求恰当重述 |

续表

| 主要程序 | 具体内容 |
| --- | --- |
| 如果上期财务报表已经审计 | (1) 注册会计师还应当遵守《中国注册会计师审计准则第1332号——期后事项》的相关规定，如果上期财务报表已经得到更正，注册会计师应当确定比较信息与更正后的财务报表是否一致。<br>(2) 注册会计师在对本期财务报表进行审计时，可能注意到影响上期财务报表的重大错报，而以前未就该重大错报出具非无保留意见的审计报告。<br>(3) 注册会计师应当考虑是否需要修改上期财务报表，并与管理层讨论，同时根据具体情况采取适当措施。<br>①如果上期财务报表未经更正，也未重新出具审计报告，且比较数据未经恰当重述和充分披露，注册会计师应当对本期财务报表出具非无保留意见的审计报告，说明比较数据对本期财务报表的影响；<br>②如果上期财务报表已经更正，并已重新出具审计报告，注册会计师应当获取充分、适当的审计证据，以确定比较信息与更正的财务报表是否一致 |



### （三）获取书面声明

(1) 注册会计师应当按照《中国注册会计师审计准则第1341号——书面声明》的规定，获取与审计意见中提及的所有期间相关的书面声明。

(2) 对于管理层作出的、更正上期财务报表中影响比较信息的重大错报的任何重述，注册会计师还应当获取特定书面声明。

## 高频考点3：审计报告：对应数据

★★★

在撰写审计报告时，针对对应数据的影响，具体如表19－14所示。

**表19－14　审计报告：对应数据**

| 总体要求及主要情形 | 具体内容 |
| --- | --- |
| 总体要求 | 由于审计意见是针对包括对应数据的本期财务报表整体，当财务报表中列报对应数据时，除下列情形外，审计意见不应提及对应数据：<br>(1) 导致对上期财务报表发表非无保留意见的事项在本期仍未解决。<br>①如果以前针对上期财务报表发表了保留意见、无法表示意见或否定意见，且导致非无保留意见的事项仍未解决，注册会计师应当对本期财务报表发表非无保留意见。<br>②如果以前针对上期财务报表发表了非无保留意见，且导致非无保留意见的事项已经解决，并已按照适用的财务报告编制基础进行了恰当的会计处理，或在财务报表中作出适当的披露，则针对本期财务报表发表的审计意见无须提及之前发表的非无保留意见。<br>③如果以前针对上期财务报表发表了保留意见、无法表示意见或否定意见，且导致非无保留意见的事项仍未解决，该尚未解决的事项可能与本期无关。尽管如此，该尚未解决的事项可能对本期数据和对应数据的可比性存在影响或可能存在影响，需要对本期财务报表发表保留意见、无法表示意见或否定意见（如适用）。<br>(2) 上期财务报表存在重大错报，而以前对该财务报表发表了无保留意见，且对应数据未经适当重述或恰当披露。<br>①如果注册会计师已经获取上期财务报表存在重大错报的审计证据，而以前对该财务报表发表了无保留意见，且对应数据未经适当重述或恰当披露，注册会计师应当就包括在财务报表中的对应数据，在审计报告中对本期财务报表发表保留意见或否定意见。<br>②如果存在错报的上期财务报表尚未更正，并且没有重新出具审计报告，但对应数据已在本期财务报表中得到适当重述或恰当披露。此时，注册会计师可以在审计报告中增加强调事项段，以描述这一情况，并提及详细描述该事项的相关披露在财务报表中的位置 |
| 上期财务报表未经审计时的报告要求 | (1) 如果上期财务报表未经审计，注册会计师应当在审计报告的其他事项段中说明对应数据未经审计。<br>(2) 这种说明并不减轻注册会计师获取充分、适当的审计证据，以确定期初余额不含有对本期财务报表产生重大影响的错报的责任 |

续表

| 总体要求及主要情形 | 具体内容 |
| --- | --- |
| 上期财务报表已由前任注册会计师审计时的报告要求 | （1）如果上期财务报表已由前任注册会计师审计，注册会计师在审计报告中可以提及前任注册会计师对对应数据出具的审计报告。<br>（2）当注册会计师决定提及时，应当在审计报告的其他事项段中说明：<br>①上期财务报表已由前任注册会计师审计。<br>②前任注册会计师发表的意见的类型（如果是非无保留意见，还应当说明发表非无保留意见的理由）。<br>③前任注册会计师出具的审计报告的日期 |

## 命题点拨

**命题角度：**对应数据

本知识点在命题时，一般会以客观题（单选题和多选题）或主观题（综合题）的形式出现，主要考核考生撰写审计报告中时，如何考虑对应数据的影响以及如何体现在报告中。

**小贴士** 以客观题（单选题和多选题）一般只就准则层面考核；而以主观题（综合题）的形式考核时，常常会结合审计实务考核。

## 高频考点4：审计报告：比较财务报表★★

在撰写审计报告时，针对比较财务报表的影响，具体如表19－15所示。

**表19－15　审计报告：比较财务报表**

| 总体要求及主要情形 | 具体内容 |
| --- | --- |
| 总体要求 | （1）当列报比较财务报表时，审计意见应当提及列报财务报表所属的各期，以及发表的审计意见涵盖的各期。<br>（2）由于对比较财务报表出具的审计报告涵盖所列报的每期财务报表，注册会计师可以对一期或多期财务报表发表保留意见、否定意见或无法表示意见，或者在审计报告中增加强调事项段，而对其他期间的财务报表发表不同的审计意见 |
| 对上期财务报表发表的意见与以前发表的意见不同 | （1）当因本期审计而对上期财务报表发表审计意见时，如果对上期财务报表发表的意见与以前发表的意见不同，注册会计师应当在其他事项段中披露导致不同意见的实质性原因。<br>（2）当结合本期审计对上期财务报表出具审计报告时，如果注册会计师在本期审计过程中注意到严重影响上期财务报表的情形或事项，对上期财务报表发表的意见可能与以前发表的意见不同。在某些国家或地区，注册会计师可能负有额外的报告责任，因此，要求注册会计师在审计报告的其他事项段中披露导致不同意见的实质性原因，以防止信赖注册会计师以前对上期财务报表出具的报告 |
| 上期财务报表已由前任注册会计师审计 | 如果上期财务报表已由前任注册会计师审计，除非前任注册会计师对上期财务报表出具的审计报告与财务报表一同对外提供，注册会计师除对本期财务报表发表意见外，还应当在**其他事项段**中说明：<br>（1）上期财务报表已由前任注册会计师审计。<br>（2）前任注册会计师发表的意见的类型（如果是非无保留意见，还应当说明发表非无保留意见的理由）。<br>（3）前任注册会计师出具的审计报告的日期 |
| 存在影响上期财务报表的重大错报 | （1）如果认为存在影响上期财务报表的重大错报，而前任注册会计师以前出具了无保留意见的审计报告，注册会计师应当就此与适当层级的管理层沟通，并要求其告知前任注册会计师。<br>（2）注册会计师还应当与治理层进行沟通，除非治理层全部成员参与管理被审计单位。<br>（3）如果上期财务报表已经更正，且前任注册会计师同意对更正后的上期财务报表出具新的审计报告，注册会计师应当仅对本期财务报表出具审计报告。<br>（4）前任注册会计师可能无法或不愿对上期财务报表重新出具审计报告。注册会计师可以在审计报告中增加**其他事项段**，指出前任注册会计师对更正前的上期财务报表出具了报告 |

续表

| 总体要求及主要情形 | 具体内容 |
|---|---|
| 上期财务报表未经审计 | （1）如果上期财务报表未经审计，注册会计师应当在**其他事项段**中说明比较财务报表未经审计。<br>（2）这种说明并不减轻注册会计师获取充分、适当的审计证据，以确定期初余额不含有对本期财务报表产生重大影响的错报的责任 |

## 命题点拨

**命题角度：**比较财务报表

本知识点在命题时，一般会以客观题（单选题和多选题）或主观题（综合题）的形式出现，主要考核考生撰写审计报告中时，怎样考虑比较财务报表的影响以及如何体现在报告中。

**小贴士** 以客观题（单选题和多选题）一般只就准则层面考核；而以主观题（综合题）的形式考核时，常常会结合审计实务考核。

## 第六单元　注册会计师对其他信息的责任

### 高频考点1：获取并阅读其他信息★★

#### （一）其他信息的相关含义

1. 其他信息

其他信息是指在被审计单位**年度报告**中包含的除财务报表和审计报告以外的财务信息和非财务信息。

**小贴士** 年度报告，是指管理层或治理层根据法律法规的规定或惯例，一般以年度为基础编制的、旨在向所有者（或类似的利益相关方）提供实体经营情况和财务业绩及财务状况（财务业绩及财务状况反映于财务报表）信息的一个文件或系列文件组合。一份年度报告包含或随附财务报表和审计报告，通常包括实体的发展，未来前景、风险和不确定事项，治理层声明，以及包含治理事项的报告等信息。根据法律法规或惯例，以下一项或多项文件可能构成年度报告：

（1）董事会报告。

（2）公司董事会、监事会及董事、监事、高级管理人员保证年度报告内容的真实、准确、完整，不存在虚假记载、误导性陈述或重大遗漏，并承担个别和连带法律责任的声明。

（3）公司治理情况说明。

（4）内部控制自我评价报告。

2. 其他信息的错报

其他信息的错报是指对其他信息作出的不正确陈述或其他信息具有误导性，包括遗漏或掩饰对恰当理解其他信息披露的事项必要的信息。例如，其他信息声称说明了管理层使用的关键业绩指标，则遗漏某项管理层使用的关键业绩指标可能表明其他信息未经正确陈述或具有误导性。

#### （二）获取其他信息

（1）通过与管理层讨论，确定哪些文件组成年度报告，以及被审计单位计划公布这些文件的方式和时间安排。

（2）就及时获取组成年度报告的文件的最终版本与管理层作出适当安排。如果可能，在审计报告日之前获取。

（3）如果组成年度报告的部分或全部文件在审计报告日后才能取得，要求管理层提供书面声明，声明上述文件的最终版本将在可获取时并且在被审计单位公布前提供给注册会计师，以使注册会计师可以完成准则要求的程序。

**小贴士** 如果治理层需要在被审计单位发布其他信息前批准其他信息，其他信息的最终版本应为治理层已经批准的用于发布的版本。如果使用者只能通过被审计单位的网站获取其他信息，从被审计单位获取的、而不是直接从被审计单位网站获取的其他信息的版本，就是注册会计师应当根据审计准则对其执行程序的相关文件。注册会计师没有责任去查找其他信息，包括可能在被审计单位网站存在的其他信息，也不需要执行任何程序以确认其他信息在被审计单位网站得到恰当显示，或者已经以电子形式得以恰当传递或显示。

### （三）阅读并考虑其他信息

（1）考虑其他信息和财务报表之间是否存在重大不一致。作为考虑的基础，注册会计师应当将其他信息中选取的金额或其他项目与财务报表中的相应金额或其他项目进行比较，以评价其一致性。

（2）在已获取审计证据并已得出审计结论的背景下，考虑其他信息与注册会计师在审计中了解到的情况是否存在重大不一致。

（3）对与财务报表或注册会计师在审计中了解到的情况不相关的其他信息中似乎存在重大错报的迹象保持警觉。

### 高频考点2：当似乎存在重大不一致或其他信息似乎存在重大错报时的应对★

如果注册会计师识别出似乎存在重大不一致，或者知悉其他信息似乎存在重大错报，注册会计师应当与管理层讨论该事项，必要时，实施其他程序以确定：

（1）其他信息是否存在重大错报；

（2）财务报表是否存在重大错报；

（3）注册会计师对被审计单位及其环境的了解是否需要更新。

### 高频考点3：当注册会计师认为其他信息存在重大错报时的应对★★

当注册会计师认为其他信息存在重大错报时的应对，具体如表19－16所示。

**表19－16　当注册会计师认为其他信息存在重大错报时的应对**

| 主要措施 | 具体内容 |
| --- | --- |
| 要求管理层更正其他信息 | （1）如果管理层同意作出更正，注册会计师应当确定更正已经完成。<br>（2）如果管理层拒绝作出更正，注册会计师应当就该事项与治理层进行沟通，并要求作出更正 |
| 审计报告日前获取的其他信息存在重大错报，且在与治理层沟通后其他信息仍未得到更正 | （1）考虑对审计报告的影响，并就注册会计师计划如何在审计报告中处理重大错报与治理层进行沟通。注册会计师可在审计报告中指明其他信息存在重大错报。<br>【小贴士】在少数情况下，当拒绝更正其他信息的重大错报导致对管理层和治理层的诚信产生怀疑，进而质疑审计证据总体上的可靠性时，对财务报表发表无法表示意见可能是恰当的。<br>（2）在相关法律法规允许的情况下，解除业务约定。当拒绝更正其他信息的重大错报导致对管理层和治理层的诚信产生怀疑，进而质疑审计过程中从其获取声明的可靠性时，解除业务约定可能是适当的 |
| 注册会计师认为审计报告日后获取的其他信息存在重大错报 | （1）如果其他信息得以更正，注册会计师应当根据具体情形实施必要的程序，包括确定更正已经完成，也可能包括复核管理层为与收到其他信息（如果之前已经公告）的人士沟通并告知其修改而采取的步骤。<br>（2）如果与治理层沟通后其他信息未得到更正，注册会计师应当考虑其法律权利和义务，并采取恰当的措施，以提醒审计报告使用者恰当关注未更正的重大错报。在法律法规允许的情况下，注册会计师可能采取的、设法提醒审计报告使用者适当关注未更正错报的措施包括：<br>①向管理层提供一份新的或修改后的审计报告，其中指出其他信息的重大错报。同时要求管理层将该新的或修改后的审计报告提供给审计报告使用者。在此过程中，注册会计师可能需要基于审计准则和适用的法律法规的要求，考虑对新的或修改后的审计报告的日期产生的影响。注册会计师也可以复核管理层采取的、向这些使用者提供新的或修改后的审计报告的步骤。<br>②提醒审计报告使用者关注其他信息的重大错报，例如，在股东大会上通报该事项。<br>③与监管机构或相关职业团体沟通未更正的重大错报。<br>④考虑对持续承接业务的影响 |

### 高频考点4：审计报告中对其他信息的描述★★

**（一）需要单独披露的情形**

如果在审计报告日存在下列两种情况之一，审计报告应当包括一个单独部分，以“其他信息”为标题：

（1）对于上市实体财务报表审计，注册会计师已获取或预期将获取其他信息；

（2）对于上市实体以外其他被审计单位的财务报表审计，注册会计师已获取部分或全部其他信息。

**（二）审计报告包含的其他信息部分的描述内容**

#### 经典例题

**【真题·简答题】**（2022）ABC会计师事务所的A注册会计师负责审计多家上市公司2021年度财务报表，遇到下列与审计报告相关的事项：

（1）A注册会计师认为甲公司的商誉减值事项存在特别风险，经审计未发现重大错报。在将商誉减值事项作为审计中最为重要的事项与甲公司治理层进行了沟通后，A注册会计师将该事项作为审计报告中的关键审计事项，在审计应对部分说明了实施的审计程序和结果，并对商誉减值准备的计提是否符合企业会计准则发表了意见。

（2）2021年，乙公司一项大额应收款项的债务人申请破产清算。乙公司管理层认为损失金额无法可靠计量，未对该应收款项计提减值准备。A注册会计师与破产管理人沟通后认为该应收款项存在重大减值损失，因最终清偿金额难以准确估计，以审计范围受限为由对乙公司2021年度财务报表发表了保留意见。

（3）因丙公司出现债务逾期，管理层在财务报表中披露了导致对持续经营能力产生重大疑虑的事项、未来的应对计划，以及这些事项存在重大不确定性。A注册会计师评价认为丙公司运用持续经营假设适当，且财务报表中的披露充分、恰当，因该披露事项对财务报表使用者理解财务报表至关重要，在审计报告中增加强调事项段说明了该事项。

（4）2022年初，丁公司管理层发生变动，新任管理层拒绝更正A注册会计师识别出的一项重大错报，也未就2021年度财务报表提供书面声明。A注册会计师以管理层未提供书面声明为由，对丁公司财务报表发表了无法表示意见，考虑到该未更正错报重大但不具有广泛性，不是导致发表无法表示意见的事项，未在审计报告中提及该错报。

（5）由于戊公司存在与持续经营相关的多个不确定事项，A注册会计师对戊公司2021年度财务报表发表了无法表示意见，并在其他信息部分指出，其他信息中的金额和其他项目因导致对财务报表发表无法表示意见的事项可能存在重大错报。

**【要求】**针对上述第（1）~（5）项，逐项指出A注册会计师的做法是否恰当。如不恰当，简要说明理由。

**【答案】**

（1）不恰当。不应在关键审计事项中对财务报表单一要素发表意见。

（2）不恰当。未计提减值准备属于作出不恰当的会计估计，财务报表存在重大错报，/应当以存在重大错报为由发表保留意见。

（3）不恰当。应当在审计报告中增加与持续经营相关的重大不确定性部分。

（4）不恰当。仍应在形成无法表示意见的基础部分说明识别出的重大错报及其影响/导致发表非无保留意见的其他事项及其影响。

（5）不恰当。无法表示意见的审计报告不应包括其他信息部分。

#### 命题点拨

**命题角度：**其他信息的含义、当似乎存在重大不一致或其他信息似乎存在重大错报时的应对、当注册会计师认为其他信息存在重大错报时的应对、审计报告中对其他信息的描述

本知识点在命题时，一般会以客观题（单

选题和多选题）或主观题（简答题和综合题）的形式出现，主要考核考生对于其他信息的含义、当似乎存在重大不一致或其他信息似乎存在重大错报时的应对、当注册会计师认为其他信息存在重大错报时的应对、审计报告中对其他信息的描述相关内容的掌握。

**小贴士** 以客观题（单选题和多选题）一般只就准则层面考核；而以主观题（简答题和综合题）的形式考核时，常常会结合审计实务考核。

## 进阶练习

### （一）单选题

1. 下列关于在审计报告中沟通关键审计事项的说法中，错误的是（　　）。

A. 形成保留或否定意见的基础部分的事项，不能在关键审计事项部分提及

B. 在关键审计事项部分披露的关键审计事项必须是已经得到满意解决的事项

C. 关键审计事项旨在通过提高已执行审计工作的透明度增加审计报告的沟通价值

D. 预期在审计报告中沟通某事项造成的负面后果超过产生公众利益方面的益处的事项，有时也需要在关键审计事项部分披露

2. 下列有关财务报表审计报告的说法中，错误的是（　　）。

A. 只有在实施审计工作的基础上才能出具审计报告

B. 注册会计师应当以书面形式出具审计报告

C. 履行业务约定书约定的责任是通过对财务报表发表意见实现的

D. 财务报表审计报告中可以考虑对财务报告内部控制发表审计意见

3. 下列关于审计报告日期的说法中，错误的是（　　）。

A. 注册会计师签署审计报告的日期，不能晚于财务报表报出日

B. 注册会计师签署审计报告的日期通常与财务报表报出日为同一天

C. 注册会计师签署审计报告的日期可以晚于管理层签署已审计财务报表的日期

D. 注册会计师签署审计报告的日期通常与管理层签署已审计财务报表的日期为同一天

4. 下列各项中，不会导致注册会计师无法获取充分、适当的审计证据的情形的是（　　）。

A. 注册会计师接受审计委托的时间安排，使注册会计师无法实施存货监盘

B. 非重要组成部分的会计记录已被政府有关机构无限期地查封

C. 注册会计师确定仅实施实质性程序是不充分的，但被审计单位的控制是无效的属于审计范围受到限制

D. 被审计单位需要使用权益法对联营企业进行核算，注册会计师无法获取有关联营企业财务信息的充分、适当的审计证据以评价是否正确运用了权益法

5. 下列有关注册会计师获取其他信息相关观点中，错误的是（　　）。

A. 注册会计师应当通过与管理层讨论，确定哪些文件组成年度报告

B. 注册会计师应当就及时获取组成年度报告的文件的最终版本与管理层作出适当安排

C. 如果组成年度报告的部分或全部文件在审计报告日后才能取得，注册会计师应当要求管理层提供书面声明

D. 注册会计师有责任去查找其他信息，

包括可能在被审计单位网站存在的其他信息

6. 下列关于比较信息的说法中，错误的是（ ）。

A. 对应数据是本期财务报表的组成部分

B. 本期财务报表审计意见中应当提及对应数据

C. 比较财务报表是为了与本期财务报表相比较而包含的上期金额和相关披露

D. 比较财务报表包含信息的详细程度与本期财务报表包含信息的详细程度相似

7. 下列情形中，注册会计师应当出具无保留意见审计报告的是（ ）。

A. 在获取充分、适当的审计证据后，注册会计师认为错报单独或汇总起来对财务报表影响重大，但不具有广泛性

B. 注册会计师无法获取充分、适当的审计证据以作为形成审计意见的基础，但认为未发现的错报对财务报表可能产生的影响重大，但不具有广泛性

C. 在获取充分、适当的审计证据后，如果认为错报单独或汇总起来对财务报表的影响远低于报表整体重要性

D. 如果无法获取充分、适当的审计证据以作为形成审计意见的基础，但认为未发现的错报对财务报表可能产生的影响重大且具有广泛性

8. 下列各项中，属于需要在审计报告中增加其他事项段的情形的是（ ）。

A. 在财务报表日至审计报告日之间发生的重大期后事项

B. 异常诉讼或监管行动的未来结果存在不确定性

C. 对两套以上财务报表出具审计报告的情形

D. 提醒财务报表使用者注意财务报表按照特殊目的编制基础编制

9. 如果上期财务报表已由前任注册会计师审计，注册会计师在审计报告中可以提及前任注册会计师对对应数据出具的审计报告，当注册会计师决定提及时，不应当在审计报告的其他事项段中说明事项的是（ ）。

A. 前任注册会计师应该承担的责任

B. 前任注册会计师发表的意见的类型

C. 前任注册会计师出具的审计报告的日期

D. 上期财务报表已由前任注册会计师审计

10. 下列关于强调事项的说法中，错误的是（ ）。

A. 强调事项是对已在财务报表中正确列报或披露，并且根据注册会计师的职业判断对财务报表使用者理解财务报表至关重要的事项的强调

B. 与使用者理解注册会计师的责任或审计报告相关的情形应该列为强调事项

C. 强调事项不能代替发表非无保留意见的事项

D. 强调事项是对已在财务报表列报或披露，并且根据注册会计师的职业判断对财务报表使用者理解财务报表至关重要的事项的强调



## （二）多选题

1. 下列有关审计报告要素的说法中，正确的有（ ）。

A. 审计报告应包含标题为“形成审计意见的基础”部分

B. 审计报告应当按照审计业务的约定载明收件人的全称

C. 实务中，应当在出具的审计报告中注明会计师事务所详细通信地址

D. 审计报告应当由项目合伙人和另一名负责该项目的注册会计师签名和盖章

2. 下列各项中，属于在评价财务报表是否实现公允反映时，注册会计师应当考虑的有（ ）。

A. 财务报表的整体列报、结构和内容是否合理

B. 财务报表是否公允地反映了相关交易

和事项

C. 财务报表使用的术语是否适当

D. 管理层作出的会计估计是否合理

3. 下列关于关键审计事项的表述中，正确的有（　　）。

A. 关键审计事项是指注册会计师根据职业判断认为对当期财务报表审计最为重要的事项

B. 沟通关键审计事项能够帮助财务报表预期使用者了解被审计单位，以及已审计财务报表中涉及重大管理层判断的领域

C. 除非法律法规另有规定，当对财务报表发表非无保留意见时，注册会计师不得在审计报告中包含关键审计事项部分

D. 注册会计师应当在上市实体整套通用目的财务报表审计报告中增加关键审计事项部分，用于沟通关键审计事项

4. 下列各项中，属于审计准则对注册会计师在特定情况下，在审计报告中增加强调事项段提出具体要求的有（　　）。

A. 异常诉讼或监管行动的未来结果存在不确定性

B. 提醒财务报表使用者注意财务报表按照特殊目的编制基础编制

C. 注册会计师在审计报告日后知悉了某些事实，并且出具了新的或经修改的审计报告

D. 在允许的情况下，提前应用对财务报表有重大影响的新会计准则

5. 下列关于注册会计师在得出审计结论时考虑的领域的说法中，正确的有（　　）。

A. 评价财务报表是否在所有重大方面按照适用的财务报告编制基础编制

B. 应当考虑发现的错报单独或汇总起来是否构成重大错报

C. 如果对重大的财务报表认定没有获取充分、适当的审计证据，注册会计师应当尽可能获取进一步的审计证据

D. 在得出总体结论之前，注册会计师应当根据实施的审计程序和获取的审计证据，评价对认定层次重大错报风险的评估是否仍然适当

6. 下列各项中，属于财务报表审计报告中“注册会计师对财务报表审计的责任”段应该列报的内容的有（　　）。

A. 说明错报可能由于舞弊或错误导致

B. 内部控制的固有局限性

C. 说明合理保证是高水平的保证，但按照审计准则执行的审计并不能保证一定会发现存在的重大错报

D. 说明注册会计师的目标是对财务报表整体是否不存在由于舞弊或错误导致的重大错报获取合理保证，并出具包含审计意见的审计报告

7. 关键审计事项决策框架下，在确定哪些事项属于重点关注过的事项时，下列事项中，属于应当考虑的有（　　）。

A. 识别出的重大错报风险

B. 与管理层多次沟通未果的事项

C. 与财务报表中涉及重大管理层判断的领域相关的重大审计判断

D. 本期重大交易或事项对审计的影响

8. 当财务报表存在重大错报或注册会计师对被审计单位及其环境的了解需要更新时，下列应对措施中，正确的有（　　）。

A. 修改注册会计师对风险的评估

B. 在后续审计予以关注

C. 考虑注册会计师关于期后事项的责任

D. 评价已识别的错报对审计的影响和未更正错报（如有）对财务报表的影响的责任

9. 注册会计师在上年度审计工作中，因库存商品审计范围受到重大限制而发表了保留意见，在执行本年度审计业务时，获取证据表明上年所有库存商品均已出售，编制本年度财务报表的审计报告时，下列做法中，错误的有（　　）。

A. 在意见段中指明库存商品期初余额可

能存在错报

B. 在强调事项段中说明对应数据审计范围已不受限

C. 不在审计报告中提及之前发表的保留意见

D. 因库存商品的对应数据审计范围受到限制而发表保留意见

10. 下列有关比较信息的说法中，错误的有（　　）。

A. 比较信息，是指包含于财务报表中的、符合适用的财务报告编制基础的、与一个或多个以前期间相关的金额和披露

B. 对应数据列报的详细程度主要取决于其与本期数据的相关程度

C. 比较信息包含信息的详细程度与本期财务报表包含信息的详细程度相似

D. 注册会计师发表的审计意见应包括对比较信息的意见

### （三）简答题

ABC会计师事务所的A注册会计师，2022年度担任多家上市公司财务报表审计的项目合伙人，与审计报告相关的事项摘录如下：

（1）甲公司主营业务为文旅业务，由于受到疫情的影响，2021年和2022年连续发生亏损，甲公司管理层采取了相应的扭亏应对措施，也在报表附注中进行了充分披露。A注册会计师实施审计程序并与治理层沟通后，认为可能导致对持续经营能力产生重大疑虑的事项或情况存在重大不确定性。因该事项属于与治理层沟通的事项，A注册会计师拟将其作为关键审计事项在审计报告中予以沟通。

（2）A注册会计师在乙公司审计报告日前获取并阅读了乙公司2022年度报告的最终版本，发现其他信息存在重大错报，与管理层和治理层沟通后，该错报未得到更正，A注册会计师在出具的审计报告中，指出其他信息存在的重大错报。

（3）ABC会计师事务所首次接受委托，审计丙公司2022年度财务报表。A注册会计师拟在审计报告中增加其他事项段，说明上期财务报表由前任注册会计师审计及其出具的审计报告的日期。

（4）戊公司管理层在2022年度财务报表附注中披露了2023年1月发生的一项重大收购。A注册会计师认为该事项对财务报表使用者理解财务报表至关重要，拟在审计报告中增加其他事项段予以说明。

（5）2022年1月1日，庚公司管理层在2022年度提前采用新的会计准则（法律允许），A注册会计师认为该事项对财务报表使用者理解财务报表至关重要，在审计报表中增加其他事项段予以说明。

【要求】针对上述第（1）~（5）项，假定不考虑其他条件，逐项指出A注册会计师的做法是否恰当，如不恰当，请简要说明理由。

## 进阶练习答案及解析

### （一）单选题

1.【答案】D

【解析】选项D错误，除非法律法规禁止公开披露某事项，或者在极其罕见的情况下，如果合理预期在审计报告中沟通某事项造成的负面后果超过产生的公众利益方面的益处，注册会计师确定不应在审计报告中沟通该事项，则注册会计师应当在审计报告中逐项描述关键审计事项。

2.【答案】D

【解析】选项D错误，财务报表审计报告中不对财务报告内部控制发表审计意见，只有内部控制审计业务，才需要对财务报告内部控制发表审计意见。

3.【答案】B

【解析】注册会计师签署审计报告的日期通常与管理层签署已审计财务报表的日期为同一天，也可以晚于管理层签署已审计财务报表

的日期，选项 A、C、D 正确；选项 B 错误。

4. 【答案】B

【解析】选项 B，非重要组成部分的会计记录已被政府有关机构无限期地查封不影响集团财务报表审计，不会导致注册会计师无法获取充分、适当的审计证据。

5. 【答案】D

【解析】选项 D 错误，注册会计师没有责任去查找其他信息，包括可能在被审计单位网站存在的其他信息，也不需要执行任何程序以确认其他信息在被审计单位网站得到正确显示，或者已经以电子形式得以正确传递或显示。

6. 【答案】B

【解析】选项 B 错误，当财务报表中列报对应数据时，由于审计意见是针对包括对应数据的本期财务报表整体的，审计意见通常不提及对应数据，只有在特定情形下，注册会计师才应当在审计报告中提及对应数据。

7. 【答案】C

【解析】选项 A、B 应当出具保留意见；选项 C，在获取充分、适当的审计证据后，如果认为错报单独或汇总起来对财务报表的影响远低于报表整体重要性，应当发表无保留意见；选项 D，如果无法获取充分、适当的审计证据以作为形成审计意见的基础，但认为未发现的错报对财务报表可能产生的影响重大且具有广泛性，应该发表无法表示意见。

8. 【答案】C

【解析】选项 A、B、D 属于需要在审计报告中增加强调事项段的情形。

9. 【答案】A

【解析】当注册会计师决定在审计报告提及时，应当在审计报告的其他事项段中说明：（1）上期财务报表已由前任注册会计师审计（选项 D）；（2）前任注册会计师发表的意见的类型（选项 B）；（3）前任注册会计师出具的审计报告的日期（选项 C）；选项 A 不属于应该说明的事项。

10. 【答案】B

【解析】与使用者理解注册会计师的责任或审计报告相关的情形应该列为其他事项（选项 B 错误）。

（二）多选题

1. 【答案】ABD

【解析】选项 C 错误，实务中，审计报告通常载于会计师事务所统一印刷的标有该所详细通信地址的信笺上，无须在审计报告中注明详细地址。

2. 【答案】AB

【解析】选项 C、D，属于评价财务报表是否在所有重大方面按照适用的财务报告编制基础编制时考虑的内容。

3. 【答案】ABD

【解析】选项 C 错误，除非法律法规另有规定，当对财务报表发表无法表示意见时，注册会计师不得在审计报告中包含关键审计事项部分，而不是“非无保留意见”。

4. 【答案】BC

【解析】选项 A、D，属于注册会计师可能认为需要增加强调事项段的情形。

5. 【答案】ACD

【解析】选项 B 错误，在得出审计结论时，注册会计师应当考虑未更正错报单独或汇总起来是否构成重大错报。

6. 【答案】ACD

【解析】选项 B 内部控制的固有局限性，属于内部控制审计报告的一个段落。

7. 【答案】CD

【解析】注册会计师在确定哪些事项属于重点关注过的事项时，应当考虑下列方面：（1）评估的重大错报风险较高的领域或识别出的特别风险（选项 A 错误）；（2）与财务报表中涉及重大管理层判断（包括被认为具有高度估计不确定性的会计估计）的领域相关的重大审计判断（选项 C 正确）；（3）本期重大交易或事项对审计的影响（选项 D 正确）。而选项 B 错误，与管理层多次沟通未果的事项，有可能成为非无保留的事项。

8. 【答案】ACD

【解析】如果注册会计师认为财务报表存在重大错报，或者注册会计师对被审计单位及其环境的了解需要更新，注册会计师应当作出正确应对，具体包括：（1）修改注册会计师对风险的评估（选项A正确）；（2）评价已识别的错报对审计的影响和未更正错报（如有）对财务报表的影响的责任（选项D正确）；（3）考虑注册会计师关于期后事项的责任（选项C正确）；选项B错误，该事项应该在本期解决。

9.【答案】ABD

【解析】选项C正确，如果以前针对上期财务报表发表了非无保留意见，且导致非无保留意见的事项已经解决，则针对本期财务报表发表的审计意见无须提及之前发表的非无保留意见。而选项A、B、D做法错误。

10.【答案】CD

【解析】选项C错误，比较信息中比较财务报表包含信息的详细程度与本期财务报表包含信息的详细程度相似；选项D错误，比较信息包括对应数据和比较财务报表，针对比较财务报表，注册会计师需要发表审计意见，而针对对应数据来说，审计意见仅提及本期报表。

（三）简答题

【答案】

（1）不恰当。对持续经营能力产生重大疑虑的事项或情况存在重大不确定性，在报告中单独列示，而不能作为关键审计事项在审计报告中沟通。

（2）恰当。

（3）不恰当。应当说明前任注册会计师发表的审计意见类型。

（4）不恰当。应当增加强调事项段/其他事项段用于提及未在财务报表附注中列报或披露的事项/其他事项段与财务报表使用者理解审计工作、注册会计师的责任或审计报告相关。

（5）不恰当。应该在审计报表中增加强调事项段予以说明。

# 第二十章　企业内部控制审计

## 2023 年教材内容主要变化

第四节“控制测试的时间安排”中删除“是否测试被取代的控制”内容。

## 本章近五年考试高频考点分布

| 高频考点内容 | 年度及题型分布 |
| --- | --- |
| 选择拟测试的控制 | 2022 年简答、2018 年单选 |
| 控制测试的性质 | 2022 年简答 |
| 评价控制缺陷的严重程度 | 2021 年简答 |
| 非无保留意见的内部控制审计报告 | 2021 年简答 |
| 非财务报告内部控制缺陷 | 2018 年多选 |
| 控制测试的时间安排 | 2022 年简答 |

## 高频考点精讲

本章内容尽管相对独立，但是相关知识点与前序章节内容存在交叉或相近，因此在学习时应该与有关章节链接。例如，测试控制的有效性链接到第八章第三节；企业层面控制的测试链接到第七章第四节；业务流程、应用系统或交易层面的控制的测试链接到第七章第四节；信息系统控制的测试链接到第五章；出具内部控制审计报告链接到第六编。本章考核的知识点主要以本章为主，辐射其他章节。

### 第一单元　内部控制审计的概念

#### 高频考点 1：内部控制审计的概念★★

1. 内部控制的概念

内部控制是由企业董事会、监事会、经理层和全体员工实施的旨在实现控制目标的过程。

2. 内部控制的目标

内部控制的目标是合理保证企业经营管理合法合规、资产安全、财务报告及相关信息真实完整，提高经营效率和效果，促进企业实现发展战略。

## 高频考点 2：财务报告内部控制★★★

### （一）财务报告内部控制的概念

财务报告内部控制，是指公司的董事会、监事会、经理层及全体员工实施的旨在合理保证财务报告及相关信息真实、完整而设计和运行的内部控制，以及用于保护资产安全的内部控制中与财务报告可靠性目标相关的控制。

**小贴士** 财务报告内部控制以外的其他内部控制，属于非财务报告内部控制。

### （二）财务报告内部控制主要包括的政策和程序

（1）保存充分、适当的记录，准确、公允地反映企业的交易和事项；

（2）合理保证按照适用的财务报告编制基础的规定编制财务报告；

（3）合理保证收入和支出的发生以及资产的取得、使用或处置经过适用授权；

（4）合理保证及时防止或发现并纠正未经授权的、对财务报表有重大影响的交易和事项。

### （三）财务报告内部控制的识别

1. 一般考虑

注册会计师考虑某项控制是否是财务报告内部控制的关键依据是控制目标，财务报告内部控制是那些与企业的财务报告的可靠性目标相关的内部控制。

例如，企业建立的与客户定期对账和差异处理的相关控制与应收账款的存在、权利和义务等认定相关，属于财务报告内部控制。又如，企业为达到最佳库存的经营目标而建立的对存货采购间隔时间进行监控的相关控制与经营效率效果相关，而不直接与财务报表的认定相关，属于非财务报告内部控制。

2. 特殊考虑

相当一部分的内部控制能够实现多种目标，主要与经营目标或合规性目标相关的控制可能同时也与财务报告可靠性目标相关。因此，不能仅因为某一控制与经营目标或合规性目标相关而认定其属于非财务报告内部控制，注册会计师需要根据控制在特定企业环境中的目标、性质及作用，根据职业判断考虑该控制在具体情况下是否属于财务报告内部控制。

## 高频考点 3：内部控制审计的概念和范围★★★

### （一）内部控制审计的概念

内部控制审计，是指会计师事务所接受委托，对特定基准日内部控制设计与运行的有效性进行审计。

### （二）内部控制审计的范围

（1）针对财务报告内部控制，注册会计师对其有效性发表审计意见。

（2）针对非财务报告内部控制，注册会计师对内部控制审计过程中注意到的非财务报告内部控制的重大缺陷，在内部控制审计报告中增加“非财务报告内部控制重大缺陷描述段”予以披露。

## 高频考点 4：内部控制审计基准日★★

### （一）内部控制审计基准日的概念

内部控制审计基准日，是指注册会计师评价内部控制在某一时日是否有效所涉及的基准日，也是被审计单位评价基准日，即最近一个会计期间截止日。

### （二）内部控制审计基准日的解析

（1）注册会计师不可能对企业内部控制在某个期间段（如1年）内每天的运行情况进行描述，然后发表审计意见，这样做不切实际，并且无法向信息使用者提供准确清晰的信息（考虑到中间对内部控制缺陷的纠正），甚至会误导使用者。

（2）内部控制审计对特定基准日内部控制的有效性发表意见，并不意味着注册会计师只测试基准日这一天的内部控制，而是需要考察足够长一段时间内部控制设计和运行的情况。

**小贴士** 单就内部控制审计业务而言，注册会计师应当获取内部控制在基准日之前一段足够长的期间内有效运行的审计证据。在整合审计中，控制测试所涵盖的期间应当尽量与财务报表审计中拟信赖内部控制的期间保持一致。

## 高频考点5：内部控制审计和财务报表审计的区别★★

内部控制审计和财务报表审计的区别表现为如下六个方面：

### （一）对内部控制进行了解和测试的目的

1. 财务报表审计

识别、评估和应对重大错报风险，据此确定实质性程序的性质、时间安排和范围，并获取与财务报表是否在所有重大方面按照适用的财务报告编制基础编制相关的审计证据，以支持对财务报表发表的审计意见。

2. 内部控制审计

对内部控制的有效性发表审计意见。

### （二）测试内部控制运行有效性的范围要求

1. 财务报表审计

当存在下列情形之一时，注册会计师应当设计和实施控制测试：

（1）在评估认定层次重大错报风险时，预期控制运行有效；

（2）仅实施实质性程序不能提供认定层次充分、适当的审计证据。

如果以上两种情况均不存在，注册会计师可能对部分认定，甚至全部认定均不测试内部控制运行的有效性。

2. 内部控制审计

针对所有重要账户和列报的每一相关认定获取控制设计和运行有效性的审计证据。

### （三）测试内部控制的期间要求

1. 财务报表审计

（1）需要获取内部控制在整个拟信赖期间运行有效的审计证据；

（2）如果拟信赖的控制自上次测试后未发生变化，且不属于旨在减轻特别风险的控制，可以利用以前审计获取的有关控制运行有效性的审计证据，但每三年至少对控制测试一次。

2. 内部控制审计

（1）需要获取内部控制在基准日前足够长的时间（可能短于整个审计期间）内运行有效的审计证据；

（2）不得采用“每三年至少对控制测试一次”的方法，应当在每一年度中测试内部控制（对自动控制在满足特定条件情况下所采用的与基准相比较策略除外）。

### （四）评价控制缺陷

1. 财务报表审计

需要确定识别出的内部控制缺陷单独或连同其他缺陷是否构成值得关注的内部控制缺陷。

2. 内部控制审计

应当评价识别出的内部控制缺陷是否构成一般缺陷、重要缺陷或重大缺陷。

### （五）沟通控制缺陷

1. 财务报表审计

（1）应当以书面形式及时向治理层通报值得关注的内部控制缺陷。

（2）应当及时向相应层级的管理层通报下列内部控制缺陷：

①已向或拟向治理层通报的值得关注的内部控制缺陷，除非在具体情况下不适用直接向管理层通报，此项需采用书面形式通报；

②在审计过程中识别出的，其他方尚未向管理层通报而注册会计师根据职业判断认为足够重要从而值得管理层关注的内部控制其他缺陷，可以采用书面或口头形式。

2. 内部控制审计

（1）对于重大缺陷和重要缺陷，以书面形式与治理层和管理层沟通，书面沟通应在注册会计师出具内部控制审计报告前进行；如果注册会计师认为审计委员会和内部审计机构对内部控制的监督无效，应当就此以书面形式直接与董事会沟通；

（2）以书面形式与管理层沟通在审计过

程中识别的所有内部控制其他缺陷（包括注意到的非财务报告内部控制缺陷），并在沟通完成后告知治理层。

### （六）审计报告的形式和内容以及所包括的意见类型

1. 财务报表审计

（1）按照中国注册会计师审计准则的规定出具财务报表审计报告。

（2）审计意见类型包括无保留意见、保留意见、否定意见和无法表示意见。

2. 内部控制审计

（1）按照《企业内部控制审计指引》和《企业内部控制审计指引实施意见》的规定出具内部控制审计报告。

（2）审计意见类型包括无保留意见、否定意见和无法表示意见

## 命题点拨

命题角度：内部控制审计和财务报表审计的区别

本知识点在命题时，一般会以客观题（单选题和多选题）的形式出现，主要考核考生对于内部控制审计和财务报表审计的区别的内容理解。

## 经典例题

【例题·多选题】下列有关财务报表审计与内部控制审计的共同点的说法中，错误的有（　　）。

A. 两者识别的重要账户、列报及其相关认定相同

B. 两者了解和测试内部控制设计和运行有效性的审计程序类型相同

C. 两者测试内部控制运行有效性的范围相同

D. 两者的审计报告意见类型相同

【答案】CD

【解析】选项 C 错误，两者测试内部控制运行有效性的范围不相同；选项 D 错误，两者的审计报告意见类型不相同，内控审计报告没有保留意见类型。

### 高频考点 6：整合审计★

1. 整合审计的概念

整合审计是指注册会计师将内部控制审计与财务报表审计整合进行。

2. 整合审计的动因

（1）内部控制审计和财务报表审计，都采用风险导向审计模式，均需要识别重点账户、重要类别的交易等重点审计领域。

（2）内部控制审计和财务报表审计，在技术层面和审计实务中，两者审计模式、程序、方法等存在着共同之处，风险识别、评估和应对等大量工作内容相近，有很多的基础工作可以共享，在一项审计工作中发现的问题还可以为另一项审计工作提供线索和思路。

（3）为提高审计效果和效率，将内部控制审计和财务报表审计整合进行，在审计实务中，大多采用整合审计。

## 第二单元　自上而下的方法

### 高频考点 1：自上而下的方法基本框架★★

自上而下的方法运用的基本要求及步骤，具体如表 20－1 所示。

表 20－1　自上而下的方法基本框架

| 基本要求及步骤 | 具体内容 |
|---|---|
| 基本要求 | （1）注册会计师应当采用自上而下的方法选择拟测试的控制。<br>（2）自上而下的方法始于财务报表层次，以注册会计师对财务报告内部控制整体风险的了解开始，然后，将关注重点放在企业层面的控制上，并将工作逐渐下移至重要账户、列报及其相关认定。随后，确认其对被审计单位业务流程中风险的了解，并选择能足以应对评估的每个相关认定的重大错报风险的控制进行测试 |

续表

| 基本要求及步骤 | 具体内容 |
| --- | --- |
| 自上而下的方法的步骤 | （1）从财务报表层次初步了解内部控制整体风险；<br>（2）识别、了解和测试企业层面控制；<br>（3）识别重要账户、列报及其相关认定；<br>（4）了解潜在错报的来源并识别相应的控制；<br>（5）选择拟测试的控制 |

小贴士 自上而下的方法基本框架，需要总体上把握自上而下的方法的步骤，同时，对于重点步骤需要深入掌握。

## 高频考点2：识别、了解和测试企业层面控制★★

### （一）企业层面控制的内涵

企业层面控制的内涵如表20－2所示。

表20－2 企业层面控制的内涵

| 内涵 | 具体内容 |
| --- | --- |
| 企业层面控制的含义 | 企业层面的控制通常为应对企业财务报表整体层面的风险而设计，或作为其他控制运行的“基础设施”，通常在比业务流程更高的层面上乃至整个企业范围内运行，其作用比较广泛，通常不局限于某个具体认定 |
| 企业层面控制的内容 | （1）与控制环境（即内部环境）相关的控制；<br>（2）针对管理层和治理层凌驾于控制之上的风险而设计的控制；<br>（3）被审计单位的风险评估过程；<br>（4）对内部信息传递和期末财务报告流程的控制；<br>（5）对控制有效性的内部监督（即监督其他控制的控制）和内部控制评价；<br>（6）集中化的处理和控制（包括共享的服务环境）、监控经营成果的控制以及针对重大经营控制及风险管理实务的政策 |

### （二）企业层面控制对其他控制及其测试的影响

不同的企业层面控制在性质和精确度上存在差异，注册会计师应当从下列方面考虑这些差异对其他控制及其测试的影响，具体如表20－3所示。

表20－3 企业层面控制对其他控制及其测试的影响

| 影响性质 | 含义 | 示例 |
| --- | --- | --- |
| 间接影响 | 某些企业层面控制，对重大错报是否能够被及时防止或发现的可能性有重要影响，虽然这种影响是间接的，但这些控制可能影响注册会计师拟测试的其他控制及其对其他控制所执行程序的性质、时间安排和范围 | 被审计单位是否制定了合适的经营理念以及管理基调对于一个有效的内部控制是非常重要的。虽然这些与控制环境相关的控制与某个财务报表的认定没有直接关联，同时这些控制不能减少注册会计师为对财务报表认定相关的内部控制的有效性作出结论而所需获得的充分证据，但是由于这些控制可能会对其他控制的有效运行，以及注册会计师对财务报表是否存在重大错报的风险评估带来普遍性的影响 |
| 直接监督 | 某些企业层面控制能够监督其他控制的有效性。当这些控制运行有效时，注册会计师可以减少原本拟对其他控制的有效性进行的测试 | 被审计单位的财务总监定期审阅经营收入的详细月度分析报告。如果这个控制有效，可能可以使注册会计师修改其原本拟对其他控制所进行的测试程序 |

续表

| 影响性质 | 含义 | 示例 |
| --- | --- | --- |
| 直接影响 | 某些企业层面控制本身能精确到足以及时防止或发现一个或多个相关认定中存在的重大错报。如果一项企业层面控制足以应对已评估的重大错报风险，注册会计师可能可以不必测试与该风险相关的其他控制 | 被审计单位设立了银行余额调节表的监督审阅流程，并且对下属所有分级机构作出定期检查，以确定所有下属单位已经做好银行余额调节表的编制、审阅及跟踪工作。如果这个监督审阅过程中的程序有足够的精确度以复核各个下属单位的工作是否恰当，那么注册会计师可以考虑测试这个企业层面的控制，并且不必对下属每个单位的银行余额调节表相关控制进行测试 |

**小贴士** 由于对企业层面控制的评价结果将影响注册会计师测试其他控制的性质、时间安排及范围，所以注册会计师可以考虑在执行业务的早期阶段对企业层面控制进行测试。

## 高频考点3：识别重要账户、列报及其相关认定★★

### （一）重要账户、列报及其相关认定的含义

注册会计师应当基于财务报表层次识别重要账户、列报及其相关认定。

1. 重要账户、列报含义

如果某账户或列报可能存在一个错报，该错报单独或连同其他错报将导致财务报表发生重大错报，则该账户或列报为重要账户或列报。例如，因大多企业赊销业务较多，所以应收账款常常会成为重要账户、列报。

2. 相关认定含义

如果某财务报表认定可能存在一个或多个错报，这个或这些错报将导致财务报表发生重大错报，则该认定为相关认定。例如，因大多企业赊销业务较多，应收账款常常会成为重要账户、列报，但是，与应收账款有关的认定并不一定都是相关认定，常常相关的认定有可能是“存在”“计价、分摊和准确性”，而“完整性”此时就不属于相关认定。

**小贴士** 识别重要账户或列报及其相关认定，是以确定重要性水平为基础。

### （二）重要账户、列报的评价

（1）在识别重要账户、列报及其相关认定时，注册会计师应当从定性和定量两个方面作出评价，包括考虑舞弊的影响。

①定量评价。

超过财务报表整体重要性的账户，无论是在内部控制审计还是财务报表审计中，通常情况下被认定为重要账户。一个账户或列报，即使从性质方面考虑与之相关的风险较小，其金额超过财务报表整体重要性越多，该账户或列报被认定为重要账户或列报的可能性就越大。

**小贴士** 一个账户或列报的金额超过财务报表整体重要性，并不必然表明其属于重要账户或列报。

②定性评价。

即使该账户或列报从金额上看并不重大，但这些固有风险或舞弊风险很有可能导致重大错报（该错报单独或连同其他错报将导致财务报表发生重大错报）。例如，某负债类账户很可能被显著低估，则该负债类账户应被确定为重要账户。对于其他账户而言，由于财务报表使用者的预期，也可能从性质上来看是重要的。

（2）在识别重要账户、列报及其相关认定时，注册会计师不仅需要在重要账户或列报层面考虑风险，还需要深入账户或列报的**明细项目**（例如，固定资产账户由机器设备、房屋建筑物等部分组成），如果某账户或列报的各明细项目存在的风险差异较大，被审计单位可能需要采用不同的控制以应对这些风险，注册会计师应当分别予以考虑，并针对各自的风险设计审计程序。

（3）在识别重要账户、列报及其相关认定

定时，注册会计师不应考虑控制的影响，因为内部控制审计的目标本身就是评价控制的有效性。

（4）在确定某账户、列报是否重要和某认定是否相关时，注册会计师应当将所有可获得的信息加以综合考虑。例如，在识别重要账户、列报及其相关认定时，注册会计师还应当确定重大错报的可能来源。

**小贴士** 在内部控制审计中，注册会计师在识别重要账户、列报及其相关认定时应当评价的风险因素，与财务报表审计中考虑的因素相同。因此，在这两种审计中识别的重要账户、列报及其相关认定应当相同。

## 高频考点4：了解潜在错报的来源并识别相应的控制★★

### （一）了解潜在错报的来源

（1）了解与相关认定有关的交易的处理流程，包括这些交易如何生成、批准、处理及记录；

（2）验证注册会计师识别出的业务流程中可能发生重大错报（包括由于舞弊导致的错报）的环节；

（3）识别被审计单位用于应对这些错报或潜在错报的控制；

（4）识别被审计单位用于及时防止或发现并纠正未经授权的、导致重大错报的资产取得、使用或处置的控制。

### （二）实施穿行测试

1. 穿行测试含义

穿行测试是指追踪某笔交易从发生到最终被反映在财务报表中的整个处理过程。穿行测试通常是评价控制设计的有效性以及确定控制是否得到执行的有效方法。

2. 需要实施穿行测试的情形

（1）存在较高固有风险的复杂领域；

（2）以前年度审计中识别出的缺陷（需要考虑缺陷的严重程度）；

（3）由于引入新的人员、新的系统、收购和采取新的会计政策而导致流程发生重大变化。

**小贴士** 一般而言，对每个重要流程，选取一笔交易或事项实施穿行测试即可。如果被审计单位采用集中化的系统为多个组成部分执行重要流程，则可能不必在每个重要的经营场所或业务单位选取一笔交易或事项实施穿行测试。

3. 穿行测试涉及的审计程序

注册会计师在实施穿行测试时，通常需要综合运用询问、观察、检查相关文件记录。

## 高频考点5：选择拟测试的控制★★★

### （一）选择拟测试控制的基本要求

注册会计师应当针对每一相关认定获取控制有效性的审计证据，以便对内部控制整体的有效性发表意见，但没有责任对单项控制的有效性发表意见。

1. 选择具有重要影响的控制进行测试

注册会计师应当对被审计单位的控制是否足以应对评估的每个相关认定的错报风险形成结论。因此，注册会计师应当选择对形成这一评价结论具有重要影响的控制进行测试。

2. 不必测试与某项相关认定有关的所有控制

对特定的相关认定而言，可能有多项控制用以应对评估的错报风险；反之，一项控制也可能应对评估的多项相关认定的错报风险。注册会计师没有必要测试与某项相关认定有关的所有控制。

**小贴士** 在确定是否测试某项控制时，注册会计师应当考虑该项控制单独或连同其他控制，是否足以应对评估的某项相关认定的错报风险，而不论该项控制的分类和名称如何。

### （二）选择拟测试的控制的考虑因素（关键控制判断依据）

注册会计师在选取拟测试的控制时，通常不会选取整个流程中的所有控制，而是选择关键控制，即能够为一个或多个重要账户或列报的一个或多个相关认定提供最有效果或最有效率的证据的控制。每个重要账户、认定/或重大错报风险至少应当有一个对应的关键控制。

1. 在选择关键控制时，注册会计师考虑的一般因素

（1）哪些控制是不可缺少的；

（2）哪些控制直接针对相关认定；

（3）哪些控制可以应对错误或舞弊导致的重大错报风险；

（4）控制的运行是否足够精确。

2. 选择拟测试的控制的特殊考虑

（1）注册会计师无须测试那些即使有缺陷也合理预期不会导致财务报表重大错报的控制。

（2）在采用自上而下的方法执行内部控制审计时，如果识别并选取了能够充分应对重大错报风险的控制，则不需要再测试针对同样认定的其他控制。

注册会计师在考虑是否有必要测试业务流程、应用系统或交易层面的控制之前，首先要考虑测试那些与重要账户的认定相关的企业层面控制的有效性。如果企业层面控制是有效的且得到精确执行，能够及时防止或发现并纠正影响一个或多个认定的重大错报，注册会计师可能不必就所有流程、交易或应用层面的控制的运行有效性获取审计证据。

（3）注册会计师应当选择测试那些对形成内部控制审计意见有重大影响的控制。

对于与所有重要账户和列报相关的所有相关认定，注册会计师都需要取得关于控制设计和运行是否有效的证据。如果存在多个控制均应对相关认定的重大错报风险，注册会计师通常会选择那个（些）能够以最有效的方式予以测试的控制。

（4）企业管理层在执行内部控制自我评价时选择测试的控制，可能多于注册会计师认为为了评价内部控制的有效性有必要测试的控制。

管理层的这种决定，不影响注册会计师的控制测试决策，注册会计师只需要测试那些对形成内部控制审计意见有重大影响的控制。

### 经典例题

【真题·单选题】（2018）在执行内部控制审计时，下列有关注册会计师选择拟测试的控制的说法中，错误的是（　　）。

A. 注册会计师应当选择测试对形成内部控制审计意见有重大影响的控制

B. 注册会计师无须测试即使有缺陷也合理预期不会导致财务报表重大错报的控制

C. 注册会计师选择拟测试的控制，应当涵盖企业管理层在执行内部控制自我评价时测试的控制

D. 注册会计师通常选择能够为一个或多个重要账户或列报的一个或多个相关认定提供最有效果或最有效率的证据的控制进行测试

【答案】C

【解析】选项C错误，企业管理层在执行内部控制自我评价时选择测试的控制，并非都属于关键控制。

## 第三单元　测试控制的有效性

### 高频考点1：测试控制有效性的程序的性质★★

测试控制有效性的程序的性质，具体如表20－4所示。

表20－4　测试控制有效性的程序的性质

| 主要程序 | 具体内容 |
| --- | --- |
| 询问 | （1）注册会计师通过与被审计单位有关人员进行讨论以取得与内部控制相关的信息；<br>（2）仅实施询问程序不能为某一特定控制的有效性提供充分适当的证据，必须与其他测试手段结合使用才能发挥作用 |

续表

| 主要程序 | 具体内容 |
|---|---|
| 观察 | （1）观察是测试运行不留下书面记录的控制的有效方法；<br>（2）观察也可运用于测试对实物的控制 |
| 检查 | （1）检查记录和文件可以提供可靠程度不同的审计证据，审计证据的可靠性取决于记录或文件的性质和来源，而在检查内部记录和文件时，其可靠性则取决于生成该记录或文件的内部控制的有效性；<br>（2）存在书面证据并不一定表明控制一定有效。例如，通过检查凭证是否有审核人的签名，获得的审计证据的质量可能不具有说服力 |
| 重新执行 | （1）只有在综合运用询问、观察、检查三种程序，无法获取充分、适当的审计证据时，注册会计师才会考虑实施重新执行程序；<br>（2）重新执行的目的是评价控制的有效性而不是测试特定交易或余额的存在或准确性，即定性而非定量，因此一般不必选取大量的项目，也不必特意选取金额重大的项目进行测试 |

## 高频考点2：控制测试的时间安排★★

### （一）基本要求

（1）对控制有效性的测试涵盖的期间越长，提供的控制有效性的审计证据越多。就内部控制审计业务而言，注册会计师应当获取内部控制在基准日之前一段足够长的期间内有效运行的审计证据。

（2）在整合审计中，注册会计师控制测试所涵盖的期间应尽量与财务报表审计中拟信赖内部控制的期间保持一致。

（3）对控制有效性测试的实施时间越接近基准日，提供的控制有效性的审计证据越有力。为了获取充分、适当的审计证据，注册会计师应当在下列两个因素之间作出平衡，以确定测试的时间：

①尽量在接近基准日实施测试。

②实施的测试需要涵盖足够长的期间。

### （二）具体情形的考虑

控制测试的时间安排对有关情形的考虑，具体如表20－5所示。

**表20－5　具体情形的考虑**

| 主要情形 | 具体内容 |
|---|---|
| 期中测试的两种方法 | （1）进行期中测试，然后对剩余期间实施前推测试。<br>（2）或将样本分成两部分，一部分在期中测试，另一部分在临近年末的期间测试 |
| 以前审计获取的有关控制运行有效性的审计证据 | （1）对于财务报表审计，注册会计师可以在某些方面利用以前审计中获取的有关控制运行有效性的审计证据。<br>（2）对于内部控制审计，除考虑对自动化应用控制实施与基准相比较的策略外（完全自动化的控制通常不会因人为失误而失效），注册会计师不能利用以前审计中获取的有关控制运行有效性的审计证据，而是需要每年获取有关控制有效性的审计证据。 |
| 期中测试和前推程序 | 如果已获取有关控制在期中运行有效性的审计证据，注册会计师应当综合考虑相关因素，确定需要获取哪些补充审计证据，将期中测试结果前推至基准日，以证实剩余期间控制的运行情况 |
| 针对信息技术一般控制和自动化信息处理控制的前推程序 | （1）自动化信息处理控制一旦被证明其运行有效，通常不会发生运行故障或质量下降的情况，前提是存在适当且持续有效的信息技术一般控制。如果信息技术一般控制有效且关键的自动化信息处理控制未发生任何变化，注册会计师就不需要对该自动化控制实施前推测试。但是，如果注册会计师在期中对重要的信息技术一般控制实施了测试，则通常还需要对其实施前推程序。<br>（2）如果注册会计师认为一个或一个以上重要的信息技术一般控制无效，注册会计师需要评估其对总体信息技术环境以及对任何依赖这些信息技术一般控制的自动化控制的持续有效性的影响。如果重要的信息技术一般控制无效，且无法获得其他替代证据以证实关键的自动化控制自其上次被测试后未发生变化，注册会计师在执行内部控制审计时，通常就需要获取有关该自动化控制在接近基准日的期间内是否有效运行的证据 |

## 高频考点3：控制测试的范围★★

注册会计师在测试控制的运行有效性时，应当在考虑与控制相关的风险的基础上，确定测试的范围（样本规模）。

1. 测试人工控制的最小样本规模

在运用教材中表20－1时，注册会计师应当注意下列事项：

（1）测试的最小样本规模是指所需测试的控制运行次数。

（2）注册会计师应当根据与控制相关的风险，基于最小样本规模区间确定具体的样本规模。

（3）教材表20－1假设控制的运行偏差率预期为零。如果预期偏差率不为零，注册会计师应当扩大样本规模。

（4）如果注册会计师不能确定控制运行的频率，但是知道控制运行的总次数，仍可根据“控制运行的总次数”一列确定测试的最小样本规模。

2. 测试自动化自动信息处理控制的最小样本规模

信息技术处理具有内在一贯性，除非系统发生变动，一项自动化自动信息处理控制应当一贯运行。对于一项自动化自动信息处理控制，一旦确定被审计单位正在执行该控制，注册会计师通常无须扩大控制测试的范围，但需要考虑执行下列测试以确定该控制持续有效运行：

（1）测试与该自动信息处理控制有关的一般控制的运行有效性。

（2）确定系统是否发生变动，如果发生变动，是否存在适当的系统变动控制。

（3）确定对交易的处理是否使用授权批准的软件版本。

3. 发现偏差的处理

发现偏差的处理，具体如表20－6所示。

表20－6 发现偏差的处理

| 主要情形 | 具体内容 |
|---|---|
| 对相关事项的影响 | （1）与所测试控制相关的风险的评估；<br>（2）需要获取的审计证据；<br>（3）控制运行有效性的结论 |
| 评价偏差是否为控制缺陷 | （1）该偏差是如何被发现的。例如，如果某控制偏差是被另外一项控制所发现的，则可能意味着被审计单位存在有效的检查性控制。<br>（2）该偏差是与某一特定的地点、流程或应用系统相关，还是对被审计单位有广泛影响。<br>（3）就被审计单位的内部政策而言，该控制出现偏差的严重程度。例如，某项控制在执行上晚于被审计单位政策要求的时间，但仍在编制财务报表之前得以执行，还是该项控制根本没有得以执行。<br>（4）与控制运行频率相比，偏差发生的频率高低 |
| 针对发现的偏差的应对措施 | （1）由于有效的内部控制不能为实现控制目标提供绝对保证，单项控制并非一定要毫无偏差地运行，才被认为有效。<br>（2）如果发现控制偏差，注册会计师应当考虑偏差的原因及性质，并考虑采用扩大样本规模等适当的应对措施以判断该偏差是否对总体不具有代表性。例如，对每日发生多次的控制，如果初始样本规模为25个，当测试发现一项控制偏差，且该偏差不是系统性偏差时，注册会计师可以扩大样本规模进行测试。如果测试后再次发现偏差，则注册会计师可以得出该控制无效的结论。如果扩大样本规模没有再次发现偏差，则注册会计师可以得出控制有效的结论 |

**小贴士** 评价控制偏差的影响需要注册会计师运用职业判断，并受到控制的性质和所发现偏差数量的影响。如果发现的控制偏差是系统性偏差或人为有意造成的偏差，注册会计师应当考虑舞弊的可能迹象以及对审计方案的影响。

## 经典例题

【真题·多选题】（2020）在执行内部控制审计时，下列有关控制偏差的说法中，正确的有（　　）。

A. 如果发现的控制偏差是系统性偏差，注册会计师应当考虑对审计方案的影响

B. 如果发现的控制偏差是系统性偏差，注册会计师应当扩大样本规模进行测试

C. 如果发现控制偏差，注册会计师应当确定偏差对与所测试控制相关的风险评估的影响

D. 如果发现的控制偏差是人为有意造成的，注册会计师应当考虑舞弊的可能迹象

【答案】ACD

【解析】如果发现控制偏差是系统性偏差或人为有意造成的偏差，注册会计师应当考虑舞弊的可能迹象以及对审计方案的影响。如果发现的控制偏差是系统性偏差，扩大样本规模无法达到审计目标。故选项B错误。

### 高频考点4：控制变更时的特殊考虑★★

1. 内部控制审计

如果新控制实现了相关控制目标，且运行了足够长的时间，注册会计师能够通过对该控制进行测试评价其设计和运行的有效性，则无须测试被取代的控制。

2. 财务报表审计

如果被取代控制的运行有效性对控制风险的评估有重大影响，注册会计师应当测试被取代控制的设计和运行的有效性。

## 第四单元　内部控制缺陷的评价

### 高频考点1：控制缺陷的分类★★★

控制缺陷可以按缺陷性质和严重程度分类，具体如表20－7所示。

表20－7　控制缺陷的分类

| 类型 | | 具体内容 |
|---|---|---|
| 按缺陷性质分类 | 设计缺陷 | 设计缺陷是指缺少为实现控制目标所必需的控制，或现有控制设计不适当、即使正常运行也难以实现预期的控制目标 |
| | 运行缺陷 | 运行缺陷是指现存设计适当的控制没有按设计意图运行，或执行人员没有获得必要授权或缺乏胜任能力，无法有效地实施内部控制 |
| 按严重程度分类 | 重大缺陷 | 重大缺陷是内部控制中存在的、可能导致不能及时防止或发现并纠正财务报表出现重大错报的一项控制缺陷或多项控制缺陷的组合 |
| | 重要缺陷 | 重要缺陷是内部控制中存在的、其严重程度不如重大缺陷但足以引起负责监督被审计单位财务报告的人员（如审计委员会或类似机构）关注的一项控制缺陷或多项控制缺陷的组合 |
| | 一般缺陷 | 一般缺陷是内部控制中存在的、除重大缺陷和重要缺陷之外的控制缺陷 |

### 名师解惑

问：老师，为什么说控制缺陷的分类对于内部控制审计有重要意义呢？

答：如上所述，内部控制按缺陷主要有两个分类标志：一是内部控制按缺陷性质分类，该分类有利于注册会计师与管理层沟通缺陷的整改以及判断缺陷整改效果；二是内部控制按严重程度分类，该分类便于注册会计师判断财务报告内部控制缺陷对于审计意见的影响，以及非财务报告内部控制缺陷是否重大，是否需要在审计报告中列报。基于以上原因，只有注

册会计师准确掌握控制缺陷的分类，才能实现内部控制审计的目标。

### 高频考点2：评价控制缺陷的严重程度★★★

注册会计师应当评价其识别的各项控制缺陷的严重程度，以确定这些缺陷单独或组合起来，是否构成内部控制的重大缺陷。

**小贴士** 在计划和实施审计工作时，不要求注册会计师寻找单独或组合起来不构成重大缺陷的控制缺陷。

#### （一）评价控制缺陷严重程度考虑的因素

（1）控制不能防止或发现并纠正账户或列报发生错报的可能性的大小。

（2）因一项或多项控制缺陷导致的潜在错报的金额大小。

**小贴士** 控制缺陷的严重程度与错报是否发生无关，而取决于控制不能防止或发现并纠正错报的可能性的大小。

#### （二）评价控制缺陷严重程度的主要情形

1. 评价控制缺陷是否可能导致账户或列报发生错报考虑的风险因素

（1）所涉及的账户、列报及其相关认定的性质；

（2）相关资产或负债易于发生损失或舞弊的可能性；

（3）确定相关金额时所需判断的主观程度、复杂程度和范围；

（4）该项控制与其他控制的相互作用或关系；

（5）控制缺陷之间的相互作用；

（6）控制缺陷在未来可能产生的影响。

**小贴士** 评价控制缺陷是否可能导致错报时，注册会计师无须将错报发生的概率量化为某特定的百分比或区间。

2. 评价控制缺陷组合起来是否构成重大缺陷

（1）如果多项控制缺陷影响财务报表的同一账户或列报，错报发生的概率会增加。在存在多项控制缺陷时，即使这些缺陷从单项看不重要，但组合起来也可能构成重大缺陷。

（2）注册会计师应当确定，对同一重要账户、列报及其相关认定或内部控制要素产生影响的各项控制缺陷，组合起来是否构成重大缺陷。

3. 评价控制缺陷导致潜在错报金额大小

在评价因一项或多项控制缺陷导致的潜在错报的金额大小时，注册会计师应当考虑的因素包括：

（1）受控制缺陷影响的财务报表金额或交易总额。

（2）在本期或预计的未来期间受控制缺陷影响的账户余额或各类交易涉及的交易量。

**小贴士** 在评价潜在错报的金额大小时，账户余额或交易总额的最大多报金额通常是已记录的金额，但其最大少报金额可能超过已记录的金额。通常，小金额错报比大金额错报发生的概率更高。

4. 评价补偿性控制

在确定一项控制缺陷或多项控制缺陷的组合是否构成重大缺陷时，注册会计师应当评价补偿性控制的影响。在评价补偿性控制是否能够弥补控制缺陷时，注册会计师应当考虑补偿性控制是否有足够的精确度以防止或发现并纠正可能发生的重大错报。

#### （三）内部控制缺陷评价的步骤（具体见教材图20-1控制缺陷评价流程）

### 高频考点3：表明可能存在重大缺陷的迹象★★★

（1）如果注册会计师确定发现的一项控制缺陷或多项控制缺陷的组合将导致审慎的管理人员在执行工作时，认为自身无法合理保证按照适用的财务报告编制基础记录交易，应当将这一项控制缺陷或多项控制缺陷的组合视为存在重大缺陷的迹象。

（2）可能表明内部控制存在重大缺陷的迹象

①注册会计师发现董事、监事和高级管理

人员的任何舞弊；

②被审计单位重述以前公布的财务报表，以更正由于舞弊或错误导致的重大错报；

③注册会计师发现当期财务报表存在重大错报，而被审计单位内部控制在运行过程中未能发现该错报；

④审计委员会和内部审计机构对内部控制的监督无效。

## 命题点拨

**命题角度**：评价控制缺陷的严重程度、识别重大缺陷

本知识点在命题时，一般会以客观题（单选题和多选题）的形式出现，主要考核考生对于评价控制缺陷的严重程度和识别重大缺陷相关内容的理解。

**小贴士** 主要考核评价控制缺陷严重程度的主要情形以及表明可能存在重大缺陷的迹象。

### 高频考点4：内部控制缺陷整改★

**（一）总体要求**

如果被审计单位在基准日前对存在缺陷的控制进行了整改，整改后的控制需要运行足够长的时间，才能使注册会计师得出其是否有效的审计结论。

**（二）确定整改后控制运行的时间**

（1）注册会计师应当根据控制的性质和与控制相关的风险，合理运用职业判断，确定整改后控制运行的最短期间（或整改后控制的最少运行次数）以及最少测试数量。

（2）整改后控制运行的最短期间（或最少运行次数）和最少测试数量（参见教材表20－7）。

**小贴士** 如果被审计单位在基准日前对存在重大缺陷的内部控制进行了整改，但新控制尚没有运行足够长的时间，注册会计师应当将其视为内部控制在基准日存在重大缺陷。

## 经典例题

【真题·单选题】（2019）在执行内部控制审计时，下列有关注册会计师评价控制缺陷的说法中，错误的是（　　）。

A. 在评价控制缺陷的严重程度时，注册会计师无须考虑错报是否发生

B. 在评价一项控制缺陷或多项控制缺陷组合是否构成重大缺陷时，注册会计师应当考虑补偿性控制的影响

C. 在评价控制缺陷是否可能导致错报时，注册会计师无须量化错报发生的概率

D. 如果被审计单位在基准日完成了对所有存在缺陷的内部控制的整改，注册会计师可以评价认为内部控制在基准日运行有效

【答案】D

【解析】选项D错误，如果被审计单位在基准日前对存在缺陷的控制进行了整改，整改后的控制需要运行足够长的时间，才能使注册会计师得出其是否有效的审计结论。

## 第五单元　完成内部控制审计工作

### 高频考点1：形成内部控制审计意见★★

（1）注册会计师应当评价从各种来源获取的审计证据，包括对控制的测试结果、财务报表审计中发现的错报以及已识别的所有控制缺陷，形成对内部控制有效性的意见。

（2）在评价审计证据时，注册会计师应当查阅本年度涉及内部控制的内部审计报告或类似报告，并评价这些报告中指出的控制缺陷。

（3）在对内部控制的有效性形成意见后，注册会计师应当评价企业内部控制评价报告对相关法律法规规定的要素的列报是否完整和正确。

### 高频考点2：获取书面声明★

1. 书面声明的内容

2. 审计单位拒绝提供或以其他不当理由回避书面声明

（1）如果被审计单位拒绝提供或以其他

不当理由回避书面声明，注册会计师应当将其视为审计范围受到限制，解除业务约定或出具无法表示意见的内部控制审计报告。

（2）注册会计师应当评价拒绝提供书面声明这一情况对其他声明（包括在财务报表审计中获取的声明）的可靠性的影响。

### 高频考点3：沟通相关事项★★

（1）对于重大缺陷和重要缺陷，注册会计师应当以书面形式与管理层和治理层沟通。

小贴士　*书面沟通应当在注册会计师出具内部控制审计报告之前进行。*

（2）注册会计师应当以书面形式与管理层沟通其在审计过程中识别的所有其他内部控制缺陷，并在沟通完成后告知治理层。在进行沟通时，注册会计师无须重复自身、内部审计人员或被审计单位其他人员以前书面沟通过的控制缺陷。

（3）虽然并不要求注册会计师执行足以识别所有控制缺陷的程序，但是，注册会计师应当沟通其注意到的内部控制的所有缺陷。内部控制审计不能保证注册会计师能够发现严重程度低于重大缺陷的所有控制缺陷。注册会计师不应在内部控制审计报告中声明，在审计过程中没有发现严重程度低于重大缺陷的控制缺陷。

（4）如果发现被审计单位存在或可能存在舞弊或违反法律法规行为，注册会计师应当按照《中国注册会计师审计准则第1141号——财务报表审计中与舞弊相关的责任》《中国注册会计师审计准则第1142号——财务报表审计中对法律法规的考虑》的规定，确定并履行自身的责任。

## 第六单元　出具内部控制审计报告

### 高频考点1：内部控制审计报告要素★

标准内部控制审计报告应当包括的要素，具体如表20-8所示。

表20-8　　内部控制审计报告要素

| 要素 | 具体内容 |
|---|---|
| 标题 | 统一规范为“内部控制审计报告” |
| 收件人 | 收件人是指注册会计师按照业务约定书的要求致送内部控制审计报告的对象，一般是指审计业务的委托人。内部控制审计报告需要载明收件人的全称 |
| 引言段 | 内部控制审计报告的引言段说明企业的名称和内部控制已经过审计 |
| 企业对内部控制的责任段 | 企业对内部控制的责任段说明，按照《企业内部控制基本规范》《企业内部控制应用指引》《企业内部控制评价指引》的规定，建立健全和有效实施内部控制，并评价其有效性是企业董事会的责任 |
| 注册会计师的责任段 | 注册会计师的责任段说明，在实施审计工作的基础上，对财务报告内部控制的有效性发表审计意见，并对注意到的非财务报告内部控制的重大缺陷进行披露是注册会计师的责任 |
| 内部控制固有局限性的说明段 | 内部控制无论如何有效，都只能为企业实现控制目标提供合理保证。内部控制实现目标的可能性受其固有限制的影响，包括：（1）在决策时人为判断可能出现错误和因人为失误而导致内部控制失效；（2）控制的运行也可能无效；（3）控制可能由于两个或更多的人员进行串通舞弊或管理层不当地凌驾于内部控制之上而被规避；（4）在设计和执行控制时，如果存在选择执行的控制以及选择承担的风险，管理层在确定控制的性质和范围时需要作出主观判断。因此，注册会计师需要在内部控制固有局限性的说明段说明，内部控制具有固有局限性，存在不能防止和发现错报的可能性。此外，由于情况的变化可能导致内部控制变得错误，或对控制政策和程序遵循的程度降低，根据内部控制审计结果推测未来内部控制的有效性具有一定风险 |

续表

| 要素 | 具体内容 |
| --- | --- |
| 财务报告内部控制审计意见段 | 审计意见段应当说明企业是否按照《企业内部控制基本规范》和相关规定在所有重大方面保持了有效的财务报告内部控制 |
| 非财务报告内部控制重大缺陷描述段 | 注册会计师应当在本段披露非财务报告内部控制的重大缺陷的性质及其对实现相关控制目标的影响程度 |
| 注册会计师的签名和盖章 | — |
| 会计师事务所的名称、地址及盖章 | — |
| 报告日期 | 审计报告的日期不应早于注册会计师获取充分、适当的审计证据（包括董事会认可对内部控制及评价报告的责任且已批准评价报告的证据），并在此基础上对内部控制的有效性形成审计意见的日期。如果内部控制审计和财务报表审计整合进行，注册会计师应对内部控制审计报告和财务报表审计报告签署相同的日期 |

## 高频考点2：内部控制审计报告的意见类型★★

### （一）无保留意见

如果符合下列所有条件，注册会计师应当对财务报告内部控制出具无保留意见的内部控制审计报告：

（1）在基准日，被审计单位按照适用的内部控制标准的要求，在所有重大方面保持了有效的内部控制；

（2）注册会计师已经按照《企业内部控制审计指引》的要求计划和实施审计工作，在审计过程中未受到限制。

### （二）非无保留意见

1. 否定意见内部控制审计报告

否定意见内部控制审计报告，具体如表20－9所示。

表20－9　　否定意见内部控制审计报告

| 适用条件及报告要求 | 具体内容 |
| --- | --- |
| 适用条件 | 如果认为内部控制存在一项或多项重大缺陷，除非审计范围受到限制，注册会计师应当对内部控制发表否定意见。<br>【小贴士】如果在发现内部控制重大缺陷的同时审计范围受到限制，应当发表无法表示意见而不是否定意见 |
| 报告要求 | （1）重大缺陷的描述。否定意见的内部控制审计报告应当包括重大缺陷的定义、重大缺陷的性质及其对内部控制的影响程度。<br>（2）企业内部控制评价报告 |
| 报告要求 | （1）如果重大缺陷尚未包含在企业内部控制评价报告中，注册会计师应当在内部控制审计报告中说明重大缺陷已经识别，但没有包含在企业内部控制评价报告中。<br>（2）如果企业内部控制评价报告中包含了重大缺陷，但注册会计师认为这些重大缺陷未在所有重大方面得到公允反映，注册会计师应当在内部控制审计报告中说明这一结论，并公允表达有关重大缺陷的必要信息。<br>【小贴士】如果对内部控制的有效性发表否定意见，注册会计师应当确定该意见对财务报表审计意见的影响，并在内部控制审计报告中予以说明 |

2. 无法表示意见内部控制审计报告

无法表示意见内部控制审计报告，具体如表20－10所示。

表 20－10 无法表示意见内部控制审计报告

| 适用条件及报告要求 | 具体内容 |
| --- | --- |
| 适用条件 | (1) 如果审计范围受到限制，注册会计师应当解除业务约定或出具无法表示意见的内部控制审计报告。<br>(2) 在未能解除业务约定的情况下，认为审计范围受到限制将导致无法获取发表审计意见所需的充分、适当的审计证据，出具无法表示意见的内部控制审计报告 |
| 报告要求 | (1) 不应提及相关程序与特征。注册会计师不应在内部控制审计报告中指明所执行的程序，也不应描述内部控制审计的特征，以避免对无法表示意见的误解。<br>(2) 详述已发现的重大缺陷。如果在已执行的有限程序中发现内部控制存在重大缺陷，注册会计师应当在内部控制审计报告中对重大缺陷作出详细说明。<br>(3) 确定内控审计报告日期。内部控制审计报告的日期应为注册会计师已就该报告中陈述的内容获取充分、适当的审计证据的日期。<br>【小贴士】发表无法表示意见时，注册会计师应当就未能完成整个内部控制审计工作的情况，以书面形式与管理层和治理层进行沟通 |

## 名师解惑

问：老师，在审计实务中，为什么会出现在整合审计方式下，对于同一家被审计单位，财务报表审计意见为无保留意见而内部控制审计意见为否定意见呢？

答：在审计实务中，出现这种情形是正常的。主要原因是当注册会计师审计发现被审计单位财务报告内部控制存在重大缺陷时，要求管理层予以整改，如前所述，如果被审计单位在基准日前对存在缺陷的控制进行了整改，整改后的控制需要运行足够长的时间，才能使注册会计师得出其是否有效的审计结论。也就是说，内控的整改需要一段“时时”，而财务报表重大错报的整改可以在“时点”完成。基于以上原因，出现上述情形就不奇怪了。

## 高频考点 3：强调事项★★

强调事项，具体如表 20－11 所示。

表 20－11 强调事项

| 总体要求及适用情形 | 具体内容 |
| --- | --- |
| 总体要求 | 如果认为内部控制虽然不存在重大缺陷，但仍有一项或多项重大事项需要提请内部控制审计报告使用者注意，注册会计师应当在内部控制审计报告中增加强调事项段予以说明 |
| 适用情形 | (1) 如果确定企业内部控制评价报告对要素的列报不完整或不恰当，注册会计师应当在内部控制审计报告中增加强调事项段，说明这一情况并解释得出该结论的理由。<br>(2) 如果注册会计师知悉在基准日并不存在，但在期后期间发生的事项，且这类期后事项对内部控制有重大影响，注册会计师应当在内部控制审计报告中增加强调事项段，描述该事项及其影响，或提醒内部控制审计报告使用者关注企业内部控制评价报告中披露的该事项及其影响。<br>【小贴士】注册会计师应当在强调事项段中指明，该段内容仅用于提醒内部控制审计报告使用者关注，并不影响对内部控制发表的审计意见 |

## 高频考点 4：对期后事项的考虑★★★

1. 期后事项的含义

在基准日后至审计报告日前（简称期后期间），内部控制可能发生变化，或出现其他可能对内部控制产生重要影响的因素。

**小贴士** 注册会计师应当询问是否存在这类变化或因素，并获取被审计单位关于这类变化或因素的书面声明。

2. 注册会计师应对实施的审计程序

注册会计师应当针对期后期间，询问并检

查下列信息：

（1）在期后期间出具的内部审计报告或类似报告；

（2）其他注册会计师出具的涉及被审计单位内部控制缺陷的报告；

（3）监管机构发布的涉及被审计单位内部控制的报告；

（4）注册会计师在执行其他业务中获取的、有关被审计单位内部控制有效性的信息。

此外，注册会计师还应当考虑获取期后期间的其他文件，并按照《中国注册会计师审计准则第 1332 号——期后事项》的规定，对其进行检查。

3. 具体情形的应对措施

（1）如果知悉对基准日内部控制有效性有重大负面影响的期后事项，注册会计师应当对内部控制发表否定意见。

（2）如果注册会计师不能确定期后事项对内部控制有效性的影响程度，应当出具无法表示意见的内部控制审计报告。

（3）如果管理层在评价报告中披露了基准日之后采取的整改措施，注册会计师应当在内部控制审计报告中指明不对这些信息发表意见。

（4）注册会计师可能知悉在基准日并不存在，但在期后期间发生的事项。如果这类期后事项对内部控制有重大影响，注册会计师应当在内部控制审计报告中增加强调事项段，描述该事项及其影响，或提醒内部控制审计报告使用者关注企业内部控制评价报告中披露的该事项及其影响。

（5）在出具内部控制审计报告后，如果知悉在审计报告日已存在的、可能对审计意见产生影响的情况，注册会计师应当按照《中国注册会计师审计准则第 1332 号——期后事项》的相关规定处理。如果被审计单位更正以前公布的财务报表，注册会计师应当按照《中国注册会计师审计准则第 1332 号——期后事项》的相关规定重新考虑以前发表的内部控制审计意见的适当性。

## 高频考点 5：非财务报告内部控制缺陷★

如果在审计过程中注意到存在非财务报告内部控制缺陷，注册会计师应当区分具体情况予以处理：

（1）如果认为非财务报告内部控制缺陷为一般缺陷，注册会计师应当与企业进行沟通，提醒企业加以改进，但无须在内部控制审计报告中说明。

（2）如果认为非财务报告内部控制缺陷为重要缺陷，注册会计师应当以书面形式与企业董事会和管理层沟通，提醒企业加以改进，但无须在内部控制审计报告中说明。

（3）如果认为非财务报告内部控制缺陷为重大缺陷，注册会计师应当以书面形式与企业董事会和管理层沟通，提醒企业加以改进；同时应当在内部控制审计报告中增加非财务报告内部控制重大缺陷描述段，对重大缺陷的性质及其对实现相关控制目标的影响程度进行披露，提示内部控制审计报告使用者注意相关风险，但无须对其发表审计意见。

### 命题点拨

**命题角度：**非财务报告内部控制缺陷

本知识点在命题时，一般会以客观题（单选题和多选题）的形式出现，主要考核考生对于非财务报告内部控制缺陷的内容理解。

**小贴士** 考核非财务报告内部控制缺陷和财务报告内部控制缺陷的辨析以及重大非财务报告内部控制缺陷在审计报告中的披露。

### 经典例题

**【真题·简答题】**（2022）ABC 会计师事务所的 A 注册会计师负责审计上市公司甲公司 2021 年度财务报表和 2021 年末财务报告内部控制，采用整合审计方法执行审计。与内部控制审计相关的部分事项摘录如下：

（1）因甲公司与成本核算相关的内部控制自 2021 年 1 月 1 日起发生了重大变化，A 注册会计师获取了甲公司更新后的内部控制手册，直接从中选取与成本核算相关的关键控制，测试了其运行有效性。

（2）A 注册会计师采用审计抽样随机选取 25 个样本项目，对每日发生多次的原材料采购验收控制进行测试，发现 1 个样本项目存在偏差。经调查，该偏差不属于系统性偏差，也非人为有意造成，A 注册会计师另外选取 1 个样本项目进行了测试，结果满意，据此认为该控制运行有效。

（3）A 注册会计师测试了截至 2021 年 11 月 30 日甲公司与计提借款利息相关的关键控制，结果满意。A 注册会计师在期末审计时询问了相关会计人员，了解到该控制在剩余期间得到一贯执行，且无异常，考虑到甲公司控制环境良好，且该控制不复杂，执行时不需要作出重大判断，未再实施其他前推程序，据此认为该控制在 2021 年末仍然运行有效。

（4）甲公司财务经理每月将仓储部门编制的产成品收发存明细表中的产成品出库记录与当月确认收入对应的产品信息进行核对，记录核对情况，调查识别出的任何不符事项，并记录差异调查和解决的过程及结果。A 注册会计师选取 3 个月的样本项目，核对了产成品收发存明细表中的出库记录与当月确认收入对应的产品信息，结果相符，据此认为该项控制运行有效。

（5）应甲公司管理层的要求，A 注册会计师向其提供了内部控制审计的部分工作底稿，作为管理层对甲公司内部控制进行自我评价的基础。

【要求】针对上述第（1）~（5）项，逐项指出 A 注册会计师的做法是否恰当。如不恰当，简要说明理由。

【答案】

（1）不恰当。A 注册会计师在选取关键控制进行测试前，应当评价相关控制设计的有效性，确定相关控制是否得到执行 / 执行穿行测试。

（2）不恰当。应当扩大样本规模进行测试。

（3）恰当。

（4）不恰当。应检查证明控制得到执行的证据 / 执行人审核时留下的记号或标记 / 针对偏差报告的书面说明等。

（5）不恰当。管理层在对内部控制进行评价时，不能利用注册会计师在内部控制审计中执行的工作 / 可能涉及承担管理层职责，因此不应提供。



## 进阶练习

### （一）单选题

1. 注册会计师在内部控制审计工作中选择拟测试的控制时，下列说法中，错误的是（　　）。

A. 注册会计师无须测试那些即使有缺陷也合理预期不会导致财务报表重大错报的控制

B. 企业管理层在执行内部控制自我评价时选择测试的控制，可能多于注册会计师为了评价内部控制的有效性而测试的控制

C. 如果被审计单位内部控制信赖程度很低，注册会计师可以不测试内控

D. 如果企业层面的控制是有效的且得到精确执行，能够及时防止或发现并纠正一个或多个认定的重大错报，注册会计师可能不必就所有流程、交易或应用层面的控制的运行有效性获取审计证据

2. 在执行内部控制审计时，下列有关非财务报告内部控制重大缺陷的说法中，错误的是（　　）。

A. 注册会计师应当以书面形式与被审计单位董事会沟通发现的非财务报告内

部控制重大缺陷

B. 非财务报告内部控制重大缺陷不影响内部控制审计报告的意见类型

C. 注册会计师可以以书面或口头形式与被审计单位经理层沟通发现的非财务报告内部控制重大缺陷

D. 注册会计师应当在内部控制审计报告中披露非财务报告内部控制重大缺陷

3. 注册会计师在评价不同的企业层面控制，在性质和精确度上的差异对其他控制及其测试的影响时，下列说法中，错误的是（　　）。

A. 有些企业层面控制可能影响注册会计师拟测试的其他控制

B. 某些企业层面控制有效时，注册会计师可能可以减少原本拟对其他控制的有效性进行的测试

C. 企业层面控制可能本身足以精确到足以及时防止或发现一个或多个相关认定中存在的重大错报

D. 企业层面的控制通常为应对企业财务报表整体层面和认定层面的风险而设计，或作为其他控制运行的“基础设施”

4. 下列关于在内部控制审计中识别重要账户、列报及其相关认定的说法中，错误的是（　　）。

A. 识别重要账户或列报及其相关认定，是以确定重要性水平为基础

B. 注册会计师识别重要账户、列报及其相关认定时应当评价的风险因素与财务报表审计中考虑的因素相同

C. 一个账户或列报的金额超过财务报表整体重要性，并不必然表明其属于重要账户或列报

D. 超过明显微小错报临界值的账户，通常情况下被认定为重要账户

5. 注册会计师执行内部控制审计时，下列有关评价控制缺陷的说法中，错误的是（　　）。

A. 注册会计师评价控制缺陷是否可能导致错报时，无须量化错报发生的概率

B. 注册会计师评价控制缺陷的严重程度时，无须考虑错报是否已经发生

C. 如果一项控制缺陷存在补偿性控制，注册会计师则不应将该控制缺陷评价为重大缺陷

D. 注册会计师评价控制缺陷导致的潜在错报的金额大小时，应当考虑本期或未来期间受控制缺陷影响的账户余额或各类交易涉及的交易量

6. 注册会计师执行内部控制审计时，下列有关控制测试的时间安排的说法中，错误的是（　　）。

A. 在整合审计中，注册会计师控制测试所涵盖的期间应尽量与财务报表审计中拟信赖内部控制的期间保持一致

B. 在整合审计中，测试控制在整个会计年度的运行有效性时，注册会计师可以进行期中测试，然后对剩余期间实施前推测试

C. 如果注册会计师在期中对重要的信息技术一般控制实施了测试，则通常不需要对其实施前推程序

D. 与所测试控制相关的风险越高，注册会计师获取的审计证据越需要接近基准日

7. 下列关于整改后控制运行的最短期间以及最少测试数量的说法中，正确的是（　　）。

A. 对于运行频率为每季度 1 次的控制，整改后控制运行的最短期间为 2 个季度，且最少测试 1 个

B. 对于运行频率为每周 1 次的控制，整改后控制运行的最短期间为 5 周，且最少测试 3 个

C. 对于运行频率为每天多次的控制，整改后控制运行的最短期间为 25 天，且最少测试 25 个

D. 对于运行频率为每天 1 次的控制，整改后控制运行的最短期间为 25 天，且

最少测试20个

8. 注册会计师对内部控制审计时，需要获取的有关控制运行有效性的审计证据，下列说法中，错误的是（　　）。

A. 获取控制是否得到执行审计证据

B. 获取控制以何种方式执行审计证据

C. 获取控制由谁执行审计证据

D. 获取控制在所审计期间的相关时点是如何运行的审计证据

9. 注册会计师在选取拟测试的控制时，通常会选择关键控制，在选择关键控制时，下列各项中，通常不属于注册会计师需要考虑的因素的是（　　）。

A. 哪些控制是不可缺少的

B. 哪些控制针对相关认定

C. 哪些控制可以应对错误或舞弊导致的重大错报风险

D. 控制的运行是否足够精确

10. 下列审计意见类型中，不属于内部控制审计意见类型的是（　　）。

A. 无保留意见

B. 保留意见

C. 否定意见

D. 无法表示意见

### （二）多选题

1. 下列有关内部控制审计范围的说法中，错误的有（　　）。

A. 注册会计师应当针对财务报告内部控制有效性发表审计意见

B. 注册会计师对注意到的非财务报告内部控制缺陷，在审计报告中增加“非财务报告内部控制缺陷描述段”予以披露

C. 内部控制审计涉及的内部控制测试范围与财务报告审计中的测试范围有差别

D. 注册会计师应该区分财务报告内部控制和非财务报告内部控制，并分别就其有效性发表审计意见

2. 下列关于内部控制审计和财务报表审计的说法中，正确的有（　　）。

A. 内部控制审计和财务报表审计均是合理保证的鉴证业务

B. 内部控制审计和财务报表审计均采用风险导向审计模式

C. 财务报表审计和内部控制审计，注册会计师均采用自上而下的方法选择拟测试的控制

D. 财务报表审计注册会计师可以在某些方面利用以前审计中获取的有关控制运行有效性的审计证据

3. 下列各项中，属于针对凌驾风险采用的控制的有（　　）。

A. 针对常规材料采购交易的控制

B. 针对与子公司交易的控制

C. 能够减弱管理层错误操纵财务结果的动机及压力的控制

D. 对于被审计单位重要存货减值计提的控制

4. 注册会计师在计划审计工作时，应当评价相关事项对财务报告内部控制、财务报表及审计工作的影响，下列说法中，正确的有（　　）。

A. 内部控制的特定领域存在重大缺陷的风险越高，注册会计师所需获取的审计证据客观性、可靠性越强

B. 注册会计师应当对发现的控制缺陷均予以测试

C. 对于内部控制可能存在重大缺陷的领域，注册会计师应当在接近内部控制评价基准日的时间测试内部控制

D. 注册会计师应当了解被审计单位在上年度和本年度内部控制发生的变化以及变化的程度，从而相应地调整审计计划

5. 下列有关内部控制审计的说法中，错误的有（　　）。

A. 内部控制审计就是控制测试，属于财务报表审计的一部分

B. 内部控制审计是主要是对财务报告内

部控制发表意见，无须关注非财务报告内部控制

C. 内部控制审计基准日，也是被审计单位评价基准日，即最近一个会计期间截止日

D. 注册会计师需要对被审计单位所有的存在重大缺陷的内部控制发表审计意见

6. 下列有关注册会计师选择拟测试的控制的说法中，正确的有（　　）。

A. 注册会计师没有必要测试与某项相关认定有关的所有控制

B. 注册会计师应当针对每一相关认定获取控制有效性的审计证据，以便对该项控制的有效性发表意见

C. 注册会计师应当对内部控制整体的有效性发表意见，也有责任对单项控制的有效性发表意见

D. 在确定是否测试某项控制时，注册会计师应当考虑该项控制单独或连同其他控制，是否足以应对评估的某项相关认定的错报风险，而不论该项控制的分类和名称如何

7. 下列关于内部控制审计报告的说法中，正确的有（　　）。

A. 在对内部控制的有效性形成意见后，注册会计师应当评价企业内部控制评价报告对相关法律法规规定要素的列报是否完整和适当

B. 如果认为内部控制存在一项或多项重大缺陷，除非审计范围受到限制，注册会计师应当对内部控制发表否定意见

C. 如果对内部控制的有效性发表否定意见，注册会计师应当确定该意见对财务报表审计意见的影响，并在内部控制审计报告中予以说明

D. 只要认为审计范围受到限制将导致无法获取发表审计意见所需的充分、适当的审计证据，注册会计师不必执行任何其他工作即可对内部控制出具保留意见或无法表示意见的内部控制审计报告

8. 下列关于注册会计师考虑实施穿行测试情况说法中，正确的有（　　）。

A. 对存在较高控制风险的复杂领域实施穿行测试

B. 如果被审计单位采用集中化的系统为多个组成部分执行重要流程，则可能不必在每个重要的经营场所或业务单位选取一笔交易或事项实施穿行测试

C. 对以前年度审计中识别出的缺陷实施穿行测试（需要考虑缺陷的严重程度）

D. 当引入新的人员、新的系统、收购和采取新的会计政策而导致流程发生重大变化时实施穿行测试

9. 下列审计程序，不适用于测试控制有效性的有（　　）。

A. 询问　　B. 观察

C. 分析性程序　　D. 穿行测试

10. 下列有关控制缺陷的说法中，错误的有（　　）。

A. 控制缺陷的严重程度取决于因一项或多项控制缺陷导致的发生错报的金额大小

B. 在计划和实施审计工作时，注册会计师应当寻找单独或组合起来不构成重大缺陷的控制缺陷

C. 控制缺陷的严重程度取决于控制不能防止或发现并纠正错报的可能性大小

D. 评价控制缺陷是否可能导致错报时，注册会计师需将错报发生的概率量化为某特定的百分比或区间

# 进阶练习答案及解析

## （一）单选题

1. 【答案】C

【解析】选项C错误，如果被审计单位内部控制信赖程度很低，说明风险很大，注册会计师要重点予以关注。

2. 【答案】C

【解析】选项C错误，注册会计师应当以书面形式（不能采取口头形式）与企业董事会和经理层沟通非财务报告内部控制缺陷重大缺陷，提醒企业加以改进。

3. 【答案】D

【解析】选项D错误，企业层面的控制通常为应对企业财务报表整体层面的风险而设计，或作为其他控制运行的“基础设施”，不包括“认定层面”。

4. 【答案】D

【解析】选项D错误，超过财务报表整体重要性的账户，通常情况下被认定为重要账户，而不是“超过明显微小错报临界值的账户”。

5. 【答案】C

【解析】选项C错误，仅具有补偿性控制，关键在于补偿性控制是否发挥作用。

6. 【答案】C

【解析】选项C错误，如果注册会计师在期中对重要的信息技术一般控制实施了测试，则通常还需要对其实施前推程序。

7. 【答案】C

【解析】选项A错误，对于运行频率为每季度1次的控制，整改后控制运行的最短期间为2个季度，且最少测试2个；选项B错误，对于运行频率为每周1次的控制，整改后控制运行的最短期间为5周，且最少测试5个；选项D错误，对于运行频率为每天1次的控制，整改后控制运行的最短期间为20天，且最少测试20个。

8. 【答案】A

【解析】选项A错误，应该获取控制是否得到一贯执行审计证据，获取控制是否得到执行审计证据属于了解内控时需要获取的证据。

9. 【答案】B

【解析】在选择关键控制时，注册会计师考虑的一般因素：（1）哪些控制是不可缺少的（选项A正确）；（2）哪些控制直接针对相关认定（选项B错误）；（3）哪些控制可以应对错误或舞弊导致的重大错报风险（选项C正确）；（4）控制的运行是否足够精确（选项D正确）。

10. 【答案】B

【解析】内部控制审计意见包括无保留意见、否定意见和无法表示意见，故选项B错误。

## （二）多选题

1. 【答案】BD

【解析】在内部控制审计中，审计意见覆盖范围是：针对财务报告内部控制，注册会计师对其有效性发表审计意见；注册会计师针对内部控制审计过程中注意到的非财务报告内部控制的重大缺陷，在内部控制审计报告中增加“非财务报告内部控制重大缺陷描述段”予以披露，故选项A正确，而选项B、D错误。选项C正确。

2. 【答案】ABD

【解析】内部控制审计注册会计师采用自上而下的方法选择拟测试的控制，而财务报表审计不采用该方法，故选项C错误。

3. 【答案】BCD

【解析】一般而言，针对凌驾风险采用的控制可以包括但不限于：（1）针对重大的异常交易（尤其是那些导致会计分录延迟或异常的交易）的控制（选项A不属于）；（2）针对关联方交易的控制（选项B属于）；（3）与管理层的重大估计相关的控制（选项D属于）；（4）能够减弱管理层伪造或错误操纵财务结果的动机及压力的控制（选项C属于）。

4.【答案】AC

【解析】选项B错误，注册会计师应当更多地关注内部控制审计的高风险领域，而没有必要测试那些即使有缺陷也不可能导致财务报表重大错报的控制；选项D错误，注册会计师应当了解被审计单位本期内部控制发生的变化以及变化的程度，从而相应地调整审计计划。

5.【答案】ABD

【解析】内部控制审计不同于控制测试，不是财务报表审计的一部分，故选项A错误；内部控制审计包括非财务报告内部控制，故选项B错误；注册会计师针对财务报告内部控制发表审计意见，而对非财务报告内部控制的重大缺陷，应增加“非财务报告内部控制重大缺陷描述段”进行披露，故选项D错误。

6.【答案】AD

【解析】选项B错误，注册会计师应当针对每一相关认定获取控制有效性的审计证据，以便对内部控制整体的有效性发表意见；选项C错误，注册会计师应当针对每一相关认定获取控制有效性的审计证据，以便对内部控制整体的有效性发表意见，但没有责任对单项控制的有效性发表意见。

7.【答案】ABC

【解析】选项D错误，只要认为审计范围受到限制将导致无法获取发表审计意见所需的充分、适当的审计证据，注册会计师应出具无法表示意见的内部控制审计报告。

8.【答案】BCD

【解析】选项A错误，应该是存在较高固有风险的复杂领域，而不是“控制风险”。

9.【答案】CD

【解析】选项C错误，分析性程序分析数据间的关系，不能用于测试控制有效性；选项D错误，穿行测试属于识别内部控制的程序。

10.【答案】ABD

【解析】控制缺陷的严重程度取决于因一项或多项控制缺陷导致的潜在错报的金额大小（选项A错误）；在计划和实施审计工作时，不要求注册会计师寻找单独或组合起来不构成重大缺陷的控制缺陷（选项B错误）；评价控制缺陷是否可能导致错报时，注册会计师无须将错报发生的概率量化为某特定的百分比或区间（选项D错误）。

# 第二十一章　会计师事务所业务质量管理



## 2023 年教材内容主要变化

第一节中“业务执行”内容中增加“业务分派”内容。

## 本章近五年考试高频考点分布

| 高频考点内容 | 年度及题型分布 |
| --- | --- |
| 治理和领导层 | 2022 年简答、2021 年简答、2019 年简答、2018 年简答 |
| 相关职业道德要求 | 2021 年简答、2019 年简答、2018 年简答 |
| 业务执行 | 2022 年简答、2020 年单选、2019 年简答、2018 年简答 |
| 监控和整改程序 | 2021 年简答、2019 年简答 |
| 项目质量复核人员的委派和资质要求 | 2022 年简答、2021 年简答、2020 年多选 |
| 审计项目合伙人管理和实现审计质量的领导责任 | 2022 年简答、2021 年简答 |
| 信息与沟通 | 2022 年简答 |

## 高频考点精讲

本章第一节和第二节阐述的会计师事务所质量管理体系，突出风险导向理念，尽管相对独立，但是与教材有关内容也存在交互，例如，关于关键审计合伙人**轮换**的具体要求，与第二十三章（审计业务对独立性的要求）第五节“与审计客户长期存在业务关系”的链接。第三节“对财务报表审计实施的质量管理”部分，与教材相关章节存在着密切的联系。例如，**客户关系和具体业务的接受与保持**与第二章（审计计划）第一节内容的链接；**业务执行和项目质量复核**与第十八章（完成审计工作）第一节内容的链接；审计工作底稿与第六章（审计工作底稿）内容的链接。本章考核的知识点主要以本章为主，辐射到其他章节。

# 第一单元　会计师事务所质量管理体系

## 高频考点1：质量管理体系的概念、目标和框架★★

### （一）质量管理体系的概念和目标

1. 质量管理体系的概念

质量管理体系是会计师事务所为实施质量管理而设计、实施和运行的系统。

2. 质量管理体系的目标

质量管理体系的目标是在以下两个方面提供合理保证：

（1）会计师事务所及其人员按照适用的法律法规和职业准则的规定履行职责，并根据这些规定执行业务。

（2）会计师事务所和项目合伙人出具适合具体情况的业务报告。

**小贴士** 合理保证如审计定义中所述，是一种高水平的保证，但非绝对的保证。

### （二）质量管理体系的框架

会计师事务所质量管理体系的框架具体包括下列8个要素，具体如表21－1所示。

表21－1　质量管理体系的框架

| 序号 | 组成要素 | 备注 |
| --- | --- | --- |
| 1 | 会计师事务所的风险评估程序 | 本单元后续知识点阐述 |
| 2 | 治理和领导层 | 本单元后续知识点阐述 |
| 3 | 相关职业道德要求 | 链接第八编（职业道德） |
| 4 | 客户关系和具体业务的接受与保持 | 本单元后续知识点阐述 |
| 5 | 业务执行 | 本单元后续知识点阐述 |
| 6 | 资源 | 见教材关注“相关的政策与程序” |
| 7 | 信息与沟通 | 见教材关注“相关的政策与程序” |
| 8 | 监控和整改程序 | 本单元后续知识点阐述 |

**命题点拨**

命题角度：合理保证的两大目标以及构成框架的八大要素

本知识点在命题时，一般会以客观题（单选题和多选题）的形式出现，主要考核考生对于质量管理体系的目标和质量管理体系的框架要素的理解。

## 高频考点2：质量管理体系的总体要求★

质量管理体系的总体要求如表21－2所示。

表21－2　质量管理体系的总体要求

| 总体要求 | 具体内容 |
| --- | --- |
| 在全所范围内统一设计、实施和运行 | （1）应当在全所范围内（包括分所或分部）统一设计、实施和运行质量管理体系，实现人事、财务、业务、技术标准和信息管理五方面的统一管理。<br>（2）如果会计师事务所通过合并、新设等方式成立分所（或分部），应当将该分所（或分部）纳入质量管理体系中统一实施质量管理 |

续表

| 总体要求 | 具体内容 |
| --- | --- |
| 风险导向的思路 | （1）针对质量管理体系的各个要素设定质量目标，即为了确保实现质量管理体系的目标，质量管理体系的各个要素需要达到的目标。会计师事务所设定的质量目标可以进一步分解为质量管理体系各组成要素所期望达到的目标。<br>（2）识别和评估质量风险。<br>（3）设计和采取应对措施以应对质量风险。应对措施通常是指会计师事务所为应对质量风险而设计和实施的政策和程序，应对措施的性质、时间安排和范围取决于相关质量风险的评估结果及得出该评估结果的理由 |
| 根据本事务所及其业务的性质和具体情况“量身定制” | 会计师事务所应当实事求是，根据本事务所及其业务的性质和具体情况“量身定制”适合本事务所的质量管理体系，而**不应当**机械执行会计师事务所质量管理准则，**也不应当**盲目地“照搬照抄”其他事务所的政策和程序 |
| 不断优化和完善 | 质量管理体系应当是动态的，而不是一成不变的 |

## 高频考点3：会计师事务所的风险评估程序★

按照风险导向的思路，会计师事务所应当设计和实施风险评估程序，以设定质量目标、识别和评估质量风险，并设计和采取应对措施以应对质量风险。具体如表21－3所示。

**表21－3　会计师事务所的风险评估程序**

| 风险评估程序 | 具体内容 | |
| --- | --- | --- |
| 识别和评估质量风险并采取应对措施。<br>【小贴士】该知识点主要阐述识别和评估质量风险 | 会计师事务所的性质和具体情况 | （1）会计师事务所的复杂程度和经营特征。<br>（2）会计师事务所在战略和运营方面的决策与行动、业务流程及业务模式。<br>（3）会计师事务所领导层的特征和管理风格。<br>（4）会计师事务所的资源，包括其拥有的内部资源和可获得的外部资源。<br>（5）法律法规、职业准则的规定。<br>（6）会计师事务所运营所处的环境。<br>（7）会计师事务所所在网络向其成员组织统一提出的要求或统一提供的服务的性质和范围（如适用） |
| | 会计师事务所业务的性质和具体情况 | （1）会计师事务所执行业务的类型和出具报告的类型（如所执行业务的类型是否是审计等要求提供保证程度较高的业务）。<br>（2）业务执行对象的实体类型（如业务执行对象是否为上市公司） |
| 对风险评估程序的动态调整 | 设定额外的质量目标或调整之前设定的额外质量目标 | |
| | 识别和评估额外的质量风险、调整之前评估的质量风险或重新评估质量风险 | |
| | 设计和采取额外的应对措施，或调整已采取的应对措施 | |

## 高频考点4：治理和领导层★★

### （一）相关质量目标

针对治理和领导层，会计师事务所应当设定下列质量目标，具体如表21－4所示。

表 21 – 4　　相关质量目标

| 质量目标 | 具体内容 |
| --- | --- |
| 会计师事务所在全所范围内形成一种“质量至上”的文化，树立质量意识 | 会计师事务所及其人员有责任持续高质量地执行业务，从而更好地服务于公众利益 |
| | 会计师事务所人员树立正确的职业价值观、职业道德和职业态度，对于持续高质量地执行业务至关重要 |
| | 会计师事务所所有人员都对其执行业务的质量承担责任，或者对其在质量管理体系中所执行工作的质量承担责任，并且这些人员的行为应当得当 |
| | 会计师事务所的所有战略决策和行动，都应当坚持质量优先，都不能以牺牲质量为代价 |
| 会计师事务所的领导层对质量负责，并通过实际行动展示出其对质量的重视 | |
| 会计师事务所领导层向会计师事务所人员传递“质量至上”的执业理念，培育以质量为导向的文化 | |
| 会计师事务所的组织结构以及对相关人员角色、职责、权限的分配是正确的，能够满足质量管理体系设计、实施和运行的需要 | |
| 会计师事务所的资源（包括财务资源）需求得到正确的计划，并且资源的取得和分配能够为会计师事务所持续高质量地执行业务提供保障 | |

**名师解惑**

问：老师，事务所的奖惩制度为什么要体现以质量为导向？

答：因为事务所与企业等大多实体一样，产品质量是生存的之本，为此，在事务所运营过程中，必须建立以质量为导向的文化，以此引导员工为之努力。

问：老师，为了体现“质量至上”的理念，事务所的奖惩制度考核指标中，有关分公司或员工为事务所带来的收入，是不是不作为考核指标了？

答：不是的，有关分公司或员工为事务所带来的收入，可以作为考核指标，但是不能作为首要考核指标，如上所述，质量因素是首要指标，权重应该最大，但是也应该赋予“带来的收入”适当的权重。

### （二）会计师事务所质量管理领导层

1. 三种角色

（1）会计师事务所主要负责人（如首席合伙人、主任会计师或者同等职位的人员）应当对质量管理体系承担最终责任；

（2）会计师事务所应当指定专门的合伙人（或类似职位的人员）对质量管理体系的运行承担责任；

（3）会计师事务所应当指定专门的合伙人（或类似职位的人员）对质量管理体系特定方面的运行承担责任。例如，会计师事务所可以指定专门的合伙人对相关职业道德要求、监控和整改等特定方面的运行承担责任。

教材中展示了质量管理体系，领导层中的这三种角色及其沟通方向。

2. 三种角色人员胜任条件的要求（同时满足下列条件）

（1）具备适当的知识、经验和资质；

（2）在会计师事务所内具有履行其责任所需要的权威性和影响力；

（3）具有充足的时间和资源履行其责任；

（4）充分理解其应负的责任并接受对这些责任履行情况的问责。

**小贴士** 会计师事务所应当确保对质量管理体系的运行承担责任的人员、对质量管理体系特定方面的运行承担责任的人员，能够直接与对质量管理体系承担最终责任的人员（即主要负责人）沟通。

### （三）人员管理

1. 合伙人管理

每一个合伙人的执业质量，以及其对执业质量的重视和追求，对会计师事务所的整体质量和声誉都至关重要。因此，会计师事务所有必要加强对合伙人晋升、培训、考核、分配、转入、退出的管理，体现以质量为导向的文化，确保合伙人能够按照质量管理体系的要求，切实履行其在质量管理方面的责任，防范执业风险。

2. 晋升合伙人的管理

会计师事务所应当加强对其员工（包括外部转入人员）晋升合伙人的管理，在晋升时，应当综合考虑拟晋升人员的执业理念、职业价值观、职业道德、专业胜任能力和执业诚信记录，建立以质量为导向的晋升机制，不得以承接和执行业务的收入或利润作为晋升合伙人的首要指标。会计师事务所应当针对合伙人的晋升建立和实施质量“一票否决”制度，例如，会计师事务所可以制定政策和程序，要求在一定期间内执业有重大质量问题的人员，不得被提名晋升为合伙人。

3. 合伙人考核和收益分配

会计师事务所应当在全所范围内统一进行合伙人考核和收益分配。在进行考核和收益分配时，应当综合考虑合伙人的执业质量、管理能力、经营业绩、社会声誉等指标，不得以承接和执行业务的收入或利润作为首要指标，不应直接或变相以分所、部门、合伙人所在团队作为利润中心进行收益分配。这样做是为了避免会计师事务所过于强调商业利益，而忽视执业质量。

4. 关键管理人员的调度和配置

会计师事务所应当对分所（或分部）的负责人、质量管理负责人、财务负责人等关键管理人员实施统一委派、监督和考核，在全所范围内实施统一的调度和配置。

**命题点拨**

**命题角度：**三种角色人员胜任条件的要求和人员管理

本知识点在命题时，一般会以主观题（简答题）的形式出现，主要考核考生对于三种角色人员胜任条件的要求、晋升合伙人、合伙人考核和收益分配的管理等质量管理准则的理解。

## 高频考点5：相关职业道德要求★★

**小贴士** 本知识点内容，需要链接第八编（职业道德）。

### （一）相关质量目标

1. 相关质量目标

2. 政策和程序

（1）识别、评价和应对对遵守相关职业道德要求的不利影响；

（2）识别、沟通、评价和报告任何违反相关职业道德要求的情况，并针对这些情况的原因和后果及时作出适当应对；

（3）至少每年一次向所有需要按照相关职业道德要求保持独立性的人员获取其已遵守独立性要求的书面确认。

**命题点拨**

**命题角度：**至少每年一次向所有需要按照相关职业道德要求保持独立性的人员获取其已遵守独立性要求的书面确认

本知识点在命题时，一般会以主观题（简答题）的形式出现，主要考核考生对于“至少每年一次”（每年2次以上是可以的）、“向所有需要按照相关职业道德要求保持独立性的人员”（并非事务所的所有人员）、“获取其已遵守独立性要求的书面确认”（不是口头确认）的理解。

### （二）关键审计合伙人轮换机制（具体链接教材第二十三章第五节“与审计客户长期存在业务关系”）

（1）针对公众利益实体审计业务，会计师事务所应当对关键审计合伙人的轮换情况进行实时监控，通过建立关键审计合伙人服务年限清单等方式，管理关键审计合伙人相关信息，每年对轮换情况实施复核，并在全所范围内统一进行轮换；

（2）会计师事务所应当完善利益分配机制，保证全所的人力资源和客户资源实现一体化统筹管理，避免某合伙人或项目组的利益与特定客户长期直接挂钩，影响独立性。

## 高频考点6：客户关系和具体业务的接受与保持★★

客户关系和具体业务的接受与保持，具体如表21－5所示。

表21－5　　客户关系和具体业务的接受与保持

| 总体要求 | 具体内容 | |
|---|---|---|
| 相关质量目标 | 质量目标 | （1）会计师事务所就是否接受或保持某项客户关系或具体业务所作出的判断是适当的，充分考虑了以下方面：<br>①会计师事务所是否针对业务的性质和具体情况以及客户（包括客户的管理层和治理层）的诚信和道德价值观获取了足以支持上述判断的充分信息。<br>②会计师事务所是否具备按照适用的法律法规和职业准则的规定执行业务的能力。<br>（2）会计师事务所在财务和运营方面对优先事项的安排，并不会导致对是否接受或保持客户关系或具体业务作出不恰当的判断 |
| | 相关政策和程序 | （1）会计师事务所在接受或保持某一客户关系或具体业务后知悉了某些信息，而这些信息如果在接受或保持该客户关系或具体业务之前知悉，将会导致其拒绝接受该客户关系或业务。<br>（2）根据法律法规的规定，会计师事务所有义务接受某项客户关系或具体业务 |
| 树立风险意识 | 一般政策和程序 | （1）相关职业道德要求；<br>（2）管理层和治理层的诚信状况；<br>（3）业务风险以及是否具备执行业务所必需的时间和资源 |
| | 对于高风险的业务设计和实施专门的质量管理程序 | （1）与前任注册会计师的沟通；<br>（2）与相关监管机构沟通；<br>（3）访谈拟承接客户以了解有关情况；<br>（4）加强内部质量复核；<br>（5）经质量管理主管合伙人（或类似职位的人员）或其授权的人员审批 |

### 名师解惑

**问：**老师，如何理解客户关系和具体业务的区别呢？

**答：**客户关系是指事务所依据自身业务范围和胜任能力在考虑客户诚信等因素的基础上，与之签订的拟实施业务的“框架协议”；而具体业务是指在“框架协议”基础上，进一步合作的深入，如为客户开展财务报表审计业务，签订审计业务约定书，当然还有内部控制审计业务、咨询服务等。

### 经典例题

**【真题·多选题】**（2020）在执行接受或保持客户关系和具体业务的程序时，下列情形中，会计师事务所应当拒绝接受业务委托的有（　　）。

A. 有信息表明该客户缺乏诚信

B. 会计师事务所与该客户存在密切的商业关系

C. 会计师事务所不具有执行业务的必要时间

D. 会计师事务所与该客户存在利益冲突

**【答案】**ABC

**【解析】**选项D不正确，会计师事务所与该客户存在利益冲突的情形常常存在，很显然不能以此就拒绝接受委托。

## 高频考点7：业务执行★★

### （一）业务执行质量管理框架

会计师事务所的整体质量，是由每个项目组实际执行业务的质量决定的。每个项目组的质量，都会直接影响会计师事务所整体的质量。项目层面业务执行总体框架，具体如表21－6所示。

表 21－6　　业务执行质量管理框架

| 框架体系 | 备注 |
| --- | --- |
| 相关质量目标 | 后续知识点阐述 |
| 对项目合伙人的要求 | 链接本章第三单元相关知识点 |
| 项目组内部复核 | 链接第十八章第一单元相关知识点 |
| 项目质量复核 | 链接本章第二单元相关知识点 |
| 意见分歧 | 链接本章第三单元相关知识点 |
| 出具业务报告 | （略） |
| 投诉和指控 | （略） |
| 业务分派 | 后续知识点阐述 |

## （二）相关质量目标

业务执行的相关质量目标，具体如表 21－7 所示。

表 21－7　　相关质量目标

| 序号 | 质量目标 |
| --- | --- |
| 1 | 项目组了解并履行其与所执行业务相关的责任，包括项目合伙人对项目管理和项目质量承担总体责任，并充分、适当地参与项目全过程 |
| 2 | 对项目组进行的指导和监督以及对项目组已执行的工作进行的复核是恰当的，并且由经验较为丰富的项目组成员对经验较为缺乏的项目组成员的工作进行指导、监督和复核 |
| 3 | 项目组恰当运用职业判断并保持职业怀疑 |
| 4 | 项目组对困难或有争议的事项进行了咨询，并已按照达成的一致意见执行业务 |
| 5 | 项目组内部、项目组与项目质量复核人员之间（如适用），以及项目组与会计师事务所内负责执行质量管理体系相关活动的人员之间存在的意见分歧，能够得到会计师事务所的关注并予以解决 |
| 6 | 业务工作底稿能够在业务报告日之后及时得到整理，并得到妥善的保存和维护，以遵守法律法规、相关职业道德要求和其他职业准则的规定，并满足会计师事务所自身的需要 |

## （三）项目组内部复核与项目质量复核

1. 项目组的含义

项目组是指执行某项业务的所有合伙人和员工，以及为该项业务实施程序的所有其他人员，但**不包括**外部专家，也不包括为项目组提供直接协助的内部审计人员。

2. 项目质量复核适用的业务范围

（1）上市实体财务报表审计业务；

（2）法律法规要求实施项目质量复核的审计业务或其他业务；

（3）会计师事务所认为，为应对一项或多项质量风险，有必要实施项目质量复核的审计业务或其他业务。

3. 项目质量复核与项目组内部复核的区别

（1）复核的主体不同。

①项目质量复核是由独立于项目组的项目质量复核人员执行；

②项目组内部复核是由项目组内部人员执行的复核，通常包括多个复核层级。

（2）适用的业务范围不同。

①项目质量复核仅适用于上市实体财务报表审计业务、法律法规要求实施项目质量复核的审计业务或其他业务，以及会计师事务所政策和程序要求实施项目质量复核的审计业务或其他业务；

②项目组内部复核适用于所有业务。

(3) 复核的内容不同。

①项目质量复核主要聚焦于复核项目组作出的**重大判断**和**根据重大判断得出的结论**；

②项目组内部复核的内容比较宽泛，涉及项目的各个方面。

**(四) 意见分歧**

在业务执行中，时常可能出现项目组内部、项目组与被咨询者之间以及项目合伙人与项目质量复核人员之间的意见分歧。会计师事务所应当制定与解决意见分歧相关的政策和程序，包括下列方面：

(1) 明确要求项目合伙人和项目质量复核人员（如有）复核并评价项目组是否已就疑难问题或涉及意见分歧的事项进行适当咨询，以及咨询得出的结论是否得到执行。

(2) 明确要求在业务工作底稿中适当记录意见分歧的解决过程和结论。如果项目质量复核人员（如有）、项目组成员以外的其他人员参与形成业务报告中的专业意见，也应当在业务工作底稿中作出适当记录。

(3) 确保所执行的项目在意见分歧解决后才能出具业务报告。

## 命题点拨

**命题角度：**项目组的含义、项目质量复核适用的业务范围、项目质量复核与项目组内部复核的区别、意见分歧

本知识点在命题时，一般会以主观题（简答题）的形式出现，主要考核考生对于“项目组的含义”（不包括外部专家，也不包括为项目组提供直接协助的内部审计人员）、“项目质量复核适用的业务范围”（并非事务所的所有业务、上市实体财务报表审计业务必须实施项目质量符合）、“项目质量复核与项目组内部复核的区别”（注意二者的复核主体、适用范围、复核内容的不同）、“意见分歧”（确保所执行的项目在意见分歧解决后才能出具业务报告）的准确掌握。

## 高频考点8：监控和整改程序★★

**(一) 相关质量目标**

**(二) 监控活动**

会计师事务所应当设计和实施监控活动，既包括定期实施的监控活动，又包括持续实施的监控活动。

1. 监控活动的基本要求

在确定监控活动的性质、时间安排和范围时，会计师事务所应当考虑的情形或情况，具体如表21－8所示。

**表21－8**

| 序号 | 具体内容 |
|---|---|
| (1) | 对相关质量风险的评估结果以及得出该评估结果的理由 |
| (2) | 针对质量风险的评估结果设计和采取的应对措施 |
| (3) | 会计师事务所的风险评估程序以及监控和整改程序的设计 |
| (4) | 质量管理体系发生的变化 |
| (5) | 以前实施监控活动的结果，包括以前实施的监控活动是否仍然与评价质量管理体系相关，以及为应对以前识别出的缺陷所采取的整改措施是否有效 |
| (6) | 其他相关信息，包括由于未能按照适用的法律法规、职业准则执行业务，或者由于未能遵守会计师事务所的政策和程序而引发的投诉或指控；从外部检查和服务提供商获取的信息 |

2. 监控活动的具体要求

(1) 监控项目的选取。

会计师事务所的监控活动应当包括从会计师事务所已经完成的项目中**周期性地**选择部分项目进行检查。会计师事务所应当统一安排质量检查抽取的项目和执行检查工作的人员。在

每个周期内，对每个项目合伙人，至少选择一项已完成的项目进行检查。对承接上市实体审计业务的每个项目合伙人，检查周期最长不得超过三年。

（2）执行监控活动人员的要求。

①具备有效执行监控活动所必需的胜任能力、时间和权威性；

②具有客观性，项目组成员和项目质量复核人员不得参与对其项目的监控活动。

### （三）会计师事务所质量管理体系的缺陷

1. 会计师事务所质量管理体系缺陷的含义

会计师事务所质量管理体系的缺陷，是指会计师事务所质量管理体系的设计、实施或运行无法合理保证实现其目标。

2. 会计师事务所质量管理体系缺陷的识别

3. 评价缺陷的严重程度和广泛性

对识别出的缺陷，会计师事务所应当通过下列方法评价缺陷的严重程度和广泛性：

（1）调查缺陷的根本原因；

（2）评价这些缺陷单独或累积起来对质量管理体系的影响。

### （四）整改措施

1. 一般要求

如果监控发现某项业务在执行过程中遗漏了应当实施的程序，或者出具的报告可能不适当，会计师事务所应当采取以下应对措施：

（1）采取适当行动，以遵守适用的法律法规和职业准则的规定。

（2）当认为出具的报告不适当时，考虑其影响并采取适当的行动，包括考虑是否需要征询法律意见。

2. 沟通的事项

## 高频考点9：评价质量管理体系★★

评价质量管理体系，具体如表21－9所示。

表21－9　　评价质量管理体系

| 主要的评价对象 | 具体内容 | |
|---|---|---|
| 对质量管理体系的评价 | 评价责任人 | 会计师事务所主要负责人应当代表会计师事务所对质量管理体系进行评价 |
| | 评价时间 | 以某一时点为基准，并且应当至少每年一次 |
| | 评价结论 | （1）质量管理体系能够向会计师事务所合理保证该体系的目标得以实现；<br>（2）质量管理体系的设计、实施和运行存在严重但不具有广泛影响的缺陷，除与这些缺陷相关的事项外，质量管理体系能够向会计师事务所合理保证该体系的目标得以实现；（重要缺陷）<br>（3）质量管理体系不能向会计师事务所合理保证该体系的目标得以实现（重大缺陷） |
| | 应对措施（重要缺陷及重大缺陷） | （1）迅速采取适当行动；<br>（2）与各项目组以及在质量管理体系中承担相关责任的其他人员就与其责任相关的事项进行沟通；<br>（3）按照会计师事务所的政策和程序与外部各方沟通 |
| 对相关人员的业绩评价 | 主要负责人 | |
| | 对质量管理体系承担运行责任的人员 | |
| | 对质量管理体系特定方面承担运行责任的人员 | |

## 高频考点10：对质量管理体系的记录★

对质量管理体系记录的相关要求，具体如表21－10所示。

表 21－10　　对质量管理体系的记录

| 主要要求 | 具体内容 |
| --- | --- |
| 记录的目的 | （1）为会计师事务所人员对质量管理体系的一致理解提供支持，包括理解其在质量管理体系和业务执行中的角色和责任。<br>（2）为质量管理体系的持续实施和运行提供支持。<br>（3）为应对措施的设计、实施和运行提供证据，以支持对质量管理体系承担最终责任的人员（即主要负责人）对质量管理体系进行评价 |
| 记录的内容 | （1）对质量管理体系承担最终责任的人员（即主要负责人）和对质量管理体系承担运行责任的人员各自的身份。<br>（2）会计师事务所的质量目标和质量风险。<br>（3）对应对措施的描述以及这些措施是如何应对质量风险的。<br>（4）监控和整改程序：<br>①已执行监控活动的证据。<br>②对发现的情况、识别出的缺陷、缺陷的根本原因作出的评价。<br>③为应对识别出的缺陷而采取的整改措施，以及对这些整改措施在设计和执行方面的评价。<br>④与监控和整改程序相关的沟通 |
| 记录的保存期限 | （1）会计师事务所应当规定质量管理体系工作记录的保存期限，该期限应当涵盖足够长的期间，以使会计师事务所能够监控质量管理体系的设计、实施和运行情况。<br>（2）如果法律法规要求更长的期限，应当遵守法律法规的要求 |

## 第二单元　项目质量复核

### 高频考点 1：项目质量复核人员的委派和资质要求★★

#### （一）项目质量复核人员的委派

（1）会计师事务所应当在全所范围内（包括分所或分部）统一委派项目质量复核人员；

（2）确保负责实施委派工作的人员具有必要的胜任能力和权威性。

**小贴士** 会计师事务所内部的项目质量复核人员应当是合伙人或类似职位的人员，且在面对来自项目合伙人或会计师事务所内部其他人员的压力时能够坚持原则。项目质量复核人员也可能是会计师事务所委派的外部人员。为确保项目质量复核人员能够独立、客观、公正地实施项目质量复核，该人员的业绩考评、晋升与薪酬不应受到被复核的项目组的干预或影响。

#### （二）项目质量复核人员的资质要求

1. 复核人员资质的一般要求

（1）应当独立于执行业务的项目组。

（2）具备适当的胜任能力，包括充足的时间和适当的权威性以实施项目质量复核。项目质量复核人员的胜任能力应当至少与项目合伙人相当。

（3）遵守相关职业道德要求，并在实施项目质量复核时保持独立、客观、公正。

（4）遵守与项目质量复核人员任职资质要求相关的法律法规（如有）。

2. 影响复核人员客观性的情形

实务中，拟委派项目质量复核人员的客观性可能受到以下情况的影响，具体如表 21－11 所示。

表 21－11　　影响复核人员客观性的情形

| 情形 | 具体内容 |
| --- | --- |
| 项目之间交叉实施项目质量复核 | 除非出现特殊情况，如具有适当胜任能力和权威性的人员不足，否则，会计师事务所应当尽量避免在同一年度内交叉实施项目质量复核 |
| 某一项目的前任项目合伙人被委任为该项目的项目质量复核人员 | 会计师事务所应当规定一段冷却期（**至少应当为两年**），要求在冷却期结束之前，前任项目合伙人不得担任该项目的项目质量复核人员 |

### （三）为项目质量复核提供协助的人员的资质要求

（1）应当独立于执行业务的项目组。

（2）具备适当的胜任能力，包括充足的时间，以履行对其分配的职责。

（3）遵守相关法律法规的规定（如有）和相关职业道德要求。

**小贴士** 尽管在实施项目质量复核的过程中可以利用相关人员提供协助，项目质量复核人员仍然应当对项目质量复核的实施承担总体责任，并负责确定对协助人员进行指导、监督和复核的性质、时间安排和范围。

## 命题点拨

**命题角度：**项目质量复核人员的委派、影响复核人员客观性的情形

本知识点在命题时，一般会以主观题（简答题）的形式出现，主要考核考生对于“项目质量复核人员的委派”（会计师事务所应当在全所范围内统一委派项目质量复核人员）、“影响复核人员客观性的情形”（项目之间交叉实施项目质量、某一项目的前任项目合伙人被委任为该项目的项目质量复核人员会计师事务所应当规定一段冷却期的规定）的掌握。

### （四）项目质量复核人员不再符合任职资格要求的情况

当项目质量复核人员意识到其不再符合任职资质要求时，应当通知会计师事务所适当人员，并采取下列措施：

（1）如果项目质量复核尚未开始，不再承担项目质量复核责任；

（2）如果项目质量复核已经开始实施，立即停止实施项目质量复核。

## 高频考点2：项目质量复核的实施★

### （一）复核程序

**项目质量复核人员的**项目质量复核程序，具体如表21－12所示。

表21－12　复核程序

| 主要程序 | 具体内容 |
| --- | --- |
| 阅读并了解相关信息 | （1）与项目组就项目和客户的性质和具体情况进行沟通获取的信息。<br>（2）与会计师事务所就监控和整改程序进行沟通获取的信息，特别是针对可能与项目组的重大判断相关或影响该重大判断的领域识别出的缺陷进行的沟通 |
| 与项目合伙人及项目组其他成员讨论 | 与项目合伙人及项目组其他成员讨论重大事项，以及在项目计划、实施和报告时作出的重大判断 |
| 业务工作底稿的复核 | 基于实施上述第（1）项和第（2）项程序获取的信息，选取部分与项目组作出的重大判断相关的业务工作底稿进行复核，并评价下列方面：<br>（1）作出这些重大判断的依据，包括项目组对职业怀疑的运用（如适用）；<br>（2）业务工作底稿能否支持得出的结论；<br>（3）得出的结论是否恰当 |
| 评价项目合伙人独立性遵守情况 | 对于财务报表审计业务，评价项目合伙人确定独立性要求已得到遵守的依据 |
| 评价咨询业务 | 评价是否已就疑难问题或争议事项、涉及意见分歧的事项进行适当咨询，并评价咨询得出的结论 |
| 评价项目合伙人得出结论的依据 | 对于财务报表审计业务，评价项目合伙人得出下列结论的依据：<br>（1）项目合伙人对整个审计过程的参与程度是充分且适当的；<br>（2）项目合伙人能够确定作出的重大判断和得出的结论适合项目的性质和具体情况 |
| 实施复核 | （1）针对财务报表审计业务，复核被审计财务报表和审计报告，以及审计报告中对关键审计事项的描述（如适用）。<br>（2）针对财务报表审阅业务，复核被审阅财务报表或财务信息，以及拟出具的审阅报告。<br>（3）针对财务报表审计和审阅以外的其他鉴证业务或相关服务业务，复核业务报告和鉴证对象信息（如适用） |

### （二）与项目质量复核相关的政策和程序

（1）项目质量复核人员有责任在项目的适当时点实施复核程序，以为客观评价项目组作出的重大判断和据此得出的结论奠定适当基础；

（2）项目合伙人与项目质量复核相关的责任，包括禁止项目合伙人在收到项目质量复核人员就已完成项目质量复核发出的通知之前签署业务报告；

（3）对项目质量复核人员的客观性产生不利影响的情形，以及在这些情形下需要采取的适当行动。

**名师解惑**

问：老师，如何理解项目质量复核人员有责任在项目的适当时点实施复核程序？

答："适当时点"要求，质量复核人员根据复核的内容做出合理的专业判断，确定复核的时点，但不能在审计报告日后。

### （三）项目质量复核的完成

（1）如果项目质量复核人员怀疑项目组作出的重大判断或据此得出的结论不恰当，应当告知项目合伙人；

（2）如果这一怀疑不能得到满意的解决，项目质量复核人员应当通知会计师事务所适当人员项目质量复核无法完成；

（3）如果项目质量复核人员确定项目质量复核已经完成，应当签字确认并通知项目合伙人。

## 高频考点3：与项目质量复核有关的工作底稿★

对项目质量复核形成的工作底稿应当足以使未曾接触该项目的、有经验的执业人员了解项目质量复核人员以及对项目质量复核提供协助的人员（如有）所执行程序的性质、时间安排和范围，以及在实施复核的过程中得出的结论。项目质量复核工作底稿应当包括的内容，具体如表21－13所示。

表21－13　项目质量复核工作底稿的内容

| 序号 | 主要内容 |
| --- | --- |
| 1 | 项目质量复核人员及协助人员的姓名 |
| 2 | 已复核的业务工作底稿的识别特征 |
| 3 | 项目质量复核人员确定项目质量复核已经完成的依据 |
| 4 | 项目质量复核人员就无法完成项目质量复核或项目质量复核已完成所发出的通知 |
| 5 | 完成项目质量复核的日期 |

# 第三单元　对财务报表审计实施的质量管理

**小贴士**　本单元在会计师事务所质量管理体系的框架下，进一步阐述在财务报表审计业务中会计师事务所如何实施质量管理，特别是审计项目合伙人在其中应当承担的角色和责任。

## 高频考点1：审计项目合伙人管理和实现审计质量的领导责任

### （一）一般要求

1. 审计项目合伙人承担的总体责任

（1）审计项目组营造一个良好的环境；

（2）强调会计师事务所对诚信和高质量的重视；

（3）明确对审计项目组成员的行为期望。

2. 强调的执业理念

## （二）实务上的要求

（1）审计项目合伙人**可以将**设计或实施某些审计程序、执行某些审计工作或采取某些行动的任务分配给审计项目组其他成员，但审计项目合伙人**仍然应当**通过指导、监督这些审计项目组成员并复核其工作，对管理和实现审计项目的高质量**承担总体责任**。

（2）在签署**审计报告前**，审计项目合伙人应当确定其已经对管理和实现审计项目的高质量承担责任。

## 高频考点2：相关职业道德要求★

审计项目合伙人应当了解与本审计项目相关的职业道德要求，包括独立性要求，具体如表21－14所示。

表21－14 相关职业道德要求

| 相关要求 | 具体内容 |
|---|---|
| 会计师事务所相关的政策和程序 | （1）识别、评估和应对对遵守相关职业道德要求（包括独立性要求）的不利影响；<br>（2）可能导致违反相关职业道德要求（包括独立性要求）的情形，以及当审计项目组成员意识到这种违反时应当承担的责任；<br>（3）当审计项目组成员意识到被审计单位存在违反法律法规的迹象时应当承担的责任 |
| 审计实施过程中 | （1）审计项目合伙人应当通过**观察和必要的询问**，在整个审计过程中对审计项目组成员违反相关职业道德要求或会计师事务所相关政策和程序的情形保持警觉；<br>（2）如果审计项目合伙人注意到某些事项可能对遵守相关职业道德要求产生不利影响，应当对照会计师事务所的政策和程序，利用来自会计师事务所、审计项目组或其他来源的相关信息，对这些不利影响作出评价，并采取适当行动；<br>（3）如果某些事项表明相关职业道德要求未得到遵守，审计项目合伙人应当在咨询会计师事务所相关人员后，立即采取适当行动 |
| 签署审计报告之前 | 在签署审计报告之前，审计项目合伙人应当负责确定相关职业道德要求（包括独立性要求）已经得到遵守 |

## 高频考点3：业务资源★

### （一）业务资源的获取途径

审计项目中的资源主要是由会计师事务所提供或分配的，在某些情况下，也可能是审计项目组直接获取的。

### （二）在确定审计项目组是否具备适当的胜任能力时，审计项目合伙人可以考虑的因素

（1）审计项目组通过适当的培训并依赖执业经历，是否能够理解具有相似性质和复杂程度的审计业务，以及是否拥有相关实务经验；

（2）审计项目组是否理解适用的法律法规和职业准则的要求；

（3）审计项目组是否具备会计或审计特殊领域的专长；

（4）针对被审计单位所使用的信息技术，以及审计项目组在计划和执行审计工作时拟使用的自动化工具或技术，审计项目组是否具备专长；

（5）审计项目组是否了解被审计单位所处的行业；

（6）审计项目组是否能够运用职业判断并保持职业怀疑；

（7）审计项目组是否理解会计师事务所的政策和程序。

## 高频考点4：业务执行★★

### （一）对项目组成员的指导、监督和复核

（1）按照适用的法律法规和职业准则的规定，以及会计师事务所的政策和程序进行计划和执行；

（2）符合审计项目的性质和具体情况，并与会计师事务所向审计项目组分配或提供的资源相匹配。

### （二）复核审计工作底稿等相关文件

审计项目合伙人应当在审计过程中的适当时点复核审计工作底稿，包括与下列方面相关的工作底稿，具体如表 21－15 所示。

表 21－15　复核审计工作底稿

| 序号 | 复核的内容 |
| --- | --- |
| 1 | 重大事项，例如，被审计单位在金额或性质方面对于审计具有重大影响的交易或事项等 |
| 2 | 重大判断，包括与在审计中遇到的困难或有争议事项相关的判断，以及得出的结论 |
| 3 | 根据审计项目合伙人的职业判断，与审计项目合伙人的职责有关的其他事项 |

#### 经典例题

【真题·多选题】（2021）下列选项中，项目合伙人应当在审计过程中复核的有（　　）。

A. 项目质量复核人员编制的复核记录

B. 财务报表和审计报告

C. 与重大事项有关的审计工作底稿

D. 与重大判断有关的审计工作底稿

【答案】BCD

【解析】项目合伙人应当在审计过程中的适当时点复核审计工作底稿，包括与下列方面相关的工作底稿：（1）重大事项（选项 C）；（2）重大判断，包括与在审计中遇到的困难或有争议事项相关的判断，以及得出的结论（选项 D）；（3）根据项目合伙人的职业判断，与项目合伙人的职责有关的其他事项（选项 B）。

### （三）咨询

针对审计项目中需要咨询的事项，审计项目合伙人应当承担的责任，具体如表 21－16 所示。

表 21－16

| 序号 | 主要责任 |
| --- | --- |
| 1 | 对审计项目组就下列事项进行咨询承担责任：<br>（1）困难或有争议的事项，以及会计师事务所政策和程序要求咨询的事项。<br>（2）审计项目合伙人根据职业判断认为需要咨询的其他事项 |
| 2 | 确定审计项目组成员已在审计过程中就相关事项进行了适当咨询，咨询可能在审计项目组内部进行，或者在审计项目组与会计师事务所内部或外部的其他适当人员之间进行 |
| 3 | 确定已与被咨询者就咨询的性质、范围以及形成的结论达成一致意见 |
| 4 | 确定咨询形成的结论已得到执行 |

#### 经典例题

【真题·单选题】（2020）下列有关项目组在业务执行过程中向其他专业人士进行咨询的说法中，错误的是（　　）。

A. 项目组在进行咨询前应当取得项目合伙人的批准

B. 如项目组遇到的疑难问题或争议事项不重大，可以不进行咨询

C. 咨询记录应当经被咨询者认可

D. 被咨询者可以是会计师事务所外部的其他专业人士

【答案】A

【解析】项目组可以进行咨询的事项包括：（1）困难或有争议的事项，以及会计师事务所政策和程序要求咨询的事项。（2）审计项目合伙人根据职业判断认为需要咨询的其他事项。故选项 A 错误。

### （四）项目质量复核

针对需要实施项目质量复核的审计项目，审计项目合伙人应当承担的责任，具体如表 21－17 所示。

表 21－17　应当承担的责任

| 序号 | 主要责任 |
|---|---|
| 1 | 确定会计师事务所已委派项目质量复核人员 |
| 2 | 配合项目质量复核人员的工作，并要求审计项目组其他成员配合项目质量复核人员的工作 |
| 3 | 与项目质量复核人员讨论在审计中遇到的重大事项和重大判断，包括在项目质量复核过程中识别出的重大事项和重大判断 |
| 4 | 只有在项目质量复核完成后，才签署审计报告 |

### （五）意见分歧

1. 意见分歧的来源

（1）审计项目组内部；

（2）审计项目组与项目质量复核人员之间（如适用）；

（3）审计项目组与在会计师事务所质量管理体系内执行相关活动的人员（包括提供咨询的人员）之间。

2. 审计项目合伙人应当承担的责任

（1）对按照会计师事务所的政策和程序处理和解决意见分歧承担责任；

（2）确定咨询得出的结论已经记录并得到执行；

（3）在所有意见分歧得到解决之前，不得签署审计报告。

**命题点拨**

**命题角度：**复核审计工作底稿、咨询、意见分歧

本知识点在命题时，一般会以主观题（简答题），或者客观题（单选题和多选题）的形式出现，主要考核考生对于“复核审计工作底稿”（复核的范围）、“咨询”（可以咨询的事项）、“意见分歧”（在所有意见分歧得到解决之前，不得签署审计报告）的掌握。

### 高频考点 5：审计工作底稿

针对财务报表审计的质量管理，注册会计师应当在审计工作底稿中记录的事项，具体如表 21－18 所示。

表 21－18　审计工作底稿记录的事项

| 序号 | 主要事项 |
|---|---|
| 1 | 针对相关职业道德要求（包括独立性要求）、客户关系和审计业务的接受与保持等方面识别出的事项、与相关人员进行的讨论，以及讨论得出的结论 |
| 2 | 在审计过程中进行咨询的性质、范围、得出的结论，以及这些结论是如何得到执行的 |
| 3 | 如果审计项目需要实施项目质量复核，则应当记录项目质量复核已经在审计报告日或之前完成 |

## 经典例题

**【真题·简答题】**（2022 年）ABC 会计师事务所的质量管理制度部分内容摘录如下：

（1）职业道德主管合伙人、监控与整改合伙人对质量管理体系特定方面的运行承担责任，并定期与质量管理主管合伙人沟通，由质量管理主管合伙人统一向首席合伙人进行报告。

（2）项目合伙人在执行上市实体财务报表审计业务时，应当与被审计单位管理层或治理层沟通质量管理体系是如何为持续高质量地执行业务提供支撑的。

（3）事务所定期对每个项目合伙人选取一项已完成的项目进行业务质量检查。对于承接上市实体审计业务的项目合伙人，检查周期为两年；对于其他项目合伙人，检查周期为四年。

（4）审计分部主管合伙人在本分部范围内统一分派项目质量复核人员。审计分部主管合伙人担任项目合伙人的项目，由质量管理主管合伙人负责分派项目质量复核人员。

第二十一章

（5）在特殊情形下，如具有适当胜任能力和权威性的人员不足，经质量管理主管合伙人和业务主管合伙人批准，项目之间可以在同一年度内交叉实施项目质量复核。该安排应当每年重新评估和批准。

【要求】针对上述第（1）~（5）项，逐项指出ABC会计师事务所的质量管理制度的内容是否违反《会计师事务所质量管理准则第5101号——业务质量管理》和《会计师事务所质量管理准则第5102号——项目质量复核》的相关规定。如违反，简要说明理由。

【答案】

（1）违反。事务所应确保对质量管理体系特定方面的运行承担责任的人员，能够直接与对质量管理体系承担最终责任的人员／主要负责人／首席合伙人沟通。

（2）违反。应当与治理层沟通／不能只与管理层沟通。

（3）不违反。

（4）违反。应在全所范围内统一委派项目质量复核人员。

（5）不违反。

## 进阶练习

### （一）单选题

1. 会计师事务所在设计、实施和运行质量管理体系时，应当采用风险导向的思路，下列各项中，不属于该思路内容的是（　　）。

A. 在全所范围内统一设计、实施和运行

B. 针对质量管理体系的各个要素设定质量目标

C. 识别和评估质量风险

D. 设计和采取应对措施以应对质量风险

2. 下列人员中，应对质量管理体系承担最终责任的是（　　）。

A. 项目经理

B. 首席合伙人

C. 项目质量控制复核人

D. 项目合伙人和签字的注册会计师

3. 下列有关会计师事务所质量体系目标的说法中，错误的是（　　）。

A. 合理保证会计师事务所及其人员遵守法律法规

B. 合理保证会计师事务所及其人员遵守职业准则

C. 合理保证会计师事务所和项目合伙人出具适合具体情况的报告

D. 合理保证会计师事务所所执行业务的执业风险处于低水平

4. 会计师事务所监控发现各种缺陷后，应当提出相应的整改措施，下列做法中，错误的是（　　）。

A. 整改措施一旦确定，不得随意调整

B. 采取的整改措施应当可以应对识别出的缺陷

C. 根据调查的根本原因，设计和采取整改措施

D. 对监控和整改程序的运行承担责任的人员应当确定这些措施是否已得到实施

5. 下列各项中，不符合会计师事务所质量管理体系应当满足的总体要求的是（　　）。

A. 不断优化和完善

B. 风险导向的思路

C. 根据被审计单位及其业务的性质和具体情况“量身定制”

D. 在全所范围内统一设计、实施和运行

6. 对监控和整改程序的运行承担责任的人员，应当及时与会计师事务所主要负责人以及对质量管理体系的运行承担责任的人员沟通的事项，下列各项中，不属于沟通的事项的是（　　）。

A. 识别出的缺陷

B. 已执行的监控活动

C. 潜在缺陷的严重程度和广泛性

D. 针对识别出的缺陷采取的整改措施

7. 会计师事务所需要制定政策和程序，以保持项目质量复核人员的客观性，下列做法中，错误的是（　　）。

A. 不代替项目组进行决策

B. 在复核期间不以其他方式参与该业务

C. 可以由一年前担任该项目合伙人的人员担任质量复核人员

D. 小型会计师事务所识别出需要实施项目质量控制复核的业务，可以聘请具有适当资格的外部人员或利用其他会计师事务所实施项目质量控制复核

8. 下列关于项目质量复核与项目组内部复核两者主要区别的说法中，错误的是（　　）。

A. 复核的主体不同

B. 复核的内容不同

C. 复核的方法不同

D. 适用的业务范围不同

9. 下列有关会计师事务所应当周期性地选取已完成的业务进行检查的说法中，错误的是（　　）。

A. 检查人员应具备必需的胜任能力、时间和权威性

B. 对承接上市实体审计业务的每个项目合伙人，检查周期最长不得超过 3 年

C. 在每个周期内，对每个项目合伙人，至少选择一项已完成的项目进行检查

D. 参与业务执行或质量复核的人员，可以承担该项业务的检查工作

10. 下列有关会计师事务所的领导层在质量管理体系中设定的角色的说法中，错误的是（　　）。

A. 会计师事务所的所有员工均应该承担相应的责任

B. 会计师事务所应当指定专门的合伙人对质量管理体系特定方面的运行承担责任

C. 会计师事务所应当指定专门的合伙人对质量管理体系的运行承担责任

D. 会计师事务所主要负责人应当对质量管理体系承担最终责任

### （二）多选题

1. 下列有关会计师事务所建立业务质量管理体系的说法中，正确的有（　　）。

A. 质量管理体系只能合理保证业务质量，不能绝对保证

B. 质量管理体系主要针对鉴证业务，一般不约束相关服务业务

C. 会计师事务所在对合伙人晋升进行考核时，可以考虑以承接和执行业务的收入或利润作为首要指标

D. 如果会计师事务所通过合并方式成立分所，应当将该分所纳入质量管理体系中统一实施质量管理

2. 下列会计师事务所制定的政策和程序中，符合质量管理体系要求的有（　　）。

A. 识别、评价和应对对遵守相关职业道德要求的不利影响

B. 每年一次向所有人员获取其已遵守独立性要求的书面确认

C. 每半年一次向所有需要按照相关职业道德要求保持独立性的人员获取其已遵守独立性要求的书面确认

D. 识别、沟通、评价和报告任何违反相关职业道德要求的情况，并针对这些情况的原因和后果及时作出适当应对

3. 下列关于注册会计师对客户的诚信问题的表述中，正确的有（　　）。

A. 绝大多数的审计问题都来源于不诚信的客户

B. 客户的诚信问题必然会导致财务报表产生重大错报

C. 会计师事务所如果风险承受能力强，可以接受不诚信的客户

D. 会计师事务所在承接审计业务之前要考虑客户的诚信

4. 下列有关会计师事务所认定存在高风险的业务，设计和实施专门的质量管理程序，错误的有（　　）。

A. 加强与主任注册会计师的沟通

B. 加强与相关监管机构沟通

C. 加强内部质量复核

D. 经质量管理主管合伙人或其授权的人员审批

5. 会计师事务所识别和评估质量风险并采取应对措施时，下列各项中，属于了解会计师事务所业务的性质和具体情况的有（　　）。

A. 会计师事务所执行业务的类型

B. 出具报告的类型

C. 会计师事务所运营所处的环境

D. 业务执行对象的实体类型

6. 下列会计师事务所获取有关独立性的说法中，正确的有（　　）。

A. 网络事务所及其人员也可以受到相关独立性要求约束

B. 会计师事务所应当制定政策和程序，识别对遵守相关独立性要求的不利影响

C. 通过获取确认函以及针对违反独立性的信息采取适当的行动，会计师事务所可以表明其强调保持独立性的重要性

D. 会计师事务所应当至少每年一次，向所有需要按照相关职业道德要求保持独立性的人员获取其已遵守独立性要求的口头或者书面确认

7. 下列有关业务执行的相关表述中，正确的有（　　）。

A. 非鉴证业务的项目，可以在意见分歧解决前出具业务报告

B. 确定复核人员的原则是，由项目组内经验较多的人员复核经验较少的人员执行的工作

C. 执行业务的项目组是指执行某项业务的所有合伙人和员工，以及为该项业务实施程序的所有其他人员，但不包括专家，也不包括为项目组提供直接协助的内部审计人员

D. 被咨询者既可以是会计师事务所内部的其他专业人士，在适当情况下，也可以是会计师事务所外部的其他专业人士

8. 下列各项中，属于会计师事务所“质量至上”的文化应当认可并强调的有（　　）。

A. 会计师事务所及其人员有责任持续高质量地执行业务，从而更好地服务于公众利益

B. 会计师事务所的领导层对质量负责，并通过实际行动展示出其对质量的重视

C. 会计师事务所的所有战略决策和行动，都应当坚持质量优先，都不能以牺牲质量为代价

D. 会计师事务所人员树立正确的职业价值观、职业道德和职业态度，对于持续高质量地执行业务至关重要

9. 会计师事务所应当制定政策和程序，明确被委派的项目质量复核人员应符合的相关要求，下列说法中，正确的有（　　）。

A. 项目质量复核人员遵守相关法律法规的规定和相关职业道德要求

B. 项目质量复核人员应当独立于执行业务的项目组

C. 项目质量复核人员具备适当的胜任能力，包括充足的时间，以履行对其分配的职责

D. 实施项目质量复核的过程中可以利用相关人员提供协助，以分散项目质量复核人员对项目质量复核的实施承担总体责任

10. 审计项目合伙人应当在财务报表审计过程中的适当时点复核审计工作底稿，下列说法中，正确的有（　　）。

A. 审计项目合伙人应当复核与项目组判断相关工作底稿

B. 审计项目合伙人应当复核重大事项相关工作底稿

C. 根据职业判断，复核与审计项目合伙人的职责有关的其他事项的工作底稿

D. 审计项目合伙人应当在与管理层、治理层或相关监管机构签署正式书面沟通文件之后对其进行复核

### （三）简答题

ABC 会计师事务所审计质量管理相关的事项摘录如下：

（1）年度考核标准重视质量控制和职业道德，考核指标依次为业务收入、质量管理、职业道德，连续两年综合排名靠前的高级经理可晋升合伙人。

（2）在风险评估中，要求项目组的关键成员应当参与讨论，专家也可根据需要参与讨论。对于跨地区审计项目，每个重要地区项目组的关键成员都应该参加讨论，但不要求所有成员每次都参与项目组的讨论。

（3）为提高审计质量，项目组实行工作底稿的二级复核制，第一层级为项目组成员的交叉复核，第二层级为项目合伙人的复核。

（4）为提高员工的责任意识，会计师事务所规定，实行项目合伙人和项目质量复核人对质量管理制度承担最终责任的双重责任制。

（5）会计师事务所指定专门的合伙人对相关职业道德要求、监控和整改等特定方面的运行承担责任。

【要求】针对上述第（1）~（5）项，逐项指出 ABC 会计师事务所的质量管理措施是否恰当。如不恰当，简要说明理由。

## 进阶练习答案及解析

### （一）单选题

1.【答案】A

【解析】选项 A，属于质量管理体系的总体要求的内容。

2.【答案】B

【解析】选项 B 正确，会计师事务所主要负责人（如首席合伙人、主任会计师或者同等职位的人员）应当对质量管理体系承担最终责任。

3.【答案】D

【解析】质量管理体系的目标主要在以下两个方面提出合理保证：（1）会计师事务所及其人员按照适用的法律法规和职业准则的规定履行职责，并根据这些规定执行业务（选项 A、B 正确）；（2）会计师事务所和项目合伙人出具适合具体情况的业务报告（选项 C 正确）；而选项 D 不正确，合理保证会计师事务所的执业风险处于低水平，并不是所有的业务都要求是低水平，例如财务报表审计应该是低水平，而财务报表审阅常常不要求为低水平。

4.【答案】A

【解析】选项 A 错误，如果评价表明整改措施并未得到正确的设计和执行，或未达到预期效果，则该人员应当采取适当措施以确保对这些整改措施已作出必要调整以使其能够达到预期效果。

5.【答案】C

【解析】选项 C 错误，依据会计师事务所质量管理体系的总体要求，应当根据事务所及其业务的性质和具体情况“量身定制”。

6.【答案】C

【解析】选项 C 不属于沟通的事项，应该是识别出的缺陷的严重程度和广泛性，而不是“潜在”。

7.【答案】C

【解析】选项 C 错误，会计师事务所应当规定一段冷却期，要求在冷却期结束之前，前任项目合伙人不得担任该项目的项目质量复核人员，这段冷却期至少应当为两年。

8.【答案】C

【解析】选项 C 错误，项目质量复核与项目组内部复核采用的复核方法有可能是相同的。

9.【答案】D

【解析】选项 D 错误，参与业务执行或质量复核的人员不应承担该项业务的检查工作。

10.【答案】A

【解析】选项 A 错误，本题强调会计师事务所的领导层应当在质量管理体系中设定的角色，选项 A 很显然不应该包括所有员工。

## （二）多选题

1. 【答案】AD

【解析】选项 B 错误，质量管理体系不仅针对鉴证业务，也约束相关服务业务；选项 C 错误，会计师事务所在对合伙人晋升进行考核时，应当综合考虑拟晋升人员的执业理念、职业价值观、职业道德、专业胜任能力和执业诚信记录，建立以质量为导向的晋升机制，不得以承接和执行业务的收入或利润作为晋升合伙人的首要指标。

2. 【答案】ACD

【解析】选项 B 错误，按照相关职业道德要求，至少每年一次向所有需要按照相关职业道德要求保持独立性的人员获取其已遵守独立性要求的书面确认，而并非“所有人员”。

3. 【答案】AD

【解析】客户的诚信问题虽然不会必然导致财务报表产生重大错报，但绝大多数的审计问题都来源于不诚信的客户，注册会计师应当了解客户的信用情况，拒绝不诚信的客户，以降低业务风险，故选项 B、C 错误。

4. 【答案】BCD

【解析】对于会计师事务所认定存在高风险的业务，应当设计和实施专门的质量管理程序，如加强与前任注册会计师的沟通、与相关监管机构沟通（选项 B）、访谈拟承接客户以了解有关情况、加强内部质量复核（选项 C）等，并经质量管理主管合伙人（或类似职位的人员）或其授权的人员审批（选项 D）；而选项 A 错误。

5. 【答案】ABD

【解析】选项 C 不属于，了解会计师事务所运营所处的环境，属于了解会计师事务所的性质和具体情况。

6. 【答案】BC

【解析】选项 A 错误，网络事务所及其人员应该受到相关独立性要求约束；选项 D 错误，会计师事务所至少每年一次向所有需要按照相关职业道德要求保持独立性的人员获取其已遵守独立性要求的书面确认，而不是口头确认。

7. 【答案】BD

【解析】选项 A 错误，所有项目都应该在意见分歧解决后才能出具业务报告；选项 C 错误，项目组是指执行某项业务的所有合伙人和员工，以及为该项业务实施程序的所有其他人员，但不包括外部专家，也不包括为项目组提供直接协助的内部审计人员，事务所内部专家属于项目组的成员，应该受事务所质量管理体系的约束。

8. 【答案】ACD

【解析】选项 B 不属于，会计师事务所的领导层对质量负责，并通过实际行动展示出其对质量的重视，属于针对治理层和领导层会计师事务所设定的质量目标。

9. 【答案】ABC

【解析】选项 D 错误，尽管在实施项目质量复核的过程中可以利用相关人员提供协助，项目质量复核人员仍然应当对项目质量复核的实施承担总体责任，并负责确定对协助人员进行指导、监督和复核的性质、时间安排和范围。

10. 【答案】BC

【解析】选项 A 错误，审计项目合伙人应当复核重大判断相关工作底稿，而非所有判断；选项 D 错误，审计项目合伙人应当在与管理层、治理层或相关监管机构签署正式书面沟通文件之前对审计底稿进行复核。

## （三）简答题

【答案】

（1）不恰当。应建立以质量为导向的晋升机制，不得以承接和执行业务的收入或利润作为晋升合伙人的首要指标。

（2）恰当。

（3）不恰当。第一层级项目组成员的复核，应该是经验多复核经验少的。

（4）不恰当。会计师事务所主要负责人（如首席合伙人、主任会计师或者同等职位的人员）应当对质量管理体系承担最终责任。

（5）恰当。

# 第二十二章　职业道德基本原则和概念框架

## 2023 年教材内容主要变化

本章内容无变化。

## 本章近五年考试高频考点分布

近 5 年本章未直接出题考核，一些考点常常与第二十三章内容相关。

## 高频考点精讲

本章内容属于注册会计师职业道德建设内容，是对注册会计师的自我约束要求，涉及内容较多，在具体学习过程中需要结合第二十三章内容。例如，独立性、收费、利益诱惑（包括礼品和款待）等内容。

### 第一单元　职业道德基本原则

#### 高频考点 1：诚信★★

**（一）含义和总体要求**

诚信，是指诚实、守信。

诚信原则要求会员应当在所有的职业活动中保持正直、诚实可信。

**（二）判断有问题的信息关联情形及应对**

（1）注册会计师执业会员如果认为业务报告、申报资料、沟通函件或其他方面的信息存在下列问题，不得与这些有问题的信息发生关联：

①含有虚假记载、误导性陈述。

②含有缺乏充分根据的陈述或信息。

③存在遗漏或含糊其辞的信息，而这种遗漏或含糊其辞可能会产生误导。

（2）会员的应对策略。

会员如果注意到已与有问题的信息发生关联，应当采取措施消除关联。

**小贴士** 在鉴证业务中，如果注册会计师依据职业准则的规定出具了恰当的业务报告（例如，在审计业务中，出具恰当的非无保留意见审计报告），则不被视为违反上述要求。

#### 高频考点 2：客观公正★★

客观公正原则要求注册会计师执业会员应当公正处事、实事求是，不得由于偏见、利益冲突或他人的不当影响而损害自己的职业判断。

如果存在对职业判断产生过度不当影响的

情形，会员不得从事与之相关的职业活动。

## 高频考点3：独立性★★★

### （一）含义及内涵

独立性，是指不受外来力量控制、支配，按照一定之规行事。独立性原则通常是对注册会计师而不是非执业会员提出的要求。

注册会计师的独立性包括两个方面：实质上的独立和形式上的独立。

### （二）基本要求

会计师事务所在承接审计和审阅业务、其他鉴证业务时，应当从会计师事务所整体层面和具体业务层面采取措施，以保持会计师事务所和项目团队的独立性。

## 高频考点4：专业胜任能力和勤勉尽责★

### （一）总体要求

专业胜任能力和勤勉尽责原则要求会员通过教育、培训和执业实践获取和保持专业胜任能力。会员应当持续了解并掌握当前法律、技术和实务的发展变化，将专业知识和技能始终保持在应有的水平，确保为客户提供具有专业水准的服务。

### （二）具体要求

（1）在应用专业知识和技能时，会员应当合理运用职业判断。专业胜任能力可分为专业胜任能力的获取和专业胜任能力的保持两个独立阶段。

（2）勤勉尽责，要求会员遵守法律法规、相关职业准则的要求并保持应有的职业怀疑，认真、全面、及时地完成工作任务。同时，会员应当采取适当措施以确保在其授权下从事专业服务的人员得到应有的培训和督导。在适当时，会员应当使客户、工作单位和专业服务的其他使用者了解专业服务的固有局限。

## 高频考点5：保密★★★

### （一）保密原则不允许的行为

保密原则要求会员应当对职业活动中获知的涉密信息保密。根据该原则，会员应当遵守下列要求：

（1）警觉无意中泄密的可能性，包括在社会交往中无意中泄密的可能性，特别要警觉无意中向关系密切的商业伙伴或近亲属泄密的可能性。

**小贴士** 近亲属是指配偶、父母、子女、兄弟姐妹、祖父母、外祖父母、孙子女、外孙子女。

（2）对所在会计师事务所、工作单位内部的涉密信息保密。

（3）对职业活动中获知的涉及国家安全的信息保密。

（4）对拟承接的客户、拟受雇的工作单位向其披露的涉密信息保密。

（5）在未经客户、工作单位授权的情况下，不得向会计师事务所、工作单位以外的第三方披露其所获知的涉密信息，除非法律法规或职业准则规定会员在这种情况下有权利或义务进行披露。

（6）不得利用因职业关系而获知的涉密信息为自己或第三方谋取利益。

（7）不得在职业关系结束后利用或披露因该职业关系获知的涉密信息。

（8）采取适当措施，确保下级员工以及为会员提供建议和帮助的人员履行保密义务。

### （二）会员可以披露涉密信息的情况

（1）法律法规允许披露，并且取得客户或工作单位的授权。

（2）根据法律法规的要求，为法律诉讼、仲裁准备文件或提供证据，以及向有关监管机构报告发现的违法行为。

（3）法律法规允许的情况下，在法律诉讼、仲裁中维护自己的合法权益。

（4）接受注册会计师协会或监管机构的执业质量检查，答复其询问和调查。

（5）法律法规、执业准则和职业道德规范规定的其他情形。

## 高频考点6：良好的职业行为★

1. 总体要求

会员应当遵守相关法律法规，避免发生任

何可能损害职业声誉的行为。

2. 禁止行为

会员应当诚实、实事求是，不得有下列行为：

（1）夸大宣传提供的服务、拥有的资质或获得的经验。

（2）贬低或无根据地比较他人的工作。

## 第二单元　职业道德概念框架

### 高频考点 1：职业道德概念框架的内涵★★★

职业道德概念框架是指解决职业道德问题的思路和方法，用以指导会员作出以下判断：

（1）识别对职业道德基本原则的不利影响。

（2）评价不利影响的严重程度。

（3）必要时采取防范措施消除不利影响或将其降低至可接受的水平。

**小贴士**　实务中的情形多种多样且层出不穷，职业道德守则不可能对所有情形都作出明确规定，会员如果遇到守则未作出明确规定的情形，应当运用职业道德概念框架识别、评价和应对各种可能产生的不利影响，而不能想当然地认为守则未明确禁止的情形就是允许的。

### 高频考点 2：识别、评价和应对职业道德基本原则的不利影响★★★

#### （一）识别对职业道德基本原则的不利影响

可能对职业道德基本原则产生不利影响的因素包括自身利益、自我评价、过度推介、密切关系和外在压力。

（1）因自身利益产生的不利影响，是指由于某项经济利益或其他利益可能不当影响会员的判断或行为，而对职业道德基本原则产生的不利影响。

（2）因自我评价产生的不利影响，是指会员在执行当前业务的过程中，其判断需要依赖其本人（或所在会计师事务所或工作单位的其他人员）以往执行业务时作出的判断或得出的结论，而该会员可能不恰当地评价这些以往的判断或结论，从而对职业道德基本原则产生的不利影响。

（3）因过度推介产生的不利影响，是指会员倾向客户或工作单位的立场，导致该会员的客观公正原则受到损害而产生的不利影响。

（4）因密切关系产生的不利影响，是指会员由于与客户或工作单位存在长期或密切的关系，导致过于偏向他们的利益或过于认可他们的工作，从而对职业道德基本原则产生的不利影响。

（5）因外在压力产生的不利影响，是指会员迫于实际存在的或可感知到的压力，导致无法客观行事而对职业道德基本原则产生的不利影响。

**小贴士**　通常来说，一种情形可能产生多种不利影响，一种不利影响也可能影响多项职业道德基本原则。会员识别不利影响的前提是了解相关事实和情况，包括了解可能损害职业道德基本原则的职业活动、利益和关系。

#### （二）评价不利影响的严重程度

如果识别出对职业道德基本原则的不利影响，会员应当评价该不利影响的严重程度是否处于可接受的水平。在评价不利影响的严重程度时，会员应当从性质和数量两个方面予以考虑，如果存在多项不利影响，应当将多项不利影响组合起来一并考虑。

**小贴士**　可接受的水平，是指会员针对识别出的不利影响实施理性且掌握充分信息的第三方测试之后，很可能得出其行为并未违反职业道德基本原则的结论时，该不利影响的严重程度所处的水平。

**小贴士**　会员对不利影响严重程度的评价还受到专业服务性质和范围的影响。

#### （三）应对不利影响的措施

（1）消除产生不利影响的情形，包括利

第二十二章

益或关系。

（2）采取可行并有能力采取的防范措施将不利影响降低至可接受的水平。

（3）拒绝或终止特定的职业活动。

## 第三单元　注册会计师对职业道德概念框架的具体运用

### 高频考点1：识别对职业道德基本原则的不利影响★★★

#### （一）因自身利益产生不利影响的情形

（1）注册会计师在客户中拥有直接经济利益。

（2）会计师事务所的收入过分依赖某一客户。

（3）会计师事务所以较低的报价获得新业务，而该报价过低，可能导致注册会计师难以按照适用的职业准则要求执行业务。

（4）注册会计师与客户之间存在密切的商业关系。

（5）注册会计师能够接触到涉密信息，而该涉密信息可能被用于谋取个人私利。

（6）注册会计师在评价所在会计师事务所以往提供的专业服务时，发现了重大错误。

#### （二）因自我评价产生不利影响的情形

（1）注册会计师在对客户提供财务系统的设计或实施服务后，又对系统的运行有效性出具鉴证报告。

（2）注册会计师为客户编制用于生成有关记录的原始数据，而这些记录是鉴证业务的对象。

#### （三）因过度推介产生不利影响的情形

（1）注册会计师推介客户的产品、股份或其他利益。

（2）当客户与第三方发生诉讼或纠纷时，注册会计师为该客户辩护。

（3）注册会计师站在客户的立场上影响某项法律法规的制定。

#### （四）因密切关系产生不利影响的情形

（1）审计项目团队成员的近亲属担任审计客户的董事或高级管理人员。

（2）鉴证客户的董事、高级管理人员，或所处职位能够对鉴证对象施加重大影响的员工，最近曾担任注册会计师所在会计师事务所的项目合伙人。

（3）审计项目团队成员与审计客户之间存在长期业务关系。

**小贴士**　审计项目团队成员是指所有审计项目组成员和会计师事务所中能够直接影响审计业务结果的其他人员，以及网络事务所中能够直接影响审计业务结果的所有人员。

#### （五）因外在压力导致不利影响的情形

（1）注册会计师因对专业事项持有不同意见而受到客户解除业务关系或被会计师事务所解雇的威胁。

（2）由于客户对所沟通的事项更具有专长，注册会计师面临服从该客户判断的压力。

（3）注册会计师被告知，除非其同意审计客户某项不恰当的会计处理，否则计划中的晋升将受到影响。

（4）注册会计师接受了客户赠与的重要礼品，并被威胁将公开其收受礼品的事情。

### 高频考点2：应对对职业道德基本原则不利影响的防范措施★

注册会计师应当运用判断，确定如何应对超出可接受水平的不利影响，包括采取防范措施消除不利影响或将其降低至可接受的水平，或者拒绝或终止特定的职业活动。

#### （一）防范措施

在特定情况下可能能够应对不利影响的防范措施包括（举例）以下几种：

（1）向已承接的项目分配更多时间和有胜任能力的人员，可能能够应对因自身利益产生的不利影响。

（2）由项目组以外的适当复核人员复核已执行的工作或在必要时提供建议，可能能够应对因自我评价产生的不利影响。

（3）向鉴证客户提供非鉴证服务时，指派鉴证业务项目团队以外的其他合伙人和项目组，并确保鉴证业务项目组和非鉴证服务项目组分别向各自的业务主管报告工作，可能能够应对因自我评价、过度推介或密切关系产生的不利影响。

（4）由其他会计师事务所执行或重新执行业务的某些部分，可能能够应对因自身利益、自我评价、过度推介、密切关系或外在压力产生的不利影响。

（5）由不同项目组分别应对具有保密性质的事项，可能能够应对因自身利益产生的不利影响。

### （二）注册会计师形成结论

注册会计师应当就其已采取或拟采取的行动是否能够消除不利影响或将其降低至可接受的水平形成总体结论。在形成总体结论时，注册会计师应当注意以下两点：

（1）复核所作出的重大判断或得出的结论。

（2）实施理性且掌握充分信息的第三方测试。

## 高频考点3：利益冲突★★

注册会计师不得因利益冲突损害其职业判断。

### （一）成因

（1）注册会计师为两个或多个存在利益冲突的客户提供专业服务，可能产生不利影响。

（2）注册会计师的利益与客户的利益存在冲突，也可能产生不利影响。

### （二）评价和应对利益冲突产生的不利影响

1. 评价因利益冲突产生的不利影响

在评价因利益冲突产生的不利影响的严重程度时，注册会计师需要考虑是否存在相关保密措施。当为针对某一特定事项存在利益冲突的双方或多方提供专业服务时，这些保密措施能够防止未经授权而披露涉密信息。这些措施可能包括以下几种：

（1）会计师事务所内部为特殊的职能部门或岗位设置单独的工作空间，作为防止泄露客户涉密信息的屏障。

（2）限制访问客户文档的政策和程序。

（3）会计师事务所合伙人和员工签署的保密协议。

（4）使用物理方式和电子方式对涉密信息采取隔离措施。

（5）专门且明确的培训和沟通。

2. 应对利益冲突产生不利影响的防范措施

下列防范措施可能能够应对因利益冲突产生的不利影响：

（1）由不同的项目组分别提供服务，并且这些项目组已被明确要求遵守涉及保密性的政策和程序。

（2）由未参与提供服务或不受利益冲突影响的适当人员复核已执行的工作，以评估关键判断和结论是否适当。

3. 应对利益冲突产生不利影响时注册会计师的职业判断

**小贴士** 在应对因利益冲突产生的不利影响时，注册会计师应当根据利益冲突的性质和严重程度，运用职业判断确定是否有必要向客户具体披露利益冲突的情况，并获取客户明确同意其可以承接或继续提供专业服务。在确定是否有必要进行具体披露并获取客户明确同意时，注册会计师需要考虑下列因素：

（1）产生利益冲突的情形。

（2）可能受到影响的各方。

（3）可能产生的问题的性质。

（4）特定事项以不可预期的方式发展的可能性。

4. 注册会计师保持警觉的情况

在评价和应对因利益冲突产生的不利影响时，注册会计师应当对可能违反保密原则的情况保持警觉，包括在进行披露或在会计师事务所、网络内部分享相关信息以及寻求第三方指导时。

## 高频考点4：专业服务委托★★

### （一）客户关系和业务的承接与保持

在接受客户关系时，注册会计师应对确定接受客户关系是否对职业道德基本原则产生不利影响。

1. 接受客户关系前应当确定是否产生不利影响

（1）客户存在某些问题，如涉嫌违反法律法规、缺乏诚信、存在可疑的财务报告问题、存在其他违反职业道德的行为。

（2）客户的所有者、管理层或其从事的活动存在一些可疑事项，可能对诚信、良好职业行为原则产生不利影响。

2. 评价不利影响严重程度时考虑因素

在评价这些不利影响的严重程度时，注册会计师需要考虑的因素：

（1）对客户及其所有者、管理层、治理层和负责经营活动的人员的了解。

（2）客户对处理可疑事项的保证，例如完善公司治理结构或内部控制。

3. 评价对专任胜任能力和勤勉尽责原则产生不利影响的考虑因素

（1）注册会计师对客户的业务性质、经营复杂程度、业务具体要求，以及拟执行工作的目的、性质和范围的了解。

（2）注册会计师对相关行业或业务对象的了解。

（3）注册会计师拥有的与相关监管或报告要求有关的经验。

（4）会计师事务所制定了质量管理政策和程序，以合理保证仅承接能够胜任的业务。

4. 应对因自身利益产生不利影响的防范措施

（1）分派足够的、具有必要胜任能力的项目组成员。

（2）就执行业务的合理时间安排与客户达成一致意见。

（3）在必要时利用专家的工作。

5. 连续业务中，注册会计师应当定期评价是否继续保持该业务

### （二）专业服务委托的变更

1. 考虑是否拒绝承接业务的情形

当注册会计师遇到下列情况时，应当确定是否有理由拒绝承接该项业务：

（1）潜在客户要求其取代另一注册会计师。

（2）考虑以投标方式接替另一注册会计师执行的业务。

（3）考虑执行某些工作作为对另一注册会计师工作的补充。

2. 产生不利影响的情形

（1）并未知悉所有相关事实就承接业务，可能因自身利益对专业胜任能力和勤勉尽责原则产生不利影响。

（2）如果客户要求注册会计师执行某些工作以作为对现任或前任注册会计师工作的补充，可能因自身利益对专业胜任能力和勤勉尽责原则产生不利影响。

注册会计师应当评价不利影响的严重程度。

3. 防范措施

（1）要求现任或前任注册会计师提供其已知的信息，这些信息是指现任或前任注册会计师认为，拟接任注册会计师在作出是否承接业务的决定前需要了解的信息。

（2）从其他渠道获取信息，例如通过向第三方进行询问，或者对客户的高级管理层或治理层实施背景调查。

4. 现任或前任注册会计师需要遵循保密原则

## 高频考点5：第二意见★★

### （一）含义

注册会计师可能被要求就某实体或以其名义运用相关准则处理特定交易或事项的情况提供第二意见，而这一实体并非注册会计师的现有客户。

向非现有客户提供第二意见可能因自身利益或其他原因对职业道德基本原则产生不利影响。

【示例】如果第二意见不是以前任注册会计师所获得的相同事实为基础，或依据的证据不充分，可能因自身利益对专业胜任能力和勤勉尽责原则产生不利影响。

### （二）不利影响的评价

评价因自身利益产生不利影响的严重程度时，应当考虑被要求提供第二意见的具体情形以及在运用职业判断时能够获得的所有事实和假设等相关因素。

### （三）防范措施

（1）征得客户同意后，与前任注册会计师沟通。

（2）在与客户沟通中说明注册会计师发表专业意见的局限性。

（3）向前任注册会计师提供第二次意见的副本。

### （四）注册会计师的职业判断

**小贴士** 如果要求提供第二意见的实体不允许与现任或前任注册会计师沟通，注册会计师应当决定是否提供第二意见。

## 高频考点6：收费★★

### （一）收费水平

1. 含义

在专业服务得到良好的计划、监督及管理的前提下，收费通常以每一专业人员适当的小时收费标准或日收费标准为基础计算。

2. 不利影响及评价

（1）不利影响。

收费水平可能影响注册会计师按照职业准则提供专业服务的能力。如果报价水平过低，以致注册会计师难以按照适用的职业准则执行业务，则可能因自身利益对专业胜任能力和勤勉尽责原则产生不利影响。

（2）评价不利影响的严重程度时应考虑下列因素：

①客户是否了解业务约定条款，特别是确定收费的基础。

②客户是否了解注册会计师在此报价范围内所能提供的服务。

③收费水平是否已由独立第三方（如相关监管部门）作出规定。

3. 防范措施

（1）调整收费水平或业务范围。

（2）由适当复核人员复核已执行的工作。

### （二）或有收费

1. 含义

除法律法规允许外，注册会计师不得以或有收费方式提供鉴证服务，收费与否或收费多少不得以鉴证工作结果或实现特定目的为条件。

2. 不利影响及评价

（1）不利影响。

尽管某些非鉴证服务可以采用或有收费的形式，或有收费仍然可能对职业道德基本原则产生不利影响，特别是在某些情况下可能因自身利益对客观公正原则产生不利影响。

（2）不利影响存在与否及其严重程度取决于下列因素：

①业务的性质。

②可能的收费金额区间。

③确定收费的基础。

④向报告的预期使用者披露注册会计师所执行的工作以及收费的基础。

⑤会计师事务所的质量管理政策和程序。

⑥是否由独立第三方复核交易和提供服务的结果。

⑦收费水平是否已由独立第三方（如监管部门）作出规定。

3. 防范措施

（1）由未参与提供非鉴证服务的适当复核人员复核注册会计师已执行的工作。

（2）预先就收费的基础与客户达成书面协议。

### （三）介绍费或佣金

1. 不利影响

注册会计师收取与客户相关的介绍费或佣金，或者为获得客户而支付业务介绍费，将因自身利益对客观公正、专业胜任能力和勤勉尽责原则产生非常严重的不利影响，导致没有防范措施能够消除不利影响或将其降低至可接受的水平。

2. 禁止行为

（1）注册会计师不得收取与客户相关的

介绍费或佣金。(2) 注册会计师不得向客户或其他方支付业务介绍费。

## 高频考点7：利益诱惑（包括礼品和款待）★

### （一）一般规定

1. 利益诱惑的形式

（1）礼品；

（2）款待；

（3）娱乐活动；

（4）捐助；

（5）意图建立友好关系；

（6）工作岗位或其他商业机会；

（7）特殊待遇、权利或优先权。

2. 不利影响及评价

注册会计师提供或接受利益诱惑，可能因自身利益、密切关系或外在压力对职业道德基本原则产生不利影响，尤其可能对诚信、客观公正、良好职业行为原则产生不利影响。注册会计师应当运用职业道德概念框架识别、评价和应对此类不利影响。

### （二）利益诱惑对行为的影响及注册会计师应对策略

1. 意图不当影响行为的利益诱惑

注册会计师不得提供或接受，或者授意他人提供或接受任何意图不当影响接受方或其他人员行为的利益诱惑，无论这种利益诱惑是存在不当影响行为的意图，还是注册会计师认为理性且掌握充分信息的第三方很可能会视为存在不当影响行为的意图。

2. 无不当影响行为意图的利益诱惑

如果注册会计师认为某项利益诱惑不存在不当影响接受方或其他人员行为的意图，应当运用职业道德概念框架识别、评价和应对可能因利益诱惑产生的不利影响。即使注册会计师认为某项利益诱惑无不当影响行为的意图，提供或接受此类利益诱惑仍可能对职业道德基本原则产生不利影响。在评价因提供或接受此类利益诱惑产生的不利影响的严重程度时，注册会计师需要考虑在确定是否存在或被认为存在不当影响行为的意图时应考虑的因素。

### （三）防范措施

1. 对于意图不当影响行为的利益诱惑

（1）就该利益诱惑的情况告知会计师事务所的高级管理层或客户治理层。

（2）调整或终止与客户之间的业务关系。

2. 对于无不当影响行为意图的利益诱惑

（1）拒绝接受或不提供利益诱惑。

（2）将向客户提供专业服务的责任移交给其他人员，前提是注册会计师没有理由相信该人员在提供专业服务时可能会受到不利影响。

（3）就提供或接受利益诱惑的事情，与会计师事务所或客户的高级管理层保持信息对称。

（4）在由会计师事务所高级管理层或其他负责会计师事务所职业道德合规性的人员监控的，或者由客户维护的记录中登记该利益诱惑。

（5）针对提供利益诱惑的客户，由未参与提供专业服务的适当复核人员复核注册会计师已执行的工作或作出的决策。

（6）在接受利益诱惑之后将其捐赠给慈善机构，并向会计师事务所高级管理层或提供利益诱惑的人员适当披露该项捐赠。

（7）支付与所接受利益诱惑（如款待）同等价值的价款。

（8）在收到利益诱惑（如礼品）后尽快将其返还给提供者。

**小贴士** 前两项防范措施可能能够消除因提供或接受无不当影响行为利益诱惑产生的不利影响。上述事项（3）~（8）这6项防范措施可能能够将提供或接受无不当影响行为意图的利益诱惑的不利影响降低至可接受的水平。

## 高频考点8：保管客户资产★

### （一）总体要求

除非法律法规允许或要求，并且满足相关

条件，注册会计师不得提供保管客户资金或其他资产的服务。

### （二）允许条件

注册会计师如果保管客户资金或其他资产，应当符合下列要求：

（1）遵守所有与保管资产和履行报告义务相关的法律法规。

（2）将客户资金或其他资产与其个人或会计师事务所的资产分开。

（3）仅按照预定用途使用客户资金或其他资产。

（4）随时准备向相关人员报告资产状况及产生的收入、红利或利得。

## 高频考点9：应对违反法律法规行为★

### （一）主要涉及法律法规

### （二）注册会计师的目标

（1）遵循诚信和良好职业行为原则。

（2）通过提醒客户的管理层或治理层（如适用），使其能够纠正违反法律法规或涉嫌违反法律法规行为或减轻其可能造成的后果，或者阻止尚未发生的违反法律法规行为。

（3）采取有助于维护公众利益的进一步措施。

### （三）及时采取行动

如果注册会计师知悉违反法律法规或涉嫌违反法律法规行为，应当及时采取行动。为确保及时采取行动，注册会计师应当同时考虑下列事项：

（1）该行为的性质；

（2）该行为可能对客户、投资者、债权人、员工或社会公众利益造成的损害。

在了解和应对违反法律法规或涉嫌违反法律法规行为时，注册会计师需要运用专业知识、技能和职业判断。注册会计师可以在遵循保密原则的前提下，向会计师事务所、网络事务所或专业机构的其他人员或法律顾问进行咨询。

### （四）沟通与进一步行动

如果注册会计师识别出或怀疑存在已经发生或可能发生的违反法律法规行为，应当与适当级别的管理层和治理层沟通。这种沟通也可能能够促使管理层或治理层对该事项展开调查。注册会计师应当根据管理层和治理层的应对，确定是否需要出于维护公众利益的目的而采取进一步行动。注册会计师可以采取的进一步行动包括以下两种：

（1）向适当机构报告该事项，即使法律法规没有要求进行报告。

（2）在法律法规允许的情况下，解除业务约定。



# 进阶练习

### （一）单选题

1. 下列关于注册会计师职业道德的说法中，正确的是（　　）。

A. 注册会计师如果注意到已与有问题的信息发生关联，应当采取措施消除关联

B. 在执行鉴证业务时，注册会计师保持实质上的独立性比形式上的独立性更重要

C. 注册会计师执行鉴证业务时，必须保持独立性，除非存在特殊情况

D. 会计师事务所在承办审计、审阅以及其他鉴证业务时，应当从整体层面采取措施，以保持会计师事务所和项目团队的独立性

2. 下列关于注册会计师执业会员专业胜任能力和勤勉尽责方面的说法中，错误的是（　　）。

A. 专业胜任能力分为专业胜任能力的获取、专任胜任能力的保持及专业胜任

能力的提升三个阶段

B. 会员遵守法律法规、相关职业准则的要求并保持应有的职业怀疑，认真、全面、及时地完成工作任务

C. 在适当时，会员应当使客户、工作单位和专业服务的其他使用者了解专业服务的固有局限

D. 会员应当采取适当措施以确保在其授权下从事专业服务的人员得到应有的培训和督导

3. 注册会计师执业会员职业行为中允许出现的是（　　）。

A. 夸大宣传提供的服务、拥有的资质或获得的经验

B. 贬低或无根据地比较他人的工作

C. 泄露审计客户向其披露的涉密信息

D. 某会计师事务所刊登办公地址迁移的公告

4. 构成密切关系导致对职业道德基本原则产生不利影响的事项是（　　）。

A. 审计项目组组长的爱人担任客户公司副总经理

B. 项目组成员注册会计师同时拥有司法证书，在审计期间发现审计客户与第三方发生诉讼，接受审计客户聘任，担任客户的辩护人

C. 客户要求会计师事务所必须出具标准无保留意见类型的审计报告，否则将解除审计业务

D. 项目组进驻客户单位时，客户在公司会议室组织见面会，向项目组成员逐一介绍公司董事会各主要管理层成员，以便于工作的沟通

5. 下列不属于注册会计师对可能产生利益冲突导致职业道德准则不利影响的防范措施是（　　）。

A. 由未参与提供服务或不受利益冲突影响的适当人员复核已执行的工作，以评估关键判断和结论是否适当

B. 如果为某一特定行业或领域中的两个以上客户提供服务，注册会计师应当告知客户，并在征得他们同意的情况下执行业务

C. 在与客户沟通中说明注册会计师发表专业意见的局限性

D. 分派不同的项目组为相关客户提供服务

6. 下列关于注册会计师执业会员对职业活动中获得涉密信息的说法中，正确的是（　　）。

A. 注册会计师执业会员应警觉无意中泄密的可能性

B. 注册会计师执业会员对职业活动获知的信息保密

C. 注册会计师执业会员对所在会计师事务所内部的信息保密

D. 注册会计师执业会员不得向第三方披露其所获知的信息

### （二）多选题

1. 注册会计师执业会员应当对职业活动中获得的涉密信息予以保密，对其行为约束的说法中错误的有（　　）。

A. 会员应当警惕无意泄密的可能性，特别是警惕无意中向近亲属或关系密切的人员泄密的可能性

B. 未经客户授权或法律法规允许，向会计师事务所以外的第三方披露其所获知的涉密信息

C. 利用所获知的涉密信息为自己或第三方谋取利益

D. 如果变更工作单位或获得新客户，注册会计师执业会员可以利用以前的经验，但不应利用或披露以前职业活动中获知的涉密信息

2. 可能对注册会计师职业道德基本原则产生不利影响的因素有（　　）。

A. 自身利益　　B. 自我评价

C. 过度推介　　D. 外在压力

3. 会计师事务所应对不利影响的防范措施有（　　）。

A. 向鉴证客户提供非鉴证服务时，指派鉴证业务项目组以外的其他合伙人和项目组，并确保鉴证业务项目组和非鉴证业务项目组分别向各自的业务主管报告工作

B. 向合伙人和专业人员提供鉴证客户及其关联实体的名单，并要求合伙人和专业人员与之保持独立

C. 对已执行的非鉴证业务，由未参与该业务的注册会计师进行复核，或在必要时提供建议

D. 向客户治理层说明提供服务的性质和收费的范围

4. 当注册会计师遇到（　　）情况时，应当确定是否有理由拒绝承接该项业务。

A. 潜在客户要求其取代另一注册会计师

B. 考虑执行某些工作作为对另一注册会计师工作的补充

C. 考虑以投标方式接替另一注册会计师执行的业务

D. 就执行业务的合理时间安排与客户达成一致意见

5. 下列情形描述对注册会计师职业道德基本原则产生不利影响的有（　　）。

A. 甲公司总经理个人出资成立某咨询公司，聘任执行该公司财务报表审计业务的会计师事务所合伙人作为咨询公司高级合伙人

B. 注册会计师执行某网络公司财务报表审计业务时，接受该网络公司赠送的免费试用某游戏产品账号

C. 注册会计师同时担任甲乙两家公司财务报表审计项目合伙人，并向甲客户提供交易咨询服务，甲公司拟收购的目标公司是乙公司

D. 某客户主动邀请注册会计师贾名执行2022年度财务报表审计项目，以取代2021年度财务报表审计项目的注册会计师程实

### （三）简答题

ABC会计师事务所的A注册会计师负责审计多家上市公司2021年度财务报表。审计项目组在审计中遇到下列事项：

（1）甲公司由于公司股东大会召开在即，与审计项目组约定，如果能够比审计业务约定时间提前5天出具审计报告，将额外支付10万元审计费给项目组。

（2）乙公司曾经因财务人员短缺，于2021年4月1日起向ABC会计师事务所借用一名注册会计师从事会计核算工作，该注册会计师的工作内容是将经过会计主管审核的记账凭证录入计算机信息系统。ABC会计师事务所未将该名注册会计师纳入乙公司2021年度财务报表审计项目组。

（3）A注册会计师爱人持有丙公司10万股股票，于2021年12月21日出售。

（4）丁公司的财务经理于2021年7月1日离职加入ABC会计师事务所，A注册会计师认为其熟悉业务，将其纳入丁公司2021年度财务报表审计项目组。

（5）戊公司要求审计项目组必须出具标准无保留意见类型的审计报告，否则将解除业务约定。

（6）2022年1月8日，ABC会计师事务所喜迁新址，在主要媒体刊登事务所迁址和招聘10名注册会计师的广告。

【要求】针对上述第（1）~（6）项的情况，逐项判断A注册会计师和ABC会计师事务所是否存在违反中国注册会计师职业道德规范的相关规定，并简要说明理由。

## 进阶练习答案及解析

### （一）单选题

1.【答案】A

【解析】注册会计师执行审计、审阅以及其他鉴证业务时，应当从实质上和形式上保持

独立性，不得因任何利害关系影响其客观性，因此不选择选项 B、C。会计师事务所在承办审计、审阅以及其他鉴证业务时，应当从整体层面和具体业务层面采取措施，以保持会计师事务所和项目团队的独立性，因此不选择选项 D。

2. 【答案】A

【解析】专业胜任能力可分为两个独立阶段：（1）专业胜任能力的获取；（2）专业胜任能力的保持，因此选项 A 不正确。

3. 【答案】D

【解析】良好的职业行为原则要求注册会计师不得夸大宣传提供的服务、拥有的资质或获得的经验、贬低或无根据地比较他人的工作。保密原则要求注册会计师会员应当对职业活动中获知的涉密信息保密。

4. 【答案】A

【解析】选项 A 属于项目组成员的近亲属担任客户的董事或高级管理人员，构成密切关系导致的不利影响。选项 B 属于在审计客户与第三方发生诉讼或纠纷时，注册会计师担任该客户的辩护人，构成过度推介导致的不利影响，因此不选择选项 B。选项 C 属于会计师事务所收到客户解除业务关系的威胁，构成外在压力导致不利影响，因此不选择选项 C。选项 D属于正常的工作沟通，不选 B。

5. 【答案】C

【解析】选项 A、B、D 属于注册会计师防范利益冲突导致不利影响的防范措施，因此选择选项 C。

6. 【答案】A

【解析】注册会计师执业会员对职业活动获知的涉及国家安全的信息保密，因此选项 B 错误。注册会计师执业会员对所在会计师事务所内部的涉密信息保密，因此选项 C 错误。注册会计师执业会员不得向第三方披露其所获知的涉密信息，因此选项 D 错误。

（二）多选题

1. 【答案】BC

【解析】保密原则要求会员应当对在职业活动中获知的涉密信息予以保密，不得有下列行为：（1）未经客户授权或法律法规允许，向会计师事务所以外的第三方披露其所获知的涉密信息；（2）利用所获知的涉密信息为自己或第三方谋取利益，此题选项 B、C 看似属于保密要求，但缺少了限定词“不得”，因此选择选项 B、C。

2. 【答案】ABCD

【解析】可能对职业道德基本原则产生不利影响的因素包括自身利益、自我评价、过度推介、密切关系和外在压力。

3. 【答案】ABCD

【解析】选项 A 和选项 B 是会计师事务所层面的防范措施，选项 C、D 是具体业务层面的防范措施。

4. 【答案】ABC

【解析】选项 A、B、C 均属于注册会计师应当确定是否有理由拒绝承接该项业务的情形，选项 D 是注册会计师接受专业委托时的要求，因此不选择选项 D。

5. 【答案】ABCD

【解析】以上选项均会对注册会计师职业道德基本原则产生不利影响，其中选项 A 属于在客户中具有直接经济利益，选项 B 属于利益诱惑，选项 C 是利益冲突，选项 D 是专业服务委托。

（三）简答题

【答案】

（1）违反。项目组提前完成审计报告/受到外在压力导致不利影响。项目组额外收费/可能对客观公正原则/专业胜任能力和勤勉尽责原则产生严重不利影响。

（2）不违反。会计师事务所借调注册会计师从事的工作是主管会计审核后的凭证录入，没有行使管理职能，不能对原始数据构成影响，不存在自我评价导致的不利影响。

（3）不违反。鉴证业务项目组负责人近亲属没有在鉴证客户中拥有直接经济利益。

（4）违反。鉴证业务项目组成员担任或曾受雇于客户，且所处职位能够对鉴证对象施加重大影响，属于自我评价导致的不利影响。

（5）违反。会计师事务所受到客户解除业务约定的威胁，属于外在压力导致的不利影响。

（6）不违反。会计师事务所迁址和招聘广告属于合理的专业服务营销，没有对其技能进行宣传，也没有采用强迫、欺诈、利诱或骚扰等方式招揽业务。

# 第二十三章　审计业务对独立性的要求

## 2023 年教材内容主要变化

本章内容无实质性变化。

## 本章近五年考试高频考点分布

| 高频考点内容 | 年度及题型分布 |
|---|---|
| 关联实体和网络事务所 | 2022 年简答、2018 年简答 |
| 经济利益 | 2022 年简答、2021 年简答、2020 年简答、2019 年简答 |
| 关键合伙人任职时间 | 2022 年简答、2021 年简答、2020 年简答 |
| 三种关系 | 2022 年简答、2020 年简答、2019 年简答、2018 年简答 |
| 客户人员交流 | 2022 年简答、2019 年简答、2018 年简答 |
| 为审计客户提供非鉴证服务 | 2021 年简答、2020 年简答、2019 年简答 |

## 高频考点精讲

本章内容是对注册会计师执行业务过程中独立性方面的规范。要在全面理解独立性的内涵基础上进行全面学习和掌握。在学习过程中认真总结。注册会计师针对影响执业独立性的各类事项执行的策略基本一致，首先评估各类事项对独立性影响的严重程度，其次判断采取何种有效措施积极应对或减轻对独立性的不利影响。

### 第一单元　基本概念和要求

**高频考点 1：**独立性的概念★★★

独立性包括实质上的独立性和形式上的独立性。

1. 实质上的独立性

实质上的独立性是一种内心状态，使得注

册会计师在提出结论时不受损害职业判断的因素影响，诚信行事，遵循客观公正原则，保持职业怀疑。

2. 形式上的独立性

形式上的独立性是一种外在表现，使得一个理性且掌握充分信息的第三方，在权衡所有相关事实和情况后，认为会计师事务所或审计项目团队成员没有损害诚信原则、客观公正原则或职业怀疑。

## 高频考点2：网络与网络事务所★★★

### （一）网络与网络事务所的定义

1. 定义

（1）网络是指由多个实体组成，旨在通过合作实现共享收益、分担成本、共享所有权、控制权或管理权、执行统一的质量管理政策和程序、执行同一经营战略、使用同一品牌、共享重要的专业资源中的一个或多个目的的联合体。

（2）网络事务所是指属于某一网络的会计师事务所或实体。

2. 独立性要求

如果某一会计师事务所被视为网络事务所，应当与网络中其他会计师事务所的审计客户保持独立。

**小贴士** 有关对网络事务所独立性的要求，适用于所有符合网络事务所定义的实体，而无论该实体（如咨询公司）本身是否为会计师事务所。关于网络事务所的考核是近年的重点内容之一。

### （二）网络的确定

在判断一个联合体是否形成网络时，注册会计师应当运用下列标准：

（1）一个联合体旨在通过合作，在各实体之间共享收益或分担成本。

（2）一个联合体旨在通过合作，在各实体之间共享所有权、控制权或管理权。

（3）一个联合体旨在通过合作，在各实体之间共享统一的质量管理政策和程序。

（4）一个联合体旨在通过合作，在各实体之间共享同一经营战略。

**小贴士** 共享同一经营战略，是指实体之间通过协议实现共同的战略目标。如果一个实体与其他实体仅以联合方式应邀提供专业服务，虽然构成联合体，但不形成网络。

（5）一个联合体旨在通过合作，在各实体之间使用同一品牌。

（6）一个联合体旨在通过合作，在各实体之间共享重要的专业资源。

**小贴士** 专业资源包括：①能够使各会计师事务所交流诸如客户资料、收费安排和时间记录等信息的共享系统。②合伙人和员工。③技术部门，负责就鉴证业务中的技术或行业特定问题、交易或事项提供咨询。④审计方法或审计手册。⑤培训课程和设施。

【示例】名义上，一个联合体中的一家会计师事务所和其他几家税务所、评估机构或咨询公司没有使用同一品牌，但实质上，它们在人员及客户资源方面存在共享的情况，则上述实体属于同一网络。

### （三）共享的资源被视为不重要的情形

（1）共享的资源仅限于共同的审计手册或审计方法。

（2）共享培训资源，而并不交流人员信息、客户信息或市场信息。

（3）没有一个共有的技术部门。

**小贴士** 判断某实体是否属于网络事务所的决策流程见教材图23－1。

## 高频考点3：公众利益实体★★★

（1）法律法规界定的公众利益实体；

（2）法律法规规定按照上市公司审计独立性的要求接受审计的实体。

【示例】某些大型非上市金融企业。对于其债券在法律法规认可的证券交易所报价或挂牌，或是在法律法规认可的证券交易所或其他类似机构的监管下进行交易的实体，也应当作为公众利益实体对待。

(3) 其他实体。

如果其他实体拥有数量众多且分布广泛的利益相关者（包括其管理层、股东、顾客、供应商、债权人、利益相关者、政府、特殊利益团体和媒体等），注册会计师应当考虑将其作为公众利益实体对待。需要考虑的因素包括该实体业务的性质（如金融业务、保险业务）、实体的规模和员工的数量等。

## 高频考点 4：关联实体★★★

### （一）关联实体的内涵

(1) 能够对客户施加直接或间接控制的实体，并且客户对该实体重要。

(2) 在客户内拥有直接经济利益的实体，并且该实体对客户具有重大影响，在客户内的利益对该实体重要。

(3) 受到客户直接或间接控制的实体。

(4) 客户（或受到客户直接或间接控制的实体）拥有其直接经济利益的实体，并且客户能够对该实体施加重大影响，在实体内的经济利益对客户（或受到客户直接或间接控制的实体）重要。

(5) 与客户处于同一控制下的实体（即"姐妹实体"），并且该姐妹实体和客户对其控制方均重要。

### （二）审计客户与关联实体关系

(1) 在审计客户是上市公司的情况下，本章所称审计客户包括该客户的所有关联实体。

(2) 在审计客户不是上市公司的情况下，本章所称审计客户仅包括该客户直接或间接控制的关联实体。

### （三）评价及应对措施实施范围

如果认为客户存在的关系或情形涉及其他关联实体，且与评价会计师事务所独立性相关，审计项目团队在识别、评价对独立性的不利影响以及采取防范措施时，应当将其他关联实体包括在内。

## 高频考点 5：保持独立性的期间★★★

注册会计师应当在业务期间和财务报表涵盖的期间独立于审计客户。

### （一）含义

(1) 业务期间自审计项目组开始执行审计业务之日起，至出具审计报告之日止。

(2) 如果审计业务具有连续性，业务期间结束日应以其中一方通知解除业务关系或出具最终审计报告两者时间孰晚为准。

**小贴士** 注册会计师应当在业务期间和财务报表涵盖的期间独立于审计客户。

### （二）非鉴证服务的影响

1. 不利影响评价

如果在财务报表涵盖的期间或之后，在审计项目组开始执行审计业务之前，会计师事务所向审计客户提供了非鉴证服务，并且该非鉴证服务在业务期间不允许提供，会计师事务所应当评价提供的非鉴证服务对独立性产生的不利影响。如果不利影响超过可接受水平，会计师事务所只能在采取防范措施将其降低至可接受的水平的情况下，才能接受审计业务。

2. 防范措施示例

(1) 不允许提供非鉴证服务的人员担任审计项目团队成员。

(2) 必要时由适当复核人员复核审计和非鉴证工作。

(3) 由其他会计师事务所评价非鉴证服务的结果，或重新执行非鉴证服务，使得其他会计师事务所能够对该非鉴证服务承担责任。

## 高频考点 6：合并与收购★★

### （一）基本要求

如果由于合并或收购，某一实体成为审计客户的关联实体，会计师事务所应当识别和评价其与该关联实体以往和目前存在的利益或关系，并在考虑可能的防范措施后确定是否影响独立性，以及在合并或收购生效日后能否继续执行审计业务。

### （二）应对措施

（1）会计师事务所应当在合并或收购生效日前采取必要措施终止目前存在的职业道德守则禁止的利益或关系。

（2）如果在合并或收购生效日前不能终止目前存在的利益或关系，会计师事务所应当评价产生的不利影响。

### （三）与治理层沟通

会计师事务所应当与治理层讨论，在合并或收购生效日前不能终止利益或关系的原因，以及对由此产生不利影响严重程度的评价结果。

1. 会计师事务所继续执行审计业务的条件（同时满足下列条件）

（1）在合并或收购生效日起的六个月内，尽快终止该利益或关系。

（2）存在该利益或关系的人员不得作为审计项目组成员，也不得负责项目质量复核。

（3）拟采取适当的过渡性措施，并就此与治理层讨论。

2. 采取的适当过渡性措施

（1）必要时由审计项目组以外的注册会计师复核审计或非鉴证工作。

（2）由其他会计师事务所再次执行项目质量复核。

（3）由其他会计师事务所评价非鉴证服务的结果，或重新执行非鉴证服务，使得其他会计师事务所能够对该非鉴证服务承担责任。

## 高频考点7：违反独立性规定时的应对措施★★

### （一）基本要求

（1）终止、暂停或消除引发违规的利益或关系，并处理违规后果。

（2）考虑是否存在适用于该违规行为的法律法规，如果存在，遵守该法律法规的规定，并考虑向相关监管机构报告该违规行为。

（3）按照会计师事务所的政策和程序，立即就该违规行为与下列人员沟通：

①项目合伙人。

②负责独立性相关政策和程序的人员。

③会计师事务所和网络中的其他相关人员。

④根据本守则的要求需要采取适当行动的人员。

（4）评价违规行为的严重程度及其对会计师事务所的客观公正和出具审计报告能力的影响。

（5）根据违规行为的严重程度，确定是否终止审计业务，或者是否能够采取适当行动以妥善处理违规后果。

### （二）采取的必要措施

（1）将相关人员调离审计项目团队。

（2）由其他人员对受影响的审计工作实施额外复核或必要时重新执行该工作。

（3）建议审计客户委托其他会计师事务所复核或必要时重新执行受影响的审计工作。

（4）如果违规涉及影响会计记录或财务报表金额的非鉴证服务，由其他会计师事务所评价非鉴证服务的结果，或重新执行非鉴证服务，使得其他会计师事务所能够对该非鉴证服务承担责任。

**小贴士** 如果会计师事务所确定无法采取行动妥善处理违规后果，应当尽快通知治理层，并按照法律法规的规定终止审计业务。如果法律法规禁止终止该审计业务，会计师事务所应当遵守相关报告或披露要求。

### （三）与治理层的沟通

### （四）相关记录要求

# 第二单元　经济利益

## 高频考点1：经济利益的种类★★★

### （一）直接经济利益

（1）个人或实体直接拥有并控制的经济利益（包括授权他人管理的经济利益）。

（2）个人或实体通过集合投资工具、信托、实体或合伙组织，或第三方而实质拥有的经济利益，并且有能力控制这些投资工具，或影响其投资决策。

小贴士 常见的直接经济利益包括证券或其他参与权，诸如包括股票、债券、认沽权、认购权、期权、权证和卖空权等。

### （二）间接经济利益

间接经济利益是指个人或实体通过集合投资工具、信托、实体或合伙组织，或第三方而实质拥有的经济利益，但没有能力控制这些投资工具，或影响其投资决策。

### （三）判断直接经济利益和间接经济利益的方式

受益人可能通过集合投资工具、信托等投资工具拥有经济利益。确定经济利益是直接的还是间接的，取决于受益人能否控制投资工具或具有影响投资决策的能力。具体有以下两点：

（1）受益人能够控制投资工具或具有影响投资决策的能力的，这种经济利益为直接经济利益。

（2）受益人不能控制投资工具或不具有影响投资决策的能力的，这种经济利益为间接经济利益。

### （四）不利影响的取决因素

（1）拥有经济利益人员的角色。

（2）经济利益是直接的还是间接的。

（3）经济利益的重要程度。

## 高频考点 2：对独立性产生不利影响的情形和防范措施★★★

### （一）在审计客户中拥有经济利益

（1）会计师事务所、审计项目组团队成员及其主要近亲属不得在审计客户中拥有直接经济利益或重大间接经济利益。

小贴士 审计项目团队成员包括执行某项审计业务的所有合伙人和员工，以及为该项业务实施审计程序的所有其他人员，还包括会计师事务所及网络事务所中能够直接影响审计业务结果的其他人员。

（2）与执行审计业务的项目合伙人同处一个分部的其他合伙人及其主要近亲属不得在审计客户中拥有直接经济利益或重大间接经济利益。

小贴士 执行审计业务的项目合伙人所处的分部并不一定是其所隶属的分部。当项目合伙人与审计项目团队的其他成员隶属于不同的分部时，会计师事务所应当运用职业判断确定项目合伙人执行审计业务时所处的分部。

（3）为审计客户提供非审计服务的其他合伙人、管理人员及其主要近亲属不得在审计客户中拥有直接经济利益或重大间接经济利益。

（4）例外情况，如果与执行审计业务的项目合伙人同处一个分部的其他合伙人的主要近亲属，或者为审计客户提供非审计服务的其他合伙人或管理人员的主要近亲属同时满足下列条件，则该主要近亲属可以在审计客户中拥有直接经济利益或重大间接经济利益：

①该主要近亲属作为审计客户的员工有权（例如通过退休金或股票期权计划）取得该经济利益，并且会计师事务所在必要时能够应对因该经济利益产生的不利影响。

②当该主要近亲属拥有或取得处置该经济利益的权利，或者在股票期权中，有权行使期权时，能够尽快处置或放弃该经济利益。

### （二）在控制审计客户的实体中拥有经济利益

会计师事务所、审计项目团队成员及其主要近亲属不得在控制审计客户的实体中拥有直接经济利益或重大间接经济利益。

### （三）作为受托管理人拥有经济利益

上述（一）中各方不得作为受托管理人在审计客户中拥有直接经济利益或重大间接经济利益，除非同时满足下列条件：

（1）受托管理人、审计项目团队成员、两者的主要近亲属、会计师事务所均不是受托财产的受益人。

（2）通过信托而在审计客户中拥有的经济利益对于该项信托而言并不重大。

（3）该项信托不能对审计客户施加重大影响。

（4）受托管理人、审计项目团队成员、两者的主要近亲属、会计师事务所对涉及审计客户经济利益的投资决策没有重大影响。

### （四）与审计客户拥有共同经济利益

会计师事务所、审计项目团队成员及其主要近亲属不得与审计客户拥有共同经济利益，除非满足下列条件之一：

（1）经济利益对会计师事务所、审计项目团队成员及其主要近亲属，以及审计客户均不重要。

（2）审计客户无法对该实体施加重大影响。

**小贴士** 拥有此类经济利益的人员，在成为审计项目团队成员之前，该人员或其主要近亲属应当处置全部经济利益，或处置足够数量的经济利益，使剩余经济利益不再重大。

### （五）无意中获取的经济利益

如果会计师事务所、审计项目团队成员或其主要近亲属、员工或其主要近亲属通过继承、馈赠或因企业合并或类似情况，从审计客户获得直接经济利益或重大间接经济利益，而根据本守则的规定不允许拥有此类经济利益，应当采取下列措施：

（1）如果会计师事务所、审计项目团队成员或其主要近亲属获得经济利益，应当立即处置全部经济利益，或处置全部直接经济利益并处置足够数量的间接经济利益，以使剩余经济利益不再重大。

（2）如果审计项目团队以外的人员或其主要近亲属获得经济利益，应当在合理期限内尽快处置全部经济利益，或处置全部直接经济利益并处置足够数量的间接经济利益，以使剩余经济利益不再重大。

**小贴士** 在完成处置该经济利益前，会计师事务所应当在必要时采取防范措施以消除不利影响。

### （六）其他情况下的经济利益

1. 与审计客户的利益相关者同时在某一实体拥有经济利益

（1）不利情形。

会计师事务所、审计项目团队成员或其主要近亲属在某一实体拥有经济利益，并且知悉审计客户的董事、高级管理人员或具有控制权的所有者也在该实体拥有经济利益，可能因自身利益、密切关系或外在压力产生不利影响。

（2）不利影响的严重程度的取决因素。

①该成员在审计项目团队中的角色。

②实体的所有权是由少数人持有还是多数人持有。

③经济利益是否使得投资者能够控制该实体，或对其施加重大影响。

④经济利益的重要程度。

（3）防范措施。

①将拥有该经济利益的审计项目团队成员调离审计项目团队。

②由审计项目团队以外的注册会计师复核该成员已执行的工作。

2. 对审计项目团队成员其他近亲属拥有经济利益的要求

（1）不利情形。

如果审计项目团队某一成员的其他近亲属在审计客户中拥有直接经济利益或重大间接经济利益，将因自身利益产生非常严重的不利影响。

（2）不利影响的取决因素。

①审计项目团队成员与其他近亲属之间的关系。

②经济利益是直接的还是间接的。

③经济利益对其他近亲属的重要程度。

（3）防范措施。

①其他近亲属尽快处置全部经济利益，或处置全部直接经济利益并处置足够数量的间接经济利益，以使剩余经济利益不再重大。

②将该成员调离审计项目团队。

③由审计项目团队以外的适当复核人员复核该审计项目团队成员已执行的工作，可能能够将不利影响降低至可接受的水平。

3. 对其他人员拥有经济利益的要求

（1）不利情形。

如果审计项目团队成员知悉下列其他人员

在审计客户中拥有经济利益，也可能因自身利益对独立性产生不利影响：

①除上述（一）中提及的人员外，会计师事务所合伙人、专业人员、两者的主要近亲属。

②与审计项目团队成员存在密切私人关系的人员。

（2）不利影响存在与否及严重程度的取决因素。

①会计师事务所的组织结构、经营模式和沟通机制。

②相关人员与审计项目团队成员之间的关系。

（3）防范措施。

①将存在密切私人关系的审计项目团队成员调离审计项目团队，以消除不利影响。

②不允许该审计项目团队成员参与有关审计业务的任何重大决策。

③由审计项目团队以外的适当复核人员复核该审计项目团队成员已执行的工作。

4. 会计师事务所的退休金计划

如果会计师事务所通过退休金计划，在审计客户中拥有直接经济利益或重大间接经济利益，可能因自身利益产生不利影响。注册会计师应当评价不利影响的严重程度，并在必要时采取防范措施消除不利影响或将其降低至可接受的水平。

## 第三单元　贷款和担保以及商业关系、家庭和私人关系

### 高频考点1：贷款和担保★★★

#### （一）从银行或类似金融机构等审计客户取得贷款或获得贷款担保

会计师事务所、审计项目团队成员或其主要近亲属从银行或类似金融机构等审计客户取得贷款，或获得贷款担保，可能对独立性产生不利影响。

1. 禁止接受非正常的贷款或担保

会计师事务所、审计项目团队成员或其主要近亲属不得从银行或类似金融机构等审计客户取得贷款，或获得贷款担保，除非该贷款或担保是按照正常的程序、条款和条件进行的。

2. 可以接受正常的贷款及防范措施

（1）不利情形。

即使会计师事务所从银行或类似金融机构等审计客户按照正常的程序、条款和条件取得贷款，如果该贷款对审计客户或取得贷款的会计师事务所是重要的，也可能因自身利益对独立性产生不利影响。会计师事务所应当评价不利影响的严重程度，并在必要时采取措施消除不利影响或将其降低至可接受的水平。

（2）防范措施。

由网络中未参与执行审计业务并且未从该贷款中获益的会计师事务所复核已执行的工作。

#### （二）从不属于银行或类似金融机构等审计客户取得贷款或由其提供担保（行为禁止）

会计师事务所、审计项目团队成员或其主要近亲属不得从不属于银行或类似金融机构的审计客户取得贷款，或由此类审计客户提供贷款担保。

#### （三）向审计客户提供贷款或为其提供担保（行为禁止）

会计师事务所、审计项目团队成员或其主要近亲属不得向审计客户提供贷款或担保。

#### （四）在审计客户开立存款或经纪账户

会计师事务所、审计项目团队成员或其主要近亲属不得在银行或类似金融机构等审计客户开立存款或经纪账户，除非该存款或经纪账户是按照正常的商业条件开立的。

**小贴士** 与贷款和担保有关的适用于会计师事务所的独立性要求如表23－1所示。

**表 23－1 与贷款和担保有关的独立性要求**

<table>
<tr><td rowspan="8">适用于会计师事务所</td><td rowspan="4">向审计客户取得贷款或获得担保</td><td rowspan="3">审计客户是银行或类似金融机构</td><td rowspan="2">按照正常程序、条款和条件取得该贷款/担保</td><td>该贷款对审计客户或会计师事务所影响重大</td><td>允许（但需要采取防范措施）</td></tr>
<tr><td>该贷款对审计客户或会计师事务所影响不重大</td><td>允许</td></tr>
<tr><td>不是按照正常的程序、条款和条件取得该贷款/担保</td><td colspan="2">不得接受（禁止）</td></tr>
<tr><td>审计客户不是银行或类似金融机构</td><td colspan="3">不得接受（禁止）</td></tr>
<tr><td>向审计客户提供贷款或担保</td><td colspan="4">不得接受（禁止）</td></tr>
<tr><td rowspan="3">在审计客户开立存款或经纪账户</td><td rowspan="2">审计客户是银行或类似金融机构</td><td>账户按照正常的商业条件开立</td><td colspan="2">允许</td></tr>
<tr><td>账户没有按照正常的商业条件开立</td><td colspan="2">不得接受（禁止）</td></tr>
<tr><td>审计客户不是银行或类似金融机构</td><td colspan="3">不得接受（禁止）</td></tr>
</table>

**小贴士** 与贷款和担保有关的适用于审计项目团队成员及其主要近亲属的独立性要求如表 23－2 所示。

**表 23－2 与贷款和担保有关的适用于审计项目团队成员及其主要近亲属的独立性要求**

<table>
<tr><td rowspan="8">适用于审计项目团队成员及其主要近亲属</td><td rowspan="4">向审计客户取得贷款或获得担保</td><td rowspan="3">审计客户是银行或类似金融机构</td><td rowspan="2">按照正常的程序、条款和条件取得该贷款/担保</td><td>该贷款对审计客户或会计师事务所影响重大</td><td>允许（但需要采取防范措施）</td></tr>
<tr><td>该贷款对审计客户或会计师事务所影响不重大</td><td>允许</td></tr>
<tr><td>不是按照正常的程序、条款和条件取得该贷款/担保</td><td colspan="2">不得接受（禁止）</td></tr>
<tr><td>审计客户不是银行或类似金融机构</td><td colspan="3">不得接受（禁止）</td></tr>
<tr><td>向审计客户提供贷款或担保</td><td colspan="4">不得接受（禁止）</td></tr>
<tr><td rowspan="3">在审计客户开立存款或经纪账户</td><td rowspan="2">审计客户是银行或类似金融机构</td><td>账户按照正常的商业条件开立</td><td colspan="2">允许</td></tr>
<tr><td>账户没有按照正常的商业条件开立</td><td colspan="2">不得接受（禁止）</td></tr>
<tr><td>审计客户不是银行或类似金融机构</td><td colspan="3">不得接受（禁止）</td></tr>
</table>

## 高频考点2：商业关系★★

### （一）一般规定

会计师事务所、审计项目团队成员或其主要近亲属与审计客户或其高级管理人员之间，由于商务关系或共同的经济利益而存在密切的商业关系，可能因自身利益或外在压力对独立性产生不利影响。商业关系的种类及防范措施如表23－3所示。

表23－3　　商业关系的种类及防范措施

<table>
<tr><th>商业关系种类</th><th>防范措施</th></tr>
<tr><td>与客户或其控股股东、董事、高级管理人员或其他为该客户执行高级管理活动的人员共同开办企业</td><td rowspan="3">（1）会计师事务所、审计项目团队成员不得与审计客户或其高级管理人员建立密切的商业关系。<br>（2）如果会计师事务所存在此类商业关系，应当予以终止。如果此类商业关系涉及审计项目团队成员，会计师事务所应当将该成员调离审计项目团队。<br>（3）如果审计项目团队成员的主要近亲属与审计客户或其高级管理人员存在此类商业关系，注册会计师应当评价不利影响的严重程度，并在必要时采取防范措施消除不利影响或将其降低至可接受的水平</td></tr>
<tr><td>按照协议，将会计师事务所的产品或服务与客户的产品或服务结合在一起，并以双方名义捆绑销售</td></tr>
<tr><td>按照协议，会计师事务所销售或推广客户的产品或服务，或者客户销售或推广会计师事务所的产品或服务</td></tr>
</table>

### （二）与审计客户或其利益相关者一同在某股东人数有限的实体中拥有利益

1. 不利情形

审计客户或其董事、高级管理人员，或上述各方作为投资者的任何组合，在某股东人数有限的实体中拥有经济利益，会计师事务所、审计项目团队成员或其主要近亲属也在该实体拥有经济利益。

2. 防范措施

行为禁止，除非同时满足下列条件：

（1）这种商业关系对于会计师事务所、审计项目团队成员或其主要近亲属以及审计客户均不重要。

（2）该经济利益对上述投资者或投资组合并不重大。

（3）该经济利益不能使上述投资者或投资组合控制该实体。

### （三）从审计客户购买商品或服务

1. 正常商业程序公平交易

会计师事务所、审计项目团队成员或其主要近亲属从审计客户购买商品或服务，如果按照正常的商业程序公平交易，通常不会对独立性产生不利影响。

2. 交易性质特殊或金额较大

（1）如果交易性质特殊或金额较大，可能因自身利益产生不利影响。会计师事务所应当评价不利影响的严重程度，并在必要时采取防范措施消除不利影响或将其降低至可接受的水平。

（2）防范措施。

①取消交易或降低交易规模。

②将相关审计项目团队成员调离审计项目团队。

## 高频考点3：家庭和私人关系★★★

如果审计项目团队成员与审计客户的董事、高级管理人员，或某类员工（具体取决于该员工在审计客户中担任的角色）存在家庭和私人关系，可能因自身利益、密切关系或外在压力对独立性产生不利影响。不利影响存在与否及其严重程度取决于多种因素，包括该成员在审计项目团队的角色、其家庭成员或相关人员在客户中的职位以及关系的密切程度等，如表23－4所示。

表 23－4　　角色关系及应对措施

| 角色 | 描述 | 不利影响是否严重 | 应对措施 |
| --- | --- | --- | --- |
| 审计项目团队成员的主要近亲属在审计客户中处于重要职位 | 审计项目团队成员的主要近亲属是审计客户的董事、高级管理人员或特定员工，或者在业务期间或财务报表涵盖的期间曾担任上述职务 | 非常严重，导致没有防范措施能够消除或降低 | 拥有此类关系的人员不得成为审计项目团队成员 |
| 审计项目组成员的主要近亲属能够对客户的财务状况、经营成果和现金流量施加重大影响 | 审计项目组成员的主要近亲属在审计客户中所处职位能够对客户的财务状况、经营成果和现金流量施加重大影响，将可能因自身利益、密切关系或外在压力对独立性产生不利影响 | 主要取决于下列因素：<br>（1）主要近亲属在客户中的职位。<br>（2）该成员在审计项目团队中的角色 | （1）将该成员调离审计项目团队。<br>（2）合理安排审计项目团队成员的职责，使该成员的工作不涉及其主要近亲属的职责范围 |
| 审计项目团队成员的其他近亲属处在重要职位 | 审计项目团队成员的其他近亲属是审计客户的董事、高级管理人员或特定员工 | 主要取决于下列因素：<br>（1）审计项目团队成员与其他近亲属的关系。<br>（2）其他近亲属在客户中的职位。<br>（3）该成员在审计项目团队中的角色 | （1）将该成员调离审计项目团队。<br>（2）合理安排审计项目团队成员的职责，使该成员的工作不涉及其他近亲属的职责范围 |
| 审计项目团队成员与审计客户重要职务的员工存在密切关系 | 审计项目团队成员与审计客户的员工存在密切关系，并且该员工是审计客户的董事、高级管理人员或特定员工，即使该员工不是审计项目团队成员的近亲属，也将对独立性产生不利影响 | 主要取决于下列因素：<br>（1）该员工与审计项目团队成员的关系。<br>（2）该员工在客户中的职位。<br>（3）该成员在审计项目团队中的角色 | （1）将该成员调离审计项目团队。<br>（2）合理安排该成员的职责，使其工作不涉及与之存在密切关系的员工的职责范围 |
| 审计项目团队以外的合伙人或员工，与审计客户重要职务的人员存在家庭或私人关系 | 会计师事务所中审计项目团队以外的合伙人或员工，与审计客户的董事、高级管理人员或特定员工之间存在家庭或私人关系 | 主要取决于下列因素：<br>（1）该合伙人或员工与审计客户的董事、高级管理人员或特定员工之间的关系。<br>（2）该合伙人或员工与审计项目团队之间的相互影响。<br>（3）该合伙人或员工在会计师事务所中的角色。<br>（4）董事、高级管理人员或特定员工在审计客户中的职位 | （1）合理安排该合伙人或员工的职责，以减少对审计项目团队可能产生的影响。<br>（2）由审计项目团队以外的注册会计师复核已执行的相关审计工作 |

## 第四单元　与审计客户发生人员交流

### 高频考点 1：与审计客户发生雇佣关系★★

#### （一）一般规定

如果审计客户的董事、高级管理人员或特定员工，曾经是审计项目团队的成员或会计师事务所的合伙人，可能因密切关系或外在压力产生不利影响，如表 23－5 所示。

表 23-5 可能产生的不利影响

| 类型 | 描述 | 独立性损害评价 | 应对措施 |
| --- | --- | --- | --- |
| 审计项目团队前任成员或前任合伙人担任审计客户的重要职位且与事务所保持重要联系 | 审计项目团队前任成员或会计师事务所前任合伙人加入审计客户，担任董事、高级管理人员或特定员工，并且与会计师事务所仍保持重要交往 | 将产生非常严重的不利影响，导致没有防范措施能够消除不利影响或将其降低至可接受的水平。<br>除非同时满足下列条件：<br>（1）该人员无权从会计师事务所获取报酬或福利，除非报酬或福利是按照预先确定的固定金额支付的。<br>（2）应付该人员的金额（如有）对会计师事务所不重要。<br>（3）该人员未继续参与，并且在外界看来未参与会计师事务所的经营活动或职业活动。<br>即使同时满足上述条件，仍可能因密切关系或外在压力对独立性产生不利影响 | 无 |
| 前任合伙人加入的某一实体成为审计客户 | 会计师事务所前任合伙人加入某一实体并担任董事、高级管理人员或特定员工，而该实体随后成为会计师事务所的审计客户 | 不利影响存在与否及其严重程度主要取决于下列因素：<br>（1）该人员在审计客户中担任的职位。<br>（2）该人员将与审计项目团队交往的程度。<br>（3）该人员离开审计项目团队或会计师事务所合伙人职位的时间长短。<br>（4）该人员以前在审计项目团队、会计师事务所中的角色 | （1）修改审计计划。<br>（2）向审计项目团队分派与该人员相比经验更加丰富的人员。<br>（3）由适当复核人员复核前任审计项目团队成员已执行的工作 |
| 审计项目团队某成员拟加入审计客户 | 审计项目团队某一成员参与审计业务，且知道自己在未来某一时间将要或有可能加入审计客户 | 会计师事务所应当制定政策和程序，要求审计项目团队成员在与审计客户协商受雇于该客户时，向会计师事务所报告。在接到报告后，会计师事务所应当评价不利影响的严重程度 | （1）将该成员调离审计项目团队。<br>（2）由审计项目团队以外的适当复核人员复核该成员在审计项目团队中作出的重大判断 |

### （二）属于公众利益实体的审计客户

1. 关键审计合伙人加入审计客户担任重要职位

（1）关键审计合伙人的界定。关键审计合伙人指项目合伙人、项目质量复核人员，以及审计项目组中负责对财务报表审计所涉及的重大事项作出关键决策或判断的其他审计合伙人。其他审计合伙人还可能包括负责审计重要子公司或分支机构的合伙人。

（2）对独立性的影响。如果某一关键审计合伙人加入属于公众利益实体的审计客户，担任董事、高级管理人员或特定员工，独立性可能会受到损害。除非该合伙人不再担任该公众利益实体的关键审计合伙人后，该公众利益实体发布的已审计财务报表涵盖期间不少于 12 个月，并且该合伙人未参与该财务报表的审计。

2. 前任高级合伙人加入审计客户担任重要职位

如果会计师事务所前任高级合伙人（或管理合伙人，或同等职位的人员）加入属于公众利益实体的审计客户，担任董事、高级管理人员或特定员工，除非该高级合伙人不再担任该职位已超过 12 个月，否则独立性将被视为受到损害。

3. 因企业合并原因导致前任成员加入审计客户担任重要职位

如果由于企业合并的原因，会计师事务所前任关键审计合伙人或前任高级合伙人担任属于公众利益实体的审计客户的董事、高级管理人员或特定员工，在同时满足下列条件时，不被视为独立性受到损害：

（1）当该人员接受该职务时，并未预料到会发生企业合并。

（2）该人员在会计师事务所中应得的报酬或福利都已全额支付（除非报酬或福利是按照预先确定的固定金额支付的，并且未应付金额对会计师事务所不重要）。

（3）该人员未继续参与，或在外界看来未参与会计师事务所的经营活动或职业活动。

（4）已就该人员在审计客户中的职位与

治理层讨论。

### 高频考点2：临时借出员工★★

#### （一）不利影响

如果会计师事务所向审计客户借出员工，可能因自我评价、过度推介或密切关系产生不利影响。会计师事务所不得向审计客户借出员工，除非同时满足下列条件：

（1）仅在短期内向客户借出员工。

（2）借出的员工不参与注册会计师职业道德守则禁止提供的非鉴证服务。

（3）该员工不承担审计客户的管理层职责，且审计客户负责指导和监督该员工的活动。

#### （二）防范措施

（1）对借出员工的工作进行额外复核。

（2）合理安排审计项目团队成员的职责，使借出员工不对其在借调期间执行的工作进行审计。

（3）不安排借出员工作为审计项目团队成员。

### 高频考点3：最近曾任审计客户的董事、高级管理人员或特定员工★★

如果审计项目团队成员最近曾担任审计客户的董事、高级管理人员或特定员工，可能因自身利益、自我评价或密切关系产生不利影响。

【示例】审计项目团队成员在审计客户工作期间曾经编制会计记录，现又对据此形成的财务报表要素进行评价，则可能产生这些不利影响。

#### （一）在财务报表涵盖的期间

1. 不利情形

如果在被审计财务报表涵盖的期间，审计项目团队成员曾担任审计客户的董事、高级管理人员或特定员工，将产生非常严重的不利影响，导致没有防范措施能够将其降低至可接受的水平。

2. 行为禁止

会计师事务所不得将此类人员分派到审计项目组。

#### （二）在财务报表涵盖的期间之前

1. 不利情形

如果在被审计财务报表涵盖的期间之前，审计项目团队成员曾担任审计客户的董事、高级管理人员或特定员工，可能因自身利益、自我评价或密切关系产生不利影响。

2. 不利影响的取决因素

（1）该成员在客户中曾担任的职务。

（2）该成员离开客户的时间长短。

（3）该成员在审计项目团队中的角色。

3. 防范措施

可能包括由适当复核人员复核该成员已执行的工作等。

### 高频考点4：兼任审计客户的董事或高级管理人员★★

#### （一）不利影响

如果会计师事务所的合伙人或员工兼任审计客户的董事或高级管理人员，将因自我评价和自身利益产生非常严重的不利影响，导致没有防范措施能够将其降低至可接受的水平。

#### （二）行为禁止

会计师事务所的合伙人或员工不得兼任审计客户的董事或高级管理人员。

## 第五单元　与审计客户长期存在业务关系

### 高频考点1：一般规定★★

#### （一）不利情形

会计师事务所长期委派同一名合伙人或高级员工执行某一客户的审计业务，将因密切关系和自身利益对独立性产生不利影响。

#### （二）不利影响的取决因素

（1）该人员与客户之间关系的总体时间长度，包括该人员在之前的会计师事务所中与该客户之间已存在的关系（如适用）。

（2）该人员成为审计项目团队成员的时间长短及其所承担的角色。

（3）更高层人员对该人员所实施的工作进行指导、复核和监督的程度。

（4）根据其资历，该人员能够影响审计结果的程度，例如，该人员可能作出关键决策或指导审计项目组其他成员的工作。

（5）该人员与客户高级管理层或治理层之间关系的密切程度。

（6）该人员与客户高级管理层或治理层之间互动的性质、频率和程度。

（7）审计客户会计和财务报告问题的性质和复杂程度，以及性质和复杂程度是否发生变化。

（8）审计客户高级管理层或治理层近期是否发生变动。

（9）审计客户的组织结构是否发生变动，从而影响会计师事务所人员与客户高级管理层或治理层之间互动的性质、频率和程度。

**小贴士** 上述的两个或多个因素相组合可能提高或降低不利影响的严重程度。

### （三）防范措施

（1）将与审计客户长期存在业务关系的人员轮换出审计项目团队。

（2）变更与审计客户长期存在业务关系的人员在审计项目团队中担任的角色或其所实施任务的性质和范围。

（3）由审计项目团队以外的适当复核人员复核与审计客户长期存在业务关系的人员所执行的工作。

（4）定期对该业务实施独立的内部或外部质量复核。

### （四）仅能通过人员轮换应对不利影响的要求

如果确定所产生的不利影响仅能通过将该人员轮换出审计项目团队予以应对，会计师事务所应当确定一个适当的期间，在该期间内该人员不得有下列行为：

（1）成为审计项目组成员。

（2）对该审计项目实施质量管理。

（3）对该审计项目的结果施加直接影响。

## 高频考点2：属于公众利益实体的审计客户★★★

### （一）与公众利益实体审计客户关键审计合伙人轮换相关的任职期

1. 关键审计合伙人界定

（1）项目合伙人。

（2）项目质量复核人员。

（3）其他属于关键审计合伙人的职务。

2. 关键审计合伙人任职期间

累计时间不得超过五年。任期结束后，该人员应当遵守有关冷却期的规定。

**小贴士** 在任期内，如果某人员继担任项目合伙人之后立即或短时间内担任项目质量复核人员，可能因自我评价对客观公正原则产生不利影响，该人员不得在2年内担任该审计业务的项目质量复核人员。

3. 关键审计合伙人确定轮换时间

（1）担任关键审计合伙人的时间应当累计计算，除非该人员不再担任这些职务的期间达到最短时间（该人员所适用的冷却期）要求，否则累计期间不得清零并重新计算。

（2）担任的职务不同，冷却期的长度也不同。

（3）在极其特殊的情况下，会计师事务所可能因无法预见和控制的情形而不能按时轮换关键审计合伙人。

【特殊情况下的要求】如果关键审计合伙人的连任对审计质量特别重要，在获得审计客户治理层同意的前提下，并且通过采取防范措施能够消除对独立性的不利影响或将其降低至可接受的水平，则在法律法规允许的情况下，该人员担任关键审计合伙人的期限可以延长一年。

4. 审计客户成为公共利益实体时，确定关键审计合伙人任职时间的要求

如果审计客户成为公共利益实体，确定关键审计合伙人任职时间时，会计师事务所应当

考虑，在该客户成为公众利益实体之前，该合伙人作为关键审计合伙人已为该客户提供服务的时间。

（1）如果在审计客户成为公众利益实体之前，该合伙人作为关键审计合伙人已为该客户服务的时间不超过三年，则该人员还可以为该客户继续提供服务的年限为五年减去已经服务的年限。

（2）如果在审计客户成为公众利益实体之前，该合伙人作为关键审计合伙人已为该客户服务了四年或更长的时间，在取得客户治理层同意的前提下，该合伙人最多还可以继续服务二年。

（3）如果审计客户是首次公开发行证券的公司，关键审计合伙人在该公司上市后连续执行审计业务的期限，不得超过二个完整会计年度。

### （二）“冷却期”的规定

（1）如果某人员担任项目合伙人或其他签字注册会计师累计达到五年，冷却期应当为连续五年。

（2）如果某人员担任项目质量复核人员累计达到五年，冷却期应当为连续三年。

（3）如果某人员担任其他关键审计合伙人累计达到五年，冷却期应当为连续二年。

（4）如果某人员相继担任多项关键审计合伙人职责，冷却期应当遵循以下规定：

①担任项目合伙人累计达到三年或以上，冷却期应当为连续五年。

②担任项目质量复核人员累计达到三年或以上，冷却期应当为连续三年。

③担任项目合伙人和项目质量复核人员累计达到三年或以上，但累计担任项目合伙人未达到三年，冷却期应当为连续三年。

④担任多项关键审计合伙人职责，并且不符合上述各项情况，冷却期应当为连续二年。

**小贴士** *在确定某人员担任关键审计合伙人的年限时，服务年限应当包括该人员在之前任职的会计师事务所工作时针对同一审计业务担任关键审计合伙人的年限（如适用）。*

### （三）“冷却期”的禁止行为

（1）成为审计项目组成员或为审计项目提供项目质量管理。

（2）就有关技术或行业特定问题、交易或事项向审计项目组或审计客户提供咨询（如果与审计项目组沟通仅限于该人员任职期间的最后一个年度所执行的工作或得出的结论，并且该工作和结论与审计业务仍然相关，则不违反本项规定）。

（3）负责领导或协调会计师事务所向审计客户提供的专业服务，或者监控会计师事务所与审计客户的关系。

（4）执行上述各项未提及的、涉及审计客户且导致该人员出现下列情况的职责或活动（包括提供非鉴证服务）：

①与审计客户高级管理层或治理层进行重大或频繁的互动。

②对审计业务的结果施加直接影响。

**小贴士** *“冷却期”禁止行为的规定并非旨在禁止个人担任会计师事务所的领导层职务，如高级合伙人或管理合伙人。*

适用于一般公众利益实体的审计客户，如表 23 – 6 所示。

**表 23 – 6　　适用于一般公众利益实体的审计客户**

| 关键审计合伙人 | 任职期 | 冷却期 | 特殊情况 |
| --- | --- | --- | --- |
| 项目合伙人 | 5 年 | 5 年 | 6 年 |
| 项目质量复核人员 | 5 年 | 3 年 | 6 年 |
| 其他关键审计合伙人 | 5 年 | 2 年 | 6 年 |

适用于客户成为公众利益实体后的轮换时间，如表 23 – 7 所示。

表 23－7　适用于客户成为公众利益实体后的轮换时间

| 在审计客户成为公众利益实体前的服务年限（X年） | 成为公众利益实体后继续提供服务的年限 | 冷却期 | | |
|---|---|---|---|---|
| | | 项目合伙人 | 项目质量复核人员 | 其他关键审计合伙人 |
| X≤3 | （5－X）年 | 5年 | 3年 | 2年 |
| X≥4 | 2年 | 5年 | 3年 | 2年 |
| 如客户是首次公开发行证券 | 2年 | 5年 | 3年 | 2年 |

## 第六单元　为审计客户提供非鉴证业务

### 高频考点1：一般规定★★★

#### （一）基本要求

会计师事务所向审计客户提供非鉴证服务，可能对多项职业道德基本原则产生不利影响。

（1）在接受委托向审计客户提供非鉴证服务之前，会计师事务所应当确定提供该服务是否将对独立性产生不利影响。

（2）会计师事务所可能向同一审计客户提供多种非鉴证服务。在这种情况下，会计师事务所应当运用职业道德概念框架予以应对。

#### （二）评价不利影响存在与否及其严重程度时需考虑因素

（1）非鉴证服务的性质、范围和目的。

（2）审计业务对该非鉴证服务结果的依赖程度。

（3）与提供该非鉴证服务相关的法律和监管环境。

（4）非鉴证服务的结果是否影响被审计财务报表中的相关事项，如果影响，影响的程度以及在确定这些事项的金额或会计处理方法时涉及的主观程度。

（5）客户管理层和员工在该非鉴证服务方面的专长水平。

（6）客户针对重大判断事项的参与程度。

（7）非鉴证服务对与客户会计记录、财务报表、财务报告内部控制相关的系统所产生影响的性质和程度（如有）。

（8）客户是否属于公众利益实体，如果客户属于公众利益实体，通常认为会产生更为严重的不利影响。

#### （三）审计客户成为公众利益实体时的要求

当审计客户成为公众利益实体时，除非同时满足下列条件，否则会计师事务所向该客户提供非鉴证服务（无论是当前还是以往提供的）将会损害会计师事务所的独立性：

（1）以往向该客户提供的非鉴证服务符合有关向非公众利益实体提供非鉴证服务的规定。

（2）对于当前正在向该客户提供的非鉴证服务，如果属于不允许向公众利益实体审计客户提供的非鉴证服务，应当在客户成为公众利益实体之前终止，或之后尽快终止。

（3）会计师事务所采取防范措施应对超出可接受水平的不利影响。

### 高频考点2：承担管理层职责★★

#### （一）管理层职责的界定

审计客户的管理层职责涉及控制和领导该客户的各项工作，包括针对人力资源、财务资源、技术资源、有形或无形资源的取得、配置和控制作出重大决策。会计师事务所应当根据具体情况确定某项活动是否属于承担管理层职责。

#### （二）视同承担管理层职责的活动

小贴士　如果会计师事务所仅向审计客户提供意见和建议以协助其管理层履行职责，通常不视为承担管理层职责。

#### （三）行为禁止

会计师事务所不得承担审计客户的管理层职责或向审计客户提供某些非鉴证服务。应当避免在向审计客户提供非鉴证服务时承担管理层职责，确保属于管理层职责的所有判断和决策都由客户管理层作出。

### （四）对审计客户的关联实体的相关要求

1. 可以提供的非鉴证业务内容

对于会计师事务所将对其财务报表发表审计意见的审计客户的下列关联实体，在满足一定条件的情况下，会计师事务所可以承担管理层职责或向其提供某些职业道德守则禁止提供的非鉴证服务：

（1）直接或间接控制该审计客户的实体。

（2）在该审计客户中拥有直接经济利益的实体，该实体能够对审计客户施加重大影响，并且在客户中拥有的经济利益对该实体重大。

（3）与该审计客户处于同一控制下的实体。

2. 条件

**小贴士** 上述规定需要同时满足下列条件：

（1）会计师事务所不对该关联实体的财务报表发表意见。

（2）会计师事务所不对接受审计的实体直接或间接承担管理层职责。

（3）由于非鉴证服务的结果不构成实施审计程序的对象，因而该非鉴证服务不会因自我评价对独立性产生不利影响。

（4）会计师事务所采取防范措施应对因提供此类服务而产生的超出可接受水平的其他不利影响。

## 高频考点3：会计和记账服务★★

会计师事务所向审计客户提供会计和记账服务，可能因自我评价对独立性产生不利影响。会计和记账服务主要包括编制会计记录和财务报表（包括财务报表附注）、记录交易、工资服务等服务。

### （一）编制财务报表是管理层的职责

按照适用的财务报告编制基础编制财务报表是管理层的职责，这种职责包括但不限于：

（1）设计、执行和维护必要的内部控制，以使财务报表不存在由于舞弊或错误导致的重大错报。

（2）评估被审计单位的持续经营能力和运用持续经营假设是否适当，并披露与持续经营相关的事项（如适用）。

（3）确定会计政策并运用该政策确定会计处理方法，并作出恰当的会计估计。

（4）编制或更改会计分录，确定或批准交易的账户分类。

（5）编制或更改以电子形式或其他形式存在的、用以证明交易发生的相关凭证或数据。

### （二）不对独立性产生不利影响的活动

具体如表23－8所示。

**表23－8　不对独立性产生不利影响的活动**

| 活动 | 事项描述及预防措施 |
|---|---|
| 沟通审计相关的事项 | 在审计过程中，会计师事务所与审计客户管理层就下列事项进行沟通，只要审计客户负责就会计记录及财务报表的编制作出决策，通常不会对独立性产生不利影响：<br>（1）对会计准则或会计政策，以及财务报表披露要求的运用。<br>（2）财务报告内部控制的有效性，以及资产、负债计量方法的适当性。<br>（3）审计调整建议 |
| 提供会计咨询服务 | 审计客户可能要求会计师事务所在下列方面提供技术支持或建议等会计咨询服务，如果会计师事务所不承担审计客户的管理层职责，通常不会对独立性产生不利影响：<br>（1）解决账户调节问题。<br>（2）分析和收集监管机构要求提供的信息。<br>（3）为会计准则转换（如为了遵守集团会计政策从企业会计准则转换为国际财务报告准则）提供咨询服务。<br>（4）协助了解相关会计准则、原则和解释，分享领先的行业最佳实践 |

续表

| 活动 | 事项描述及预防措施 |
| --- | --- |
| 日常性或机械性的会计和记账服务 | 日常性或机械性的会计和记账服务通常不需要很多职业判断。这类例子包括以下几点：<br>（1）根据来源于客户的数据编制工资计算表或工资报告，供客户批准并支付。<br>（2）在客户已确定或批准账户分类的前提下，以原始凭证（如水电费单据）或原始数据为基础，记录易于确定其金额并且重复发生的交易。<br>（3）根据客户确定的折旧政策、预计使用寿命和净残值计算固定资产折旧。<br>（4）将客户已记录的交易过入总分类账。<br>（5）将客户批准的分录过入试算平衡表。<br>（6）根据客户批准的试算平衡表中的信息编制财务报表，根据客户批准的记录编制相关财务报表附注 |
| 向不属于公众利益实体的审计客户提供会计和记账服务 | 会计师事务所不得向不属于公众利益实体的审计客户提供会计和记账服务，包括编制被审计财务报表（包括财务报表附注）或构成财务报表基础的财务信息，除非同时满足下列条件：<br>（1）该服务是日常性或机械性的。<br>（2）会计师事务所能够采取防范措施应对因提供此类服务产生的超出可接受水平的不利影响。防范措施可能包括以下两点：<br>①由审计项目团队以外的专业人员提供此类服务。<br>②由未参与提供此类服务的适当复核人员复核已执行的审计工作或所提供的此类服务 |
| 向公众利益实体的审计客户提供会计和记账服务 | 会计师事务所不得向属于公众利益实体的审计客户提供会计和记账服务，包括编制被审计财务报表（包括财务报表附注）或构成财务报表基础的财务信息。<br>在同时满足下列条件的情况下，会计师事务所可以向属于公众利益实体的审计客户的分支机构或关联实体提供会计和记账服务：<br>（1）该服务是日常性或机械性的。<br>（2）提供服务的人员不是审计项目团队成员。<br>（3）接受该服务的分支机构或关联实体从整体上对被审计财务报表不具有重要性，或者该服务所涉及的事项从整体上对该分支机构或关联实体的财务报表不具有重要性 |

## 高频考点4：行政事务性服务★

行政事务性服务包括协助客户执行正常经营过程中的日常性或机械性任务。向审计客户提供下列行政事务性服务通常不会对独立性产生不利影响：

（1）文字处理服务。

（2）编制行政或法定表格供客户审批。

（3）按照客户的指示将该表格提交给各级监管机构。

（4）跟踪法定报备日期，并告知审计客户该日期。

## 高频考点5：评估服务★★

### （一）服务界定

评估包括对未来发展趋势提出相关假设，运用适当的方法和技术，以确定资产、负债或企业整体的价值或价值区间。

### （二）影响独立性的因素及防范措施

1. 不利影响

向审计客户提供评估服务可能因自我评价或过度推介对独立性产生不利影响。

2. 不利影响的取决因素

（1）评估报告的用途和目的。

（2）是否对外公布评估报告。

（3）在确定和批准评估方法以及其他重大判断事项时，客户的参与程度。

（4）在运用标准或既定的方法进行评估时，评估事项的固有主观程度。

（5）评估结果是否对财务报表产生重大影响。

（6）评估相关的财务报表披露的范围和明晰程度。

（7）对能引起评估金额发生重大波动的未来事项的依赖程度。

3. 防范措施

（1）由审计项目团队以外的专业人员提

供评估服务。

（2）由未参与评估服务的适当复核人员复核所执行的审计工作或提供的服务。

### （三）对独立性不产生不利影响的评估业务

如果审计客户要求会计师事务所提供评估服务，以帮助其履行纳税申报义务或满足税务筹划目的，并且评估的结果不对财务报表产生直接影响，且间接影响并不重大，或者评估服务经税务机关或类似监管机构外部复核，则通常不对独立性产生不利影响。

### （四）对独立性产生不利影响的评估业务

（1）审计客户不属于公众利益实体。如果评估结果涉及高度的主观性，且评估服务对被审计财务报表具有重大影响，会计师事务所不得向审计客户提供这种评估服务。

（2）审计客户属于公众利益实体。如果评估结果单独或累积起来对被审计财务报表具有重大影响，则会计师事务所不得向该审计客户提供这种评估服务。

## 高频考点6：税务服务★★

### （一）税务服务种类

（1）编制纳税申报表。

（2）为进行会计处理计算税额。

（3）税务筹划和其他税务咨询服务。

（4）与评估有关的税务服务。

（5）协助解决税务纠纷。

### （二）不利影响严重程度的取决因素

（1）业务的具体特征。

（2）客户员工的税务专业水平。

（3）税务机关评价和管理有争议税务问题的方式，以及会计师事务所在该过程中的角色。

（4）税收法律法规的复杂程度，以及应用时需要进行判断的程度。

### （三）编制纳税申报表的服务

1. 具体服务描述

（1）编制信息，以协助客户履行纳税申报义务，例如计算应向税务机关缴纳的税额（通常采用标准化的表格）。

（2）对已发生交易的纳税申报处理方法提供建议。

（3）代表审计客户向税务机关提供所要求的附加信息和分析（例如，对所采用的方法提供解释和技术支持）。

2. 对独立性的影响

由于纳税申报表须经税务机关审查或批准，如果管理层对纳税申报表承担责任，会计师事务所提供此类服务通常不对独立性产生不利影响。

### （四）计算当期所得税或递延所得税负债（或资产）

1. 对独立性的影响

基于进行会计处理的目的，为审计客户计算当期所得税或递延所得税负债（或资产），将因自我评价产生不利影响。不利影响的严重程度除上述提供税务服务所列因素外，还可能取决于该项计算是否可能对被审计财务报表产生重大影响。

2. 不利影响的防范措施

（1）如果审计客户不属于公众利益实体，或者审计客户属于公众利益实体，但为其计算的当期所得税或递延所得税对被审计财务报表不重要。

（2）示例。

下列防范措施可能能够应对上述因自我评价产生的不利影响：

①由审计项目团队以外的专业人员提供此类服务。

②由不参与提供此类服务的适当复核人员复核所执行的审计工作或提供的此类服务。

3. 行为禁止

（1）审计客户属于公众利益实体，但为其计算的当期所得税或递延所得税对被审计财务报表重要。

（2）审计客户属于公众利益实体的情况下，会计师事务所不得计算当期所得税或递延所得税，以用于编制对被审计财务报表具有重大影响的会计分录。

### （五）税务筹划或其他税务咨询服务

1. 不利情形

税务筹划或其他税务咨询服务有多种类

型，例如，向审计客户提供如何节税，或如何运用新的税收法律法规的建议。提供税务筹划或其他税务咨询服务可能因自我评价或过度推介对独立性产生不利影响。

2. 不利影响的取决因素

（1）在确定如何在财务报表中对税务建议进行处理时涉及的主观程度。

（2）在编制财务报表前，税务处理是否得到个别税务裁定的支持或税务机关的认可。例如，税务筹划或其他税务咨询服务提出的建议是否具有税务机关或其他先例作为明确的支持、是否属于既定惯例、是否具备税法依据。

（3）税务建议的结果是否对被审计财务报表产生重大影响。

（4）税务建议的有效性是否取决于会计处理或财务报表列报，以及根据相关财务报告编制基础，是否对会计处理或财务报表列报的适当性存有疑问。

3. 防范措施

（1）由审计项目团队以外的专业人员提供此类服务，可能能够应对因自我评价或过度推介产生的不利影响。

（2）由未参与提供此类服务的适当复核人员复核所执行的审计工作或提供的此类服务，可能能够应对因自我评价产生的不利影响。

（3）获得税务机关的预先批准或建议，可能能够应对因自我评价或过度推介产生的不利影响。

4. 行为禁止

如果税务建议的有效性取决于某项特定会计处理或财务报表列报，并且同时存在下列情况，将因自我评价产生非常严重的不利影响，导致没有防范措施能够消除不利影响或将其降低至可接受的水平，会计师事务所不得为审计客户提供税务筹划及其他税务咨询服务：

（1）审计项目团队对于相关会计处理或财务报表列报的适当性存有疑问。

（2）税务建议的结果或执行后果将对被审计财务报表产生重大影响。

5. 基于纳税申报或税务筹划目的的评估业务

在向审计客户提供税务服务时，会计师事务所可能应审计客户的要求提供评估服务，以协助客户进行纳税申报或税务筹划。具体如表 23－9 所示。

**表 23－9　基于纳税申报或税务筹划目的的评估业务的不利影响及防范措施**

| 具体情形 | 不利影响及防范措施 |
| --- | --- |
| 评估服务仅为满足税务目的，其结果对财务报表没有直接影响且间接影响并不重大，或者评估服务经税务机关或类似监管机构外部复核 | 通常不对独立性产生不利影响 |
| 评估服务未经外部复核，并且其对财务报表的影响重大 | 产生不利影响。除上述提供税务服务所列影响因素外，不利影响存在与否及其严重程度还可能取决于下列因素：<br>（1）评估方法是否具有明确的税收法律法规、其他先例或以惯例作为依据，以及评估固有的主观程度。<br>（2）基础数据的可靠性和范围。<br>防范措施包括：<br>（1）由审计项目团队以外的专业人员提供该服务。<br>（2）由未参与提供该服务的适当复核人员复核所执行的审计工作或提供的服务。<br>（3）得到税务机关的预先批准或建议 |

## （六）帮助解决税务纠纷

1. 不利影响情形描述

如果会计师事务所协助审计客户解决税务纠纷，一旦税务机关通知审计客户已经拒绝接受其对某项具体问题的主张，并且税务机关或审计客户已将该问题纳入正式的法律程序，则可能因过度推介或自我评价产生不利影响。

2. 不利影响的取决因素

除上述提供税务服务所列影响因素外，不利影响存在与否及其严重程度还可能取决于下列因素：

（1）管理层在解决税务纠纷时所起的作用。

（2）引起税务纠纷的事项是否与会计师事务所的建议相关。

（3）税务纠纷的结果是否对被审计财务报表产生重大影响。

（4）该事项是否具有明确的税收法律法规、其他先例或惯例为依据。

（5）解决税务问题的程序是否公开。

3. 防范措施

（1）由审计项目团队以外的专业人员提供该税务服务。

（2）由未参与提供该税务服务的适当复核人员复核所执行的审计工作或提供的服务。

4. 行为禁止

在提供税务服务时，如果该服务涉及在公开审理或仲裁的税务纠纷中担任审计客户的辩护人，并且所涉金额对被审计财务报表具有重大影响，会计师事务所不得向审计客户提供涉及协助解决税务纠纷的税务服务。

**小贴士** 在公开审理或仲裁期间，会计师事务所可以继续为审计客户提供有关法庭裁决事项的咨询。例如，协助客户对具体问题作出回复，提供背景材料或证词，或分析税收问题。

## 高频考点7：内部审计服务

### （一）内部审计活动的界定

内部审计的目标和工作范围因被审计单位的规模、组织结构、治理层和管理层需求的不同而存在很大差异。内部审计活动通常包括：

（1）监督内部控制。

（2）检查财务信息和经营信息。

（3）评价被审计单位的经营活动。

（4）评价对法律法规、其他外部要求以及管理层政策、指令和其他内部规定的遵守情况。

### （二）允许提供内部审计服务的情况

为避免承担管理层职责，同时满足下列条件时，才能为审计客户提供内部审计服务：

（1）审计客户承担设计、执行和维护内部控制的责任，并指定合适的、具有胜任能力的员工（最好是高级管理人员），始终负责内部审计活动。

（2）客户治理层或管理层复核、评估并批准内部审计服务的工作范围、风险和频率。

（3）客户管理层评价内部审计服务的适当性，以及执行内部审计发现的事项。

（4）客户管理层评价并确定应当实施内部审计服务提出的建议，并对实施过程进行管理。

（5）客户管理层向治理层报告注册会计师在内部审计服务中发现的重大问题和提出的建议。

### （三）不利影响及防范措施

1. 不利影响

如果会计师事务所向审计客户提供内部审计服务，并且在审计中利用该服务的结果，可能导致审计项目团队不能恰当评价内部审计工作，或不会运用与会计师事务所以外的人员执行内部审计工作时相同水平的职业怀疑，这可能因自我评价对独立性产生不利影响。

2. 不利影响的取决因素

不利影响存在与否及其严重程度主要取决于下列因素：

（1）相关财务报表金额的重要性。

（2）与这些财务报表金额相关的认定层次错报风险。

（3）审计客户对内部审计服务的依赖程度，以及审计项目团队对内部审计工作的依赖程度。

3. 防范措施

由审计项目团队以外的专业人员提供该内部审计服务。

4. 行为禁止

（1）承担管理层职责的内部审计服务。

①制定内部审计政策或内部审计活动的战

略方针。

②指导该客户内部审计员工的工作并对其负责。

③决定应执行来源于内部审计活动的建议。

④代表管理层向治理层报告内部审计活动的结果。

⑤执行构成内部控制组成部分的程序。

⑥负责设计、执行、监督和维护内部控制。

⑦实施企业内部控制评价工作，包括对内部控制的设计与运行情况的全面评估。

⑧提供内部审计外包服务，包括全部内部审计外包服务和重要内部审计外包服务，并且负责确定内部审计工作的范围。

（2）不得向属于公众利益实体的审计客户提供的内部审计服务。

①财务报告内部控制的组成部分。

②财务会计系统。

③单独或累积起来对被审计财务报表具有重大影响的金额或披露。

## 高频考点 8：信息技术系统服务★

### （一）不对独立性产生不利影响的信息技术系统服务

会计师事务所人员不承担管理层职责的下列信息技术系统服务：

（1）设计或操作与财务报告内部控制无关的信息技术系统。

（2）设计或操作信息技术系统，其生成的信息不构成会计记录或财务报表的重要组成部分。

（3）实施由第三方开发的会计或财务信息报告软件。

（4）对由其他服务提供商或审计客户自行设计并实施的系统进行评价和提出建议。

### （二）向审计客户提供信息技术系统服务

1. 满足条件

如果向审计客户提供信息技术系统服务，会计师事务所应当确保同时满足下列条件：

（1）审计客户认可其对建立和监督内部控制的责任。

（2）审计客户委派具有胜任能力的员工（最好是高级管理人员）负责作出有关系统设计和操作的所有管理决策。

（3）审计客户作出与系统设计和实施过程有关的所有管理决策。

（4）审计客户评价系统设计和实施的适当性及结果。

（5）审计客户对系统运行以及系统使用或生成的数据负责。

2. 不利影响存在与否及其严重程度的主要决定性因素

不利影响存在与否及其严重程度主要取决于下列因素：

（1）该服务的性质。

（2）信息技术系统的性质及其对客户会计记录或财务报表的影响程度。

（3）审计中对特定信息技术系统的依赖程度。

3. 防范措施

由审计项目团队以外的专业人员提供该服务。

4. 行为禁止

（1）承担管理层职责的信息技术系统服务。

（2）向属于公众利益实体的审计客户提供或设计与实施下列服务：

①信息技术系统构成财务报告内部控制的重要组成部分。

②信息技术系统生成的信息对会计记录或被审计财务报表影响重大。

## 高频考点 9：诉讼支持服务★

### （一）诉讼支持服务活动

（1）担任证人，包括专家证人。

（2）计算诉讼或其他法律纠纷涉及的估计损失或其他应收、应付的金额。

（3）协助管理和检索文件。

### （二）不利影响的取决因素

会计师事务所向审计客户提供诉讼支持服

务，可能因自我评价或过度推介产生不利影响。不利影响存在与否及其严重程度主要取决于下列事项：

（1）提供服务所处的法律和监管环境，例如，法院是否会选择或委任专家证人。

（2）服务的性质和特征。

（3）服务的结果是否对会计师事务所将发表意见的财务报表产生重大影响。

#### （三）防范措施

由审计项目团队以外的专业人员提供此类服务。

**小贴士** 如果会计师事务所向审计客户提供诉讼支持服务涉及对损失或其他金额的估计，并且这些损失或其他金额影响被审计财务报表，会计师事务所应当遵守关于评估服务的规定。

### 高频考点10：法律服务★★

#### （一）法律服务内容

主要包括为客户提供法律咨询、担任首席法律顾问、担任辩护人等服务。法律服务通常是指必须由符合下列条件之一的人员提供的服务：已取得执行法律业务所需要的专业资格；已通过执行法律业务所要求的培训。

#### （二）法律咨询服务

1. 不利影响及取决因素

可能因自我评价或过度推介对独立性产生不利影响。不利影响存在与否及其严重程度主要取决于下列因素：

（1）特定事项对审计客户财务报表的重要程度。

（2）法律事项的复杂程度以及提供该服务所需判断的程度。

2. 防范措施

防范措施可能包括以下几点：

（1）由审计项目团队以外的专业人员提供该服务。

（2）由未参与提供法律服务的适当复核人员复核所执行的审计工作或提供的服务。

#### （三）担任审计客户的首席法律顾问（禁止）

会计师事务所人员不得担任审计客户的首席法律顾问。

#### （四）担任审计客户的辩护人（见表23－10）

表23－10　担任审计客户的辩护人

| 情形描述 | 不利影响 | 防范措施 | 是否允许 |
|---|---|---|---|
| 纠纷或法律诉讼所涉金额对被审计财务报表无重大影响 | 因自我评价产生不利影响 | （1）由审计项目团队以外的专业人员提供该服务。<br>（2）由未参与提供法律服务的适当复核人员复核所执行的审计工作或提供的服务 | 允许 |
| 纠纷或法律诉讼所涉金额对被审计财务报表有重大影响 | 将产生非常严重的不利影响 | 没有防范措施能够将其降低至可接受的水平 | 不允许（行为禁止） |

### 高频考点11：招聘服务★

#### （一）不利影响的取决因素

向审计客户提供招聘服务，可能因自身利益、密切关系或外在压力对独立性产生不利影响。不利影响存在与否及其严重程度主要取决于下列事项：

（1）会计师事务所人员所提供协助的性质。

（2）拟招聘人员的职位。

（3）候选人和提供咨询意见或服务的会计师事务所之间可能存在的利益冲突或关系。

#### （二）防范措施

如由审计项目团队以外的专业人员提供该服务。

#### （三）行为允许

当向审计客户提供下列不承担管理层职责的招聘服务时，通常不会对独立性产生不利影响：

（1）对多名候选人的专业资格进行审核，并就其是否适合该职位提供咨询意见。

（2）对候选人进行面试，并对候选人在财务会计、行政管理或内部控制等职位上的胜任能力提供咨询意见。

**小贴士** 当向审计客户提供招聘服务时，为避免承担管理层职责，会计师事务所应当确保同时满足下列条件：

①客户委派具有胜任能力的员工（最好是高级管理人员），负责作出有关聘用该职位候选人的所有管理决策。

②客户就聘用程序作出所有管理决策，包括：a. 确定准候选人是否合适并选择适合该职位的候选人。b. 确定雇佣条款并协商如工资、工时及其他报酬等具体条件。

#### （四）行为禁止

（1）承担管理层职责的招聘服务。

（2）在向审计客户提供招聘服务时，会计师事务所不得代表客户与应聘者进行谈判。

（3）招聘对象属于审计客户拟招聘董事、高级管理人员，或所处职位能够对客户会计记录或被审计财务报表的编制施加重大影响的高级管理人员，会计师事务所不得提供下列招聘服务：①寻找或筛选候选人。②对候选人实施背景调查。

### 高频考点12：公司财务服务★★★

#### （一）不利影响的取决因素

会计师事务所提供财务服务，可能因自我评价或过度推介对独立性产生不利影响。不利影响存在与否及其严重程度主要取决于下列因素：

（1）在确定如何恰当处理财务建议对财务报表产生的影响时，涉及的主观程度。

（2）财务建议的结果对在财务报表中记录的金额的直接影响程度，以及记录的金额对财务报表整体影响的重大程度。

（3）财务建议的有效性是否取决于某一特定会计处理或财务报表列报，并且根据适用的会计准则，对该会计处理或列报的适当性存有疑问。

#### （二）防范措施

（1）由审计项目团队以外的专业人员提供该服务。

（2）由未参与提供财务服务的适当复核人员复核已执行的审计工作或提供的服务。

#### （三）行为禁止

（1）会计师事务所不得提供涉及推荐、交易或承销审计客户股票的公司财务服务。

（2）如果财务建议的有效性取决于某一特定会计处理或财务报表列报，并且同时存在下列情形，会计师事务所不得提供此类财务建议：

①根据相关财务报告编制基础，审计项目团队对相关会计处理或列报的适当性存有疑问。

②公司财务建议的结果将对被审计财务报表产生重大影响。

## 第七单元 收费

### 高频考点1：收费结构★★

#### （一）从某一审计客户收取的全部费用占会计师事务所收费总额比重很大

1. 情形描述

如果会计师事务所从某一审计客户收取的全部费用占其收费总额的比重很大，则对该客户的依赖及对可能失去该客户的担心将因自身利益或外在压力产生不利影响。

2. 不利影响取决因素

（1）会计师事务所的业务类型及收入结构。

（2）会计师事务所成立时间的长短。

（3）该客户从性质和金额上对会计师事务所是否重要。

3. 防范措施

（1）扩大会计师事务所的客户群，从而降低对该客户的依赖程度。

（2）实施外部质量复核。

（3）就关键的审计判断向第三方咨询。

#### （二）从某一审计客户收取的全部费用占某一合伙人或分部收费总额比重很大

1. 情形描述

如果从某一审计客户收取的全部费用占某

一合伙人从所有客户收取的费用总额比重很大，或占会计师事务所某一分部收取的费用总额比重很大，也将因自身利益或外在压力产生不利影响。

2. 不利影响取决因素

不利影响的严重程度主要取决于下列因素：

（1）该客户在性质上或金额上对该合伙人或分部是否重要。

（2）该合伙人或该分部合伙人的报酬对来源于该客户的收费的依赖程度。

3. 防范措施

（1）扩大该合伙人或分部的客户群，从而降低对来源于该客户的收费的依赖程度。

（2）由审计项目团队以外的适当复核人员复核已执行的工作。

### （三）从属于公众利益实体的某一审计客户收取的全部费用比重较大

1. 防范措施

（1）在对第二年度财务报表发表审计意见之前，由其他会计师事务所对该业务再次实施项目质量复核，或由其他专业机构实施相当于项目质量复核的复核（发表审计意见前复核）。

（2）在对第二年度财务报表发表审计意见之后、对第三年度财务报表发表审计意见之前，由其他会计师事务所对第二年度的审计工作再次实施项目质量复核，或由其他专业机构实施相当于项目质量复核的复核（发表审计意见后复核）。

2. 具体情况及应对

（1）在上述收费比例明显超过15%的情况下，如果采用发表审计意见后复核无法将不利影响降低至可接受的水平，会计师事务所应当采用发表审计意见前复核。

（2）如果两年后每年收费比例继续超过15%，则会计师事务所应当每年向治理层披露这一事实，并讨论选择采取上述哪种防范措施。在收费比例明显超过15%的情况下，如果采用发表审计意见后复核无法将不利影响降低至可接受的水平，会计师事务所应当采用发表审计意见前复核。

## 高频考点2：逾期收费★

### （一）情形描述

如果审计客户长期未支付应付的费用，尤其是相当部分的费用在出具下一年度审计报告前仍未支付，可能因自身利益产生不利影响。

### （二）不利影响

会计师事务所通常要求审计客户在审计报告出具前付清上一年度的费用。如果在审计报告出具后审计客户仍未支付该费用，会计师事务所应当评价不利影响存在与否及其严重程度，并在必要时采取防范措施消除不利影响或将其降低至可接受的水平。

### （三）防范措施

（1）收取逾期的部分款项。

（2）由未参与执行审计业务的适当复核人员复核已执行的工作。

### （四）长期逾期收费的应对

如果相当部分的费用长期逾期，会计师事务所应当确定：（1）逾期收费是否可能被视同向客户提供贷款。（2）会计师事务所是否继续接受委托或继续执行审计业务。

## 高频考点3：或有收费★★

### （一）定义

或有收费是指收费与否或收费多少取决于交易的结果或所执行工作的结果。如果一项收费是由法院或政府有关部门规定的，则该项收费不被视为或有收费。

### （二）行为禁止

（1）会计师事务所提供审计服务时不得采用或有收费安排。

（2）会计师事务所提供非鉴证服务时不得采用或有收费安排的情形有以下几种：

①非鉴证服务的或有收费由对财务报表发表审计意见的会计师事务所取得，并且对其影响重大或预期影响重大。

②网络事务所参与大部分审计工作，非鉴

证服务的或有收费由该网络事务所取得，并且对其影响重大或预期影响重大。

③非鉴证服务的结果以及由此收取的费用金额，取决于与财务报表重大金额审计相关的未来或当期的判断。

### （三）向审计客户提供非鉴证服务的不利影响和防范措施

1. 不利影响取决因素

（1）可能的收费金额区间。

（2）是否由适当的权威方确定有关事项的结果，并且该结果作为确定或有收费金额的基础。

（3）针对会计师事务所执行的工作及收费的基础，向报告预期使用者作出的披露。

（4）非鉴证服务的性质。

（5）事项或交易对财务报表的影响。

2. 防范措施

（1）由审计项目团队以外的适当复核人员复核该会计师事务所已执行的工作。

（2）预先就收费的基础与客户达成书面协议。

# 第八单元　影响独立性的其他事项

## 高频考点 1：薪酬和业绩评价政策★

### （一）不利影响评价

如果某一审计项目团队成员的薪酬或业绩评价与其向审计客户推销的非鉴证服务挂钩，将因自身利益产生不利影响。不利影响的严重程度取决于下列因素：

（1）推销非鉴证服务的因素在该成员薪酬或业绩评价中的比重。

（2）该成员在审计项目团队中的角色。

（3）推销非鉴证服务的业绩是否影响该成员的晋升。

### （二）防范措施

（1）修改该成员的薪酬计划或业绩评价程序。

（2）将该成员调离审计项目团队。

（3）由审计项目团队以外的适当复核人员复核该审计项目团队成员已执行的工作。

**小贴士** 关键审计合伙人的薪酬或业绩评价不得与其向审计客户推销的非鉴证服务直接挂钩。

## 高频考点 2：礼品和款待★

### （一）不利影响评价

会计师事务所或审计项目团队成员接受审计客户的礼品或款待，可能因自身利益、密切关系或外在压力对独立性产生不利影响。

### （二）行为禁止

（1）会计师事务所或审计项目团队成员不得接受审计客户的礼品。

（2）如果款待超出业务活动中的正常往来，会计师事务所或审计项目团队成员应当拒绝接受。

**小贴士** 同时，注册会计师应当考虑款待是否具有不当影响注册会计师行为的意图，如果具有该意图，即使其从性质和金额上来说均明显不重要，会计师事务所或审计项目团队成员也不得接受该款待。

## 高频考点 3：诉讼或诉讼威胁★

### （一）情形描述

如果会计师事务所或审计项目团队成员与审计客户发生诉讼或很可能发生诉讼，将因自身利益和外在压力产生不利影响。

### （二）不利影响取决因素

（1）诉讼的重要性。

（2）诉讼是否与前期审计业务相关。

### （三）防范措施

（1）如果诉讼涉及某一审计项目团队成员，将该成员调离审计项目团队。

（2）由适当复核人员复核已执行的工作。

## 经典例题

【真题·简答题】（2022）上市公司甲公司是ABC会计师事务所的常年审计客户。XYZ公司和ABC会计师事务所处于同一网络。审计项目组在甲公司2021年度财务报表审计中遇到下列事项：

（1）项目合伙人A注册会计师曾担任甲公司2013年度至2015年度财务报表审计其他关键审计合伙人，以及2016年度和2017年度项目合伙人，之后轮换出甲公司审计项目组，未参与2018年度至2020年度甲公司财务报表审计。

（2）审计项目组成员B将其股票账户借给弟弟使用，在期中审计期间知悉弟弟通过该账户购买了甲公司股票5 000股后，督促弟弟立即处置了这些股票。

（3）审计项目组成员C于2021年8月加入ABC会计师事务所，其父亲曾担任甲公司一子公司的董事，于2021年2月离任。

（4）甲公司聘请乙公司为其提供合并财务报表系统的优化升级服务。乙公司不是ABC会计师事务所的审计客户。根据乙公司和ABC会计师事务所的合作协议，双方共享同一经营战略和客户资源。

（5）丙公司是甲公司不重要的子公司。2021年9月至12月，丙公司会计主管休产假。应丙公司要求，XYZ公司的D高级经理临时借调至丙公司负责该会计主管的相关工作。D不是甲公司审计项目团队成员。

（6）2021年，XYZ公司的两位经理受邀参加了甲公司为其客户举办的四场线上沙龙，对税务热点进行分享，并根据会议安排为部分与会客户提供了税务咨询服务。这些客户均不是ABC会计师事务所的审计客户。

【要求】针对上述第（1）~（6）项，逐项指出是否可能存在违反中国注册会计师职业道德守则（2020年修订）有关独立性规定的情况（不考虑过渡期安排），并简要说明理由。

【答案】

| 事项序号 | 是否违反（违反/不违反） | 理由 |
| --- | --- | --- |
| （1） | 不违反 | A注册会计师在五年关键审计合伙人任期内担任甲公司项目合伙人累计未达到三年/冷却期应当为连续两年/两年冷却期已满 |
| （2） | 违反 | 通过审计项目组成员B的股票账户购买的甲公司股票，属于B持有的甲公司直接经济利益，因自身利益对独立性产生严重不利影响 |
| （3） | 违反 | 审计项目组成员的主要近亲属在财务报表涵盖期间担任甲公司子公司的董事，因自身利益、密切关系或外在压力对独立性产生严重不利影响 |
| （4） | 违反 | 乙公司被视为ABC会计师事务所的网络事务所，应与ABC会计师事务所的审计客户保持独立。合并财务报表系统生成的信息对甲公司财务报表影响重大/构成财务报告内部控制的主要组成部分，乙公司为甲公司提供该系统优化服务，因自我评价对独立性产生严重不利影响 |
| （5） | 违反 | D高级经理在借调期内的工作涉及甲公司会计记录和财务报表的编制且不是日常性或机械性的/涉及承担甲公司管理层职责，因自我评价对独立性产生严重不利影响 |
| （6） | 违反 | 甲公司推介了XYZ公司的服务/属于禁止的商业关系，因自身利益或外在压力对独立性产生严重不利影响 |

## 进阶练习

### （一）单选题

1. 注册会计师独立性的内涵是（　　）。

A. 识别对独立性的不利影响

B. 评价不利影响的严重程度

C. 独立性包括实质上的独立性和形式上的独立性

D. 必要时采取防范措施消除不利影响或将其降低至可接受的水平

2. 下列关于公众利益实体说法中，错误的是（　　）。

A. 公众利益实体包括上市公司和法律法规界定的公众利益实体

B. 大型非上市金融企业其债券在法律法规认可的证券交易所报价或挂牌，不是公众利益实体

C. 如果其他实体拥有数量众多且分布广泛的利益相关者，注册会计师应当考虑将其作为公众利益实体对待

D. 法律法规认可的证券交易所或其他类似机构的监管下进行交易的实体，应当作为公众利益实体对待

3. 下列关于关联实体的判断标准的说法中，错误的是（　　）。

A. 能够对客户施加直接或间接控制的实体，并且客户对该实体重要

B. 在客户内拥有直接经济利益的实体，并且该实体对客户具有重大影响，在客户内的利益对该实体重要

C. 客户拥有其直接经济利益的实体，并且客户能够对该实体施加重大影响，在实体内的经济利益对客户重要

D. 与客户处于同一控制下的实体

4. ABC 会计师事务所于 2019 年 11 月 21 日首次接受委托，承接甲公司 2019 年财务报表审计业务，在 2019 年审计业务约定书中双方约定审计报告出具日期为 2020 年 1 月 10 日，ABC 会计师事务所于 2020 年 1 月 10 日签发了审计报告，对业务期间理解正确的是（　　）。

A. 2019 年 11 月 21 日至 2020 年 11 月 21 日

B. 2019 年 11 月 21 日至 2020 年 12 月 31 日

C. 2019 年 11 月 21 日至 2020 年 1 月 10 日

D. 2019 年 1 月 1 日至 2020 年 1 月 10 日

5. 假设 ABC 会计师事务所于 2018 年 11 月 1 日首次接受委托，承接甲公司 2018 年和 2019 年财务报表审计业务，双方约定 2019 年 3 月 5 日和 2020 年 3 月 5 日分别对 2018 年和 2019 年的财务报表出具审计报告，并且决定在 2020 年 5 月 1 日后双方终止审计业务关系。则 ABC 事务所应当保持独立性的期间是（　　）。

A. 2018 年 1 月 1 日至 2020 年 3 月 5 日

B. 2018 年 1 月 1 日至 2020 年 5 月 1 日

C. 2018 年 11 月 1 日至 2020 年 3 月 5 日

D. 2018 年 11 月 1 日至 2020 年 5 月 1 日

### （二）多选题

1. 会计师事务所防范业务期间对独立性不利影响的措施有（　　）。

A. 不允许提供非鉴证服务的人员担任审计项目组成员

B. 必要时由其他的注册会计师复核审计和非鉴证工作

C. 由其他会计师事务所评价非鉴证业务的结果，或由其他会计师事务所重新执行非鉴证业务，并且所执行工作的范围能够使其承担责任

D. 评估在财务报表涵盖的期间或之后、接受审计业务委托之前，与审计客户之间存在的经济利益或商业关系

2. 上市公司甲公司是 ABC 会计师事务所的常年审计客户，与上市公司乙公司为同一母公司的重要子公司，乙公司不是该事务所的审

计客户，下列事项中和关联实体存在关系构成不利影响的有（　　）。

A. 项目合伙人A注册会计师的爱人买入乙公司股票2 000股，该股权对A注册会计师的爱人而言不属于重大经济利益

B. B注册会计师曾作为审计经理签署了甲公司2013～2018年度审计报告，之后调离甲公司审计项目组，加入事务所质量控制部，负责复核所有上市公司审计客户的财务报表

C. 审计项目组成员的妻子在网贷平台上购买了互联网金融产品10万元。根据其与网贷平台及资金使用方签署的三方协议，该资金用于补充甲公司某不重要子公司的短期流动资金

D. 甲公司在海外设立子公司，聘请XYZ公司提供设立申请服务，以及业务流程和财务流程文档的编制服务

3. ABC会计师事务所和XYZ公司处于同一网络。ABC会计师事务所的常年审计客户甲公司，与上市公司乙公司为同一母公司的重要子公司，乙公司不是ABC会计师事务所的审计客户。A注册会计师担任甲公司审计项目合伙人，在甲公司2022年度财务报表审计中遇到下列事项中，构成关联实体关系对注册会计师独立性不利影响的有（　　）。

A. 项目合伙人A注册会计师的父亲于2022年6月买入乙公司股票2 000股，该股权对A注册会计师的父亲而言不属于重大经济利益

B. 审计项目组成员C的妻子于2022年8月购买了某金融机构金融产品50 000元。根据其金融机构及资金使用方签署的三方协议，该资金用于补充甲公司某不重要子公司的短期流动资金

C. 2022年7月，甲公司在海外设立子公司，聘请XYZ公司提供设立申请服务，以及业务流程和财务流程文档的编制服务

D. 2022年12月，XYZ公司的合伙人X应邀参加了甲公司为其经销商举办的研讨会，介绍了数据保护相关的监管要求及XYZ公司的相关服务

### （三）简答题

1. 上市公司甲公司是ABC会计师事务所的常年审计客户。XYZ公司和ABC会计师事务所处于同一网络。注册会计师A为项目合伙人，审计项目组在甲公司2019年度财务报表审计中遇到下列事项：

（1）2019年10月，甲公司收购了戊公司30%的股权，戊公司成为甲公司的重要联营公司。审计项目合伙人A注册会计师在收购生效日前3天得知其妻子持有戊公司发行的价值5万元的企业债，承诺将在收购生效日后30天内出售该债券。

（2）2015年10月，审计项目组就某重大会计问题咨询了事务所技术部的B注册会计师。B注册会计师的妻子于2019年6月购买了甲公司的股票，于2019年12月卖出。

（3）项目组成员注册会计师C的爱人于甲公司2018年年报公布后购买了甲公司股票5 000股，于2019年年报审计开始前售出。

（4）项目组成员注册会计师D的女儿大学毕业后，应聘到甲公司财务部门工作，任职岗位为出纳，注册会计师D在本次审计中负责函证业务。

（5）项目组全体成员受邀参加甲公司年会，部分成员在年会抽奖环节中分别获得二、三等奖品。

（6）审计项目组成员E注册会计师的父亲在丙公司持有重大经济利益。丙公司为甲公司不重要的联营企业，不是ABC会计师事务所的审计客户。

**【要求】**针对上述第（1）～（6）项，逐项指出是否可能存在违反中国注册会计师职业道德守则有关独立性规定的情况，并简要说明理由。将答案直接填入答题区相应的表格内。

| 事项序号 | 是否违反（违反/不违反） | 理由 |
| --- | --- | --- |
| (1) | | |
| (2) | | |
| (3) | | |
| (4) | | |
| (5) | | |
| (6) | | |

2. ABC会计师事务所委派A注册会计师担任上市公司甲公司2019年度财务报表审计项目合伙人。ABC会计师事务所和XYZ公司处于同一网络。审计项目组在审计中遇到下列事项：

（1）A注册会计师因继承其祖父的遗产获得甲公司股票10 000股，承诺将在有权处置这些股票之日起一个月内出售。

（2）甲公司研发的电动式行李箱于2019年12月上市。甲公司在ABC会计师事务所年会上特地为其员工进行了产品展示，针对事务所员工以成本价进行销售。

（3）乙公司是甲公司的子公司，从事行业信息指数发布业务。2019年12月，乙公司和ABC会计师事务所联合对外发布行业研究报告，对该行业现状与前景进行分析，并介绍了乙公司的业务。

（4）D注册会计师和A注册会计师同处一个分部，不是甲公司审计项目组成员。D的母亲和甲公司某董事岳母共同开办了一家出国留学中介。

（5）甲公司的子公司丁公司提供信息系统咨询服务，与XYZ公司组成联合服务团队，向目标客户推广代理记账、税务咨询和信息系统咨询“一揽子”服务。

（6）2018年12月，审计项目组成员B注册会计师通过银行按揭，按照市场价格300万元购买了甲公司出售的商品房一套。

【要求】针对上述第（1）~（6）项，逐项指出是否存在违反中国注册会计师职业道德守则有关职业道德和独立性规定的情况，并简要说明理由。将答案直接填入答题区相应的表格内。

| 事项序号 | 是否违反（违反/不违反） | 理由 |
| --- | --- | --- |
| (1) | | |
| (2) | | |
| (3) | | |
| (4) | | |
| (5) | | |
| (6) | | |

3. 上市公司甲公司是ABC会计师事务所的常年审计客户。XYZ公司和ABC会计师事务所处于同一网络。审计项目组在甲公司2019年度财务报表审计中遇到下列事项：

（1）甲公司是乙公司的重要联营企业。2019年10月，XYZ公司接受乙公司委托对其拟投资的标的公司进行评估，作为定价参考。乙公司不是ABC会计师事务所的审计客户。

（2）丙公司是甲公司新收购的海外子公司，为甲公司不重要的子公司。丙公司聘请XYZ公司将其按照国际财务报告准则编制的财务报表转化为按照中国企业会计准则编制的财务报表。

（3）甲公司负责税务方面的财务人员离职，聘请ABC会计师事务所为其提供税务服务，服务内容为协助整理税务相关资料。ABC会计师事务所委派审计项目组以外的人员按照公司财务经理的要求提供该服务，不承担管理层职责。

（4）甲公司内审部计划对新并购的子公司内部控制进行全面规范，因缺乏人手，甲公司聘请XYZ公司协助执行子公司内部控制该项工作，但XYZ公司参与制定内部控制制度制定但不参加管理层决策的讨论。

（5）甲公司聘请XYZ公司提供考勤系统的设计和实施服务。

（6）在一起经济纠纷中，甲公司聘请ABC会计师事务所注册会计师B担任专家证人，注册会计师B不是甲公司审计项目组成员。

【要求】针对上述第（1）～（6）项，逐项指出是否可能存在违反中国注册会计师职业道德守则有关独立性规定的情况，并简要说明理由。将答案直接填入答题区相应的表格内。

| 事项序号 | 是否违反（违反/不违反） | 理由 |
|---|---|---|
| (1) | | |
| (2) | | |
| (3) | | |
| (4) | | |
| (5) | | |
| (6) | | |

4. ABC会计师事务所委派A注册会计师担任上市公司甲公司2019年度财务报表审计项目合伙人。ABC会计师事务所和XYZ公司处于同一网络。审计项目组在审计中遇到下列事项：

（1）甲公司聘请XYZ公司担任某合同纠纷的诉讼代理人。诉讼结果将对甲公司财务报表产生重大影响。

（2）甲公司拟进军新的产业，招聘财务人员，聘请XYZ公司作为招聘考核组顾问，为其寻找、识别招聘对象。双方约定服务费为3万元，该项收费对ABC会计师事务所不重大。

（3）由于上市公司监管越来越严格，部分审计客户开始流失，甲公司审计收费连续两年占ABC事务所全年收入20%左右。

（4）甲公司拟投资新项目，聘请XYZ公司共同制作投资可行性分析方案。

（5）审计项目组成员已经通过甲公司面试，拟于年度报表审计结束后受聘甲公司财务经理职位。

（6）审计项目组成员F注册会计师与甲公司出纳员是恋人关系，二人决定于2020年2月14日办理结婚登记手续。

【要求】针对上述第（1）～（6）项，逐项指出是否存在违反中国注册会计师职业道德守则有关独立性规定的情况，并简要说明理由。将答案直接填入答题区相应的表格内。

| 事项序号 | 是否违反（违反/不违反） | 理由 |
|---|---|---|
| (1) | | |
| (2) | | |
| (3) | | |
| (4) | | |
| (5) | | |
| (6) | | |

## 进阶练习答案及解析

### （一）单选题

1.【答案】C

【解析】选项A、B、D是独立性概念框架的内涵，选项C是独立性的内涵，因此选择选项C。

2.【答案】B

【解析】如某些大型非上市金融企业。对于其债券在法律法规认可的证券交易所报价或挂牌，或是在法律法规认可的证券交易所或其他类似机构的监管下进行交易的实体，也应当作为公众利益实体对待，因此选择选项B。

3.【答案】D

【解析】关联实体是指与客户存在下列任一关系的实体：（1）能够对客户施加直接或间接控制的实体，并且客户对该实体重要（选项 A）；（2）在客户内拥有直接经济利益的实体，并且该实体对客户具有重大影响，在客户内的利益对该实体重要（选项 B）；（3）受到客户直接或间接控制的实体；（4）客户（或受到客户直接或间接控制的实体）拥有其直接经济利益的实体，并且客户能够对该实体施加重大影响，在实体内的经济利益对客户（或受到客户直接或间接控制的实体）重要（选项 C）；（5）与客户处于同一控制下的实体（即“姐妹实体”），并且该姐妹实体和客户对其控制方均重要。因此选择选项 D。

4.【答案】C

【解析】根据业务期间的定义，ABC 事务所承接甲公司财务报表审计业务时间的起点是接受委托的日期 2019 年 11 月 21 日，终点是出具审计报告日，2020 年 1 月 10 日。

5.【答案】B

【解析】ABC 事务所保持独立性期间的起点是 2018 年 1 月 1 日，审计业务具有连续性，终点是“解除业务关系与出具审计报告两者孰晚之日”，即 2020 年 5 月 1 日。

（二）多选题

1.【答案】ABC

【解析】选项 D 是会计师事务所确立是否对独立性产生不利影响的因素，不是防范措施，因此不选择选项 D。

2.【答案】ACD

【解析】审计项目组成员的主要近亲属不得在审计客户的关联实体中拥有直接经济利益，否则将因自身利益产生非常严重的不利影响，因此选择选项 A。审计项目组成员的主要近亲属不得在审计客户的关联实体中拥有重大间接经济利益，否则将因自身利益产生非常严重的不利影响，因此选择选项 C。ABC 会计师事务所的网络所为审计客户的关联实体提供构成财务报告内部控制重大组成部分的信息技术系统服务，将因自我评价产生不利影响，因此选择选项 D。关键审计合伙人在两年的冷却期内不得为该客户的审计业务实施质量控制复核，否则将因密切关系和自身利益产生不利影响，因此不选择选项 B。

3.【答案】ABC

【解析】审计项目组成员的主要近亲属在审计客户的关联实体中拥有直接经济利益，将造成因自身利益产生非常严重的不利影响，因此选择选项 A。审计项目组成员的主要近亲属不得在审计客户的关联实体中拥有重大间接经济利益，否则将因自身利益产生非常严重的不利影响，因此选择选项 B。XYZ 公司和 ABC 会计师事务所处于同一网络，网络所为审计客户的关联实体提供构成财务报告内部控制重大组成部分的信息技术系统服务，将因自我评价产生不利影响，因此选择选项 C。选项 D 属于会计师事务所营销方式招揽服务，可能构成独立性的影响，因此不选择选项 D。

（三）简答题

1.【答案】

| 事项序号 | 是否违反（违反/不违反） | 理由 |
|---|---|---|
| （1） | 违反 | 收购日后戊公司成为甲公司的关联实体，A 注册会计师及其主要近亲属不得在乙公司拥有直接经济利益，应在收购生效日前处置该直接经济利益，得知持有该直接经济利益后立即处置该利益，否则将因自身利益对独立性产生严重不利影响 |
| （2） | 违反 | B 注册会计师属于审计项目组成员/B 注册会计师的咨询意见直接影响审计结果，其妻子在审计期间拥有直接经济利益，将因自身利益对独立性产生严重不利影响 |

续表

| 事项序号 | 是否违反（违反/不违反） | 理由 |
| --- | --- | --- |
| （3） | 违反 | 因针对甲公司的审计业务具有连续性，2018 年度审计报告出具后至 2019 年度审计工作开始前期间仍属于业务期间，C 注册会计师的妻子在该期间持有甲公司的股票，因自身利益对独立性产生严重不利影响 |
| （4） | 违反 | D 注册会计师的女儿在审计客户担任出纳，能够对审计客户的财务状况、经营成果和现金流量施加重大影响，将对独立性产生不利影响 |
| （5） | 违反 | 审计项目组成员不得接受甲公司的礼品或款待/接受礼品或款待属于不当行为 |
| （6） | 违反 | 甲公司对丙公司有重大影响，且项目组成员 E 的父亲在丙公司持有重大经济利益，因自身利益对独立性产生严重不利影响 |

2. 【答案】

| 事项序号 | 是否违反（违反/不违反） | 理由 |
| --- | --- | --- |
| （1） | 违反 | A 注册会计师应当在有权处置时立即处置甲公司股票，否则将因自身利益对独立性产生严重不利影响 |
| （2） | 违反 | 专场展示及成本价销售被视为 ABC 会计师事务所向其员工推销甲公司产品/属于禁止的商业关系，将因自身利益对独立性产生严重不利影响 |
| （3） | 违反 | ABC 会计师事务所通过和乙公司共同发布的行业研究报告推广了乙公司的业务/属于禁止的商业关系 |
| （4） | 不违反 | D 不是甲公司审计项目组成员，其母亲与甲公司董事岳母的合作不属于被禁止的商业关系 |
| （5） | 违反 | XYZ 公司和丁公司以双方的名义捆绑提供服务，因自身利益/外在压力对独立性产生严重不利影响/上述关系属于守则禁止的商业关系 |
| （6） | 违反 | 该交易金额对 B 注册会计师而言较大，可能因自身利益对独立性产生不利影响 |

3. 【答案】

| 事项序号 | 是否违反（违反/不违反） | 理由 |
| --- | --- | --- |
| （1） | 不违反 | 对乙公司投资标的的评估结果不会对甲公司财务报表产生影响/不构成实施审计程序的对象，不会对独立性产生不利影响 |
| （2） | 违反 | 该服务不属于日常性和机械性的工作，将因自我评价对独立性产生严重不利影响 |
| （3） | 不违反 | 由审计项目组以外的人员提供该税务服务，且未承担管理层职责，一般不会对独立性产生不利影响 |
| （4） | 违反 | 该内部审计服务涉及甲公司与财务报告相关的内部控制，将因自我评价对独立性产生严重不利影响 |

续表

| 事项序号 | 是否违反（违反/不违反） | 理由 |
| --- | --- | --- |
| (5) | 违反 | 考勤系统生成的信息对甲公司会计记录或财务报表影响重大/构成财务报告内部控制的重要组成部分，将因自我评价对独立性产生严重不利影响 |
| (6) | 违反 | 会计师事务所向审计客户提供诉讼支持服务，可能因自我评价或过度推介产生不利影响 |

4. 【答案】

| 事项序号 | 是否违反（违反/不违反） | 理由 |
| --- | --- | --- |
| (1) | 违反 | 为审计客户担任诉讼代理人，且该纠纷所涉金额对被审计财务报表有重大影响，将因自我评价/过度推介对独立性产生严重不利影响 |
| (2) | 违反 | XYZ 公司为甲公司寻找、识别招聘对象，可能承担管理层职责，将因自我评价/过度推介对独立性产生不利影响 |
| (3) | 违反 | 连续两年从属于公众利益实体的某一审计客户收取的全部费用比重较大，会对独立性产生严重不利影响 |
| (4) | 违反 | XYZ 公司制作可靠性分析方案可能导致自我评价或过度推介产生不利影响 |
| (5) | 违反 | 审计项目组某一成员参加审计业务，当知道自己在未来某一事件将要加入审计客户时，将因自身利益产生不利影响 |
| (6) | 违反 | 审计项目组成员与审计客户的员工存在密切关系，将对独立性产生不利影响 |

第三部分

# 跨章节
# 综合题演练

# 跨章节综合练习题

## （一）简答题

1.【考点】考察内部审计与注册会计师审计关系和利用内部审计工作（第1章和第15章）。

该知识点较为重要，在近五年考试中出现频次较高，每年真题大概涉及3分，考生应重点关注，在理解的基础上准确记忆“内部审计与注册会计师审计区别；确定是否利用、在哪些领域利用以及在多大程度上利用内部审计人员提供直接协助以及审计工作底稿中记录”知识点。

上市公司甲公司是ABC会计师事务所的常年审计客户。ABC会计师事务所委派A注册会计师担任甲公司2022年度财务报表审计项目合伙人，A注册会计师在项目组讨论如何利用甲公司内部审计时，相关观点如下：

（1）注册会计师审计在执行业务时应当利用被审计单位的内部审计工作，以提高审计效率和效果。

（2）注册会计师审计是由与被审计单位完全无关的第三方进行的，具有较强的独立性；而内审机构受所在单位的直接领导，其独立性只是相对于本单位其他职能部门而言。

（3）内部审计的结论对注册会计师不能保密，应当积极配合注册会计师的财务报表审计工作。

（4）当内部审计人员对拟执行的工作缺乏足够的胜任能力，注册会计师应当计划较少地利用内部审计工作。

（5）在利用内部审计人员提供直接协助之前，注册会计师可以考虑从拥有相关权限的被审计单位代表人员处获取书面协议，允许内部审计人员遵循注册会计师的指令，并且被审计单位不干涉内部审计人员为注册会计师执行的工作。

（6）注册会计师应当在审计工作底稿中记录，在审计业务中提供直接协助的内部审计人员编制的审计工作底稿。

【要求】针对上述第（1）~（6）项，逐项指出A注册会计师的观点是否恰当。如不恰当，简要说明理由。

2.【考点】考察计划审计工作、财务报告内部控制、控制测试、财务报表审计与内部控制审计（第1章、第2章、第7章、第8章、第18章、第20章）。

该知识点较为重要，在近五年考试中出现频次较高，每年真题大概涉及3分，考生应重点关注，在理解的基础上准确记忆“计划审计工作、财务报告内部控制、控制测试、内部控制审计”知识点。

上市公司甲公司是ABC会计师事务所的常年审计客户。ABC会计师事务所委派A注册会计师担任甲公司2022年度财务报表审计及内部控制审计的项目合伙人，A注册会计师在项目组讨论如何协调财务报表审计和内部控制审计时，相关观点如下：

（1）不能仅因为某一控制与经营目标或合规性目标相关而认定其属于非财务报告内部控制，例如，企业为达到最佳库存的经营目标而建立的对存货采购间隔时间进行监控的相关控制与经营效率效果相关，则属于财务报告内部控制。

（2）在整合审计中，控制测试所涵盖的期间应当与财务报表审计中拟信赖内部控制的期间保持一致。

（3）内部控制审计可以采用“每三年至少对控制测试一次”的方法，应当在每一年度中测试内部控制（对自动控制在满足特定条件情况下所采用的与基准相比较策略除外）。

（4）财务报表审计和内部控制审计均需要将内部控制缺陷按严重程度分为重大缺陷、重要缺陷和一般缺陷。

（5）财务报表审计和内部控制审计的计划，均划分为总体审计策略和具体审计计划两个层次。

（6）内部控制审计和财务报表审计中，注册会计师在识别重要账户、列报及其相关认定时应当评价的风险因素，两者存在差别。因此，在这两种审计中识别的重要账户、列报及其相关认定有所不同。

【要求】针对上述第（1）~（6）项，逐项指出A注册会计师的观点是否恰当。如不恰当，简要说明理由。

3.【考点】考察财务报表层次重大错报风险、认定层次重大错报风险、控制测试、细节测试、特别风险的识别与应对、注册会计师与治理层沟通（第1章、第7章、第8章、第9章、第13章、第14章）。

该知识点较为重要，在近五年考试中出现频次较高，每年真题大概涉及5分，考生应重点关注，在理解的基础上准确记忆“财务报表层次和认定层次重大错报风险、控制测试和细节测试、特别风险的识别与应对、注册会计师与治理层沟通”知识点。

上市公司甲公司是ABC会计师事务所的常年审计客户。ABC会计师事务所委派A注册会计师担任甲公司2022年度财务报表审计项目合伙人，A注册会计师就有关舞弊识别与应对的有关做法，摘要如下：

（1）在识别和评估由于舞弊导致的重大错报风险时，注册会计师应当基于收入和利润确认存在舞弊风险的假定，评价哪些类型的收入、收入交易或认定导致舞弊风险。

（2）A注册会计师在审计中发现甲公司销售总监存在受贿行为，立即与总经理沟通了该事项，获悉董事会已经收到总经理的汇报，正在进行调查。A注册会计师认为无须再与董事会或股东会沟通。

（3）应当将管理层凌驾于控制之上的风险作为特别风险。

（4）针对评估的由于舞弊导致的财务报表层次重大错报风险，应当扩大细节测试的样本规模。

（5）通过修改控制测试的时间，应对舞弊导致的认定层次重大错报风险。

（6）发现某销售人员虚报业务费5万元，向甲公司管理层进行了通报。管理层追回了已支付的报销款，按内部规定对该人员进行处罚，并作了相应的会计处理；虚报业务费5万元，远低于明显微小错报的临界值20万元。A注册会计师对甲公司的处理实施了相关审计程序，结果满意。

【要求】针对上述第（1）~（6）项，逐项指出A注册会计师的做法是否恰当。如不恰当，简要说明理由。

4.【考点】考察审计计划、审计证据、风险评估、销售与收款循环、货币资金等业务实施程序中注册会计师对审计证据充分性和适当性的职业判断（第2章、第3章、第7章、第9章、第12章）。

该知识点较为重要，是近年来资本市场曾经出现过的相关问题，在近五年考试中出现频次较高，每年真题大概涉及5分，考生应重点关注，在理解的基础上准确记忆“审计计划、审计证据、风险评估、销售与收款循环、货币资金”知识点。

上市公司甲公司是ABC会计师事务所的常年审计客户。ABC会计师事务所委派A注册会计师担任甲公司2022年度财务报表审计项目合伙人，A注册会计师在项目组讨论审计计划时，相关观点如下：

（1）了解到甲公司原总经理于2022年12月31日卸任。A注册会计师强调要关注公司前实控人离职的影响，尤其关注是否存在前实控人占用公司资金的现象。

（2）公司供应商目录中的某供应商出现在最新公布的《失信企业名单》中。A注册会计师强调要关注该供应商在与甲公司业务合同的相关条款，是否存在不符合行业惯例的大额资金预付款项目，做好相应的风险评估及进一步审计程序计划。

（3）甲公司账面留存高额度的银行存款，审计过程中应关注货币资金实际状况，做好进一步审计程序以应对货币资金风险。

（4）甲公司为扩大市场占有率，每年投入较高额度的广告费，但在公司驻地较为鲜见。A 注册会计师强调要关注广告费投入的情况，有针对性地设计进一步审计程序。

（5）甲公司每月月底进行相关账项的核对工作，其中应收账款的核对以系统记录时间先后次序排序，对超过规定结算时间的供应商系统自动发出催收函，鉴于此，A 注册会计师建议可以在甲公司催收函未回复的供应商中实施函证程序。

（6）为提高审计工作效率，A 注册会计师建议在审计现场发出询证函，请甲公司相关人员协助填写甲公司用印申请表并加盖公章。

【要求】针对上述第（1）～（6）项，逐项指出 A 注册会计师的观点是否恰当。如不恰当，简要说明理由。

5.【考点】考察审计证据、信息技术对审计的影响、生产与存货循环、特殊项目审计、审计报告（第 3 章、第 5 章、第 12 章、第 17 章、第 19 章）。

该知识点较为重要，是近年来资本市场曾经出现过相关问题，在近五年考试中出现频次较高，每年真题大概涉及 5 分，考生应重点关注，在理解的基础上准确记忆审计证据、信息技术对审计的影响、生产与存货循环、特殊项目审计、审计报告等相关章节知识点。

ABC 会计师事务所在 2022 年度与多家上市公司签订财务报表审计业务约定书，ABC 会计师事务所委派 A 注册会计师担任多家上市公司的财务报表审计项目合伙人。在审计工作底稿中形成部分记录摘录如下：

（1）A 注册会计师向甲公司函证由其保管的亥公司存货的数量和状况，收到的传真件回函显示，数量一致，状况良好。A 注册会计师据此认可了回函结果。

（2）A 注册会计师获取了乙公司的存货货龄分析表，考虑了生产和仓储部门上报的存货损毁情况及存货监盘中对存货状况的检查情况，认为乙公司财务人员编制的存货可变现净值计算表中计提跌价准备的项目不存在遗漏。

（3）丙公司某应收账款客户在询证函回函中注明：“因疫情管控，不能确认货物是否已经按时接收，接收人不能依赖函证中的信息。”A 注册会计师认为该条款不影响回函的可靠性，认可了回函结果。

（4）丁公司于 2019 年进行大规模投资，但由于疫情影响，投资项目在 2022 年未能如期竣工投入使用，致使该公司 2022 年财务报表处于微亏状况，公司在财务报告披露中注明该投资项目有望于 2023 年投入实质性运营，预期有望转亏为盈。A 注册会计师认可这一披露，拟出具标准无保留意见类型审计报告。

（5）戊公司是水电类上市公司，于 2022 年将水库大堤折旧年限由 50 年调整为 40 年，此项调整将对当期财务报表产生 5 000 万元的影响，A 注册会计师根据戊公司提供的水库大堤折旧年限调整相关资料（董事会会议纪要、专家意见、独立董事意见书、保荐机构意见等）确认该项变更及对财务报表的影响已经做出充分披露，拟出具标准无保留意见类型审计报告。

（6）已公司 2022 年 4 月 1 日对原财务系统进行升级，新系统增加了财务分析等辅助功能，A 注册会计师认为是由原财务系统公司技术方面的升级，不会对本年度财务报表核实工作产生影响，因此未组织对财务系统的测试工作。

【要求】针对上述第（1）～（6）项，逐项指出 A 注册会计师的做法是否恰当。如不恰当，简要说明理由。

6.【考点】考察审计工作底稿、注册会计师利用专家的工作、对财务报表审计实施的质量管理（第 6 章、第 15 章、第 21 章）

该知识点较为重要，在近五年考试中出现频次较高，每年真题大概涉及 4 分，考生应重点关注，在理解的基础上准确记忆“对财务报表审计实施的质量管理”知识点。

上市公司甲公司是ABC会计师事务所的常年审计客户。ABC会计师事务所委派A注册会计师担任甲公司2022年度财务报表审计项目合伙人，B注册会计师担任项目质量控制复核合伙人。相关事项如下：

（1）依据ABC会计师事务所质量控制制度的规定，根据该项目的实际情况，由A注册会计师挑选B注册会计师担任项目质量控制复核合伙人。

（2）根据ABC会计师事务所质量控制制度的规定，由A注册会计师和B注册会计师对该项审计业务的总体质量负责。

（3）项目组对于B注册会计师执行的项目质量控制复核在审计工作底稿中作出以下记录：

①有关项目质量控制复核的政策所要求的程序已得到执行。

②项目质量控制复核在出具报告前业已完成。

③复核人员没有发现任何尚未解决的事项，使其认为项目组作出的重大判断及形成的结论不适当。

（4）A注册会计师委托B注册会计师代为复核甲公司下属重要子公司乙公司的审计工作底稿。

（5）A注册会计师拟利用会计师事务所聘请的外部信息技术专家，对甲公司的信息系统进行测试。该信息技术专家不是项目组成员，不受ABC会计师事务所质量保密政策的约束。

（6）A注册会计师就一项疑难会计问题同时咨询会计师事务所的技术部门和外部专家，得到的咨询意见存在分歧。A注册会计师决定采纳外部专家的意见，审计工作底稿中仅记录向外部专家咨询的情况。

【要求】针对上述第（1）～（6）项，逐项指出ABC会计师事务所或其注册会计师的做法是否恰当。如不恰当，简要说明理由。

7.【考点】考察函证程序、收入确认、存货监盘、前后任注册会计师的沟通（第3章、第9章、第11章、第14章、第19章）。

该知识点较为重要，在近五年考试中出现频次较高，每年真题大概涉及5分，考生应重点关注，在理解的基础上准确记忆“函证程序、存货监盘、前后任注册会计师的沟通”知识点。

ABC会计师事务所首次接受委托审计甲公司2022年度财务报表，委派A注册会计师担任项目合伙人。与首次承接审计业务相关的部分事项如下：

（1）DEF会计师事务所审计了甲公司2020年度财务报表。XYZ会计师事务所接受委托审计甲公司2021年度财务报表，但未完成审计工作。A注册会计师将DEF会计师事务所确定为前任注册会计师，与其进行了沟通。

（2）在实施应收账款函证程序时，A注册会计师将财务人员在发函信封上填写的客户地址与销售部门提供的客户清单中的地址进行核对后，亲自将询证函交予快递公司发出。

（3）甲公司根据销售合同在发出商品时确认收入。客户乙公司回函确认金额小于函证金额，甲公司管理层解释系期末发出商品在途所致。A注册会计师检查了合同、出库单以及签收单等支持性文件，并与乙公司财务人员电话确认了相关信息，结果满意。

（4）A注册会计师对2022年末的存货实施了监盘，将年末存货数量调节至期初存货数量，并抽样检查了2022年度存货数量的变动情况，据此认可了存货的期初余额。

（5）在征得甲公司管理层同意，并向前任注册会计师承诺不对任何人作出关于其是否遵循审计准则的任何评论后，A注册会计师通过查阅前任注册会计师的审计工作底稿，获取了有关甲公司固定资产期初余额的审计证据，并在审计报告的其他事项段中提及部分依赖了前任注册会计师的工作。

【要求】针对上述第（1）～（5）项，逐项指出A注册会计师的做法是否恰当。如不恰当，简要说明理由。

8.【考点】考察函证程序、存货监盘、集团财务报表审计、注册会计师对其他信息的责任（第3章、第9章、第11章、第12章、第16章、第19章）。

该知识点较为重要，在近五年考试中出现频次较高，每年真题大概涉及5分，考生应重点关注，在理解的基础上准确记忆“函证程序、存货监盘、注册会计师对其他信息的责任、审计意见的确定”知识点。

ABC会计师事务所的A注册会计师作为项目负责人负责审计多家公司2022年度财务报表。审计工作底稿中部分内容摘录如下：

（1）甲公司2022年末的一笔大额银行借款已于2023年初到期归还。A注册会计师检查了还款凭证等支持性文件，结果满意，决定不实施函证程序，并在审计工作底稿中记录了不实施函证程序的理由。

（2）A注册会计师评估认为甲公司应收账款的重大错报风险较高，为尽早识别可能存在的错报，在期中审计时对截至2021年11月末的余额实施了函证程序，在期末审计时对剩余期间的发生额实施了细节测试，结果满意。

（3）乙公司采用连续编号的盘点标签记录盘点结果，并逐项录入盘点结果汇总表。A注册会计师将抽盘样本的数量与盘点标签记录的数量进行了核对，未发现差异，据此认可了盘点结果汇总表记录的存货数量。

（4）A注册会计师无法就丙公司年末与重大诉讼相关的预计负债获取充分、适当的审计证据，拟对财务报表发表保留意见。A注册会计师在审计报告日前取得并阅读了丙公司2022年度报告，未发现其他信息与财务报表有重大不一致或存在重大错报，拟在保留意见审计报告的其他信息部分说明无任何需要报告的事项。

（5）XYZ会计师事务所担任丁公司海外重要子公司的组成部分注册会计师。A注册会计师认为该事项与财务报表使用者理解审计工作相关，拟在对丁公司2022年度财务报表出具的无保留意见审计报告中增加其他事项段，说明该子公司经XYZ会计师事务所审计。

（6）因原董事长以公司名义违规对外提供多项担保，导致戊公司2022年发生多起重大诉讼，多个银行账户被冻结，业务停止，主要客户和员工流失。管理层在2022年度财务报表中确认了大额预计负债，并披露了持续经营存在的重大不确定性。A注册会计师认为存在多项对财务报表整体具有重要影响的重大不确定性，拟对戊公司财务报表发表无法表示意见。

【要求】针对上述第（1）~（6）项，逐项指出A注册会计师的做法是否恰当。如不恰当，简要说明理由。

### （二）综合题

考察审计风险、重要性、风险评估、特别风险、风险应对、收入确认、材料采购业务、存货监盘、书面声明、审计报告、质量管理（第1章、第2章、第7章、第8章、第9章、第10章、第11章、第18章、第19章、第21章）

该知识点较为重要，在近五年考试中出现频次较高，每年真题大概涉及12分，考生应重点关注，在理解的基础上准确记忆“重要性水平、重大错报风险评估、风险应对（尤其是特别风险的应对）、存货监盘、审计意见确定”知识点。

甲公司是ABC会计师事务所的常年审计客户。甲公司为大型综合性集团公司。A注册会计师负责审计甲公司2022年度财务报表，B注册会计师为项目质量控制复核人，项目组确定财务报表整体的重要性为300万元。（本题资料包括：资料一至资料五）

资料一：

A注册会计师在审计工作底稿中记录了所了解的甲公司及其环境状况，部分内容摘录如下：

（1）甲公司原租用的办公楼月租金为80万元。自2022年6月1日起，为拓展业务需要，甲公司租用新办公楼，租期3年，月租金80万元，出租方提供免租期6个月。

（2）2021年度，甲公司直销了200件a产品。2022年，甲公司引入经销商买断销售模式，对经销商的售价是直销价的85%，直销价较2021年基本没有变化。2022年度，甲公司共销售300件a产品，其中30%销售给经销商。

（3）2022年第四季度，甲公司推出新产品 b 产品，单价 75 万元。合同约定，为客户提供45 天的免费信用期；如果在购买产品 6 个月内发现质量问题，客户有权退货。截至 2022 年末，甲公司售出 20 件 b 产品。因该产品上市时间较短，甲公司无法合理估计该产品的退货情况。

（4）c 产品于 2022 年 12 月 10 日停产。2022 年末，某经销商采用交款提货方式购买最后 10 件 c 产品。甲公司已收到货款 500 万元，已开具发票。经销商在验收时发现该批产品质量不符合合同要求，双方尚未就解决方案达成一致意见。

（5）甲公司自 2020 年起研发一项新产品技术，用于海外市场，于 2022 年 12 月末完成技术开发工作，并确认无形资产 500 万元。甲公司拟将其在美国市场出售，因受疫情和美国对华政策的影响，该技术尚无需求。

资料二：

A 注册会计师在审计工作底稿中记录了甲公司的财务数据，部分内容摘录如下表所示：

单位：万元

| 项目 | 2022 年（未审数） | | | 2021 年（已审数） |
|---|---|---|---|---|
| | a 产品 | b 产品 | c 产品 | a 产品 |
| 营业收入 | 13 460 | 1 500 | 500 | 8 000 |
| 管理费用——租赁费 | 480 | | | 960 |
| 管理费用——研发费 | 0 | | | 200 |
| 税前利润 | 180 | | | 100 |
| 应收账款 | 500 | 260 | 0 | 400 |
| 存货——产成品 | 900 | 80 | 1 750 | 800 |
| 存货——存货跌价准备 | 0 | 0 | (250) | 0 |
| 无形资产——非专利技术 | 500 | | | 0 |

资料三：

A 注册会计师在审计工作底稿中记录了审计计划，部分内容摘录如下：

（1）A 注册会计师认为，如果发生与关联方及其交易相关的财务报表项目和披露错报，即使其金额低于财务报表整体重要性，仍可能影响财务报表使用者依据财务报表作出的经济决策，因此，确定与关联方及其交易相关的财务报表项目列报和披露的重要性水平为 300 万元。

（2）2022 年 12 月，甲公司以 5 000 万元的价格向其母公司购买一条生产线。A 注册会计师认为该交易超出甲公司正常经营过程，很可能不存在相关的内部控制，拟直接实施细节测试。

（3）甲公司 2022 年度销售费用为 1 100 万元。A 注册会计师认为尽管该费用金额重大，但是重大错报风险较低，拟实施的进一步审计程序为控制测试。

（4）ABC 会计师事务所为提高审计质量，拟要求 A 注册会计师和 B 注册会计师在审计报告中签字。

资料四：

A 注册会计师在审计工作底稿中记录了实施的控制测试，部分内容摘录如下：

（1）甲公司 2022 年末存放在境外仓库的产品余额为 500 万元。由于无法实施监盘，A 注册会计师检查了甲公司相关产品的账簿记录、对账记录等，据此认可了该项存货的数量。

（2）超过赊销额度的赊销由销售总监和财务经理审批。自 2022 年 11 月 1 日起，改为由销售总监和财务总监审批。A 注册会计师测试了 2022 年 1 月至 10 月的该项控制，并于 2023 年 1 月询问了销售总监和财务总监控制在剩余期间的运行情况，未发现偏差。A 注册会计师认为控制在 2022 年度运行有效。

（3）通过了解甲公司材料采购业务的内部控制，预期有效，A注册会计师拟采用询问、检查、观察、穿行测试程序对采购业务实施控制测试。

资料五：

A注册会计师在审计工作底稿中记录了实施的实质性程序，部分内容摘录如下：

（1）为应对甲公司管理层在收入确认领域的凌驾于控制之上的风险，A注册会计师拟通过实施实质性分析应对评估的重大错报风险。

（2）2022年底，甲公司因专利使用问题被境外某公司起诉至法院，内部法律顾问和外聘律师均认为败诉可能性较低，因此，管理层没有确认预计负债。A注册会计师认为该事项存在重大错报风险，检查了相关文件，并获取了管理层和内部法律顾问的书面声明，以及自承接业务以来对管理层的诚信判断，据此认可管理层的判断。

（3）甲公司持有W公司18%的股份，自2022年起甲公司向W公司派驻一名董事，甲公司判断对W公司具有重大影响，就此将该年度的股权投资核算由成本法改为权益法。A注册会计师询问了甲公司治理层，证实的确向W公司派驻一名董事，认可了甲公司的财务处理。

【要求】

（1）针对资料一第（1）~（5）项，结合资料二，假定不考虑其他条件，逐项指出资料一所列事项是否可能表明存在重大错报风险。如果认为可能表明存在重大错报风险，简要说明理由，并说明该风险主要与哪些财务报表项目的哪些认定相关（不考虑税务影响）。将答案直接填入答题区的相应表格内。

| 事项序号 | 是否可能表明存在重大错报风险（是/否） | 理由 | 财务报表项目名称及认定 |
| --- | --- | --- | --- |
| ① | | | |
| ② | | | |
| ③ | | | |
| ④ | | | |
| ⑤ | | | |

（2）针对资料三第（1）~（4）项，假定不考虑其他条件，逐项指出资料三所列审计计划是否恰当。如不恰当，简要说明理由。将答案直接填入答题区的相应表格内。

| 事项序号 | 审计计划是否恰当（是/否） | 理由 |
| --- | --- | --- |
| ① | | |
| ② | | |
| ③ | | |
| ④ | | |

（3）针对资料四第（1）~（3）项，假定不考虑其他条件，逐项指出资料四所列控制测试是否恰当。如不恰当，提出改进建议。将答案直接填入答题区的相应表格内。

| 事项序号 | 控制测试是否恰当（是/否） | 改进建议 |
| --- | --- | --- |
| ① | | |
| ② | | |
| ③ | | |

（4）针对资料五第（1）~（3）项，假定不考虑其他条件，逐项指出资料五所列实质性程序是否恰当。如不恰当，简要说明理由。将答案直接填入答题区的相应表格内。

| 事项序号 | 实质性程序是否恰当（是/否） | 理由 |
| --- | --- | --- |
| ① | | |
| ② | | |
| ③ | | |

# 跨章节综合练习题答案及解析

## （一）简答题

1.【答案】

（1）不恰当。注册会计师审计在执行业务时“可以”利用被审计单位的内部审计工作，以提高审计效率和效果，而不是“应当”。

（2）恰当。

（3）不恰当。内部审计的结论对外保密，自然包括注册会计师，但是内部审计人员在授权的情况下，应该积极配合注册会计师的财务报表审计工作。

（4）不恰当。当内部审计人员对拟执行的工作缺乏足够的胜任能力，注册会计师不得利用内部审计人员提供直接协助，而非“应当计划较少地利用内部审计工作”。

（5）不恰当。在利用内部审计人员提供直接协助之前，注册会计师“应当”从拥有相关权限的被审计单位代表人员处获取书面协议，而非“可以考虑”。

（6）恰当。

2.【答案】

（1）不恰当。企业为达到最佳库存的经营目标而建立的对存货采购间隔时间进行监控的相关控制与经营效率效果相关，而不直接与财务报表的认定相关，属于非财务报告内部控制。

（2）不恰当。在整合审计中，控制测试所涵盖的期间应当尽量与财务报表审计中拟信赖内部控制的期间保持一致。

（3）不恰当。内部控制审计不得采用“每三年至少对控制测试一次”的方法，应当在每一年度中测试内部控制（对自动控制在满足特定条件情况下所采用的与基准相比较策略除外）。

（4）不恰当。内部控制审计需要将内部控制缺陷按严重程度分为重大缺陷、重要缺陷和一般缺陷；而财务报表审计需要注册会计师判断哪些属于值得关注的内部控制缺陷。

（5）恰当。

（6）不恰当。在内部控制审计中，注册会计师在识别重要账户、列报及其相关认定时应当评价的风险因素，与财务报表审计中考虑的因素相同。因此，在这两种审计中识别的重要账户、列报及其相关认定应当相同。

3.【答案】

（1）不恰当。按审计准则的规定，在识别和评估由于舞弊导致的重大错报风险时，注册会计师应当基于收入确认存在舞弊风险的假定，不包括利润。

（2）不恰当。注册会计师首先应当考虑舞弊是否涉及管理层其他人员；其次，销售总监属于承担重要职责的员工。基于以上原因，应当与治理层或股东会沟通。

（3）恰当。

（4）不恰当。扩大细节测试的样本规模应对的是舞弊导致的认定层次重大错报风险，不属于财务报表层次重大错报风险的总体应对措施。

（5）不恰当。存在舞弊导致的认定层次重大错报风险时，注册会计师很可能无法信赖内部控制，将主要依赖实施实质性程序获取审计证据。所以，修改控制测试的时间不足以应对该风险。

（6）不恰当。销售人员虚报业务费属于舞弊，注册会计师应当实施追加程序，确定该业务员是否存在其他类似错报。不能因为虚报业务费5万元远低于明显微小错报的临界值为20万元，而将其定为明显微小错报，因为在性质上是重大的。

4.【答案】

（1）恰当。

（2）恰当。

（3）恰当。

（4）恰当。

（5）不恰当。注册会计师应形成职业判断，从应收账款总体中选择具体项目进行函证。

（6）不恰当。注册会计师应独立寄发询证函。

5.【答案】

（1）不恰当。注册会计师应当验证传真件回函的可靠性。

（2）不恰当。注册会计师还需测试存货货龄分析表的准确性。

（3）不恰当。该条款影响回函可靠性。

（4）不恰当。应关注对可持续经营的影响，并考虑审计报告意见类型。

（5）恰当。

（6）不恰当。注册会计师应关注系统升级前后的变化，并进行相应的测试工作。

6.【答案】

（1）恰当。

（2）不恰当。该项业务的质量应当由项目合伙人（A注册会计师）负责。

（3）恰当。

（4）不恰当。项目质量控制复核人员应当保持客观性，在复核期间不以其他方式参与该业务。

（5）不恰当。该信息技术专家即使不是项目组成员，也应该受ABC会计师事务所质量保密政策的约束。

（6）不恰当。审计项目组应当完整详细地记录咨询情况，包括向技术部门咨询的情况。审计项目组与技术部门之间存在意见分歧，应当予以解决。

7.【答案】

（1）不恰当。前任注册会计师还包括XYZ会计师事务所/在后任注册会计师之前接受委托对当期财务报表进行审计但未完成审计工作的会计师事务所。

（2）不恰当。客户清单属于内部信息/客户清单并不是用以验证发函地址准确性的适当证据/应当通过合同、公开网站等来源核对地址。

（3）恰当。

（4）不恰当。还应对期初存货的计价实施审计程序。

（5）不恰当。后任注册会计师应当对自身实施的审计程序/得出的审计结论负责。

8.【答案】

（1）不恰当。应当对重要的银行借款实施函证程序。

（2）不恰当。重大错报风险较高时，应在期末或接近期末实施函证/在期末审计时应再次发函。只有重大错报风险评估为低水平，才可以在期中实施函证。

（3）不恰当。A注册会计师应当对盘点结果汇总表进行复核/应当将抽盘数量与盘点结果汇总表核对/应当将盘点标签数量与盘点结果汇总表核对。

（4）不恰当。注册会计师需要考虑导致保留意见的事项对其他信息的影响/注册会计师需要在其他信息部分说明无法判断与导致保留意见的事项相关的其他信息是否存在重大错报。

（5）不恰当。注册会计师对集团财务报表出具的审计报告不应提及组成部分注册会计师，除非法律法规另有规定。

（6）恰当。

（二）综合题

【答案】

（1）

| 事项序号 | 是否可能表明存在重大错报风险（是/否） | 理由 | 财务报表项目名称及认定 |
|---|---|---|---|
| ① | 是 | 应在免租期内确认租金费用和负债，存在少计管理费用和负债的风险 | 管理费用（完整性）<br>其他应付款（完整性） |
| ② | 是 | 2022 年，对经销商的售价是直销价的 85%，直销价较 2021 年基本没有变化。2022 年度，甲公司共销售 300 件 a 产品，其中 30% 销售给经销商。<br>据此计算 2022 年营业收入应为 11 460 万元 | 营业收入（发生） |
| ③ | 是 | b 产品附有销售退回条件，且不能合理估计退货可能性，不满足收入确认条件，可能存在多计营业收入和营业成本的风险 | 营业收入（发生）/应收账款（存在）<br>营业成本（发生）/存货（完整性） |
| ④ | 是 | 经销商提出产品质量不符合合同规定，产品可能被退回。c 产品年末存货余额为零，表明甲公司已确认该笔销售收入并结转存货成本，存在可能多计营业收入和成本的风险 | 营业收入（发生）<br>营业成本（发生）<br>存货（完整性） |
| ⑤ | 是 | 甲公司无法证明该无形资产能够给企业带来经济利益，可能存在多计无形资产的风险 | 管理费用（完整性）<br>无形资产（存在） |

（2）

| 事项序号 | 审计计划是否恰当（是/否） | 理由 |
|---|---|---|
| ① | 否 | 确定的重要性水平应该低于 300 万元 |
| ② | 否 | 超出正常经营过程的重大关联方交易应确定为特别风险，应了解相关的内部控制 |
| ③ | 否 | 针对重大类别的交易仅实施控制测试不足够/应针对重大类别的交易实施实质性程序 |
| ④ | 否 | B 注册会计师不能在审计报告中签字 |

（3）

| 事项序号 | 控制测试是否恰当（是/否） | 改进建议 |
|---|---|---|
| ① | 否 | 还应该向境外机构函证，或实施检查及其他适合具体情况的审计程序 |
| ② | 否 | 应实施询问以外的其他测试程序 |
| ③ | 否 | 穿行测试用于了解内部控制，不能用于控制测试 |

（4）

| 事项序号 | 实质性程序是否恰当（是/否） | 理由 |
|---|---|---|
| ① | 否 | 管理层凌驾于控制之上的风险属于特别风险。应对特别风险时，如不依赖内部控制，不能仅实施实质性分析，还应当实施细节测试 |
| ② | 否 | 没有与外部法律顾问直接沟通/没有向外部法律顾问寄发询证函/没有向外部法律顾问寄发询问函 |
| ③ | 否 | 不能仅凭借派驻一名董事就认定甲公司对 W 公司有重大影响，证据不够充分，还应该综合考虑其他因素 |